U0919498

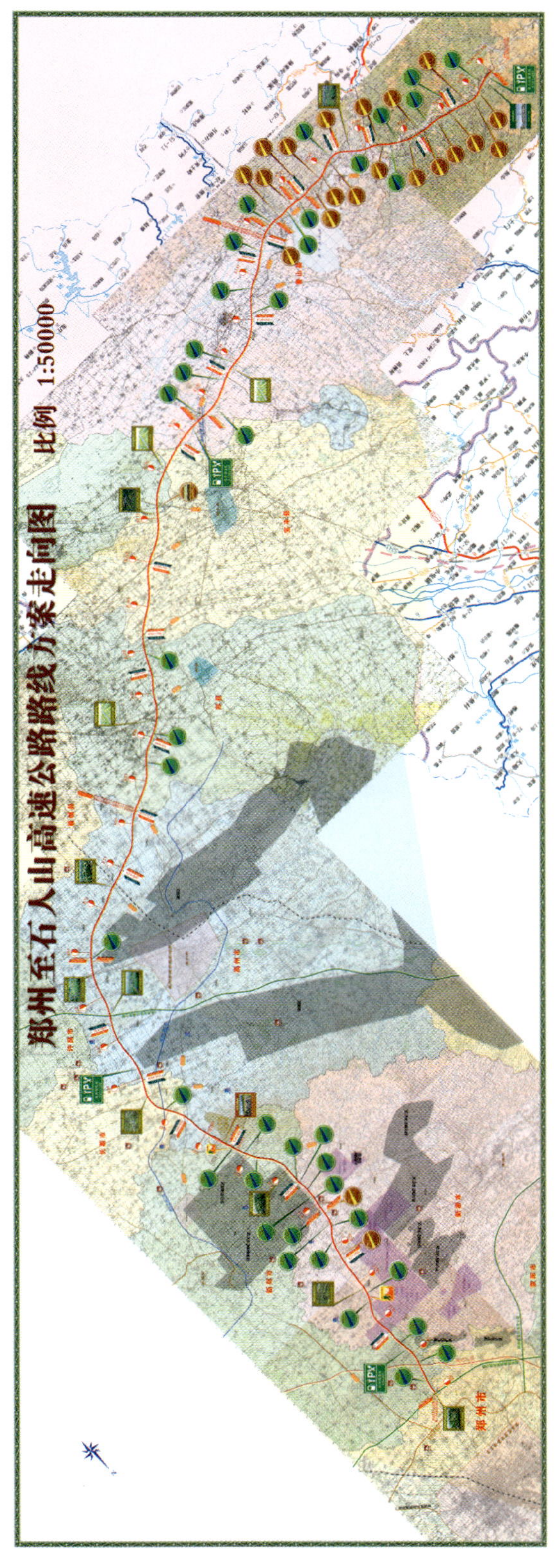
郑州至石人山高速公路路线方案走向图
比例 1:50000
郑州市

收费站

互通立交

边坡景观

服务区鸟瞰

隧道

边坡绿化

路线线形

客土喷播

桥梁施工

沥青面层施工

桥面浮浆铣刨

路基施工

桥面喷砂凿毛

美丽的石人山之一

石人山索道

美丽的石人山之二

高速公路

典型示范工程创新技术与工程实践

——郑州至石人山高速公路建设论文集

主审　李庆瑞

主编　高建立　张付雄

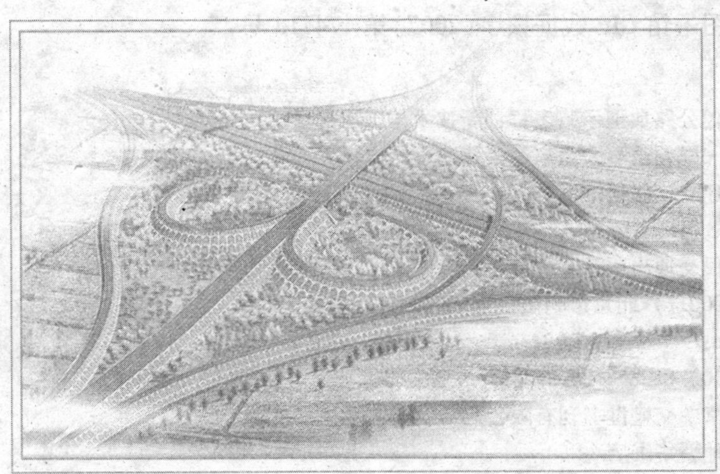

人民交通出版社

China Communications Press

内 容 提 要

本书基于郑州至石人山高速公路工程建设实际，从综合示范工程的实施要点和示范亮点着手，全面介绍了郑石高速的新管理经验、新设计理念、新技术开发成果。内容涵盖综合管理、路基工程、路面工程、桥梁与隧道工程、交通工程及绿化景观、高速公路信息化、财务与造价管理、其他等8大部分，共108篇论文。

本书可供高速公路建设管理、设计、施工等工程技术人员学习参考，同时可作为相关院校师生的学习资料。

图书在版编目(CIP)数据

高速公路典型示范工程创新技术与工程实践：郑州至石人山高速公路建设论文集/高建立，张付雄主编. —北京：人民交通出版社，2007.11

ISBN 978-7-114-06907-9

Ⅰ.高… Ⅱ.①高…②张… Ⅲ.高速公路—道路工程—河南省—文集 Ⅳ.U412.36-53

中国版本图书馆 CIP 数据核字(2007)第174712号

书　　名：高速公路典型示范工程创新技术与工程实践
　　　　　——郑州至石人山高速公路建设论文集
主　　编：高建立　张付雄
责任编辑：袁　方　曹延鹏
出版发行：人民交通出版社
地　　址：(100011) 北京市朝阳区安定门外外馆斜街3号
网　　址：http://www.ccpress.com.cn
销售电话：(010) 85285838，85285995
总 经 销：北京中交盛世书刊有限公司
经　　销：各地新华书店
印　　刷：廊坊市长虹印刷有限公司
开　　本：787×1092　1/16
印　　张：34
插　　页：2
字　　数：862千
版　　次：2007年11月　第1版
印　　次：2007年11月　第1次印刷
书　　号：ISBN 978-7-114-06907-9
定　　价：80.00元

本书编审委员会

序　言

高速公路不仅是交通运输现代化的重要标志，同时也是一个国家现代化的重要标志。近几年来，在省委、省政府的正确领导下，全省交通战线广大干部职工开拓创新，顽强拼搏，使全省高速公路事业实现了跨越式发展。全省高速公路通车总里程 2005 年突破 2000km；2006 年突破 3000km，达到 3439km，跃居全国第一；2007 年 10 月 12 日在全国率先突破 4000km，达到 4047km。我省高速公路建设的飞速发展为我省经济社会发展做出了重要贡献。

近几年来，我国经济增长方式发生了质的转变，建设资源节约型、环境友好型社会，落实科学发展观成为中国经济的主旋律。高速公路建设也要求实现发展建设与和谐稳定相统一。河南省委书记徐光春在视察郑州至石人山高速公路建设工程时首次提出了“和谐工程”的具体要求。徐书记指出，创建“和谐工程”，一是要做到优质。质量就是工程的生命，重点项目投资大、影响大，必须始终把质量放在首位，把每项工程都精心打造成经得起时间检验的优质工程；二是要做到高效。所有的工程项目都要充分考虑效率和效益，确保工程进度，避免拖延工期，增加预算。要特别注意依法用地、节约用地，提高单位土地产出效益；三是要做到守法。建设工程是腐败的易发地，在规划设计、招投标、施工、监理、竣工验收等环节都容易出现腐败问题。要强化监督，各个环节都要依法守纪，把廉政建设贯穿于项目建设的全过程；四是要做到安全。要严格按照项目工程管理规范，加强培训，完善制度，强化责任，确保安全生产，不出事故，避免伤亡；五是要做到利民。要确保施工人员的各项权益，依法维护城市拆迁户、失地农民的权益，处理好关系群众切身利益的问题；六是要做到环保。要树立环保意识，在施工过程中避免粉尘、噪声等对附近居民的污染。要充分考虑项目建成后对当地生态和环境的影响，注意加强环境保护和生态保护。

高速公路若要真正建设成为促进科学发展、促进民生改善、促进社会和谐的“和谐工程”，就要切实抓好设计、施工和管理的各个环节。首先要从设计抓起，做到路线设计安全和谐、景观设计主题鲜明、服务区设计以人为本、防护设计融入自然、交通设施设计数字透明，保证设计做到资源节约、安全耐久和科学合理。同时施工和管理环节能够做到安全第一、质量至上、以人为本。

郑石高速公路作为我省唯一一个国家交通部“勘察设计典型示范工程”，认真落实徐书记和谐工程的建设理念，提出了将郑石高速公路建设成为“精品工程、廉洁工程、和谐工程”的指导思想，明确了“打造示范工程、构建数字高速”的奋斗目标，工程将于 2007 年 12 月份建成通车。本论文集就是广大建设者围绕“和谐工程”建设理念的经验、智慧与成果的总结，希望对河南乃至全国的高速公路建设起到一定的指导作用。

河南省交通厅党组书记、厅长　安惠元

二〇〇七年十一月二十日

目　录

一、综 合 管 理

二、路 基 工 程

三、路 面 工 程

四、桥梁与隧道工程

五、交通工程、绿化及景观

六、高速公路信息化

七、财务与造价管理

八、其　他

一、综 合 管 理

典型示范工程与"数字高速"工程实践

高建立

(河南中原高速公路股份有限公司)

摘　要　郑州至石人山高速公路工程建设实际中,紧密结合交通部典型示范工程的实施要点和示范亮点,实现了从管理经验、设计理念、技术开发到科技成果研究应用的大规模多层次集成创新,提出了"数字高速"建管一体化的新理念。其经验成果可供高速公路建设管理者参考。

关键词　典型　示范　设计理念　科技创新　数字高速　健全制度

郑州至石人山高速公路(以下简称郑石高速公路)起于郑州市西南侯寨乡,终于石人山风景名胜区上汤附近,与国道 G311 线衔接,全长 183.479km,具有建设里程长、投资规模大、技术标准高、协调任务重、施工难点多等显著特点。路线沿线涵盖黄土沟壑区、平原微丘区、山岭重丘区等多样复杂地貌,并 1 次跨越西气东输管网,2 次跨越南水北调干渠,6 次跨越铁路干线,4 次跨越高速公路,穿越 10 余 km 的储煤区及煤炭采空区,需处理特殊路基 40 余 km,并构建 1.6km 长隧道一座。因此,郑石高速的工程建设几乎汇集了河南省高速公路工程建设以来的所有技术难题。

郑石高速公路是河南省唯一的一个国家交通部"勘察设计典型示范工程",也是河南省委、省政府站在全省经济社会发展的大局上果断决策、建设的一条能源和旅游大通道。郑石高速建成通车后,将进一步完善我省高速公路网布局,全面提升河南中西部地区高等级公路交通网密度,打通我省中部与豫西南地区的交通往来和加快豫西地区经济发展。

中原高速公路股份有限公司郑石分公司根据建设需要,按照整体工作部署,严格遵守"坚持以人为本,建设生态高速公路;严格规范管理,打造精品示范工程"的建设方针,以"和谐工程、数字高速"的建设理念为动力,在"优质、高效、守法、安全、利民、环保"上下工夫、做文章,在设计理念、数字高速建设、技术开发和成果应用等方面进行了有益的探索,取得了突破性进展。

1　设计新理念打造典型示范工程

理念是灵魂,设计是核心。郑石高速公路作为交通部"勘察设计典型示范工程",在全面贯彻《新理念公路设计指南》、《降低造价公路设计指南》和《河南省高速公路设计技术要求》等示范项目设计新理念的同时,积极响应"六个坚持、六个树立"公路勘察设计新理念,摒陈纳新,积极吸收国外先进的设计理念和思想,取其精华为我所用,积极采用"灵活性设计理念"、推进"宽容性设计理念"、全面贯彻"综合最优化设计理念",认真做好路线方案比选,做到设计技术指标合理、连续、迅捷。

1.1　坚持原则,优化路线走向

郑石高速公路建设坚持采用"地质选线、地形选线、环保选线、安全选线、人文选线"的原则,优化线路走向:郑石高速地形地质情况复杂,通过地质选线,合理避让了不良地质路段及不良地质构造带，杜绝了公路工程引发重大地质灾害的可能性；例如 K0～K40 段路线走廊带范围内主要地质病害是湿陷性黄土，同时该段属于黄土塬边缘破碎地带，冲沟密布。经过优化设计，路线避开了上述不良地质路段，尽量选择在土体完整、冲沟较狭窄处跨过冲沟，桥台也尽量放在挖方地段，使桥台处于稳定的位置。K81＋510～K149＋300 段路线走廊带范围内不良工程地质主要体现为煤炭采空区、膨胀土和岩溶，路线方案选择时对采空区、储煤区予以避让，尽量选择分布较少且性能好的路段通过。

通过地形选线，使路线与地形适合，并尽可能降低路基填土高度，避免高填深挖、高边坡深路堑，如 K8～K12 段，依地形走势，顺溪谷边缘布线，纵断面也依地势起伏；K20～K33 段选择最窄处跨越双洎河、沿溪布线、绕避煤矿，大胆采用复曲线，较好地体现了"地形选线"的理念。

以运行速度理论检验平纵线形的合理性，进行特殊工程地段的安全性评价，与景观和环保密切结合。重点对弯道半径、平纵配合、出入口渐变段线形、分合流段线形、特别对始祖山隧道出入口段线形进行了运行速度预测及安全性评价。以动态调整平纵组合，确保设计速度与运行速度相匹配，以驾驶员的实际行驶速度为本，保证线形的连续性和驾驶的舒适性。全线设平曲线 70 个，平曲线半径为 1 750～9 000m，相邻平曲线半径最大比值为 2，一般控制在 1.3～1.5 之间，平曲线间直线最大长度为2 181.373m，平曲线占路线总长的 73.102％，其中 2 500～6 000m 的中等半径曲线占所有曲线的 69.33％。统计数据显示，本项目路线指标运用较合理，线形连续，指标较均衡，视觉诱导良好，较好地体现了典型示范工程的特点。通过运行车速协调性检验，郑石全线相邻路段速度差大部分路段小于 10km/h，线形自然流畅，无扭曲，无去向不明现象，线形设计在视觉上能自然诱导驾驶员视线，符合公路项目安全性评价标准。

1.2 就地取材，节约耕地，利用废弃方造田

郑石高速公路建设坚持"统筹规划、合理布局、远近结合、综合利用"的原则，合理采用技术指标，合理利用线位资源，避免重复建设或工程衔接不合理造成的资源浪费；合理地确定建设规模，不片面追求不符合实际要求和经济能力的高标准，不建盲目追求政绩的形象工程，不搞不切实际的贪大求洋工程；坚持地形选线，尽可能避开良田和果园；尽量减小路堤填筑高度，减小征地边界的宽度，节约占地；结合路基取土，利用废弃土方对岗地、沟洼地、坡地进行平整，将其改造为良田。例如，在郑州段有大量的膨胀土，为减少换填和提高边坡稳定性，采取了生物改良法稳定边坡；在平顶山段，采用山皮土和天然砂砾填筑路基，采用二灰稳定砂砾和二灰稳定风化山砂作为路面底基层，合理利用了当地丰富资源，节约了大量耕地。

采用低路基设计理念，尽可能降低路基高度，节约占地；采用河南省地方标准"四改六"的方案，在提高路面通行能力的同时，最大限度减少占地宽度；填土高度大于 10m 地段，全部设桥通过，减少占地宽度，节约用地；各站区在设计时尽可能设在互通区匝道内；充分利用沿线自然资源，采用河滩砂砾石作为路基填料，减小取土场的取土面积；在郑州段的冲沟和鲁山境的山岭重丘区路段，针对当地可耕地少的特点，利用工程废弃方在沿线荒地和低洼处造田；设计中尽可能做到路基填挖平衡，减少外运土方，对实在无法平衡的弃方工程，通过优化堆砌，合理绿化，尽可能地减少高速公路修建对生态自然的破坏。

郑石高速公路项目充分认识到土地是不可再生资源，在项目实施过程中，为了减少占用耕地和基本农田，最大限度地节约土地资源，不断地优化设计方案，并在施工过程中十分注重节地和造田工作，如减小隔离栅的设置距离，进一步压缩征地宽度。通过对原设计的优化，在占用耕地和基本农田较多的前 150km 平原微丘地段，将隔离栅的设置距离沿征地界向内压缩 30cm，以减少征地面积，通过该措施，共减少占用耕地和基本农田 6.96 公顷；通过在全线桥头

锥坡设置急流槽和边沟将路面排水引入桥梁下面排水系统，缩减桥梁段征地宽度，共计减少占用耕地约 41.34 公顷；通过就地取材和合理优化设计，共节约占地 7000 余亩，利用工程废弃方造田 500 余亩，种种举措既提高了土地使用率，又降低了工程造价，实现了高速公路建设与周边自然环境的和谐。

1.3 采用生态防护为主，设置宽浅型边沟，引入"宽容公路"设计理念

郑石高速公路防护设计时坚持"生态环保设计理念"，牢固树立"不破坏就是最大的保护"这一指导思想，保护生态环境，保护青山绿水。为体现示范理念，在保证工程安全的前提下，最大限度地减少了硬防护和圬工边沟。边坡采用弧形边坡坡脚和坡顶；因地制宜，据地形逐段进行设计。分段设计排水体系，设置宽浅型的生态边沟：填方边沟采用弧形边沟、挖方边沟采用暗埋式边沟或矩形加盖板边沟；地形平缓段采用浅蝶形边沟。为减少占地，增加通行能力，前 58km 在 28.5m 宽路基布设六车道；采用"宽容"设计理念，放缓坡率，取消坡角，设灌木墙，并在中分带采用单片新泽西护栏，桥涵与路基同宽；后 124km 中分带全部采用 2m 宽，在保证安全的情况下，增加左路缘带宽度，充分体现"以人为本、以车为本"的理念。

1.4 尊重自然地形，优化服务区设计

按照地势起伏对服务区进行分层设计。为了最大限度节约耕地，在不适合农业及林业耕种的地区尊重自然地形、随坡就势，采用零填方式建服务区。如郑州服务区和石人山服务区分别位于高岗和山头，通过灵活设计，采取台阶式布置，贯穿车道和停车区后移，分别减少了挖方量 15 万 m^3 和 25 万 m^3，既满足了使用功能，又降低了工程造价。郑州服务区主线段处于挖方段，平均挖方高度约 5m，为了减少用地、节约工程量，服务区场区的设计高出主线路面约 7m；另外，场区周边地表高低不平，服务区场区较大，为了减少服务区污水排放对老百姓的影响，场区周边排水还做了特殊处理，减少了高速公路建设运营期多导致的生态破坏，实现了经济的可持续发展。

1.5 "自然朴素、突出重点"，积极推进景观文化型的绿化设计

郑石高速将目前国内外研究和提倡的一些先进的、实用的环境景观技术应用到景观绿化规划设计中。针对郑石高速公路沿线环境和人文特点，系统地运用公路环境工程学、园林学、园林美学及建筑学中的各种理论及设计手法，将艺术景观、建筑造型及各种规格、品种的植物进行搭配与组合，从而在郑石高速公路形成一种"以植物造型为主，以建筑美学及艺术为辅"的独特鲜明的景观效果，使之成为一条"生态环保、自然和谐、安全舒适、优美通畅"的能源和旅游大道。通过这些设计技术，使得沿线的自然和人文景观相得益彰，散发出浓郁的中原文化积淀的历史馨香。

①营造多样空间：通过道路空间、道路两侧的带状绿化空间、高速公路两侧的视域空间的营造，使得驾驶员在旅途中享受动感的新氛围体验。

②运用造景手法：借景——路线终点的高达 153m 的"鲁山大佛"在路线 5km 内均可借景；对景——立交区的自然设计，高耸的山包立于立交区内形成对景；框景——路堑边坡适当地种植成排的草木等形成一定的框景意境，同时丰富第三空间的景观层次；夹景——将视线两侧的较贫乏的景观，利用树丛、数列、山石、建筑等加以隐蔽，形成较封闭的狭长空间。

③打造景观文化：丰富的沿线植物景观群落；与沿线自然及人文景观相结合；与风景区景观相呼应；乡土景观与现代高速公路景观的结合等，打造出独特的中原景观文化特色。

2 建设新理念构造"数字高速"

在 2002 年全国交通信息化工作会议上，交通部前部长张春贤明确指出："交通信息化的目的是通过广泛应用现代信息技术，实现交通产业升级，使社会公众享有更多的信息资源，提高

科研、生产和管理的效率和能力，加快推进交通现代化”。因此，在国家政策的大力支持和引导下，构建集工程建设、养护和运营一体化的“数字高速”成为郑石高速的建设新目标。

公路建设项目管理信息化的研究，将公路建设项目管理的最新理念和方法与计算机技术、网络技术相结合，将地理分布在各地的项目信息及各种数据进行收集、汇总和存储，建立数据库管理系统，有效地对项目进行管理，并能以数字、图形等多种形式提供给管理者，以实现“三控两管一协调”的管理目标。

根据项目工程、项目公司的具体情况，郑石分公司采用网络化高速公路建设项目信息管理系统来辅助项目公司进行网络化实时管理，以提高公司的整体管理水平。通过使用计算机软件系统，依靠完善的计算机网络来提供一套规范化、自动化、科学化的工程项目管理模式，可以支持工程项目实施过程中涉及的管理部门、业主、监理、施工单位等内部业务及相关业务之间的各种业务交互，达到加速工程项目各种信息的流转速度、提高工作效率、强化工程项目管理的信息化水平、降低工程项目建设成本的目的。

2.1　建设期的“数字高速”

郑石高速联合有关技术支持单位，率先采用“OA办公、网上计量、网银支付”方式，提高了工作效率，加快了资金周转。开发并应用了一套基于互联网、采用B/S架构、实行电子签名的示范项目管理信息系统，财务支付采用网上银行支付形式，在河南省内首次真正实现了“网上计量和支付”。这样做不但节约了管理成本、提高了工作效率，而且在合同管理、质量监控、信息宣传等方面做到了透明化、动态化、实时性管理，体现出信息化时代工程管理的新特点。该系统分为两级管理平台：

①项目管理办公OA系统。设置“工程管理”、“公文处理”、“廉政建设”、“投诉举报”、“纪检监察”等10个子系统，基本实现了管理流程的网络化，有效提高了工作效率。

②项目建设信息化管理系统。设置了“计量支付”、“信息发布”、“合同管理”、“进度管理”、“安全管理”、“工程资料”等6个子系统，满足了业主、施工单位、监理单位“三大建设主体”的业务处理需求。特别是在工程款网络支付方面，进一步简化了申请、审核、签认和支付程序，整个网络支付流程严谨、安全、高效。同时，通过信息化管理系统体现出“效能化、规范化、痕迹化、阳光化”管理的显著特点，从而解决了效率低下、责任不清、暗箱操作等问题，有效避免了收支双方在支付过程中的“人与人”和“一对一”接触，从源头上遏制了不廉洁行为的滋生。

为有效避免以往高速公路建管脱节现象，郑石分公司在网络化高速公路建设项目信息管理系统的基础上，积极构建数字化高速，开发了网络化高速公路建管养一体化项目信息管理平台。该信息平台中的工程交竣工子系统功能主要对建设期的基础数据进行管理，为运营维护管理打下坚实的数据和技术基础。

①工程划分模块：主要是根据投标文件对实际的建设项目自上而下地进行划分，即标段→单位工程→分部工程→分项工程。在该模块中，用户根据提示选择“工程划分名称”，只要用户选择了不同的上级工程划分名称，系统就会自动列出其全部的子项工程划分名称，使用十分方便。

②基础技术数据模块：公路概况类数据包括路线名称、编号、起止桩号、技术等级、车道特征等；路基、路面类数据，包括路基类型及宽度、路面类型、结构形式、路面宽度等；桥涵概况，包括桥涵名称、编码、桩号等；沿线设施概况，包括标线、标志、护栏、防眩设施等；其他资料，如隧道情况、重要道路的交叉情况、沿线地形特征、地质情况、气候状况。

③试验检测数据模块：试验项目(原材料等)、测量检测项目和现场检测项目，通过对采集数据的计算，得出各项目的指标数据，形成满足项目竣工文档格式要求的报告单。

④工程施工质量管理模块:施工过程控制信息如施工温度、施工机械等;检测项目、检测数据处理、质量评定、质量分析。

⑤工程竣工管理模块:竣工检测项目等。

2.2 运营期间的“数字高速”

在运营阶段充分利用已有的技术成果和数据成果,建设覆盖高速公路运营、维护、管理各业务层面的综合数字管理系统,建立高速公路完整性数据库,为高速公路的运营、维护、管理提供现代化的管理手段和技术平台,同时不断积累高速公路运营维护数据和管理经验,为管理决策和智能化交通管理提供数据支持和经验参考。

①路桥检测养护管理系统:将有关路桥养护的文档、图形和各种分散的数据组织和管理起来,及时有效地进行数据更新,避免资源浪费。实现高速公路养护信息集中有效的管理,有效地提高养护管理的效率和科学化、规范化水平。

②监控指挥系统:该系统主要为智能交通指挥、辅助管理决策提供全面的信息服务与决策依据,实现高速公路运营可视化管理,使高速公路正常、有序、高效地运行,提高高速公路经营效率和社会效益。

③路政管理系统:帮助路政管理者快速、高效地完成日常工作,并实现决策上的科学化和管理上的规范化。

④资产管理系统:实现资产账证表的一体化管理,实现各种类别的凭证的输出,实现完善的档案管理,自动输出新制度规定的会计报表,具有强大的查询功能、安全性高、系统运行效率高、高度自动化等特点。

⑤设备管理系统:设备管理系统集业务管理和数据库为一体,提高设备管理的效率,保障养护设备和机械的正常使用。

⑥通信管理系统:通信系统是实现高速公路现代化管理的基础平台,是高速公路收费、监控系统话音、数据和图像的传输通道。既满足高速公路管理和运营的要求,又要为向外提供服务留有扩展的余地,具有适用性好、安全可靠性高、传输速率快、易于升级扩展的特点。

2.3 服务公众型的“数字高速”

郑石高速在构建“数字高速”伊始,就极富远见性地筹备实施高速公路数字信息化运营系统,以期为运营管理人员和司乘人员提供最大的便利和更加人性化的服务。

①方便实用的B/S架构

传统的信息交换成本很高,这就决定了传统的单机版软件和基于C/S结构的软件都不能很好地满足实际要求。郑石高速所建立的数字化系统总体上采用B/S结构,建立基于web的Intranet网络数据库管理系统。该结构事实上是一种类似于终端/主机系统的结构模式,同时又具有客户/服务器模式的分布计算特性,其主要特点是集中管理,也就是说软件的程序、数据库以及其他一些组件都集中在服务器端;客户端无需安装任何内容,只需使用IE即可完成所有的工作内容。

②视频检测系统

随着交通监控图像的增加,监控人员可以考虑对所有的外场监控图像进行视频自动识别分析,利用动态图像自适应技术和车辆图像跟踪技术,对全线所有道路摄像机的视频信号进行识别分析,检测交通突发事件,对车辆碰撞、交通拥堵、车辆逆行、行人上路等事件进行自动识别并及时报警。

③隧道照明方案和温控自动化

根据隧道的特征，结合传统照明与新兴照明的相对优势，考虑在隧道顶部安装 LED 作为主要照明光源，在隧道两侧使用发光光纤做为辅助引导性照明。根据设置在隧道两端洞口外的光强度检测器所取得的实时光强度信息，自动调节 LED 的供电电流，从而实现自动控制隧道内部及出入口过渡段的照明亮度。发光光纤可以作为路线的引导照明，根据隧道内不同的环境变化情况，自动调节光纤照明的颜色。例如，平时正常时呈现为冷色调（蓝色或绿色），当隧道内有烟雾、能见度较差时，可以显示为黄色或橙色。

根据隧道的特性，考虑到通风排烟的需要，隧道内采用光纤测温的技术（光纤激光雷达）来实现对隧道所辖路段内温度的实时监控。同时在隧道内还设有 CO/VI（一氧化碳/能见度）检测器，如果将这些外场设备采集的数据与风机的自动控制联系起来，根据检测到的环境参数与设定参数的比较结果，控制风机运行的组合方式和运行时间，就实现了隧道温控的自动化管理。

④信息自动发布和超速自动提醒

车辆检测器会实时提供车流量、车道占有率等数据，当监控中心的数据采集计算机收到车检器的车道行车数据后，可以根据数据的变化情况进行数据统计，当数据变化超过一定范围时，向信息发布计算机提出事件申请，信息发布计算机根据事件的类型，自动向情报板发送交通诱导信息。

为了防范超速行驶带来的各种危害，可以在路段某处设置超速提醒装置。具体的实现方式如下：在离可变情报板 500m 距离处，可以设置车速感应线圈，并安装抓拍摄像机，当检测到车辆超速时，在可变情报板上就会有超速警告信息，提醒当前行驶车辆减速行驶。由于可变情报板显示能力的限制，如果需要显示车辆的抓拍图像，还需要单独设立一块图像显示屏，可以和可变情报板设置在一起，这样如果车辆超速，就会以图文并茂的方式警告超速车辆，达到限速的目的。

⑤情报板的综合应用

郑石高速沿线的可变情报板将各种信息公示给所有司乘人员。因为在长时间的行驶过程中，面对视觉单一的线形方向前进，驾驶人员很容易产生视觉疲劳。这种视觉疲劳虽然还不至于引起交通事故的发生，但是却可以使驾驶者精力分散，反应相对迟缓。如果在路线中合理地分布一定数量的可变情报板，让不同颜色的字体凸现在公路线形周围，在引起驾驶者注意的同时，可使其精力迅速集中，缓解视觉疲劳的程度，同时也实现了交通信息的传递。可变情报板还能够实时提供雨、雪、雾、冰等不良天气情况，给司乘人员出行提供了更加人性化的便利。

郑石高速位于河南的中部，途径黄土沟壑区、平原微丘区、山岭重丘区，地势跨度很大。沿线有得天独厚的旅游资源，风景融古纳今，自然景观、人文景观和名胜古迹相映生辉。通过可变情报板的实现，及时介绍以上所述的人文景观和自然景观，从而可以使司乘人员在路上就可以感受到浓厚博大的中原文化。

3　技术创新实现科技示范路

郑石高速建设过程中在认真执行《河南省高速公路设计技术要求》的前提下，遵照“学习、借鉴、融会、创新”的原则，充分吸纳国内外先进的设计理念和施工工艺，重视“三新”技术的应用，大规模开展了技术创新，共完成了科研项目十二项，囊括了路基、路面、桥隧、景观绿化、数字信息化、新材料、新工艺和新技术等高速公路建设的各个方面。

3.1　不同填料路基耐久性修筑技术

“不同填料路基耐久性修筑技术”早在 2006 年 2 月就已开展了研究测试工作，研究依托郑石高速公路工程，进行试验分析，通过路基沉降量、孔隙水压力和含水量跟踪观测和路基稳定性、工后沉降量的计算，提出不同地质条件下路基填料耐久性修筑技术控制指标体系。在保证郑石高速公路路基耐久性的前提下，不仅节约了近700万 m^3 取土，而且能够积累资料和数据为《公路路基设计规范》和《公路路基施工技术规范》的修订服务。

3.2 土壤固化剂稳定细粒土在高速公路中的应用技术研究

通过对粉状固化剂、石灰、水泥和土进行室内不同掺量的配合比试验，找出强度符合规范要求的、最经济的配合比及其最佳含水量和最大干密度。研究土壤固化剂稳定细粒土的施工工艺，探讨与普通稳定土施工工艺的差别。通过试验段的铺筑，完善其施工工艺，定性或定量地分析采用土壤固化剂的经济、社会及环保上的效益和作用。在郑石高速路基处理过程中，使用固化剂有效地减少传统处理方法对环境所造成的污染，体现了郑石高速的生态理念。郑石高速对土壤固化剂的大量使用，为推广这一新型材料的应用积累了宝贵经验。

3.3 CFG桩处理桥头跳车优化设计方法研究

“CFG桩处理桥头跳车优化设计方法研究”以有效解决公路建设中桥头跳车问题为目标，通过理论、试验和数值模拟研究，掌握柔性荷载下刚性桩复合地基的工作机理，探讨布桩方式缓解桥头跳车的有效途径，提出以差异沉降控制接坡工后变坡为目标的优化设计方法，CFG桩在郑石高速多个路段桥头部位的地基处理中应用，经过科研项目课题研究人员跟踪观测，其效果明显，有效地解决了桥头跳车这一公路建设的“通病”。

3.4 花岗岩风化料路用性能应用研究

科研项目“花岗岩风化料路用性能应用研究”从风化岩自身的物理力学性质到内掺水泥、内掺石灰和内掺粉煤灰等的力学性能均进行了深入研究，并给出经济、合理的路用材料配合比，正确评价了风化花岗岩做为路基填料的受力与变形性状，为风化花岗岩有效应用于高速公路修筑的可行性给出理论依据。花岗岩风化料已经在郑石高速鲁山境内部分路段应用于地基层铺筑，这在国内外高速公路建设中尚属首次。项目研究小组进行了大量的室内外实验，结果表明，这种新材料路用性能非常稳定，为推广这一新材料、新工艺积累了经验，奠定了基础。

3.5 重交通条件下高模量沥青混凝土路面材料设计与施工技术的研究

郑石分公司开展的“重交通条件下高模量沥青混凝土路面材料设计与施工技术研究”是河南省交通厅立项的科研项目。项目结合河南省高速公路路面工程建设实际，对高速公路路面工程新型路面材料和结构方案的关键技术等难题进行深入的系统研究，提出高模量沥青混凝土路面材料设计方法与施工关键技术。

项目预期将硬沥青成功地应用于河南省高等级公路沥青路面，在条件具备的情况下将成果推广至全国各个省区，力求使高模量沥青混凝土路面在高温稳定性及抗水损害能力方面达到与SBS改性沥青路面相当的水平，由此避免沥青路面的早期破坏，解决高速公路路面工程建设中的关键技术问题，提高公路工程的建设水平。项目研究预期成果将具有广泛的适用性，确保高速公路路面建设工程修筑技术的完整性、科学性、先进性和实用性。

通过本项目的研究，一方面将深化和完善现行规范，提高高速公路工程的建设水平；另一方面，通过系统的合理设计，减少路面工程的早期损坏，提高公路基础设施的使用性能，延长使用寿命，保证公路畅通和行车安全。该课题的研究成果对其他等级公路的路面工程的结构材料设计和施工也有重要的参考价值。因此，其研究成果将具有广阔的推广应用前景，可创造良好的社会效益与巨大的经济效益。

3.6 高速公路沥青路面车辙及水损坏平衡防治对策的研究

车辙和水损坏是目前国内沥青路面的主要病害，而抗车辙与抗水损坏对沥青混合料及路面结构组合的某些要求是互相矛盾、互相制约的，因此，不能顾此失彼。“高速公路沥青路面车辙及水损坏平衡防治对策的研究”通过理论及实验研究，分析水、高温及超载等因素对沥青路面抗车辙变形及抗水损坏能力的影响，提出沥青路面抗车辙与防水损坏的平衡设计原则，并相应地提出防治措施，该项目的实施开展贯穿于郑石高速路面工程铺筑始终，为郑石高速打造精品示范工程提供了很有力的技术支撑。

3.7 新型SEAM改性沥青混合料设计与修筑技术

目前，我国部分高速公路已使用了新型SEAM改型沥青，尚缺乏新型SEAM改性沥青混合料成熟的施工与质量检测技术。科研项目“新型SEAM改性沥青混合料设计与修筑技术”根据SEAM改性沥青混合料的性能与特点，在郑石高速公路路面四标铺筑了试验段，结合大量的室内试验提出相应的配合比设计方法、性能评价、施工温度、压实工艺等以及施工质量检测技术。目前所铺筑的试验段路面性能稳定，为这一新型改性沥青混合料的推广提供了有力佐证。

3.8 节能型温拌沥青混合料路用性能评价研究

开展“节能型温拌沥青混合料路用性能评价研究”项目的目标是研究高节能低排放型的新一代沥青路面材料，即温拌沥青混合料的材料与应用技术研究，包括结合料的性能要求、配制原理和生产方法、温拌沥青混合料的配合比设计与性能评价以及生产应用技术，为温拌沥青混合料的推广应用和相关技术规范的制定奠定基础。在本项目实施过程中，有效地解决了隧道施工高温沥青混合料施工所导致的空气污染，施工难度大等技术难题。新型温拌沥青混合料作为一种节能型沥青拌和技术，该技术已经达到国际先进水平，其推广应用必将产生非常深远的影响。

3.9 高速公路环境景观及其影响研究

科研项目“高速公路环境景观及其影响研究”以郑石高速公路建设为依托，针对郑石高速公路沿线环境和人文特点，系统地运用公路环境工程学、园林学、园林美学及建筑学中的各种理论及设计手法，对郑石高速公路的环境景观进行科学合理设计，建立公路环境影响评价的综合体系，对郑石高速公路环境损益进行分析。该项目的研究成果对减小郑石高速公路建设对环境的影响，实现经济社会的可持续发展具有重要意义。

3.10 复杂地质公路隧道施工监控及质量控制成套技术研究

科研项目“复杂地质公路隧道施工监控及质量控制成套技术研究”研究：适用于不同地质类别公路隧道施工监控量测的内容、元件选择、埋设工艺、数据采集与处理，以及监控量测信息反馈的成套技术。针对公路隧道的特点，研究涵盖于公路隧道建设每一工序的质量检测内容、方法和质量评定指标，并结合研究成果编制一套隧道工程质量控制管理软件。该项目的实施开展为郑石高速始祖山隧道的顺利开通及运营提供了有力技术保障。

3.11 河南省郑石高速公路建管一体化管理信息系统研究

“河南省郑石高速公路建管一体化管理信息系统研究”目的是借鉴和总结国内外公路建设的先进管理理念，结合我国公路建设的实际状况，开发符合我国国情以及时代要求的公路工程建设信息化管理平台，为构建“数字高速”新理念提供技术支撑。

3.12 河南综合示范工程系统研究

河南省在不断摸索的公路建设跨越式前进过程中，遇到了诸如经济制约与发展需求、生态问题与技术限制、工程建设与技术保障等一系列问题。如何在满足高速公路的快速和安全的同时也满足对高速公路的舒适、经济和可持续发展等诸多方面的需求，这为河南乃至全国的高速公路建设提出了更高的要求。郑石分公司和河南省交通厅联合开展的科研项目“河南综合示范工程研究”依托郑石高速工程建设实际，对河南交通事业大发展以来的科研成果和技术创新进行的一次全面系统的集成研究，课题选择具有较高地区代表性的问题和技术进行研究，力争研究成果具有创新性、普遍性和实用性，在同类地区具有较高的推广价值；某些研究工作的开展还将填补我国在相关研究领域的空白，为我国高速公路建设的发展做出贡献。

该综合课题的研究成果将促进我省交通建设再上新台阶，从而确定河南省高速公路在全国高速公路网枢纽中心地位，拉动地方和国家GDP增长再上新台阶，为实现中原崛起、构建和谐社会做出新的更大贡献。

4 管理创新实现建设优质高效

郑石高速公路工期紧、任务重、标准高、要求严，工程建设又要满足“典型示范工程”的各项硬指标，困难很大，压力很重，要充分处理好、解决好这些困难，变压力为动力，就必须在管理理念、管理思路、管理模式、管理方法上大胆创新，在保证质量的前提下提高工作效率、加快工程进度，才能“又好又快”地完成各项任务。

4.1 创新管理模式，提高综合效能

根据郑石高速公路建设里程长、投资规模大、工期要求紧、协调任务重、地质环境复杂、集约管理难度大等特点，经过集体研究、多方论证，果断决策在工程管理方面实施了“条块结合、责权一体、分段管理”的工程管理模式，根据不同时期工作重心转移，在工程建设一线设置了A、B、C、D4个业主代表处。业主代表处受郑石项目公司直接领导，具体负责所管辖区域内的工程建设及管理工作，督促工程进度、监督施工质量、协调难点问题，从根本上解决了集约化、规范化管理难度大的问题，实现了靠前指挥、现场管理、全过程督导的管理设想。这种条块结合的举措在河南高速公路建设中尚属首次，对后来高速公路的建设管理起到很好的借鉴作用。

针对郑石高速公路工程建设实际，适时开展劳动竞赛活动，加快工程进度；采用自动化办公系统，实行网上计量支付，减少人为因素所导致计量工作滞后；交通厅督导组常驻工地进行督导，采用“政治、经济、舆论”三结合手段，及时解决施工环境中存在的问题，保证施工进度，避免资源浪费；采用动态设计理念，四方现场及时解决设计中存在的问题，保证施工进度；超前进行工作安排，提前进行谋划，科学管理，合理压缩和交叉，在有限的时间内保证设计、招标、施工等按计划顺利进行；加强工程进度考核，及时发现存在的问题，及时对有关单位进行帮扶，保证施工进度。

4.2 五方质控体系，确保工程质量

河南以往高速公路建设通常采用三方质控体系，这种质控体系受各种因素的影响，质量保证上存在着薄弱环节，郑石高速引入第三方检测单位，在全省首次实行了五方联合质控体系，即实行施工单位自检、监理单位抽检、第三方检测、业主管理和政府监督五级质保，在质量控制程序上形成了“多层过滤”的管理模式，有效减少了质量问题的出现。同时引入了由长安大学、长沙理工大学、北京建筑工程学院、中交二院、河南省交通科研院等科研院所组成的技术服务团队，对郑石高速项目的设计、质量、配合比优化、科技创新和应用进行全方位、全过程的跟踪服务，提高了科技含量，保证了工程质量，加快了工程进度。

4.3 创新廉政建设，完善防腐体系

全面加强项目建设过程中的党风廉政建设和纪检监察工作是保证建设质量，加快工程进度，圆满完成施工任务的必要条件。一是抓组织建设。不断强化对党风廉政建设和纪检监察工作的领导，迅速成立了“郑石项目公司党风廉政建设领导小组”；二是抓廉政教育。开展全员“廉政教育活动”，经常性地学习交通厅“五条禁令”和中原高速项目管理人员廉洁从业“双十规定”，并下发了《郑石高速公路项目建设廉洁从业行为规范》，从制度上严格规范项目公司管理人员的工作行为，构建廉政保障体系；三是抓廉政监督。在郑石高速网站设置“廉政举报专栏”，拓宽廉政监督渠道，在公司网站上设置了廉政举报专栏，在工程建设一线公布了廉政举报电话，设置了廉政公示牌，并向参建人员发放了廉政监督卡，把不廉洁行为置于严密的监督防范系统之中，营造出了不敢、不愿、不能腐败的廉政高压态势；四是布控关键环节。工程招标、材料采购和计量支付是不廉洁行为的易发、高发环节。在招标方面，我们首先采用了“模拟材料单价”和“分组编制标底”的办法确保标底编制工作的严密性；其次推行“有限低价的评标办法”和“商业摇号确定降价系数”的办法避免了围标、串标及哄抬标价的不法行为；再次是通过科学控制标底合成后送达开标现场与投标人递交标书的时间差，避免了由于泄密而可能出现的作弊行为。在材料采购方面，我们实施了“材料准入制度”，利用网络平台发布招商公告，按照“四个公开”原则公开采购信息、公开供应商资信要求、公开采购程序、公开监督电话，设备材料供应商在网上提交入围申请，由施工单位根据需要随机确定材料供应商，杜绝了在材料采购过程中的违法违纪行为。在工程款的支付方面，我们利用网络资源，在省内首次实现了工程款的网上申请、审核、签认和支付，不仅提高了工作效率，而且避免了支付过程中的“人与人”和“一对一”接触，从源头上防止了不廉洁行为的滋生。

5 工程建设服务于和谐社会构建

郑石高速公路始终把项目建设与确保施工人员的各项权益，维护失地农民的权益等有机结合起来，积极处理好关系群众切身利益的问题，努力使郑石高速工程建设融入和谐社会建设这一大环境中。社会的和谐主要体现在高速公路的建设要利民。高速公路的建设不可避免的会改变沿线的交通规划、村庄布局、生产、生活等，要占用耕地，破坏环境，影响到社会的可持续发展。因此，若要保证社会的和谐，高速公路的设计和建设中就要充分考虑沿线群众的生产和生活需要，就要保证群众的利益不受到损害。

5.1 及时兑付补偿款，维护失地农民的权益

严格按政府制定的补偿价格进行征地拆迁补偿，及时足额兑付征地拆迁款并按规定进行公示；针对征地拆迁过程中出现的共性问题如三角地、孤岛地、井地分离等不便或无法耕种、浇灌以及由于施工中引起的震动损坏的情况，及时与地方协调指挥部沟通协商，拿出切实可行的调整或补偿方案。

5.2 建设与利民同行，切实保护群众利益

充分征求当地村民意见，不断优化天桥、分离式立交和涵通道方案，互通立交、分离式立交、涵洞、通道的设置要充分征求地方政府和沿线有关方面的意见，要满足地方的规划发展、生产和生活需要。全线共改路、改渠、改沟总里程达 317km，改善了地方路网，各天桥之间连接顺畅，施工便道标准高，使地方路网整体档次、等级得以提升。郑石高速原设计互通立交 12 处，根据地方发展的需要，增设了下汤互通立交，增加投资近 7 000 万元；全线设计分离立交 74 处、天桥 35 处，通道 244 道，涵洞 133 道，全部征求了地方政府和有关方面的意见，平均每公里

通道(天桥)1.53处,极大地方便了百姓的生产和生活。在全线排查基础上拿出解决涵通道积水的方案并随主体工程同时实施,坚持利民而不扰民的原则,尽最大可能方便沿线群众的生产生活;成立专门的清欠办事机构,采取检查、预扣施工单位民工工资基金、委托代扣支付、三方协调督促等方式,及时解决农民工工资和有关上访问题,保持稳定大局;对建设期使用地方道路问题,按照有关规定和协议文件,及时督促施工单位进行维护、恢复或支付有关费用;对施工期间的预制厂等临时占地,在施工结束后对表面进行全面清理,对混凝土等结构进行全面破除,对施工垃圾进行远运填埋处理,保证临时占地及时复耕;施工垃圾填埋深度不小于1m,保证覆土厚度大于1m,以保证植物等生长的需要。

5.3 协调问题限时结办,及时化解矛盾纠纷

坚持"路内问题路外解决、提前解决"的协调原则,及时化解各种纠纷和矛盾,一般问题24小时内解决,重大问题3天内解决,既要保障良好的施工环境,又要确保群众的合理合法利益不受损坏。高速公路的建设截断了原有的道路和沟渠,因此必须对改路、改渠、改沟进行详细、可行的设计。"三改"的设计要充分征求地方意见,照顾地方的发展,标准应不低于原设计,要结合地方的建设对路网进行完善、联通,对排水设施进行修复、疏通,解决群众出行、排水等方面的困难。

6 结语

借助良好的施展平台和技术载体,郑石高速公路在典型示范工程打造,"数字高速"建管一体化构建,新技术、新工艺、新材料开发与应用,管理体制创新等方面做了积极的探索和有益的尝试;结合项目特点和区域特色,郑石高速以建设"优质、高效、守法、安全、利民、环保"的和谐样板工程为实践;按照畅、洁、绿、美、安"五位一体"标准,研究创建示范路规范和技术集成,打造涵盖设计铺装、环保人文、贴近自然景观的一道靓丽风景线,实现了资源节约、生态和谐、景观协调、文化丰富、以人为本和廉洁高效的建设目标。

郑石高速已被塑造为河南高速公路的一张"名片"。郑石高速的建成通车不仅能极大地改善沿线地区的交通条件、促进区域经济的快速发展、构建800里伏牛山生态景区块和沟通豫中能源运输快速通道,而且还将促进河南省高速公路网的形成,进一步完善河南省公路网布局,缓解京珠线郑州至许昌段的交通压力,发挥郑州大都市圈的辐射带动作用,促进"中原城市群经济隆起带"的建设。

郑石高速的建设承载着中原人民经济发展的愿望。她的建设通车,为完成中原崛起的重任,将增添绚丽的一笔,为构建和谐社会谱写更新、更美的篇章。

高质量，长寿命，建设耐久性沥青路面结构与技术研究

宋春雷[1]　黄晓明[2]

（1. 河南中原高速公路股份有限公司；2. 东南大学交通学院）

摘　要　经过多年的实践，我国沥青路面建设已经积累了丰富的经验。我国沥青路面结构虽然千变万化，但目前主体还是以半刚性基层沥青路面为主。为了更加丰富我国沥青路面的类型，同时在全寿命费用的理念上进行技术经济比较，耐久型沥青路面是必然的选择。本文结合我国实际，推荐了半刚性基层＋过渡层（级配碎石、ATB、ATPB、LSPM）＋沥青路面及 CRC＋AC 的沥青路面结构组合，供设计人员参考使用。

关键词　耐久型沥青路面　轴载谱　沥青稳定基层 ATB　沥青稳定排水基层 ATPB　大粒径透水性沥青稳定基层 LSPM

1　引言

我国现行的《公路沥青路面设计规范》规定：高速公路、一级公路沥青混凝土路面设计年限至少为 15 年（实际原有的高速公路沥青路面设计一般采用 15 年）。实际使用中，由于迅速增长的交通量，以及超载和重载车辆的存在，我国高速公路使用寿命经常低于原有的设计使用期。大量、频繁的维修、罩面或改建不仅妨碍了交通安全，使养护费用、用户费用剧增，带来路面总投资的增加，由此导致经济损失，还造成了一定的负面社会影响。为此，迫切需要对沥青路面耐久性进行深入研究，确保其良好的路用性能和长期的使用寿命。

在国外，耐久性沥青路面的概念并不是最近才提出来的。它起始于欧洲，并在美国得到广泛应用。相关的试验路表明，采用合适的路面结构组合和沥青层厚度是更经济的路面设计策略。只要能够保证耐久性，最有效的路面结构为薄的磨耗层、合理的沥青层结构组合基层和底基层，即在有很强抗高温变形能力层＋耐疲劳性能的结构层上加铺一定厚度的磨耗表层可以构成一种耐久性能良好的路面结构。只要在使用期内每隔一段时间更新一次磨耗层以保证沥青路面结构的平整性和抗滑性能，从而实现沥青路面的耐久性。这样的路面结构不仅是路面结构在整个使用期内经济更加节约，而且维修只限于磨耗层，由此实现了用户的安全性与舒适性及经济效益和社会效益的最大化。

2　耐久性沥青路面的概念

20 世纪 50 年代初，英国修建了多条设计寿命为 20 年的试验路。受英国公路署、英国建筑材料协会和沥青协会委托，交通研究实验室（TRL）在分析这些试验路路面性能的基础上，提出了耐久性路面设计方法。在使用中，道路不会出现沥青基层的疲劳开裂或者来自路面结构深层的过度变形，只要在表面开裂和车辙对路面的整体性造成严重的影响之前进行处理，所设计道路在相当长的时间内仍会保持完好的服务能力，不需要结构性维修而使用期至少可以达到 40 年。

对于耐久性路面结构厚度，TRL 认为即使考虑了更大的交通流量、可能的表面开裂以及最大轴重的增加，包括通常密级配沥青碎石基层在内，39cm 厚的沥青层就足够了。试验路表明，采用高模量基层(HMB)是更经济的耐久性路面设计的策略。只要能够保证耐久性，最有效的路面结构为薄的磨耗层、HMB 基层和底基层，即在有很强的抗变形能力的 HMB 层上加铺 2.0～3.0cm 的磨耗表层可以构成一种抗车辙性能良好的路面结构。在将来可以每隔一段时间更新一次磨耗层而保护磨耗层之下各层的永久性。这样的大修不仅进行得更加快速，而且其费用也只限于磨耗层，同时也实现了用户的安全性和舒适性。而详细的 40 年费用效益分析(包括建设费用、结构性维修引起的交通延误费用和其他费用)表明：修建耐久性路面的经济效益是非常好的。

在美国，从 20 世纪 60 年代各州开始修建全厚式沥青路面和深层高强度沥青路面结构。全厚式沥青路面是各沥青层直接铺筑在土路基上，深层高强度沥青路面是沥青面层和基层铺筑在相对比较薄(10～15cm)的粒料基层上。这两种路面结构最初的设计寿命都是 20 年。大部分的全厚式沥青路面和深层高强度沥青路面到了使用年限以后，仍具有较好的结构强度，而仅需要对其表面功能作些修复，如薄的罩面或铣刨、罩面，即可恢复其服务能力。

与铺筑在厚粒料层上的路面相比，这两种路面的突出优点是结构总厚度比较薄。这有利于降低沥青层底的拉应变，从而降低其疲劳开裂的可能性，如图 1。同时，美国国家沥青技术中心(NCAT)的研究表明，厚层路面结构的车辙主要发生在表面 5cm 以内。这时，最经济的解决办法是铣刨表面层，再换同样的材料。

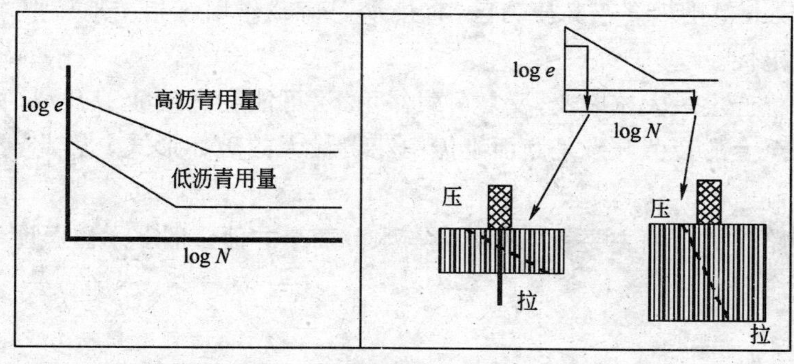

图 1　抗疲劳沥青层(N =疲劳循环次数，e=应变)

可见，耐久性沥青路面就是保证路面不发生结构性破坏，而对路表面的功能性损坏进行定期维修，使路面使用期可达 40 年，甚至 50 年以上。

国外常用沥青路面设计方法中考虑的路面结构性破坏，即路面设计标准有：沥青层底面的水平拉应变与路基表面的垂直压应变。

沥青路面的设计方法可分为两大类：经验或半经验法、解析法或理论法。经验法是通过试验路的试验观测，积累大量有关路面结构、荷载大小和作用次数以及使用性能关系的数据，经过整理后建立使用性能指标同路面结构和荷载参数间的经验关系式，据此设计路面结构。美国各州公路和运输工作者协会(AASHTO)路面结构设计方法就是典型的经验法。

经验法实质上并非完全是经验性的，在整理观测数据过程中都应用了某些理论建立各影响变量之间的关系。这种方法的主要缺点是其应用受环境和材料等条件的限制。

解析法或理论法是建立路面结构的力学模型，寻求此类模型中应力、应变和位移方程的解；表征各结构层材料在特定的环境和荷载条件下的力学性质；定义以基本的应力、应变和位移量表示的设计标准；并用简便的方式表示设计系统。我国的沥青路面设计方法即属于这类方法。

国外进行耐久性路面设计时，还是以理论设计法为基础，不同的是针对路面的主要破坏形式、各结构层所处的位置不同、功能不同、要求不同而进行各层单独的性能设计，可称之理论—性能设计方法。

路面直接承受交通荷载与气候的共同作用，耐久性沥青路面设计时即考虑这两方面的因素。图 2 示出荷载作用下耐久性沥青路面的设计概念。研究荷载作用下，路面结构内部应力应变的分布，则可见：

3.8~7.6cm 高质量的沥青混凝土或 OGFC
10~15cm 高压力区
11~17.8cm 高模量、
抗车辙材料
最大拉应变
7.6~10cm 柔性抗疲劳材料
路基

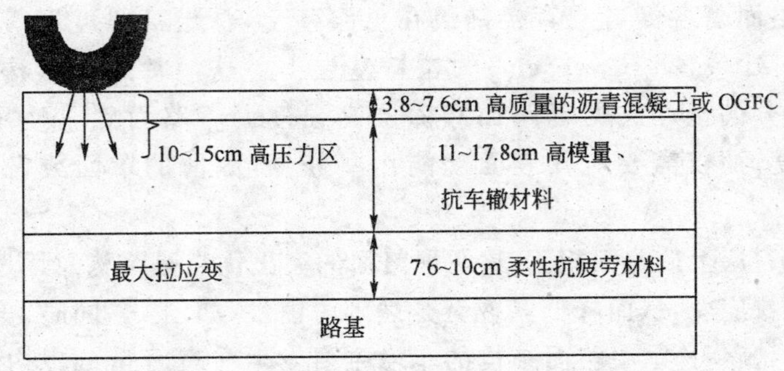

图 2　荷载作用下耐久性沥青路面设计

表面 10～15cm 范围内属于高压力区，直接承受荷载作用。相应地就要求路面表层和中层具有足够的稳定性。

下层底面处将产生最大拉应变，反复荷载作用下，可能会产生疲劳开裂，并延伸到路面表面。而这种由底至上的疲劳开裂是路面维修中花费最大的破坏形式。因此，要求下层有足够的疲劳稳定性。

气候对沥青路面的影响主要表现在温度与水分两个方面。图 3 示出温度作用下耐久性沥青路面的设计概念。

温度
厚度
高性能沥青材料
SMA, OGFC or SuP 3.8~7.6cm
使用适当的沥青材料
抗车辙材料
（多种）
使用适当的沥青材料
抗疲劳材料
7.6~10cm
路基

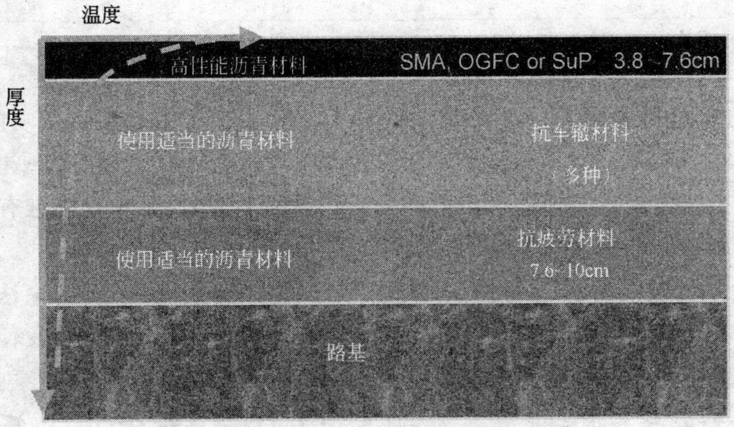

图 3　温度影响下耐久型沥青路面设计概念

可见：在沥青路面表面层温度变化较大，路面需经受两个极端温度；相应地需要在路表应用高性能、耐久的沥青材料。

在路面中层和下层，由于温度梯度下降很快，高温与低温间的差异不像路表那么明显，只需使用适应交通与气候条件的适当沥青材料即可。

为减少水的影响，考虑排水和密水两个方面。即在表面层使用SMA结构，不让水分渗透到路面结构中；或使用开级配抗滑磨耗层(OGFC)形成粗糙的行车表面，同时不至于在车轮与路面间形成水膜，引起车轮打滑。

总体上，耐久性路面的设计思路是：采用适当的材料、级配，使路面上层抗车辙、耐磨耗；中层抗车辙、稳定性好；下层比较柔，需采用高的沥青用量和一定的层厚，使路面不发生从底到上的疲劳破坏。则保持路面不发生结构性破坏，定期（大约20年一次）更换表面功能层，道路使用寿命可达到40年以上。

3 耐久型沥青路面的结构组合

3.1 国内沥青路面结构组合研究

从我国20世纪80年代后期开始修建高速公路以来，有两条高速公路：京津塘高速公路和广深高速公路，采用了相对国内强基薄面来讲较厚的沥青面层。京津塘高速公路沥青面层的厚度达到了20cm以上，广深高速公路的面层厚度达到32cm。从使用的情况来看，这两条高速公路早期破坏现象明显比其他高速公路好。2002年5月起对广深高速公路全路段的路面进行了检测，裂缝类的破坏很少，较厚的面层对防止反射裂缝、疲劳裂缝的产生起到至关重要的作用，从而也减少了路面因裂缝而随之出现的各类早期破坏现象，同时整个路段的平均车辙深度只有7.77mm。

表1是美国推荐的典型的长寿命沥青路面的结构组合，从中可以看出，沥青路面包含磨耗层、联结层、基层和处治层。结构层符合个层位的受力特性。

美国长寿命路面概念设计的道路 表1

道路名称	设计年限	交通量	路面结构
I-5	40	—	磨耗层5cmOGFC，最大公称粒径19mm，沥青PG70-28 联结层25cm，Superpave19，沥青PG70-22 碎石化混凝土
I-35	—	2001年平均日交通量12 400辆，载货汽车占36%；预计2021年平均日交通量23 100辆	磨耗层7.5cmSMA19，沥青PG76-22 联结层7.5cm，最大公称粒径19mm，沥青PG76-22 基层20cm，最大公称粒径19mm，沥青PG70-22 抗疲劳层5cm，Superpave12.5，沥青PG64-22 石灰稳定土20cm
I-695	30	预计2020年平均日交通辆236 000辆；ESALs为76 000 000	磨耗层5cmSMA 联结层7.5cm，最大公称粒径19mm，沥青PG70-22 基层30cm，最大公称粒径37.5mm沥青稳定碎石 级配碎石15cm
I-710	30	ESALs为200 000 000	磨耗层2.5cm，OGFC，改性沥青 联结层7.5cm，排水沥青混凝土，油石比4.7% 基层15cm，沥青混凝土，沥青PG64-16，油石比4.7% 抗疲劳层7.5cm，沥青混凝土，油石比5.2%

注：ESALs——累计标准轴载作用次数。

目前，国内对沥青稳定基层研究较多，铺筑了多条试验路。如交通部公路科学研究所在青海省铺筑的马平高速公路沥青路面试验路；东南大学在河南省开封市境内的商开高速公路兰杞连接线上铺筑的试验路，在 204 国道山东段改造工程中铺筑的试验路。这些对沥青稳定基层的研究，为长寿命路面研究提供了很有价值的参考。

山东省也请美国专家设计了永久性路面结构，各层厚度如表 2 所示。

美国为山东设计的长寿命路面各层层厚汇总表(cm)　　表 2

各层混合料	土基的回弹模量					
	35MPa			85MPa		
	AASHTO	永久性 70 $\mu\varepsilon$	耐久性 100$\mu\varepsilon$	AASHTO	永久性 70$\mu\varepsilon$	耐久性 100$\mu\varepsilon$
SMA	1×5	1×5	1×5	1×5	1×5	1×5
AC20(Superpave 设计)	1×5	2×7	1×8	1×8	1×8	1×6
AC25(Superpave 设计)	2×10	2×9	1×10	1×10	2×9	1×8
排水层	1×14	1×14	1×14	1×10	1×10	1×10
疲劳层	1×10	1×10	1×10	1×10	1×10	1×10
合计	57	61	47	43	51	39

表 3 中 FDAC 为抗疲劳层。抗疲劳层是保证长寿命路面不发生疲劳破坏，产生从下而上的疲劳裂缝。研究表明，旧混凝土路面上的沥青加铺层抵抗反射裂缝的能力主要取决于混合料本身。在沥青正常使用范围内，沥青用量越大，混合料疲劳寿命越长，即抵抗反射裂缝的能力越强。同样厚度的沥青加铺层，采用不同的沥青，不同的沥青混合料，设置不同的防裂层，其抗反射裂缝能力明显不同：上面层采用 SMA-16 混凝土的抗裂能力是 AC-16 型沥青混凝土抗裂能力的两倍以上，使用改性沥青的混合料抗反射裂缝能力有所增强。在沥青混合料中加入聚合物纤维材料来提高混合料的疲劳性能，称为纤维沥青混凝土。根据美国宾夕法尼亚州立大学的研究和在公路中的应用实践，聚合物纤维因其比表面积大，也有一定吸收沥青的作用，使沥青用量增加 0.1%～0.2%，能使混合料的性能得到普遍提高，疲劳寿命提高了 25%～45%，车辙减小了 45%～53%。

同时，国内其他省市也进行了大量的长寿命沥青路面结构组合的研究。

沿江高速公路试验段结构形式汇总表　　表 3

D	E	C	B	A(常规结构)
沥青层 45cm	沥青层 10cm	沥青层 25cm	沥青层 25cm	沥青层 18cm
SMA-13 4cm	SMA-13 4cm	SMA-13 4cm	SMA-13 4cm	SMA-13 4cm
CDAC-20 6cm	CDAC-20 6cm	CDAC-20 6cm	CDAC-20 6cm	CDAC-20 6cm
CDAC-25 8cm	CRCP 26cm	CDAC-25 8cm	CDAC-25 8cm	CDAC-25 8cm
ATB-25 18cm		ATB-25 7cm	ATB-25 7cm	CS 基层 19cm
FDAC-13 9cm	CS 基层 20cm	GRH 过渡层 15cm	CS 基层 15cm	CS 基层 19cm
GRH 16cm		CS 基层 16cm	CS 基层 16cm	
二灰土底基层 15cm	二灰土底基层 20cm	二灰土底基层 20cm	二灰土底基层 20cm	二灰土底基层 15cm
石灰处理土基 80cm	石灰处理土基 80cm	石灰处理土基 80cm	石灰处理土基 80cm	石灰处理土基 80cm

3.2 河南沥青路面结构组合研究

河南在国内最早从事沥青稳定基层的研究并铺筑了沥青稳定基层沥青路面试验路，1999年在开封铺筑了全国第一条沥青稳定基层和沥青稳定排水基层的试验路，见表4。

国内第一条沥青稳定基层试验路的路面结构形式汇总表（cm） 表4

<table>
<tr><th>试验段编号</th><th colspan="3">面 层</th><th colspan="3">基 层</th><th>底 基 层</th></tr>
<tr><td>1</td><td colspan="2">AC-13I
（4）</td><td>AC-20I
（6）</td><td>沥青稳定基层
（15）*</td><td colspan="2">二灰
（16）</td><td>二灰稳定土
（18）</td></tr>
<tr><td>2</td><td colspan="2">AC-13I
（4）</td><td>AC-20I
（6）</td><td>沥青稳定排水层
（15）*</td><td colspan="2">二灰
（16）</td><td>二灰稳定土
（18）</td></tr>
<tr><td>3</td><td colspan="2">AC-13I
（4）</td><td>AC-20I
（6）</td><td>沥青稳定排水层
（10）*</td><td>AC-20I
（5）</td><td>二灰
（16）</td><td>二灰稳定土
（18）</td></tr>
<tr><td>4</td><td colspan="2">AC-13I
（4）</td><td>AC-20I
（6）</td><td>乳化沥青稳定基层
（15）*</td><td colspan="2">二灰
（16）</td><td>二灰稳定土
（18）</td></tr>
<tr><td>5</td><td colspan="2">AC-13I
（4）</td><td>AC-20I
（6）</td><td>二灰稳定碎石
（15）*</td><td colspan="2">二灰
（16）</td><td>二灰稳定土
（18）</td></tr>
<tr><td>6</td><td>磨耗层
（1.5）</td><td>AC-13I
（3.5）</td><td>AC-20I
（5）</td><td>级配碎石基层
（16）*</td><td colspan="2">二灰
（16）</td><td>二灰稳定土
（18）</td></tr>
</table>

之后，在许多实体工程进行了柔性基层和沥青稳定基层路面结构研究，为国内长寿命沥青路面的研究和应用提供了技术指南。如济焦高速公路铺筑了4cmSMA＋6cmAC-20＋13cmATB25＋19cm水泥粉煤灰稳定碎石基层（3.0MPa）＋30 cm水泥粉煤灰稳定碎石底基层（2.5MPa）。

郑石高速公路结合交通量和路基实际也进行了沥青稳定基层（10cm ATB30）的实体工程铺筑，为进行长寿命沥青路面的研究和总结奠定了基础。

3.3 耐久性沥青路面结构组合建议

根据国内外耐久性沥青路面的实践和我国沥青路面的实际，提出表5所示的耐久性沥青路面结构组合建议，供道路设计人员参考。

耐久性沥青路面结构组合建议 表5

沥青路面结构层位	建议厚度（cm）	材料类型	说明
上面层	4～4.5	AC-13 SMA-13 Sup-12	采用改性沥青。抗车辙和抗滑性能为主要设计目标。必要时可以采用排水性沥青路面PA-13或OGFC
中面层	6～8	AC-20 Sup-20	采用改性沥青。抗车辙性能为主要设计目标
下面层	8～10	AC-25 Sup-25	抗车辙性能和抗疲劳性能为辅助设计目标。必要时沥青采用改性沥青。采用ATB或LSPM时可以不设。采用ATPB时必须进行下层疲劳验算
ATB或LSPM或ATPB	10～12（可不设）	ATB-25 LSPM-25 ATPB-25	LSPM和ATPB建议采用改性沥青，以保证其水稳定性和疲劳性能
FDAC	4～6（可不设）	FDAC-13	如果基层采用级配碎石，建议应设置抗疲劳层。如果基层采用无机结合料稳定材料，则可以不设置抗疲劳层，上层直接设置AC-25、Sup-25、ATB-25、LSPM-25、ATPB-25

续上表

沥青路面结构层位	建议厚度(cm)	材料类型	说明
级配碎石	15～25(可不设)		半刚性基层顶面设置级配碎石以减少反射裂缝。但上面必须设置抗疲劳层
半刚性基层（水泥稳定粒料）	20～40	CTB-25	材料组成设计以7d无侧限抗压强度为主，一般建议采用3.5～4.0MPa。可以采用振动成型确定水泥剂量
半刚性底基层（低剂量水泥稳定粒料或二灰土）	20～40	CTB-25	材料组成设计以7d无侧限抗压强度为主，一般建议采用2.5～3.0MPa。可以采用振动成型确定水泥剂量

3.4 连续配筋混凝土基层＋沥青路面的长寿命结构组合

作为刚性基层沥青路面的一种，CRC-AC复合式路面是在连续配筋混凝土（CRC）路面上加铺沥青混凝土(AC)面层的一种耐久性路面结构。CRCP在纵向配置连续钢筋，中间不设横向接缝，不仅提高了路面板的整体性，具有较高的承重能力；还克服了普通水泥混凝土路面容易出现的板角断裂、唧泥等病害，具有较好的耐久性。而AC层又可以进一步改善行车舒适性与CRCP的工作环境，并且具有维修方便的优点。CRC-AC复合式路面则充分利用了CRCP在承受重载交通和耐久性方面的明显优势，以及沥青混凝土路面行车舒适和维修方便等优点。它能够在重载交通情况下，提供较好的路用性能，并在较长使用期内不发生结构性破坏，只需对沥青混合料面层进行养护，具有耐久性路面的特点。

在国外CRCP现已广泛地应用于高等级公路、机场道面及现有道路的加固，CRCP上加铺沥青层的道路也很多，在荷兰CRC-AC复合式路面更是得到了广泛的使用。目前我国已建成了多条CRCP以及CRC-AC复合式路面试验路和实体工程，见图4。根据国外CRC-AC复合式路面的发展与使用情况及我国国情，可以预计CRC-AC复合式路面将在我国得到逐步推广。

根据研究，推荐的CRCP＋AC主要结构组合见图5，其中沥青层的厚度8～12cm、CRCP层的厚度24～26cm。基层采用水泥稳定粒料或贫混凝土，并且建议一定要采用稀浆封层或沥青混凝土表面处治，以保证整体路面结构的稳定性。

图4 沪宁高速公路(江苏段)扩建工程 CRCP＋AC试验段图

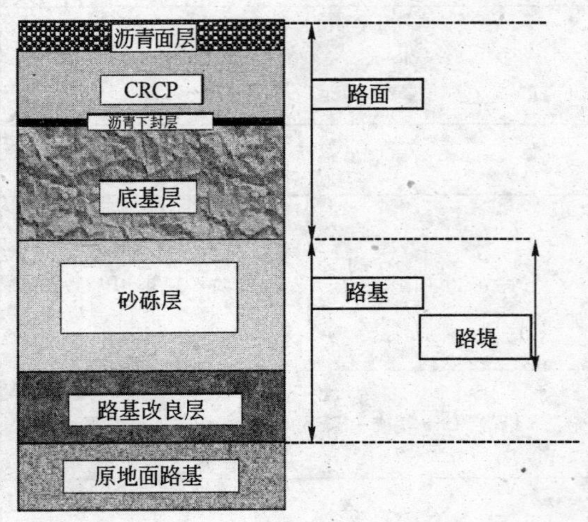

图5 CRCP＋AC的结构组合图

5　结语

本文结合我国高速公路沥青路面结构设计及工程使用的实际，对耐久型沥青路面结构类型进行了研究，主要结论如下：

（1）论述了耐久型沥青路面的基本概念，从结构层的功能和阶层两方面指出了结构与材料的要求。

（2）结合国内沥青路面轴载的调查，具体分析了我国沥青路面实际的轴载状况，从一定程度上指出了我国沥青路面设计与施工必须结合交通轴载实际。

（3）分析了我国耐久型沥青路面研究和应用的实际，推荐了耐久型沥青路面的结构和材料。

（4）分析了 CRC＋AC 作为耐久型沥青路面的可行性，同时进行了实际使用分析，说明 CRC＋AC 是一种耐久使用的路面结构类型。

科技创新建设和谐交通

——郑石高速公路综合示范工程系统研究

张付雄　宋　锋

（河南中原高速公路股份有限公司）

摘　要　本文从河南省高速公路建设实际状况，依托郑石高速公路工程建设实际，对河南省高速公路典型示范工程成套技术进行深入的系统研究，研究内容包括河南地方标准的应用和实现，高速公路路基、路面、隧道设计和施工等先进理念的研究和实施，高速公路生态及景观成套技术的开发，高速公路管养一体化的数字化实现，国内外有关高速公路新材料、新技术和新工艺的应用和进一步开发和创新。并全面介绍了郑石高速公路开展综合示范工程系统研究的项目的经济、社会和环境效益。

关键词　综合示范　科技创新　资源节约　景观文化　和谐工程

1　引言

随着我国经济建设的发展，地区间人货交流数量的增加，对交通的需求日益提高；特别是近十几年来，为了适应经济建设高速发展的需要，我国高速公路建设突飞猛进，2006 年年底，全国高速公路通车总里程已达 4.54 万 km。但是伴随着我国经济建设的发展，道路交通车辆状况发生较大变化，相应高速公路的建设、使用、实践和管理中出现了一些新情况，也暴露出了一些新问题。为应对这些新情况，解决这些新问题，必须依据强力有效的产业技术创新来保证。另外，为贯彻落实科学发展观，建设资源节约型、环境友好型社会，要求交通的发展必须从要素驱动型向技术驱动型转变，这就对交通科技发展提出了更新更高的要求。根据建设创新型交通行业的要求，通过管理创新、制度创新等手段，拓宽成果推广的方式，采取科技示范工程、成果推广、专项整合、出版系列研究报告等多种方式引导和推动科技成果推广，及时将科技成果应用到工程建设，将成熟技术纳入标准规范。认真落实科学发展观，为构建和谐社会，为建设资源节约型、环境友好型社会及国民经济可持续发展作贡献。得益于众多高速公路工程项目的建设，我国高速公路建设积累了一定的成就，在科技创新方面取得了喜人成果，正是这些高质量的科研技术，对我国交通事业发展发挥了重要的支撑作用，提高了工程质量、促进了工程进度、降低了工程造价。但是，我国交通领域还存在着大量的空白领域有待去研究，许多技术、理念与国际先进水平尚有差距，需要结合我们大量的工程实践开展相关研究，提升我国高速公路的总体建设水平。同时，我们国家幅员辽阔，地区之间气候类型、地质地貌、经济发展水平等差异较大，不同省区之间很难有现成的高速公路建设技术可供直接应用。各地只有在借鉴其他地区先进经验的基础上，立足当地实际，切实研究解决当地高速公路建设的关键技术已是迫在眉睫。

近年来，河南高速公路事业在交通部和河南省委、省政府的正确领导下，坚持解放思想、大胆创新，取得了一系列重大突破，2006 年全省高速公路通车总里程继 2005 年突破 2 000km 之后，又突破 3 000km 大关，达到 3 439km，跃居全国第一。“十一五”期间，河南的交通建设任务将更加艰巨繁重。根据河南省政府最近审议通过的《河南省高速公路网规划》，到 2020 年，河南省高速公路总规模将达到 6 280km，建成以郑州为中心、辐射全省 18 个省辖市的高速公路网络，实现全省所有县(市)1 小时内抵达高速公路，98%的县(市)30 分钟内抵达高速公路。虽然河南省高速公路建设快速发展为公路建设方面积累了非常宝贵的建设经验，但是艰巨繁重的建设任务必将带来一系列的工程难题和技术“瓶颈”，只有坚持全面交通科技创新，不断提高高速公路行业的创新能力，用新技术，新方法着力解决高速公路建设发展中的突出问题和难点问题。

2003 年交通部和四川省联合组织实施的川(主寺)九(寨沟)公路示范工程，为公路勘察设计借鉴国外先进经验，转变设计理念，实现公路建设与自然环境，人文环境的和谐统一，进行了积极探索和有益尝试，取得了明显成效。为尽快推广川九路的经验，交通部选择了 12 个公路建设项目，开展了公路勘察设计典型示范工程活动。郑石高速公路是河南省唯一的一个国家交通部 2005 年“勘察设计典型示范工程”，是河南省高速公路“686”建设规划网的一条重要联络线，也是新规划“两桥三路”中的“中央辐射线”，更是河南省委、省政府、省交通厅站在全省经济社会发展的大局之上果断决策，建设的一条能源和旅游大通道。郑石高速线路 1 次跨越西气东输管网、2 次跨越南水北调干渠、4 次跨越高速公路、6 次跨越铁路干线、穿越储煤区和煤炭采空区超过 10km、需特殊处理路基超过 40km、修建 1.6km 长隧道 1 座，几乎融汇了河南省高速公路建设项目的所有技术难题。鉴于郑石高速以上特点，开展综合示范工程系统研究已迫在眉睫。

2 耐久节约型高速公路工程建设新技术研究

2.1 高速公路典型示范工程创新设计

2.1.1 坚持安全性原则、服务社会原则、尊重地区特性原则和整体协调性原则，优化路线走向，确保公路服务社会的目的

采用“地质选线、地形选线、环保选线”等原则，优化线路走向，确保公路安全：郑石高速地形地质情况复杂，通过地质选线，合理避让了不良地质路段及不良地质构造带，杜绝公路工程引发的重大地质灾害；通过地形选线，使路线与地形适合，并尽可能降低路基填土高度，避免高填深挖、高边坡深路堑，从而确保道路路基和边坡的稳定安全；通过运行车速检验，确保线形指标的均衡性和连续性，从而确保行车安全。

2.1.2 就地取材，节约耕地，利用废弃方造田

在郑州段有大量的膨胀土，为减少换填和提高边坡稳定性，采取了生物改良法稳定边坡；在平顶山段，采用山皮土和天然砂砾填筑路基，采用二灰稳定砂砾和二灰稳定风化山砂作为路面底基层，合理利用了当地丰富资源，节约了大量耕地；在郑州段的冲沟和鲁山境的山岭重丘区路段，针对当地可耕地少的特点，利用工程废弃方在沿线荒地和低洼处造田。

2.1.3 取消全圬工边坡防护，设置宽浅型生态边沟

为体现示范理念，把郑石高速建成一条生态路、环保路、示范路，结合地形地势和土质情况，设计中取消了全圬工防护形式和边沟，最大限度地减少了硬防护和圬工边沟，防护以绿色、生态防护为主，局部采用工程防护相结合，设置了宽浅型的生态边沟。

2.1.4 尊重自然地形，随坡就势，合理优化服务区设计，减少挖方量，降低工程造价

郑州服务区和石人山服务区分别位于高岗和山头，通过灵活设计，采取台阶式布置，贯穿车道和停车区后移，分别减少了挖方量 15 万 m^3 和 25 万 m^3，既满足了使用功能，又降低了工程造价。

2.2 安全耐久型沥青路面实施技术

2.2.1 重交通条件下高模量沥青混凝土路面材料设计与施工技术的研究

针对重载交通干线郑石高速公路沥青路面建设，着重研究硬沥青及硬沥青混合料的路用性能、硬沥青路面结构设计方法与理论分析、施工技术方法。课题的研究成果将为硬沥青在我国的沥青路面的成功应用提供理论依据和工程经验，为硬沥青在我国规范中推广应用提供可行性研究。

2.2.2 高速公路沥青路面车辙及水损坏平衡防治对策的研究

通过理论及试验研究，并结合郑石高速公路的气候与交通条件，以及当地材料与水文地质特点，分析水、高温及超载等因素对沥青路面抗车辙变形及抗水损坏能力的影响，提出沥青路面抗车辙与抗水损坏的平衡设计原则，并相应地提出防治措施。

2.2.3 CFG 桩处理桥头跳车优化设计方法研究

通过理论分析、试验、数值模拟和现场监测等方法，取得研究需要的第一手数据，对柔性荷载下刚性桩复合地基的工作机理进行研究，探讨布桩方式缓解桥头跳车现象的有效途径，提出以差异沉降控制为目标，控制路桥接坡的工后沉降或工后变坡的刚性桩复合地基处理桥头跳车的优化设计方法。

2.3 资源节约型高速公路沥青路面实施技术

2.3.1 温拌沥青混合料设计与修筑技术

结合河南省的特点，进行乳化沥青及改性乳化沥青温拌混合料的配合比设计、性能评价、施工工艺及质量检测技术的研究，通过该研究解决乳化沥青及改性乳化沥青温拌混合料实际应用中的关键技术问题，并铺筑试验路，进行总结与优化，在此基础上提出河南省乳化沥青及改性乳化沥青温拌混合料设计与施工的相关技术指南，为该技术在河南的推广应用奠定基础。

2.3.2 新型 SEAM 改性沥青混合料设计与修筑技术

结合河南省的特点，进行 SEAM 沥青混合料的配合比设计、性能评价、施工工艺及质量检测技术的研究，通过该研究解决 SEAM 沥青混合料实际应用中的关键技术问题，并铺筑试验路，进行总结与优化，在此基础上提出河南省 SEAM 混合料设计、路用性能评价与施工的相关技术指南，为该技术在河南省及其他地区的推广应用奠定基础。

2.3.3 河南省郑石高速公路不同填料路基耐久性修筑技术

在满足高速公路使用功能的前提下，通过对高速公路路基耐久性修筑技术研究，依托郑石高速公路工程，进行试验分析，通过路基沉降量、孔隙水压力和含水量跟踪观测和路基稳定性、工后沉降量的计算，提出不同地质条件下路基填料耐久性修筑技术控制指标体系，对现有《公路路基设计规范》(JTG D30—2004)和《公路路基施工技术规范》(JTG F10—2006)提出修改建议。

2.3.4 花岗岩风化料路用性能应用研究

从风化岩自身的物理力学性质到内掺水泥和内掺石灰、粉煤灰等的力学性能均进行了深入研究并给出经济、合理的路用材料配比，正确评价风化花岗岩作为路基填料的受力与变形性状，为风化花岗岩有效应用于高速公路修筑的可行性给出理论依据。

2.3.5 土壤固化剂稳定细粒土在高速公路中的应用技术研究

通过对粉状固化剂、石灰、水泥和土进行室内不同掺量的配合比试验，找出强度符合规范要求的、最经济的配合比及其最佳含水量和最大干密度，指导在郑石高速公路进行试验段的铺

筑。研究土壤固化剂稳定细粒土的施工工艺，探讨与普通稳定土施工工艺的差别，指导试验段的铺筑。通过试验段的铺筑，完善其施工工艺。进行土壤固化土的经济、社会和环境效益分析。定性或定量地分析采用土壤固化剂的经济、社会及环保上的效益和作用。

3 景观文化型高速公路工程建设技术

通过建立“生态环保”的观念以建设景观文化型高速公路工程。开展高速公路环境景观技术的研究，从设计和施工的不同阶段，对高速公路环境景观技术进行探讨，有针对性的提出可作为示范的高速公路环境景观实施方案指导工程实践。将目前国内外研究和提倡的一些先进的、实用的环境景观技术应用到郑石高速的景观规划设计中。将视觉资源理念、美学理念、生态环保理念、工程技术理念等理念融入到郑石环境景观工程中。目的是将所得的研究来指导郑石高速公路环境景观建设，使之成为一条“生态环保、自然和谐、安全舒适、优美通畅”的能源和旅游大道。同时对河南省乃至全国高速公路环境景观规划设计有重要借鉴价值，实现经济社会的可持续发展。

(1)高速公路景观文化设计及评价技术，主要是在高速公路文化景观及其影响研究、郑石高速文化景观设计及评价技术、河南高速公路环境和景观及文化协调设计与评价技术等方面进行系统化的研究。

(2)高速公路生态保护与防护设计与评价技术包含高速公路附属区水资源循环利用技术、高速公路生态保护与防护技术、高速公路景观设计的基本理论与方法和景观文化型高速公路工程建设综合技术及集成。

4 服务公众型高速公路工程建设与管理技术

开展服务公众型高速公路工程建设及管理综合技术的研究，包括在数字高速公路建设技术、和谐高速工程建设与管理技术和公众参与理念的推介与应用等方面的研究应用。郑石高速公路建管养一体化管理信息系统研究，主要是提出并建立了建养一体化框架，对建养一体化系统的建设目标、建设指导原则、研究内容等进行了系统的研究。对建设项目寿命周期费用模型、生命周期环境评价模型、路面结构生命过程可靠性模型进行了研究。提出并按照信息粒度的概念对建设和养护中的信息进行分级，建立了层次信息与管理模式之间的对应关系，为消除信息孤岛、应用孤岛奠定基础。提出了基于数据挖掘的高速公路病害成因确定方法，并建立了相应的系统。

5 结语

郑石高速的建设为开展高速公路综合示范工程成套技术研究与应用提供了良好的施展平台和技术载体，成套技术的应用与研究已是大势所趋，历史必然，其成果必然促进河南高速公路建设向更高层次发展，推进我国交通事业健康持续的发展。同时，按照畅、洁、绿、美、安“五位一体”标准，研究创建文明示范路规范和技术集成，创新机制、创新管理、创新制度、创新服务、打造涵盖设计铺装、环保人文、贴近自然景观的一道靓丽风景线，实现资源节约、生态和谐、景观协调、文化丰富、以人为本和廉洁高效的建设目标。

坚持以廉为本 建设阳光工程

——郑州至石人山高速公路党风廉政建设工作纪实

宋 锋

(河南中原高速公路股份有限公司)

摘 要 本文详细介绍了郑石高速公路党风廉政建设工作实践,包括工作机制、政策、一些好的做法,以及一些工作体系。

关键词 阳光工程 党风廉政

郑州至石人山高速公路是交通部“勘察设计典型示范项目”和“治理商业贿赂联系点单位”,是河南省高速公路规划网的一条重要联络线,更是河南省委、省政府、省交通厅站在全省经济社会发展的大局之上果断决策,建设的一条能源和旅游大通道。线路途经郑州、许昌、平顶山3个地级市的9个县区、34个乡镇、204个行政村,建设总里程183.539km,项目投资概算87.68亿元。同时,郑石高速公路建设,几乎融汇了河南省高速公路工程建设的绝大部分技术难题,具有建设里程长、投资规模大、设计标准高、施工难度大、协调任务重、工期时间短的显著特点。按照交通厅党组、纪检组的要求,为圆满完成建设任务,确保把郑石高速公路打造优质、优廉的“双优”示范工程,河南中原高速公路股份有限公司不断强化郑石项目公司的党风廉政建设,严格执行了工程建设纪检监察员派驻制度,强化了对工程建设全过程纪检监督。

1 郑石项目廉政建设工作机制

在工程建设过程中,郑石项目公司的党风廉政建设和纪检监察工作在省厅、省公司的坚强领导下,不断创新工作思路,狠抓措施落实,加大惩防力度,实现了“三个到位”(制度到位、措施到位、落实到位)的工作要求,为工程建设积极、快速的向前推进提供了坚实的廉政保障。总结以往的工作,我们的主要做法是:“抓住八个强化,推进八项工作”。

1.1 强化班子队伍建设,塑造勤廉形象

一项工程要做成优质廉政工程,关键在人,关键在班子,关键在队伍,只有好的班子才能带出好的队伍,只有好的队伍才能为优质廉政工程打下坚实基础。一开始,我们就把项目公司的班子队伍建设与纪检派驻工作密切结合,明确了“建设精品工程,塑造勤廉形象”的工作目标,始终坚持以优化结构为主线,以提高素质、增强能力为重点,高度重视领导班子和职工队伍自身建设。在班子建设方面,我们扎实深入开展以“政治素质好、经营业绩好、团结协作好、作风形象好”为主要内容的“四好”领导班子创建活动,进一步加强班子自身建设,提出了“七讲”的工作原则(即:讲党性、讲原则、讲团结、讲诚信、讲廉洁、讲实干、讲奉献),明确了“八不让”的工作目标(即:不让公司的整体工作在我这里延误;不让应及时传递的信息在我这里中断;不让正在办理的文件在我这里积压;不让任何差错在我这里发生;不让不正之风在我这里滋生;不让

理、施工单位在我这里受到冷落；不让集体荣誉在我这里受到影响；不让不团结的事在我这里发生），坚持在工程建设中重大事项集体研究决定，严格按规章制度办事，凡违反者，不论职务高低、贡献大小一律追究责任、严肃处理，营造了班子心齐、气顺、风正、劲足、实干、廉洁的良好氛围。在队伍建设上，一是始终坚持“能力与品德”并重的用人原则，严格要求，强化管理，加强教育，规范行为，引导大家争做爱岗敬业、无私奉献、廉洁自律的表率。从郑石高速公路建设项目快速、稳健的发展步伐中可以证明，郑石分公司的领导班子是一个干事创业、廉洁高效的领导集体，员工队伍是一个讲原则、重感情、团结和谐、有凝聚力和战斗力的管理团队。

1.2 强化廉政教育，做到警钟长鸣

从根本上治理和防止腐败，严格教育和管理是第一关，只有警钟长鸣才能保持头脑清醒，只有时时自醒才能做到防微杜渐。在省厅、省公司的坚强领导下，郑石项目公司的纪检派驻工作围绕建设“优质、优廉工程”这一主题，不断加大教育管理力度：一是在工程建设初期，通过签订“工程廉政双合同”和设立“廉政公示牌”，给施工、监理单位上了第一堂廉政教育课，提醒有关人员严格自律、接受监督；二是在分公司内部严格学习制度，深入开展“两个务必”和“八荣八耻”教育，开展法律、法规和规章制度学习，做到遵纪守法，按章办事，把各项工作都纳入规范化管理；三是对新任干部实行廉政谈话制度和新任干部廉政承诺制度，引导他们树立正确的金钱观、利益观、权力观，使党员干部在金钱面前，面对利益的诱惑，始终保持清醒的头脑，认真做好本职工作；四是在教育形式上，坚持正反面教育有机结合。在深入开展学习郭丰刚、聂红友、杨学东等同志的先进事迹活动的同时，组织观看“警示教育”专题片，在郑石路全线营造“以廉为荣，以贪为耻”的良好风尚，通过正反典型教育形成浓厚的倡廉氛围，教育职工常怀律己之心。

1.3 强化制度建设，构建长效机制

郑石高速公路建设项目投资预算 87 亿多元，是目前河南省内投资规模最大的工程项目。项目公司为全面提高工作效率、加速建设步伐，对工程实施了标准化、规范化、程序化管理，建立起了一套完善的制度和高效运作的管理机制，特别是在对权力约束和资金拨付方面为工程建设提供了坚定的廉政保证。一是在项目管理上，认真落实了工程、廉政“双合同管理制度”；二是先后出台了《工程项目管理暂行办法》、《大型项目基金暂行管理办法》和《经费管理规定》等一系列强化资金管理、规范资金使用的强制性文件，保证了项目建设资金的合理利用，科学调配，堵塞了资金管理漏洞；三是实施资金监管制。郑石分公司与施工单位、银行三方单位共同达成了《资金监管协议》，协议承诺业主所拨付的建设资金必须由专用账户存取，账户资金流向受业主和银行监督，银行每月向业主提供资金使用动态。通过这种形式不但保证了资金拨付的公开透明，而且保证了建设资金的安全使用；四是下发了《制止奢侈浪费工作方案》（郑石分党[2006]2 号）和《对外接待管理办法》，防止管理经费的铺张浪费；五是完善了《现金使用管理规定》、《借款和借用支票程序》和《固定资产管理办法》等进一步严格控制资金的使用；六是下发了《项目公司管理人员行为规范》（郑石分党[2006]1 号）、《治理商业贿赂“八不准”规定》和《治理商业贿赂“十五项承诺”》对公司管理人员的工作行为进行严格规范，从工作程序、管理行为、权力运行、业务往来等方面画出了“红线”，制止不廉洁行为发生。

1.4 强化招标监督，确保公正、公平

（1）招标信息公开、透明。在招标信息发布过程中，郑石项目公司按照《招标法》和《省交通厅规范公路工程招标活动办法》的有关规定，严格执行信息公告制度，在《中国交通报》、《河南日报》和招标网上公开发布招标公告，体现了公路工程招标工作的“公开性”。

（2）资格预审严格、公正。在进行投标单位资格预审过程中，我们严把建设市场准入关，对投标单位的符合性条件和强制性标准进行严格审查，凡是资质不够、资信等级不足、在公路建设市场上被亮过红牌、违反公路建设市场竞争程序被列入“黑名单”的施工企业，一律取消投标资格。招标资格预审过程全封闭进行，全程接受纪检监察部门的行政监督，在各个环节尽可能减少人为干预因素，体现了招标工作的“公平性”。

(3)评标过程科学、严谨。为保证评标过程的科学公正和严密严谨，我们一是采用“模拟材料单价”和“分组编制标底”的办法确保标底编制工作的严密性，避免了人为泄密；二是率先采用“有限低价的评标办法”和“商业摇号确定降价系数”的办法避免了围标、串标及哄抬标价的不法行为；三是通过科学控制标底合成后送达开标现场与投标人递交标书的时间差，避免了由于泄密而可能出现的作弊行为。

1.5　强化科技创新，构建数字“防火墙”

为进一步提高工作效率，我们利用 Internet 网络技术和 B/S 结构体系建立起来了“郑石高速网站”，并充分利用网站这个信息化管理平台，构建起了郑石高速公路办公一体化的数字化信息管理系统。该系统分为两级管理平台：一是项目管理办公 OA 系统。主要设置了包括“工程管理”、“公文处理”、“廉政建设”、“投诉举报”、“质量管理”、“纪检监察”等 10 个子系统。通过本级管理平台中的廉政举报管理信箱，满足了纪检监察部门对工程建设项目的全过程管理和监控；二是项目建设信息化管理系统。主要设置了“计量支付”、“信息发布”、“合同管理”、“进度管理”、“安全管理”、“工程资料”6 个子系统。主要满足了业主、施工单位、监理单位“三大建设主体”在工程建设期间的业务处理需求。这两级综合管理平台通过数据交换模块实现了相互之间的关联，并以综合查询、统计分析、报表输出、数据维护等方式实现了其综合管理效能，不仅有效提高了工作效率，而且满足了纪检监察部门对工程建设的全过程监控，确保各级管理部门和人员的管理职权在“阳光”下操作，提高了工程管理的效率和透明度。同时，在工程款等款项的支付方面，郑石项目公司充分发挥信息化管理系统的“平台”作用，在省内首次实现了工程款的网上申请、审核、认定、支付的办法进行。整个支付程序严密、严谨、安全，大笔款项的拨付都纳入网络化程序管理，全部支付过程只在网上认定，避免了收支双方进行面对面的交流。这一网上支付程序的投入运行，不仅提高的是工作效率，更是从源头上防治腐败行为滋生的一个有效途径。

1.6　强化材料管理，实施“阳光采购”

在高速公路建设中，材料价款基本上占工程总造价的 50%以上，所以加强对工程建设主要施工材料采购的监督管理，是确保工程质量的一个重要手段。同时，材料采购过程也是最易出现质量和腐败问题的一个关键环节。为确保质量、杜绝腐败，郑石分公司按照“公开、公正、公平”的原则来把材料准入关，全面实施“材料采购准入制度”。根据不同施工阶段所需的不同材料，在网站上发布招商公告，按照“四个公开”原则公开采购信息、公开供应商资信条件、公开监督机制、公开采购程序，只要能够满足质量要求、资信条件和供应能力等强制性要求的厂家、商家均可在网上申请入围，经调查、审验合格后划进“准入领域”，施工单位根据需要在准入范围内随机选取供应商。通过实施“材料准入制度”，提高了材料采购的透明度，保证了材料质量，从源头上杜绝了因材料问题而引发的质量隐患。同时，通过这种方式也把材料采购权力置放在一个开放的环境中，避免了不正当交易行为的发生。

1.7　强化五项措施，治理商业贿赂

根据商业贿赂行为在工程建设领域易发环节多、关键部位多、涉及人员多、隐蔽性强和部分员工对商业贿赂还存在一些模糊认识特点，我们认真开展自查自纠，着重抓好五个方面的工作：一是开展调查研究。重点对工程建设项目的商业贿赂表现形式、采取手段、易发环节、部位等问题进行调查研究，摸清底数，在调查过程中我们共向设计、监理、施工单位及相关单位发放调查问卷1 200份，收回1 187份，并根据问卷反馈情况建立了专项治理工作档案；二是明确工作重点。着力解决影响工程建设质量、干扰经济工作秩序、造成国有资产流失和损害职工群众切身利益的商业贿赂行为；三是抓好对照检查。要求每个党员干部和有业务处置权的工作人员都要按照要求，认真对照检查，深刻分析原因；四是抓好案件查处。认真受理、查处违法违纪案件，并予以通报，发挥典型案件的警示作用；五是制定整改措施。要求参建各单位和中层以上工作人员针对存在的问题和易发生问题的工作环节，制定改进措施；六是加大宣传力度，制定治理商业贿赂的"八不准"要求和"十五项承诺"，营造廉政高压态势。在今年6月份全省治理商业贿赂检查验收过程中，郑石项目公司的工作成效及做法得到检查组成员的一致好评，取得了优异成绩。

1.8 强化高压政策，加大查处力度

去年以来，郑石分公司领导和纪检派驻人员共接到有不同性质的廉政举报案件4起，接到举报后由纪检派驻人员牵头组成了联合调查小组进行明察暗访、深入调查。其中，2起属于材料供应商之间的恶意竞争行为；1起属工作矛盾引发的打击报复行为；1起经查实属个别监理人员工作态度消极、职业道德败坏，在工作过程中存在吃、拿、卡、要的不廉洁行为，涉案的1名监理人员已被驱逐出监理队伍。上述4起举报案件，已进行了详细的受理登记，并向上级主管领导进行了专题汇报。

2 做好纪检监察工作的几点体会

2.1 坚持以人为本，强化队伍建设，是搞好党风廉政建设和纪检监察工作的基础

郑石分公司筹建时间短、建设任务重，打造一个立场坚定、作风顽强、团结协作、廉洁高效的领导集体和员工队伍是我们加快发展步伐，圆满完成施工任务的根本保证。在加强班子、队伍建设的过程中，必须牢固树立起以人为本的基本理念，牢牢把握"人"字做文章，把人本观念体现在指导思想、基本思路和工作措施之中，在班子协作上要讲团结、立正气，在队伍建设上要严管理、重教育，在组织建设上要讲原则、强创建，在日常生活中要相互关心、相互支持、加强沟通，通过生活小事来增进理解、凝聚合力。总之，建设一个干事创业、廉洁高效的领导集体，打造一支团结和谐、作风顽强有凝聚力和战斗力的职工队伍，是我们做好党风廉政建设的需要，更是我们加快建设步伐，完成施工任务，打造精品工程、廉政工程、阳光工程的基础和前提。

2.2 创新工作机制，强化同步预防，是搞好党风廉政建设和纪检监察工作的核心

工程项目的审批、勘察、设计、施工、监理、重要设备材料的采购、合同签订、工程设计变更、质量监督、检验、验收，以及征地拆迁补偿费用的使用等环节，是不廉洁行为的"易发环节"和"多发部位"。一是要加强制度建设，规范和约束参建各方行为，建立定期巡视检查制度、举报奖励制度等对权力约束中的盲点和空白点加以充实和强化。二是要建立起与监督管理相结合的同步预防机制。对于重要设备材料的采购、合同签订、工程设计变更等要进一步强化纪检监察部门的行政监督职能，规范操作流程，实行"阳光操作"。三是要创新工作方法，利用科技手段从源头上遏制不廉洁行为的滋生。

2.3 转变工作重心，打击防范并重，是搞好党风廉政建设和纪检监察工作的关键

高速公路建设，投资大、周期长、技术复杂、涉及面广，是不廉洁行为和职务犯罪的易发、高发区，更是廉政纪检工作监控的重点区域。工作中，我们要坚持"两手抓"的方针，一手抓项目建设，一手抓廉政建设；一手抓预防，一手抓惩治，通过体制创新努力铲除腐败现象滋生的土壤和条件，把工作重心从"重打击、轻预防"转变到"严打击、重预防"上来，从源头上建立起反腐防线，把纪检监察的关口前移，做到防患于未然。

高速公路勘察设计总体设计管理探讨

李清斌[1]　严云飞[2]

（1.河南中原高速公路股份有限公司；2.郑州路通公路建设有限公司）

摘　要　高速公路勘察设计是一个需要多专业协作、整体性强的系统工程。好的总体设计能使项目各项技术标准运用均衡，同时减少勘察设计成本、缩短设计周期。本文通过对郑州至石人山高速公路勘察设计总体协调管理的工作经验总结，归纳出高速公路总体设计协调管理的工作要点及注意事项。

关键词　高速公路　总体设计　协调管理

目前，高速公路勘察设计项目普遍存在着测设里程长、区域跨度大、地形地质条件复杂、技术难度高的特点。按国家相关基本建设的规定要求，需根据高速公路项目建设规模，将勘察设计按里程或专业分为多个标段，并经过勘察设计招标确定不同的勘察设计单位协同完成。为便于各勘察设计单位相关专业的技术接口工作，总体把握技术指标和设计参数，统一协调设计思想和测设风格，需对各标段的勘察设计进行全过程的技术管理与质量控制。在参加设计的单位中确定项目的总体设计单位，确保工程勘察设计的一致性和工程的完整性。

郑州至石人山高速公路（以下简称郑石高速），是河南省高速公路网的重要组成部分，它北起郑州市，连接郑州市西南绕城高速公路，途经郑州市的新郑市、新密市，许昌市的长葛市、禹州市，平顶山市的郏县、宝丰县、鲁山县，止于国道G311，高速公路路段全长183.539km。由于该项目建设里程长，横跨三个地区，要求的设计周期短（初步设计时间为两个月，施工图设计时间为三个月），因此划分为三个设计标段进行了勘察设计招标。

第一合同段K0＋000～K81＋510.91，长度为81.510km；第二合同段K81＋510.91～K149＋334.27，长度为67.823km；第三合同段K149＋334.27～K182＋247.149，长度为32.912km。勘察设计内容包括桥涵、路基、路面、交通安全设施、机电工程、房建工程、绿化工程等。招标时确定第一设计合同段中标单位为该项目的勘察设计总体负责单位，负责全线的总体勘察设计及各专业设计文件的协调、汇总等工作。中标单位分别为省内外的三家设计单位。但在勘察设计的过程中，总体负责单位对全线的勘察设计的负责、牵总工作做得不太理想，造成三家单位完成的设计从装订、图表、技术标准、设计细节、设计理念、设计深度，从总体质量来讲都差别较大，每次都需要业主进行大量的协调工作，才能保证有关项目的统一，减少有关的遗漏和错误。即使是这样，仍对有关设计没有顾及，造成设计不一致、错误、遗漏或变更，给工程建设留下了遗憾。因此，个人认为，有必要根据郑石高速公路勘察设计总体协调工作总结有关方面的经验和教训，归纳出高速公路总体设计协调管理的工作要点和重点，以供广大同行探讨和借鉴。

1　勘察设计总体设计单位的确定

高速公路勘察设计总体设计单位一般都是选择项目所在省份的设计单位作为总体单位，或者选设计合同段中的某一较大标段的中标单位作为总体单位。选择本省的设计单位作为总体单位优点是本省的设计单位对项目地区的情况比较熟悉，对本省的有关设计习惯、报批审查中可能出现的问题比较了解，有利于设计工作的开展。选择最大的中标单位作为总体单位的主要优点是标段之间的协调管理任务会较小，有利于缩短设计时间，加快设计进度。

无论选择哪一家单位作为总体单位，如果总体设计单位的技术人员水平不高、经验较差，那么总体负责的作用将无法实现。如果还存在该单位设计任务较重、人员紧张、管理不到位、院内任务包干核算等情况，总体单位的作用更将无法实现。因此，在确定总体设计单位时应该慎重考虑。

总体设计单位应通过综合评价和实际的调查了解而确定，在招标文件中不宜直接确定某一标段的中标单位作为总体设计单位，应设置专门的总体设计单位评价条款和评价办法。总体设计费用在投标标价中应单独报价，不应含在勘察设计费用总价中。总体设计费用应按照设计阶段进行划分，每阶段费用分别进行报价，以便业主的控制和管理。实地考察主要应了解该单位的设计人员构成、业绩和拟投入该项目的设计人员情况，特别应对担任领导职务的技术人员投入该项目的可能性做深入地了解，要避免投标人员与实际设计人员出现较大的变化，否则，设计质量将无法保证。

除通过与勘察设计单位一同招标确定总体设计单位外，也可以直接进行单独的总体设计单位招标确定总体设计单位，或者直接聘请有经验、有能力的专家、技术人员组成总体设计工作管理组，全过程地来完成项目的总体设计管理工作。直接聘用人员组成总体设计工作管理组，将有利于业主的管理，有利于加快设计进度，保证设计质量，同时也可以节约相当多的费用。

2 总体设计工作的开展

为了使总体设计单位对项目勘察设计实施高效的管理，应成立项目勘察设计总体组，确保测设项目管理有序、统一性强、进度合理和便于建设单位管理，使项目勘察设计全过程均处在受控状态。勘察设计总体组应通过定期召开会议，发布有关纲领性、细则性文件，现场考察、勘测，召开现场会议，听取设计单位阶段性汇报，审阅有关图纸等方式来完成总体设计管理工作。

为便于对总体设计组的管理和监督，保证总体设计工作的落实，及时解决设计、施工中的问题，总体设计组工作应纳入业主的正常管理工作，要避免总体设计人员在设计单位中过多兼职、承担别的设计任务的情况，否则总体设计人员不能全身心地投入总体设计管理工作，总体设计工作将无法保证。组织管理机构见图1所示。

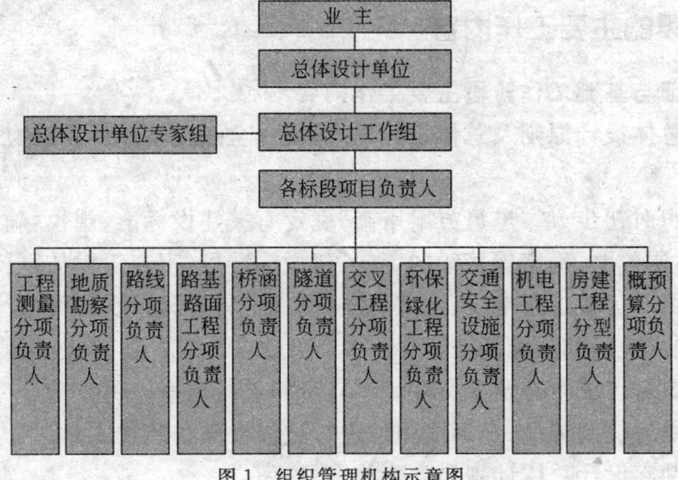

图1 组织管理机构示意图

总体设计工作组是总体设计单位派驻项目测设现场的测设管理临时机构，全权负责全线各勘察设计单位勘察设计阶段的技术管理、质量监督与进度控制等。

为了加强总体组管理，利于总体组的意见在各合同段的贯彻，在勘察设计中体现各勘察设计单位的特点，各合同段的勘察设计做到原则一致又具有特色。总体设计组人员组成包括：业主代表、总体设计单位专家组、各合同段中标单位的项目负责人。

总体组组长：全面负责总体设计质量管理与协调工作，控制测设进度。一般应由总体设计单位抽调专业技术能力强、知识面广、协调能力强、威望高的专业技术人员担任。

业主代表：传达上级主管部门批复意见、业主对设计的要求、监督总体设计的执行情况。

总体设计专家组：由路线、路基、路面、工程地质、桥涵、隧道、路线交叉、交通工程、概预算等各专业专家组成。制定总体设计原则负责全线各专业技术质量管理，重大技术方案的确定和协调。

各合同段中标单位的项目负责人：提出需协调的工作内容、执行总体设计的工作安排的工作内容，执行总体设计的工作安排。

3 总体设计组工作原则

(1)认真贯彻执行国家有关工程建设标准强制条文和交通部关于勘察设计方面的现行技术标准、规范、规程、定额、办法和示例等有关规定。

(2)认真贯彻执行业主“甲方批准和转发的为本工程专项制定的各项技术细则、规定和要求”。

(3)充分理解建设项目的地位、功能及建设条件，吸取国内外类似高速公路建设的成功经验，合理选用技术指标。

(4)工程设计是工程建设的灵魂，优良的工程质量必须先有优秀的工程设计，利用先进的勘察测设技术与手段、精心勘测、精心设计、科学比选，确保设计质量。

(5)以安全为根本，以质量为命脉，以科技为先导，以生态环保为主线，充分结合区域的地形、地貌、地质、水文、气候、植被等特点，贯彻地质选线、生态环保选线的思想，以期在公路建设中能全面体现生态保护和可持续发展战略，促进公路与自然和谐，为公路使用者提供安全保障和人性化服务。

(6)更新设计理念，拓宽设计思路，坚持灵活设计理念，降低工程造价，充分应用高科技手段，加强科研攻关水平，努力将本项目建设成精品工程、生态环保和勘察设计的典型示范工程。

4 总体组各阶段的主要工作内容

4.1 方案论证与基础工作阶段主要工作内容

(1)确定全线总体设计原则及总体设计理念，统一全线勘察设计标准、规范、规程及测设深度和精度。

(2)负责并组织对初步方案进行方案审查，确定有关建设标准、规模，确定主要互通、服务、管理设施数量及主要位置，确定连接线的走向、建设标准等，审查工程估算。

(3)负责并组织对区域工程地质、水文地质、调查资料进行审查，督促设计单位进行有关跨越方案、连接、穿越方案等的函询调查。

(4)负责并组织对区域生态及人文环境调查资料进行审查。

(5)负责并组织对控制测量、地形图测量进行过程检查和验收工作。

(6)制定项目勘察设计总体计划和主要节点目标。

(7)负责制定典型示范工程实施大纲，起草典型示范工程实施纲要。

4.2 勘测阶段主要工作内容

勘测阶段细分为初步设计阶段的初测、初勘和施工图阶段的精测、精勘。各阶段工作内容基本一致。

(1)确定全线原则，分别统一全线初测、初勘、精测、精勘的标准、规范、规程及深度和精度。

(2)分别审查各阶段测勘方案及勘察大纲，对各合同段测勘工作进行中间检查。

(3)协调各合同段工作进度和组织技术接口工作。

(4)负责组织对各合同段测勘基础资料进行审查，确保测勘深度。

(5)负责组织对全线路线、桥梁、隧道勘察方案进行审查。

(6)负责组织对区域地质灾害、特殊路基勘察进行评估，并对勘察质量实施过程控制。

(7)分别对各勘察阶段重大技术问题和地质灾害问题提出指导性意见。

(8)负责组织对各勘察阶段外业验收和外部审查工作。

4.3 设计阶段的主要工作内容

高速公路设计一般采用两阶段设计——初步设计阶段和施工图设计。阶段总体设计的主要工作内容有：

(1)分别确定全线初步设计阶段、施工图设计阶段的设计原则和技术标准，统一全线两阶段设计的设计标准、规范、规程及设计深度和精度。

(2)负责全线文件、图表和编制格式的统一工作。统一有关设计，如中分带宽度、护栏形式、路面结构及宽度、路缘石、路肩及排水设计、工程防护的形式及原则、梁板形式、结构基础、路床处理、通信管道的埋设、标志、标线、有关设备及有关细节的设计。

(3)负责组织对各合同段两阶段设计的基础资料、设计大纲、设计输入文件进行审查。

(4)负责审定通用图、协调工作进度和组织技术接口工作。划定、分清主体工程、交通工程及沿线设施、机电工程、房建工程等设计界面，避免设计漏项或重复。

(5)负责组织对全线路线、桥梁、隧道设计方案进行审查。督促设计单位取得有关路线交叉、跨越方案的书面意见，争得有关产权单位的书面同意。

(6)负责对设计过程中有关重大技术问题提出指导性意见。

(7)负责并组织对各合同段设计文件及概算、预算进行审查。

(8)负责并组织全线总概算、预算的汇总及总说明的编制，进行概算、估算和概算、预算的对比分析。

(9)负责并组织全线的总体设计和设计文件汇总工作。

(10)负责并组织设计文件外审和批复后的修订工作。协助业主上报设计文件并提前做好设计审查会准备工作，落实审查意见。

(11)协助业主负责施工阶段的有关协调工作及重大设计变更的审查、优化工作。

(12)负责勘察设计典型示范工程的贯彻执行，组织勘察设计典型示范工程的汇报及有关设计修改。

4.4 其他主要工作内容

(1)协助业主做好有关工程、设计检查等工作，负责全线设计工作总结报告的编制工作。

(2)协助业主做好施工招投标工作，统一施工技术规范，统一施工招标文件图纸册及工程量清单格式、内容，并负责组织各合同段招标文件的编制工作。

(3)协助业主督促设计单位做好施工过程的设计服务工作；对施工现场进行巡查，发现、解决有关设计问题。

(4)配合业主完成项目竣工验收及其他工作。

5 总体设计管理应注意的问题

(1)设计审查不能替代总体设计的协调和统一,要避免依靠上级主管部门的设计审察来解决总体设计中存在的问题。

(2)总体设计的协调和管理要贯穿于设计、施工的全过程,总体设计的协调不可能通过一次会议、一次汇报、一次的审查、一个文件等一次来解决完成,它需要多次地协调和研究,有时需要通过施工才能发现和解决问题。

(3)要注意总体设计协调管理的时间控制点,一般需要在每个阶段的开始、设计的中间和设计出版前进行三次以上的总体协调。在设计审查后还需要进行一次设计总体协调。

(4)要以提高设计质量为目的进行设计总体协调管理,要注重在总体设计中体现新材料、新工艺、新技术和新的设计理念的应用。

(5)总体设计应以高质量的合同段的设计为基础。在测设过程中对所有参加单位坚持事先指导、中间检查、完后审核、设计方案评审四环节控制,并对阶段性成果进行评审,认真检查原始资料的可靠性、准确性,对方案的经济合理性、勘察资料的完整性和设计成果的完整性进行评价并提出意见和建议。

(6)总体设计的管理应积极主动,要避免依赖思想,更不能有依赖业主进行协调、管理的想法。业主只是解决各测设单位与总体组之间的意见分歧。

(7)总体设计组组长是关键,除个人综合能力外,一般不应在别的项目、部门等有兼职工作。在业主管理部门中应设常驻办公室。

6 结语

高速公路勘察设计是一个创作过程,是一个多专业协作、整体性强的系统工程。好的总体设计能使项目各项技术标准运用均衡,同时减少勘察设计成本,缩短设计周期。因此,在高速公路勘察设计中,总体设计组的组织管理工作是至关重要的。

新理念在郑州至石人山高速公路设计中的体现

李清斌

（河南中原高速公路股份有限公司）

摘　要　交通部《公路勘察设计典型示范工程咨询示范要点》及2004年的全国公路勘察设计工作会议明确提出了“安全、环保、舒适、和谐”的公路勘察设计新理念。本文结合郑州至石人山高速公路的设计实践，谈谈新理念在郑石高速公路设计中的体现。

关键词　高速公路　勘察设计　新理念

2004年5月，交通部下发了《公路勘察设计典型示范工程咨询示范要点》，提出了坚持体现“以人为本”的设计原则，同时提出了“安全、环保、舒适、和谐”的设计新理念，并要求在公路勘察设计典型示范工程项目设计中认真贯彻执行。2004年的全国公路勘察设计工作会议上，提出了在公路勘察设计工作中必须做到“六个坚持、六个树立”的新理念，要求改变以往生搬硬套及陈旧僵化的设计手段和方法，在勘察设计过程中，把设计真正当作一幅作品来对待，充分发挥设计人员的创造性和主观能动性，提高设计的深度和精度，进而提高设计质量，降低工程造价。如何准确地进行设计新理念的实践，如何将新理念贯穿到公路勘察设计的全过程，需要我们认真地研究和探讨。本文结合郑州至石人山（以下简称郑石高速）高速公路的设计实践，谈谈新理念在郑石高速公路设计中的体现。

郑石高速公路是河南省高速公路网的重要组成部分，是一条新的区域能源和旅游大通道的中央辐射线，项目建设对加密河南省中部地区高等级路网，促进“中原城市群经济隆起带”的建设具有重要意义。它北起郑州市，连接郑州市西南绕城高速公路，途经郑州市的新郑市、新密市，许昌市的长葛市、禹州市、平顶山市的郏县、宝丰县、鲁山县，止于国道G311，路线全长182.247km，交公路发[2005]44号文将郑州至石人山高速公路（以下简称郑石高速）项目被列为2005年交通部勘察设计典型示范工程项目。

郑石高速位于河南的中部，途径黄土沟壑区、平原微丘区、山岭重丘区，地势跨度很大。沿线有得天独厚的旅游资源，风景融古纳今，自然景观、人文景观和名胜古迹相映生辉。沿线途径的主要风景名胜区有：始祖山文化游览区和周定王陵风景区、三汤温泉、墨子故里、刘累祠、世界第一大佛佛山寺风景区、石人山国家重点风景名胜区等。

主要不良地质有湿陷性黄土、膨胀土、岩溶、煤炭采空区等，基本上涵盖了河南省所有典型地形情况和地质情况，因此作为典型示范工程项目的实施，对河南省乃至全国的高等级公路的设计、施工等具有重大的指导意义。

全线按高速公路标准设计，其中：K0＋000～K149＋334.269段设计速度采用120km/h，路基宽度为28.5m，按照简易六车道布设；K149＋334.269～K182＋247.149段设计速度采用100km/h，路基宽26m，按照标准四车道进行设计。

1 总体设计原则

新理念的核心内容是坚持以人为本，坚持全面、协调、可持续的新发展观，通过灵活设计和创作设计，实现公路自身和用户的安全，尽量减少人工痕迹，追求公路与自然景观、人文景观的和谐统一，减少土地等资源的占用，降低工程造价，达到工程质量优良，确保社会公众的满意，实现公路与环境、社会等的和谐，降低公路建设对社会环境的负面影响。

为贯彻设计新理念，提高设计质量和设计水平，我们对设计的总体要求是：设计方案要充分、科学、经济、合理；勘测要精心、精细、精确，深度要达到；设计要完善、用心、规范、精细和灵活；加大创新力度，提高技术含量，采用新技术、新工艺、新材料。

因此，在总体设计方面按下列原则进行设计：

(1)坚持安全性原则

应坚持地质选线、地形选线、安全选线和环保选线的思路，降低路基填土高度，以桥带路，确保路基安全；以运行车速理论为指导，灵活、合理地运用路线平、纵面线性指标，保证行车的安全；加强地质勘测，精确进行计算，提高设计荷载，确保桥涵结构的安全。坚持"以人为本，以车为本"，采取灵活、宽容、创新的设计，提高安全防护能力，确保用户的安全。

(2)坚持服务社会原则

方案设计需要广泛征求地方政府及当地人民群众的意见，通过对周围村庄、电力电信、矿产资源和重点工程的调查，在不损害高速公路线形的前提下进行线形调整，以避让重点建筑物，减少占用耕地，保护环境、资源，避免大规模的拆迁，降低对村镇等生活的影响。结构物的设置需与当地政府群众协商解决，保证排水通畅，使用方便，以促进地方经济的发展和方便当地居民出行。

(3)坚持尊重地区特性原则

郑州至石人山高速公路所经地，有复杂多样的自然地貌——平原、丘陵、山区，河流汇聚，文物密布，矿产资源丰富，农业生产发达，人口集中。设计必须与各合同段的实际地区特性相结合，因地制宜，确定各自的设计标准和技术要求，做到三个合同段既有风格统一又有各自特点，不同地形单元不同对待。同时对文物古迹、旅游景点要详细调查，认真分析，充分考虑上述传统文化、风俗习惯及人文景观的特性，让公路突出道路功能的同时，展示河南的风俗民情，在回归自然的同时，使人们感受到中原大地厚重的历史文化。

(4)坚持整体协调性原则

设计不追求新，而应追求"融合"的设计。根据公路线形条件，结合地形及地表现状合理设置桥梁、路线交叉等公路各项设施，把公路工程与沿途地形、地貌、生态特征和交通、农业、资源以及其他自然和人文景观作为一个有机整体统一考虑，使公路这一人工系统与沿线自然系统和其他人工系统配合协调，并努力使公路在满足运输功能的基本前提下，完善原有景观环境。景观设计追求与自然的融合，尽量避免人工痕迹。

(5)坚持自然性原则

在选线过程中，坚持"自然式设计"，减少填挖，合理控制路基高度，隧道设计坚持早进晚出的原则，使公路与周围地形完美结合，减少对环境的破坏和影响融为一体；坚持本土化设计，使景观绿化设计切合当地自然条件；坚持恢复性设计，综合利用废弃方，做好恢复绿化，使自然环境尽可能少受破坏或不受破坏。

(6)坚持"灵活自然、因地制宜、顺势而为"的设计原则灵活设计是在灵活应用现有的规范、标准、规章制度和法律规定基础之上，在不降低安全性的前提下，通过灵活设计寻求达到更符合公路沿线可持续发展的需要和利益的目标。

坚持动态设计的原则，在施工中对特殊疑难工点、防护、排水、绿化等不断进行优化，保证设计安全、节约、环保、自然。

坚持全寿命周期成本最低的设计原则，坚决贯彻执行《河南省高速公路设计技术要求》，建设安全、环保、舒适、耐久的高速公路。

2 “安全、环保、舒适、和谐”新理念的体现

2.1 安全的设计

公路的安全包括工程实体的安全和运营使用的安全两个方面，因此应通过完善的设计，确保设计合理、规范，避免工程因设计出现质量事故，影响交通安全，从而降低经济损失。

主要安全的设计做法有以下几点：

(1)线形设计的安全

线形设计对提高行车安全最有效，良好的线形设计是保证行车安全的根本，并可直接消除事故诱因。

路线平纵指标要适宜，要避免平面指标掌握偏高，或者大量采用强制性条款规定的极限值，要注重指标的连续和均衡，要从行驶顺畅、线形连续、环境优美、景观协调的角度综合考虑，将路线划分为若干段落，分别采用不同的设计指标，做到连贯、均衡，过渡合理。

设计中选用曲线定线的原则，避免过长的直线，减少驾驶员的单调、疲劳，避免长时间的超速行车，减少交通事故的发生。同时在纵面设计时，避免出现长陡坡。

路线沿线地势起伏较大，路线布设受制约的因素较多，在不过多增加拆迁的前提下，平、纵面设计采用了较高的指标。

全段设平曲线 70 个，平曲线半径为1 750～9 000m，相邻平曲线半径最大比值为 2，一般控制在1.3～1.5之间，平曲线间直线长度为0～2 181.373m，平曲线占路线总长的73.102%，平均每条平曲线长度1 903.236m，其中 2 500～6 000m 的中等半径曲线占所有曲线的69.33%。统计数据显示，本路段平曲线指标均衡，线形指标运用较合理，使全路段的运行车速相对均衡，并保证驾驶人员有足够的反应时间，从而保证行车安全。

全线设变坡点 326 个，最大纵坡 3%，竖曲线凸形半径为 10 000(重丘区)～120 000m，凹形半径为 10 000(重丘区)～80 000m，纵坡长 313～1 670m；竖曲线占路线总长的66.596%，平均每条竖曲线长度 372m；最大纵坡平丘区2.8%，重丘区 3%，均小于《公路路线设计规范》规定的最大纵坡，其坡长也均小于坡长限制。这说明路线采用的纵断面指标偏于平缓，对汽车的行驶顺畅和行车安全将起到较好的效果。

统计数据显示，本项目路线指标较为均衡，指标运用较合理，加以平纵组合上考虑相对周全，线形较连续，指标较均衡，视觉诱导较良好，较好地体现了典型示范工程的特点。

通过运行车速协调性检验，本项目全线相邻路段速度差大部分路段小于 10km/h，均小于20km/h，线形自然流畅，无扭曲或去向不明现象，线形设计在视觉上能自然诱导驾驶员视线，符合公路项目安全性评价标准。

(2)路基设计的安全

在设计中，尽可能地避免深填、大挖，避免高坡、陡坡。

本项目在设计中全面贯彻执行《河南省高速公路设计技术要求》，路基填筑高度在 10m 以

上的，全部改路基为桥通过，软土路基处理深度大于 8m 的，全部设桥通过。使得桥梁长度和数量远大于以往的高速公路，全线桥隧总长度达37 220.3m，占路线总长度的20.42%。

在设计中，全面执行低路基设计理念，确保全线路基填土高度平均不超过 2.8m，全线路基土石方设计总数量2 961.381 万 m^3，平均每公里16.13 万 m^3，符合《交通部典型示范工程咨询要点》中高速公路每公里土石方宜为15～25 万 m^3的要求。

最高填方路段在 K158＋904～K159＋229（中心最大填高 21m，位于下汤互通式立交范围内），通过外业详勘，发现高路堤的地质条件均较好，同时我们采用 Bishop 法进行堤身和地基的整体稳定性和沉降验算。通过验算结果，对于高路堤采用常规的冲击碾压增强补压措施可满足路基填筑要求，从而保证路基质量。同时使重丘区的废方有了利用的地方，减少了对环境的影响。

横断面设计结合地形、地貌、地质条件广泛采用贴近自然的设计和提高使用性能的方法。平原微丘区低填方路基和低挖方路基采用放缓边坡至1∶4、取消地填方路基的护坡道，边坡采用弧形边坡坡脚和坡顶。

挖方边坡设计为边坡不陡于1∶1。在路基挖方边坡取消了坡脚和坡顶上的折角，采用贴近自然的圆弧过渡；挖方边坡的最上一级坡率比下面部分边坡坡率放缓。

填方边沟采用弧形边沟、挖方边沟采用暗埋式边沟或矩形加盖板边沟。在地形平缓、挖方边坡不高，汇水面积较小，挖方路段较短的路段，从安全和景观的角度考虑，采用浅碟形边沟。

上述的设计大大改善行车安全性和环境的协调性。

(3)路面设计的安全

为保证路面在重载交通下的稳定性和延长其使用寿命，在路床顶面分不同区段采用 30cm 水泥粉粉灰稳定沙砾或厚 80cm 的 5%石灰稳定土进行路床处理。

路面采用改性沥青混凝土作为上中面层，采用三层分别为 18cm 的水泥稳定碎石作为基层、底基层，路面结构层总厚度采用 74cm，提高路面的温度稳定性、耐疲劳性、适应重载等各方面的路用性能。路面排水高填方路段采用集中式排水，低填方路段和挖方路段采用分散式排水。

匝道路段结构层全部同主线标准。收费广场采用面层厚 28cm 的水泥混凝土路面，基层、底基层分别采用 18cm 的水泥稳定碎石。

(4)桥梁结构设计的安全

遵照《河南省高速公路设计技术要求》，本项目将桥梁荷载提高到公路Ⅰ级的1.3倍，以提高重载交通下桥梁的负荷能力和抗疲劳性，延长桥梁的使用寿命。

为避免桥面早期的破坏，桥面铺装按照河南省高速公路技术要求，全部设计为双层 10cm ×15cm 钢筋网，钢筋直径不小于 12mm，铺装层厚度 10cm，混凝土强度等级标号为 C50。

(5)安全设施的设计

在常规设计标准要求下，我们以更安全的设计理念，进行了多项创新安全设计。主要设计创新点有：

①轴重限制标志、最高(低)限速标志、旅游区指示标志以及情景辅助标志管的设置。

②采用新型蛇形门架结构标志牌，使全线标志既美观又节省投资。

③通过设计振动标线、轮廓标和突起路标组成立体的雨、雾、夜间条件下的行车诱导系统，提高了车辆在恶劣天气下行车的安全性。

④护栏布设结合沿线地形考虑，灵活布设，对低填土路段，取消了路侧护栏的布设，使道路视野开阔、行车舒畅。

⑤在高速公路上率先尝试设计了视线通透、造型美观，防撞能力强的梁柱式型钢护栏。

⑥活动护栏率先采用了防撞能力强，美观经济，开启方便，防盗的新型钢管预应力索式活动护栏。

⑦路侧护栏率先采用了防撞能力更大的三波加强型波形梁护栏。

⑧分流端率先采用了通过实车碰撞试验验证和专家委员会鉴定的新型防撞垫——可导向防撞垫。

2.2 环保的设计

环保设计坚持“不破坏就是最大的保护”的设计理念，在设计中尽可能地减小对环境的破坏，尽最大可能地对环境进行恢复设计，在恢复设计的基础上做到美化设计，保证郑石高速建设成为生态路、旅游路和景观路。

(1)为减少对环境的破坏，设计时坚持地质选线、地形选线和环保选线的思路。对不良地质尽可能地进行避让，路线布设与地形尽可能地协调，减少高填深挖，避免土体移动、变形和破坏，避免造成水土流失等自然灾害。

地质选线：例如 K0～K40 段路线走廊带范围内主要地质病害是湿陷性黄土，大部分为 I 级非自重湿陷性黄土，同时本段属于黄土塬边缘破碎地带，冲沟密布。路线选线时注意地质情况，路线尽量选择在土体完整、冲沟较狭窄处跨过冲沟，桥台也尽量放在挖方地段，使桥台处于稳定的位置。

K81＋510～K149＋300 段路线走廊带范围内不良工程地质主要体现为煤炭采空区、膨胀土和岩溶。路线方案选择时对采空区、储煤区予以避让。本段局部路段膨胀土分布较广，故尽量选择分布较少且性能好的路段通过。

地形选线：如 K8～K12 段，依地形走势，顺溪谷边缘布线，纵断面也依地势起伏；K20～K33 段选择最窄处跨越双洎河、沿溪布线、绕避煤矿，大胆采用复曲线，较好地体现了地形选线的理念。再如 K149～K182 段，路线在大的趋势上沿昭平台水库及沙河蜿蜒前进。

环保选线：K0～K149 基本处于平丘区，平纵面布线以低填浅挖为主，尽量减少填挖高度。路段最小填方路基高度根据百年一遇洪水水位和地下水毛细水位高度而定，合适的路段尽量采用零填方或低填方，比如在 K50～K78 段就在排水通畅的路段多处采用小于 1m 的低填方。

(2)为了减弱高速公路对环境的影响以及水土流失带来的负面作用，必须按照植物衍替规律，结合景观生态学、恢复生态学、群落生态学的基本理论，尽快搞好植被恢复和保护现有植被。因此防护设计尽量以绿化防护为主，尽量避免设置将砌防护，绿化景观设计坚持恢复、美化、适地、重点突出的设计理念。通过恢复设计就是所有裸露地表均应绿化，最低达到原施工前环境地貌标准。通过美化设计，利用植物造景，融合当地地域性等独特自然条件及文化氛围，营造出自然美、生态美、艺术美的感受，形成高中低、草灌花、四季常青、三季有花的绿化景观效果，减轻驾乘人员视觉疲劳，使公路使用者始终充满愉悦感和满足感。通过适地设计使物种的选择、栽植的方法、景观的营造等方面充分结合沿线自然环境状况，保证施工便捷、易于成活和养护、材料成本低。

郑石高速全线边坡绿化植草 308 万 m^2，栽植各种乔木 16 万棵，栽植灌木 520 万棵，达到生态恢复、功能高效、景观优美的目的。

2.3 舒适的设计

高速公路的舒适设计应表现在线形的流畅，沿线景观的完整、协调和多样性以及公路外观细部的精细、精美三个方面。

线形流畅也是保证安全的根本。本项目线形设计以曲线为主，指标运用合理，运行车速均衡，舒适度高。本项目沿线自然景观丰富，地形、地势起伏很大，加上恢复、美化的景观设计，营造出了令人愉悦的景观，给驾驶者提供了一种舒适的感觉。

2.4 和谐的设计

高速公路和谐的设计主要体现在与自然环境和谐和与社会和谐两个方面。

与自然和谐要考虑公路的建设不能对自然造成大的破坏和影响，要尽可能地使公路与自然环境融合，要节约占地，节约投资。为了与自然和谐，在设计中采用了多种措施和方法，如坚持地质选线、地形选线与环保选线，坚持自然设计，坚持尊重地区特性，防护设计以绿化防护为主，绿化景观设计坚持恢复和美化设计等。取土设计充分利用荒山、河滩和煤矸石，弃土选择在贫瘠或荒芜的土地上，并对弃土场进行植被恢复和复耕，减少耕地占用。

与社会和谐主要体现在高速公路的建设要利民。高速公路的建设不可避免地要改变沿线的交通规划、村庄布局、生产、生活等，要占用耕地，对环境造成影响，影响到社会的可持续发展。因此，要保证社会的和谐，高速公路的设计要充分考虑沿线群众的生产和生活需要，要保证群众的利益不受到损害。因此，在设计中我们采取了以下措施和做法。

(1)互通立交、分离式立交、涵洞、通道等的设置要充分征求地方政府和沿线有关方面的意见，要满足地方的规划发展和生产、生活需要。郑石高速原设计互通立交 12 处，根据地方发展的需要，增设了下汤互通立交，增加投资近 7 000 万元；全线设计分离立交 74 处、天桥 35 处，通道 244 道，涵洞 133 道，全部征求了地方政府和有关方面的意见，平均每公里通道(天桥)1.53处，极大地方便了百姓的生产和生活。

(2)节约用地，提高土地利用效率。坚持地形选线，尽可能避开良田和果园；在贯彻《河南省高速公路设计技术要求》的基础上，尽量减小路堤填筑高度，从而有效减小征地边界的宽度，节约占地；充分利用沿线自然资源，采用河滩砂砾石、煤矸石、山皮土等作为路基填料，有效减小取土场的征用面积；利用废弃土方，填埋坑、沟洼地进行造田；结合路基取土，对岗地、坡地进行平整，将坡地、荒地改造为良田；各站区在设计时尽可能地设在互通区匝道内，以减少征地；互通立交匝道设计在满足规范标准的要求下，尽可能地紧凑。通过以上措施，共减少占地近 7 036亩，造田 500 亩，缓解了高速公路的建设与百姓争地的矛盾，促进了社会和谐。

(3)改路、改渠、改沟设计要详细，标准不低于原标准。高速公路的建设截断了原有的道路和沟渠，因此必须对改路、改渠、改沟进行详细、可行的设计。“三改”的设计要充分征求地方意见，照顾地方的发展，标准应不低于原设计，要结合地方的建设对路网进行完善、联通，对排水设施进行修复、疏通，解决群众出行、排水等方面的困难。

3 结语

高速公路的设计涉及许多方面，对新理念的贯彻需要有创造的精神和精益求精的思想，要采用灵活的设计手法，采取主动的措施进行设计，才能实现安全、环境优美、节约资源、质量优良的目标。

参考文献

[1] 交通部公路司.新理念公路设计指南.北京：人民交通出版社，2005.

[2] 河南省交通规划勘察设计研究院，铁道第四勘察设计院，广西壮族自治区交通规划勘察设计研究院.郑州至石人山高速两阶段初步设计，2005.

郑石高速公路创新示范工程的实践

李志强　张　磊

（河南中原高速公路股份有限公司）

摘　要　本文结合郑石高速公路创新示范工程，从管理、设计和工程方面对郑石高速公路在打造典型示范工程中的创新示范进行了具体实践。

关键词　高速公路　典型示范工程　创新示范做法

1　项目特点

郑州至石人山高速公路（以下简称郑石高速公路）是河南省唯一的一个国家交通部"勘察设计典型示范工程"，是河南省高速公路建设规划网的一条重要联络线，也是"800里伏牛山生态景区"的一条"中央辐射线"，更是河南省委、省政府、省交通厅站在全省经济社会发展的大局之上果断决策、建设的一条能源和旅游大通道。

郑石高速公路具有建设里程长、投资规模大、工期要求紧、技术标准高、协调任务重、施工难点多六大显著特点。该建设项目1次跨越西气东输管网，2次跨越南水北调干渠，6次跨越铁路干线，4次跨越高速公路，穿越10多公里的储煤区及煤炭采空区，需处理特殊路基40余公里，构建1.6km长隧道一座，几乎融汇了河南省高速公路工程建设的所有技术难题。

2　建设理念及目标

建设理念：安全、环保、耐久、和谐。

建设目标：打造示范工程、构建数字高速。

3　创新示范做法

为全面高标准地把郑石高速公路建设成为一条科技路、创新路、示范路，打造示范工程，构建数字高速，郑石高速的管理者和建设者们科学决策、继承创新、精心组织、严格管理，走出了一条创新示范之路。

3.1　管理创新

（1）"条块结合、以条为主"，构建高效管理平台

根据郑石高速里程长、横跨3市9县区的特点，为提高管理节奏和工作效率，节约各参建单位的办公经费，项目管理采取了"条"——郑石分公司、"块"——A、B、C、D四个业主代表处的管理架构，郑石分公司负责全线和全面的管理，保证了全线的统一性，四个业主代表处负责各自所管辖段上的现场管理工作，确保了工作的及时性和灵活性。

（2）采用"分项模拟合成法"确定标底，确保了招标工作的公开、公平、公正、安全

郑石高速要进行大量的招标工作，为减少人为干扰，提高招标工作的公平和安全，针对标底

确定环节，公司采取了“分项”——按不同项目分别编制标底、“模拟”——用模拟单价计算标底、“合成”——在开标前1小时用真实的单价计算各分项目标底并合成后密封送达开标现场的方式。通过这种方式，最大限度地避免了标底泄漏等违规现象的发生，使整个招标工作顺利完成。

(3)采用“OA办公、网上计量、网银支付”方式，提高了工作效率，加快了资金周转

根据项目特点，郑石高速联合有关技术支持单位，开发了一套基于互联网、采用B/S架构、实行电子签名的示范项目管理信息系统，包括OA系统和工程进度、质量、计量、合同、统计查询等模块，财务支付采用网上银行支付形式，在河南省内首次真正实现了“网上计量和支付”。

(4)引入技术服务团队，构建了试验、研究、工程应用三位一体的技术支持平台

引入了“第三方质量检测监督机制”，第三方检测单位对各标段的施工质量进行不定期抽检，并按月上报《质量抽检报告》，通过第三方检测，加强了对施工现场的质量监督，在质量控制程序上形成了“多层过滤”的管理模式，有效减少了质量问题的出现。同时成立了由长安大学、长沙理工大学、北京建筑工程学院、中交二院、河南省交通科研院等组成的技术服务团队，对郑石高速项目的设计、质量、配合比优化、科技创新和应用进行全方位、全过程的跟踪服务，提高了科技含量，保证了工程质量，加快了工程进度。

(5)积极构建“建管一体化数字管理系统”，实现建管养无缝衔接和过渡

为避免重建轻管、建管脱节现象，结合项目建管实际，郑石分公司与有关单位合作，积极构建数字高速，开发郑石高速建管养一体化数字管理平台，实现数字化管理和计算机辅助决策，提高高速公路建管水平和综合效益。主要包括：办公系统、项目建设管理信息系统、地理信息系统、三维可视系统、路政救援系统、收费系统、监控系统、通信系统、机电系统等。

3.2 工程和设计创新

(1)坚持安全性原则、服务社会原则、尊重地区特性原则和整体协调性原则，优化公路设计

采用“地质选线、地形选线、环保选线”等原则，优化线路走向，确保公路安全：郑石高速地形地质情况复杂，通过地质选线，合理避让了冲沟地带、煤矿开采区和采空区；通过地形选线，使路线与地形适合，并尽可能降低路基填土高度，避免高填深挖、高边坡深路堑，从而确保道路路基和边坡的稳定安全；通过运行车速检验，确保线形指标的均衡性和连续性，从而保证了行车安全。

(2)全面贯彻《新理念　公路设计指南》、《降低造价公路设计指南》和《河南省高速公路设计技术要求》等示范项目设计新理念

为提高高速公路使用寿命和安全性，体现人本和谐理念，郑石高速在省内第一次全面贯彻执行了《河南省高速公路设计技术要求》，降低了填土高度，提高了荷载标准，并根据“安全、环保、舒适、和谐”和“六个坚持，六个树立”的示范理念和原则进行灵活设计，提高了设计质量。

平原微丘区低填方路基和低挖方路基采用放缓边坡至1∶4、取消低填方路基的护坡道，边坡采用弧形边坡坡脚和坡顶；在填挖交界处挖方边坡根据地形情况，放缓边坡。

重丘区采用较缓的边坡坡率，挖方边坡设计为土质边坡不陡于1∶1.25，石质边坡不陡于1∶1。在路基挖方边坡取消了坡脚和坡顶上的折角，采用贴近自然的圆弧过渡。

一般路段填方边沟采用弧形边沟、挖方边沟采用暗埋式边沟或矩形加盖板边沟。在地形平缓、挖方边坡不高、汇水面积较小处，采用浅碟形边沟。

(3)实行设计双院制，引入设计监理及技术咨询，提升设计理念，提高设计质量，打造示范工程

为全面提高设计质量，结合实际情况，郑石高速从设计伊始，就在设计管理中率先引入了设计监理制，即在公开招标确定三家设计单位之外，选定中交第二公路勘察设计研究院作为设计监理单位，负责对三家设计单位的外业勘察、初步设计、施工图设计及有关问题进行初步审

查和咨询，保证上报审查图纸的设计质量。同时邀请交通部及省内领导及专家通过召开专题评审会及现场技术咨询等活动，全面提升工程设计及施工组织管理水平。

(4)针对质量控制薄弱环节，采取有效措施，提高施工质量

针对台背回填容易引起桥头跳车的现象，采取在台背回填处压浆的办法，提高工程质量；在软土地基处理上，采取 CFG 桩、碎石桩、石灰桩、换填砂砾和煤矸石等方法提高路基质量。

(5)合理选线，就地取材，利用废弃方造田，最大限度地节约耕地

在郑州段有大量的膨胀土，为减少换填和提高边坡稳定性，采取了生物改良法稳定边坡；在平顶山段，采用山皮土和天然砂砾填筑路基，采用二灰稳定砂砾和二灰稳定风化山砂作为路面底基层，合理利用了当地丰富资源，节约了大量耕地；在郑州段的冲沟和鲁山境的山岭重丘区路段，针对当地可耕地少的特点，利用工程废弃方在沿线荒地和低洼处造田。

(6)取消全圬工边坡防护，设置宽浅型生态边沟

为体现示范理念，把郑石高速建成一条生态路、环保路、示范路，结合地形地势和土质情况，设计中取消了全圬工防护形式和边沟，最大限度地减少了硬防护和圬工边沟，采取了植物防护，设置了宽浅型的生态边沟。

(7)尊重自然地形，随坡就势，合理优化服务区设计，减少挖方量，降低工程造价

郑州服务区和石人山服务区分别位于高岗和丘陵，通过灵活设计，采取台阶式布置，贯穿车道和停车区后移，分别减少了挖方量 15 万 m^3 和 25 万 m^3，既满足了使用功能，又降低了工程造价。

(8)按照“自然朴素、突出重点”的原则，进行绿化构思和设计

按照尊重自然、贴近自然、融入自然的原则，采取适树、适地、适种和高中低、草灌花相结合的方法，以本土、易活、易养、经济物种为主，坚持重点路段重点设计、重点突出方针，在满足安全、稳定、功能的前提下，对边坡、互通区、场站、中隔带、隧道洞口等进行针对性设计，既达到了“畅洁绿美”的绿化景观效果，又节约了工程费用。

各站区、服务区绿化主要以园林式手法进行设计，植物以乔、灌、花、草、藤相结合，以营造出优美、舒适、环保的景观。

中央分隔带绿化采用长绿型小乔木＋地被植物间种的方法配植，形成防眩、抗疲劳的自然环境。

边坡绿化以草、灌、花等植物进行搭配，路肩、边坡栽植月季、紫薇、夹竹桃或爬山虎等攀援植物，达到恢复植被，固土护坡，美化环境的目的。

互通区的绿化以乔、灌、花等植物进行搭配，设置微地形、蓄水池，摈弃常规城市立交绿化设计手法，采用自然或阵列的栽植方式，形成大组团、大色块、高低搭配、错落有序的自然景观。

(9)按照“功能完善、美观简洁、融合自然、绿色节能”的设计理念进行房建工程设计

郑石高速沿线 18 处房建工程是从 118 个方案中历经 1 年时间评选、优化而成，全部方案外观美观大方，与自然环境融合恰当，内部功能完善，布局合理。设计时坚决贯彻执行现行《公共建筑节能设计标准》，争创高速公路房建工程绿色节能建筑典范。

房屋站区尽可能的布置在匝道区内，以节约耕地，保护环境。山区服务区如郑州南服务区、石人山服务区进行灵活设计，改变贯穿车道的位置，坚持因地制宜，根据地形，采取错层布置，既增加了层次感、立体感，又降低了工程费用。

(10)机电工程设计以为使用者、管理者提供优质服务为目的，建设智能化、数字化机电工程系统

本项目实施全程监控，从而实现对重要路段交通流的基本控制，避免交通阻塞，减少交通延误，同时对养护施工、联网收费及车辆长期占用超车道等及时监控。

(11)坚持动态设计原则，对施工中特殊疑难工点引入动态设计，并作为整个设计工作的延续和补充

对路基防护排水工程、挖方较深的可能滑坡体、隧道的掘进和开挖等，在测设过程中即采取监控措施等手段并将其延伸至施工全过程；为减少高速公路的修建对沿线百姓的生活和生产的影响，对“三改”工程的设计延伸到整个施工过程，以改善、方便地区交通条件；在保证安全的情况下，为尽可能地减少人工痕迹，恢复公路沿线自然面貌，依照“动态”设计理念，对防护和排水进行了多次优化，5m 以下路基边坡全植草防护，采用自由排水设计；5m 以上采用集中和分散相结合的排水方式，对上部 4m 范围进行植草防护，下部采用拱形骨架进行防护设计。

(12)引入“宽容公路”设计理念

为减少占地，增加通行能力，前 58km 在 28.5m 宽路基布设六车道；采用“宽容”设计理念，前 58km 中分带采用单片新泽西护栏，桥涵与路基同宽；后 124km 中分带全部采用 2m 宽，在保证安全的情况下，增加左路缘带宽度，充分体现“以车为本、以人为本”的理念。

(13)在重点路段采用新型安全设施，提高道路安全性；积极采用成熟的新产品、新技术，保证人车安全，提高道路科技含量

在桥头及填高大于 8m 的路段，采用三波护栏；前 81km 中央分隔带采用单片新泽西护栏，上部安装防眩网进行防眩。挖方段和填土小于 2m 的路段不设防撞护栏。分流端头防撞垫采用新型专利产品；活动护栏采用防撞能力大、安全程度高的钢索预应力活动护栏；横跨全幅路基的门架采用安全、轻盈的蛇形门架。

(14)紧密结合工程实际，针对设计施工中的难题和需要，与科研院所合作开展课题研究，进行科技创新，建设科技之路

郑石高速沿线地形地质情况复杂，几乎融汇了河南省高速公路建设中遇到的大部分技术难题，结合工程实际进行有针对性的研究很有实际意义，公司与国内有实力的科研院所合作，进行了“河南省高速公路典型示范工程成套技术应用研究”、“高速公路环境景观及其影响研究”、“高速公路沥青路面车辙积水损害平衡防治对策技术开发”等十几个课题研究。

4 结语

作为河南省唯一的一条“交通部勘察设计典型示范工程”，郑石高速的全体管理和建设者们，在全面贯彻交通部《新理念　公路设计指南》、《河南省高速公路设计技术要求》基础上，按照“安全、环保、耐久、和谐”的总原则，紧密结合项目地域特点和实际，以科技创新为先导，以管理创新为支撑，坚持以全寿命周期成本为基础的低造价实践，进行项目的全方位优化设计；通过精心组织严格管理确保整体工程质量优良，积极构建建管一体化数字管理系统，努力将郑石高速建设成一条“河南领先、国内一流”的综合典型示范工程。

参考文献

[1] 交通部公路司.新理念　公路设计指南[M].北京：人民交通出版社，2005.

[2] 交通部公路司.降低造价公路设计指南[M].北京：人民交通出版社，2005.

[3] 河南省地方标准.DB41/T 419—2005.高速公路设计技术要求.郑州：河南省质量技术监督局，2005.

浅谈和谐工程新理念在郑石高速公路项目建设中的应用

李志强

（河南中原高速公路股份有限公司）

摘　要　本文按照建设和谐工程与和谐社会总体要求，充分结合项目特点和地域特色，从“优质、高效、守法、安全、利民、环保”六个方面，详细阐述了和谐工程新理念在郑石高速公路上的应用，对于如何在高速公路建设中体现和谐工程新理念具有一定的参考价值。

关键词　和谐工程　新理念　郑石高速　应用

1　引言

郑州至石人山高速公路（以下简称郑石高速公路）是目前河南省唯一的一个交通部勘察设计典型示范工程，也是河南省高速公路规划网中武鲁高速的重要路段，同时也是河南省委、省政府确定的在高速公路建设项目中创建和谐工程的示范工程。郑石高速公路的建设对于进一步完善河南省高速公路网布局，构建“八百里伏牛山生态旅游景区”快速通道网络，促进河南省中西部地区旅游资源及能源产业开发，引领区域特色产业快速发展具有重要意义。

郑石高速公路创建“和谐工程”是建设和谐社会在高速公路建设中的具体体现，是“安全、环保、舒适、和谐”设计新理念在高速公路项目建设中的拓展和延伸，更是贯彻以人为本和落实科学发展观的全面展现。郑石高速公路创建和谐工程，主要体现在“优质、高效、守法、安全、利民、环保”六个方面，从设计、施工各个环节和方面对和谐工程新理念在项目建设中的全面应用进行了认真细致的诠释。

2　项目概况

郑石高速公路途经郑州、许昌、平顶山3个地级市的9个县区、34个乡镇、204个行政村，建设总里程183.539km。其中，郑州境长约38km，为黄土塬冲沟地形；许昌境长约43.45km，为平原微丘地形；平顶山境长100.79km，为平原微丘和山岭重丘地形。K0＋000～K58＋900设计路基宽28.5m，按六车道布设；K58＋900～K149＋334.249为平原微丘区四车道标准，路基宽28m；K149＋334.249～K182＋247山岭重丘区四车道标准，路基宽26m。全线共有特大桥梁2座、大中桥103座、小桥15座、天桥33座、分离式立交68座、涵洞133道、通道245道、互通立交13处、隧道1座、连接线4处，项目投资概算87.68亿元。

郑石高速公路1次跨越西气东输管网，2次跨越南水北调干渠，4次跨越高速公路，6次跨越铁路干线，穿越10多公里的储煤区及煤炭采空区，需处理特殊地基40余公里，构建1.67km长隧道一座，几乎融汇了河南省高速公路工程建设中的大部分技术难题，具有建设里程长、投资规模大、技术标准高、工期要求紧、协调任务重的显著特点。

3　和谐工程新理念在项目建设中的具体应用

郑石高速公路建设按照“优质、高效、守法、安全、利民、环保”要求，从设计、施工和环境协调等方面对和谐工程新理念进行了集中表述和全面体现。

3.1　强化工程管理，确保工程“优质”

质量是工程的生命和灵魂，郑石高速公路建设始终把质量放在首位，作为工程管理的核心工作来抓，不断完善制度，提高标准，强化监管，落实责任追究制度，以设计优质为前提，以施工优质为重点，努力把郑石高速建成经得起时间检验的长寿命优质工程。

(1)不断优化设计，提高设计质量

坚持设计监理咨询制度和“动态设计”原则；适时邀请有关专家和技术服务团队进行现场咨询与指导；派驻业务全面的设计后续服务人员进行现场跟踪服务；按照交通部勘察设计典型示范项目设计新理念和《河南省高速公路设计技术要求》，大量采用效果图建模方式进行多方案比选和优化，结合工程实际，不断优化设计，提升设计理念，提高设计质量，确保了设计工作符合交通部勘察设计典型示范工程标准。

(2)严格施工管理，打造过程精品

建立完善有效的工程质量保证体系，严格质量责任追究制度；实行工程质量教育学习培训制度，编制路基、路面、绿化等施工技术指南，进一步细化工程施工各个环节的质量技术标准，并下发各参建单位开展全员学习和执行；建立质量检查制度和抽查制度，定期开展质量大检查和质量回头看活动，及时纠正工程质量管理中出现的偏差；主动接受各级人员的监督，对提出的问题全面进行排查落实，不合格工程坚决返工，绝不姑息；严把原材料质量关，对主要材料进行公开招标或实行准入；推行标准化、规范化施工，确定样板首位工程或示范段，通过传、帮、带，提高施工质量；对参建人员严格履约管理；实行方案报批制，对一些关键施工方案先进行论证，审批后再实施，对一些关键质量控制指标进行重点控制，确保质量安全；引入第三方检测单位，按照施工单位自检、监理单位抽检、第三方检测、业主管理和政府监督五个层次进行质量控制；与科研院所合作，开展有针对性的科学研究，组成技术服务团队，及时进行跟踪和现场服务；加大新材料、新工艺、新技术的推广和应用，如在路基施工中采用了灰土桩、碎石桩、CFG桩进行软基处理，采用桥头注浆技术减少桥头跳车现象，在路面施工中全面采用骨架密实型标准和GTM法优化配合比，在桥面防水层施工中采用抗裂防渗黏结膜材料和铣刨、喷砂凿毛等工艺，在边坡绿化工程中采用了湿法客土喷播技术，在交通安全设施中采用了可导向防撞垫、预应力活动护栏，在房建工程中采用了外保温板和风能、太阳能、交流电三用照明灯等节能材料和工艺，在隧道中使用了智能隧道控制系统，等等；加大质检频率，严格落实100—93质量控制标准；加强路面平整度控制，采取中下面层挂线摊铺和精确铣刨技术，确保路面工程均匀密实平整；严格控制护栏、路缘石等外露工程质量，强调内实外美，做到直线段线形顺直，曲线段圆滑顺适，顶面高程符合设计，混凝土外露面平整密实，无蜂窝麻面，颜色一致；对标志、标牌进行严格的实地核实，保证标志标牌位置准确，标示内容清楚、无误、准确，做到精细施工。

(3)采取工程措施，建设耐久高速

对软土地基、膨胀土路基、湿陷性黄土地基等进行处理，提高地基承载力，保证路基耐久性，选择强度高、透水性强，易于碾压密实的材料(如沙砾石、麻骨石等)进行路基填筑；根据实际情况，区分不同地段，对路床掺加石灰或水泥或用二灰稳定砂砾、山砂等进行处理，提高其承载力、均匀性和耐久性；对填土高度大于10m地段的路基，改为设桥通过，降低高填路基的失稳和沉降可能，保证路基的质量安全；对软土地基深度大于 8m 地段设桥通过，保证路基的安全；设计荷载采用公路一级的 1.3 倍，桥面铺装设计 12mm 双层钢筋网，提高桥梁承载能力和耐久性；加厚路面结构层厚度，提高路面承载力和耐久性；沥青路面中上面层采用 SBS 改性沥青，提高路面稳定性和耐久性；优化基层、底基层配合比设计，选用骨架密实型结构设计，减少基层、底基层裂缝，提高路面耐久性。

3.2 强化科学管理，确保工程“高效”

郑石高速公路建设始终坚持以效率和效益为中心，通过管理创新和机制创新，采取技术措施，提升管理效能，增强综合效益，确保工程整体“高效”。

(1)注重管理创新，提高管理效能

实行“条块结合”的管理架构，提高管理效率，节约办公成本；适时开展劳动竞赛活动，加快工程进度；采用自动化办公系统，实行网上计量支付；厅督导组常驻工地进行督导，采用“政治、经济、舆论”三结合手段，及时解决施工环境中存在的问题，保证施工进度，避免资源浪费；采用动态设计理念，四方现场及时解决设计中存在的问题，保证施工进度；超前进行工作安排，提前进行谋划，科学管理，合理压缩和交叉，把三年建设工期缩短到两年之内，在有限的时间内保证设计、招标、施工等按计划顺利进行；加强工程进度考核，及时发现存在的问题，及时对有关单位进行帮扶，保证施工进度。

(2)节约利用土地，提高用地效率

坚持地形选线，尽可能避开良田和果园等；采用低路基设计理念，尽可能降低路基高度，减小征地边界宽度，节约占地；采用河南省地方标准“四改六”的方案，在提高路面通行能力的同时，最大限度减少占地宽度；填土高度大于 10m 地段，全部设桥通过，减少占地宽度，节约用地；互通立交匝道设计在满足规范标准的要求下尽可能紧凑地布置；各站区在设计时尽可能设在互通区匝道内；充分利用沿线自然资源，采用河滩砂砾石作为路基填料，减小取土场的取土面积；利用废弃土方，填埋沟、坑、洼地等进行造田；结合路基取土，对岗地、坡地进行平整，将坡地、荒地改造为良田；设计中尽可能做到路基填挖平衡，减少外运土方。

由于郑石高速公路采用的技术标准高，路线曲线半径大，再加上沿线所经郑州、许昌、平顶山三市多处于平原地区，其基本农田比例较高，所以在选线时不可避免地会占用部分沿线基本农田。郑石高速公路项目充分认识到土地是不可再生资源，充分认识到国家土地宏观调控的重要性，在项目实施过程中，为了减少占用耕地和基本农田，最大限度地节约土地资源，不断地优化设计方案，并在施工过程中十分注重节地和造田工作，具体措施有：

①减小隔离栅的设置距离，进一步压缩征地宽度，通过对原设计的优化，在占用耕地和基本农田较多的前 150km 平原微丘地段，将隔离栅的设置距离沿征地界向内压缩 30cm，以减少征地面积，通过该措施，共减少占用耕地和基本农田 6.96 公顷。

②进一步优化曲梁观景台方案，减少征地。将原来代征的边角地带面积 1.268 6 公顷，原来包含的停车区面积 1.2 公顷，原来设计有的超限自动检测及自行治理站用地面积为 2.666 7 公顷以及对观景台四周排水方案进行优化后，共减少占地面积 1.864 7 公顷，曲梁观景台减少占地面积合计为 7 公顷。

③通过增设挡土墙减少占用基本农田数量，在 K15＋620～K16＋165 段，通过在左侧增设路肩挡土墙，减少征地宽度约 11m，共减少占用基本农田 0.6 公顷。

④通过在全线桥头锥坡设置急流槽和边沟将路面排水引入桥梁下面排水系统，缩减桥梁段征地宽度，共计减少占用耕地约 41.34 公顷。

⑤通过设计变更，尽量将收费站区布设在立交匝道区内，以节约占地。经过进一步优化设计，通过设计变更，全线11个收费站除去2个主线收费站外，有7个收费站布设在立交匝道区内，共节约占地9.6公顷。

⑥平顶山境内路基填土多膨胀土，填筑路基需要加石灰进行处理，工期也较长，需要破坏较多的良田。但境内有沙河、北汝河，存在很多砂砾，通过采用砂砾填筑路基，虽造价高了点，但减少取土约620万m^3，节约占地近6 200亩，同时保证了路基质量，总体效益显著。

⑦许昌境内良田较多，但存在部分煤矸石，为减少因路基取土对耕地的占用和破坏，在该段尽可能地多用煤矸石填筑路基，减少取土约60万m^3，节约占地近600亩。

⑧在郑州段的冲沟和鲁山境的山岭重丘区路段，针对当地可耕地少的特点，利用工程废弃方在沿线荒地和低洼处造田500亩左右。

(3)合理控制造价，提高资金效率

不断进行路线优化，多方案比选最优线路，坚持全寿命周期成本的低造价实践，力争做到科学、经济、合理、环保；做好设计优化、细化工作，不断提高设计深度，达到有效指导施工；把好队伍关，通过招标程序选择信誉好、实力强、业绩突出的专业队伍，提高施工过程的质量、进度和资金管理水平；加强施工过程管理，预见性、前瞻性地修改局部设计，避免出现大的设计变更；强化合同管理，合理确定因工程变更引起的变更费用，合理控制工程成本和造价。

3.3 强化过程监督，做到廉洁“守法”

工程是腐败的易发地，在招投标、施工、监理、竣工验收等环节都容易出现腐败问题。郑石高速公路建设在各个环节都采取了有针对性的措施，加强了监督检查，把廉政建设较好地贯穿在了工程建设的全过程和各个环节。

(1)严守基建程序，做到合规合法

严格按照工程基本建设程序办理各项工程建设手续，做到手续齐全，工程合规；认真执行“项目法人制、招投标制、合同管理制、工程监理制”；对主要工程材料和设备，严格执行材料准入制度有关规定，通过公开考察、比选，确定最优供应商；资金拨付采用网上电子计量和网上银行支付，实行全程“阳光作业”，从清表、征地拆迁、资金拨付、计量支付等环节严格按照程序办理。

(2)严格执行技术标准，认真贯彻有关规定

严格按照国家工程建设有关规范、标准和《河南省高速公路设计技术要求》等进行设计和施工，认真按照国家、省有关规定进行征地拆迁等。

(3)加强廉政监督，打造廉洁工程

实行施工、廉政“双合同”制，提高廉政意识、责任意识，明确各方的廉政责任和义务；建立廉政目标考核制度，制定廉政目标考核标准和奖惩措施，定期进行考核并落实有关规定；向社会公布廉政工作举报电话、电子信箱，设立举报箱，及时落实查处各种廉政举报案件；定期组织廉政教育学习，并将学习制度化、经常化，做到廉政教育学习常抓不懈、警钟长鸣；继续落实纪检监察员派驻制度，加强廉政监督，狠抓党风廉政建设责任制落实，确保依法守纪、清廉守则，不出现违规违纪和商业贿赂问题。

3.4 强化安全管理，确保生产“安全”

严格落实安全生产责任制，加强安全生产管理，保证工程施工安全。层层建立安全工作一把手负责的安全生产体系，建立健全规章制度，明确分工，责任到人；科学组织施工，严格审核每道工序的操作规程，派驻安全生产专职监督员，确保达到安全生产、文明施工要求；加大安全

设施建设和资金投入力度，加大劳动保护力度，做好安全生产的物质和资金保障工作；加强施工过程监管，超前发现问题，及时消除事故苗头；制订安全生产应急预案，做好应对突发事故的充分准备；开展“安全生产月”活动，通过活动提高安全生产管理水平，牢固树立全员安全生产责任意识。对一些关键施工方案，如高空作业、水下作业、深基础开挖、吊装作业、土方爆破等进行专项审批并加强现场督察，确保施工安全。

3.5 采取多策并举，确保工程“利民”

郑石高速公路始终把项目建设与确保施工人员的各项权益，维护失地农民的权益等有机结合起来，积极处理好关系群众切身利益的问题，为工程又好又快地建设发挥了很好的环境保障作用。

(1)及时兑付补偿款，维护失地农民的权益

严格按政府制定的补偿价格进行征地拆迁补偿，及时足额兑付征地拆迁款，并按规定进行公示；针对征地拆迁过程中出现的共性问题，如三角地、孤岛地、井地分离等不便或无法耕种、浇灌，以及由于施工中引起的振动损坏的情况，及时与地方协调指挥部沟通协商，拿出切实可行的调整或补偿方案。

(2)建设与利民同行，切实保护群众利益

充分征求当地村民意见，不断优化天桥、分离式立交和涵通道方案，按照不低于原道路标准及时进行改路、改沟、改渠，确保群众出行方便；在全线排查基础上拿出解决涵通道积水的方案，并随主体工程同时实施，坚持利民而不扰民原则，尽最大可能方便沿线群众的生产生活；成立专门的清欠办事机构，采取检查、预扣施工单位民工工资基金、委托代扣支付、三方协调督促等方式，及时解决民工工资和有关上访问题，保持稳定大局；对建设期使用地方道路问题，按照有关规定和协议文件，及时督促施工单位进行维护、恢复或支付有关费用；对施工期间的预制厂等临时占地，在施工结束后对表面进行全面清理，对混凝土等结构进行全面破除，对施工垃圾进行远运填埋处理，保证临时占地及时复耕；施工垃圾填埋深度不小于1m，保证覆土厚度大于1m，以保证植物生长等需要。

(3)协调问题限时结办，及时化解矛盾纠纷

坚持“路内问题路外解决、提前解决”的协调原则，及时化解各种纠纷和矛盾，一般问题24小时内解决，重大问题3日内解决，既要保障良好的施工环境，又要确保群众的合理合法利益不受损坏。

3.6 加强生态环境保护，切实做到工程“环保”

郑石高速公路以建设生态环保路为标准，尽量减少占用耕地，最大限度地保护生态环境；加强施工过程管理，做到科学施工，文明施工，努力打造生态路和环保路。

(1)优化绿化工程设计，做到生态化自然化

严格按照交通部勘察设计典型示范工程的设计理念要求，全面落实各项环保制度要求；坚持“最小限度的破坏、最大限度的保护、最大限度的恢复”的理念，从设计选线入手，坚持地质选线、环保选线、人文选线，坚持“宁低勿高，宁填勿挖”的原则，坚持植物防护或植物防护和圬工防护相结合，尽量减少全圬工防护的原则，原则上路基高度在4m范围内，要全部采用植草防护，高度大于4m的，在土体较稳定的情况下，也要采用植草防护；对采用工程防护的，工程防护高度一般不得超出边坡高度的1/2，特殊部位不超出2/3，全线共减少圬工防护约5 000万元；绿化景观设计坚持自然式设计，坚持适地、适树的原则，坚持乔、灌、草、花相结合的设计，坚持“尊重自然、重点突出”的原则。

(2)加大过程管理,加强环保施工

取土场在取土完毕后,根据情况及时进行平整复耕、绿化或防护,防止滑坡或泥石流等自然灾害的发生;弃土场要尽可能恢复为耕地或采取各种措施进行绿化、整理或防护,使其融入自然,防止自然灾害的发生;施工临时用地要全部进行清理,彻底清除混凝土及其他固体残渣,恢复为耕地或进行绿化;施工弃土或钻渣等严禁堵塞河道,对存在堵塞的,在汛期到来之前要完成河道的清理工作;施工中严禁废水直接排放;对散装物料的临时堆放点要采取防风防雨措施,加篷覆盖,并且设置必要的围栏;散装物料运输时采取密闭方式,车厢上部覆盖帆布等遮掩物,防止尘粒飞扬或散落污染沿途环境;运输路段适当洒水,以保持施工路段路面的一定湿度,降低起尘量;沥青拌和设备符合密闭要求,使用合格的粉尘过滤回收装置,沥青烟囱配备高空排放设施;施工中的少量生活垃圾及施工的材料包装袋、废弃工具等,在集中收集后及时进行深填埋处理;在施工作业中,选择合适的施工方法、工艺控制和作业时间,尽可能减小振动和噪声对附近居民生产和生活的负面影响,同时采取措施严格控制施工过程中产生的种种噪声,在噪声敏感点通过设置声屏障和密植乔木等措施,确保在建设和运营过程中将噪声控制在允许的范围内。

4 结语

创建"和谐工程"是一项复杂的系统工程,涉及方方面面,郑石高速公路在项目建设过程中,紧紧围绕"优质、高效、守法、安全、利民、环保"的和谐新理念,结合项目建设实际情况,坚持从工作实际出发,走出了一条符合项目特色的和谐工程创建之路,郑石高速公路建设者将抓住发展机遇,以奋发有为的精神状态和求真务实的工作作风,顾大局识大体,立大志干大事,出大力立大功,为实现中原崛起、构建和谐社会和交通事业发展做出更大贡献。

依法执政与打造“和谐工程”辩证关系之我见

王国晓　刘培新

（河南中原高速公路股份有限公司）

摘　要　通过对依法执政和打造“和谐工程”的解构分析，阐述了两者的辩证关系，结合郑（州）石（人山）高速公路的工程建设实际，表明通过依法执政树立建设和谐工程的理念，立足于和谐社会建设全局，是时代所需，民心所向。

关键词　依法执政　和谐　廉政　工程建设

1　引言

依法执政，就是坚持依法治国、建设社会主义法治国家，领导立法，带头守法，保证执法，不断推进国家经济、政治、文化、社会生活的法制化、规范化，以法治的理念、法治的体制、法治的程序保证党领导人民有效治理国家。要加强党对立法工作的领导，推进科学立法、民主立法，从制度上、法律上保证党的路线方针政策的贯彻实施。

从字面意思上理解，和谐是指“配合得适当和匀称”，社会是指“由一定的经济基础和上层建筑构成的整体，也叫社会形态”。因此，所谓和谐社会，就是指构成社会的各个部分、各种要素处于一种相互协调的状态。按照这样的标准来衡量，所谓社会主义和谐社会，应当是各方面利益关系得到有效的协调、社会管理体制不断创新和健全、稳定有序的社会。具体说，就是一种民主法治、公平正义、诚信友爱、充满活力、安定有序、人与自然和谐相处的社会。

依法执政是社会主义法制建设的一项基本要求；构建社会主义和谐社会，是我们党从全面建设小康社会、开创中国特色社会主义事业新局面的全局出发提出的一项重大任务，适应了我国改革发展进入关键时期的客观要求，体现了广大人民群众的根本利益和共同愿望。如何正确理解依法执政与构建和谐社会之间的关系，如何通过依法执政来建设和谐社会是共产党人必须弄清楚的问题。

从字面理解，依法执政与和谐社会建设并没有密切的联系，但从依法执政与和谐社会建设的本质含义上理解，依法行政与和谐社会建设是统一的、相辅相成的。依法行政只是一种手段，实现和谐社会才是最终目的。也可以这样理解：依法行政是构建和谐社会的前提，和谐社会是依法行政的具体体现，和谐社会建设在一定程度上要求依法执政、科学执政和民主执政。

2007年5月30日，省委书记、省人大常委会主任徐光春在副省长张大卫的陪同下，冒着大雨深入郑石高速公路建设一线，看望慰问奋战在一线的施工人员，调查了解郑石高速公路和鲁山县“村村通”工程建设情况。在现场会上，徐书记提出在全省开展建设“和谐工程”活动，助推河南经济又好又快地发展，并将和谐工程定义为“优质、高效、守法、安全、利民、环保”。

依法执政，建设和谐社会，大到治理国家，小到行业管理，法律都在有形或无形中规范和影响着人们的行为。虽然构建“和谐社会”与建设“和谐工程”在层次上和范围上不同，但在实质上和实现途径上有大量的相通之处。工程建设是“和谐社会”建设的重要组成部分，与人们的生产、生活密切相关，依法执政，建设“和谐工程”体现了当代共产党人以民为本的经济发展思路和理念。现就如何依法执政、如何建设“和谐工程”发表一下自己的看法。

2 依法执政，确保工程建设“优质和高效”

工程的优质就是指工程建设必须将质量放到第一位，实体质量一定要经得起时间的检验，真正满足使用要求，同时，外观质量也要美观大方，给人以美的享受；工程的高效就是指工程的建设进度要有合理的工期，投资效益和社会效益要实现最大化，最优化。

工程的优质和高效是工程建设的最基本要求，也是工程建设管理中的重要内容，必须始终把质量放在首位，所有的工程项目都要充分考虑效率和效益。因此，必须通过依法执政从工程建设的各个环节上确保工程的优质和高效，具体要做到以下几点。

2.1 决策科学化

工程建设关系到国计民生，涉及经济建设的方方面面，关系到人民群众的切身利益，与人们的生产、生活密切相关，而且投资数额巨大，能否做到正确决策、科学决策，直接影响到国家的建设大局。经过新中国数十年的经济建设发展，在工程建设领域逐渐形成了一套完整的、科学的、行之有效的决策体系，相关的法律、制度、规定也日趋完善合理，为项目建设的科学决策提供了体制上的保障。但由于长期以来一些地方领导在经济建设上形成的“大干快上、好大喜功”的思想，喜欢搞“政治工程、献礼工程、形象工程”等，工程建设往往依附于政治需要，工程建设的决策不是根据科学的论证，而是由个别领导拍脑袋、想当然而做出决定，结果只能是弊大于利，严重损害了国家和人民的利益。

因此，要做到科学决策，首先各级行政领导要坚持科学的发展观，实施可持续发展战略，立足于国民经济建设大局，对工程建设实施宏观调控；其次各职能部门要坚持专家论证、民主决策的制度，要通过科学数据论证项目建设的可行性，要在各个审批环节严格的把关，切实发挥工程建设决策的职能作用。

2.2 管理规范化

改革开放以来，城市建设日新月异、交通行业建设飞速发展，推动了项目建设管理技术的快速进步，各类行业标准、技术规范也逐渐与国际接轨，可以说，项目建设管理规范化已经成为当代管理工作的一项重要内容和最基本要求。但工程项目建设与普通产品不同，每类建设项目都截然不同，即使同一类建设项目，在建设规模、建设场地、建设环境、建设工艺方面也存在巨大差异。工程项目建设的这一特性，决定了工程项目建设管理工作的困难和复杂性，从这层意义上来讲，对工程项目建设管理的规范化也更显得重要和迫切。

要做到工程建设管理的规范化，首先是要按建设程序办事，认真贯彻执行各类法律、法规和文件，严格按照技术标准、行业规范进行工程建设。在这一工作中，工程建设的各级主管部门要充分发挥监督管理职能，及时制定、下发各类规范、文件，并严格地督促落实；各建设单位也要积极主动地学习贯彻行业法规和文件，自觉规范自身的工作行为，提高工作标准，保证工程的建设质量和投资效益。其次是加强建设全过程的管理，要按照有关规定选择有资质、信誉好、业绩好的技术咨询单位和承建单位；大力推行建设主材的市场准入制度，在立项阶段、设计阶段、施工阶段、交工验收阶段的各个环节都要提高工作标准和贯彻“精品意识”，提高工作效率，以对党对人民对国家高度负责的态度认真处理好质量和进度、进度和投资、质量和投资之间的关系，实现投资效益的最大化和最大的效能比。

2.3 过程创新化

现在，创新一词无疑是使用最频繁的热点、时髦词汇。全社会的各个层面，包括政府、企事业、个人等都在提创新；它也扩展到众多词汇，如观念创新、理论创新、科学创新、技术创新、产品创新、工艺创新、体制创新、市场创新、组织创新、管理创新等。其实创新的内容是丰富多彩的。开辟新领域，创立新理论，提出新观点，建立新概念，寻求新材料，探索新方法等，都应当属于创新的范畴。

创新是当代管理技术发展的主题，工程建设管理同样也需要创新。创新是对旧思维、旧观念、旧体制改革和转变，也是对新技术的研究和应用。工程建设中的创新是指管理创新、技术创新、理念创新等，其核心是更好地保障工程质量、提高投资效益和提高管理成效，最大限度地发挥投资效益和工程基本功能。

因此，各建设单位、各级技术管理人员要树立创新理念，建立创新机制，通过创新开阔视野、拓展思路，通过创新提高工程质量、加快工程进度、提高投资效益。

3 依法执政，确保工程建设“守法和安全”

工程建设的守法，就是在规划设计、招投标、施工、监理、竣工验收等环节都要做到按程序办事，加强廉政建设，杜绝腐败现象。工程的安全就是要严格按照项目工程管理规范，加强培训，完善制度，强化监管，确保安全生产，不出事故，减少纠纷。

工程建设的守法和安全，就是在工程建设过程中要强化监督，各个环节都要依法守纪，把依法执政和生产安全贯穿于项目建设的全过程。

3.1 树立守法意识

一位骑自行车进城的农民因闯红灯被交警拦住。当交警问他为什么闯红灯时，这位农民满不在乎地说了一句颇耐人寻味的话：“红灯？我不知道那是干什么的呀？”

生活中类似的事件很多，初听此话，也许你会觉着有一定的道理，因为他不明白红灯是干什么用的，所以才没把红灯的约束作用当作一回事。但仔细琢磨就不难发现，说这话的农民并没有把闯红灯——这一违反交通法规的事当作一回事，至少没有触及到他的心灵深处，或是根本就没有什么遵守交通安全法律、法规的意识。

工程建设的行业法规对工程建设的全过程都进行了详细、全面的规范，建设期间也是执法、守法的过程，但在项目执行过程中，法律法规往往不能得到有效的贯彻和执行。在我们的身边，就经常出现出现大量的“三边”工程，很多建设项目已经结束了，需要审批的文件还没有完成，甚至出现一些损害民众利益的工程出现。出现这种现象的原因是多方面的，主要是个别各职能部门的官位主义思想作祟，办事效率低，门难进、脸难看、事难办，项目建设单位报批一个文件往往要数次甚至十数次反复催办，前后历时达数月，严重影响了项目的正常进行，客观上促使违规项目的出现；其次是行政代法、以权代法，个别领导为追求短期政绩，盲目开展基础建设，并且无视项目建设程序，主观上助长了违规风气。

那么，该怎样树立和增强遵章守法的意识呢？一方面要从领导干部做起，执法守法，严格按照制度和程序办事，对项目建设只进行宏观决策，不横加干涉；另一方面，职能部门要增强服务意识，提高办事效率，对工程项目建设科学决策和审批；同时，各建设单位也要树立遵纪守法意识，工作中讲原则，不要盲目的执行不合理的要求。

3.2 建立廉政机制

预防腐败是一项系统工程，需要综合施治。建立完善的、行之有效的廉政激励机制是预防腐败体系的重要一环，对廉政起着重要作用。我国是一个发展中国家，经济还不那么发达，人的思想觉悟亦不是太高，法制仍不很健全。在这种条件下，建立廉政激励机制不可能完全照搬发达国家那种靠强大经济作支撑的激励机制，而应该从实际出发，逐步建立起精神激励与物质激励相结合的激励约束机制。如何在工程建设管理中建立和完善廉政激励机制，需要做到以下几点。

(1)转变观念，统一思想认识

过去，我们过多强调倡导无私奉献的引导机制和规范权力的约束机制，忽视科学、合理的利益机制的建立和完善。单纯地排挤个人利益因素的廉政教育，容易演化成空泛的说教；一味强调无私奉献的正面引导，很难达到示范的目的。因此，我们要转变观念，统一各级领导干部的思想认识，加强舆论宣传工作，使各级领导真正重视廉政激励机制的建立对廉政起着激励、调控、平衡的作用，为此，应完善廉政激励机制，包括精神激励、物资激励、地位和权力激励等。

(2)注重实效，保证廉政激励机制的可行性

一要严格责任。各单位可以根据本单位各个岗位的实际，细化工作责任、强化工作措施、加强工作考评，努力营造争先创优的工作氛围。二要实行量化考核。制定年度量化考核评价办法，使工作任务和指标刚性化。三要加强过程管理。对安排部署的工作，要定期检查督促，及时总结交流，年终评比奖惩。四要强化信息反馈。要充分利用各种媒介，把考核的结果以及出现的苗头及时向领导机关、有关部门和社会各界反馈，增强激励的针对性和实效性。五要重视考核结果的运用，把考核的结果作为干部考核和职务调整的重要指标和依据。

(3)探索建立廉政评价标准和指标体系

指标体系包括管辖范围内反腐倡廉各项任务的完成情况，执行和落实党风廉政建设责任制情况，本地区、本部门党风政风状况及本人廉洁自律情况等。充分运用干部考察考核、经济责任审计、责任制考核、检查、民主评议、信访举报等方面的信息和结果，把定性评价与定量评价有机结合起来，科学评价党员干部的廉政情况。定期开展廉政勤政先进典型评选活动，对在廉政勤政建设中做出突出成绩的单位和个人，进行表彰宣传。加大对先进典型的提拔使用力度，树立良好的用人导向。探索建立廉政勤政奖励基金，对廉政勤政方面的先进典型，除在政治上给予荣誉外，在物质上给予一定的奖励。

3.3　强化保障措施

3.3.1　明确责任主体与责任划分

要保障工程的安全，首先是安全主体的确立和安全责任的划分。

(1)建设单位在工程建设中居主导地位，对建设工程的安全生产负有重要责任。建设单位应当在工程概算中确定并提供安全作业环境和安全施工措施费用；不得要求勘察、设计、监理、施工企业违反国家法律法规和强制性标准规定，不得任意压缩合同约定的工期；有义务向施工单位提供工程所需的有关资料，有责任将安全施工措施报送有关主管部门备案；应当将拆除工程发包给有施工资质的单位等。

(2)监理单位是建设工程安全生产的重要保障，监理单位应当审查施工组织设计中的安全技术措施或专项施工方案是否符合工程建设强制性标准，发现存在安全事故隐患时应当要求施工单位整改或暂停施工并报告建设单位，应当按照法律、法规和工程建设强制性标准实施监理，并对建设工程安全生产承担监理责任。

(3)施工单位在建设工程安全生产中处于核心地位，施工单位必须建立企业安全生产管理

机构和配备专职安全管理人员，应当在施工前向作业班组和人员做出安全施工技术要求的详细说明，应当对因施工可能造成损害的毗邻建筑物、构筑物和地下管线采取专项防护措施，应当向作业人员提供安全防护用具和安全防护服装并书面告知危险岗位操作规程。

(4)勘察、设计单位以及设备材料供应单位、机械设备租赁单位、起重机械和整体提升脚手架、模板的安装、拆卸单位等其他有关单位的活动，都与建设工程安全生产密切相关，他们在建设工程活动中应当承担安全责任。

3.3.2 落实责任制

明确了责任主体与责任划分，重要的是落实责任制。一是要建立健全安全生产制度，如：依法批准开工报告的建设工程和拆除工程备案制度；三类人员考核任职制度；特种作业人员持证上岗制度等。二是建立相应的考核奖励机制，在工程建设全过程高效运行。三是签订安全生产合同，严格界定参建各方的责任和义务。

4 依法执政，确保工程建设“利民和环保”

工程建设要做到利民，就是要确保施工人员的各项权益，依法维护城市拆迁户、失地农民的权益，处理好关系群众切身利益的问题。工程建设的环保，就是要树立环保意识，在施工过程中避免粉尘、噪声等对附近居民的污染，要充分考虑项目建成后对当地生态和环境的影响，注意加强环境保护和生态保护。

工程建设的环保和利民也是社会主义建设的基本要求，也是工程项目建设的最终目的。在建设体制还不太健全和完善的社会主义初级阶段，需要通过严格执法来保障。怎样处理好严格执法与和谐工程建设之间的关系，需要注意执法的方法和方式。

4.1 执法要人性化

近来，有关人性化执法的报道频频见诸媒体，大至最高人民检察院限期清理超期羁押现象、公安部出台的30项便民措施，小到规定押解犯罪嫌疑人、被告人时要戴头套，进入法庭后解除械具等，都让人感受到人性化执法正越来越为我国司法机关所重视。

人性化执法是执法者遵循法律的规定，在尊重当事人合法权利的前提下，依据正当的程序进行的非歧视的、人道的、理性化的执法活动。人性化执法的报道之所以频频见诸媒体，成为热点，就是因为在以往的执法过程中往往只强调对犯罪的打击，而对尊重犯罪嫌疑人的相关权益重视不够，存在执法不文明、不人道，甚至是侵犯人权的现象。

工程建设与人们的生产、生活密切相关，工程建设的最终目的是服务于社会、服务于人民，在建设过程中同样存在不够文明、不够人性化的执法现象，比如不听群众的建议和呼声、强制拆迁、拖欠民工工资等。如何在工程建设管理中做到人性化执法，要从以下几方面做起。

一是执法程序要有人性化的人道色彩，即在让个人承担义务和责任时，仍保持对其作为主体地位的尊重，并使之以仪式化的方式在社会面前展示。比如：工程建设拆迁过程中，要大力做好政策宣传，加强政府与群众之间的沟通，最大限度地争取民众的理解和支持。即使遇到阻力，也要按照人性化的程序处理，不能一味地打击和压制。

二是确立人权意识。我国司法实践中对人权保护历来重视不够，一个原因是因为阶级观点一度代替了人权观点；另一个原因是中国传统的官本位、等级差别等封建传统意识的根深蒂固，这种封建文化整体上是反人权的。这就造就了我国司法实践长期以来的专政色彩，侦查手段似乎就是专政手段，对待嫌疑人就是对待犯罪分子。要牢固树立工程建设过程的树立服务和关怀思想，体现以民为本的建设理念。在工程建设中，人性化执法必须注意避免表面化和庸俗化，多做一些比较实在的工作，比如提高设计质量、节约工程费用、造福社会和人民，等等。

4.2 执法要科学化

工程建设中的执法科学化，核心目的是利民和环保。执法的科学化，不仅需要现代的技术、设备做支撑，还需要有若干现代的执法理念、观念、思想，这些才是执法科学化的灵魂。如执法为民的理念、执法的合法、合理、程序正当、权责统一，执法的高效、便民、诚实守信原则等。

工程建设过程中，不但要利用先进的技术手段和技术指示提高工程建设水平，更要树立先进的管理理念、建设理念，坚持科学的发展观和可持续发展战略，将工程建设同人民群众的生产生活紧密联系起来，让工程建设同周围自然环境协调统一起来，建设环保利民的和谐工程。

4.3 执法要民主化

胡锦涛总书记强调，民主执政是马克思主义政党执政的本质要求。民主执政，就是坚持为人民执政、靠人民执政，发展中国特色社会主义民主政治，推进社会主义民主政治的制度化、规范化、程序化，以民主的制度、民主的形式、民主的手段支持和保证人民当家作主。要牢牢坚持立党为公、执政为民，真正把最广大人民的根本利益作为一切工作的出发点和落脚点，切实做到权为民所用、情为民所系、利为民所谋。

胡锦涛总书记的要求，同样适用于工程建设领域。工程建设过程在本质上也是依法执政的过程，工程建设是为群众服务的，在工程建设过程中，要求管理人员、决策者多听取群众的意见，尽可能地满足群众的要求。同时执法的民主化也要采取灵活的方式，不要死搬教条、固守旧规，要开拓思路、大胆创新，切实把广大人民的根本利益作为工程建设的出发点和落脚点。

5 结语

依法执政，建设和谐工程是构建和谐社会的一个重要组成部分，是社会主义经济建设的一项重要内容。根据当前的经济发展形势，建设和谐工程更是必要的和迫切的，各级领导、各行各业都应树立建设和谐工程的理念，不断地树立创新意识，立足于和谐社会建设全局，树立全心全意为人民服务的思想，通过依法执政、科学执政、民主执政，推动社会主义法制建设，加快建设社会主义和谐社会的步伐。

节约用地理念在郑石高速公路建设中的体现

何亚琪　王　军　张　磊

（河南中原高速公路股份有限公司）

摘　要　本文结合郑州至石人山高速公路设计和建设实践，论述了节约用地理念在高速公路设计和建设中的体现。

关键词　高速公路　节约用地理念

1　引言

资源是人类生存发展的物质基础，也是可持续发展的重要保证。我国人口众多，人均资源相对贫乏，随着人口的增加和经济的发展，我国人均资源占有量少这一状况还将进一步加剧，人均资源相对不足的矛盾将更加突出。土地供给紧张、粮食安全存在隐患、房屋拆迁和失地农民成为新的不稳定因素。可持续发展的核心和前提是发展，公路交通发展是社会可持续发展的重要内容，也是国民经济和社会发展的重要支撑，在公路建设中坚持可持续发展、建立节约型社会，就是要正确处理好节约资源和公路发展的关系。节约资源在公路建设中首先体现在节约用地上。土地资源尤其是耕地资源具有超乎寻常的意义，它是广大农民赖以生存的根本，其价值是无法用价格来品论的，而且，作为具有可耗竭性质的资源，我们对土地的利用开“源”有限，只能节“流”。因此，在公路建设中应以提高土地使用效率、少占耕地为目的。

对于郑石高速公路，由于采用的技术标准高，路线曲线半径大，再加上沿线所经郑州、许昌、平顶山三市多处于平原地区，其基本农田比例较高，所以在选线时不可避免地会占用部分沿线基本农田。项目公司充分认识到土地是不可再生资源，充分认识到国家土地宏观调控的重要性，在项目实施过程中，为了减少占用基本农田，最大限度地节约土地资源，不断地优化设计方案，并在施工过程中十分注重节地和造田工作。

2　贯彻原则

(1)运用各种先进手段对路线方案、高填路堤与桥梁、深挖路堑与隧道、互通立交规模形式、路基填料、边坡坡率、排水沟尺寸与形式、取弃土场设计、沿线设施布设等进行深入、细致的研究，结合用地情况和占用农田情况进行多方案论证、比选，确定合理的方案。

(2)在工程量增加不多的情况下，优先选择能够最大限度节约土地、保护耕地的方案，并充分利用荒山、荒坡地、废弃地、劣质地。

(3)重视环境保护，不破坏原有自然生态，与周围环境、景观相协调。

3　具体做法

3.1　合理选线，少占耕地

郑石高速公路坚持“地质选线、地形选线、环保选线”的原则，避让大的不良地质路段。在均衡掌握技术标准的前提下，统筹利用线位资源，合理确定建设方案，提高土地的集约利用程度。

郑石高速路线在围绕跨越曲梁水库不同位置的路段 K0＋000～K20＋008.066 进行了方案比较，推荐方案路线全长 20.008km，占地面积 2 871.72 亩，比较方案路线全长 20.481km，占地面积 2 963.31 亩，推荐方案节省了占地面积 91.59 亩，而且经降低路基、优化线路纵断面后土石方减少 16 万 m^3。

在 K169＋600～K174＋776.749 路段也进行了路线比选，推荐方案占地 415.73 亩，较之比较方案占地 458.73 亩，节省占地 43 亩，桥梁增加了 1 座。

另外，全线的互通式立交都进行了方案的比较，其中郑州西南绕城高速枢纽立交推荐方案占地 679.2 亩，比较方案占地 689.1 亩；许禹高速枢纽互通立交推荐方案占地 612.97 亩，比较方案占地 667.04 亩；余官营互通式立交推荐方案占地 665.52 亩，比较方案占地 742.8 亩；宝丰互通式立交推荐方案占地 217.43 亩，比较方案占地 222.8 亩。可以看出，所选用的互通式立交都是占用农田较少、比较合理的类型。

3.2　优化设计，最大限度节约耕地

郑石高速公路坚持动态设计原则，在设计上精打细算，以满足功能为前提，精心拟定各断面细部尺寸，不生搬硬套，一坡到底（顶），不断优化设计方案，节约每一寸土地。

（1）采用低路基设计理念，尽可能降低路基高度，减小征地边界宽度，节约占地。

（2）在 K0＋000～K58＋900 采用“四改六”的方案，路基宽 28.5m，比标准六车道路基宽 34.5m 减少了 6m，在提高路面通行能力的同时，减少占地 1 000 亩左右。

（3）填土高度大于 10m 地段，全部设桥通过，全线桥涵比达到了 22%，既减少了占地宽度，又节约了用地。

（4）通过在全线桥头锥坡设置急流槽和边沟，将路面排水引入桥梁下面排水系统，缩减桥梁段征地宽度，共计减少占用耕地约 620 亩。

（5）在 K15＋620～K16＋165 段，通过在左侧增设路肩挡土墙，减少征地宽度约 11m，共减少占用基本农田 9 亩。

（6）互通立交匝道设计在满足规范标准的要求下尽可能紧凑布置；各站区在设计时尽可能设在互通区匝道内，全线 11 个收费站除去 2 个主线收费站外，有 7 个收费站布设在立交匝道区内，共节约占地 144.65 亩。

（7）在占用耕地和基本农田较多的前 150km 平原微丘地段，将隔离栅的设置距离沿征地界向内压缩 30cm，以减少征地面积。通过该措施，共减少占用耕地和基本农田 104.4 亩。

（8）曲梁水库由于未受到任何污染，周边环境也未遭任何破坏，水库之水清澈见底，各种野生鱼类畅游其中，因此原方案在此处设置有曲梁观景台一处，占地面积 164 亩。通过进一步优化设计，将原来代征的边角地带面积 19 亩、原来包含的停车区面积 18 亩、原来设计有的超限自动检测及自行治理站用地面积为 40 亩以及对观景台四周排水方案进行优化后总计减少占地面积 28 亩，曲梁观景台减少占地面积合计为 105 亩。

3.3　注重节地和造田

郑石高速公路坚持“不破坏就是最大的保护”的原则，坚持最大限度地保护、最小程度地破坏、最强力度地恢复，使工程建设顺应自然、融入自然。一方面尊重自然地形，随坡就势，减少挖方量，降低工程造价；另一方面就地取材，节约耕地，利用废弃方造田。

（1）在郑州段有大量膨胀土，为减少换填和提高边坡稳定性，采取了生物改良法稳定边坡。

(2)郑州服务区和石人山服务区分别位于高岗和山头，通过灵活设计，采取台阶式布置，贯穿车道和停车区后移，分别减少了挖方量 15 万 m^3 和 25 万 m^3，既满足了使用功能，又降低了工程造价。

(3)平顶山境内路基填土多膨胀土，填筑路基需要加石灰进行处理，工期也较长，需要破坏较多的良田，但境内有沙河、北汝河，存在很多砂砾，项目公司果断决定采用砂砾填筑路基，虽造价高了点，但减少取土约 620 万 m^3，节约占地近 6 200 亩，同时保证了路基质量，总体效益显著。

(4)许昌境内良田较多，但存在部分煤矸石，为减少因路基取土对耕地的占用和破坏，在该段尽可能地多用煤矸石填筑路基，减少取土约 60 万 m^3，节约占地近 600 亩。

(5)在郑州段的冲沟和鲁山境的山岭重丘区路段，针对当地可耕地少的特点，利用工程废弃方在沿线荒地和低洼处造田 500 亩左右。

4 结语

郑石高速公路作为交通部勘察设计典型示范工程，在认真贯彻国务院“关于实行最严格的耕地保护制度”的一系列方针政策和要求的基础上，全面贯彻交通部《新理念 公路设计指南》和《河南省高速公路设计技术要求》，将节约用地理念引入到公路设计和建设过程中，合理利用土地资源，极大限度地提高土地利用率，既节约了耕地，又降低了工程造价，从而实现了高速公路与周边自然环境和社会的和谐。

参考文献

[1] 交通部公路司. 新理念 公路设计指南[M]. 北京：人民交通出版社，2005.
[2] 交通部公路司. 降低造价公路设计指南[M]. 北京：人民交通出版社，2005.
[3] 河南省地方标准. DB41/T 419—2005 高速公路设计技术要求. 郑州：河南省质量技术监督局，2005.

公路设计安全评价CAD系统研究

王 玮[1] 程建川[2]

（1.河南中原高速公路股份有限公司；2.东南大学交通学院）

摘 要 据事故记录分析，我国有60%以上的事故发生在二级及其以下的双车道公路上。我国双车道公路比例大、交通混乱、事故率高，因此，研究双车道公路设计安全评价CAD系统，对于提高我国道路的交通安全水平意义重大。本文首先简述美国联邦公路局开发的IHSDM，进而介绍参考美国联邦公路局提出的道路安全评价思想开发的可应用于方案设计阶段的公路设计安全评价CAD系统，并对该系统的概念、结构、研究难点作了分析，最后对其发展前景加以阐述。

关键词 公路设计 安全评价 事故预测

1 引言

随着国民经济的快速发展，我国的公路建设得到了蓬勃发展，公路通车里程稳步增长，汽车保有量迅猛增加。但与此同时，道路交通安全的压力也进一步增大。据统计数据显示，2005年，我国全部事故中高速公路占6.7%，一级公路占12.46%，二级公路占34.10%，三级公路占25.90%，四级及等外公路占20.86%。可以看出，中国二级及二级以下的双车道公路事故比例占总数的60%以上，双车道公路上事故频发。

另一方面，中国对基于安全的道路设计研究起步较晚，尽管近年来国内对公路安全非常重视，但总的来说，国内还没有完备的公路安全审查体系，缺乏实用的公路设计安全评价CAD系统。因此，研究双车道公路的设计安全评价CAD系统，通过安全评价技术在设计阶段减少道路事故发生的隐患，对提高国内双车道的安全水平，减少人民生命财产损失有着重要意义。

2 IHSDM概述及启示

目前，比较成熟的适用于双车道公路安全评价的计算机辅助决策体系，主要是美国联邦公路管理局（FHWA）提出的公路安全评价系统IHSDM（Interactive Highway Safety Design Model，交互式公路安全设计模型）。该系统可以和道路几何设计CAD程序“无缝集成”进行道路安全评价，以期在道路几何设计阶段提高公路的安全性，减少公路建成以后交通事故的发生和公路的改建费用。IHSDM的研发思想和陆续推出的版本得到了很多国家的欢迎以及本地化后的使用，获得了良好的效果和评价。

2.1 IHSDM的体系框架

IHSDM旨在将人、车、路等对道路安全的影响建立不同的子模块，主要包括政策评价模块、事故预测模块、设计一致性模块、交叉口模块和交通分析模块，共同构成安全审计体系，并将它集成到CAD软件中。系统给出评价报告后，设计人员相应地调整设计方案，使之符合公路安全设计的要求。在五个子模型中，每一个模型对道路几何设计的安全性能评估都有不同的指标。各个模块的介绍如下。

(1)政策评价模块：该模型可定量检验道路几何设计是否符合相关的设计政策，指出不满足规范的设计元素，帮助设计者进一步确认其中有关安全性能方面的内容，以便有针对性地进行改造，使设计方案与政策法规相适应。

(2)事故预测模块：本模型可以通过预测某一类型路段上可能的事故发生频率和严重性来评估其安全性。预测算法结合了基础模型预测和事故的修正系数校正两个步骤。

(3)设计一致性模块：设计一致性模块通过拟合驾驶员在某一路段的真实行车状态得到不同路段的车速断面图，可检验同一路段运行速度与设计速度的差值，以及相邻路段运行车速自身的差值，从而判定路段的行车安全性。

(4)交叉口模块：本模型是一个专门评估交叉口设计方案的评估系统，它可以检测出设计的潜在安全隐患以及实际操作困难，并提出相关的解决方法。

(5)交通流分析模块：以道路项目的预测交通量(道路改建工程则用统计交通量)为基准指标，利用现有的交通流微观仿真模型，模拟在道路设计方案所表征的交通环境下，交通流的运营状况，据此评估设计方案的安全性能。

2.2 IHSDM 的启示

国内外大量的研究表明：道路几何设计对道路的交通安全有着举足轻重的作用。虽然现有准则下的道路几何设计能够确保道路具有一定的安全水准，但是道路交通安全的影响因素错综复杂，我们需要一种全新的评估工具，用来评价道路几何设计的安全性能。

IHSDM 是一个较完整和丰富的系统，加拿大、澳大利亚、葡萄牙等许多国家已对 IHSDM 进行了应用研究。但考虑到我国的道路设计标准与规范、道路几何 CAD 系统的数据格式、交通组成、驾驶员及道路使用者素质、道路事故特点等和国外存在不一致或明显的差异，使得 IHSDM 不能在国内直接使用，必须进行针对国情进行应用研究，自主开发本土化的双车道公路设计安全评价系统。短期内研究内容集中在下述方面。

(1)基于 Land XML 的用于道路设计及安全评价的统一的道路与交通数据格式研究：目前，我国公路几何 CAD 系统的使用非常普及，但各 CAD 系统间的道路几何数据不一致，无法和 IHSDM 要求的数据相匹配，且缺少有关交通的数据。基于 Land XML 的用于道路设计及安全评价的统一的道路与交通数据格式是非常必要的。

(2)政策模块研究：IHSDM 中可提供的路线设计规范仅为 AASHTO 1990、AASHTO 1994、AASHTO 2001，新开发的系统中应当对政策模块按国内规范进行修正。

(3)设计一致性评价模型研究：通过对典型双车道公路事故历史数据和公路几何参数的统计，调整现有的设计一致性评价模型。

(4)事故预测模型研究：通过对典型双车道公路事故历史数据的统计分析，确定事故成因，找出主成因，建立适合国情的事故预测模型，进而再进一步进行评价值的定量分析。

基于上述分析，借鉴美国的交互式公路安全设计模型 IHSDM 系统的程序构架，我们开发了适用于中国双车道公路的设计安全评价 CAD 系统，对上述方面进行了本土化的研究，用计算机手段实现了评价的流程，从而在设计阶段减少道路事故发生的隐患，减少由道路事故造成的社会经济损失和人的损失。

3 公路设计安全评价 CAD 系统

本文所开发的公路设计安全评价 CAD 系统主要面对的用户包括道路设计者和道路研究者。道路设计者主要在新建道路、旧路改造等项目的初步设计阶段、施工图设计阶段和设计变更阶段对道路的安全性进行分析评价，确定事故易发路段和潜在的隐患。道路研究者主要对影响道路安全的各种因素及方法进行研究，并通过实际应用，对现有方法和手段进行完善。目前，该系统主要包括三个模型：政策规范模型、一致性检验模型和事故预测模型。系统的主界面如图 1 所示。

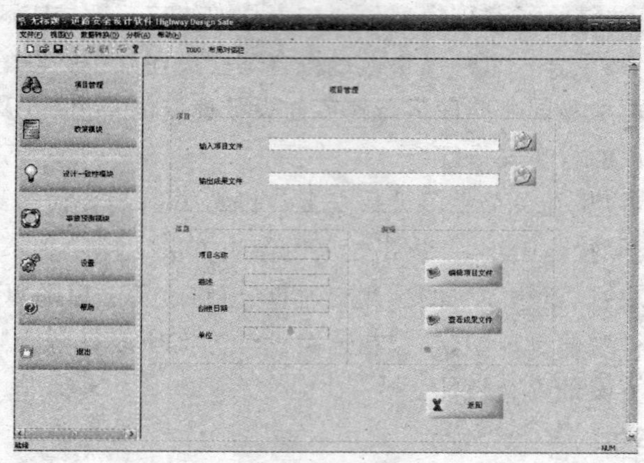

图 1　公路设计安全评价 CAD 系统主界面

3.1　系统应用方法

公路设计安全评价 CAD 系统的数据结构分为两层：项目层和分析层，其主要使用步骤为：首先新建项目以及公路信息；然后录入公路数据；最后输出评价结果并分析检验。本系统的数据录入方法主要有两种：一种是直接导入系统默认的 *.txt、*.csv 和 *.xml 格式的文件；另一种是使用系统提供的数据编辑器直接输入相关数据。

目前，我国的道路设计软件多种多样，包括 EICAD，DICAD，AHCAD，CARD/1 和纬地(HintCAD)等。各个辅助设计的专业软件输入输出信息没有统一标准，软件之间数据文件不兼容，输出的结果也不统一。可以说，道路设计文件系统基本处于随意状态，没有统一的规范，制约了信息共享。因此，为了使得各个软件的成果可以直接导入系统，系统提供了数据转换器，它可以将国内其他软件的设计文件转换为 Land XML 文件，从而增强软件的可操作性。但是，其他非几何数据，则只能从系统中直接录入。Land XML 平面数据按照单元存储，划分为 Line、Spiral 和 Curve 三个单元；纵断面相对简单，可划分为没有竖曲线的变坡点 PVI 和以圆曲线为竖曲线 CircCurve 的单元。数据转换以 AHCAD 为例：

平面设计完成后，软件将自动生成 HAPRA.* 文件供纵、横断面设计与绘图用，其格式如下。

对于直线单元：

Number SS ES North(X)East(Y)Xya L

对于圆曲线单元：

Number SS ES North(X)East(Y)Xya R direc L

对于缓和曲线单元：

Number SS ES North(X)East(Y)Xya A R1 direc alpha 长度 L

其中：

Number：　单元代码，直线单元为 1；圆曲线单元为 2；缓和曲线单元为 3

North(X)：桩号处对应 X 坐标

East(Y)：桩号处对应 Y 坐标

R：　　　圆曲线半径；

A：　　　缓和曲线参数

direc：　平曲线转向，右转取 1，左转取 0；

alpha：　平曲线偏角，右偏取 1，左偏取 0；

L：　　　单元长度(圆曲线长度加两段缓和曲线长度)；

Xya：　　坐标方位角

例如：

1 0.000000 428.982141 56905.894000 33689.820000 3.650324 428.982141

3 428.982141 588.982141 56531.236818 33480.875813 3.650324 10000000000.000000 195.959182 1 0 160.000000

2 588.982141 755.690661 56384.453158 33419.209780 3.316991 240.000000 0 166.708520

3 755.690661 915.690661 56223.484232 33447.158039 2.622372 240.000000 195.959182 0 0 160.000000

纵断面设计完成后，生成转坡点文件 ZPD.* 的格式为：

Station　Elevation　Rv　　// 桩号　高程　竖曲线半径

例如：

0.0000　15.88000　0.0000

700.0000　10.980　2000.0000

1300.0000　25.9800　8000.0000

2116.78　17.77　0.0000

经程序转换后的 LAND XML 文件如下：

```
<Project name="Test Project" />
- <Alignments>
- <Alignment name="Alignment1">
- <CoordGeom desc="Test aligment" name="Alignment1">
- <Line length="3.650324">
  <Start>56905.894 33689.82</Start>
  <End>12345.678900000001 123.6789</End>
  </Line>
- <Spiral length="160." radiusStart="10000000000.">
  <Start>56531.236817999998 33480.875812999999</Start>
  <End>12345.678900000001 123.6789</End>
  </Spiral>
- <Curve length="166.70852" radius="240.">
  <Start>56384.453157999997 33419.209779999997</Start>
  <End>12345.678900000001 123.6789</End>
  </Curve>
…
```

```
- &lt;Profile&gt;
- &lt;ProfAlign&gt;
  &lt;PVI&gt;0. 15.88&lt;/PVI&gt;
  &lt;CircCurve length="123.456" radius="2000."&gt;700. 10.98&lt;/CircCurve&gt;
  &lt;CircCurve length="123.456" radius="8000."&gt;1300. 25.98&lt;/CircCurve&gt;
  &lt;PVI&gt;2116.78 17.77&lt;/PVI&gt;
  ...
```

程序集成的数据转换器，可以将国内常用的道路设计软件成果的几何数据直接转换为系统可识别的 Land XML 文件，大大地简化了数据录入过程。同时，转换的文件也可直接导入 IHSDM，为 IHSDM 在我国的应用提供了便利。

总之，利用 XML 模式的描述功能，本系统使得处于不同时间、空间的用户能够清晰地看到实例中源数据元素的语义和结构，从而对同一份 XML 源数据实例产生相同的理解；并使得处于不同时间、空间的用户在创建 XML 源数据实例时能够有章可循，从而保证 XML 电子文件元数据数据类型和数据值的准确性和一致性。

3.2 政策规范模型

政策规范模型将集成各种规范，对设计方案进行政策规范的评估，可定量检验公路几何设计是否符合相关的规范，并指出不满足规范的设计元素，帮助设计者进一步确认其中有关安全性能方面的内容，以便设计人员有针对性地进行修正和改造，使设计方案与政策规范相适应。目前，该系统集成了公路工程技术标准（JTG B01—2003）和公路路线设计规范（JTG D20—2006），检验的内容包括行车道宽度、辅助车道宽度、路肩宽度、圆曲线半径、平曲线参数、超高、竖曲线参数及各种视距等。检验的参数可由用户根据需要自行选择。政策规范模型界面如图 2 所示。

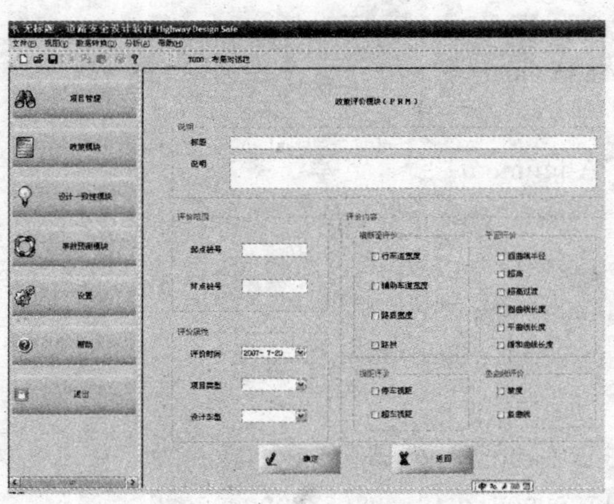

图 2 指标检验界面

目前，系统支持用户对规范中的数据进行修改或者录入新的规范，但这种修改仅限于程序提供的表格中的参数，同时，各参数表格的栏目为默认的，用户无法重新设置。

3.3 一致性检验模型

公路设计一致性是公路设计的几何条件与驾驶员期望相适应的特征，公路设计一致性评价是指度量整个道路或路段几何设计的整体协调性。一致性检验模型通过拟合驾驶员在某一路段的真实行车状态得到不同路段的车速断面图，可检验统一路段运行速度与设计速度的差值，以及相邻路段运行车速自身的差值，从而判定路段的行车安全性。运行速度的计算方法如下。

(1)运行速度分析路段划分

根据曲线半径和纵坡坡度的大小将整条路线划分为直线段、纵坡段、平曲线段弯坡组合段等若干个分析单元，每个单元的起、终点为预测运行速度线形特征点。其中，纵坡坡度小于3%的直线段和半径大于1 000m的大半径曲线自成一段；其余小半径曲线和纵坡坡度大于3%、坡长大于300m的纵坡路段以及弯坡组合段，作为独立单元分别进行运行速度测算；当直线段位于两小半径曲线段之间，且长度小于临界值200m时，则该直线视为短直线，车辆在此路段上的运行速度保持不变。

(2)运行速度V_{85}的测算

在任选一个方向进行第一次的运行速度V_{85}测算时，首先要推选与设计路段衔接的相邻路段速度，通过现场观测或相关规范表格来估算各种设计速度对应的小客车和大型货车的运行速度，以此作为本预测路段的初始运行速度；然后根据所划分的路段类型，按直线段、平曲线段和长大纵坡路段等分别进行运行速度V_{85}的测算。最后根据各分析单元测算的运行速度值，以V_{85}为纵坐标，路线里程桩号为横坐标，加上直线与平曲线、纵坡、竖曲线等栏目，绘制出沿线运行速度变化曲线，即“运行速度断面图”。整个测算流程见图3。

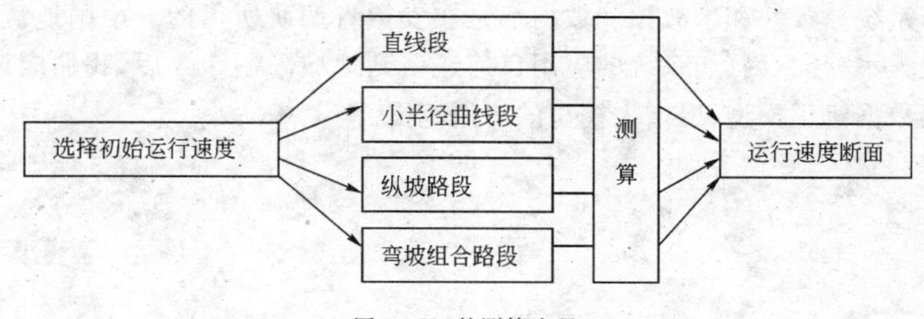

图3　V_{85}的测算流程

对各路段类型速度测算的简要陈述。

(1)直线段上的加速过程和稳定运行速度：在平直路段上，小客车和大货车在直线上都有一个期望行驶速度。当初始运行速度小于期望运行速度时，为变加速过程，直至达到稳定的期望车速后匀速行驶。此时需测算车辆在直线上的运行速度。

(2)小半径曲线段的运行速度：对于平曲线半径小于1 000m的路段，分别对曲线出口处的运行速度进行预测。根据曲线入口速度，当前路段的曲线半径和前接曲线的半径，预测曲线中部的速度；然后根据曲线中部速度、当前路段的曲线半径和后续路段的曲线半径，预测曲线出口处的运行速度。

(3)纵坡速度：当纵坡坡度大于3%、坡长大于300m时，应根据相关规范对V_{85}进行修正。

(4)弯坡组合路段：根据划分路段曲线前的入口速度、曲线半径和纵坡坡度，来计算小客车和大货车在弯坡组合线形中点的运行速度。

3.4　事故预测模型

事故预测模块通过预测某一类型路段上可能的事故发生频率和严重性来评价、检验道路的安全性。本模块主要可得出两方面的结论：一是路线的整体事故率预测，二是各个路段预测事故率的分段描述。在评价同一项目的不同方案时，可根据总事故率表格对其进行直观的判定；进而根据分段事故率表格对设计方案进行优化。

事故预测算法结合了基础模型预测和事故的修正系数(AMFs)校正两个步骤。用户可录入校正因子使得结果符合其实际情况,同样可利用事故数据校正模型结果。事故预测算法主要包括两种情况:一是不具备现场事故历史数据的安全预测;二是具备现场事故历史数据的安全预测。事故模型的最后一步是利用贝耶斯经验公式,结合历史事故资料来调整预测结果。预测结果和历史事故数据的加权值可以对未来事故进行更准确的预测。

4 结语

公路安全是公路设计中的不可忽视的一方面,但是,中国尚没有比较完整的公路安全评价系统的框架,也没有定量化的计算机辅助评价工具。因此,我们借鉴了 IHSDM,开发了适用于中国的双车道安全评价系统。目前,该系统主要适用于中国双车道公路项目,可用于设计及设计变更阶段对新建及改扩建道路的安全评价分析。值得一提的是,尽管研究取得了一定的进展,但还有很多不足的地方,在今后的工作中,应该对下述方面进行进一步的改进。

(1)软件中可提供的路线设计规范仅为路工程技术标准(JTG B01—2003)和公路路线设计规范(JTG D20—2006),且部分定量参数还未开发完成,因此,应对规范的完整性进一步完善。

(2)事故预测值虽然已经量化,但缺乏权威的评价标准。

(3)目前,系统一致性和事故预测数据都是在安徽省调研所得的。中国地域辽阔,各个地区的实际情况大不相同,因此,系统的应用目前还受到地域限制。今后,我们应该根据更为详尽的事故采集数据修正模型,以增大模型的应用范围。

以和谐为核心的交通文化的探索

——基于郑石高速生态文化理念的研究

高建立[1]　董　群[2]

（1.河南中原高速公路股份有限公司；2.东南大学人文学院）

摘　要　本文基于郑石高速公路生态文化理念的研究，进行了以和谐为核心的交通文化的探索，提出了广义开放的生态诠释、道法自然的生态原则、系统整体的生态构思、责任尊重的生态伦理、淳朴简洁的生态美学、天人合一的生态境界，对高速公路的生态文化建设具有较好的借鉴作用。

关键词　和谐　交通文化　生态

交通部近年来对于交通文化非常重视，多次指出要尽快研究并提出既简明、易记、可行，又能体现行业特色、凝聚行业力量的核心价值观和交通精神，运用文化的力量促进交通事业又好又快地发展。《全国交通行业“十一五”时期精神文明建设工作指导意见》专门对于交通文化建设提出“加强交通文化建设、努力增强行业软实力”等意见。根据该项意见，有关部门编制了《交通文化建设实施纲要》，提出了交通文化建设的三点基本内容，根据文化层次论提出交通文化的层次，在文化学的研究中，将文化区分为观念形态、制度层面和物质层面的文化，其中，作为“软实力”的文化，主要是指观念层次的文化。

郑石高速具有自觉的文化意识，在和谐精神的指导下，对交通文化特别是“高速公路文化”做出了积极的探索，形成了“郑石高速文化”的系统观点，其中的很多理念、制度和实践模式都具有典型性和示范性，值得加以进一步的研究和总结。比如，体现在设计理念上，提出了“人文化设计”原则，考虑到“人文化组成”的因素，这就非常可贵。由于篇幅所限，本文以其生态关怀为对象，扼要地探讨其生态文化观及其外在的呈现，将其概括为广义开放的生态诠释、道法自然的生态原则、系统整体的生态构思、责任尊重的生态伦理、淳朴简洁的生态美学、天人合一的生态境界诸方面，不当之处请行家指正。

1　广义开放的生态诠释

和谐精神体现在生态观上，是要良性地处理人与所处环境的关系。生态文化是一种关系的文化，强调不同事物之间的相依性关系，共存共生。生态思维也是一种关系性思维，考虑事物存在与发展所依赖的各种因缘、主次关系。在对于生态的理解方面，大致可以区分为两种，狭义的和广义的。

一般的理解，也是狭义的看法，生态关系就是人与自然环境的关系，人如何正确对待自然界，和谐的生态观也就是要和谐地处理人和自然环境的关系，不只是避免人的活动对于自然环境的破坏，而是要主动尊重、保护自然环境。落实在道路建设上，和谐高速就是要和谐地处理路和景(自然景观)的各种关系。更为宽泛开放的理解,也是广义的看法,是“大生态”观念,不只是一般地将生态理解为狭义的自然生态,更是包括自然生态、人文生态和历史文化生态在内。体现在道路建设上,路景关系中的景,不只是自然景观或人工营造景观,更包括了人文和历史之景,体现“宏观景观”即大景观或广义景观理念,更要处理路和“文”的关系,路和“史”的关系,必须考虑道路周围的人文因素和历史文化在素,由此构成的和谐是地脉(天然自然风光)、人脉(人工自然风光)、文脉(历史人文风光)的交融。

郑石高速是一条生态高速,这首先是从狭义的生态观上讲的,郑石高速对于这一生态理念有着典型性的体现,设计者们提出“环境优先”、“少伤多保”的原则,“不破坏即是最大保护”的原则,对自然景区进行避让或适当接近。最基本的思考就是针对自然环境而言的,但并不只是停留在这一层面,更是在广义开放的层面思考生态问题,对文物古迹、文化遗址也依此原则进行了避让或适当接近。从广义的生态观来看,郑石高速也是一条文化高速,将不同时空中的文化串联结成一个整体,行车于郑石路,人们不只是可以欣赏现代城市文明、田园风光和山水景色,更能进入历史的时空,体验到中原历史文化的博大精深。这种生态文明,是“大生态”文明。

2 道法自然的生态原则

“道法自然”是老子提出的看法,这一观点仍然是我们处理人与自然关系的基本原则,这一原则强调道以自然为法,以其本来状态自然而然地呈现出来,道处在圆则以圆的形态出现,处在方则以方的形态出现方,并无固定的、一成不变的常形。如果是沙漠公路,却要刻意营造水的景观,这不符合道法自然原则;有的城市在中心广场改造时,炸掉部分原来的林木覆盖的自然山体,而营造出人工的悬崖流瀑,这就不符合道法自然的原则,而是人在自然面前的狂妄和炫耀。有的高速景观的营造,走向另一个极端,为文化而文化,过度地强调人造文化景观,而忽略整体环境的协调,往往一个护坡上的壁画,就内容本身看,也许是符合当地的历史文化精神的,但放在整体的背景中,则不能与自然环境一体,不是宛若“天成”。

这一原则在郑石高速实际上得到了较好的体现,不是为了追求文化内涵而去过度显示“人为”的痕迹,不是为了单纯呈现人类“人定胜天”的实力而忽视自然界的内在价值。比如:其道路布线尽量体现“随形就势”原则,顺应地形,避免大填大挖,最大限度地减少“建设中的破坏”,避免对于自然环境的过度“改造”;人文、历史内涵的体现突出当地的文化特色、人文底蕴和历史风貌,强调地方性或区域性,突出中原文化的内涵,特别是豫中文明的历史意蕴;对于自然景观中的植被恢复,尽量做到采用适合当地土壤、气候、自然条件的本土性植物,体现本地的地域性植被风格,而不是一味地为了美观而引进异地花草;坚持适宜、多样、美化、原生态式样的原则,强调和营造区域整体环境的融合或一体化,护坡的恢复一律以植被体现,和整个山体的植被融合,让当地的野花也自然生长,不去刻意布置图案或体现壁画效果;互通区的草木栽种,不追求人工性的“园林化”,而更注意体现自然特色。这种理念体现在设计中,其自然式设计、乡土化设计、保护性设计、恢复性设计等要素,其地区化设计原则,都是符合道法自然的,有的设计者称其为“乡土景观”,也是贴切的。

3 系统整体的生态构思

郑石高速整条道路的人文、历史风貌的呈现,以不同的主题呈现为一个体现河南中部文化精神的整体,从城市(郑州)到山林(石人山)的纵向景观整体,从道路近景到远景的横向景观整体,既是美丽的画卷,又是抒情的诗歌。

在纵向的展开中，以山水城池(瓷)体现系统性和整体性思考，从城市到山林，依据不同的地理区域，景观的呈现具有不同的特色，设计者以“山水城池(瓷)”为思路，系统性地展现沿线的景观风貌。依呈现的次序，实际是城、池(瓷)、水、山。城即以中心城市郑州为代表，体现大城市的现代文明、历史底蕴、精神风貌和自然风光。池即瓷的谐音表达，以汝瓷、均瓷为代表，体现郑石路所反映的历史文化生态。水即指郑石路与河流、湿地、池塘等水景融合，体现的路、水和谐之美，特别是从余官营互通到太澳互通之间的水景之美。山指道路两边呈现的山林之美，特别是从太澳互通到石人山的山林风景之美，使景观生态体现不同的类别，既有城市文化生态区，也有村落田园生态区、自然山水景观区。

结合豫中文化的特色，这种系统和整体性思考又是反映地域特色的，是豫中的山景，豫中的水景，豫中的城景，豫中的历史文化之景。地域性的，才是特色性的，独创性的，从旅游的角度看，也是对游人最有吸引力的。

4 责任尊重的生态伦理

在工程行为中，行为规范除了有刚性的、带有强制性的制度化基本约束外，还有更高层次的软性约束，即伦理道德规范。所谓软性的，是不一定都带有惩罚性，法是他律的，禁止性的，道德是自律的、鼓励性的，法律包括了最基本的道德要求。工程行为的道德要求，构成工程伦理的基本内容，工程伦理是工程文化的价值体现。作为交通工程来说，交通文化的价值内涵集中体现交通伦理方面。郑石高速的工程伦理或交通伦理反映在生态伦理方面，可以概括为责任、尊重和大爱三大规范。

责任(Responsibility)指一个人对于行为及其后果要有担当，回答的是这样一个问题：你为什么要这样做？责任当然有法律的和道德的，这里主要是讲道德责任，是从道德层面对人的行为提出的要求，人在行为的自由，但这种才为本身及后果会有价值的倾向，人的行为应当是对人、社会和自然无害有益的，有责任思考的行为，才是道德的行为。郑石高速的责任伦理，是在大生态理念下，体现出对自然界、生态环境、社会和文化的责任。对自然界负责，依照自然界本身的规律，在认识和掌握规律的基础上，与自然和谐相处。对自然界的生态环境负责，尽量做到不破坏自然生态环境，最大限度地恢复和保护自然生态，这也是对子孙后代负责。对社会负责，以高速的建设为社会的持续发展提供平台。对历史文化负责，工程之先进行文物清查，发现文物立即进行抢救性发掘，道路沿线最大限度地反映和传播豫中历史文化的信息。这既是一种责任，同时也是一种道德义务。

形成道德责任意识的一个重要前提是对于尊重的倡导，尊重是指对于他者的价值和尊严的承认、肯定、理解、尊敬和重视。郑石高速尊重的生态伦理观中讲的“他者”，不只是具体的人，还包括自然界环境、人文和历史。这一工程注意尊重自然环境的内在价值，自然和人文景观的文化价值，区域历史文化的精神价值。就对于自然环境的尊重而言，有一个突出的例子，就是工程建设者作对于始祖山隧道口的老树的保护，围绕这棵大树进行景观构思，形成一个特色性的景观。这一棵树是当地的一种自然记忆，保护了这棵树，就是保护了一种历史的记忆，这既是对大自然的尊重，也是对于当地历史记忆的尊重。美国的生态思想家罗尔斯顿(H. Rolston)的主张“自然价值论”，这为尊重大自然提供了深层的思想依据。中国传统的思想中，比如佛教主张“无情有性”，无生命的山河大地也同人类一样具有价值性。对待自然环境，郑石高速做到尊重自然风貌的本来状态，尽量做到“少伤痕”，在尊重自然的前提下，注重保护自然、恢复自然。同时，这一工程还十分注意对于人自身的尊重，包括驾乘人员和沿线居民，有许多人性化的设计，充分体现“以人为本”的原则。对人自身的尊重还体现在对于人类历史文化的尊重，正因为如此，使得郑石线也成为一条历史文化之路。

基于责任和尊重的生态伦理又体现出郑石路的一种大爱精神，这种爱不只是体现在隔声屏、防眩网、防撞护栏等人性化设施的设置上，更体现为对于大自然、中原文化、豫中历史的深层次的关爱，由此种关爱，推动社会整体的可持续发展。

5　淳朴简洁的生态美学

道路具有审美功能，特别是大投入的高速公路更重视这一点，人们由对于路景的愉悦享受而促进心灵的美感提升。一项工程被评价为好的，其中的一个重要因素，必然也是美的。郑石高速构成了一幅美的长卷，既有技术之美，也有人文之美；既有现代之美，也有历史之美；既有人工自然之美，也有人文景观之美、自然生态之美，体现了技术和人文的融合、历史和现代的融合、自然和人为的融合。从审美的角度看，郑石高速的构成的大生态景观的美感体现，有淳朴简洁之感。

其淳朴之美，也是中原文化中的美学观念的延续，在许多附属物的造型风格上，崇尚淳朴风格，不作矫饰，更反对人文景观设置的形式主义。中央分隔带的植物，不讲究将隔离树冠修饰成哪种具体的统一形状，球形或平台形，只给以高度和间距等标准。互通区的植物设置，更强调对于原生态的模仿，在本土、易活、易养的前提下，体现植物多样化，而不去设计复杂特殊图案。护坡植被也是如此，不反对杂草，更引入野花，所以有的护坡呈现野花绿草的美景，坚持了“自然朴素”绿化设计原则。

其简洁之美，体现的是简约流畅的风格，道路线形、桥梁外形、服务区建筑等都有这一特点，特别是桥梁，可以说做到了一桥一景。

6　天人合一的生态境界

这一工程追求的生态境界，是“天人合一”之境。“天人合一”有多种不同的含义，从现代视野来理解，最狭义的含义之一就是人与自然环境的统一，这一点也是郑石工程所要求的，即“人与自然的统一、路与沿线景观的和谐”。这种和谐呈现出“以路串景、路景合一、路在景中、路即是景”等多个方面。这个天，也是规律之天，修路有修路的技术和规律，“技术之天”不可违，掌握这个技术和规律，充分在工程中体现出来，这也是天人合一。这个天也是道德之天，“道德之天”不可违，工程有工程的伦理，遵循工程伦理，良好地实践工程伦理，也就是天人合一。这个天也是美感之天，天地有大美而不言，天地大美不可违，尊重、贴近和体现这种天地大美，也就是天人合一。这个天也是文化之天，优秀文化的积淀不可违，在工程中充分体现区域性的历史文化精华和文明传统，也是天人合一的体现。天人合一的这些诸多方面，笔者通过实地观察和资料分析，认为在郑石路上都有良好的体现。

交通文化有着多方面的体现，交通工程生态文化只是其中的一个部分，也是很重要的方面。一项工程其实也就是一种文化的传承、创新和发展的载体，对于像郑石高速这样的典型性示范工程，其文化内涵需要有更多、更深入的揭示，这有利于促进和谐交通的发展。

关于加强廉政文化建设的思考

伏云峰

(河南中原高速公路股份有限公司)

摘　要　中共中央《建立健全教育、制度、监督并重的惩治和预防腐败体系实施纲要》为反腐倡廉教育指明了方向,并提出要加强廉政文化建设。如何把廉政文化与反腐倡廉教育有机结合起来,发挥廉政文化在反腐败中的基础性作用,是一个值得深入研究、探索和实践的新课题。

关键词　加强　廉政文化　建设　思考

1　加强廉政文化建设的意义

廉政文化是人们关于廉政的知识、信仰、规范和与之相适应的生活方式、社会评价的总和,是政治和文化、政治文明和精神文明的有机结合,属于文化大概念的一个分支。加强廉政文化建设,倡导采取文化的各种积极措施推动廉政建设的社会化,是加强党的建设的内在要求、人民的要求、历史和现实的要求,具有重要现实意义。

(1)加强廉政文化建设,是党的建设的内在要求。加强党的建设,本质上要求各级党组织及广大党员干部不断深入实践"三个代表"重要思想,内在要旨之一就是要始终代表先进文化的发展方向。廉政文化建设作为社会主义先进文化的重要组成部分,只有不断从文化层面挖掘廉政文化的科学内涵,广泛宣传廉政知识、廉政要求、廉政理念等价值取向,才能不断拓展和丰富社会主义先进文化内容,推动先进文化的广泛传播;才能为实践"三个代表"重要思想,加强党的建设提供丰厚的文化底蕴、精神支持和思想基础;才能不断提高党员干部的思想境界、文化素养和道德情操,始终保持党的先进性,为全面建设小康社会创造良好的氛围,促进三个文明有机统一、协调发展。

(2)加强廉政文化建设,是广大党员干部和人民群众的迫切需要。思想文化阵地,正确的东西不去占领,反面的、错误的和腐朽的东西就会甚嚣尘上。在当今世界各种文化相互交融、相互激荡中,一些党员干部受一些消极腐朽思想文化影响,丧失理想信念,甚至坠入违法犯罪的深渊,为党纪国法所不容,为广大党员干部和人民群众所不齿。广大党员干部和人民群众迫切需要我们各级党组织运用正确的、先进的廉政文化的力量,通过营造积极向上的廉政文化氛围,通过把握正确的文化舆论,引导党员干部树立积极向上的追求,牢固树立正确的世界观、人生观和价值观,来促进构筑抵御腐朽文化思想侵蚀的思想道德防线,在党内真正形成一种浩然正气。

(3)加强廉政文化建设,是历史和现实的客观需要。"廉"作为一种道德观念和治国思想,古已有之。封建社会西周朝代已开始评判官员"善、能、敬、正、法、辩",即"六廉"。纵览两千多年的封建社会中,历朝历代也都把"廉"作为传统道德的核心、国之四维。建党建国以来,我们党在积极汲取传统文化精华的基础上,丰富、发展和创立了一系列廉政理论,并赋予了廉政文化的新内涵。特别是2005年初,党中央《实施纲要》以文件形式进一步明确提出了廉政文化建设在构建与社会主义市场经济体制相适应的教育、制度、监督并重的惩治和预防体系中的地位和作用,所以我们必须站在全党全社会的高度充分认识加强廉政文化建设对我们党风廉政建设和反腐败斗争,对构建和谐社会和促进社会的全面发展的重要意义,努力把握廉政文化的内涵,深入实践,充分发挥出廉政文化建设的效用。

2 当前廉政文化建设的成效

近年来,全国各地、各行业廉政文化蓬勃兴起的,较好地把大众文化活动与反腐倡廉教育有机地结合起来,有四个明显成效:

(1)富有大众性。廉政文化建设面向的是全党全社会,在"建"中引导社会成员广泛参与,在"建"中培养社会成员的廉政意识。各地各行业广泛开展的廉政文化活动,吸引了广大群众踊跃参加,让廉政文化具有深厚的群众基础。如开展的党政主要领导讲廉政党课、反腐倡廉文艺晚会、廉政书画展、大众社区文化活动等。2006年中原高速公司就组织了"反腐倡廉"报告巡讲活动,聘请专家学者深入工程项目建设一线,郑石高速项目公司在参建承包商、监理单位中开展了"廉政、安全、反商业贿赂月"活动等,廉政文化的内容多为群众所熟悉,形式为群众所亲近。开展的创作廉政警句、廉政漫画活动等,贴近群众、贴近生活、贴近实际,生动活跃,为人们喜闻乐见。

(2)富有时代性。各地各行业廉政文化建设在内容的设计上,不仅注重吸收了传统廉政文化,把节欲守操、正直爱民作为重要内容,而且根据时代特点,纳入民主、科学、理性等方面的内容,唱响立党为公、执政为民的主旋律。在形式上,不仅注重运用书法绘画等传统的教育方式,而且充分利用了现代科技、现代传媒来传播廉政文化,使其体现出了浓厚的时代气息。如在广播、电视、报刊、网站开辟廉政专栏。中原高速投资建设的郑石、永登高速永城段、中原黄河大桥等项目公司都在网站上开设了廉政投诉、举报专栏,公开举报电话、信箱,拓宽监督渠道和方式,接受社会各界的监督。

(3)富有目的性。廉政文化建设就是要打造反腐倡廉的人文环境,以文化教育人,净化党风政风,纯化民心风俗。运用到实践,就是立足实情,着眼于解决问题。根据不同层次不同行业,采取不同的方式和方法有针对性地开展。以中原高速公司为例,针对广大员工的教育活动,我们以廉政文化为载体,以正反典型对比教育为重点,重在教育预防,灌输廉洁思想,树立正确的世界观、人生观、价值观;针对领导干部的教育活动,我们开展了如组织观看反腐倡廉宣教片,举办廉政培训班,参加重要的廉政教育活动,签订廉政合同、承诺书等,晓以利害,不断提醒和诱导,未雨绸缪;而对轻微违规、违纪的党员干部,则采取诫勉谈话,敲响警示钟,防患于未然。

(4)富有文化性。通过图文展示、先进事迹报告会、廉洁自律情感交流与对话,廉政文化文艺节目(2007年8月份,中原高速公司开展了"廉洁之歌大家唱"活动,并在郑漯分公司举办了专场汇演,取得良好效果)等,引导廉政教育从"文件"走向"文化",从机关"大院"走进基层广大群众,从"会场"走进"广场",让干部与群众思想互动,以身边的事教育身边的人,形成旗帜鲜明的舆论导向,提升人们的思想境界,推动廉政文化向各个领域、角落渗透。

3 当前廉政文化建设面临的问题

当前廉政文化建设总体上取得了一些成绩,但也面临着一些亟待解决的问题:

(1)一些党员干部对廉政文化建设重要性认识不足,重视程度不够。一是"作秀"论。认为目前当务之急是抓好党风廉政教育，没有必要为突出创新性、特色性，而投入大量的人力、物力、财力去搞廉政文化建设。二是无用论。认为以思想灌输和道德教化为主的廉政文化，在当今这个日益物质化的时代已很难发挥作用，直接产生效益，不如抓招商引资经济工作见效快，缺乏对廉政文化建设工作的有力支持，重视的程度不够，对廉政文化建设工作的领导和指导弱化。三是虚功论。认为廉政文化建设是意识形态领域的事，在本质上是一项务虚和空泛的工作，虚功虚做，不能落到实处。

(2)廉政文化的导向作用发挥不够。正视当前的反腐败斗争严峻形势，腐败犯罪蔓延的势头并未从根本上得到遏止，重大违纪违法案件一再发生，损害群众利益的不正之风屡禁不止，形式主义、官僚主义、弄虚作假、铺张浪费现象仍很突出。一些基层党组织威信不高，部分干部群众对工作存在着各种疑虑、困惑和不满情绪，直接与廉政文化的建设形成冲突，关键原因是廉政文化的导向作用一定程度上发挥不够。

(3)对廉政文化建设的主体定位和职责划分不明确。廉政文化建设相对于党风廉政建设而言，具有全面性和广泛性的特点，其教育服务的对象不仅仅是党员领导干部，还应是面向全党全社会的廉政文化建设。需要通过纪检、宣传、人事部门以及其他有关部门的互动与合作共同完成。但从目前情况来看，由于廉政文化建设的主体定位不明确，对有关部门的职责不确定，部门之间的相互合作与支持，往往凭借感情和关系，缺乏规范性和稳定性。甚至一些人认为廉政文化建设是纪检监察部门的事情，使纪检监察部门由组织协调者直接变成操作者，不但影响廉政文化建设的正常进行，还影响其他纪检监察工作的正常开展。

(4)廉政文化建设的相关环境尚未优化。任何文化都不是孤立生存的，需要一定的环境。廉政文化建设也不是单纯靠加强思想教育、文化传播就能解决的，而是需要有一定的配套的环境，使廉政文化由虚变实，具有说服力。当我们倡导廉政文化，教育引导人们应该干什么，不应该干什么，而对一些人违反了这些规范却得不到应有的惩处时，这种文化的作用就会变得虚无、苍白，并且严重的腐败现象更会通过各种方式，对廉政文化建设的实质和核心部分产生强烈的连锁性破坏作用，从而使廉政文化建设出现事倍功半的现象。同时，文化建设体制尚处于改革阶段，廉政文化建设作为公益性的工作，往往缺乏相应的文化产业支持，这在一定程度上影响廉政文化建设的深入开展。

4 进一步加强廉政文化建设的思考

加强廉政文化建设，归根结底就是要加强党风廉政建设和反腐倡廉宣传教育的文化实践，推动廉政文化的社会化，不断加快廉政文化的社会化进程，加大廉政文化的社会化程度，最终达到包括各级党员干部在内的广大人民群众接受、实践和不断发展廉政文化。当前，要注意以下五个方面：

(1)加强廉政文化建设，要注意上下互动，并特别注意发挥领导机关及领导干部的模范表率作用。廉政文化，既是一种官德文化，又是一种群众文化，要防止“无病吃药、有病吆喝”的现象。领导干部特别是党政主要领导领导干部要自觉地把加强廉政文化建设作为加强党的执政能力建设的重要内容，作为深入开展党风廉政建设和反腐败斗争的具体举措，作为密切党群、干群关系的有效途径，既要成为廉政文化建设的倡导者、传播者，也是廉政文化建设的参与者、实践者，率先垂范，以模范行为引导好、保护好人民群众的积极性，激发起广大人民群众参与廉政文化活动的热情。只有广大党员干部和人民群众在共同参与中互相学习、互相促进，廉政文化建设才会出现勃勃生机，才有深厚的群众基础。

(2)加强廉政文化建设，要明确主体，相互协作，加强建章立制。廉政文化建设是一项长期的任务，必须要有稳定的结构性基础。在建设格局上，党委、政府对廉政文化建设非常重视，但具体怎么把廉政文化建设纳入党的建设和文化建设的整体规划，由哪个部门具体承担，相关部门承担什么样的责任，对于不履行责任怎么处理，必须以明确的规章制度加以界定。同时，要把廉政文化建设贯穿于反腐倡廉工作特别是惩治和预防腐败体系制度建设的全过程，抓住最容易产生腐败问题的部位和环节，总结经验教训，严格纪律，建立、完善内部管理制度，才能使廉政文化建设和方面的业务工作充分结合，相得益彰，两统一，两促进，避免"两张皮"的现象。

(3)加强廉政文化建设既要注意充分发挥各级党委政府的引导作用，有要注意充分发挥市场化运作机制。党风廉政建设必须服从和服务于经济建设这个中心，这是新时期我们开展党风廉政建设遵循的基本原则，也是廉政文化建设的出发点和落脚点。加强廉政文化建设，应当适应市场经济的要求，走廉政文化产业化道路，构筑廉政文化市场运作体系。鼓励各个艺术门类的文艺工作者创作廉政题材作品，繁荣廉政文艺创作；有选择地举办一至两项区域性文学艺术大赛（展），吸引全国文学艺术爱好者参与，扩大廉政文艺赛（展）事的影响力；聘请全国著名艺术家为创作精品或进行创作指导，多出作品，多出精品；充分利用大剧院、美术馆、展览馆、图书馆、文化宫、广场舞台等文化设施，通过举办展览、举行讲座、放映影视作品、提供图书资料等形式，提高廉政文化活动的开放度和群众参与度；挖掘中国传统文化中蕴含丰富的廉政文化内涵，与旅游、文化、城建等部门密切配合，高起点、高品位地规划、建设几个廉政文化景观，弘扬传统文化中的精华。只有这样，廉政文化才能持久，不断发展壮大，收到理想的社会效果。

(4)加强廉政文化建设，既要注意加强投资，塑造品牌，又要注意节约资金，防止在低水平低层次上徘徊。廉政文化建设，是一项公益的事业，首先政府必须在人、财、物方面必须有良好的保障，才能避免廉政文化建设有炊无粮的现象。同时，加强廉政文化建设，营造人人廉洁的氛围也是一个长期的潜移默化的过程。在这个过程中，打造一个廉政文化项目，绝不是为了哗众取宠，搞什么形式主义的"形象工程"、"政绩工程"，而是要经久不衰，既要打造品牌，又要注重实际。同时，面向基层，从不同群体、对象实际出发，研究创造新载体，做到面上有规划，点上有实践，使这项工作全面、持久、深入发展。

(5)加强廉政文化建设，既要注意加强教育性，又要与文艺性相结合。廉政文化建设，重在教育。没有教育性，廉政文化建设就会失去灵魂和方向；没有文艺性，教育也就显得枯燥乏味，很难引人入胜、深入人心。必须把二者紧密结合起来，既要以理想信念、道德修养、价值观念、行为准则、生活情操为核心，旗帜鲜明地用格调高雅、健康向上的文化占领社会主义文化阵地，帮助广大党员干部和人民群众树立正确的世界观、人生观、价值观，打牢立身做人的思想基础，切实做到为民、务实、清廉；又要适应社会主义市场经济条件下人们思想活跃、文化需求丰富多彩的特点，开展一些人民群众喜闻乐见、生动有趣的文化活动，吸引广大人民群众踊跃参加，以达到陶冶情操、增长知识的目的。

(6)加强廉政文化建设，要充分发现和培养廉政典型。廉政文化是以廉政为思想内涵、以文化为表现形式的一种文化，是廉政建设与文化建设相接合的产物。所以，我们在围绕"廉政"开展文化教育活动中，要注意把握文化的特性，不但要在宣传上要唱响"主旋律"，更注重在实践中注意发现和培养一批廉政典型、廉政文化建设的典型，让广大人民群众不断了解到身边的廉政典型，宣传他们的事迹，消除群众对廉政干部知之甚少、对腐败分子津津乐道的现象，从而使广大人民群众不断看到党和政府反腐倡廉的决心，不断听到党和政府反腐倡廉的信息，不断参与到反腐倡廉的行列中去。

二、路 基 工 程

郑石高速公路膨胀土路堑边坡防治研究

张　磊

（河南中原高速公路股份有限公司）

摘　要　文章针对膨胀土路堑边坡的特点，结合郑石高速公路K126＋320～K126＋660段“表水防护＋改性处理＋植被护坡”的边坡处理施工方案，探讨膨胀土路堑边坡的防治措施。

关键词　膨胀土　路堑　边坡　表水防护　改性处理　植被护坡

1　工程概况

郑州至石人山高速公路是河南省高速公路网规划的重要组成部分，是河南省新规划的“两桥三路”中的“一路”，是一条新的区域能源和旅游大通道的中央辐射线。该路线起自郑州市西南，与郑州西南绕城高速公路相交，向南经新郑市、新密市、长葛市、禹州市、郏县、宝丰县、平顶山市、鲁山县，止于石人山风景区，全长183.539km。沿线所经地区多为高山峻岭，河流纵横，水库、沟壑以及不良地质现象众多，施工难度极大。该路线在穿越鲁山境内时，遇到黏土岩及其风化残积形成的厚层黏土，普遍具有膨胀性。根据现场取样的特征并结合工程勘察的资料可知：该部分黏土层为高含水量膨胀土，具有中等的膨胀性，部分土层具有强膨胀性。膨胀土是一种高塑性黏土，一般承载力较高，具有吸水膨胀、失水收缩和反复胀缩变形、浸水承载力衰减、干缩裂隙发育等特性，性质极不稳定。在这种地区修建公路，常出现公路路基开裂、边坡滑坡、失稳等一系列质量问题或事故，国际上视其为公路施工的“癌症”。

膨胀土边坡失稳是膨胀土地区一种最常见的斜坡变形现象，无论是膨胀土自然斜坡还是人工开挖的边坡，失稳现象都十分普遍，常常形成区域性灾害，而且具有反复性和长期潜在的危害性，修复极为困难。因此，膨胀土边坡的稳定问题已是岩土工程中迫切需要解决的难题之一。过去治理这种路堑“肿胀症”，一般采用放缓边坡处理或砌筑片石、砌筑混凝土预制块护坡或砌筑片石挡墙。但从现有工程路堑坡度的调查结果看，膨胀土边坡失稳不一定在边坡较陡的区段发生，坡度比从1∶2～1∶3的边坡，也都出现不稳定，特别是在有软弱夹层时，边坡缓至1∶5～1∶8也不一定完全稳定。因此，放缓边坡并非解决膨胀土路堑边坡稳定的良策，甚至作用不大，而且损失还会持续发生。本文抓住膨胀土路堑边坡失稳的主要特点和规律，以“表水防护＋改性处理＋植被护坡”的方案处理郑石高速公路K126＋320～K126＋660段膨胀土路堑边坡为例子，探讨适合膨胀土路堑边坡处治的防护方案，为其他同类型路段施工摸索经验。

2　膨胀土路堑边坡失稳的主要特点和规律

与其他土质的滑坡相比，膨胀土边坡的失稳形式有其特殊的规律。根据对国内外膨胀土开挖边坡滑动现象的分析，可以将其最基本的特征和共同规律归纳如下：

(1)亲水性:膨胀土中成分中含有较多的亲水性强的蒙脱石(微晶高岭土)、伊利石(水云母)、硫化铁等膨胀性物质,土的细颗含量较高,具有明显的湿胀干缩效应。

(2)浅层性:发育深度同裂隙发育深度及大气风化影响深度基本一致,通常小于6m。

(3)逐级牵引性:先在坡脚局部破坏,然后向上牵引发展,形成多层次滑动面。

(4)缓坡滑动:边坡的稳定坡角比一般土质的边坡缓。

(5)季节性:边坡失稳绝大多数发生雨季,降雨是主要的外部诱发因素。

(6)开挖后有较长的稳定时间:很多膨胀土边坡稳定数年后才失稳。

上述特点使得膨胀土边坡的设计方法不能简单采用一般土质边坡的设计方法,而需要探索适合其特点的防护措施。

3 膨胀土路堑边坡防治措施研究

目前,国内膨胀土路堑边坡的防治措施,多是结合实际工程的特点,依据膨胀土室内常规试验等资料,比照一般黏性土进行处理,并在工程实践中不断摸索、总结和发展各种行之有效的经验方法。郑石高速K126+320~K126+660段膨胀土路堑边坡,主要包括红黏土和黄黏土两种类型。这类黏土主要是由于黄土被侵蚀或侵蚀后红土出露地表所形成,土体黏粒含量高,塑性强,呈棱块或大块状结构。生物作用较弱,无明显发生层次,表现强烈的母质特性。该土类具有胀缩特征,在反复干、湿的条件下会产生裂隙。此类土壤塑性较高,属膨胀土类型,多呈灰白、灰绿、灰黄、棕红或褐黄色,主要矿物成分是蒙脱石和伊利石,蒙脱石和伊利石亲水性很强,具有明显的湿胀干缩效应。如图1、图2所示。

图1 膨胀土膨胀特点(1)

图2 膨胀土膨胀特点(2)

针对此类土壤类型,结合目前国内的膨胀土路堑边坡防护措施,我们采取了"表水防护+改性处理+植被护坡"的方案处理该段路堑边坡:先进行削坡放缓处理,在坡面上间隔一定距离设置排水沟,达到排水、截水的目的,防止雨水下渗引起土壤膨胀;然后采用膨胀土生态改性剂和施工技术改变膨胀土颗粒结特性,提高土体的抗碱强度,改性后的膨胀土,喷植草皮,以达到生态护坡的目的。

3.1 表水防护

设置各种排水沟,建立地表排水网系,截排坡面水流,使表水不致渗入土体和冲蚀坡面。由于膨胀土边坡的水文地质特征,决定膨胀土中的地下水多为浅层裂隙水性质,而且具有极不均一性。在郑石高速膨胀土滑坡整治中,采用了综合排水的措施,通过分级设置各种排水沟,建立地表排水网系,起到了良好的作用。

(1)天沟:它是坡面排水网系的第一道防线。天沟道数、深度视上游坡面汇水面积大小和边坡堑顶上方是否有地表水体而定，且必须采取浆砌等防渗漏和防冲刷措施。由于 K126＋320～K126＋660 段路堑边坡堑顶上方为少量田地和林地，汇水面积不大，我们设置的是一道浆砌片石天沟。

(2)边坡平台排水沟：台阶形边坡应在每一级边坡平台内侧设置纵向排水沟，截排上部坡面与平台水流。在坡脚外侧，我们设置了浆砌片石排水沟，以防坡脚冲蚀和浸水膨胀变形。

3.2 改性处理

化学固化就是利用石灰、水泥或其他固化材料通过与膨胀土的物理、化学作用，进行膨胀土的改性处理，以达到降低膨胀土膨胀潜势、增强强度和水稳性的目的。具体来说，石灰的固化作用是由于盐基交换、次生碳酸钙胶结性、黏土颗粒与石灰相互作用形成新的含水硅酸钙、铝酸钙等新矿物而显现出来；水泥的固化作用是由于钙酸盐与铝的水化物和颗粒间的胶结作用，胶结物逐渐脱水和新生矿物的结晶作用，从而降低膨胀土的液限，增大了膨胀土的塑限和抗剪强度；其他固化材料，如 NCS 固化材料除具有石灰、水泥的优点能消除土的胀缩性外，还有吸水增强作用，改善土的压实性并生成微型加筋结构，提高土的强度。

在 K126＋320～K126＋660 段膨胀土路堑边坡改性处理中，采用消石灰对膨胀土进行了改性处理，以消除土的胀缩性并改善膨胀土的力学性能，满足高等级公路对路堑边坡的要求。

3.2.1 膨胀土及膨胀土与消石灰混合料力学性能试验

(1)液塑限试验

液塑限是反映土体中土粒与液相水之间灵敏性的指标。塑性指数是液限与塑限之差。液限越大、塑性指数越大，土体的水稳定性就越差、胀缩性能就越大；相反液限与塑性指数的减小将有利于膨胀土的水稳定性和强度稳定性。表 1 为 K126＋320～K126＋660 段两种土样及两种土样与消石灰混合料的液塑限试验对比数据。

液塑限试验数据对比分析 表 1

土样名称	液限 ω_L(%)	塑限 ω_P(%)	塑性指数 I_P(%)
(1)强膨胀土	67.9	36.6	30.8
(2)强膨胀土＋消石灰 10% (*)	58.2	38.1	18.8
(3)中膨胀土	57.7	28.9	28.3
(4)中膨胀土＋消石灰 8% (*)	54.1	30.2	22.8

* 表示按 98% 的压实度制成 5cm×5cm 试件，在标准温度和湿度下养生 7d 后，取出试件，经粉碎过筛后进行液限和塑限试验。

由表 1 中数据可以看出：两种膨胀土在外掺消石灰材料后其液限和塑性指数都发生了很大的改变，液限含水量有明显下降，塑性指数减小至 20% 左右，大大改善了膨胀土的水稳定性，降低了膨胀土中土粒对液相水的灵敏性。

(2)自由膨胀率试验

自由膨胀率是反映土的胀缩性的指标之一，它与土的黏土矿物成分、胶粒含量、化学成分和水溶液性质等有着密切的关系。对膨胀土及膨胀土与不同比例消石灰混合料的自由膨胀率试验数据如表 2。

自由膨胀率试验数据对比分析 表 2

土样编号	土样名称	自由膨胀率(%)	土样编号	土样名称	自由膨胀率(%)
(1)	强膨胀土	102	(3)	中膨胀土	41
(2)	强膨胀土+消石灰 10%	33	(4)	中膨胀土+消石灰 8%	24.5

表 2 的数据表明:消石灰有效降低了膨胀土的膨胀潜势,基本上使膨胀土与消石灰混合料处于弱膨胀潜势以下。其中膨胀土与消石灰混合料按 95%压实度压实成型,然后在标准温度和标准湿度下养生 7d 后再进行自由膨胀率试验,这也符合工程施工的实际情况,否则消石灰的作用难以充分发挥。

(3)CBR 试验

加州承载比试验是检测路堑边坡水稳强度的重要指标,是采用重型击实制件,上覆 2.7kPa 压力,浸水 96h 后的灌入强度值,并可测试件浸水之后的线膨胀率,通过试件的 CBR 值及线膨胀率可综合反映膨胀土及膨胀土与消石灰混合料的水稳定强度。本次试验针对两种膨胀土掺加不同比例的消石灰分别制件,进行比较;对同一种土、同一比例的外掺消石灰在不同含水量条件下的水稳定性进行了初步分析;对同一种土、同一比例的外掺消石灰、同一含水量试件在不同制件干密度条件下的水稳定性强度进行了初步比较分析。部分典型试验数据如表 3。

CBR 试验数据分析 表 3

土类	击实功	含水量(%)	CBR(%)	线膨胀率(%)
强膨胀土	3*98	20.5	2.51	4.92
中膨胀土	3*98	22.17	3.44	4.16
强膨胀土+消石灰 10%	3*98	23.36	35.9	1.3
中膨胀土+消石灰 8%	3*39	23.2	18.1	0.89

表 3 中数据表明:消石灰有效降低了膨胀土的线膨胀率,使 CBR 水稳强度显著增大,改善了膨胀土路堑边坡的使用性能。

3.2.2 膨胀土改性处理施工注意事项

室内试验数据已经证明消石灰对膨胀土路堑边坡改性处理的可行性,但在膨胀土路堑边坡改性处理施工中应注意如下几个方面:

(1)保证膨胀土边坡有一定的含水量,应在最佳含水量以上 2 个百分点为宜。

(2)保证膨胀土边坡改性处理施工的连续性。

(3)膨胀土及消石灰混合料要充分拌和,避免拌和不匀。

3.3 植被护坡

在改良膨胀土边坡基础上,再通过喷植草皮,可以起到生态护坡、保持边坡稳定的作用。K126+320～K126+660 段膨胀土路堑边坡的植被防护采用挂三维网、液力喷播的方式,以狗牙根、高羊茅、多年生黑麦草、白三叶草等混播为主。

狗牙根、高羊茅、多年生黑麦草、白三叶草等混播能够充分发挥各自得特性,弥补单一植被的不足,从而大大增加植被的适应能力和护坡固坡能力,这主要体现在以下方面:

(1)生长快的与生长慢的相结合。多年生黑麦草属于先锋草种,出苗快,出苗齐,能够弥补狗牙根等出苗时间长、早期生长慢的缺点,在短时间内迅速形成草皮,起到植被防护的作用;狗牙根等的生长逐渐取代多年生黑麦草,形成持久的草皮。

(2)匍匐型与丛生型相结合。狗牙根、白三叶为匍匐型草种，扩张性好，能够在坡面形成纵横交错的植物网络；高羊茅和多年生黑麦草等则为丛生型，密度大、根系深，能够在土壤表层形成盘根错节的垫层。

(3)暖季型与冷季型相结合。狗牙根属于暖季型草种，耐高温；高羊茅、多年生黑麦草、白三叶等属于冷季型草种，耐寒性强，返青早，枯黄晚，绿期长。

(4)禾本科与豆科相结合。白三叶为豆科植物，有根瘤菌，能够固氮，耐贫瘠土壤；高羊茅、狗牙根等属禾本科，须根发达，固结土壤能力强。

4 结语

从 K126＋320～K126＋660 段膨胀土路堑边坡的情况来看，利用“表水防护＋改性处理＋植被护坡”方案进行边坡防治，能有效地防治边坡的冲刷和溜坍，防治水土流失，使防护边坡稳定美观，并且具有易掌握、易操作、工期短、造价低、效果好的特点，是膨胀土地区路堑边坡防护一种切实可行、值得借鉴的防护措施。

参考文献

[1] 陈孚华. 膨胀土上的基础[M]. 北京：中国建筑工业出版社，1979.

[2] 刘特洪. 工程建设中的膨胀土问题[M]. 北京：中国建筑工业出版社，1998.

[3] 廖济川，陶太江. 膨胀土的工程特性对开挖边坡稳定性的影响[J]. 工程勘察，1994(4).

柔性基础复合地基沉降特征有限元研究

裴　凯[1]　赵　峰[2]　陈民权[1]

(1.河南中原高速公路股份有限公司;2.中铁西南科学研究院有限公司)

摘　要　利用MARC大型有限元软件,对柔性基础复合地基的承载特性进行数值模拟,得出柔性基础复合地基沉降特性的影响因素及其随影响因素变化的规律。

关键词　MARC　柔性基础　复合地基　沉降特性

1　引言

当天然地基不能满足建(构)筑物对地基的要求时,需要进行地基处理,形成人工地基,以保证建(构)筑物的安全和正常使用。柔性基础复合地基与以往所说的复合地基的区别在于基础刚度的不同,判别基础是刚性或者是柔性,采用的标准是基础的抗弯刚度EI。柔性基础复合地基正在各类工程中广泛应用,具有极其广泛的前景。但是,由于柔性基础复合地基的不确定因素多、问题复杂及难度大,人们对它的认识还不够,因而造成了柔性基础复合地基在实际应用中的工程隐患和浪费。因此,有必要对柔性基础复合地基的承载特性做进一步的研究,使理论研究与实际相吻合并指导实践,从而达到安全适用、经济合理的目的。

在总结前人的理论研究和现场具体工程试验成果的基础上,利用MARC大型有限元软件,对柔性基础复合地基的地基沉降特性进行数值模拟,得出柔性基础复合地基承载特性的影响因素及其随影响因素变化的规律,并在此基础上对柔性基础复合地基的承载特性进行研究,使所得结论对柔性基础复合地基的设计与施工有一定参考价值。

2　计算模型

本文所采用的有限元计算模型是以公路软土地基粉喷桩法处理试验段为背景,对实际的现场条件做一些简化处理。其地层分布从上到下为:淤泥质黏质粉土,层厚10m,容许承载力70kPa;黏质粉土,层厚10m,容许承载力120kPa;深厚粉质黏土,容许承载力200kPa;有限元计算模型示意图如图1。

有限元分析过程中所使用的材料物理力学基本参数见表1。

计算所需基本参数　　表1

参数 / 材料	E (MPa)	μ	γ(kN/m³)	c (kPa)	φ(°)	α	$\bar{\sigma}$(kPa)
路堤	30	0.28	18	50	32	0.169	121.64
桩	100	0.20	—	180	46	0.221	346.43

续上表

材料		参数: E (MPa)	μ	γ(kN/m³)	c (kPa)	φ(°)	α	$\bar{\sigma}$(kPa)
地基土	C_1	2.5	0.4	—	12	8.4	0.049	35.49
	C_2	5.0	0.37	—	26	14.2	0.081	74.87
	C_3	15	0.32	—	52	12	0.069	151.50

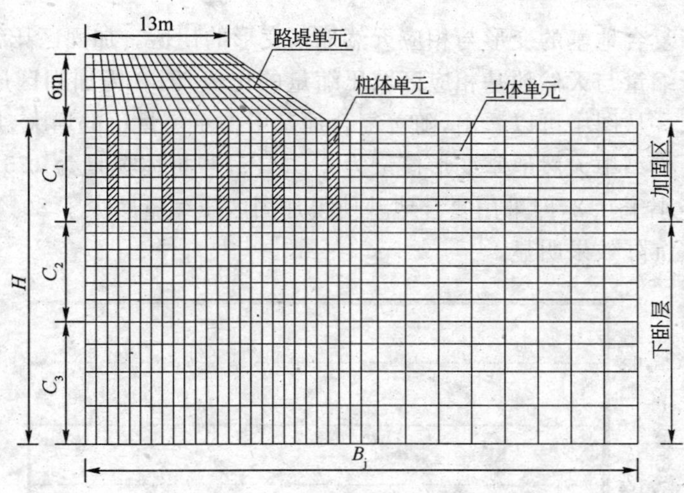

图 1　计算模型有限元网格划分示意图

3　沉降影响因素

3.1　桩土模量比 K 的影响

复合地基中桩体的模量是影响复合地基的最主要因素之一，当桩体模量变化时，复合地基的变形将发生很大的变化。分别取 $K=10\sim1\ 000$ 间不同桩土模量比的柔性基础复合地基进行计算，计算中保持土体模量不变而不断改变桩体模量。计算结果如图 2 所示。

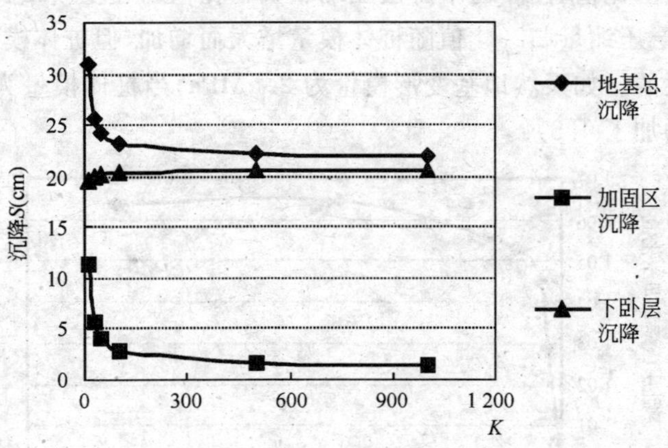

图 2　K 对复合地基沉降的影响

由图 2 可以看出：复合地基的总沉降随着 K 的增大而减小，并且在 K 值较小时，K 值的变化对复合地基沉降的影响很大；而当 K 达到一定值以后，K 值的变化对复合地基的沉降影响很小。这说明在其他条件不变的情况下，存在着最佳桩土模量比，这在按沉降控制设计时应加以综合考虑。从复合地基加固区沉降 S_1 与桩土模量比 K 的关系曲线可以看出:随着桩土模量比的增大,加固区的变形量减小,当 K 小于 100 时,K 值对 S_1 的影响很大;当 $100<K<500$ 时,K 值对 S_1 的影响较大;当 K 大于 500 时,K 值对 S_1 几乎没有影响。从复合地基下卧层沉降 S_2 与桩土模量比 K 的关系曲线可以看出:在加固区深度相同的情况下,随着桩土模量比的增大,复合地基下卧层的变形增大。这是因为桩体模量越大,复合地基复合模量变大,复合地基附加应力往下传递导致下卧层沉降增大。而当 K 达到一定值以后,K 值变化对 S_2 的沉降影响很小。

归一化值是指复合地基的变形与相应天然地基变形的比值。加固区压缩量归一化值是指复合地基加固区压缩量与天然地基相应区域压缩量的比值,图 3 为加固区压缩量归一化值与桩土模量比的关系。从图中可以看出,随着复合地基中桩土模量比的增大,加固区压缩量归一化值在迅速减少。模型中天然地基变形模量为 2.5MPa,当桩体模量为 125MPa 时,加固区压缩量归一化值已经小于 0.2,即采用复合地基使得加固区压缩量减少了 80%。由此可见,采用复合地基减少地基沉降效果明显。

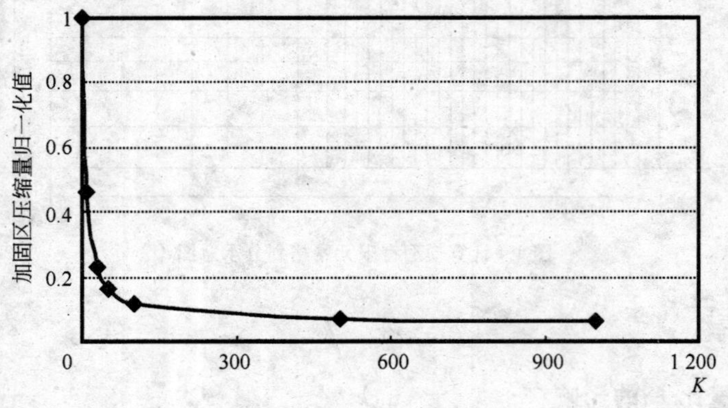

图 3 桩土模量比对加固区压缩量归一化值的影响

下卧层压缩量归一化值是指复合地基下卧层压缩量(其数值等于下卧层顶面沉降)与天然地基相应区域压缩量的比值,图 4 为下卧层压缩量归一化值与桩土模量比的关系,从图上可以看出,复合地基下卧层压缩量归一化值随桩体模量增大而增加,但桩体模量对下卧层压缩量归一化值的影响是有限的。如天然地基变形模量为 2.5MPa,当桩体模量为 125MPa 时,复合地基下卧层压缩量仅增加了 4.5%。

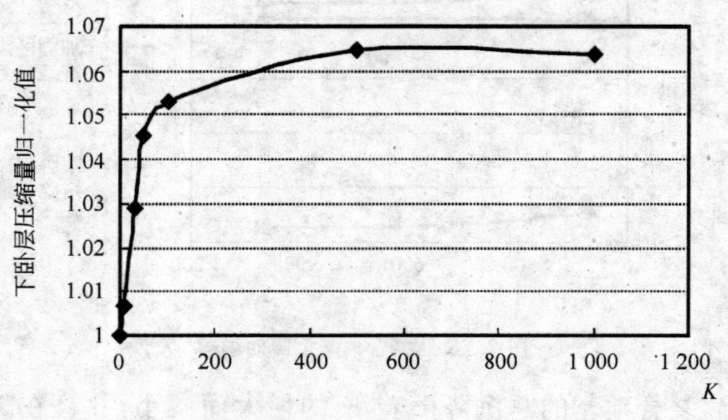

图 4 桩土模量比对下卧层压缩量归一化值的影响

3.2　桩间距 l 的影响

分别取桩中心距 l 为：1m、1.5m、2m、2.5m、3m、5m 进行计算，计算结果如图 5 所示。

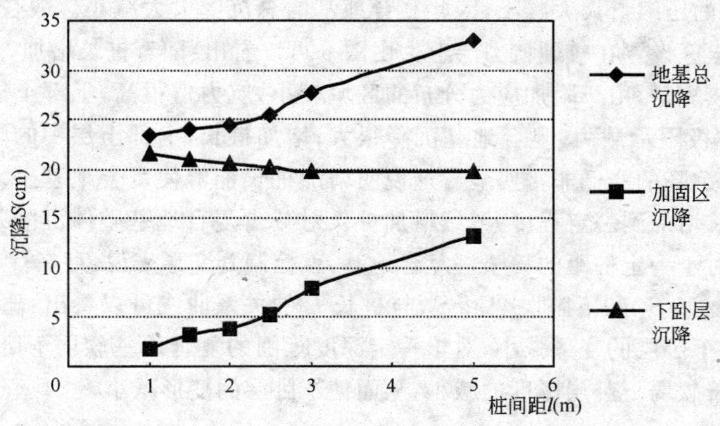

图 5　l 对复合地基沉降的影响

桩间距 l 增大时，复合地基的沉降增大。当间距 $l=5\text{m}$ 时，复合地基沉降量很大，而且桩间土中央的竖向位移相当的大，靠近桩的土层沉降比较小，使得桩体刺入较为严重；当 $1.5<l<3$ 时复合地基沉降已降低很多，减小桩距，对土中的应力分布有一定影响，但比以前明显减弱，所以复合地基整体沉降减小不很明显；桩距减小到一定程度，桩距变化对土中的应力场影响甚小，基础的沉降较小，并趋于稳定，则继续减小桩距对减少复合地基整体沉降几乎没有什么效果。这表明在其他参数不变时存在着最佳桩间距，即最佳置换率。

由图 5 还可以看出：(1)随着桩间距的增大，加固区的压缩量增大，其曲线变化关系与复合地基总沉降曲线一致。(2)下卧层的压缩量随着桩间距的减小而增大，这是因为复合地基随着置换率的增大，桩体越为密集，桩体传递到下卧层的附加应力就越大，下卧层的压缩量变大。

3.3　桩长 L 的影响

桩体长度是影响复合地基沉降的另一个主要因素。分别取桩长 $L=0\text{m}$、5m、10m、15m、20m、25m 进行计算，来研究桩长对复合地基沉降变形的影响规律。计算结果整理如图 6 所示。

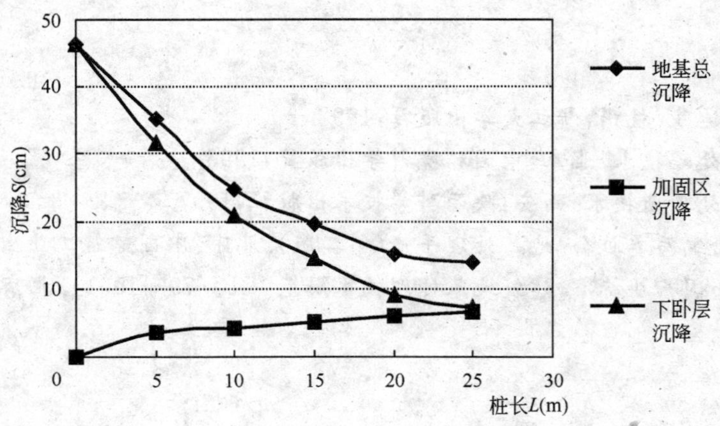

图 6　L 对复合地基沉降的影响

当 $L=0\text{m}$ 时，为天然地基情况，此时沉降很大。设置短桩($L=5\text{m}$)后，桩体未能穿透整个软土区，属悬浮桩情况，由于软弱下卧层较厚，压缩量较大，因此复合地基的总沉降仍然很大，但比天然地基情况已有了很大减小，总沉降量减小了 25%。当桩长 $L=20\text{m}$ 时，桩体已穿透整个软土区，桩端设置在较硬土层上，属支撑桩情况，此时加固区的压缩量有所增大，但增加幅度很小，而下卧层的压缩量大大减小，因此复合地基的总沉降大大减小。故在设计时，应尽量使得桩端穿透软土区设置在较硬持力层上。由图 6 可以看出：随着桩长增加，复合地基的整体沉降减小。桩长较短时，由于附加应力分布的区域较小，应力值很高，上部土层的附加应力很大，局部超过土体极限承载力，复合地基沉降很大；增加桩长，上部土层中的附加应力迅速减小，复合地基整体沉降的降低非常明显。这说明增加桩长能够使复合地基整体沉降有一定程度的减小。但桩长增加到一定程度，继续增加桩长对减少复合地基整体沉降几乎不再产生什么效果。这说明对于一定桩距的粉喷桩复合地基，就控制其变形来说，存在一个最优桩长。从复合地基加固区变形 S_1 和下卧层变形 S_2 与桩长 L 的关系曲线可以看出：随着 L 的增加，加固区的变形增大，下卧层的变形减小，对于一定深度范围的复合地基软弱下卧层来说，加固区深度的增大意味着软弱下卧层厚度的减小，从而使下卧层的变形减小。

4 结语

(1)随着复合地基桩土模量比的增大，复合地基地表总沉降迅速减小，主要是加固区的沉降大大减小，而下卧层的压缩量略微增大。复合地基桩土模量比对沉降的影响只在一定范围内有效，当桩土模量比超过一定值以后，再增大就对复合地基沉降几乎没有影响，即存在着最佳桩土模量比。

(2)随着桩间距的增大，复合地基地表总沉降增大，当桩间距较大时，桩体刺入量较大，加固区沉降大。当桩间距减小，加固区的复合模量增大，加固区的沉降减小。复合地基下卧层随着桩间距的增大有一定程度的减小。同样，在其他条件不变的情况下，存在着最佳桩间距即复合地基存在着最佳置换率。

(3)复合地基地表总沉降随着桩长的增加迅速减小，基本成线性关系。增加桩长，下卧层的厚度减小且桩端能设置在较硬土层上，此时加固区的压缩量有所增大，但增加幅度很小，而下卧层的压缩量大大减小，因此复合地基的总沉降大大减小。在设计时，应尽量使得桩端穿透软土区设置在较硬持力层上。分析表明，就控制沉降来说，粉喷桩复合地基也存在一个最优桩长。

参考文献

[1] 龚晓南. 复合地基. 杭州：浙江大学出版社，1992.

[2] 阎明礼. 地基处理技术. 北京：中国环境科学出版社，1996.

[3] 龚晓南. 地基处理新技术. 西安：陕西科学技术出版社，1997.

[4] 地基处理手册编写委员会. 地基处理手册(第二版). 北京：中国建筑工业出版社，2000.

[5] 中华人民共和国行业标准. 建筑地基处理技术规范(GBJ 79—1991). 北京：中国计划出版社，1992.

基于岩土参数空间变异性的高边坡稳定性分析

郑立宝　汤国安

（河南中原高速公路股份有限公司）

摘　要　根据 Vanmarcke 提出的随机场理论描述土性参数的空间变异性，利用边坡分析理论建立了高边坡的稳定计算公式，得出了岩土参数间的变异性在高边坡稳定分析中不可忽视的结论。此方法在整个求解过程中只需拟合一个响应面，实例计算表明，该方法在计算精度及效率上均比常用的基于响应面迭代的响应面法有所提高。

关键词　空间变异性　高边坡　相关距离

高速公路在修建过程中，高填深挖甚是频繁，从而形成了许多高边坡[1]。因此，许多原来处于稳定状态的边坡由于坡脚开挖、边坡变陡及因植被破坏而引起的雨水冲刷导致发生塌方、滑坡等现象。如何正确评估高边坡稳定性，从而减少工程损失，这对于经济合理地修建高速公路具有重要意义。本文结合随机场理论，依托郑(州)石(人山)高速公路工程实际，分析了考虑岩土参数相关性的高边坡稳定性，并与常规的高边坡稳定性计算结果进行了对比。结果表明，前者更加趋于合理。

1　随机场及相关距离

将土剖面模拟为随机场模型[2]，最早是由 Conell 提出，其后由 Vanmarcke 等进一步完善该理论。Vanmarcke 在描述土的空间性质上，引入相关距离 δ 的概念。相关距离是对空间范围的度量。在 δ 范围内，土性强烈相关；在 δ 范围外，土性可视为不相关。即相互独立相关距离 δ 越大，土性变化越缓慢，土层越均匀；反之，土层急剧变化，土层不均匀。

如果将土性参数看成是沿深度方向的一维齐次随机场[3]，即可看作是高斯平稳齐次随机场，则在$[z,z+t]$上的空间均值及方差为：

$$X_t(z)=\frac{1}{t}\int_z^{z+t}X(z)\mathrm{d}z=\mu \tag{1}$$

$$\mathrm{Var}[X_t(z)]=D[X_t(z)]=\sigma^2\,\frac{1}{t}\int_0^t\left(1-\frac{\tau}{t}\right)\rho(\tau)\mathrm{d}\tau=\sigma^2\Gamma^2(t) \tag{2}$$

式中，μ 为集平均；σ^2 为点方差；$\Gamma^2(t)$为方差衰减函数；$\rho(\tau)$是标准自相关系数函数。所以要求的空间方差，必须确定 $\Gamma^2(t)$函数，在实际工程中常用近似的下式：

$$\Gamma^2(t)=\begin{cases}1 & h\leqslant\delta\\ \delta/h & h>\delta\end{cases} \tag{3}$$

这里的参数 δ 为相关距离，目前常用的方法是空间递推平均法和相关函数法等。本文采用常用的空间递推法计算相关距离，空间递推平均法的计算方法是通过顺序相邻 n 个样本

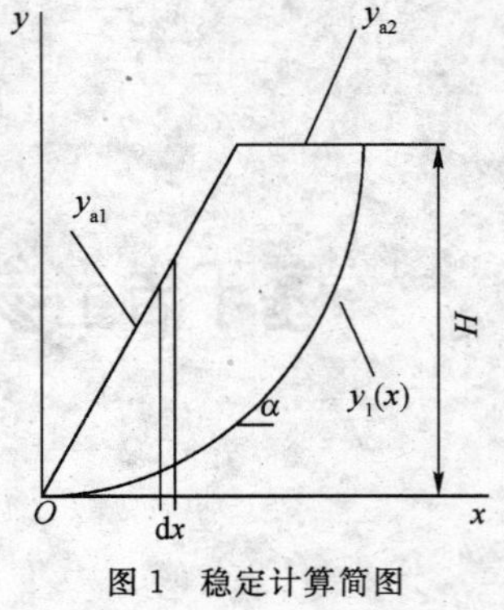

图 1　稳定计算简图

($n=3,4,5,\cdots$)的均值构成一组新的数据样本，计算这 n 个样本的方差 σ_2^2 与初始样本(初始取样间距为 Δz_0)的点方差 σ_1^2 的比值，即方差折减系数 $\Gamma(n\Delta z_0)=\sigma_2^2/\sigma_1^2$，找出 δ_n 的稳定值，即为所求的相关距离 δ 值。这样就可完成从“点方差”到“空间平均方差”的过渡。

2　高边坡稳定分析

路堑高边坡的分析可采用如图 1 所示。

瑞典条分法[4]稳定系数的表达式为：

$$F_s=\frac{\sum_{i=1}^{n}\tan\varphi_i W_i\cos\alpha_i+C'\sum_{i=1}^{n}l_i}{\sum_{i=1}^{n}W_i\sin\alpha_i} \tag{4}$$

式中：W_i——第 i 条块的重力；

l_i——第 i 条块底滑面的长度；

α_i——第 i 条块底滑面的倾角(°)。

当滑体划分的条数趋于无穷时，对式(4)取极限，在依据积分的定义，稳定系数可表示为下式：

$$F_s=\frac{\left\{\rho\tan\varphi\int[y_{m1}(x)-y_l(x)]\cos\alpha dx+\rho\tan\varphi\int[y_{m2}(x)-y_l(x)]\cos\alpha dx\right\}+\int C'\frac{dx}{\cos\alpha}}{\int\rho[y_{m1}(x)-y_l(x)]\sin\alpha dx+\int\rho[y_{m2}(x)-y_l(x)]\sin\alpha dx} \tag{5}$$

根据具体的边坡情况，采用合理的坡面曲线方程[5]，找到使稳定系数最小的形状参数，最危险的滑面也可找到。

3　高边坡稳定计算算例

正在承建的郑石高速公路某 40m 的高边坡，边坡为 1∶2，单一结构模型，经野外勘探及力学参数室内的统计整理，统计假设检验，各变量参数符合正态分布，其数字特征为：$\mu_\gamma=18.9\text{kN/m}^3$，变异系数 $\delta_\gamma=0.05$；$\mu_\phi=26.6°$，变异系数 $\delta_\gamma=0.02$；$\mu_c=53.6\text{kPa}$，变异系数 $\delta_\gamma=0.1$；笔者采用空间递推平均法计算参数的相关距离为 $\delta=0.24\text{m}$，经计算各参数的相关距离近似相等，且由文献知：同一土层，不同参数的相关距离基本相近。故本文各参数的相关距离取相同值。通过计算软件 MATLAB 编制的程序搜索计算，其结果如表 1 所示。

计算结果比较图　　表 1

项　目	稳定系数	滑动面
点均值和方差	1.28	圆弧形
空间均值和方差	1.89	圆弧形

4　结语

(1)由表可见，高边坡的稳定计算中，不考虑指标的自相关性和互相关性，把指标(c,φ)作为独立的随机变量，由点方差计算的稳定系数值偏小，而考虑指标(c,φ)的自相关性，用随机场理论的空间均值方差计算的稳定系数提高了很多，说明边坡的破坏其稳定性取决于影响深度范围内土性指标的空间平均特性。

(2)计算高边坡的稳定时一方面要引入随机场理论，考虑土性参数的空间变异性，这样才有可能得到与实际安全度更接近的稳定指标。

参考文献

[1] 赵之胜，折学森，陈志新. 铜黄公路黄土高边坡性状分析与治理对策研究，2002.

[2] 刘春原，阎澎旺. 岩土参数随机场特性及线形预测[J]. 岩土工程学报，2002，24(5)：588-591.

[3] 张征，刘淑春，邹正盛. 岩土参数的变异性及其评价方法[J]. 土木工程学报，1995，28(6)：43-51.

[4] 钱家欢，殷宗泽. 土工原理与计算(第二版)[M]. 北京：中国水利水电出版社，1996，350-390.

[5] 崔政权，李宁. 边坡工程——理论与实践最新发展[M]. 北京：中国水利水电出版社，1999.

含水量对路基安全性影响试验研究

杨俊峰[1]　王小川[1]　朱宝林[2]　张晨光[2]

(1. 河南中原高速公路股份有限公司；2. 交通部科学研究院)

摘　要　本文结合郑石高速公路试验路铺筑，对其路基含水量的变化进行动态监测以及相应的抗剪切强度试验，建立路基安全性分析模型，对试验路段的路基不同含水量条件下的安全系数进行计算分析，得出含水量变化对路基安全性的影响规律。

关键词　路基　压实度　含水量　试验

1　引言

随着我国公路事业的不断发展，特别是高速公路建设迅猛增加，对公路工程技术标准提出了更高的要求，对工程质量的要求也进一步提高。按照我国现行规范和工程技术标准要求，路基达到的强度是在满足压实度标准和最佳含水量状态下测得，而随着路基填筑的进行，路基的含水量会发生一定的变化，这直接导致路基的工作状态发生变化。目前路基施工，重视最大干密度与路基压实的结果较多，对填筑土的含水量重视较少，提出的方案也比较欠缺，有关文献能够检索到的措施方法也仅限于执行"+2、-3"的控制含水率标准。现行的规范在这方面也没有做出明确的要求，鉴于此，对施工过程中含水量变化对路基稳定性影响的分析研究显得紧迫而重要。本文结合新建郑州至石人山高速公路试验路段铺筑，通过现场测试动态含水量变化与现场抗剪试验结果提供的 c、φ 值进行数值分析，探讨含水量变化对路基安全性影响。

2　试验设计

在试验路段填筑施工过程中，分层布设动态含水率检测仪器，该仪器从美国引进，它能够准确快捷地检测出含水量，如图 1 所示。

图 1　含水率测试仪器

K24+900 含水量现场测试数据如表 1 所示。

含水量变化测试数据表　　表 1

检测日期	6.6	6.23	7.15	8.23	9.9
含水量(%)	14.9	15.9	16.3	22.2	22.5

当现场检测含水量发生变化时，对该处填土进行现场抗剪切试验。

3 安全性分析模型

3.1 计算分析软件

本文在计算过程中主要应用 GEO-Studio Office 软件,该软件是加拿大国际有限公司开发的岩土工程二维软件,经过大量的工程实践应用验证,受到一致好评。该软件包括七大功能模块,即:SLOPE/W、SEEP/W、SIGMA/W、TEMP/W、QUAKE/W、CTRAN/W 和 VADOSE/W。SLOPE/W 采用极限平衡理论计算边坡在特定条件下的安全系数,该软件内含多种算法,可以选择不同的方法进行稳定性分析和安全系数计算。本文 SLOPE/W 对不同含水量情况下的填土路堤进行稳定性计算。

3.2 模型的建立

(1)边界条件

由于路基模型沿道路中心线对称,所以 x 位移为零,为了计算准确,横向取 30m,纵向取 15m。其边界设置为:路基模型的底面边界,约束为竖向和水平位移;路基模型的两个侧面边界约束为水平位移;路基模型的上表面为土体的位移耦合约束。

(2)划分单元

为了提高计算精度,网格划分采用四边形单元,边长为 0.5m,整个路基模型横向分为 60 个单元,竖向分为 30 个单元,共计 1 800 个单元。计算模型见图 2。

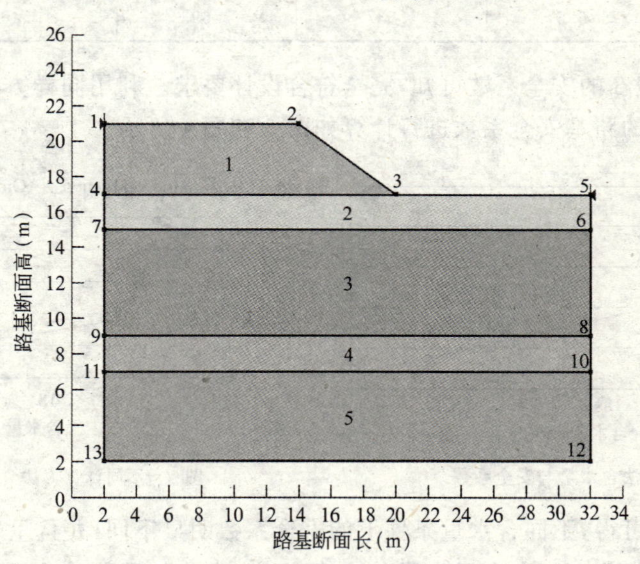

图 2 路堤边坡稳定计算简图

(3)外部荷载

路基模型受到的外部荷载主要是来自路堤和汽车行驶产生的荷载。由于本文着重研究含水量变化对路基安全性影响问题,因此本文拟定地基上的荷载为 120kPa,引用现场抗剪切试验结果,进行安全性分析。

本模型通过现场监测含水量变化进行的抗剪切试验得出的参数进行路基安全系数计算。

4 实例分析

本文选取郑石高速公路试验段 B2 段 K24+900 现场测试数据如表 2 所示。

K24+900 不同含水量条件下参数表 表 2

含水量(%)	重度(kN/m^3)	c(kPa)	φ(°)
14.9	20	30	28
15.9	18.8	15.6	30.9
16.3	20.1	22.1	23.0
22.2	18.7	10.4	23.5
22.5	18.8	9.6	24.2

表 2 中 14.9%是通过室内击实标准试验确定的施工最佳含水量,其他百分比含水量是通过现场动态含水量仪器测得。不同百分比含水量条件下测得的 c、φ 值显著不同,与含水量具有一致性的变化,呈现出含水量越大、抗剪切性能越差的特点。从另外一个角度来讲,这正好说明施工后路基填土虽然满足了压实度要求,但是当填土含水量发生动态变化时,填土力学参数发生显著变化,为了更加直接地分析这种变化对路基安全性的影响,利用安全性分析模型对 K24+900 处在最佳含水量时路基安全系数进行计算,结果如表 3 所示。

K24+900 断面挂车 120 荷载下安全系数表 表 3

方　法	Morgenstern Price	Ordinary	Bishop	Janbu	GLE
安全系数	1.696	1.637	1.693	1.546	1.697

通过分析,由表 3 的安全系数可知,完全符合设计要求。利用同样方法对 K24+900 处其他百分比含水量下的路基安全系数进行计算如图 3 和图 4 所示。

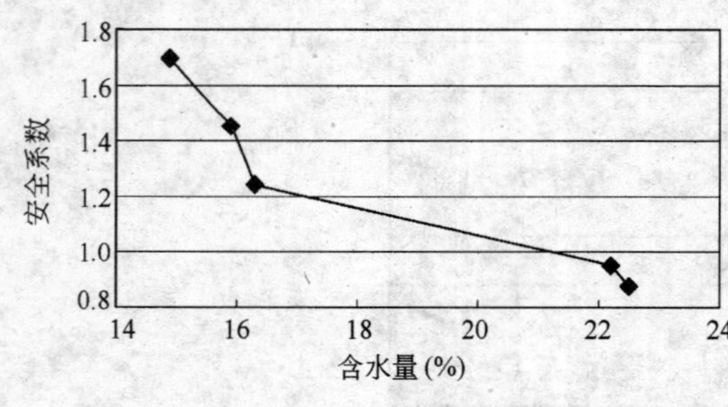

图 3 GLE 法含水量与安全系数

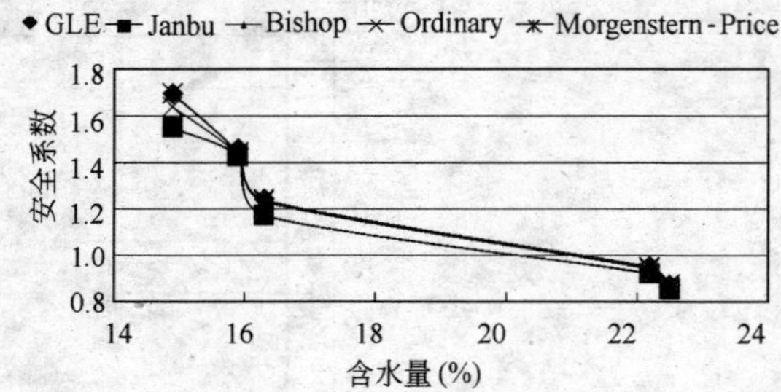

图 4 不同计算方法含水量与安全系数

通过上图分析可得,不同含水量条件下的安全系数明显不同,并且呈现出随着含水量的增加安全系数降低的趋势。当含水量为最佳含水量 14.9%时,路基安全系数符合设计要求;当含水量超过 20%时,安全系数小于 1,路基不稳定。

5 结语

(1)路基填筑成型后含水量是动态变化的,并且对应的抗剪切强度参数值和含水量的变化具有一致性,最佳含水量条件下的抗剪切强度较强。

(2)不同含水量条件下,路基的安全系数明显不同,最佳含水量时,路基基本稳定,但是超过最佳含水量较多时,路基处于不稳定状态。

(3)按照压实度指标压实的路基,含水量会有较大幅度变化,严重影响到路基的安全性,建议对设计指标进行修正,以更好地满足路基质量要求,更好地指导施工。

参考文献

[1] 中华人民共和国行业标准.公路路基设计规范(JTG D30—2004).北京:人民交通出版社,2004.

[2] 中华人民共和国行业标准.公路路基施工技术规范(JTJ 033—1995).北京:人民交通出版社,1995.

[3] 中华人民共和国行业标准.公路软土地基路堤设计与施工技术规范(JTJ 017—1996).北京:人民交通出版社,1996.

[4] 姚刚,等.土木工程施工技术.北京:人民交通出版社,1999.

[5] N. Morgenstern and V. E. Price. The Analysis of the Stability of General Slip Surfaces [J]. Geotechnique, 1965.15(1):79-93.

[6] GEO-SLOPE International Ltd. GEO-SLOPE Version 5.0 User′ manual. 2002.

[7] 中华人民共和国行业标准.公路土工试验规程(JTJ 051—1993).北京:人民交通出版社,1993.

[8] 蒲智明,张红珠.高等级公路路基施工压实度检测控制方法的探讨.山西交通科技,2005,171(2).

高速公路路基压实度指标设计理论探讨

张智慧[1]　李　倩[1]　景彦平[2]

（1. 河南中原高速公路股份有限公司；
2. 交通部科学研究院北京中交路星公路技术有限公司）

摘　要　本文对压实度设计指标进行了理论研究，通过鲍辛尼斯(J. Baussinesq)公式推导得出路基填料应力与深度的关系；经过原设计理论工作区与整个路基应力对比分析得出现行规范压实度指标设计理论上的不足。

关键词　路基　压实度　工作区　指标

1　问题提出

随着我国交通行业的迅猛发展，我国的公路建设尤其是高速公路建设迎来了建设高潮。我国公路路基有相当一部分采取了高填方设计，有的填方高度达到20～30m，汾柳高速公路汾阳至离石段建成的路基填方高度更是高达42m，这在国内外都是罕见的。但是，我国已通车的高填方路基经常出现变形、裂缝甚至滑坡，国内许多科研院所和设计单位都对此进行着大量的研究与实践，可以说高填方路基的科学合理设计和施工成为一项重要而紧迫的问题。

众所周知，稳定性是路基设计的最基本要求，路基的失稳主要体现为沉降量失控。路基沉降形式包括地基沉陷、路基下沉以及路基地基共同变形。国内外对地基的研究和实践比较成熟，有系统的理论和成套的处理方法，经过实践验证是可行，那么对于路基尤其是高填方路基的研究和控制显得尤为重要。

目前我国路基设计、施工都采用公路工程技术标准中的压实度（压实后的干密度和试验室最大干密度比）控制路基压实质量。事实上，国内外许多公路由于填料和填筑高度的不同，在建成通车后不久就出现不同程度的损坏，这说明压实度指标在路基的设计与施工中存在着不足。鉴于此，我们对路基压实度指标设计理论进行分析探讨，提出自己的粗浅见解。

2　压实度指标设计理论

为了能找到路基压实度指标存在的问题，首先对目前路基压实度指标设计理论进行分析。

2.1　压实度指标设计理论来源

作用于路基的荷载，有路基的自重和汽车的轮重。荷载使相当深度内的路基处于应力状态。轮重在路基内所引起的应力，按照鲍辛尼斯(J. Baussinesq)公式进行计算。

(1)当轮重为集中荷载时，如图1所示，集中荷载（轮重）P 在深度为 Z、水平距离为 r 处的竖向应力 σ_Z 为：

$$\sigma_Z = \frac{P}{Z^2} \cdot \frac{3}{2\pi[1+(r/Z)^2]^{5/2}} = K \cdot \frac{P}{Z^2} \tag{1}$$

$$K = \frac{3}{2\pi[1+(r/Z)^2]^{5/2}}$$

当直接在轮迹中心以下($r=0$)时，应力最大。

(2)当轮重作为均布荷载时：

$$\sigma_Z = \frac{3p}{2\pi Z^2}\int_0^R\int_0^{2\pi}\left[\frac{1}{1+(r/Z)^2}\right]^{5/2} \cdot rdrd\theta \qquad (2)$$

(3)路基土本身重力在路基内深度为 Z 处所引起的应力 σ_B 为：

$$\sigma_B = \gamma_Z \qquad (3)$$

式中：γ——土的容重。

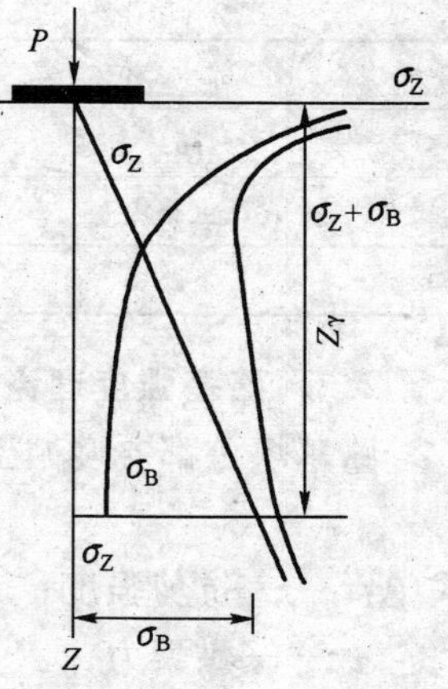

在达到一定深度，当轮重所引起的应力 σ_Z 与路基土自重引起的应力 σ_B 的比值很小时可以略去。从而得出车轮荷载所引起的应力分布深度近似值为：

图1 路基土中按深度的应力分布

σ_Z——由轮重 P 所引起的应力；σ_B——由路基自重所引起的应力；$\sigma_B+\sigma_Z$——应力之和

$$Z_a = \sqrt[3]{\frac{KnP}{\gamma}} \qquad (4)$$

式中：Z_a——路基工作区深度，m；

P——车轮荷载，kN；

K——系数；

γ——土的容重；

n——系数。

考虑到路基、路面不是均质体，路面材料的强度和容重都较路基大，因此要将路面折算为与路基同一性质的当量厚度进行计算。柔性路面的当量厚度换算公式为：

$$Z_e = h_1 \cdot \sqrt[m]{\frac{E_1}{E_0}} \qquad (5)$$

式中：Z_e——路面换算为路基土层的当量厚度，m；

h_1——路面厚度，m；

E_1——路面材料的回弹模量，MPa；

E_0——路基土的回弹模量，MPa；

m——开方的指数，多层柔性路面为2.5。

路面的当量厚度 Z_e 是由路床算起。路面强度 E_1 大，Z_e 也大，则工作区在路床以下的土基中的深度较小。在工作区范围内，由于车辆引起的压应力 σ_Z 向下逐渐减小，因而要求上部压实度大些下部压实度小些。

路基压实度的要求：为了保证路基的强度和稳定性，使路面有一个必要的稳固路基，一般路基土的压实程度，应随填土深度的变化而不同。路面以下约1.0～1.2m深度内的路堤上层，由于承受车荷载的作用较大，要求尽可能接近最大压实度，1.0～1.2m深度以下的路堤填土，压实度可适当降低。例如，路基设计规范对高速公路土质路基的压实控制见表1。

土质路基压实度标准 表 1

部　　位	路面以下深度(cm)	压实度(重锤标准)(%)
路床	0～80	≥96
上路堤	80～150	≥94
下路堤	>150	≥93

2.2　路基强度理论

路基填土都要遵循土的破坏准则：

$$\tau_f = c + \sigma\tan\varphi \tag{6}$$

式中：τ_f——抗剪强度；

c——黏聚力；

φ——内摩擦角。

在外力作用和土自重的作用下，路基土中任意点都有法向应力和剪应力，土在应力作用下，产生相应的变形。如果土能够承受这些应力作用，则变形是有限的，如果土承受不了这些应力作用，变形会急剧增大，土体破坏。当 σ 值达到一定值 σ_{max} 时，$\tau_{max} \geqslant \tau_f$，土体将被破坏。根据上面分析可知，高填方路基中不仅工作区土体应力状态要考虑，同时路堤下部土体也要加以分析计算。

3　对压实度指标理论探讨

路基设计规范中路基压实度指标确定的理论出发点是保证路基有足够的强度和稳定性。从设计原理看，压实度指标只是着眼于路基工作区土体的应力状态。对于高填方路基来说，按照现行的路基设计规范和公路工程技术标准的规定，路基也是分层进行压实度指标控制，如表 1 所示。假设高填方路堤的地基经过处理后满足强度和稳定性要求，本文着重探讨高填方路堤的土体应力状况。

为了研究方便，我们假定高路堤采用同一种填料，取轮重作用正下方($r=0$)土体研究，同时不考虑填料本身的性质，按照鲍辛尼斯(J. Baussinesq)理论，高路堤填土体的应力为：

$$\sigma = \sigma_Z + \gamma(Z - Z_e)$$

通过推导我们得出路堤土的应力 σ 与深度 Z 之间的函数关系如下：

$$\sigma = f(Z) = \gamma(Z - Z_e) + k\frac{p}{Z^2}$$

对 $f(Z)$ 进行二次求导可得：

$d^2 f(Z) = 6\gamma K p Z^4$，显然大于零，是一个上凹函数，假设 σ-Z 对应曲线图中最小应力 σ 对应的深度为 Z^*，如图 2 所示。

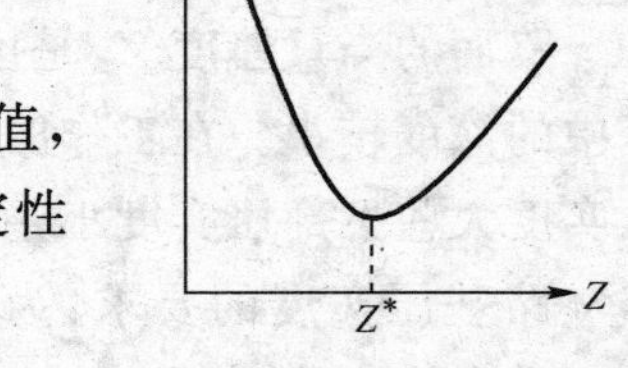

图 2　σ-Z 对应曲线图

在$(0, Z^*)$上对应的 σ 值，在(Z^*, ∞)上一定会有个等大的 σ 值，所以目前压实度指标设计理论中着重考虑的工作区的强度和稳定性是不全面的，尤其体现在高填方路基中。

为了求得 Z^*，对 σ 求一阶导函数，不难得到：

$$Z^* = \sqrt[3]{\frac{2kp}{\gamma}}$$

而鲍辛尼斯(J. Baussinesq)理论中指出工作区即压实度设计指标较大的深度 Z_a 如公式(4)：

$$Z_a = \sqrt[3]{\frac{KnP}{\gamma}}$$

通过对比 Z^* 与 Z_a 可得：

$$\frac{Z^*}{Z_a} = \sqrt[3]{\frac{2}{n}}$$

通常 n 取值区间(0.1,0.2)可得，Z^* 为 Z_a 的 2.154 5～2.714 5 倍。

而工作区的深度通常不是很大，例如重卡的工作区深度为 2m 左右，即重卡荷载作用下在 4～5m 深度时土体的应力开始增加，如果填土高度比较大的路基，随着深度的增加，土体的应力会达到工作区的应力状态甚至超过工作区的应力状态，致使路基失稳破坏。

压实度指标设计理论所提到的工作区概念，仅仅是考虑到了(0,Z^*)区间上可能产生最终导致土体破坏的情况。

高填方路堤中 Z^* 深度以下的土的应力情况在现行规范和公路工程技术标准中往往被忽视了，这给高路堤的强度与稳定性设计带来潜在的隐患。

4 结语

通过对压实度指标设计理论的分析和探讨，得出以下结论：

(1)现行路基设计规范和公路工程技术标准中对压实度的相关规定不能完全满足路基的强度和稳定性，特别是高路堤。

(2)设计路基强度和稳定性时，不仅要考虑工作区的情况，同时也要考虑到高路堤本身下部填土的稳定性。

(3)现行的压实度设计指标不能满足设计要求，应该加以修订和完善。

参考文献

[1] 松冈元.土力学.北京：中国水利水电出版社，2001.

[2] 中华人民共和国行业标准.公路路基设计规范(JTG D30—2004).北京：人民交通出版社，2004.

[3] 中华人民共和国行业标准.公路路基施工技术规范(JTJ 033—1995).北京：人民交通出版社，1995.

[4] 中华人民共和国行业标准.公路软土地基路堤设计与施工技术规范(JTJ 017—1996).北京：人民交通出版社，1996.

[5] 柳雁玲.草炭土路基沉降与变形特性研究.吉林大学博士学位论文.

[6] 李爱国.填石路堤与土石路堤的施工和质量控制方法.中南公路工程，2003.

[7] 李彦青.FWD 的工作原理及其在公路检测中的应用.山西建筑，2003.

高速公路路基沉降量的智能多步预测

景彦平[1]　何　誉[2]　宋宝林[2]

(1. 交通部科学研究院;2. 河南中原高速公路股份有限公司)

摘　要　本文采用提前一步的多步预测方法,利用 MATLAB 神经网络工具箱中的 GUI 建立了预测路基沉降的模型,并对郑石高速公路的路基沉降数据进行了建模预测,预测数据与实测数据基本吻合,可以满足工程实际需要。

关键词　路基沉降　神经网络　多步预测

1　引言

我国交通行业发展迅猛,但是在已通车的线路路面中经常出现局部沉陷,这给行车舒适性和安全性带来极大影响,同时也要求在新建公路路基中要严格控制质量以保证路基沉降量满足规范要求。另外,在现行的公路建设过程中,进行路面铺设之前对路基的工后沉降量有严格要求,尤其是桥头处的路基沉降量更是如此。目前公路沉降量监测一般采用多点沉降管以及边桩等对路基沉降量进行测量和记录,但是对于路基沉降问题,我们不仅仅关注以前的沉降量,更关注产生沉降的原因和将来可能产生的沉降量,所以建立有针对性的路基沉降量预测模型,对路基沉降量进行分析和预报显得十分必要,同时具有重要的现实意义。

由于路基沉降受地质、水文、气候、突发因素、人文因素等的影响,相互关系错综复杂,因此,本文结合新建郑石高速公路沉降观测数据,尝试用人工神经网络的方法,对路基沉降进行多步预测,对下一步施工以及类似工程进行指导。

2　神经网络

2.1　人工神经网络

人工神经网络 ANN(Artificial Nerve Network)是 20 世纪 80 至 90 年代迅速发展的基于模仿生物大脑的结构和功能而构成的一种信息处理系统,它具有自适应性、非线性和容错性强等特点,特别适合处理非线性问题。它可以通过大量样本学习来抽取出隐含在样本中的因果关系。

2.2　BP 算法

BP 算法是目前应用最为广泛的神经网络学习算法,它可以实现输入和输出间任意非线性映射,网络由输入层元、隐含层神经元和输出层神经元组成。在确定了网络结构后,利用输入输出样本集对其进行训练,也是对网络的权值和阈值进行学习和调整,以便使网络实现给定的输入输出映射关系。经过训练的 BP 神经网络对于不是样本集中输入也能给出合适的输出,从函数拟合角度看,说明 BP 神经网络具有插入功能和外推功能。因此,利用神经网络可以对离散点进行高度非线性拟合,这种拟合曲线反映了离散点分布的规律和发展趋势。用神经网络建立的随时间的沉降曲线基本反映了路基沉降随时间的变化规律，从而能够用其进行路基沉降预测。

3 神经网络多步预测的实现

3.1 多步预测方法的选择

神经网络可以根据过去发生的沉降数据对下一时间点的沉降进行预测。具体来说，有两种方法可以实现：一是采用多输入多输出的网络结构，一步预测出未来若干时间点后的沉降量，但该种方法容易产生较大的误差；另一种方法是采用提前一步预测的方法，分多步预测未来各时间点的沉降量。一般说来，前一种方法不适于预测两个或两个以上的未来点，尤其是时间跨度较大的两个点；后一种方法在这方面比较适合。因此，本文采用后一种方法。

3.2 多步预测的步骤

(1)根据前 t 时刻的沉降量数据建立神经网络预测曲线；

(2)利用模型曲线预测第 $t+1$ 时刻的沉降量 $y(t+1)$；

(3)将 $y(t+1)$ 作为已知数据，继续预测下一时刻数据 $y(t+2)$。

以此类推，可以得到未来任意多步的沉降预测值。需要说明的是：每一次预测值与实测值都有个误差，该误差随着时间的推移而变化。一般来说，采用实测值数据越多，预测值的可信度越大。

3.3 神经网络模型的建立

MATLAB 是美国 Mathworks 公司于 1982 年推出的数学软件，具有强大的数值计算能力和优秀的数据可视化功能，它所提供的神经网络工具箱 NNT(Neural Network Toolbox)编写完备、简单易用，是神经网络领域内科研工作者的重要工具。

软件采用 GUI(Graphical User Interfaces)界面是 MATLAB6.5 神经网络工具箱的新增加功能。借助于 GUI，用户可以在图形界面下直接利用工具箱函数方便快捷地实现神经网络的设计、训练和仿真，省去了繁琐的编程过程。

本文采用神经网络 GUI，经过反复试验比较，建立了 BP 网络模型，确定了效果最好的一组参数，如表 1 所示。

神经网络参数设置 表 1

项 目	内 容	项 目	内 容
网格类型	Feed-forward backprop	性能函数	MSE
输入范围	[01;01;…01;01]	网络层数	2
训练函数	TRAINBR	各层神经元数目	[10 1]
权值调节规则	LEARNGDM	各层传递函数类型	[TANSIC、LOGSIG]

所用网络采用 trainbr 函数，该函数根据 Levenberg-Marquardt 优化理论对网络的权值和阈值进行调整。其优点是可以提高网络的推广能力，而且不会出现“过度训练”的情况。当网络输入和目标的取值为[−1,1]时，trainbr 函数可以达到最好的工作效果，因此本文进行了归一化处理数据，将样本数据转化到[0,1]区间中。

4 工程实例

本文采用郑石高速公路 B1 试验路段的沉降量监测数据作为分析对象。选取 2006.9～

2007.1 的监测数据训练网络，训练 56 步后，网络误差达到精度＜10e^{-6}。按前述多步预测步骤，开始对 2007.1～2007.6 的路基沉降量进行预测，结果如表 2、表 3 所示。

多点沉降环观测成果表　　表 2

日　期	管　口	96 区	94 区	93 区	地　基
年.月.日	沉降量(mm)	沉降量(mm)	沉降量(mm)	沉降量(mm)	沉降量(mm)
2006.9.15	7.42	7.21	6.48	5.86	5.36
2006.9.28	7.67	7.66	6.92	6.4	5.81
2006.10.14	8.38	8.31	7.48	6.86	6.35
2006.10.30	8.77	8.78	7.97	7.34	6.79
2006.11.13	9.66	9.49	8.67	8	7.46
2006.11.29	10.02	9.97	9.2	8.5	7.93
2006.12.16	11.03	10.96	10.18	9.45	8.9
2006.12.27	11.35	11.31	10.51	9.83	9.26
2007.1.11	11.81	11.73	10.95	10.25	9.73
2007.1.19	12.3	12.15	11.42	10.68	10.12
2007.1.30	12.61	12.42	11.75	10.97	10.38

多步预测结果与实测值对比表　　表 3

日　期	管　口		96 区		94 区		93 区		地　基	
年.月.日	预测(mm)	实测(mm)	预测(mm)	实测(mm)	预测(mm)	实测(mm)	预测(mm)	实测(mm)	预测(mm)	实测(mm)
2007.1.30	12.60	12.61	12.42	12.42	11.74	11.75	10.97	10.97	10.38	10.38
2007.2.12	12.87	13.36	12.82	13.12	12.16	12.38	11.45	11.64	10.80	11.07
2007.2.26	13.41	13.54	13.35	13.52	12.66	12.79	11.94	12.03	11.34	11.47
2007.3.14	13.70	14.10	13.67	14.10	13.01	13.38	12.29	13.62	11.69	12.05
2007.3.29	14.21	15.40	14.08	15.17	13.45	14.43	12.71	13.69	12.12	13.09
2007.4.16	14.42	15.31	14.32	15.24	13.75	14.51	13.01	13.78	12.39	13.18
2007.4.29	14.88	15.65	14.79	15.56	14.25	14.87	13.51	14.12	12.91	13.51
2007.5.16	15.10	16.00	15.05	15.84	14.52	15.09	13.82	14.30	13.21	13.79
2007.5.30	15.36	16.34	15.30	16.23	14.79	15.56	14.09	14.84	13.52	14.24
2007.6.16	15.59	16.64	15.50	16.58	15.03	15.99	14.43	15.29	13.75	14.70
平均误差(%)	4.66		4.44		3.58		3.87		4.66	

通过表 3 分析，我们得出路基分区的预测值与实测值基本接近，误差在 5%以内。具体对比见图 1～图 5。

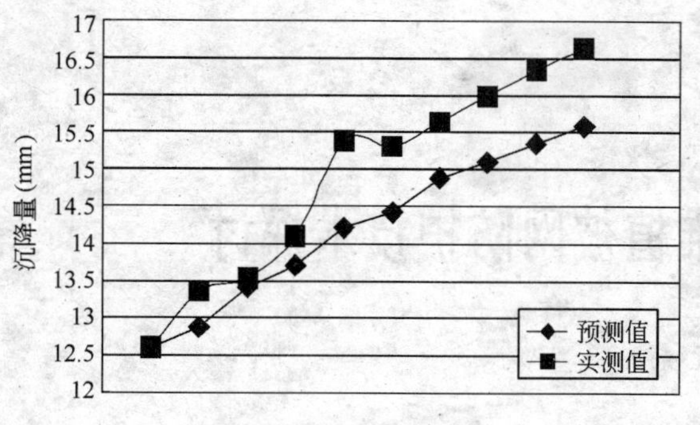

图1　管口沉降量预测值与实测值对比图

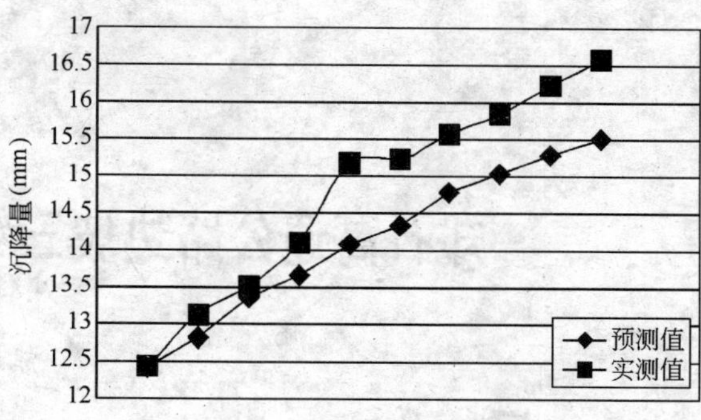

图2　96区沉降量预测值与实测值对比图

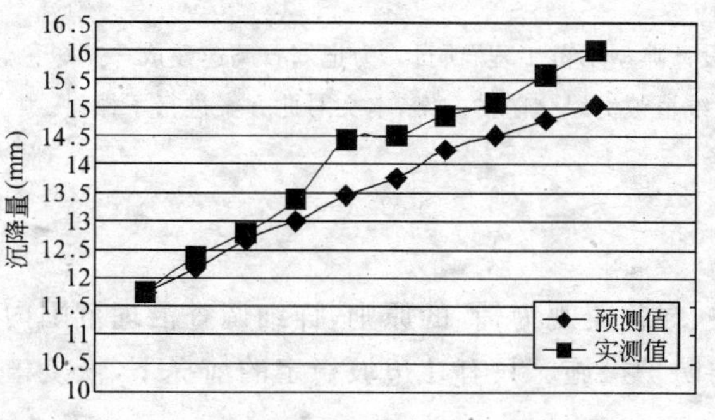

图3　94区沉降量预测值与实测值对比图

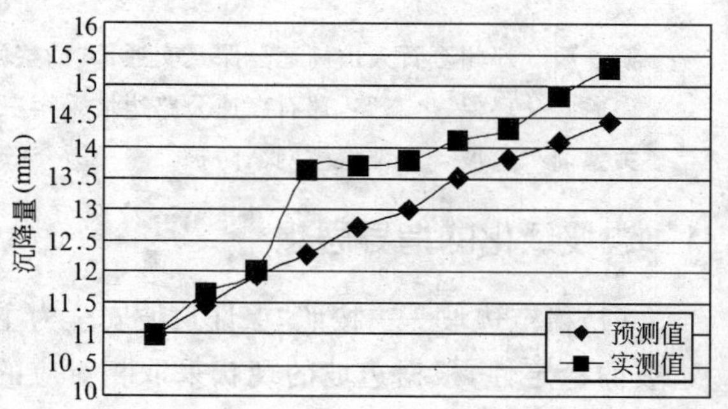

图4　93区沉降量预测值与实测值对比图

5　结语

(1)预测结果表明,利用神经网络进行的路基沉降预测具有较高的精度。预测值的相对误差随着时间的推移有所增加,但是平均相对误差小于5%,满足工程分析和预测需要。

(2)神经网络多步预测模型较好地反映了路基的沉降规律,可以对路基进行连续预测。

(3)通过预测模型和规范推荐模型以及实测值对比,表明本模型更具有针对性。

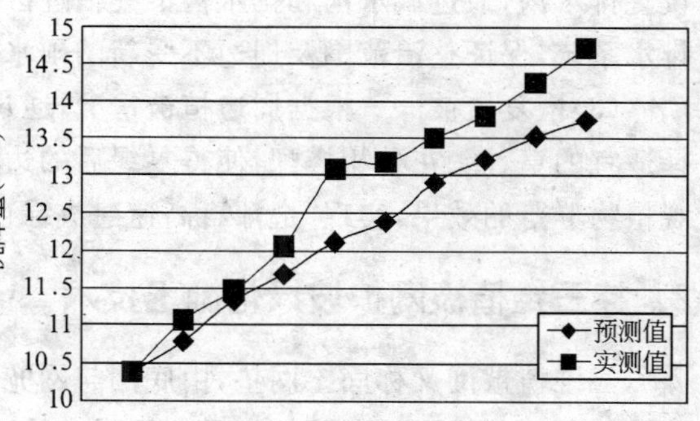

图5　地基沉降量预测值与实测值对比图

参考文献

[1] 松冈元.土力学.北京:中国水利水电出版社,2001.

[2] 中华人民共和国行业标准.公路路基设计规范(JTG D30—2004).北京:人民交通出版社,2004.

[3] 中华人民共和国行业标准.公路路基施工技术规范(JTJ 033—95).北京:人民交通出版社,1995.

[4] 中华人民共和国行业标准.公路软土地基路堤设计与施工技术规范(JTJ 017—96).北京:人民交通出版社,1996.

[5] 许东,吴铮.基于MATLAB6.x的系统分析与设计.西安:西安电子科技大学出版社,2002.

[6] 贺可强,等.神经网络法在深基坑变形实时预报中的应用研究.建筑技术开发.Vol.29,No.7,2002.

[7] 于书翰.道路工程.武汉:武汉工业大学出版社,2000.

郑石高速公路边坡三维植被网防护技术探讨

熊元克

（河南中原高速公路股份有限公司）

摘　要　郑州至石人山高速公路是交通部“勘察设计典型示范工程”项目。为把郑石高速建成一条绿色、环保、生态路，郑石高速公路边坡采用三维植被网绿化防护方案，本文对此方案进行了探讨。

关键词　边坡　三维植被网　防护

1　边坡绿化的指导思想

(1)稳定边坡——按照“保证边坡安全为主、绿化美观为辅”的原则，详细调查治理范围内边坡的稳定性，根据边坡的现状采取相对应的防护措施。只有在边坡稳定的前提下，恢复植被、恢复生态才有意义。

(2)理顺水系——雨水冲刷对复绿初期的效果影响最大。建立完善的排水系统是复绿初期必须进行的工作。详细调查治理范围和周边的水系，在坡顶和分级平台上设置截水沟，坡脚设置排水沟，通过截水沟和排水沟汇集治理区域内的雨水，进行合理规划和疏导，形成良好的排水系统，保证整治范围及周边不受新的雨水侵蚀而造成水土流失。

(3)恢复植被——根据周边植被情况，通过必要的手段使整治范围尽快恢复植被，通过选择适宜的草、灌、花种相搭配，使得复绿后的边坡不仅能与周边环境相协调，而且能达到建立景观植物群落的效果，实现“把郑石高速建成绿色生态长廊”的边坡绿化防护目标。

2　挂三维植被网护坡绿化施工技术

三维植被网又称固土网垫，由底网与网兜形成立体的网状结构，具有固土、加筋、消能、调温的功能。三维网植草的特点是能及时有效地保护坡面，特别是在多雨季节，即使施工早期未完全成坪，也能较好地保护边坡，防止水土流失。据初步统计，三维网植草造价约为浆砌片石护坡的1/3，且施工易操作、效率高。

本项技术适用于具有完善的排水设施，坡长在20m以内，坡率不大于1∶1的土质及风化岩石稳定边坡。

2.1　施工顺序

施工顺序为：人工清理坡面→喷覆改良客土→挂三维植被网→U形钉固网→客土喷播→盖无纺布→前、中、后期养护。

2.2　具体施工工艺流程

(1)坡面清理：进行边坡绿化防护施工前的边坡，必须要求达到设计的坡率和平整度，符合有关的技术标准和规范，且深层稳定，没有明显的滑动面和安全隐患。交验后的坡面，人工清除坡面淤积物、浮石，打掉突出岩石，确保挂三维植被网时网与坡面紧密结合，防止“空鼓”。

(2)喷覆改良客土：清理后的坡面，用客土机械喷射厚度 4～6cm 的改良客土。改良客土用耕植土加入植物纤维、有机肥、长效复合肥、保水剂、黏合剂等，形成植被生长的基质层。

(3)挂网与固定：主要依据施工设计。首先，顺坡口线外 0.5～1m 处挖一条 40cm×40cm 的埋压沟，最上部的三维网埋于沟内，沟底用 U 形钉固定好，并填土夯实。网自上而下铺展，网与网的搭接应不小于 100mm，搭接处固定用的 U 形钉，间距不大于 1 000mm，网中部固定的钢钉的间距不大于 1 000mm。铺设并固定好的网，应与坡面紧贴，避免产生“空鼓”现象。

(4)客土喷播：用客土喷播机将混合均匀的种植土、草灌种子、有机肥、全价复合肥、保水剂、黏合剂、土壤改良剂、植物纤维等喷播基材喷射到三维网上，形成 3～5cm 的种子覆盖层。

(5)覆盖无纺布：喷播后覆盖无纺布，无纺布的作用是防止水流对坡面及种子的冲刷、保水保温，利于花、草种的生长，盖后用竹签固定，见图 1。

图 1　现场效果图

2.3　养护技术

(1)喷水养护：分前、中、后期水分管理，前期喷灌水养护为 60d，中期靠自然雨水养护，若遇干旱，每月喷水 4～5 次；后期养护每月喷水两次。

(2)追施肥料：为满足草本植物氮磷钾等营养需求，维持苗草正常生长，须在苗高 8～10cm 时进行第一次追肥，追肥分春肥(3～4 月)和冬肥(10～11 月)两次；另外，还可依据实际情况进行叶面追肥，如用 0.1%的磷酸二氢钾或 0.3%的尿素液喷施。

(3)防治病虫害：出苗后随时观察有无病虫为害，不同草本植物所发生的病害和虫害是不一样的，一经发现，需及时喷洒针对性农药。防病害可用 59%多菌灵可湿性粉剂 1 000 倍液，甲基托布津 800～1 000 倍液等；防虫害一般可用敌百虫 800 倍液，氧化乐果、三氯杀螨醇 1 000～1 500 倍液。

2.4　种子配比

混合植物种子在设计方案推荐的物种中优选，种子用量保证草本覆盖率在 85%以上，乔灌木≥2 株/m^2。

边坡生态防护的植物选择应满足以下要求：

①适应当地气候，抗旱性强；

②根系发达、扩展性强；

③耐瘠薄、耐粗放管理；

④种子来源丰富，发芽力强，容易更新；

⑤绿期长，最好多年生；

⑥成苗容易并能大量繁殖；

⑦播种栽植的适应期较长。

同时还要考虑到抗病虫害能力强，养护管理简单，工作量少，成本低。

植物的配置要做到：

①冷季型草和暖季型草结合(适应冬夏气候)；

②豆科和非豆科结合 (豆科根瘤菌固氮)；

③草本和木本结合(固土和抗旱能力不同);

④落叶植物和常绿植物结合(冬季不全枯黄);

⑤乔、灌、草、花结合(立体多层次绿化);

⑥深根与浅根植物结合;

⑦植物搭配的多样性原则;

⑧普通树种和彩叶树种的搭配;

⑨外来种与乡土种的恰当组合。

本项目拟选用的配比如下(g/m^2):狗牙根 3g,黑麦草 8g,高羊茅 12g,紫穗槐 3g,黄荆 3g。植物种子施工时的具体配比根据施工季节有所调整。

3 人力资源配备

挑选有施工经验的施工队参加施工,按照施工进程划分为三个阶段进行劳动力安排。

第一阶段:钻孔、安装锚杆、挂网和取土,一个工作面的劳动力分配如下。

工　序	定　额(人)	工　序	定　额(人)
钻孔	4	安装锚杆	2
挂网	2	筛种植土	3
运输种植土	1	现场管理	1

第二阶段:客土喷射和取土,一个工作面的劳动力分配如下。

工　序	定　额(人)	工　序	定　额(人)
喷枪手	2	搅拌机上料	3
喷射机上料	2	机电工	2
筛种植土	2	运输种植土	1
现场管理	1		

第三阶段:前期养护阶段,按照 2 000m^2/人计算。

4 施工要达到的目视效果

(1)若温度适宜,施工 7d 混合草种的先锋型即可发芽,1 个月后完全覆盖坡面,若温度偏低,施工后 10d 左右开始发芽。

(2)施工当年坡面呈翠绿色,其间有少量的花草、灌木,坡面类似于城市草坪。

(3)施工后第二年,由于少量的草本植物会被自然淘汰,因此,坡面有些枯草,周边植物开始入侵,野草种子有少量落入坡面,坡面基本呈深绿色,在三月下旬至四月上旬可适当补植一些灌木或乔木,以增加整个植物的多样性。

(4)施工后第三年,坡面开始接近于自然状态,乡土植物逐渐入侵,与外来的植物相互竞争,坡面形成草、灌木、乔木的多样性植物群落,无须维护。

5 保证质量的主要技术措施

(1)施工过程中严禁施工用水、地表水及大气降水对边坡岩体,尤其是对土质砂岩、泥岩等岩体的浸泡,以免岩体软化失衡。

(2)坡面处理:坡面必须清除危石、浮石,整理平顺,边坡整理工作完成后,应立即对边坡进行加固及挡基础施工,以免造成对岩体稳定状况和力学特性的不利影响。

(3)锚杆、网需牢固连接,网需张拉紧,且在喷射前用石块进一步将网支紧,以保证不因网变形而影响植被安全生长。

(4)挂网时要保证网处于植生基质材料 2/3 的位置。

(5)植生基质混合物用拌和机搅拌均匀。

(6)喷射时,确保基质材料无空洞,与坡面结合良好,密实。

(7)连续高温强日照暑天施工,要注意幼苗的管理。

(8)施工期要求气温≥12℃,控制好用水量,保证基质材料潮湿但不流淌。

6 养护管理措施

6.1 浇水

(1)喷播结束后处于发芽期,应天天浇水,使坡面保持湿润。

(2)严禁用盐碱水、污水浇灌坡面。

(3)幼苗木质化前,宜少量多次浇水,经常保持基盘表面湿润。

(4)苗木木质化及根系大量形成以后,每次浇水应浇透、浇足。

(5)夏季地表温度在 30℃以上或气温在 25℃以上的中午应禁止浇水。

(6)一般四月初,在苗木即将发芽以前,应及时浇一次返青水,在 12 月浇一次封冻水,以保证苗木正常生长及安全越冬。

(7)爱惜苗木,尽量避免践踏,浇水人员要掌握好喷枪角度,不得直对苗木喷射,往远处喷水应使喷枪与地面呈 45°角,近处喷水应用手控制出水口,使水流发散雾化。

(8)对一个坡面浇水时,应重复喷洒几次完成,先在坡面一侧依次向另一侧移动喷洒,然后重复从头开始,做到浇匀浇透。

6.2 病害、虫害的防治

(1)病虫害的防治应本着“三早”的原则来进行,即早预防、早发现、早施药。工作人员要经常对坡面的苗木进行检查,依据气候变化情况,在病虫害发生前就采取措施预防,尽量避免病虫害大发生时才采取措施预防。

(2)病害:防治病害应从种子开始做起,首先要对调入种子进行检疫,了解产地树种易感病害的种类及危害症状;投放到坡面的种子在调配时,一般用药拌种进行必要的消毒;春季树木发芽前,配合浇返青水对坡面苗木进行一次喷药预防。

(3)虫害:随时观察虫害是否发生,一旦发生虫害用有针对性的药物杀灭。

CFG 桩的优化设计数值模拟研究

白顺成　郑立宝　张晓军

（河南工业大学土木建筑学院）

摘　要　运用 FLAC 软件对郑石高速公路的某路段的 CFG 桩的布设进行模拟，并且在此基础上又进行了不同间距、变间距的 CFG 桩的布设进行模拟，通过计算得出不同桩间距沉降、三个部分的差异沉降，提供解决道路工程设计与施工、解决桥头跳车问题的优化设计参考。

关键词　FLAC　CFG 桩　桥头跳车

在处理桥头跳车时，对桥台与路基之间的沉降过渡段采用变间距的 CFG 桩的优化设计技术，并通过设置褥垫层及桩帽来保证桩与土共同承担荷载，能够使过渡段的工后沉降差及过渡段的纵坡率满足高速行车的要求。本文针对郑石高速公路的某路段的 CFG 桩的布设进行数值模拟，分析了桥台、路基、桥台背后填土的沉降规律。

1　快速拉格朗日差分法(FLAC)简介[1]

连续介质快速拉格朗日差分法(Fast Lagrangian Analysis of Continua，简写为 FLAC)是近年来逐步成熟完善起来的一种新型数值分析方法。FLAC 与基本离散元法相似，但它克服了离散元法的缺陷，汲取了有限元法适用于各种材料模型及边界条件的非规则区域连续问题解的优点。FLAC 所采用的动态松弛法求解，不需要形成耗机时量较大的整体刚度矩阵，占用计算机内存少，利于在微机上求解较大规模的工程问题。同时，FLAC 还应用了节点位移连续的条件，可以对连续介质进行大变形分析，相对局限于小变形假定的其他方法更适合岩土工程的破坏问题研究。为建立一个模型并用 FLAC 进行模拟，有三个基本方面必须指定：①有限差分网格；②本构行为和材料性质；③边界和初始条件。

2　工程概况

该工程位于禹州市褚河镇向东 500m，本论文选取第十合同段 K67＋000～K67＋800 中的一段进行 FLAC 模拟，该合同段总长 6.420km，路基采用 CFG 桩加固，桩体采用 C10 素混凝土。桩间距为 150mm 正三角形布置。设计桩长 $L=5.0$m，桩径 $D=400$mm。CFG 的布置原则：自路基中心向外侧按正三角形布设至坡脚，在桥台处，应距桥台基础边缘的距离不小于 2m。

3　数值模拟

对不同桩间距的桩进行 FLAC 模拟，分别设置 1.5m、$4d$ 以及$(3\sim4)d$ 三种桩间距来布桩。

3.1　建立几何模型

按照路基的实际宽度 28m，每 1m 建立一个网格，坡率采用 1∶1.5，长度取路段 15m，桥台背后填土取 2m，桥台取 2m，路段、桥台背后填土、桥台中间用 Interface 面隔开，以边坡的左下角顶点为原点(0,0),水平向右为 x 轴正方向建立坐标系,建立的模型如图 1 所示。

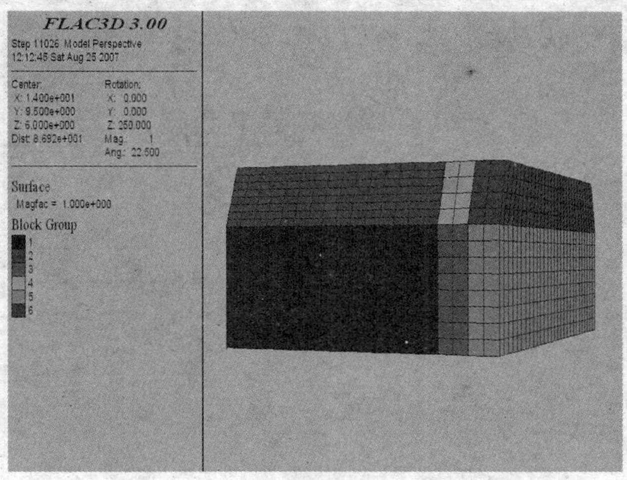

图 1　网格模型

3.2　选取计算参数

为比较准确地反应边坡在加载前后的变化情况,要求数值模拟模型材料的密度、泊松比、凝聚力、摩擦角等参数均与实际的一致,屈服准则选用能比较真实反映土体性质的摩尔—库仑准则[2]:

摩尔—库仑屈服准则为:

$$f^s = \sigma_1 - \sigma_3 N_\varphi + 2c\sqrt{N_\varphi} = 0$$

式中,$N_\varphi = \dfrac{1+\sin\varphi}{1-\sin\varphi}$;$c$ 为凝聚力;φ 为摩擦角。

模型的初始条件中,施加了初始应力场,以保证计算精度和使模型不平衡力快速收敛。设置土体允许产生大变形,允许模拟土体产生塑性变形。

3.3　计算结果分析

图 2、图 3 及图 4 为计算结果云图,由图可得到以下结论:

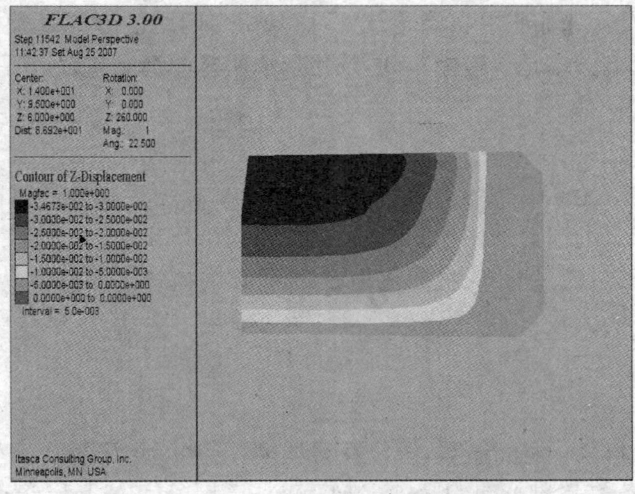

图 2　1.5m 桩间距的纵断面沉降云图

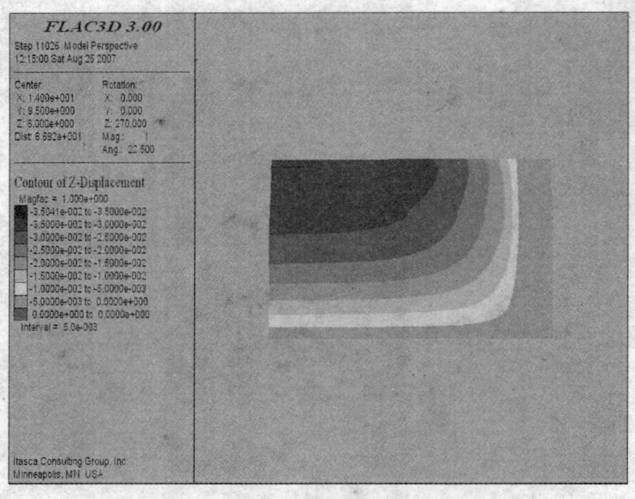

图 3　4*d* 桩间距的纵断面沉降云图

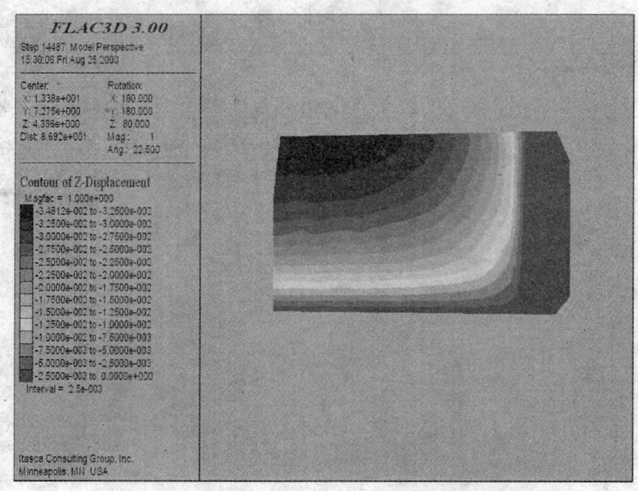

图 4　3*d*、4*d* 变桩间距的纵断面沉降云图

(1)桥台处沉降最小,其次是桥台后背填土处,发生沉降最大的是路面。

(2)当用一种桩间距来布桩时沉降差较大,而采用变间距的方式来布桩时,沉降差相对来说较小。沉降从桥台到路基是慢慢减小的,没用形成明显的沉降差。

4　结语

桥头跳车现象的产生是在桥台构筑物与台后填土衔接处存在差异沉降,使得路面形成台阶或显著纵坡变化形成的。而利用变间距的方法来布置 CFG 桩,从上面的数值模拟得出的沉降云图可以明显地看出:通过 CFG 桩的优化设计,可以使差异沉降减小,从而提供了一种解决桥头跳车的问题的方法。

参考文献

[1] 刘波,韩颜辉(美国). FLAC 原理、实例与应用指南[M]. 北京:人民交通出版社,2005.

[2] 美国 ITASCA 咨询集团公司. User's Manual of FLAC[M]. ITASCA CONSULTING GROUP, INC. 1990.

基于MARC的粉喷桩多桩复合地基承载特性研究

熊元克[1]　汤国安[1]　王　俊[2]

（1. 河南中原高速公路股份有限公司；
2. 铁道第一勘察设计院）

摘　要　利用MARC大型有限元软件，对粉喷桩单桩复合地基的承载特性进行数值模拟，得出粉喷桩单桩复合地基承载特性的影响因素及其随影响因素变化而变化的规律，并在此基础上对粉喷桩多桩复合地基的承载特性进行研究。

关键词　MARC　粉喷桩　复合地基　承载特性

1　引言

粉喷桩复合地基是地基处理的方法之一，由于具有造价低、施工速度快、无噪声、无污染等优点，正在各类工程中广泛应用，具有极其广泛的前景。但是，由于粉喷桩复合地基的不确定因素多、问题复杂及难度大，人们对它的认识还不够，因而造成了粉喷桩复合地基在实际应用中的工程隐患和浪费。因此，有必要对粉喷桩复合地基的承载特性做进一步的研究，使理论研究与实际相吻合并指导实践，从而达到安全适用、经济合理的目的。

本文在总结前人的理论研究和现场具体工程试验成果的基础上，利用MARC大型有限元软件，对粉喷桩单桩复合地基的承载特性进行数值模拟，得出粉喷桩单桩复合地基承载特性的影响因素及其随影响因素变化而变化的规律，并在此基础上对粉喷桩多桩复合地基的承载特性进行研究，使所得结论对粉喷桩复合地基的设计与施工有一定参考价值。

2　计算模型

2.1　多桩复合地基模型

考虑到土的非线形，在多桩的有限元分析中，桩和桩间土仍然采用Drucker-Prager弹性—理想塑性模型，这样可以保证研究问题的连续性，使得在同样的条件下对单桩和多桩的数值分析有更好的比较。

多桩的模型分析了四、七桩粉喷桩复合地基，属于空间问题。边界条件与单桩类似，模型的侧边无水平位移，底部完全固定。宽度取桩径的10倍，深度取桩长的2倍，不考虑桩和桩间土之间的相对滑动现象。计算模型如图1所示。

2.2　计算模型参数(表1)

计算模型材料参数　　表1

种　类	弹性模量(MPa)	泊　松　比	内摩擦角(°)	黏聚力(kPa)
荷载板	200 000	0.15	—	—
垫层	50	0.25	—	—

续上表

种　　类	弹性模量(MPa)	泊　松　比	内摩擦角(°)	黏聚力(kPa)
桩	120	0.3	33	26
桩间土	8.4	0.35	18	28
桩端土	16.8	0.33	26	30

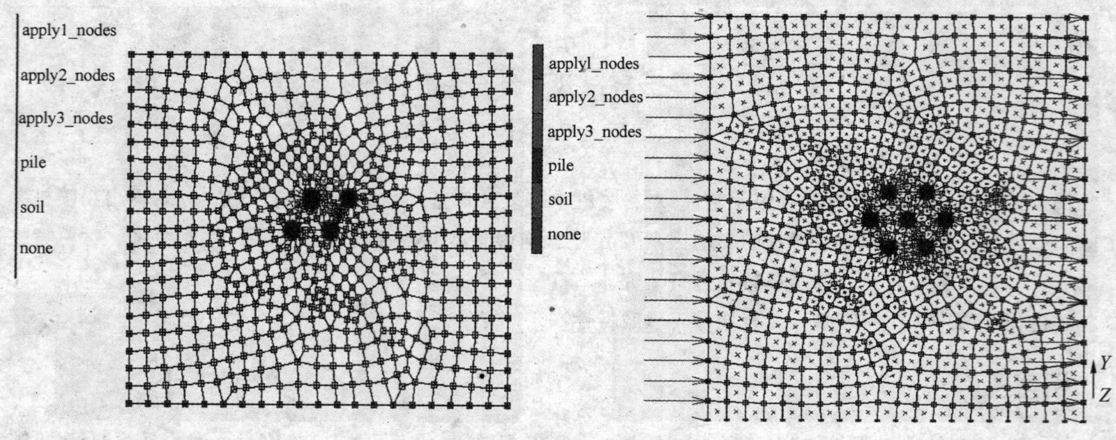

图 1　复合地基结构实体单元图

3　复合地基影响因素分析

主要研究各因素对桩体轴向应力沿桩长范围内的分布、桩土应力比和桩土沉降的影响，并找出它们随影响因素变化而变化的规律。以下是进行了数值模拟后对影响因素的分析。

3.1　垫层厚度的影响

当垫层厚度分别取 0、100mm、200mm、300mm、400mm、500mm 时，其他因素不变，从图 2 中可以看出垫层厚度对粉喷桩荷载分布有一定的影响，桩土应力比随着垫层的厚度变化而变化，当垫层厚度逐渐加大时，桩土应力比随之急剧减小，当垫层厚度加大到一定值后，桩土应力比变小的速度趋于平缓，这说明当荷载一定时，垫层厚度越大，那么桩间土承担的荷载也就越多。但是在工程实践中，过多地加大垫层的厚度以提高粉喷桩复合地基的承载力是不合理的，合适的垫层厚度应该在 100～300mm。如图 2 所示，当荷载一定时，随着垫层厚度的逐渐加大，桩间土承受的荷载也在加大，而桩所承受的荷载就减小，对应的桩间土的沉降也在慢慢加大，桩的沉降减小。由曲线发展的趋势来看，当垫层厚度达到一定值之后，桩和土的沉降就趋于一致。这是因为作用在桩顶和土表面的荷载已经得到了充分的调整，桩顶和土表面的应力值基本上没有太大的变化，此时的沉降主要是由于垫层的压缩量的增加而引起的。

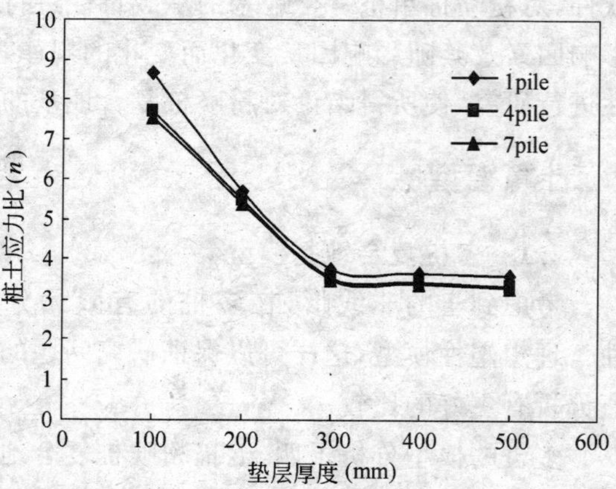

图 2　桩土应力比 n 与垫层厚度关系曲线

3.2 垫层模量的影响

垫层模量分别取10MPa、50MPa、100MPa、200MPa、400MPa，从图3中可以看出，随着垫层模量的增加，桩土应力比也在逐渐增加，这说明桩顶所承受的荷载也在逐渐增大，应力在桩顶和土表面进行了重分布。但是当垫层模量增加到某一值(从图中反映大概200MPa左右)以后，再加大模量值，其桩土应力比变化趋于平缓，这是因为垫层模量变大，其流动性降低，因而作用在桩间土上的荷载不能调整转移至桩上，而是直接作用于桩间土，使桩间土被挤密，反而还提高了桩间土的承载力，这说明一味加大垫层模量以提高桩土应力比在工程上是不可行的，合理的模量约在50～200MPa之间。

如图4所示，随着垫层模量的增加，桩顶所承受的荷载逐渐增加，因而加大了桩顶的沉降，而土表面的沉降减小幅度较大，当垫层模量继续加大时，桩顶和土表面的沉降变化速度都趋于平缓，此时再增加垫层的模量就没有太大的调整作用。另外，在工程中还应注意垫层材料的级配问题。当粒径过大时，垫层几乎无流动性，而且与土体表面接触不够充分；粒径过小，垫层流动性很大，应力比值降低，不利于发挥桩体的承载力。因此，在设计垫层时，应选用级配良好的中密砂、碎石为宜。

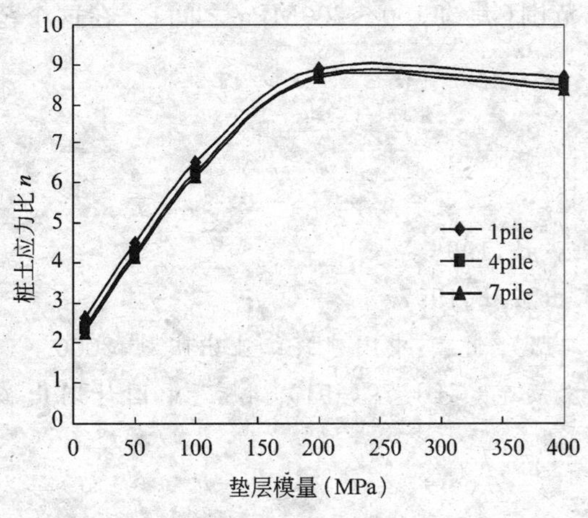

图3 桩土应力比 n 与垫层模量关系曲线

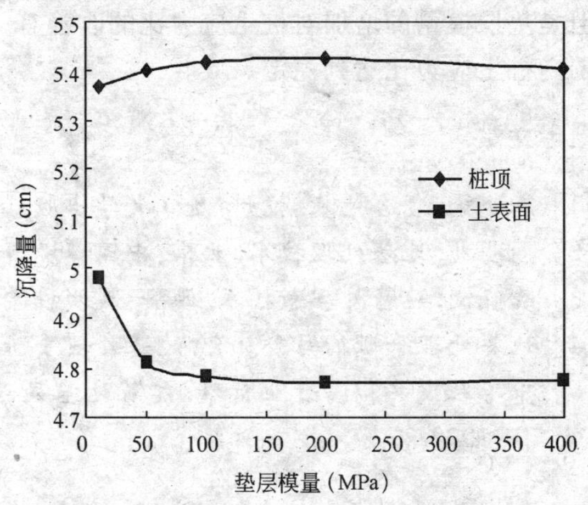

图4 桩顶与土表面沉降与垫层模量关系曲线

3.3 桩长的影响

若桩长分别取5m、10m、15m、20m、25m，其他因素不变，其结果如图5、图6所示。从图中可以看出，当桩长增加时，桩土应力比有增长，但当桩长增加到一定值时，桩土应力比不但没有

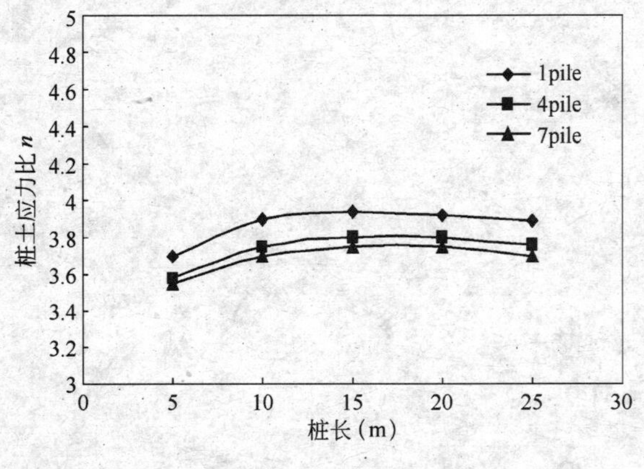

图5 桩长与桩土应力比关系曲线

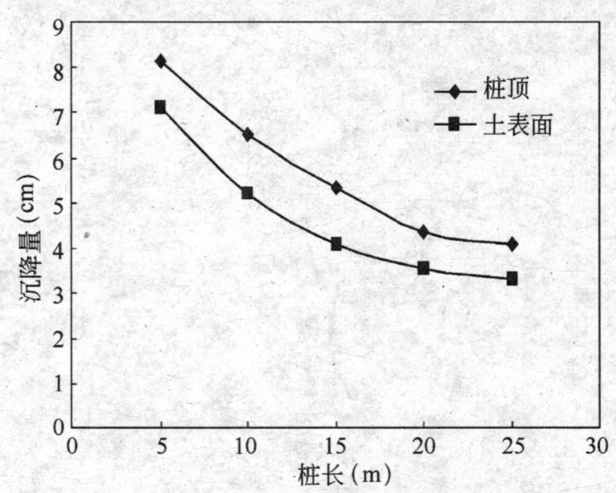

图6 桩顶与土表面沉降与桩长关系曲线

继续增加，反而有所减少，这与传统的有效桩长概念相似，在工程中应该利用这一特性，不要盲目增加桩长。随着桩长的增加，桩和土的沉降都在减小，因此，可以通过增加桩长来减小沉降。但是，一味的增加桩长来减小沉降的方法并不可取，因为从沉降随桩长变化曲线各点的斜率可以看出，当桩长较小时，增加桩长对控制地基变形的效果显著；当桩长超过一定值时，再增加桩长，复合地基变形减小的幅度将降低。同时也要考虑到桩侧摩阻力随深度逐渐递减的效应。

4 结语

(1)实际工程中群桩复合地基荷载传递规律与单桩荷载传递规律有着明显的差异。单桩存在一个临界桩长，由于群桩复杂的桩—土相互作用以及荷载影响深度，群桩中尚未出现临界桩长的情况，以往基于单桩的一些成果和结论，不适用于群桩。

(2)随着垫层厚度的增加，桩土应力比不断减小，但减小的速度趋于平缓，对于桩和桩间土沉降有一定的调节作用，使两者的沉降均衡。但是，当垫层厚度超过 300mm 后，它对桩土的调节作用不再明显，工程实践中合理的垫层厚度为 100～300mm 之间。

(3)随着垫层模量的增加，对粉喷桩的承载力有一定的提高，其桩土应力比也得到了改善，但是垫层模量的增加对桩土应力比的改善有一个范围(大约 100～200MPa 之间)。在这个范围内桩土应力比达到稳定。

参考文献

[1] 龚晓南.复合地基.杭州:浙江大学出版社,1992.
[2] 阎明礼.地基处理技术.北京:中国环境科学出版社,1996.
[3] 龚晓南.地基处理新技术.西安:陕西科学技术出版社,1997.
[4] 地基处理手册编写委员会.地基处理手册(第二版).北京:中国建筑工业出版社,2000.
[5] 中华人民共和国行业标准.建筑地基处理技术规范(GBJ 79—91).北京:中国计划出版社,1992.

煤矸石填筑路基在郑石高速公路中的应用

陈　晓　韩叙领

（河南省交通规划勘察设计院）

摘　要　简述煤矸石的工程特性，介绍郑石高速公路用煤矸石做路基填料的路基结构形式、设计及施工中采取的相应方法及注意事项。

关键词　煤矸石　高速公路　路基　路基填料

1　工程概况

煤矸石是指煤矿在建井、开拓掘进、采煤和煤炭洗选过程中排出的含炭岩石及岩石，是煤矿建设、生产过程中的废弃物，以往都是弃之不用或者在低等级的公路及矿区道路使用，在高等级公路中应用较少，国内最近几年才陆续尝试使用，并取得了较好的效果。

郑石高速 K13＋800～K18＋000 段为填方路基，该段土质为亚黏土，含水量较大，其下伏石灰岩，是良好的持力层，此段取土较为困难，但附近有丰富的煤矸石资源。为了减少取土用地，缓解修路与农业争地的矛盾，决定采用附近丰富的煤矸石资源作为路基填料，这样既能减少取土用地，又能变废为宝，改善当地的环境。同时也为我省高等级公路如何利用煤矸石作为路基填料积累经验。

2　煤矸石的工程特性

煤矸石矿物成分多，化学成分复杂，风化作用大，由于煤矸石山堆积较高，使得大多数煤矸石的物理化学反应尚未完全结束，使其填筑到路基上后，最突出的就是稳定性问题。造成路基不稳定的原因主要体现在以下方面：

(1)煤矸石具有较强的吸水性，因为吸水是缓慢进行的、填筑是快速的，这样路堤完成后，煤矸石仍在吸水、膨胀、解理，从而引发路堤变形。

(2)未充分物化的煤矸石上的煤分和空气发生化学反应，生成大量气体和热量，导致路基体积膨胀，膨胀后的路基会出现开裂松动现象，再加上汽车荷载和机械荷载的冲击，也会造成路堤塌缩。

(3)煤矸石类似于风化岩填料，黏结性差，再加上膨胀、解理的作用，极易造成路堤边坡崩塌破坏。

只有充分了解煤矸石的工程特性，在设计和施工中才能合理地利用它。

3　煤矸石的设计要求

(1)作为路基填料的煤矸石，应采用储存时间较长，且经过充分物理及化学反应的煤矸石，以红、黄、灰色为优，黑色最差。另外，煤矸石应采用硬质煤矸石，最好是石英岩及花岗岩等坚硬类岩石，严禁使用泥结煤矸石、碳质页岩煤矸石。

(2)抽样调查煤矸石的岩石组分，即砂岩类、页岩类、石灰岩类各占的比例，同时，对其风化性进行判定，采用弱风化的煤矸石作为路基填料。

(3)对矿区取用的煤矸石应做抗压强度及膨胀性试验，膨胀性试验包括自由膨胀率、胀缩总率、黏土矿物分析(高岭石、伊利石、蒙脱石等)。对于抗压强度以及膨胀性能不能满足规范要求的煤矸石，不能作为路基填料。

(4)选用吸水率低、渗透性好、保水性较低、烧失量小、有机质含量少的煤矸石作为路基填料。

(5)煤矸石路基填筑前，还应进行以下试验：

①烧失量试验。用于路基填料的煤矸石，其烧失量应不大于15%。

②级配试验。由于用于路基填筑的煤矸石材料要求具有良好的自然级配，使用前应取样检除个别大块后进行筛分试验。试验结果应满足《公路工程集料试验规程》(JTJ 058—1994)标准中“路面基层及底基层用集料规格(M 0313—1994)”的要求。

③CBR试验。确定其强度能满足规范要求的强度。

④回弹模量。确定其抗变形能力满足规范的要求。

⑤通过标准重型击实试验，确定其最大干密度和最佳含水量。

4 煤矸石的施工要点及注意事项

(1)煤矸石施工前，应先进行试验路段的施工，确定合理的施工工艺、松铺厚度、压实机具等。

(2)原地面应压实、平整，并设3%的横坡。

(3)煤矸石的压实厚度不能大于30cm，颗粒最大粒径不能大于20cm。

(4)煤矸石的压实应以振动压路机振压为主，它能通过共振压实，充分破碎煤矸石大颗粒，有效减少煤矸石颗粒残留空隙，密实度增大，这是静碾压路机不可替代的。

(5)煤矸石路基施工时，应保证较好的排水、隔水条件，不能在雨季施工，同时，铺筑宽度应大于设计宽度不小于50cm，路基两侧应采用黏土进行包边，内侧做成台阶状，台阶高度为50cm，包边土厚度为1.5m，并在底层包边黏土内设置排水盲沟(内侧为纵向通长布设，外侧横向每5m设置一道)，盲沟材料为粒径1～2cm碎石，盲沟断面尺寸采用20cm×20cm，详见图1。

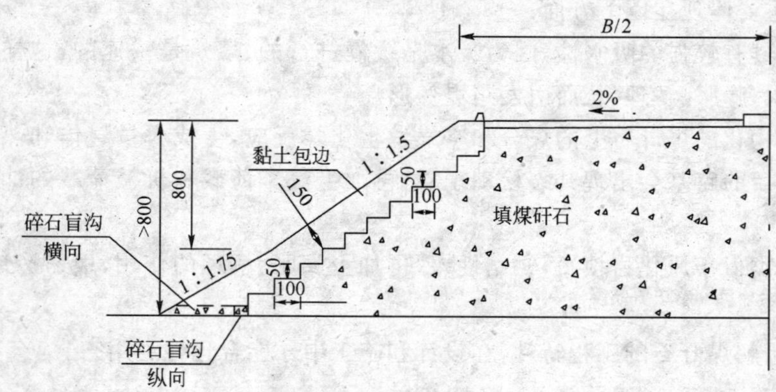

图1 煤矸石路基一般设计图(尺寸单位：mm)

(6)施工时，应先上包边黏土，再上煤矸石。

(7)碾压之前，应控制煤矸石含水量比最佳含水量大1%～2%，同时含水量应均匀。同时最佳含水量的采用应随时注意去用煤矸石的变化，发现原料有变化，应及时重做击实试验，以取得符合实际的数据。

5 结语

郑石高速 K13＋800～K18＋000 煤矸石填方路基竣工后，通过对煤矸石路基的检测，各项指标均满足高速公路技术规范要求，应该说煤矸石适用于高速公路路基填筑。路基完工后至今未发现路基失稳和边坡坍塌现象，说明应用是成功的。

随着高速公路的发展，特别是在煤矸石资源丰富的地区，如何充分利用煤矸石、减少煤矸石占用耕地，减少污染环境，如何利用煤矸石填筑路基从而减少征用农田等具有深远的意义。

参考文献

[1] 李程飞.粉煤灰路堤的施工[J].山西建筑,2004(14):79-80.
[2] 齐拥军.浅谈煤矸石在路基工程中的应用[J].公路,2001(5)72-74.

石榴石在高速公路沥青路面表面层的应用研究

杨俊峰
(河南中原高速公路股份有限公司)

摘　要　在高速公路沥青路面表面层施工中普遍使用玄武岩作为粗集料,而较少采用石榴石。对沥青混凝土表面层采用石榴石作为粗集料进行了研究,通过室内试验和现场试验的方式,得出了石榴石集料的各项物理、力学性能指标,石榴石拌制的沥青混合料的各项指标,实铺路段各种路用指标,表明石榴石能够满足高速公路表面层用集料的要求。

关键词　道路　石榴石　表面层　粗集料　室内试验　现场试验

我国规范规定,高速公路沥青表面层用粗集料需满足两方面的要求:一是应选用硬质、耐磨碎石;二是与沥青应具有良好的黏附性。由于玄武岩能够较好地满足这两个要求,国内的沥青混合料设计、施工大多采用玄武岩作为粗集料,而石榴石等其他符合要求的矿料应用比较少。在当前国内高速公路建设的快速发展阶段,加强对石榴石等其他抗滑耐磨材料的路用性能研究,既符合因地制宜、就地取材、降低造价的道路建设原则,又保护了一些非玄武岩石料生产企业参与高速公路建设的积极性,鼓励了公平竞争。本文通过工程实例,对石榴石的路用性能进行了探索,并希望能为其他高速公路建设项目应用石榴石提供一些参考。郑州至石人山高速公路是河南省规划的一条快速干线公路,建设总里程 183.539km,工程任务繁重,工期紧迫。为保证工程的顺利进展,该项目路面上面层用玄武岩等抗滑耐磨石料的采购招标于 2006 年 12 月进行了国内竞争性公开招标,共计 14 家省内石料加工企业参与了 4 个标段的竞标,其中 13 家为玄武岩生产企业,1 家为石榴石生产企业。通过公平竞争,该石榴石生产企业获得了其中一个标段的石料供应资格。由于国内高速公路上面层用集料多为玄武岩,而极少采用石榴石,因此,石榴石的路用性能成为该项目关注的焦点。

1　石榴石简介

石榴石是一种岛状结构的铝(钙)硅酸盐,工艺名称为天然金刚砂,因其矿物晶粒的形状、颜色酷似石榴子而得名,具备良好的化学稳定性和高硬度、大体重、耐磨、耐冲刷、抗腐蚀等物理性能,按用途分为磨料用和非磨料用两种。国外有使用非磨料用石榴石作为建造机场跑道和高速公路的路面材料。

郑石高速公路所用石榴石由南阳淮河矿业开发有限公司生产,矿床位于南阳镇平秋树湾,为区域变质作用形成的石榴石变粒岩矿床。矿石主要由铁铝石榴石及透辉石组成,呈棕色,其中铁铝石榴石含量占 60%~70%,透辉石含量占 30%~40%。

2　石榴石集料基本性能试验

为慎重起见,本项目委托某交通部甲级公路工程试验检测机构,按照《公路工程集料试验规程》(JTJ 058—2000),对该石榴石的基本性能试验进行了全面检测,其试验结果如表 1 所示。结果表明，秋树湾石榴石的各项性能指标均能达到规范及本次招标要求。

石榴石集料基本性能试验　　表1

序号	试验项目	单位	规范要求	招标要求	实测值	备注
1	石料压碎值	%	≯26	≯20	15.8	合格
2	洛杉矶磨耗损失	%	≯28	≯22	16.5	合格
3	表观相对密度	—	≮2.6	≮2.6	3.0	合格
4	吸水率	%	≯2	≯2	1.5	合格
5	与沥青的黏附性	级	≮4	≮5	5	合格
6	坚固性	%	≯12	≯10	2	合格
7	针片状颗粒含量(混合料) 其中粒径大于9.5mm 其中粒径小于9.5mm	 % %	 ≯12 ≯18	 ≯10 ≯15	 7 10.8	 合格 合格
8	水洗法<0.075mm颗粒含量	%	≯1	≯1	0.7	合格
9	软石含量	%	≯3	≯1	0.9	合格
10	磨光值	psv	≮40	≮42	48	合格

注：对沥青的黏附性试验中所用沥青为山东淄博SBS改性沥青。

3　沥青混合料级配设计

3.1　级配要求

本项目上面层采用AC-13C型沥青混合料级配，厚度4cm，设计要求如表2所示。

沥青混合料矿料级配设计要求　　表2

筛孔尺寸(mm)	31.5	26.5	19	16	13.2	9.5	4.75	2.36	1.18	0.6	0.3	0.15	0.075
AC-13C 通过率(%)	—	—	—	100	90～100	68～85	38～68	24～50	15～38	10～28	7～20	5～15	4～8

3.2　筛分试验

试验所用粗集料采用秋树湾石榴石，细集料采用石灰岩机制砂，矿粉采用自制石灰岩矿粉，试验结果如表3所示。

筛分试验结果　　表3

矿料	通过方孔筛的百分率(%)									
	16	13.2	9.5	4.75	2.36	1.18	0.6	0.3	0.15	0.075
9.5～13.2mm碎石	100	92.2	27.6	0.3	0.2	0.2	0.2	0.2	0.2	0.2
4.75～9.5mm碎石	—	100	99.2	26.9	1.6	0.6	0.2	0.2	0.2	0.2
2.36～4.75mm碎石	—	—	100	99.9	42.7	12.3	8.7	0.3	0.3	0.3
0～2.36mm碎石	—	—	100	99.7	81.0	51.4	38.0	19.1	12.2	7.5
矿粉	—	—	—	—	—	—	100	100	95	87.6

3.3　配合比设计

根据筛分结果，矿料配合比为9.5～13.2mm碎石∶4.75～9.5 mm碎石∶2.36～4.75mm碎石∶0～2.36mm碎石∶矿粉＝25∶38∶12∶20∶5，合成级配组成如表4所示。

配合比设计结果　　表4

<table>
<tr><td rowspan="2">级配</td><td colspan="10">通过方孔筛的百分率(%)</td></tr>
<tr><td>16</td><td>13.2</td><td>9.5</td><td>4.75</td><td>2.36</td><td>1.18</td><td>0.6</td><td>0.3</td><td>0.15</td><td>0.075</td></tr>
<tr><td>合成级配</td><td>100</td><td>97.9</td><td>81.6</td><td>47.2</td><td>26.9</td><td>17.0</td><td>13.8</td><td>9.0</td><td>7.4</td><td>6.0</td></tr>
</table>

4 沥青混合料试验

4.1 马歇尔试验

混合料试验用沥青为路安特SBS改性沥青，油石比按照3.5%、4.0%、4.5%、5.0%、5.5%制作试件，分别进行马歇尔试验，试验结果见表5。根据试验确定的最佳油石比为4.5%。

马歇尔试验结果　　表5

<table>
<tr><td>编号</td><td>油石比
(%)</td><td>毛体积密度
(g/cm³)</td><td>空隙率
(%)</td><td>饱和度
(%)</td><td>矿料间隙率
(%)</td><td>稳定度
(kN)</td><td>流值
(0.1mm)</td></tr>
<tr><td>1</td><td>3.5</td><td>2.567</td><td>7.4</td><td>50.5</td><td>15.0</td><td>11.12</td><td>26.6</td></tr>
<tr><td>2</td><td>4.0</td><td>2.610</td><td>5.1</td><td>63.45</td><td>14.0</td><td>14.41</td><td>31.2</td></tr>
<tr><td>3</td><td>4.5</td><td>2.628</td><td>3.7</td><td>73.1</td><td>13.83</td><td>14.97</td><td>33.5</td></tr>
<tr><td>4</td><td>5.0</td><td>2.636</td><td>2.7</td><td>80.9</td><td>13.98</td><td>12.65</td><td>35.1</td></tr>
<tr><td>5</td><td>5.5</td><td>2.630</td><td>2.1</td><td>85.4</td><td>14.6</td><td>11.24</td><td>36.0</td></tr>
<tr><td colspan="2">技术指标</td><td>—</td><td>3～6</td><td>65～75</td><td>—</td><td>≥8.0</td><td>20～50</td></tr>
</table>

4.2 浸水马歇尔试验(表6)

浸水马歇尔试验结果　　表6

<table>
<tr><td>编号</td><td>油石比
(%)</td><td>毛体积
相对密度</td><td colspan="2">浸水48h
稳定度(kN)</td><td colspan="2">浸水30～40min
稳定度(kN)</td><td>残留稳定度
(%)</td></tr>
<tr><td>1</td><td>4.5</td><td>2.628</td><td>13.57</td><td rowspan="4">13.86</td><td></td><td></td><td rowspan="8">92.6</td></tr>
<tr><td>2</td><td>4.5</td><td>2.628</td><td>14.15</td><td></td><td></td></tr>
<tr><td>3</td><td>4.5</td><td>2.628</td><td>13.74</td><td></td><td></td></tr>
<tr><td>4</td><td>4.5</td><td>2.628</td><td>13.98</td><td></td><td></td></tr>
<tr><td>5</td><td>4.5</td><td>2.628</td><td></td><td></td><td>14.83</td><td rowspan="4">14.97</td></tr>
<tr><td>6</td><td>4.5</td><td>2.628</td><td></td><td></td><td>15.20</td></tr>
<tr><td>7</td><td>4.5</td><td>2.628</td><td></td><td></td><td>15.14</td></tr>
<tr><td>8</td><td>4.5</td><td>2.628</td><td></td><td></td><td>14.72</td></tr>
</table>

4.3 车辙试验(表7)

车 辙 试 验 结 果　　表7

<table>
<tr><td>编号</td><td>油石比
(%)</td><td>毛体积
相对密度</td><td>空隙率
(%)</td><td>试验温度
(℃)</td><td>试验轮压强
(MPa)</td><td colspan="2">动稳定度
(次/mm)</td><td>变异系数
(%)</td></tr>
<tr><td>1</td><td>4.5</td><td>2.628</td><td>3.7</td><td>60</td><td>0.7</td><td>5 136</td><td rowspan="3">4 835</td><td rowspan="3">5.6</td></tr>
<tr><td>2</td><td>4.5</td><td>2.628</td><td>3.7</td><td>60</td><td>0.7</td><td>4 614</td></tr>
<tr><td>3</td><td>4.5</td><td>2.628</td><td>3.7</td><td>60</td><td>0.7</td><td>4 755</td></tr>
</table>

4.4 冻融劈裂试验(表 8)

冻融劈裂试验结果　　　表 8

试验条件	油石比(%)	击实次数(次)	试验平均最大荷载(kN)	劈裂抗拉强度均值(MPa)	TSR(%)
未冻融	4.5	50	7.863	1.546	92.6
冻融后	4.5	50	7.536	1.432	

5 路面检测(表 9)

现场钻孔取芯试验实测结果　　　表 9

编号	压实度(%)	平整度(mm)	油石比(%)	构造深度(mm)	摩擦系数(BPN)					渗水系数(mL/min)
1	98.4	0.79	4.56	0.90	62	60	60	61	60	29.4
2	98.9	0.80	4.52	0.88	61	59	61	61	59	36.0

6 结语

(1)石榴石集料的各项性能指标均能达到规范及项目招标要求,采用石榴石集料拌制的沥青混合料,各项室内试验及实体路检测指标均能满足沥青路面上面层抗滑耐磨要求。

(2)石榴石不含云母类及黏土类矿物等有害组分,矿石化学稳定性好,抗风化能力强,遇酸、碱、油污染不发生化学反应。矿石强度高、耐磨性好,摩擦时不产生游离二氧化硅,是一种理想的机场道路和高速公路路面材料,在美国等国家已有使用。

(3)石榴石在郑石高速公路的大规模使用,为国内使用石榴石作为路面表面层集料提供了一种参考,为石榴石矿资源利用开辟了新途径。

土壤固化剂在高速公路路床处理中的应用

王晓力[1] 李剑波[2] 艾贺申[3] 李国胜[3]

（1. 河南中原高速公路股份有限公司；2. 鹤壁市公路局；
3. 郑州杰格瑞华道路工程技术有限公司）

摘　要　通过对土壤固化剂在郑州至石人山高速公路和尉氏至许昌高速公路路床处理中的应用介绍，说明土壤固化剂施工方便，利于环保的特性。

关键词　土壤固化剂　路床处理　水泥　石灰　环境保护

由于高速公路对路基稳定性能和填料性能的要求较高，目前河南省许多高速公路项目采用稳定土或冲击压实处理路床 80cm 深，以提高路床的稳定性和路床填料的 CBR 值。常用的是石灰稳定土、石灰水泥稳定土、水泥稳定土。石灰稳定土主要是通过力学、物理、化学反应，使土壤获得较好的强度和水稳定性。水泥稳定土主要是通过化学反应，降低土壤塑性，增加了土的强度和稳定行。

尉氏至许昌高速公路采用水泥和 BS-100 型土壤固化剂进行路床处理，该产品是美国生产的浓缩型液态固化剂。它是一种无毒、无腐蚀、不易燃、无刺激的环保型无机化合物混合道路材料。它的特性是聚合物分子链的能力非常强，共聚物分子呈十字格子状，能聚合成近一百万分子长度。它能使路基中各种材料的黏土、消石灰、砂石等产生黏结力和物理反应，从而使固化层结成板体，增强其强度和弹性，提高水稳定性，减少干缩裂缝。

郑州至石人山高速公路项目根据尉许高速公路采用固化剂处理路床的经验和教训，采用洛阳产的粉状土壤固化剂，产生了更好的效果。

1　尉许路路床处理

1.1　工程概况

尉氏至许昌高速公路是平原微丘区高速公路，设计荷载为公路Ⅰ级，路基宽 28m，准六车道。尉许路 No.2 标段的土质为亚砂土和粉土，塑性指数较大，即使是同一个取土场，土壤性质也很不稳定，施工难度较大。

为了保证路床的稳定性，尉许路在路床顶面进行冲击压实，由于冲击压实完成后路床表面比较松散，所以采用稳定土进行处理。采用了水泥石灰稳定土和水泥固化剂稳定土两种处理方案，并进行了试验路对比。根据试验段的结果，尉许路 No.1 和 No.2 合同段全面采用了固化剂处理路床的方案。

1.2　施工方案

1.2.1　试验配合比

该层稳定土要求 7d 无侧限抗压强度大于等于 0.6MPa。选用两种配合比分别如下：

(1)水泥石灰稳定土

水泥：石灰：粉砂土=4：6：90

最佳含水量为11.3%，最大干密度为1.83g/cm³。

(2)水泥固化剂稳定土

外掺水泥2.5%，采用美国BS-100液态土壤固化剂，固化剂用量为0.48kg/cm³(压实方)。该种固化剂固化粉砂土必须掺加一定量的水泥，否则达不到较好的固化效果。

最佳含水量为10.8%，最大干密度为1.89g/cm³。

1.2.2 施工工艺流程

(1)水泥石灰稳定土

①布消石灰；②消石灰摊铺整平；③路拌机干拌(2遍)；④初压、湿拌(1遍)；⑤水泥摊铺；⑥路拌机拌和(2遍)；⑦整平碾压(5遍)；⑧检测压实度、厚度等。

(2)水泥固化剂稳定土

①在洒水车中加入固化剂；②用洒水车将固化剂均匀洒在路基上；③路拌机拌和(2遍)；④水泥摊铺；⑤路拌机拌和(2遍)；⑥整平碾压(5遍)；⑦检测压实度、厚度等。

1.2.3 试验路情况对比

(1)无侧限抗压强度比较(表1)

无侧限抗压强度表(单位：MPa) 表1

名称 \ 试件编号	7d	28d
水泥固化土	1.18	2.23
水泥石灰土	1.06	1.62

注：强度要求不小于0.6MPa。

从上表中可以看出水泥固化土强度较高，强度增长较快。

(2)压实度变化情况比较(表2、表3)

水泥固化土压实度表(不小于96%)(单位：%) 表2

名称 \ 桩号	K13+620	K13+600	K13+580	K13+570	K13+560	K13+550	代表值
当天	96.6	96.8	96.4	97.2	97.6	96.5	96.5
5d	98.2	97.8	98.1	98.3	98.6	97.9	97.9

水泥石灰土压实度表(不小于96%)(单位：%) 表3

名称 \ 桩号	K15+500	K15+510	K15+520	K15+530	K15+540	K15+560	代表值
当天	97.8	97.1	98.6	98.9	97.4	97.5	97.3
5d	97.2	96.6	97.9	97.5	97.0	96.6	96.7

从压实度表中可以看出，水泥固化土5d压实度数值比当天的稍微增加，而水泥石灰土的5d压实度数值比当天的稍微减少。

(3)其他方面的比较

水泥施工工艺固化土较简单。将固化土注入洒水车混合后即可使用，极为便利有效。水泥石灰土施工较为繁琐,需要石灰的消解、运输、摊铺等工序。

水泥固化土施工周期短。固化土闷料至少 6h,而石灰土闷料至少 24h。达到同样的拌和效果,固化土施工比石灰土施工要少拌和 1 遍,少碾压 1 遍。

水泥固化土比水泥石灰土表面平整,无起皮现象,且高程较易控制。

水泥固化土有利于环境保护,且对人体无害。而石灰极易扬尘,对筑路设备、动植物和人类健康造成危害。

1.3 施工注意事项

一桶 BS-100 型固化剂质量为 250kg,试验路半幅宽度为 13.45m,厚 20cm,一桶撒布长度为 194m。控制好施工长度,保证固化剂的用量。

BS-100 型固化剂要稀释均匀。步骤是首先把固化剂注入水车中,然后在灌入水冲稀固化剂,并且可以通过水车的前后反复运动使溶液更均匀。

由于固化剂含量很小,并且国内没有专用洒布设备,所以控制含水量和固化剂的洒布均匀性是该方案的施工难点。

1.4 效益分析

路床稳定土半幅长 100m、宽 13.45m、厚 20cm,其直接费用如表 4。

试验段费用比较(单位:元) 表 4

项目	水泥	石灰	固化剂	人工	机械	合计
水泥石灰土	5 936	4 923	0	1 505	3 010	15 374
水泥固化土	3 813	0	9 297	1 050	1 810	15 970

据上表可以看出,水泥固化土费用稍高于水泥石灰土的费用。但由于水泥固化土施工进度加快,减少污染,从社会综合效益上来说还是值得推荐的。

2 郑石高速公路项目路床处理

郑州至石人山高速公路全长 182km,投资概算 87.68 亿元,是河南省规划的一条重要的旅游和能源大通道,沿线途经郑州、许昌、平顶山 3 个省辖市,地形地质情况复杂。

原设计全线路床采用 5%石灰处理 80cm 厚。由于郑石高速公路施工工期较短,为了加快施工进度和有利于环境保护,根据尉许高速公路的经验,决定采用固化剂稳定土代替石灰稳定土进行路床处理。

固化剂与石灰相比,具有以下优点:施工方便,加快施工进度,可减少石灰消解的工序;有利于环境保护,避免石灰对沿线庄稼果园的污染和侵害;固化剂质量稳定,施工质量容易保证。

由于尉许路采用的 BS-100 型浓缩液态土壤固化剂在固化土中含量很少,国内还没有电脑控制的专用喷洒设备,喷洒的均匀性比较难以保证,因此,决定采用洛阳产的陆丰牌粉状固化剂进行路床处理。

经过试验确定,掺加 2%的固化剂可代替原设计掺加 5%的石灰进行路床处理,强度可以达到 0.3MPa 以上,满足设计要求,同时大大加快了施工进度。

3 结语

从环境保护和社会综合效益来说,采用土壤固化剂处理高速公路路床是一种应该大力推广的应用技术,特别是高速公路在过村镇、果园、环境保护区等环保要求较高的地区,以及工程进度需要加快的路段，采用土壤固化剂代替石灰处理路床，是一种很有效的方法。

参考文献

[1] 中华人民共和国行业标准.公路工程无机结合料稳定材料试验规程(JTJ 057—1994).北京:人民交通出版社,1994.

[2] 中华人民共和国行业标准.公路路面基层施工技术规范(JTJ 034—2000).北京:人民交通出版社,2000.

土壤固化剂在郑石高速公路中底基层的应用

王小川[1]　艾贺申[2]　崔　勇[1]

（1. 河南中原高速公路股份有限公司；
2. 郑州杰格瑞华道路工程技术有限公司）

摘　要　本文通过介绍路丰牌粉状土壤固化剂在郑州至石人山高速公路项目路面底基层的试验段应用，说明土壤固化剂是一种可以应用在公路路面底基层，在石料缺乏地区代替水泥稳定碎石的环保型筑路材料。

关键词　土壤固化剂　高速公路　底基层　水泥稳定碎石

我国目前公路建设飞速发展，需要大量的砂石建筑材料，需要大量开山采石、挖河采砂，这大大破坏了植被、河流等自然环境。节约资源、保护环境是世界各国共同关心的重大课题，我国政府高度重视实施可持续的发展战略，明确地提出了加快建设资源节约型和环境友好型社会的要求。

河南省高速公路底基层一般采用水泥稳定碎石，如果可以采用土壤固化剂稳定土代替水泥稳定碎石底基层，可以大大减少碎石的用量，有利于保护环境。特别在石料缺少、价格高昂地区，更是具有良好的经济效益。

1　国内外发展概况

20 世纪 70 年代开始，经过美、日、德、南非等国家对土壤固化技术进行的深入研究，至今已经形成了跨领域的综合性交叉科学——土壤加固学。国际上，日本对土壤固化剂的投入很大，研究成果较多；美国有较大的生产商，形成了自己的品牌，美国和加拿大在道路工程建设方面采用土壤固化剂有较多的成功实例；南非、德国等也处于研究的前列。

20 世纪 80 年代，国内开始引进国外土壤固化剂技术。河南省在 90 年代初由交通科研所和质监站等单位分别进行了土壤固化剂的研究，但由于当时施工设备和固化剂价格制约，不能体现它的推广价值。迄今为止，国内先后有几十家科研院所和大专院校对土壤固化剂进行了研究，并先后取得了一系列研究成果，其中部分产品已经在工程建设中得到了应用。土壤固化剂应用于道路基层和底基层的技术仍处于研究和铺筑试验路段阶段，河南、湖南、浙江、沈阳等都采用不同型号的固化剂铺筑过基层或底基层的试验路段，但都没有得到大规模的推广应用。

2　固化剂的选择

为了研究土壤固化剂加固土应用于路面底基层的路用性能，根据室内试验结果，在郑石高速公路 No. 2 合同段铺筑 100m 的试验段，代替原设计水泥含量为 3％的水泥稳定碎石底基层。

河南省较多采用两种土壤固化剂：一种是美国进口的液体固化剂 BS-100，价格非常昂贵，一吨价格达到 7～8 万元人民币；另一种是洛阳生产的粉状土壤固化剂，相对价格比较便宜，比水泥稍贵。这两种固化剂在河南省有较多的应用经验。

土壤固化剂稳定土作高速路底基层或基层，河南省仅有尉许路做过试验段用作基层，采用的是洛阳生产的粉状固化剂，土质是粉砂土。该试验段的无侧限抗压强度满足规范要求。

在尉许路上还采用美国进口的 BS-100 液体土壤固化剂掺加水泥稳定粉砂土。采用水泥石灰稳定粉砂土效果较差，而这种固化剂稳定的效果较好。但掺加量很小，每立方米仅0.48 kg，不易拌和均匀。

所以，根据河南省应用固化剂的经验，考虑到经济性、施工方便性和质量控制的难度，确定在郑石高速公路上选用洛阳产的路丰牌粉状土壤固化剂进行底基层应用技术研究。

3 试验路铺筑

2007 年 5 月 30 日，在郑石高速公路 No. 2 标段铺筑了一段半幅 100m 的试验路，见图 1。

根据尉许路的经验，考虑强度要求和经济性，经过室内配合比试验，确定水泥固化土的配合比如下：

配合比＝土：水泥：固化剂＝88：8：4。

最佳含水量为 13，最大干密度为 1.85g/cm^3。

试验路当天下午完成。本次试验段现场取样制作了计划在 7、28、60、90、120(d)进行无侧限抗压强度试验和延迟试验的试件。

图 1　摊铺土壤固化剂

4 试验结果

4.1 无侧限抗压强度

7d 无侧限抗压强度(室内标准养生)平均 2.64MPa，达到了 2.5MPa 的设计要求(底基层水泥稳定碎石的强度要求)。

28、60、90(d)无侧限抗压强度(室内标准养生)分别为 3.68、3.93、4.75(MPa)，说明强度增长情况良好，见图 2。

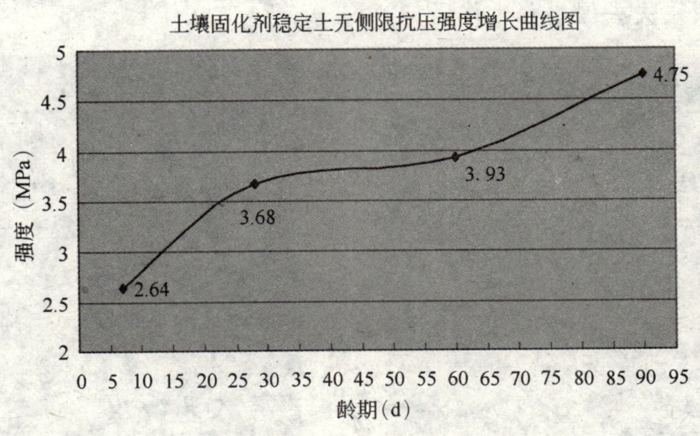

图 2　无侧限抗压强度增长曲线图

中铁五局 7d 钻芯取样检测强度结果：

K14+530 中，2.15 MPa，芯样完整，密实；

K14+570 右，2.24 MPa，芯样完整，密实。

4.2 延迟试验

无侧限抗压强度的延迟试验，即在拌和后 2、3、4、6、8(h)分别做无侧限抗压强度，寻找强度衰减规律，用以指导配合比设计和施工。从图 3 中的试验结果可以看出，时间越长，强度越低。在 6h 的强度出现了异常，在趋势图去调整该数据。

开始拌和后(h)	强度(MPa)	开始拌和后(h)	强度(MPa)
2	3.11	6	2.98
3	2.89	8	2.68
4	2.68		

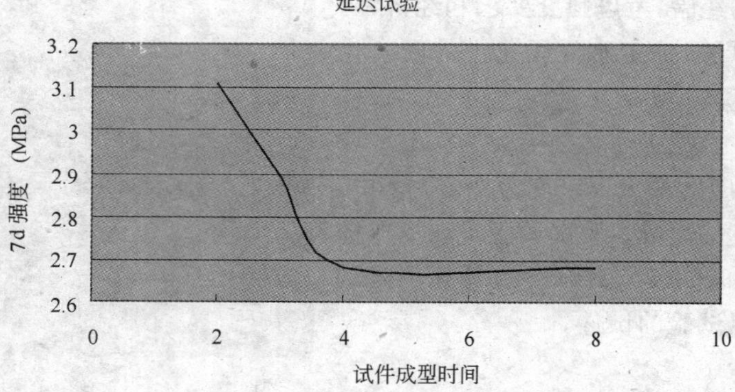

图 3 无侧限抗压强度延迟试验

5 养生

试验段在养生方式上采用了两种进行对比：一种是采用油毡覆盖，每天多次洒水养生；一种是采用养生膜(专利产品)一次洒水养生。

经过观察，铺筑 18d 后养生直观效果见图 4、图 5，采用养生膜方式，保水效果非常好。油毡养生不洒水就很快失去保水养生作用。

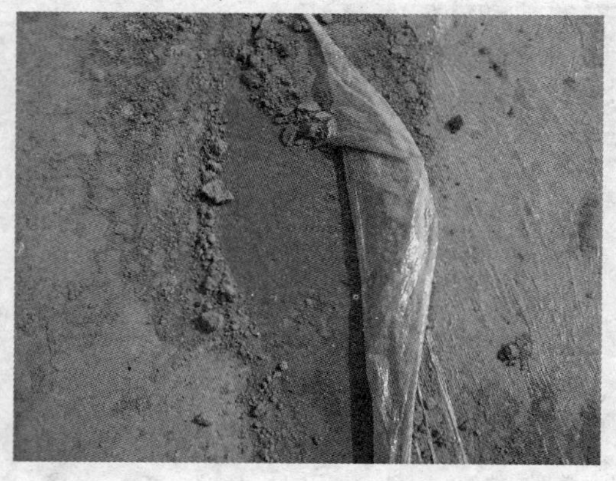

图 4 毛毡覆盖养生

图 5 养生膜覆盖养生

图 4 中可以看到，在几天没有洒水后，掀开毛毡，下面是干的。

图 5 中可以看到，仅洒一次水，掀开养生膜，下面仍然保持湿润。

从以上对比中可以看出，养生膜保湿效果非常好，能有效平缓昼夜温差，减少微裂缝的产生。建议今后基层底基层养生采用专用养生膜。

6 结语

土壤固化剂稳定土代替水泥稳定碎石作为底基层，可以大大减少公路建设中碎石的用量，减少山体的开采，保护环境和资源，减少由于运输碎石超载对现有公路网络路面的破坏，并节约运输费用。由于郑石高速公路项目的碎石运距很近，价格便宜，所以这种技术在该项目上造价较高，没有经济优势。但它非常适应于缺少石料的地区，如河南省的豫东地区，具有很好的环保意义和社会经济效益。

参考文献

[1] 中华人民共和国行业标准. 公路工程无机结合料稳定材料试验规程(JTJ 057—1994). 北京：人民交通出版社，1994.

[2] 苏群，徐渊博. 国际以及国内土壤固化剂的研究现状和前景展望. 黑龙江工程学院学报，2005.

离心机试验在解决桥头跳车中的应用

平自要

（河南中原高速公路股份有限公司）

摘　要　对近年来解决高等级公路桥头跳车的措施进行了总结，并结合郑（州）石（人山）高速公路工程实例，阐述和分析了离心机模型试验在解决桥头跳车中的应用。

关键词　土工离心机　桥头跳车

已投入使用的高等级公路普遍出现桥头跳车的现象：路桥结合区路面出现不同程度的沉降、断裂，车辆在通过时产生跳跃和冲击，造成车辆大幅度减速，严重的可导致交通事故。另外，桥头跳车也加速了桥梁、路面以及车辆的损坏。尽管国内外对桥头跳车问题已有不少研究，但仍是一个世界性的难题。因此，综合分析和探讨桥头跳车的机理，并有针对性地研究其防治对策，对高速公路的建设具有十分重要的现实意义。

1　国内外常用的桥头跳车处理方法

针对引起桥头跳车的原因，目前国内外常用的桥头跳车处理方法有[1][2][3]：

（1）在台背处填筑透水性材料

该方法的适应范围通常具有一定的局限性。

（2）设置桥头搭板

设置桥头搭板，将桥、路间突变的错台高差分散至搭板的两端，来改善桥头行车条件，搭板长度应根据路基的容许工后沉降值计算确定，但是容易出现搭板脱空、搭板远台端的错台或沉陷等问题。

（3）在台背填土中铺设土工格栅

土工格栅处治台背填土的方法，是在填土中沿路线方向分层平铺土工格栅，格栅层的一端在桥头与台背连接、通过格栅层与土体的相互作用，减缓桥头部分的沉降梯度。

（4）采用台后路面预抛高设计

2003～2004年，宁波市交通局与同济大学、宁波市交通设计研究院联合对软土地基桥头跳车进行了研究，提出了在桥头接线设计中采用预抛高来预防和减缓桥头跳车，通过对桥头路面纵坡的适度抛高，可抵消部分日后的不均匀沉降，减少桥头跳车的振幅。

（5）桥梁设计伸缩缝的减少或取消

减少或取消桥梁设计伸缩缝可降低桥头跳车发生的概率，如预切缝法。预切缝法采用人工切缝控制裂缝发展，保证了桥面的平整度、节省了伸缩缝的设置和养护费用，又可有效防止桥头跳车。

（6）采用加筋土整体式桥台

加筋土整体式桥台使桥、路成为一体，使加筋体、路堤与桥台沉降相同。加筋土整体式桥台能够使桥台结构物和路堤的变形协调。但是要求整体沉降不能过大，由于这个局限性的存在，加筋土整体式桥台常使用于单跨小桥。

从上面的处理方法可以看出，针对桥头跳车的研究多注重于工程实践，很少进行系统的研究，对桥头跳车防治的作用机理和方法的适用性没有很透彻的认识，对该方面的研究也没有很大的投入，仅是宏观方面的调查研究，而没有关于地基处理方面的设计的优化、实验及其结果的研究分析、现场测试及其结果的反馈分析等技术层面的研究。

通过合理加强桥路过渡段区域的地基加固，控制工后过渡段沉降和差异沉降，使工后沉降或工后变坡控制在合理的范围内，是缓解桥头跳车经济和有效的方法。针对在解决桥头跳车问题中存在的不足，如何优化设计，对设计的结果进行模拟实验，并对实验结果进行有效的、系统的、准确的分析，再结合现场的实测结果反馈信息，进而形成一套完整的、行之有效的理论体系是目前亟待解决的问题。

土工离心模型试验技术是近代科技水平发展的产物，它通过施加在模型上的离心力使模型的重力变大，从而使模型中的应力状态、位移变化，相似的塑性区发展和变形破坏过程与原型一样，由于其能再现自重应力场以及与自重有关的变形过程，直观揭示变形破坏的机理，并能为其他分析方法提供真实可靠的参数依据，而得到越来越广泛的应用，其试验研究的内容几乎涉及了岩土工程的所有领域。因此，离心机实验的引入，能够大大提高模型实验的相似性和可控性，是解决桥头跳车问题理想的办法。

2 离心机实验原理[4][5][6][7]

土工离心机通过采用高速旋转增加模型重力的方法，使模型土体产生与原型相同的自重应力，模型的变形及破坏机制与原型相似，从而可以直接模拟复杂的岩土工程问题。

离心机是提供人造重力场的一种最方便的装置，因为离心惯性力与重力等效，可用离心力来模拟重力，故称离心模拟，并且离心机模型服从基本假设：(1)把土当作连续介质来处理；(2)土的特性不受加速度变化的影响。其目的是使模型与原型相应点土体的力学性态相同，即

$$\sigma_m = \sigma_p$$

$$\sigma_m = \rho_m a_m h_m$$

$$\sigma_p = \rho_p g_p h_p$$

式中：σ——应力；

ρ——土的密度；

a——加速度；

g——重力加速度；

h——土层厚度；

m——模型；

p——原型。

模型率=原型尺寸/模型尺寸，即 $n=h_p/h_m$。

离心模拟方法就是利用离心机产生离心力场，提高模型土体的体积力，形成人工重力，根据近代相对论关于重力和惯性力绝对等效的原则，若使 $1/n$ 缩尺的土工模型在离心加速度场中运行并保证模型与原型的应力应变相等、变形相似、破坏机理相同，能再现原型的受力变形性状，那么其离心加速度 a 应满足：

$$a = ng$$

该式表明：欲使模型达到原型自重应力水平，只要将模型置于 n 倍重力加速度的离心力场中即可。即利用离心机产生 n 倍重力加速度，达到模型和原型二者的重力完全相等，以保持其力学特性的相似性。

在进行土工离心模型试验之前，必须建立与试验研究相关的模型相似律，以便运用到模型的设计、制作、运行以及试验结果的分析中。模型相似律是通过量纲分析建立起来的，试验中考虑的主要物理量有：路堤各部分的沉降 S；路堤的宽度 D；路堤的高度 h；土体填筑含水量 w；土体密度 ρ，可由干密度求得，$\rho=\rho_d(1+w)$；土体自重荷载 $\sigma_z=\rho ah$，其中 a 在普通重力场中为 $1g$，在离心惯性力场中为 ng；土体的变形特性模量 E 和泊松比 υ；土体的强度指标采用总应力表示的凝聚力 c 和内摩擦角 φ，见表 1。

相关变量的相似律　　表 1

物理量	符号	量纲	原型	离心模型	物理量	符号	量纲	原型	离心模型
模型尺寸	d、h	L	1	$1/n$	应力	σ	$ML^{-1}T^{-2}$	1	1
含水量	w	—	1	1	沉降	S	L	1	$1/n$
密度	ρ	ML^{-3}	1	1	时间	t	T	1	$1/n^2$
加速度	a	LT^{-2}	1	n					

3　离心机实验解决桥头跳车问题

日本港湾研究所曾采用离心机研究靠近边坡以及在边坡中长桩的侧向阻力，通过对不同的桩长在不同的离心加速度下进行试验，证明用土工离心试验模拟桩和桩基的变形是可行的[8]。而针对也可以用土工离心试验模拟桥台构筑物与台后填土衔接处 CFG 桩的沉降，通过对不同桩间距的布桩方式的模拟，来选择合理的布桩方式，控制工后过渡段沉降和差异沉降，使工后沉降或工后变坡控制在合理的范围内，从而解决桥头跳车问题。

郑(州)石(人山)高速公路所用的 CFG 桩模拟，研究采用南京水利科学研究院的 NHRI-89 型离心机进行。表 2 是 NHRI-89 型土工离心机主要技术性能指标。

南科院 NHRI-89 型土工离心机主要技术性能指标　　表 2

关键指标	性能	关键指标	性能
载荷能力	50g-ton	最大离心加速度	250g
转臂半径	2.25m(至转台中心)	模型箱内尺寸	687mm(长)×352mm(宽)×477mm(高)

采用离心模型试验对桥台构筑物与台后填土衔接处的 CFG 桩进行研究，验证 CFG 桩处理的有效性和必要性，验证了试验参数的合理性，分析不同桩间距对 CFG 桩处理效果的影响，从而提出 CFG 桩处理的最优设计方案。

离心模型试验拟针对桥台构筑物与台后填土衔接处的 CFG 桩进行研究，可以得到如下结果：

①通过试验对比，验证 CFG 桩处理的有效性和必要性；

②将试验结果与空隙结果进行对比，验证试验参数等的合理性；

③通过试验对比，分析得出不同桩间距对 CFG 桩处理效果的影响；

④通过综合试验对比分析，提出 CFG 桩处理的最优设计方案。

通过离心机模拟试验和数值模拟的结果，研究以差异沉降控制为目标的 CFG 桩的合理布桩方式，提出有效地控制路桥接坡的工后沉降或工后变坡的优化设计方法。

4 结语

本项目的研究采用南京水利科学研究院的 NHRI-89 型离心机进行。对不同间距的桩布置方式进行离心模型试验，本课题主要研究的离心机实验模拟不同间距 CFG 桩处理方法在处理桥头跳车问题中不仅具有理论价值，同时还有着广阔的工程应用前景。项目实施不仅有利于提升设计技术水平，同时有利于科研成果的转化，将为高速公路建设提供可靠的科学依据和工程实践指导，将产生巨大的经济效益和社会效益。

参考文献

[1] 侯天顺，黄雄，李永鸿. 高速公路桥头跳车的机理与防治研究[J]. 路基工程，2007，2：86-88.

[2] 黄庆，王桂尧. 桥头跳车的几种处理方法及适用条件[J]. 中南汽车运输，2000，81：27-29.

[3] 陶世群. 高等级公路桥头跳车的研究[J]. 中南公路工程，2000.

[4] 张炜. 土工离心模拟试验技术综述[J]. 军工勘察，1994，1：16-22.

[5] 汪星良，李强. 土工离心模型试验技术在工程中的应用[J]. 西藏科技，2005，2：49-52.

[6] 蔡正银，李景林，徐光明，焦志斌. 土工离心模拟技术及其在港口工程中的应用[J]. 港工技术，2005.

[7] 周健，刘宁. 离心模型试验技术应用的新进展[J]. 上海地质，2001，81：52-56.

[8] 张俊，杨志银. 土工离心模型试验的发展与应用[J]. 岩土工程界，2004，8(6)：29-30.

高填方路基上埋式公路涵洞地基及基础的设计问题

程海涛[1]　何　誉[2]

(1. 长安大学特殊地区公路工程教育部重点实验室；
2. 河南中原高速公路股份有限公司)

摘　要　为了探讨上埋式公路涵洞的地基及基础特殊的工作机理，提高设计水平，首先分析了目前地基承载力的确定与地基及基础的设计方法，然后通过首次提出的涵洞、填土体、地基及基础共同工作机理模型，分析了公路涵洞的受力及其与土体的共同工作性状。结果表明：公路涵洞工程的地基及基础设计不能套用传统观念上基底压力小于地基承载力的原则。涵洞与地基刚度越大，涵洞顶上作用的土压力越大。最后，依据分析结果，建议涵洞上部土压力按顾安全公式计算；地基承载力确定原则为涵洞基础下与涵侧土堤下地基承载力相等；验算原则为涵顶水平面上涵体与两侧土体沉降差尽量小。

关键词　地基与基础　涵洞　填方路堤　地基承载力

建筑物的全部荷载都由它下面的地层来承担，受建筑物影响的那一部分地层称为地基。建筑物的地基、基础和上部结构三部分，虽然各自功能不同，研究方法相异，但对一个建筑物来说，在荷载作用下，这三方面却是彼此联系、相互制约、共同工作的整体。不了解这一点，就不能全面地分析地基及基础的设计问题。因此，研究公路涵洞工程地基及基础的设计问题，就得按路堤工程特征对其进行分析。公路涵洞工程的地基与基础工作特性与传统概念上地基与基础工作特性有很大的不同，而现行的公路规范确定方法[1]忽略了这一点，甚至在学术上也没有引起重视。因此，本文将通过模型分析及相关课题研究[2]研究公路涵洞工程的地基与基础工作特性及其设计问题。

1　地基承载力确定方法

在讨论之前，还应明确目前的地基承载力是如何确定的。

首先，地基承载力的确定方法有多种选择，具体采用什么样的确定方法与建筑物的设计安全等级有关。工程的安全等级越高，地基承载力的确定方法就应越可靠，花的费用就越高。

建筑地基基础设计规范规定：地基承载力的特征值(设计值)可由载荷试验或其他原位测试、公式计算，并结合工程实践经验等方法综合确定[3]。

公路桥涵地基与基础设计规范规定：桥涵地基的容许承载力可根据地质勘测、原位测试、野外载荷试验、邻近旧桥涵调查对比，以及既有的建筑经验和理论公式的计算综合分析确定。如缺乏上述数据时，可用地基土的物理和力学指标，按规范总结的经验数理统计成果查表选取[3]。

学术上，地基承载力的确定方法可归纳为：实测数理统计法(规范查表法)；现场载荷试验法；理论公式法；当地经验参考法。

根据以上的总结，可以看出：建筑规范取消了适用于全国性的地基承载力查表法，而公路行业还保留全国性的地基承载力查表确定方法。还可以看出，地基与基础的设计核心问题是要保证基底压力小于地基的承载力。因此，地基承载力的确定及如何采取工程处理措施提高地基承载力就是一般工程地基与基础设计的主要理念。但是，这种在经济情况下地基与基础强度越高工程就越安全、设计就越成功的理念，对涵洞工程来说，所起到的作用却正好相反。下面将具体讨论公路涵洞工程地基与基础的设计问题。

2 涵洞工程地基及基础工作机理分析

涵洞是横穿路基的公路工程构造物，现行的涵洞地基及基础设计被并入桥梁地基与基础设计一类，按传统方法进行设计。本文通过交通部课题《山区高填方路堤涵洞结构的研究》[2]的专门研究，认为涵洞地基与基础的工作性态与传统概念上的地基基础工作性态不同，若采用传统的方法进行设计可能导致涵洞结构受力不利，严重的会导致涵洞结构破坏。

图 1 是地基和基础工作示意图。在极限地基承载力理论公式推导中，先假设地基的破坏面和破坏面上的受力状态和抗剪强度，地基土沿着假设的破坏滑动面被挤向地面（图 1 中虚线所示），这时，根据静力平衡关系可求出地基的极限承载力 P_u 值及相应的承载力关系表达式。图 1 所示的理论计算模式也为试验和实践所证实。但本文通过研究，认为它不适用于涵洞地基和基础的计算。首先，涵洞是空心的路堤下埋构造物，它的基底压力 P 一般情况下都小于基础两边的旁压荷重 q 值，对于明涵（涵顶上填土厚度小于 0.5m 的涵洞）更是如此，因此，不会出现理论公式所假设的滑动面和地基土被挤出地面的现象。因此，传统的地基极限承载力理论计算方法不适用于涵洞工程。

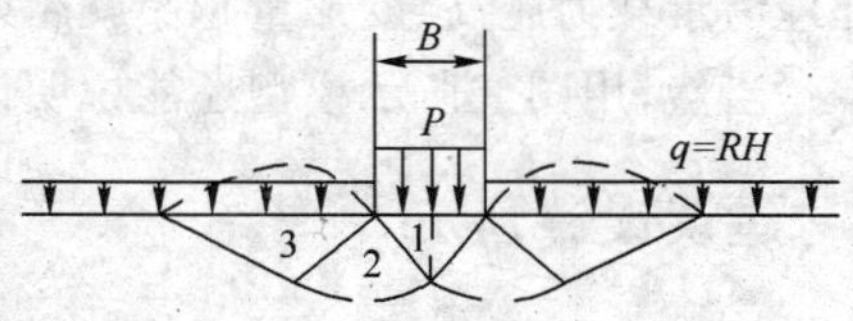

图 1 地基和基础工作示意图

上面论述的是极限承载力情况，若不按极限情况考虑涵洞的地基承载力，而按其他传统的方法确定的地基承载力是否适用于上埋式涵洞工程呢？本文进行下面的分析。

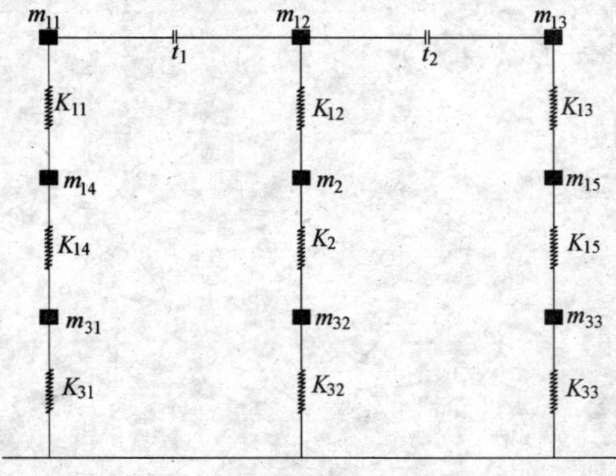

图 2 涵洞、填土体、地基基础共同工作机理图

图 2 所示是一个涵洞、填土体、地基及基础共同工作机理的示意图。图中 m_2 表示涵洞的质量（密度与体积的函数），m_{1i} 表示填土体的质量（密度和单位面积厚度的函数），m_{32} 和 m_{31}、m_{33} 表示涵洞地基和基础与原状地基的质量（密度和单位面积深度的函数），K_{1i} 表示填土体的刚度（$K=P/s$，P 为荷重，s 为变形），K_2 和 K_{3i} 分别为涵洞、地基与基础的刚度，τ_i 表示填土体竖向抗剪切力。

下面进行分析：若填土为均质，则各 m_{1i} 为常量，K_{1i} 和 τ_i 也为常量。若取 K_{3i} 为无穷大（极限假设），则表示假设的地基和基础为刚性体（经过地基处理）。这时，因为 m_{11}、m_{14}、m_{31}（和 m_{13}、m_{15}、m_{33}）的竖向位移量之和大于 m_{12}、m_2、m_{32} 的竖向位移量之和，则作用在涵顶的土压力 P 就不是上覆土柱重 m_{12}。这是因为土剪力传递的结果，作用在涵顶的土压力 $P=m_{12}+\tau_1+\tau_2$，表示涵顶的土压力大于上覆土柱的压力，而公路桥涵设计规范规定涵顶竖向土压力 $P=\gamma H$（上覆土柱压力）。可以看出设计的涵洞地基和基础的刚度越大，基础设计得越宽，涵洞下地基的沉降就越小，与涵体两侧填土和地基的竖向位移差越大，τ_1、τ_2 也就越大，这时作用在涵顶的土压力超出按规范设计的压力就越大，就越容易引起涵洞结构的破坏。传统地基及基础的设计概念是要求地基和基础的刚度越大(地基处理得越好)，基础底面越宽(基础压力越小，基础沉降越小)，上部构造物就越安全，而实际上涵洞的工作状况刚好相反，这就是为什么本文说按传统的地基基础设计思想设计涵洞地基与基础是不科学的原因。事实证明，这也是产生涵洞病害的原因之一。例如，有部分建在软基上的涵洞工程，设计上为满足地基承载力的要求采用了桩基础，经调研发现，凡是在软基上采用桩基础的涵洞工程，全已遭到破坏[4]。

根据图 2 所示的涵洞横断面受力分析模型，若涵洞地基及基础的刚度不是无穷大，而是与涵侧地基土的刚度一样，即 $k_{32}=k_{31}=k_{33}$，则涵洞两侧地基土 m_{31}、m_{33} 的沉降变形就不会影响 τ_1 和 τ_2 值，这时仅 m_{14}、m_{15} 与 m_2 的沉降变形影响 τ_1 和 τ_2 值，这样，作用在涵体顶部的土压力 p 值就较前一个工况要小些，但是还是大于涵顶的上覆土柱压力 m_{12}。因为 m_{14}、m_{15} 是填土，其变形量较涵洞结构 m_2 要大。则不采用传统设计与地基处理理念的强涵地基与基础将非常有利于减少作用在涵洞上部的土压力，而传统的地基设计理念则是在不多花费情况下，将地基处理为承载力越高、变形量越小就越好。显然，涵洞工程不能这样。

当然，用图 2 所示模型还能说明许多问题，因篇幅关系就不再多讲了。

3 建议设计方法

由于公路涵洞地基与基础的受力工作特性与一般观念上建筑物地基与基础的受力工作特性不同，因此公路桥涵地基与基础规范中的基底压力和地基承载力验算方法与原则不适合于涵洞工程。具体地说，规范中基础的埋置深度设计内容、基础的沉降计算内容、基础的稳定性计算内容仍适用于涵洞工程，但地基承载力的确定和基础设计原则内容不适用于涵洞工程，建议按下列方法进行设计。

(1)在无法得出涵顶土压力分布与基底土反力分布明确结果时，可将作用在涵洞上的土压力和基底土反力仍按线性分布考虑，但在结构受力分析中要给予调整安全系数的考虑。这时，作用在涵洞上部的土压力可按长安大学的顾安全公式确定[4]：

$$\sigma_v = \gamma H + \Delta\sigma_c = \gamma H + \frac{\delta E}{\omega_c D(1-\mu^2)}$$

$$= \gamma H + \frac{\gamma\left(H+\dfrac{h}{2}\right)hE}{\omega_c D(1-\mu^2)E_h}\eta$$

式中：γ——填土容重；

H——涵上填土高度；

$\Delta\sigma_c$——涵顶附加土压力；

δ——沉降差；

ω_c——与刚性管道的长宽比(L/D)有关的系数；

h、D——分别为涵体高度及宽度；

E、E_h——分别为涵顶以上填土及涵洞两侧同高度 h 之填土变形模量平均值；

μ——涵顶填土的侧膨胀系数(泊松比)；

η——涵洞界面(包括基础)的外形影响系数，$\eta=D_1/D$，其中 D_1 为截面换算宽度，按地面以上的截面面积 A 与涵洞凸出地面高度 h 之比确定，即 $D_1=A/h$。对矩形截面的涵洞，显然 $\eta=1$。

(2)对于细粒填土体，若每填实一层土后，沿涵洞边墙位置将填土体切一小缝隙，则相当于人工切断填土体因沉降差而产生的竖向剪切力(其作用及可行性经离心模型试验已得到证明)。这时作用在涵顶的土压力可按公路规范的上覆土柱压力确定。

(3)涵洞地基承载力的确定原则是涵洞基础下的地基承载力等于涵侧土堤下的地基承载力,不能在设计中处理成强涵基(涵下地基)、弱路基(涵侧土堤下地基)的状况。更明确地说,若是认为地基承载力不足,不能仅处理涵洞下的地基,正确的做法是涵洞两侧一定范围内(经验值为处理宽度等于路堤填土高度)的地基都要进行同样标准的处理。例如,未经特殊处理或特别论证绝不允许在软基上用桩作为涵洞基础。

(4)涵洞地基与基础验算的原则不是基底压力小于地基容许承载力,而应是涵顶水平面上涵体与两侧填土体的沉降差应尽量地小,其最小沉降差的量值可根据经验用顾安全公式反算而得。

与此同时,在地基及基础设计中,还应验算涵洞基础的平均总体沉降量要小于过水或交通对涵体沉降的要求。

4 结语

(1)本文首次对公路涵洞地基和基础的工作性状进行了机理分析。分析的依据是通过大量的试验数据[2]和理性的解释。

(2)分析认为,以基底压力小于地基承载力为原则的地基设计方法不适用于涵洞工程。

(3)结合共同工作机理模型分析,建议性地提出了涵洞地基与基础的设计方法与原则。

本文作为抛砖引玉,目的是提出问题,引起工程界和学术界重视。对于所建议的地基与基础设计方法,还有待于进一步的工程验证和完善。

参考文献

[1] 中华人民共和国行业标准.公路桥涵地基与基础设计规范(JTJ 024—1985)[M].北京:人民交通出版社,1985.

[2] 刘保健,谢永利,杨晓华.山区高填方路堤涵洞结构的研究[R].西安:长安大学,2005.

[3] 中华人民共和国行业标准.建筑地基基础设计规范(GB 50007—2002)[M].北京:中国建筑工业出版社,2002.

[4] 顾安全.上埋式管道及洞室垂直土压力的研究[J].岩土工程学报,1981,3(1):3-15.

[5] 谭冬莲,方志.钢筋混凝土圆管涵竖向土压力计算方法[J].长安大学学报(自然科学版),2004,24(1):40-42.

[6] 葛折圣,黄晓明.含EPS夹层台背回填材料的离心模型试验[J].交通运输工程学报,2004,4(1):11-14.

[7] 陈仁朋,许峰,陈云敏,贾宁.软土地基上刚性桩——路堤共同作用分析[J].中国公路学报,2005,18(3):7-13.

[8] 夏永旭,薛连旭,胡长顺,王秉纲.涵洞、通道上的沥青混凝土路面结构[J].长安大学学报(自然科学版),2002,22(3):16-20.

应变控制下压实黄土的动三轴试验研究

翁效林[1]　程海涛[2]　张晓荣[3]

(1. 河南中原高速公路股份有限公司；
2. 中交第一公路勘察设计研究院；
3. 长安大学特殊地区公路工程教育部重点实验室)

摘　要　首次在动应变控制条件下，对压实黄土进行应力松弛特性研究，得出应力松弛随湿度、围压、激振频率和初始应变变化的关系。并对压实黄土在动应变控制方式下的振陷进行研究，得出压实黄土的振陷时间很短，振陷量随围压、频率的增加而减小，随着湿度的增加而增加。该结论对实际工程中处理压实黄土的振陷，有一定的理论指导意义。最后，在试验及理论推导基础上提出了压实黄土在动应变控制下的动力流变试验模型。

关键词　动应变控制　应力松弛　黄土振陷

1　试验基本方案[1]

试验用土的塑限 $w_P=18.2\%$，液限 $w_L=32.3\%$，塑性指数 $I_P=14.1\%$，不均匀系数 $K_u=8.82$，曲率系数 $K_c=1.76$。

人工制备试样，高度10cm，直径5cm。含水量采用16%、18%、20%和22%，干密度采用1.4、1.6、1.8(g/cm³)。

试验固结比 k_c 采用1；围压采用100、200、300和400(kPa)；激振频率采用0.5、1、3、5(Hz)；某一围压下，控制轴向振幅为1、2、3、4、5(mm)；振次为3000次。

资料分析时，取：$\sigma_d=(\sigma_{max}-\sigma_{min})/2$，$\varepsilon_d=(\varepsilon_{max}-\varepsilon_{min})/2$。

松弛特性分析时，分别采集 $t=0$、1、2、3、5、10、20、30、50、100(s)的动应力和动应变值。找出每个循环的动应力与时间的关系。

等时资料分析时，分别采集 $t=0$、1、2、3、5、10、20、30、50、100(s)的动应力和动应变值。找出不同时间的动应力动应变关系。

等应变控制振陷资料分析时，分别采用 $t=0$s 的动应力值减去 $t=50$s 的动应力值(因 $t=50$s 后，动应力已不再衰减)，采用 $t=0$s 的动应变值减去 $t=50$s 的动应变值，然后做出 $\Delta\varepsilon_d$-σ_d 曲线和 $\Delta\sigma_d$-ε_d 曲线图。

2　试验结果及分析[2]

等应变控制下的动应力与时间(振次)试验关系曲线如图1所示。

应变控制下动应力与动应变的等时(等振次)试验关系曲线如图2和图3所示。

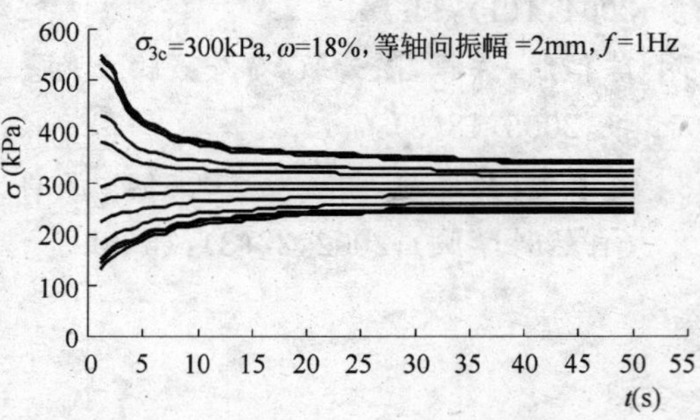

图1　应变控制下的动应力与时间(振次)试验关系曲线

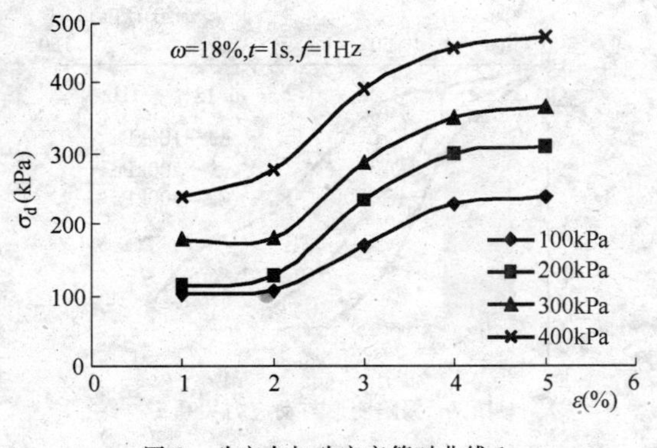

图 2 动应力与动应变等时曲线 1

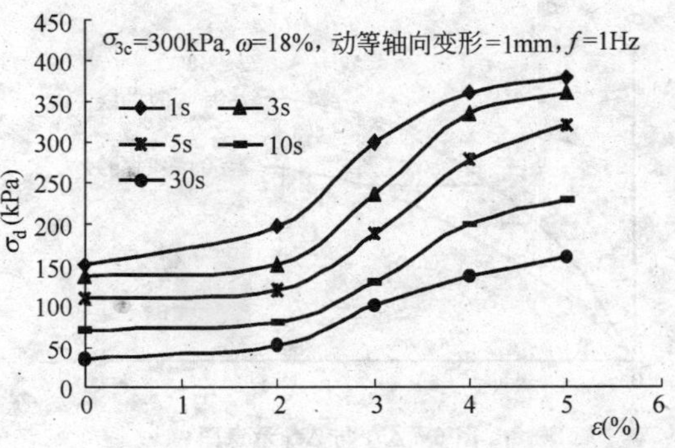

图 3 动应力与动应变等时曲线 2

从上图可以看出，用幂函数来拟合湿型压实黄土在应变动控制下的动应力、动应变试验关系是比较合适的。

$$\sigma_d = A\varepsilon_d^m \tag{1}$$

式中：A，m——系数，与湿度、激振频率、干密度、围压有关。

在应变控制下动弹模与动应变试验关系可用下式表示。

$$1/E = a\varepsilon_d + c \tag{2}$$

式中：a，c——系数，与湿度、激振频率、围压和干密度有关。

土的阻尼比用经典的面积比法确定。其表达关系为式(3)。图 4 和图 5 为应变控制下的试验结果。

$$\lambda = \frac{1}{4\pi} \cdot \frac{A_1}{A_2} \tag{3}$$

式中：A_1——滞回圈的面积；

A_2——三角形面积。

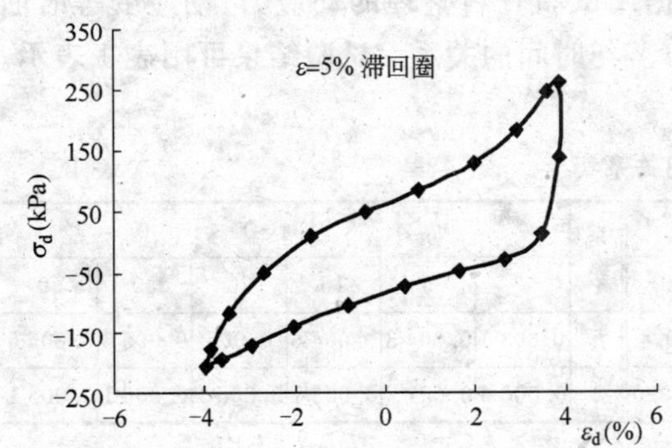

图 4 应变控制下动应力—动应变滞回圈

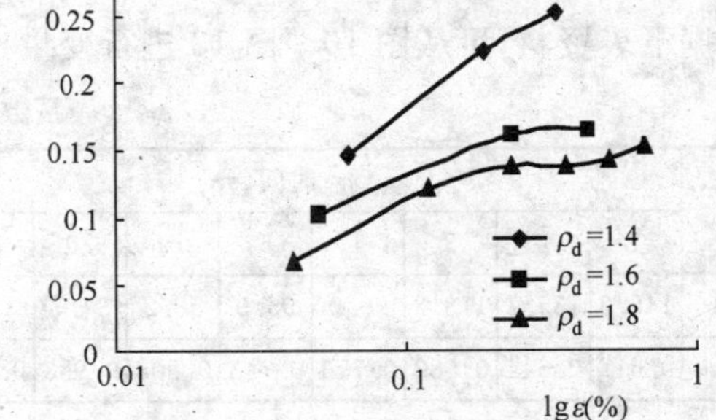

图 5 阻尼比—动应变试验关系曲线

根据试验资料，绘出 $\Delta\varepsilon_d$-σ_d 曲线图 6，表示在一定动力作用下所产生的最大动振陷变形，是 $t=0$s 和 $t=50$s 时动应变的差值和动应力的关系。

从图 1 可以看出，压实黄土在动力作用下的松弛时间很短，大约为 50s，也就是说，对于 $\Delta\varepsilon_d$ 大的变形，在 σ_d 动力作用下，50s 就可以完成，而在静力作用下通常需要数十小时的时间。

图 7 为不同固结应力时 $\Delta\varepsilon_d$-σ_d 的变化关系图。由图可见，随着固结应力的增加，振陷变形越小。

图 8 为不同起始含水量下的 $\Delta\varepsilon_d$-σ_d 图。由图可见，随着初始含水量的增加，土的振陷变形增大。

图 9 为不同激振频率下的 $\Delta\varepsilon_d$-σ_d 图。由图可见，随着激振频率的增加，土的振陷变形减小。

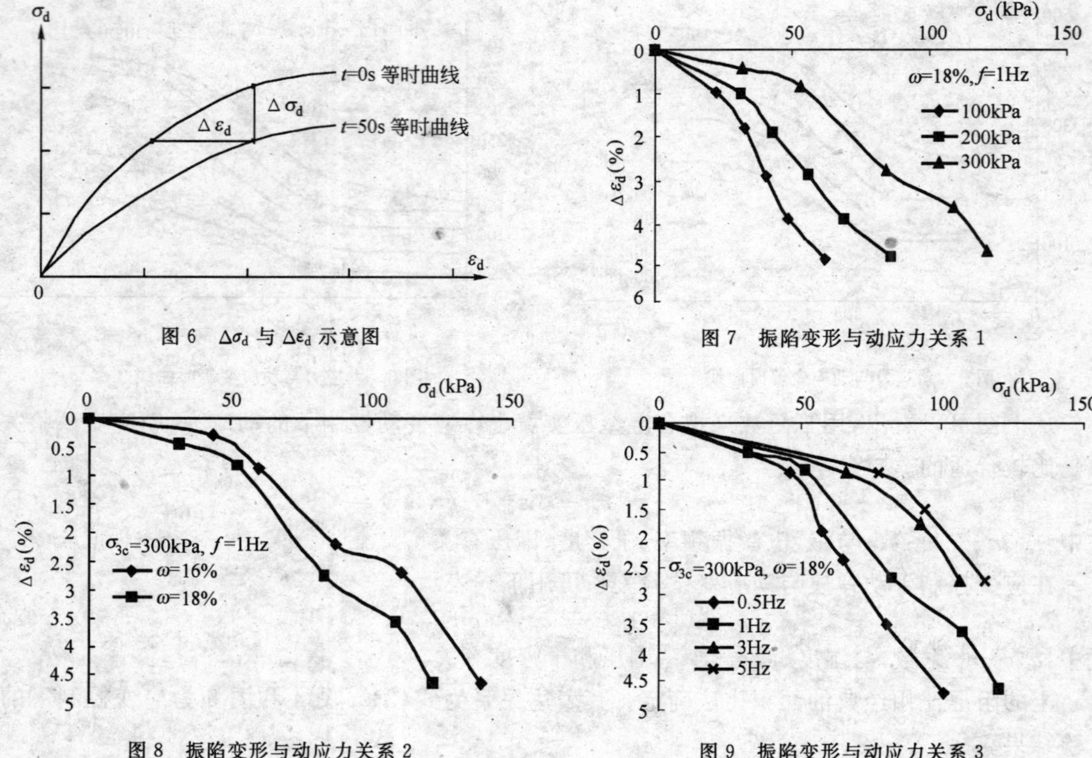

图 6　$\Delta\sigma_d$ 与 $\Delta\varepsilon_d$ 示意图

图 7　振陷变形与动应力关系 1

图 8　振陷变形与动应力关系 2

图 9　振陷变形与动应力关系 3

3　压实黄土在动应变控制作用下的动流变试验模型[3]

通过动应变控制下的动三轴试验，已得出动应力、动模量与动应变的关系表达式(1)和式(2)，要描述动流变关系，还需考虑时间变量。根据用试验资料整理的动应力、动应变等时曲线，例如图 2 和图 3 等，从中可以得出系数 A、m、a、c 与时间的关系。试验结果可用表 1 表示。根据下表资料，可从图 10～图 13 进行变量拟合。

系数与时间关系　　表 1

系数	时间(s)									系数	时间(s)					
	1	2	3	4	5	10	20	30	50		1	5	10	20	30	50
A	145.2	135.7	118.2	99.0	95.0	58.2	37.7	32.3	30.4	a	0.003 6	0.004 3	0.004 6	0.005	0.005 3	0.006 6
m	0.617	0.644	0.682	0.710	0.743	0.803	0.953	0.990	0.990	c	0.000 6	0.001 7	0.003 1	0.005 1	0.006 1	0.008 1

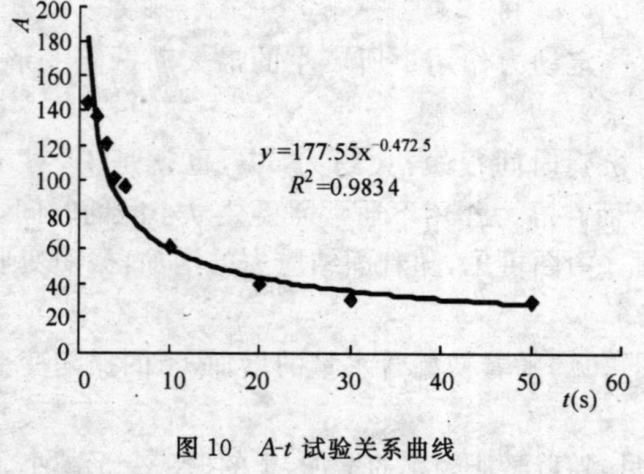

图 10　A-t 试验关系曲线

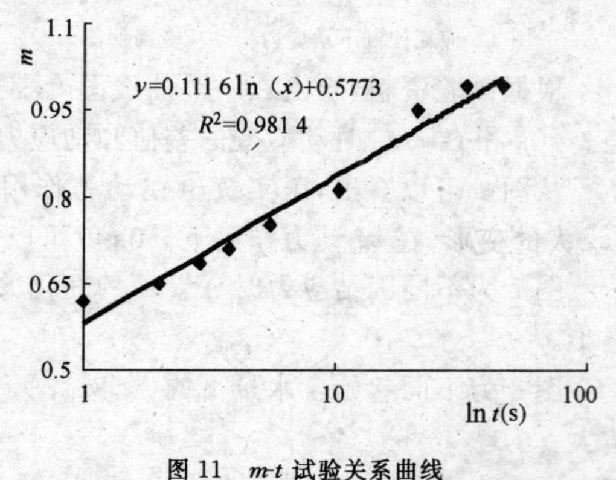

图 11　m-t 试验关系曲线

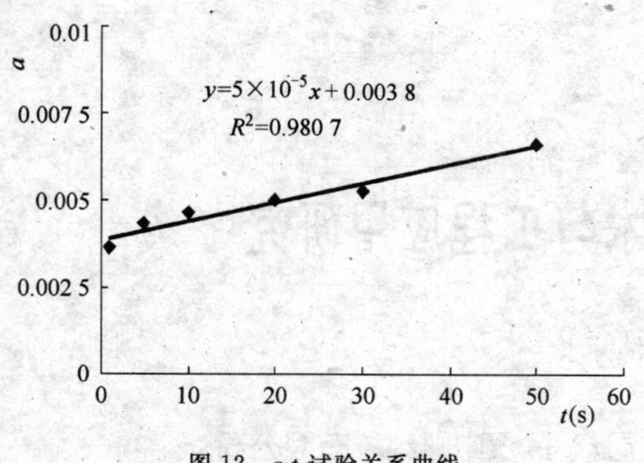

图 12　a-t 试验关系曲线

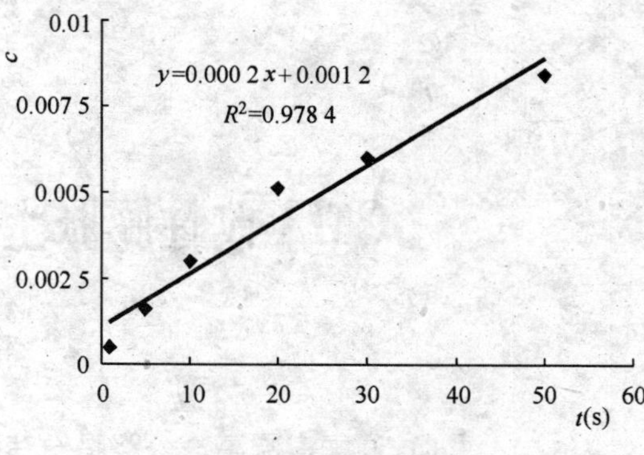

图 13　c-t 试验关系曲线

从上图中可以得出 A、m、a、c 与时间的关系式：

$$A = 177.55t^{-0.472\,5} \tag{a}$$

$$m = 0.111\,6\ln(t) + 0.573 \tag{b}$$

$$a = 5\times10^{-5}t + 0.003\,8 \tag{c}$$

$$c = 0.000\,2t + 0.001\,2 \tag{d}$$

则式(1)变为：

$$\sigma_{\mathrm{d}} = 177.55t^{-0.472\,5}\varepsilon_{\mathrm{d}}{}^{0.111\,6\ln(t)+0.573} \tag{4}$$

式(2)变为：

$$1/E = (5\times10^{-5}t + 0.003\,8)\varepsilon_{\mathrm{d}} + 0.000\,2t + 0.001\,2 \tag{5}$$

即为压实黄土在动应变控制下的动力流变试验模型。

4　结语

(1)压实黄土在动力下的松弛一般和围压、湿度、频率、初始应变和时间有关。

(2)动应变控制下压实黄土的振陷变形与围压、湿度、频率有关，振陷量随围压、频率的增加而减小，随着湿度的增加而增加，振陷时间很短。

(3)在试验与理论推导基础上提出了压实黄土在动应变控制下的动力流变试验模型。

(4)由动应变控制下所得的上述试验成果如何应用还有待进一步的研究。

参考文献

[1] 刘保健，谢定义．随机荷载下土动力特性测试分析法[M]．北京：人民交通出版社，2001.

[2] 汪闻韶．土的动力强度和液化特性[M]．北京：中国电力出版社，1996.

[3] 钱家欢，殷宗泽．土工原理与计算(第二版)[M]．北京：中国水利水电出版社，1996.

CMA 改性膨胀土技术与工程应用研究

王　军[1]　陈永烽[2]

(1. 河南中原高速公路股份有限公司;2. 武汉中财科技有限公司)

摘　要　本文简要阐述了膨胀土的性质及其危害工程的主要原因,分析了传统治理膨胀土方法,介绍了CMA 膨胀土生态改性剂的改性原理与施工技术,研究分析了改性结果,展望了应用前景。

关键词　CMA 膨胀土生态改性剂　改性　膨胀土　施工

1　膨胀土特征及传统治理方法的分析

1.1　膨胀土的基本特性

膨胀土其矿物组成多以伊利石、蒙脱石为主,夹少量的高岭石。这些亲水性的黏土矿物遇水膨胀、失水收缩,具有明显的胀缩性、多裂隙性、超固结性以及强度减弱性,容易造成沉陷、溜塌、纵裂、坍塌等事故,已构成典型的地质灾害。世界上膨胀土分布十分广泛,据报道,迄今已经发现存在膨胀土的国家达 40 余个,遍及六大洲,我国有 3 亿多人口生活在膨胀土分布区。仅我国每年因膨胀土造成的经济损失就达 150 亿美元。修筑在典型膨胀土分布区的公路、铁路常常是“逢堑必滑、有堤必坍”,而且这种破坏作用具有多次反复性和长期潜在危害性,因此,有人称它为“工程中的癌症”。治理膨胀土、确保工程安全与质量一直是困扰着工程界的重大问题,也是世界公认的重大技术难题。

1.2　膨胀土危害工程的主要原因

膨胀土的矿物成分及结构形式,使它具有胀缩特性,含水量的变化使其这一特性显示出来。新开挖的膨胀土地基与边坡,受雨水、大气、地下水、土压力等因素的综合影响,使膨胀土含水量发生变化。反复胀缩导致了膨胀土土体的松散,并在其中形成许多不规则的裂隙,裂隙破坏了土体的整体性,使水的侵入和土中水分的蒸发更为容易。土体含水量的波动引起胀缩变形的反复发生,又进一步导致了裂隙的扩展和向土层深部发展,使土体强度大为降低,形成风化层。风化层深度一般在 1～1.2m。风化层深度范围内,土体湿胀干缩效应明显,土体的黏聚力和抗剪强度急剧下降,所以大气风化作用层是产生各种地基及边坡病害的直接引导层,对地基及边坡稳定性危害极大。因此,膨胀土大气风化作用层是危害工程的主要原因,也是工程防护和治理的重点对象。

膨胀土含水量的变化是受多种因素的影响,雨水渗入只是其中的一个比较重要的因素。因此治理膨胀土地基及边坡,仅仅依靠防止雨水渗入土体是远远不够的。它应该是对大气风化作用层影响深度范围内土体的彻底治理。

1.3　传统治理膨胀土的方法

对于膨胀土挖方边坡传统的处置方案,一般采用全封闭形式的刚性防护。其主要观点认为:膨胀土边坡失稳的主要原因是受降水影响,当土体吸水由非饱和态进入饱和态这一过程中，土体的抗剪强度则由强逐渐变弱，当土体的剪切指标值随含水量增加而衰减时，其边坡稳定性随之递减直至产生变形破坏。因此，采用边坡封闭防护以阻止降水被非饱和土吸收，其主要方式如浆砌片石满铺防治、混凝土六角块满铺防护、土钉墙加固边坡等。实践证明，这些刚性防护方案治理膨胀土效果较差，不能从根本上解决在大气风化作用层影响深度范围内膨胀土体的胀缩问题。因为，膨胀土新开挖的坡面受大气、地下水、土压力变化等多种因素影响，即使没有降水的浸入，也会发生膨胀与收缩，必然产生一定的变形，以求达到新的平衡。即使这种变形不大，也会对刚性防护结构起破坏作用，慢慢形成裂缝，雨水就会从裂缝中渗入，加剧膨胀土的胀缩变形，恶性循环，直至引发连锁破坏。刚性防护结构还有产生眩光、噪声，不能还原生态环境等缺陷。

传统的治理膨胀土的方法存在着上述的缺点，寻求一种能从根本上解决膨胀土问题的新技术是当务之急，需要工程界和科学界各方人士共同努力来解决。近年来，武汉中财科技有限公司开发研制出一种 CMA 膨胀土生态改性剂与施工技术，应用于膨胀土路基、边坡治理能起到很好的效果。该技术在多年研究的基础上，经过大量的室内试验和工程实体试验获得了成功，现已在高速公路、铁路等工程领域得到了广泛的应用。本文通过郑石高速公路 CMA 工程应用实践，对该技术的原理与应用进行探讨与研究。

2 CMA 的改性原理

CMA(Changing the Montmoriuonite's Absorbent)膨胀土生态改性剂是一种复合的化工产品，具有电解和离子交换的作用，有较强的渗透性，能溶于水，在水中离解出带正电荷的阳离子$[X]^{n+}$和带负电荷的阴离子$[Y]^{n-}$，阳离子与膨胀土胶体表面的阳离子$[M]^{n+}$产生交换作用，将这些原本吸附在膨胀土颗粒表面、亲水性极高的阳离子赶走，代之以亲水性较低、黏结力较强的铝离子及其水合物。使膨胀土颗粒上的吸附水的化学键破坏形成自由水，改性后土颗粒形成键状和网状结构加快反应和离子交换，自由水通过重力、蒸发、压实作用排除，改变了膨胀土颗粒的结构特征，改善膨胀土的湿胀干缩特性，从而提高膨胀土的抗剪强度，增强膨胀土的水稳性，永久地改变膨胀土的属性，将膨胀土改性为非膨胀土，且具有比石灰土更稳固更持久的效果。即：

$$[\text{土壤胶体}]^{n-}[M]^{n+}+[X]^{n+}\longrightarrow[\text{土壤胶体}]^{n-}[X]^{n+}+[M]^{n+}$$

而离解出来的阴离子则与土壤中铝产生铬合作用：

$$[\text{土壤颗粒}]+[Y]^{n-}\longrightarrow[\text{侵蚀的土壤颗粒}]^{3-}+[AlY]^{3-n}$$

铝离子的树脂络合物$[AlY]^{3-n}$再与$[\text{土壤胶体}]^{n-}[X]^{n+}$作用，使树脂得以再生：

$$[AlY]^{3-n}+[\text{土壤胶体}]^{n-}[X]^{n+}\longrightarrow Y^{n-}X^{n+}[Al(\text{土壤胶体})]$$

总反应式是：

$$[\text{土壤胶体}]^{n-}[M]^{n+}+[X]^{n+}\longrightarrow Al[\text{脱铝的土壤胶体}]+[M]^{n+}$$

CMA 膨胀土生态改性剂是在水中电解出离子与膨胀土颗粒离子进行交换作用，从而达到将膨胀土改性的目的，它与其他的胶合材料不同，自身与土粒并不结合，而且具有再生功能，它与膨胀土作用时其总量并没有减少。其功效并不会随着时间的推移而逐渐减弱，相反，只要膨胀土中有水分，它的功效就会延续下去，这种作用是永久的、不可逆的。作用过程大致是：当 CMA 膨胀土生态改性剂喷洒在土体上通过渗透达到一定深度将其改性，还可以通过土体本身含水量经土体毛细孔隙到达一定深度。更重要的是，CMA 膨胀土生态改性剂具有较强的渗透性，能溶于水，它可以随雨水渗透，到达雨水能到达的深度，这样就从根本上解决了雨水渗入对膨胀土的影响，做到对大气风化作用层影响深度范围内膨胀土体的彻底治理。

3 CMA 改性膨胀土的特点

3.1 改善膨胀土湿胀干缩的特性

膨胀土湿胀干缩特性是其所含的矿物与水作用的结果，在膨胀土矿物颗粒表面吸附着一层水，这层吸附水是以静电引力的形式被吸附在膨胀土矿物颗粒的表面上，由于静电引力的作用，这层吸附水与膨胀土矿物颗粒结合得非常牢固，重力、较小机械力不能将其排出。土壤通过风干可以除去大部分的吸附水，但环境湿度增加会导致其重新吸收水分，由于膨胀土矿物颗粒很小，其表面积非常大，吸附水的吸收或排出，势必引起土体强烈的湿胀干缩，从而导致岩土工程的破坏。离子交换作用结果，是使原来作用于土壤颗粒表面的吸附水静电引力被打破，吸附水变成自由水。经离子交换作用膨胀土颗粒不再容易与水分子结合，从而容易被排出，这样就从根本上改善了膨胀土湿胀干缩的特性，将膨胀土改性为非膨胀土，优于正常土。

3.2 改性后的土体具有人造沉积岩倾向

由于改性后的土体水分在 CMA 膨胀土生态改性剂的作用下被排除，改性土在重力的作用下被压实，在石灰和离子反应中形成胶状晶体的黏合作用下被固化。固结形成密实的板状结构，具有良好的弹性，不会发生裂隙，具有人造沉积岩的倾向。

3.3 水的渗透不会引起岩土工程的破坏

水的渗透需要有气孔。未经处理过的土壤其中的气孔及虚空空间很多，水很容易渗透进去，渗透进去的水还会被膨胀土颗粒吸附而使土壤膨胀，导致岩土工程破坏。经过 CMA 膨胀土生态改性剂处理的土体，由于其排水作用而使大部分的气孔也被压缩，且气孔里大部分空间会被再结晶物质所充填，虽然改性后的土体水还是能渗透进去，但由于这些水不会再被吸附而很快被排出。所以，这些渗透水并不会引起岩土工程的破坏。

4 CMA 的工程应用

郑州至石人山高速公路是河南省新建的一条区域能源和旅游大通道。在途经郑州市新郑、新密地区境内 K8＋020～K34＋450 分布着膨胀潜势中膨胀土，地层为黄色黏土、棕黄色夹灰白色硬黏土，含褐色的锰质结核，具有潜势中膨胀性，荷载裂隙和构造节理非常发育，广泛分布于岗地，二级阶地，在垄岗斜坡中下部厚度较大。其基本特性见表 1。

郑州至石人山高速公路膨胀土基本特性指标 表 1

采样点	液限	塑限	塑性指数	颗粒分析（%）				自由膨胀率 δ_{ef}
	W_L	W_P	I_P	＞0.075	0.075～0.005	0.005～0.002	＜0.002	%
K12＋020	53.3	28.6	24.7	21.6	47.7	7.2	23.5	80

为了确保工程的质量与安全，建设生态环保高速公路，河南中原高速公路有限公司委托武汉中财科技有限公司进行了膨胀土生态改性课题研究。研究成果表明，CMA 能从根本上改变膨胀土的亲水及胀缩特性，将膨胀土改性成为非膨胀土，经改性后的土体强度高、水稳性好，故被用来进行改性处理。

CMA 膨胀土生态改性剂改性施工的方法步骤是：根据当地土质通过室内模拟试验，生产适合于该项目土体的CMA膨胀土生态改性剂，施工时按一定的比例加水稀释，然后分三次均匀喷洒在膨胀土路基、边坡的表面上，通过渗透方法将其改性。改性后的边坡经过几场大雨、土体改性过程基本完成后，在改性的土体上打孔取样，为了区分不同深度的改性效果，将深度为0.0～0.3m、0.3～0.6m、0.6～1.0m分三个土样送交检验。检测结果如下表2～表6。

液塑性、颗粒分析试验成果对比表 表2

样品名称		液限 ω_L（%）	塑限 ω_P（%）	塑性指数 I_P	颗粒分析（%）					
					砂粒		粉粒		黏粒	
					0.5～0.25	0.25～0.075	0.075～0.05	0.05～0.005	0.005～0.002	＜0.002
原状土		53.3	28.6	24.7	0.7	0.5	1.3	38.5	9.5	49.5
改性土	0.0～0.3m	37.6	22.1	8.8	8.7	4.1	4.8	67.7	8.8	5.9
	0.3～0.6m	39.8	23.0	4.6	4.5	2.8	13.9	59.5	8.2	11.1
	0.6～1.0m	42.3	23.6	1.0	1.0	0.6	1.4	49.7	15.5	31.8

胀缩特性试验成果对比表 表3

样品名称		自由膨胀率（%）	无荷膨胀率（%）	有荷膨胀率（%）					膨胀力（kPa）	缩限 ω_s（%）	收缩系数 λ_s
				50kPa	100kPa	200kPa	300kPa	400kPa			
原状土		80	17.8	9.2	7.97	6.77	6.19	2.85	＞400	14.5	0.48
改性土	0.0～0.3m	16	0.2	0	0	0	0	0	8	8.6	0.13
	0.3～0.6m	21	5.4	3.1	2.6	1.7	1.1	0.8	158	10.8	0.23
	0.6～1.0m	24	7.6	5.7	3.1	2.4	2.1	1.4	292	12.6	0.41

剪切、无侧限抗压强度试验成果对比表 表4

样品名称		直剪		饱和直剪		无侧限抗压强度	
		黏聚力 c（kPa）	内摩擦角 φ（°）	黏聚力 c（kPa）	内摩擦角 φ（°）	100%压实度下（kPa）	95%压实度下（饱和）（kPa）
原状土		163	25.5	34.0	6.3	642.3	51.8
改性土	0.0～0.3m	208.7	35.8	91.0	27.9	1 145	315
	0.3～0.6m	246.0	24.6	61.0	23.7	947	264
	0.6～1.0m	219.5	24.1	43.0	15.9	879	190

击实承载比试验成果对比表 表5

样品名称		最佳含水率（%）	最大干密度（g/cm^3）	CBR压实度（95%）	吸水量（g）	膨胀率 δ_{ef}
原状土		14.3	18.4	0.81	174	4.98
改性土	0.0～0.3m	22.2	1.61	77.8	132	0.27
	0.3～0.6m	21.1	1.69	23.6	146	1.35
	0.6～1.0m	19.7	1.74	7.0	167	2.12

湿化崩解试验成果对比表 表6

土样名称	初始溶裂时间及状况	最终溶裂状况
原状土	入水3min后开始掉屑,1h开始从中间粉化、膨胀并发育细微裂缝	24h土样松散粉化,坍落量78.9%
改性土 0.0～0.3m	初始溶裂时间及状况:土样入水后,短时间内出现微量气泡,随后无反应。 最终溶解状况:经7d后,试样无任何变化,整体完好,不崩解	初始溶裂时间及状况:土样入水后,短时间内出现微量气泡,随后无反应。 最终溶解状况:经7d后,试样无任何变化,整体完好,不崩解
改性土 0.3～0.6m	初始溶裂时间及状况:土样入水后,土样四周有极小的土屑脱落。 最终溶解状况:经7d后,脱落量为5%,试样整体完好,不崩解	初始溶裂时间及状况:土样入水后,土样四周有极小的土屑脱落。 最终溶解状况:经7d后,脱落量为5%,试样整体完好,不崩解
改性土 0.6～1.0m	初始溶裂时间及状况:土样入水开始掉屑,经24h后,脱落量达15%。 最终溶解状况:经7d后,脱落量达35%,试样微崩解	初始溶裂时间及状况:土样入水开始掉屑,经24h后,脱落量达15%。 最终溶解状况:经7d后,脱落量达35%,试样微崩解

5 改性施工成果的分析与研究

5.1 目测

根据现场目测,改性施工前边坡上出现了很多不规则的裂隙,边坡土体松散,存在着严重诱发边坡滑坡和塌滑的倾向,验证了膨胀土的基本特性,经改性后的土体柔和,具有砂性土的特性,没有产生裂痕的现象,改性后的边坡稳定。

5.2 试验检测研究与分析

根据室内试验研究报告和现场试验检测报告研究分析如下:

(1)改性土的可塑性发生了明显的变化,其液限减小至40%以下,塑限增大;塑性指数减小了45%左右。这表明经改性作用,土体的亲水性明显减弱。

(2)从颗粒分析上的结果上可以看出改性土中砂粒组、粉粒组含量明显比原土增大,而黏粒组及胶粒组显著减小,表明土的比表面积减小了,土粒的分散程度降低,土颗粒之间因离子交换作用形成了比原土颗粒之间更为紧密的结构,土颗粒与水的接触面积减少。

(3)原土的自由膨胀率最高为80%,属膨胀潜势中膨胀土,但其膨胀力达200kPa以上。对于无上部荷载作用的边坡,在水的作用下必然产生破坏。经改性作用后,自由膨胀率均降到了20%左右,属非膨胀土。按最大干密度及最佳含水量制备的试样测定的相关膨胀收缩指标显示,经改性剂改性后土体已消去了膨胀性。

(4)100%压实度的承载比是原土的20～70倍,吸水量仅为原土的10%,膨胀率仅为原土的5%,这表明经改性作用,土的吸水性及膨胀性减弱,承载能力大幅提高,水稳定性大大增强。

(5)改性土的无侧限抗压强度约是原土的2倍,直剪快剪抗剪强度c值是原土的2倍左右,φ值也有很大程度的提高,这说明改性土的强度优于原状土。

(6)湿化试验成果表中可知,改性土水稳定性良好。改性作用能消除膨胀土的崩解特性。

(7)在改性后的边坡土体上,现场采样的4组12个土样经检测自由膨胀率最小值为

16％，最大值为24％，均由膨胀土改性为非膨胀土，按土质分类定性为亚砂土、亚黏土。改性后土体的工程特性发生了根本的变化。

(8)现场检测的结果表明边坡土体的改性深度大于1m，影响深度在1.5～2m之间。大气风化作用层影响深度范围内膨胀土土体均为非膨胀土，而且具有良好的水稳性和不透水性，从而形成较厚的保护层，确保了边坡的稳定。

6 结语

根据目测和试验检测的各项指标综合分析，在施工段范围内深度为1m的边坡土体，经CMA膨胀土生态改性剂改性已达到将膨胀土改性为非膨胀土的目的，改性后的土体基本上消除了膨胀土的胀缩特性，土体的强度大幅度提高，水稳性好，改性后的边坡稳定，且施工方法简单，工程造价低，改性后的土体能种植花草灌木还原生态，是一种经济可行治理膨胀土的好产品，具有很高的推广应用价值，应用前景十分广阔。

三、路 面 工 程

嵌挤密实结构沥青混合料配合比设计

张付雄[1]　李辉忠[2]　李　郑[1]　崔志方[1]

（1.河南中原高速公路股份有限公司；2.长沙理工大学）

摘　要　目前我国的沥青混合料级配设计是通过试配—修正—再试配的过程来确定的，很难保证设计的级配为"S"型嵌挤密实结构，本文结合贝雷法级配设计和目前国内非常成熟的马歇尔方法，提出了一种嵌挤密实沥青混合料配合比设计方法，并给出了级配设计的实例。通过该方法完成的级配设计，集料能形成良好的骨架，同时通过调整粗细集料的比例，以保证设计混合料具有较好的耐久性。

关键词　嵌挤密实结构　贝雷法　级配设计

传统的沥青混合料级配设计通常是依据已有的经验，通过试配—修正—再试配的过程来确定矿料级配，使设计的矿质混合料形成适宜的空隙结构，包括矿料间隙率[VMA]、剩余空隙率[VV]、沥青填隙率[VFA]及粗集料空隙率[VCA]等。由美国伊利诺州交通部的罗伯特·贝雷(Robert Bailey)发明的贝雷法是一种系统的级配组成方法，其主要思想是以形成的集料骨架作为混合料的承重主体，使设计的混合料能提供较高的抗车辙性能，同时通过调整粗细集料的比例，获得合适的[VMA]，以保证设计混合料具有较好的耐久性[1]。但目前中国应用贝雷法仅是通过验证粗细料的比例来保证粗集料的骨架，这存在局限性。考虑到贝雷法级配设计的优点，本文拟通过将其与传统的马歇尔方法相结合，提出一种的嵌挤密实沥青混凝土配合比设计方法。

1　级配设计步骤及实例

1.1　级配设计步骤

根据贝雷法的级配设计思想，可以按下列步骤进行沥青混合料级配设计：

(1)测定所选各档材料的毛体积密度、表观密度、松装密度和干捣密度。

(2)确定粗集料的选取密度($kg \cdot m^{-3}$)，通常为松装密度的95%～105%[2]。

(3)计算粗集料在选取密度下的空隙体积。

(4)用细集料的干捣密度确定填充粗集料空隙所需的细集料($kg \cdot m^{-3}$)。

(5)利用粗、细集料各组分的密度，确定矿质混合料的总重($kg \cdot m^{-3}$)，根据各级粗集料体积＋各级细集料体积＝单位体积，确定各集料的合成质量百分比。

(6)根据粗集料中所含的部分细集料以及细集料中所含的部分粗集料，分别修正粗、细集料的质量百分比。

(7)若使用矿质填料或回收粉尘，则需调整细料部分的百分含量。

(8)确定经修正后各集料最终的质量百分含量。

(9)合成级配的分析。矿料组成确定以后，需对集料的体积特性进一步分析，也就是检验

设计级配的 CA、FA_C、FA_f 三参数是否在建议的范围之内。如果不在，重新确定粗集料选取密度，重复步骤(2)～(9)，直到得到能通过检验的合成级配。

分析是先将合成级配分成 3 个部分：第一部分是合成级配的粗集料部分，即最大粒径与[PCS]之间的集料；合成集料的细集料又被分成粗、细 2 个部分，其分界点称为第二控制筛孔[SCS]，且[SCS]=0.22[PCS]；细料的细部同样被再分一次，以第三控制筛[TCS]作为分界点，且[TCS]=0.22[SCS]。

对合成级配用[CA]、[FA_C]及[FA_f]3 个参数进行分析。这些参数发生变化，将引起沥青混合料的体积特性、施工特性以及使用性能的变化。

[CA]比：[CA]比为粗集料比(Coarse Aggregate Ration)，这个参数用于评价矿料中粗集料的含量和分析空隙特征。计算公式为：

$$[CA] = (P_{D/2} - P_{PCS})/(100 - P_{D/2}) \tag{1}$$

式中，$P_{D/2}$为粒径 $D/2$(D 为公称最大粒径)的通过率(%)；P_{PCS}为第一控制筛孔(PCS 为与公称最大粒径的 0.22 倍最接近的筛孔)的通过率(%)。

式中分子部分是粗集料中的细料部分，因其会推挤较大尺寸的石料而称为干涉料；分母部分是粗料部分，增加这部分尺寸的石料会填充空隙，减小矿料间隙率[VMA]，因而称为填塞料。粗集料部分的填充影响[VMA]和施工期间混合料的压实性能。[CA]比的正常范围为 0.4～0.8。随[CA]比的增加，混合料的[VMA]也增加。当[CA]比接近 1.0 时，粗集料中的任何部分都不能形成粗集料骨架。尽管这种混合料不易离析，但由于包含了大量的干涉料，以致粗集料部分不能很好地填充在一起，且沥青混合料难以压实，易于产生推挤。当[CA]比大于 1.0 时，粗集料中的细料部分对粗集料骨架的形成起主导作用，粗料部分开始充当填塞料，以致封闭了粗集料骨架的空隙。当[CA]比小于 0.4 时，混合料容易产生离析。

[FA_C]比：把细集料重新视为一混合料，并将其分成粗、细两个部分，细集料中粗料部分形成的空隙由细料部分进行填充。[FA_C]比(Coarse Portion of Fine Aggregate)就是用来反映细集料中粗料部分与细料部分的嵌挤、填充情况，计算公式为：

$$[FA_C] = P_{SCS}/P_{PCS} \tag{2}$$

式中：P_{SCS}——第二控制筛孔的通过率(%)。

大多数密级配沥青混合料的[FA_C]比为 0.25～0.50。随比值的增加，整个合成集料中的细集料部分填充更加紧密。比值高意味着细集料中的细料部分体积增加，该部分填充粗料部分形成的空隙。但比值高通常显示沥青混合料的强度较低。如[FA_C]比值低，则细集料中粗料内的空隙体积将由较少的细料部分填充。如比值太低，则形成不良级配，且难以压实。

[FA_f]比：[FA_f](Fine Portion of Fine Aggregate)反映了合成集料中最细一级的嵌挤情况，计算公式为：

$$[FA_f] = P_{TCS}/P_{SCS} \tag{3}$$

式中：P_{TCS}——第三控制筛孔的通过率(%)。

[FA_C]比用来进一步评估细集料中最小集料颗粒的填充特性。同[FA_C]比一样，[FA_C]比也要求在 0.25～0.50 范围内，以防超填上一级颗粒形成的空隙。[FA_C]比增加，混合料的空隙减小。对公称最大粒径 19mm 和粒径更大的混合料，高的[FA_C]比通常会在 0.45 次方级配图上形成类似砂的驼峰曲线。

以上 3 个比例参数都是通过与不同混合料公称最大粒径相联系的各个控制筛孔的通过百分含量计算而得的，它们对于评价和调整混合料的[VMA]及空隙率有很大价值。

1.2 级配设计实例

本例[3]中采用两种粗料、一种细料和填料。设计密度取为松装密度的103%，$P_{0.075}=4.5\%$，两种粗料(CA^1 和 CA^2)按体积比 25∶75 组成(依照美国常用级配对粗集料部分进行反算得到)。具体各档料级配组成见表1，密度指标见表2。

各档料级配组成 表1

级配组成	下列筛孔(mm)通过率(%)									
	19	12.5	9.5	4.75	2.36	1.18	0.6	0.3	0.15	0.75
粗料 CA^1	100	94.0	38.0	3.0	1.9	1.8	1.8	1.8	1.81	1.7
粗料 CA^2	100	100	99.0	30.0	5.0	2.5	1.9	1.4	1.3	1.2
细料 FA	100	100	100	99.0	79.9	48.8	29.0	14.2	8.8	3.0
填料 MF	100	100	100	100	100	100	100	100	98.0	90.0

各档料密度(g/cm^3) 表2

项　目	粗料 CA^1	粗料 CA^2	细料 FA	填料 MF	项　目	粗料 CA^1	粗料 CA^2	细料 FA	填料 MF
毛体积密度	2.702	2.698	3.162	2.806	松装密度	1.426	1.400	—	—
视密度	2.812	2.812	3.600	2.806	干捣密度	1.592	1.592	2.167	—

计算步骤如下：

(1)初步计算粗细料组成比例

设计密度取为松装密度的103%，CA^1 与 CA^2 按照 25∶75 混合后，每 cm^3 体积内各粗料量为：

$$CA^1: 1.426\times103\%\times25\%=0.367g$$

$$CA^2: 1.400\times103\%\times75\%=1.081g$$

粗集料间隙率计算公式为：

$$VCA=\left(1-\frac{\rho_{设计密度}}{\rho_{粗料毛体积密度}}\right)\times P_{粗料比例}$$

则本例中粗集料间隙率：

$$VCA=\left(1-\frac{1.426\times103\%}{2.702}\right)\times25\%+\left(1-\frac{1.400\times103\%}{2.698}\right)\times75\%=0.463$$

假定上述空隙完全由细料按干捣密度填充，每 cm^3 体积所需细料量为：$0.463\times2.167=1.003g$，粗细料总量为：$0.367+1.081+1.003=2.451g$。

粗细料初步组成为：

$$CA^1: 0.367/2.451=15.0\%$$

$$CA^2: 1.081/2.451=44.1\%$$

$$FA: 1.003/2.451=40.9\%$$

(2)考虑粗料中含细料和细料中含粗料对组成比例进行调整

本例中，公称最大粒径取12.5mm，则粗细料划分界限(PCS)为2.36mm，粗料中所含细料为：

$$CA^1:15.0\% \times 1.9\% = 0.3\%(P_{2.36} = 1.9\%)$$

$$CA^2:44.1\% \times 5.0\% = 2.2\%(P_{2.36} = 5.0\%)$$

总量：0.3%+2.2%=2.5%。

细料中所含粗料为：40.9%×(1−79.9%)=8.2%($P_{2.36}$=9.9%)。

对粗料调整为：

$$CA^1 = 15.0\% + 0.3\% - \frac{15.0\% \times 8.2\%}{15.0\% + 44.1\%} = 13.2\%$$

$$CA^2 = 44.1\% + 2.2\% - \frac{44.1\% \times 8.2\%}{15.0\% + 44.1\%} = 40.2\%$$

对细料调整为：FA=40.9%+8.2%−2.5%=46.6%。

(3)考虑 0.075 mm 通过率对集料比例进行调整合成集料中含 0.075mm 以下料为：

$$CA^1:13.2\% \times 1.7\% = 0.2\%(P_{0.075} = 1.7\%)$$

$$CA^2:40.2\% \times 1.2\% = 0.5\%(P_{0.075} = 1.2\%)$$

$$FA:46.6\% \times 3.0\% = 1.4\%(P_{0.075} = 3.0\%)$$

所需填料：

$$MF = \frac{P_{0.075设计} - P_{0.075合成}}{P_{0.075填料}} = \frac{4.5\% - 0.2\% - 0.5\% - 1.4\%}{90.0\%} = 2.7\%$$

因填料 MF 中不含 2.36mm 以上部分，所以粗料不需调整，细料 FA 调整为：46.6%−2.7%=43.9%。

最后各档料比例为：$CA^1:CA^2:FA:MF$=13.2：40.2：43.9：2.7。

合成级配见表 3，CA、FA_C、FA_f 值见表 4，可见各参数满足要求。

合 成 级 配　　表 3

筛孔(mm)	通过率(%)	筛孔(mm)	通过率(%)
19	100	1.18	25.4
12.5	99.2	0.6	16.4
9.5	91.4	0.3	9.7
4.75	58.6	0.15	7.3
2.36	40.0	0.075	4.5

合成级配检验参数值　　表 4

CA(0.4～0.8)	FA_C(0.25～0.50)	FA_f(0.25～0.50)
0.45	0.41	0.45

至此，便完成了嵌挤密实沥青混合料的级配设计。

2　沥青混合料配合比设计方法

2.1　目标配合比设计

沥青混合料的目标配合比设计宜按图 1 的框图步骤进行。

配合比设计的试验方法必须遵照现行试验规程的方法执行。混合料拌和必须采用小型沥青混合料拌和机进行。混合料的拌和温度和试件制作温度应符合本规范的要求。

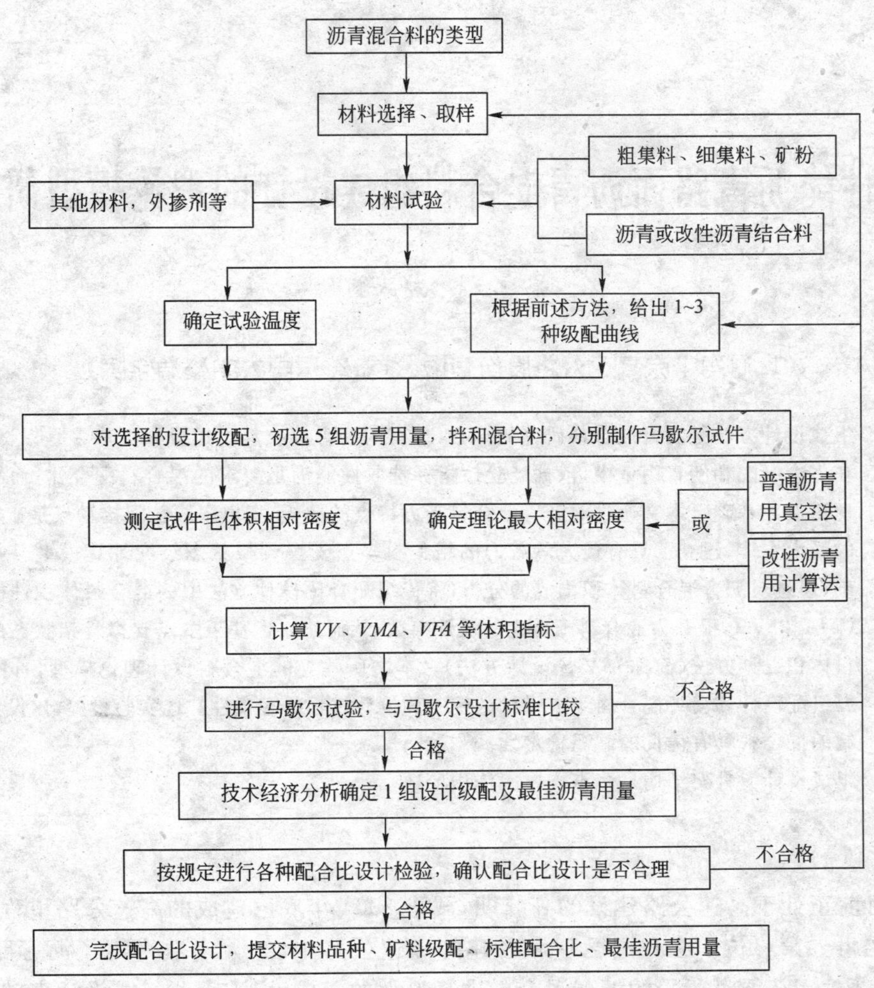

图1　沥青混合料目标配合比设计流程图

2.2　生产配合比

生产配合比设计及其验证可参照《公路沥青路面施工技术规范》(JTG F40—2004)规定的方法和步骤进行。

3　结语

混合料的级配对其高温抗车辙和低温抗裂性能有着非常显著的影响。本文结合贝雷法级配设计和目前非常成熟的马歇尔方法，给出了一种嵌挤密实沥青混合料配合比设计方法。采用该方法完成的级配设计，能使集料形成良好的骨架，同时通过调整粗细集料的比例，以保证设计混合料具有较好的耐久性。

参考文献

[1] 吕文江，陈爱文，等. 贝雷法参数CA比对沥青混合料性能的影响[J]. 长安大学学报(自然科学版)，2005，25(4)：5-81.

[2] 彭小云. 贝雷法在沥青稳定碎石排水基层级配设计中的应用[J]. 公路与汽运，2006，3：89-91.

[3] 陈爱文，郝培文. 应用贝雷法设计和检验级配[J]. 中外公路，2006，24(5)：101-103.

高性能沥青路面沥青混合料组成设计的理论模型研究

高建立[1]　赵永利[2]

（1.河南中原高速公路股份有限公司；2.东南大学交通学院）

摘　要　组成设计方法是沥青混合料研究的核心，现有的沥青混合料组成设计方法多是以试验为基础，在多个级配和沥青用量中，依据经验性指标选取性能满足要求的混合料配合比，而缺少必要的理论设计基础。本文通过对沥青混合料受力特点的分析，指出了颗粒间接触点是矿料骨架结构的受力主体，建立了具有最大承载力的粗集料多点支撑骨架状态级配计算模型。并以此为基础，通过对沥青混合料体积构成的分析，将传统配合比设计方法中的混合料体积性能验证参数 *VMA* 和 *VV*，提升为混合料配合比的设计参数，从而建立了基于多点支撑骨架状态的沥青混合料体积设计方法（简称为 *V-S* 设计方法）。本文所建立的混合料设计理论模型，首次实现了矿料级配设计和沥青混合料组成设计的统一和设计过程的客观性。经实验检验，该设计方法所配制的混合料具有优良的高温稳定性。

关键词　组成设计　骨架结构　多点支撑　体积参数

1　概述

我国目前正处于高速公路建设的高峰期，截止 2004 年底已建成的高速公路里程达到3.42 万 km，位居世界第二位。在我国已建和在建的高速公路中，绝大多数采用了沥青路面结构；为确保公路质量，必须对所用的沥青混合料进行科学的组成设计，因此组成设计也就成为沥青混合料研究的核心内容。沥青混合料的组成设计包括级配设计和沥青用量设计，其中级配设计是沥青混合料设计的关键。沥青混合料的级配设计和配合比设计的研究，从 20 世纪 20、30 年代就已经开始，但就目前的研究现状来看，上述研究多建立在经验的基础上，缺少真正具有实用性的理论设计模型。

2　矿料级配设计模型

由于矿料所构成的固体结构在沥青混合料中占据了 80%以上的体积，同时承担着相当大的外界荷载，因此矿料级配是影响沥青混合料性能的重要因素。目前的级配设计理论多以最大密实度为目标进行设计，但由于各设计理论所依据的工程经验和设计理念不同，而形成了不同的级配设计理论，如 Fuller 根据实验提出“矿料的颗粒级配曲线愈接近抛物线，则其密实度愈大”，从而建立了最早的级配设计理论；Weymouth 研究认为：为了达到最大密度，前一级颗粒之间空隙，应由次一级颗粒所填充，但填隙的颗粒粒径不得大于其间隙之距离，从而建立了干涉理论[1]。

近年来，在重载交通条件下，沥青路面的车辙成为一种主要病害形式；相应的级配设计设计理论也发生了明显的变化，混合料的骨架特性受到了越来越多的重视，提出了相应的骨架型混合料设计方法，其中典型的代表就是“贝雷法”[2][3]。

“贝雷法”级配设计理论是由美国以利诺州交通部 Robert D. Bailey 提出的。“贝雷法”认为，矿料中可以分为形成骨架的粗集料和形成填充的细集料。根据平面模型，形成第一级填充的细集料平均直径为最大公称尺寸的 0.22 倍，细集料的体积等于粗集料空隙的体积。同样，细集料也按照此原理分成细集料中的粗集料与细集料中的细集料，并形成依次的填充状态。“贝雷法”虽然提出了以骨架结构为目标的设计模型，但其理论是以简单的平面几何模型为基础，与矿料的实际状态有较大的差异，设计时需进行大量的修正。

可以看出，现有的级配设计理论多是建立在简单几何模型基础上的，虽然可以用于计算级配，但其计算结果很难用于工程实践[4]；另一方面，现有的级配设计理论都独立于混合料设计之外，级配设计中缺少和沥青混合料性能相关的有针对性的设计参数。

3 沥青混合料组成设计理论

沥青混合料的配合比设计方法，是在总结工程经验和开发沥青混合料试验设备的基础上逐步发展起来的，早在 1920 年，就出现了最早的沥青混合料试验方法——Hubbard-field 方法[5]。从 20 世纪 20 年代到 50 年代，先后出现了多种沥青混合料设计方法，如：Richardson 归纳法、Warren 法、哈-费氏法、马歇尔设计方法、维姆设计方法、Smith 三轴法和得克萨斯旋转法等[6]。其中马歇尔设计方法影响最广，目前被世界上大多数国家所采用。美国 SHRP 提出的 Superpave 设计方法是 20 世纪 90 年代道路工程界最引人注意的研究成就[7]，它提出了以旋转压实试验中的混合料体积参数作为核心评价指标的设计理念。

虽然现有各种设计方法中的设计理念和用于评价沥青混合料性能的试验方法各不相同，但却普遍采用了“试验选择”的设计思路，也即依据工程经验确定多个初始的级配和沥青用量，然后通过试验，在众多待选的配合比中，选取各性能均满足一定要求的配合比作为目标配合比。

我国 2005 年实施的《公路沥青路面施工技术规范》(JTG F40—2004)中指出，配合比设计时，应根据工程特点在规范级配范围内选取工程设计级配范围，并在工程设计级配范围内选取 1～3 组粗细不同的级配曲线，通过马歇尔试验，选取性能满足要求的级配曲线作为目标配合比设计级配。Superpave 设计方法，是在 0.45 次方坐标图上选取 3 个级配曲线，通过旋转压实试验选取适宜的级配，再通过旋转压实试验确定空隙率为 4%时的沥青用量，以此作为目标配合比。澳大利亚在 20 世纪 80 年代后期，开始致力于研究一套新的基于使用性能的沥青混合料设计方法，NARC 研制了一种叫做 Gyropac 的旋转压实仪，用于评价和设计沥青混合料；配合比设计过程中，通常选取多个沥青用量进行不同次数的旋转压实，通过绘制空隙率与压实次数曲线，确定沥青用量[8]。在 SMA 混合料设计过程中，包括我国在内的许多国家都采用了美国 FHWA 和 NAPA 共同提出的“SMA 混合料配合比设计方法”，该方法中 SMA 级配的确定，也是通过对多个级配进行试验，以“击实条件下的 VCA 小于捣实条件下的 VCA_{DRC}”[9] 为判断标准进行级配选取。

可以看出，现有的设计方法的核心，是对依据经验提出的初始配合比进行性能判断，并选取性能满足要求的配合比，而并不是真正意义上的设计方法[10]。完整的配合比设计过程，应包括依据混合料性能要求进行配合比设计的理论设计过程，以及对理论设计结果进行验证的试验过程。可以看出，现有的各种设计理论中仅包括了后一过程，而缺少了必要的理论设计过程。通过理论设计不仅可以减少试验工作量，同时可以明确配合比设计的核心控制参数和主要影响因素，从而有利于施工控制。因此，建立沥青混合料配合比设计的理论模型是目前工程界和理论界的急需。

4 粗集料的多点支承骨架状态研究

为建立新的更为实用的级配设计理论，本文从矿料的构成和受力特点出发，进行了系统的研究。典型的混合料骨架结构可以看出，虽然在力学体系中都将混合料假定为均质材料，但由于其内部的不均匀性，使得应力在混合料内部沿着模量最高的路线进行分布，即其应力主要通过集料间的接触点来进行传递。

任意截面上，颗粒间接触点的面积总和要远小于混合料试件的横截面积，因此当集料承受较小的荷载时，其接触点处的应力可以达到非常大的值。即使是典型的悬浮密实结构的 AC-20I 混合料经击实试验后，其级配也发生了明显的变化。由图 1 可以看出，各级筛孔的筛余量变化量的绝对值累计高达 27.5%。

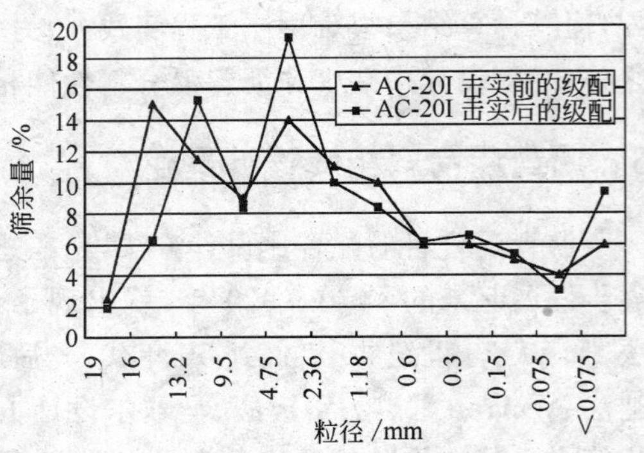

图 1 AC-20I 混合料击实前后的级配变化

可以预见，随着现代交通车流量的增加和轴载的增加，在施工和使用过程中，集料的破碎是普遍存在的。粗集料的破碎不仅改变了原来的级配设计，同时由于破裂面上没有沥青黏结，因此成为混合料内的薄弱点和初始裂缝的来源，从而严重影响路面的使用性能和使用寿命。因此，在现代交通条件下，级配的构造基础就是确保骨架颗粒间接触点的稳定，而在颗粒强度一定的条件下，增加接触点的数量是降低接触点应力、提高骨架结构承载力的有效途径。

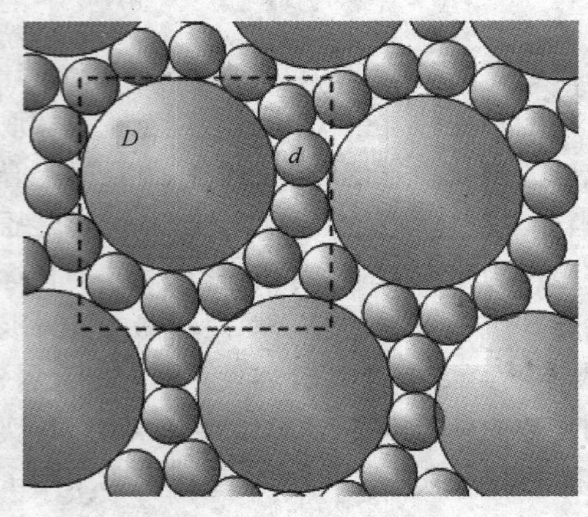

图 2 多点支撑骨架结构模型

因此，本文提出如图 2 所示的粗集料多点支撑骨架结构模型，在该模型中，粗一级颗粒 D 周围分布着尽可能多的细一级颗粒 d；在此种条件下，粗一级颗粒和细一级颗粒间可获得最多的接触点，从而确保该骨架体系可获得最大的稳定性和最大的承载能力。同理，对于细一级颗粒 d 应有尽可能多的更细一级颗粒包围在其周围，以此类推。

为确定该模型中不同粒径颗粒的含量，可选取图 2 中的虚线所示的单元，并将此单元拓展为三维立方体模型单元。经计算可得到多点支撑骨架结构模型中，粗一级颗粒 D 应占有的体积百分率 V_1 公式：

$$V_1 = \frac{V_0}{\left(1 + \frac{d}{D}\right)^3} \tag{1}$$

其中粗一级颗粒单独填充时的填充率 V_0 = 堆积密度/表观密度。

可以看出，本文所提出的多点支撑骨架结构的几何模型（图 2）和级配计算公式（1）均与干涉级配理论相同，但此处的相同仅是数学意义上的相同，两种设计理论的设计理念却完全不同：在图 2 中，干涉理论看到的是由于 D 和 d 处于临界干涉状态，而使混合料的密实度最大；

而本文看到的是由于 D 和 d 处于多点支撑骨架状态，而使混合料的承载能力最大。

5 基于多点支撑骨架状态的沥青混合料体积设计模型

根据本文的研究成果可知[11]，≥4.75mm 的粗集料相互支撑形成了混合料的骨架结构，而<4.75mm 颗粒的细集料和填料，则填充在骨架结构的空隙(VCA)中而形成整个矿料体系，沥青胶结料进一步填充在矿料体系的间隙中(VMA)而形成整个沥青混合料。由以上对沥青混合料体积构成的分析，可以得出如下公式：

$$\begin{cases} G + g = 100\% & \text{(a)} \\ \dfrac{g}{\rho_g} = \dfrac{G}{\rho_s}\left(\dfrac{VCA - VMA}{100}\right) & \text{(b)} \\ \dfrac{P_a}{\rho_a} = \left(\dfrac{VMA - VV}{100}\right)\dfrac{G}{\rho_s} & \text{(c)} \end{cases} \tag{2}$$

式中： G、g——分别为矿料中粗集料(≥4.75mm)、细集料和填料(<4.75mm)的比例(%)；

ρ_g——细集料和填料混合后的密度(g/cm^3)；

ρ_s、VCA——分别为粗集料紧密堆积时的堆积密度(g/cm^3)和空隙率(%)；

VMA、VV——分别为沥青混合料的设计矿料间隙率和设计空隙率(%)；

P_a、ρ_a——分别为沥青混合料的油石比(%)和沥青的密度(g/cm^3)。

公式(2)是在本文提出的粗集料多点支撑骨架结构模型的基础上，建立起来的以沥青混合料体积参数为核心设计参数的混合料设计方法，本文将其命名为基于多点支撑骨架状态的混合料体积设计模型(Volumetric Mix Design Method Based on Multi-supporting Framework Condition)简称为 V-S(意为体积-支撑)设计模型。式(2)中：

公式(a)代表的含义是，矿料是由粗集料、细集料和填料构成的。

公式(b)代表的含义是，在压实后的混合料体积中，由粗集料(≥4.75mm)构成了骨架状态，其骨架的构成形式与粗集料紧密堆积状态相同，而没有被细集料撑开；在此堆积状态下，粗集料混合料的密度为 ρ_s，空隙率为 VCA。矿料中的细集料和填料都填充在 VCA 中，经过填充后，剩余的空隙率为 VMA。

公式(c)代表的含义是，在压实后的混合料体积中，沥青填充在 VMA 中，未被沥青填充的空间构成了混合料的空隙率 VV。

由此，可以确定 V-S 沥青混合料设计模型的设计流程图如图 3。

至此，便确定了沥青混合料的级配和油石比，从而完成了整个配合比设计的理论计算过程。由图 3 的设计流程图可以看出，由于建立了沥青混合料组成设计的理论模型，因此，在对混合料性能进行试验检验之前，本文已获得了目标配合比的级配和沥青用量，性能检验是对目标配合比的验证和修正过程。可以看出，本文所提出的 V-S 混合料设计理论与传统混合料设计理论明显不同，主要表现在以下三点：

(1)传统的级配设计理论多是以简单的几何模型为核心，较少涉及与具体材料有关的参数，因此对各种不同的矿料存在统一的级配形式。而本文所建立的级配设计方法，在以三维几何模型为基础的同时，引进了粗集料体积填充率 V_0、原材料密度 ρ_g、粗集料紧密堆积密度 ρ_s 和空隙率 VCA 等实验参数；因此随着集料原材料的不同，特别是粗集料堆积性能的不同，所计算出的级配自然也就有所变化，从而使级配设计更具针对性。

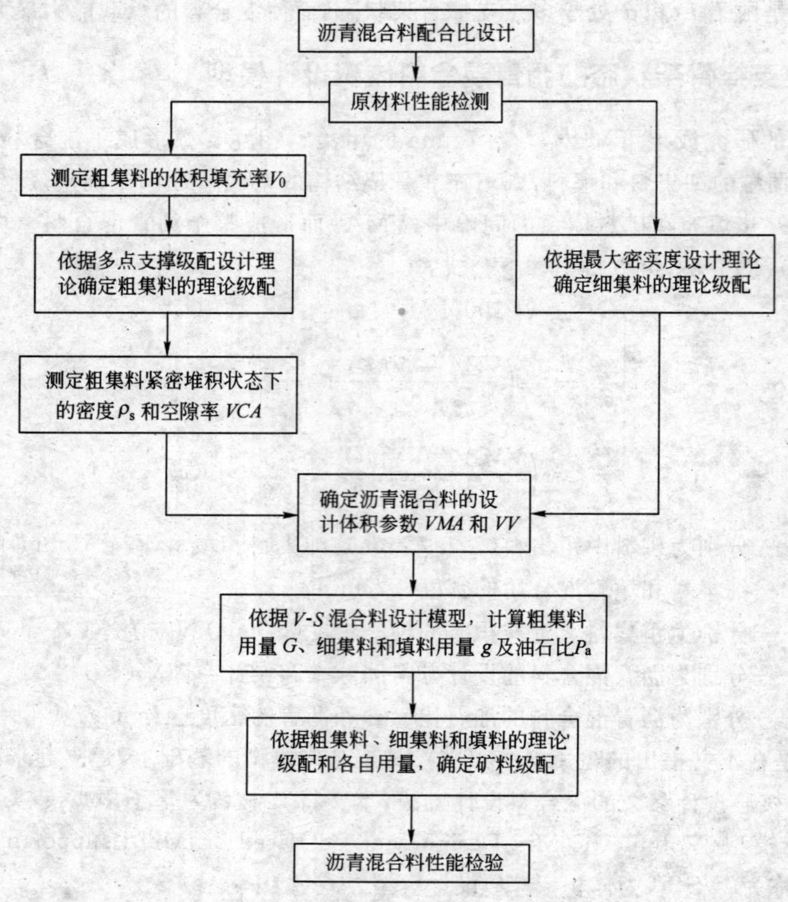

图 3　基于多点支撑骨架状态的混合料体积设计理论的设计流程图

(2)传统的级配设计理论都是将矿料的级配作为单独体系进行设计，级配设计完成后，再进行混合料的配合比设计，使矿料的级配与沥青混合料的构成和性能间没有明确关系。而本文提出的 V-S 设计模型，首次将级配设计与混合料设计完整的联系在一起，使矿料级配随沥青混合料的配合比设计目标的不同而不同。

(3)矿料间隙率 VMA 和空隙率 VV，目前被普遍认为是沥青混合料中最重要的性能参数；但在传统的级配设计方法中，VMA 和 VV 都是“事后验证参数”，对配合比设计过程的指导意义不大。而本文提出的 V-S 设计模型，将 VMA 和 VV 提升为设计过程中最重要的控制参数，使级配设计服从于混合料性能的要求。

利用本文所建立基于多点支撑骨架状态的混合料体积设计模型，针对玄武岩集料，本文设计出了具有明显骨架结构的沥青混合料配合比，其级配如图 4 所示。图 4 中的上限和下限为 SMA-16 的规范级配[11]。可以看出，本文合成的级配与 SMA 混合料具有很好的相似性；同样对其他粒径混合料的计算结果也与 SMA 具有较好的相似性。

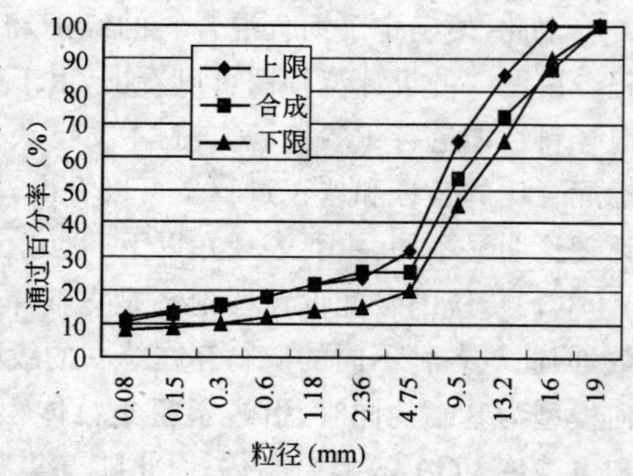

图 4　V-S 理论合成级配与 SMA 的对比

SMA 是起源于德国的混合料类型，是总结 30 年的使用经验而提出的，具有优异的抗车辙性能[9]。

图 4 中的相似性，表明本文所提出的基于多点支撑骨架状态的混合料体积设计模型具有非常好的实用性和针对性，可直接用于指导工程实践。

6 结语

本文通过对沥青混合料骨架结构受力特点的分析，以具有最大的稳定性和最大的承载能力为目标，提出了粗集料多点支撑骨架结构模型；并在此基础上，通过引入沥青混合料体积参数 *VMA* 和 *VV*，建立了基于多点支撑骨架状态的混合料体积设计(*V-S*)模型。*V-S* 设计模型的建立，不仅首次将级配设计和混合料组成设计统一起来，同时实现了沥青混合料组成的理论设计，为混合料性能的试验检验和配合比调整提供了坚实的理论支撑。

参考文献

[1] 黄晓明，吴少鹏，赵永利. 沥青与沥青混合料[M]. 南京：东南大学出版社，2002.

[2] TRANSPORTATION Number E-C044, October 2002 RESEARCH ISSN 0097-8515 *E-CIRCULAR* Bailey Method for Gradation Selection in Hot-Mix Asphalt Mixture Design.

[3] 王林，张西斌，房建国. 嵌挤密级配沥青混合料抗滑磨耗层的设计方法[J]. 华东公路，2001(2).

[4] 张登良. 沥青路面[M]. 北京：人民交通出版社，1998.

[5] 卢永贵. 沥青玛蹄脂碎石混合料研究[D]:(博士学位论文). 西安：长安大学，2001.

[6] 张起森，陈强. 沥青路面在美国的应用与发展[J]. 国外公路，2001,21(1).

[7] 贾渝. Superpave 混合料设计方法最新进展[J]. 中外公路，2001,21(6).

[8] 干宏程，黄卫东，陈佩茹. 澳大利亚沥青混合料设计方法[J] 中外公路，2002,22(2).

[9] 沈金安. 改性沥青与 SMA 路面[M]. 北京：人民交通出版社，1999.

[10] 张肖宁，王绍怀，吴旷怀，等. 沥青混合料组成设计的 CAVF 法[J]. 公路，2001(12).

[11] 赵永利，黄晓明. 矿料级配基本性能的试验研究[J]. 公路交通科技，2004. 6(6) .

高模量沥青混凝土路面施工质量控制

王江飞[1]　岳爱军[2]　武朝梁[1]

（1. 河南中原高速公路股份有限公司；2. 长沙理工大学）

摘　要　本文根据高模量沥青混凝土的特点，重点介绍了原材料技术要求，以及高模量沥青混合料的拌和、运输、摊铺和碾压等施工质量控制的技术措施，为道路工程设计与施工提供了借鉴。

关键词　高模量沥青混凝土　施工质量控制

为积极探索适应于重载交通的高速公路典型结构，完善路面设计方法，提高路面使用寿命，郑州至石人山高速公路项目公司和长沙理工大学以郑州至石人山高速公路为实体依托建设工程，探索符合河南实际的高模量沥青路面设计与施工技术。高模量试验路段沥青面层结构设计为：方案一，4cmAC-13C 改性沥青混凝土＋6cmAC-20C 高模量沥青混凝土＋8cmAC-25C 高模量沥青混凝土；方案二，4cmAC-13C 改性沥青混凝土＋6cmAC-20C 改性沥青混凝土＋8cmAC-25C 高模量沥青混凝土。

1　原材料技术要求

1.1　沥青

高模量沥青层 AC-20C/AC-25C 采用重交 AH-30 号沥青，其技术要求见表 1。

重交通道路石油沥青 AH-30 的技术要求　　表 1

试验项目		AH-30
针入度(25℃,100g,5s)　(0.1mm)		25～35
延度(5cm/min,15℃)		实测
延度(5cm/min,25℃)		实测
软化点(环球法)　不小于(℃)		55
闪点(COC)　不小于(℃)		260
60℃动力黏度　不小于(Pa·s)		500
含蜡量(蒸馏法)　不大于(%)		3
密度(15℃)　(g/cm³)		实测
溶解度(三氯乙烯)　不小于(%)		99.5
薄膜加热试验(163℃,5h)	质量损失　不大于(%)	±0.8
	残留针入度比　不小于(%)	65

1.2　粗集料

粗集料采用石灰岩碎石，应洁净并具有良好的颗粒形状。所用粗集料的粒径规格应按表 2 的规定生产和使用。

沥青混合料用粗集料规格　表2

公称粒径(mm)	通过下列筛孔(mm)的质量百分率(%)								
	37.5	31.5	26.5	19.0	13.2	9.5	4.75	2.36	0.6
10～30	100	90～100	—	—	—	0～15	0～5	—	—
10～20			100	90～100	—	0～15	0～5	—	—
5～15				100	90～100	40～70	0～15	0～5	—
5～10					100	90～100	0～15	0～5	
3～5						100	90～100	0～15	0～3

1.3　细集料

细集料采用石灰岩磨制的机制砂,其规格应满足表3的要求。机制砂应洁净、干燥、无风化、无杂质,并有适当的颗粒级配,其质量应满足表4的要求。

沥青混合料用机制砂规格　表3

公称粒径(mm)	水洗法通过下列筛孔(mm)的质量百分率(%)							
	9.5	4.75	2.36	1.18	0.6	0.3	0.15	0.075
0～5	100	90～100	60～90	40～75	20～55	7～40	2～20	0～10

机制砂质量技术要求　表4

项　目	单位	标准	项　目	单位	标准
表观相对密度　不小于	t/m^3	2.50	砂当量　不小于	%	60
坚固性(>0.3mm部分)　不小于	%	12	亚甲蓝值　不大于	g/kg	25
含泥量(小于0.075mm的含量)　不大于	%	3	棱角性(流动时间)　不小于	s	30

1.4　填料

填料采用石灰岩中经磨细得到的矿粉,矿粉要求干燥、洁净。严禁采用沥青混合料拌和厂的回收粉尘做填料。

2　混合料配合比设计

2.1　沥青混合料级配范围

根据河南省高速公路实践和相关规范,建议高模量沥青混合料的矿料级配宜符合表5和表6给出的级配范围。

AC-20C矿料级配推荐范围　表5

级配	通过下列筛孔(方孔筛,mm)的质量百分比(%)											
	26.5	19	16	13.2	9.5	4.75	2.36	1.18	0.6	0.3	0.15	0.075
推荐上限	100	100	92	80	68	44	34	25	18	13	10	7
推荐下限	100	94	80	65	52	35	22	13	8	5	4	3

AC-25C矿料级配推荐范围　表6

级配	通过下列筛孔(方孔筛,mm)的质量百分比(%)											
	26.5	19	16	13.2	9.5	4.75	2.36	1.18	0.6	0.3	0.15	0.075
推荐上限	100	88	80	72	62	40	30	23	18	13	10	7
推荐下限	94	76	66	59	48	29	19	13	8	6	4	3

2.2 沥青混合料配合比设计

高模量沥青混合料配合比设计应严格按照《公路沥青路面施工技术规范》(JTG F40—2004)进行。确定沥青混合料拌和和击实温度时,将AH-30取样进行70℃、135℃、175℃表观黏度试验,绘制黏—温曲线,以黏度0.17±0.02(Pa·s)时的温度作为拌和温度;以0.28±0.03Pa·s时的温度作为击实温度。如果试验条件限制无法得到沥青的黏—温曲线,各温度可参照表7进行选取。

热拌沥青混合料的施工温度(℃) 表7

施工工序		温度要求
沥青加热温度		170~175
矿料加热温度		190~200
沥青混合料出料温度		170~180
混合料储料仓储存温度		储料过程中温度降低不超过10
混合料废弃温度 高于		195
运输到现场温度 不低于		170
混合料摊铺温度,不低于	正常施工	165
开始碾压混合料的内部温度,不低于	正常施工	160
开放交通的路表温度,不高于		50

注:沥青混合料的施工温度采用具有金属探测针的插入式数显温度计测量。表面温度可采用表面接触式温度计测定。当采用红外线温度计测量表面温度时,应进行标定。

3 高模量沥青混合料层施工(AC-20C/AC-25C)质量控制

3.1 沥青混合料的拌和

高模量沥青混合料采用间歇式沥青混合料拌和设备拌和。拌和设备产量应不小于240t/h,并装有温度检测系统及保温的成品储料仓。拌和机每盘的生产周期宜大于55s(其中干拌时间不小于5s)。对于集料烘干集料的残余含水量大于1%时,应延长拌和时间(干拌时间)5~10s。沥青的加热温度、矿料的加热温度、沥青混合料的出厂温度、运到施工现场的温度均应根据沥青的黏-温曲线确定。每车都应检验并记录沥青混合料的出厂温度。沥青混合料的储存时间不得超过12h。如果试验条件限制无法得到沥青的黏-温曲线,各温度可参照表7进行。

3.2 沥青混合料的运输

为减少运输过程中的温度离析,要求所有运送沥青混合料的自卸汽车,必须用双层篷布、毛毡或棉毯覆盖沥青混凝土,用以保温、防雨和防尘。热拌沥青混合料宜采用较大吨位的运料车运输,运料车的运力应稍有富余,施工过程中摊铺机前方应有运料车等候,等候的运料车不宜少于5辆。运料车到达现场后,应严格检查混合料温度,不得低于摊铺温度要求。摊铺过程中运料车应在摊铺机前100~300mm处停住,空挡等候,由摊铺机推动前进开始缓缓卸料,避免撞击摊铺机;运料车每次卸料必须倒净,如有剩余,应及时清除,防止硬结。

3.3 沥青混合料的摊铺

采用两台摊铺机(两台摊铺机型号要求一致)同时作业的方式进行摊铺。摊铺速度宜控制在2m/min左右的范围内。摊铺机必须缓慢、均匀、连续不间断地摊铺,不得随意变换速度或中途停顿，以提高平整度，减少混合料的离析。摊铺机的螺旋布料器应相应于摊铺速度调整到保持一个稳定的速度均衡地转动，两侧应保持有不少于送料器 2/3 高度的混合料，一般摊铺 3～5车后收斗一次，并保证在卸料过程中边前进、边收斗，这样可以使粗细混合料均匀分布，而且可以有效地避免边部混合料温度降低带来的影响，以减少在摊铺过程中混合料的离析。当发现混合料出现明显的离析、波浪、裂缝、拖痕时，应分析原因，予以消除。

由于高模量沥青混合料采用重交 AH-沥青，因而进行摊铺时，要求必须采用非接触式平衡梁装置。

3.4 沥青混合料的压实

碾压工艺为：初压，钢轮压路机初压 1～2 遍。复压，振动压路机复压 3～4 遍，胶轮压路机再复压 4～6 遍。终压，双钢轮压路机静压 1～2 遍，消除轮迹，保证平整度。混合料摊铺后应立即进行压实作业，摊铺后压路机紧接着碾压不得等候，复压应在 120℃之前结束，碾压结束时的温度不低于 100℃。

碾压轮在碾压过程中应保持清洁，有混合料沾轮应立即清除。钢轮可涂刷隔离剂或防黏结剂，但严禁刷柴油，采用向碾压轮喷水(可添加少量表面活性剂)的方式时，必须严格控制喷水量且成雾状，不得漫流，以防混合料降温过快。轮胎压路机开始碾压阶段，可适当烘烤、涂刷少量隔离剂或防黏结剂，也可少量喷水，并先到高温区碾压使轮胎尽快升温，之后停止洒水。

路面滞水或潮湿时，应暂停施工。铺筑好的沥青层应严格控制交通，不得造成污染，严禁在沥青层上堆放施工产生的土或杂物，严禁在已铺沥青层上制作水泥砂浆。

3.5 沥青路面的检测

施工过程中应随时对高模量沥青混合料进行外观(色泽、油膜厚度、表面空隙)评定，尤其特别注意防止粗细集料的离析和混合料温度不均，造成局部压实不足，酿成隐患。

在高模量沥青混合料完全冷却后，随机选点钻孔取样。压实度计算不得以配合比设计时的标准密度作为整个施工及验收过程中的标准密度使用。钻孔后应及时将孔中灰浆淘净，吸净余水，待干燥后以相同的沥青混合料分层填充夯实。为减少钻孔数量，有关施工、监理、监督各方宜合作进行钻孔检测，以避免重复钻孔。如果确实该路段严重离析，确属施工质量差的，应予铣刨或局部挖补，返工重铺。

4 结语

为搞好高模量沥青混凝土路面的施工质量控制，首先必须在原材料、配合比设计中进行严格质量把关；然后在混合料的生产过程中，对拌和、摊铺、碾压、检测等方面进行有效的质量控制，使沥青混合料的生产配合比满足设计的要求，路面的残留空隙率控制在 7%以内，路面平整度、层厚等质量参数符合设计和规范要求。

参考文献

[1] 中华人民共和国行业标准.公路沥青路面施工技术规范(JTG F40—2004).北京：人民交通出版社，2004.

[2] 中华人民共和国行业标准.公路工程沥青及沥青混合料试验规程(JTJ 052—2000).北京：人民交通出版社，2000.

[3] 中华人民共和国行业标准.公路工程集料试验规程(JTG E42—2005).北京：人民交通出版社，2005.

高模量沥青混凝土路面混合料设计方法研究

陈宏伟[1]　高建立[1]　吴　健[2]

(1.河南中原高速公路股份有限公司;2.长沙理工大学)

摘　要　本文综合阐述了国内外TLA、硬质沥青及高模量沥青混凝土的研究与发展状况,并将贝雷法级配设计的优点与传统的马歇尔方法相结合,提出了新的高模量沥青混合料配合比设计方法。

关键词　国内外发展状况　TLA　硬质沥青　高模量沥青混凝土　设计方法

由于客货运量迅速增加,道路交通流量增大,特别是重型车辆的增多和高压轮胎的使用,交通流的渠化,车速比较慢,导致许多高等级公路都过早地出现了车辙。车辙不仅使路面变形,破坏路面的平整度,而且轨道状的车辙将会严重危害行车的安全,行车舒适性和安全性受到很大的影响,并增加了车辆损耗。为了解决沥青路面的车辙问题,国内外的许多学者提出各种各样的解决方法,其中有一种方法就是通过提高沥青混合料的模量来提高路面的抗车辙能力。

1　国外研究概况

1.1　特立尼达湖沥青(TLA)国外研究状况

国外最先使用高黏度基质沥青是美国,早在1880年开始将特立尼达湖沥青(TLA)应用于沥青路面,至今已有100余年历史。这种沥青针入度很小、稠度也大,该特点使特立尼达湖沥青很难直接与矿料拌和均匀,直接应用很少,目前主要将特立尼达湖沥青作为沥青改性剂掺入其他沥青中得到不同稠度的沥青,以提高沥青胶结料的高温性能与温度敏感性。特立尼达湖沥青这一天然形成的物质,它本身是沥青而不是合成添加剂,其物理和化学特性与常规沥青完全一致,因此它能够作为一种沥青改性剂掺加到石油沥青中,两者有良好的混融性,混合后的沥青在使用性能方面得到了改善。与聚合物改性剂相比,特立尼达湖改性沥青又具有其独特的优点,如耐老化、抗高温、抗水损坏、黏附性强等。将特立尼达湖改性沥青应用用于沥青混凝土中,一般掺加25%～30%的特立尼达湖沥青,在桥面铺装使用时掺加50%～70%。

目前,制定了特立尼达湖沥青相关的标准的国家有英国(BS3690)和美国(ASTM D-5710-95)。英国与德国则主要是将TLA(高黏度的基质沥青)技术用于浇注式沥青路面。英国伦敦的主要街道和高速公路在沥青混凝土路面上应用了TLA后,发现该路面能很好的抵抗慢速重型车辆引起的变形,抗滑及使用周期长,许多高速公路的服务寿命已经超过30年。德国柏林和几个州的高速公路、环城公路的几百公里路面上使用了TLA改性沥青,在30多年的应用中,节省了大量的维护费用,该路面表现出在极寒冷的气候条件下很低的温度敏感性和黏结剂的韧性。

1.2　硬沥青在国外的研究状况

完全意义上的高黏度基质沥青应用是在20世纪80年代前期,法国在中下沥青面层的沥青混合料中常用针入度为35～45(0.1mm)的沥青,沥青用量4.5%。1992年法国正式制定使用针入度15(0.1mm)的沥青制作高模量沥青混凝土的规范，同时将底面层厚度减薄1/4。后来，在西班牙也采用这种高模量沥青混凝土，也将底面层厚度减薄1/4。

硬质路面沥青在过去20年的法国经历了显著的发展。他们已经研制出了能减少面层的车辙和增加基层的刚度的技术方法。1990年硬质沥青在法国的产量为3.9×10^4t，1995年为7.7×10^4t，到2000年达到了1.0×10^5t。根据PIARC在1998年的调查，法国在使用这种硬沥青类型的连接层时处于世界领先地位。硬质沥青的总体使用宗旨虽然在很久以前就制定了，但是它被应用于具有良好工作性能的胶结料之前有过一段很长的时间。硬质沥青的发展是跟为了获得更好的路面性能的胶结料的沥青混合料的发展是同步的。

硬质沥青在国外道路中得应用已有很多先例，其中欧洲在这方面完成了大量得研究工作。英国改建一些重交通道路时，他们在改良路面基层材料时就用50号沥青取代了100号，基层类型为密集配沥青碎石基层，通过测试基层材料得劲度模量和其他材料性质，得到了最佳级配曲线。在配合比设计时，填料用量由5%增加到8%。经过测试发现50号的沥青可以使得沥青碎石的劲度增加三倍，室内疲劳试验表明虽然材料劲度明显增加，但是较硬的沥青和较高填料含量对疲劳开裂最可能发生的地方。通过30℃车辙试验证明了增加3%的填料可以使压实充分的材料层的变形减少约40%。

芬兰在采用硬质沥青用于上面层，提高沥青路面抵抗永久变形的能力(车辙)，也进行了不少研究，Helsinki技术大学将硬质沥青或硬沥青、改性沥青分别用于同一道路相邻的交叉处，进行了对比应用研究，试验结果表明硬质沥青相对于其他两种沥青，具有良好的路用性能。鉴于硬质沥青良好的抗变形性能，在芬兰高速公路建设中，得到越来越广泛的应用。

在荷兰Delft大学进行的Lintrack加速加载试验，对几种基层和面层形式的抗车辙性能作出评价，车辙试验的结果显示，硬质沥青混凝土的车辙深度与SMA的基本相当，并明显优于普通沥青混凝土；而三轴试验的结果显示硬质沥青混凝土具备良好的抵抗变形的能力。两项试验都证实了硬质沥青混凝土在道路使用方面的优越性能。

在硬质沥青直接用于公路建设和研究的同时，沥青工作者利用硬质沥青良好的工程性能，进行利用研究。一些国家将硬质沥青掺配聚烯烃类，将硬质沥青改性成高经度胶结料，用于基层或底基层。近年来，以越来越多的应用于磨耗层，应用结果表明，路面不仅具有高劲度抗车辙性能，路面微观构造的衰减也较其他沥青材料要慢，性能显著。另外，硬质沥青还被用于制造泡沫沥青，降低沥青的黏度，提高沥青材料对集料包裹能力和黏附性，应用于常温拌沥青混合料，在路面施工经济、环保的条件下，达到提高路面抗变形能力。

基于国外硬质沥青的研究与应用现状，我们发现硬质沥青作为一种高温性能良好材料，正为广大道路工作者所研究，并结合该材料特性进行了相关材料开发。可以肯定，硬质沥青材料，在国外将得到越来越广泛的应用。

1.3 高模量沥青混凝土在国外的发展状况

随着硬沥青路面的发展(也就是25℃时针入度小于25mm的沥青)，法国于19世纪80年代开始运用高模量沥青混凝土(HMAC)铺筑路面。相对于传统沥青混凝土而言，这种材料有一个较好的抗损坏力学机理。在路面设计中(开裂和永久变形)。HMAC首先被运用于补强旧路面，然后它被逐渐地用来铺筑新路面的基层，HMAC的经济效益在于它能减少路面厚度，尤其是在局部集料压碎值较低或是重交通量、行车速度比较低或渠化交通的时候这点更能体现。

葡萄牙公路管理司于20世纪90年代初引入了HMAC，并将这种混合料运用与首都里士本一个重交通量的主桥入口处。这是运用较强的沥青混凝土来解决承载能力问题的首次尝试。为了得到生产和铺筑 HMAC 以及其服务性的经验，这种技术在相似的情况下于1996～1997 年间被反复运用。位于波多附近正在重建的 EN14（葡萄牙 14 号国道）已经证明了这篇文章的研究符合实际情况。

从欧洲标准化过程的确立情况来看，HMAC 是一种集料级配连续的沥青混凝土，典型的是当 35％的材料直径小于 2mm 或 7mm，或有 8％的材料直径小于 0.075mm 的时候。当层厚为 6～10cm、7～12cm、10～15cm 时，集料最大公称粒径分别为 10、14、20（mm）。法国标准 NFP 98—140 将 HMAC 区分为两个性能等级：I 型 HMAC 和 II 型 HMAC。在 I 型 HMAC 中沥青含量越小于 5％，而在 II 型 HMAC 中沥青含量在 5.5％～6.5％之间。

2 国内研究概况

2.1 特立尼达湖沥青（TLA）国内研究状况

国内最先使用的高黏度基质沥青也是 TLA 改性沥青，我国早在 20 世纪 70～80 年代，交通部组织北京、河北、山西、浙江、江苏等许多地方都铺筑过 TLA 改性沥青的试验路段，并显示出 TLA 具有良好的性能，但当时并没有能在中国引进及推广。之所以没有普遍使用的原因，关键在于价格，当时我国的经济条件相当有限，尤其是我国的国产沥青的价格很低，而当时 TLA 的单价又比较贵，相比之下缺乏承受能力。时至今日，国内外沥青的原料价格有了相当大的变化，国家的经济实力有了很大的提高，不少聚合物改性沥青已经得到广泛应用，尤其是 TLA 沥青的价格已经和 SBS 改性沥青的价格相当，因此，对 TLA 沥青的应用也越来越多。

1995 年中国石化总公司为了道路石油沥青系列产品的开发与生产，尤其是满足我国南方地区重交通道路的需要，组织茂名石化公司和抚顺石化研究院共同开发了 60℃高黏度沥青进行了工业化生产，并委托同济大学进行了 60℃高黏度沥青及沥青混合料的少量室内试验；当时对茂名石化公司提供的 190 号、189 号、194 号三个 60℃高黏度沥青样品进行的性能测定。在高黏度基质沥青混合料方面，当时进行了高、低温性能的检测试验，还进行了混合料力学性能的试验。试验结果说明，茂名高黏度沥青混合料动稳定度大大高于现行规范 800 次要求，可以应用于高速公路路面。使用 MTS 试验机对 190 号沥青混合料进行了动载压缩蠕变试验（温度 40℃，加荷应力 $\sigma=0.1$MPa，动荷频率 5Hz，加荷时间 3 600s）以及 20℃的抗压模量试验。蠕变试验结果表明，3 600s 的蠕变模量远大于 50～60MPa 的要求值，抗压模量也大大高于现行设计规范建议值。此外，当时还对 190 号、189 号沥青进行了弯拉强度、弯拉模量及劈裂试验。试验结果均高于现行沥青路面设计规范的参考值。同时，针对高黏度基质沥青，于 1995 年 5 月在广花高速公路进行沥青罩面铺筑了试验路，遗憾的是未见后续的长期性能跟踪研究报道。

1999 年北京市公路局率先在 110 国道（延庆段）的养护大修中采用特立尼达湖沥青对重交通道路石油沥青进行改性并修筑了 3km 试验路。

据试验结果分析，TLA 改性沥青混合料具有如下特征：

①结合料具有持久的稠度特性（耐老化）。

②沥青结合料的温度敏感性降低。

③提高高温条件下的动稳定度和承载能力。

④改善了繁重荷载下的变形抵抗性。

⑤改善了寒冷地区及繁重荷载下的开裂抵抗性。

⑥在各种气候条件下均具有良好的韧性。

⑦良好的路面表面功能。

⑧提高了燃料油渗漏的抵抗性。

⑨使用周期长，可达 20～50 年的服务寿命。

试验路的观测结果也表明，时至今日，在运煤超载车严重的情况下，加铺湖沥青改性沥青混凝土的该路段路面却完好如初。

2000 年，北京首都机场西跑道改造工程中也应用了 TLA 改性沥青，当时的试验数据表明，TLA 改性沥青混凝土的高温性能大为提高。车辙试验结果显示：TLA 改性沥青混凝土的抗永久变形是普通改性沥青的 1/8，是普通重交通沥青的 1/14，掺 25％TLA 的改性沥青寿命是一般沥青的 2.5 倍。四川的成渝高速、北京的二环线改造、山西的太旧高速、河北的石黄高速、广东的开阳高速等都相继采用 TLA 改性沥青铺筑路面。

由于 TLA 改性沥青混凝土有很好的高温性能和抗疲劳性能，国内很多地方将其应用于桥面铺装，2002 年建成通车的江阴长江大桥桥面铺装采用了 65％TLA＋35％AH70 沥青混凝土，60℃和 70℃的高温试验（车辙）结果都表明其混合料具有优良的高温性能和疲劳性能。

但国内有关完全意义上的高黏度基质沥青应用技术的研究由于多方面原因（高黏度基质沥青的来源、规范上某些不完善的规定、其他改性沥青的广泛使用）开展的时间较晚且研究的深度不足。

2.2 硬沥青在国内的发展状况

近年来，我国对高黏度基质沥青（硬沥青）应用技术的研究也进行了一定的研究，但缺乏系统性、深度及广度。部分研究成果仅适用于某些特殊情况，如环氧沥青混凝土由于价格昂贵不可能大面积的推广使用，研究的重点应该放在国产高黏度基质沥青的应用技术研究，这样才能便于成果的应用与推广。

我国目前对于标号低于 70 号沥青的研究和应用均较少，沥青路面结构的中、下面层使用的沥青偏软是导致夏季沥青路面产生车辙的原因之一，为此很多高速公路在沥青路面的中、下面层也使用改性沥青，但极大地增加了公路的建设成本。如能够在沥青路面的中、下面层使用硬质沥青，既可提高路面的抗车辙性能，也可大幅降低工程成本。由于沥青生产的发展，当前国内已经能够生产针入度较低的硬质沥青。我国 2004 年颁布的《公路沥青路面施工技术规范》（JTJ F40—2004）明确提出了 30 号沥青，这对我国硬质沥青的研究应用有着十分重要的意义，但是，规范要求该种沥青的应用仅适用于沥青稳定基层。

50 号沥青现在已成关注的重点，但由于受我国市场供求关系的其产量仍很少，往往在需要时通过调和的手段进行生产；而标号低于 50 的沥青只有建筑中经常使用的氧化沥青，主要用做建筑屋面和地下防水的胶结料和用来制造涂料、油毡、油纸和防腐材料等，根据针入度将其分为 10 号和 30 号 2 级。因此，真正用于道路生产的道路沥青只有 50 号。中国石化 Q/SHR003（1 号）、Q/SHR004（2 号）重交通道路石油沥青系列产品标准，是中国石化在广泛吸取国际名牌沥青产品标准，结合全国不同地区的气候条件和针入度分级，对产品应用性能深入研究的基础上制定。其生产的重交通道路石油沥青产品具有良好的抗高温车辙、抗低温开裂、抗水损害、抗老化和疲劳特性。

白兰高速公路（起于白银市区四龙路口，终止于兰州市忠和镇）玛蹄脂试验路段曾采用进口的 AH-50 沥青作为结合料。2004 年 10 月 20 日完工的青红高速涉县至冀晋界段柔性基层试验段，已对 AH-50 号沥青碎石基层材料组成设计、高温性能（动稳定度）、低温性能试验进行研究,并将进行 AH-50 号沥青碎石基层材料沥青混合料高温流变性能、高温劲度模量试验、高模量沥青混凝土材料组成和刚度试验的进一步研究。

茂湛二期全称茂湛高速观珠至坡心段,东接正在建设的阳茂高速公路,西接已建成通车的茂湛高速一期坡心至源水段,全长 20.22km,为探索 AH-50 沥青在高温多雨环境下的利用,他们开展了课题研究,为硬质沥青红路面施工积累了经验。

在我国台湾省,按照台湾 TAIPAVE(台湾的 SUPERPAVE+MARSHALL)的要求,沥青一般采用 AC-30,相当于 PG76-20,基本上是 50 号沥青,尽管台湾的超载情况也十分严重,车辙情况比隔海相望的福建省要轻得多。

由于硬质沥青在我国还没有深入的性能研究,研究人员对它的力学性能和耐久性能还存在一定的怀疑。对于硬质沥青,沥青工作者对它的低温抗裂性能首先表示怀疑,这也是人们极为关注的问题。另外,这种沥青胶结料制成的混合料是否能长时间保持良好的性能,而不受气候、车辆等长期作用的影响,也是硬质沥青得以推广的重要保证。由于硬质沥青在我国还未曾大量使用过,对于其拌和、施工工艺中可能会出现的问题还不了解,这种特殊的沥青混合料是否能与现行道路施工技术和设备相结合,还需要通过实际工程的应用来验证。

2.3 高模量沥青混凝土在国内的发展状况

由辽宁省交通科学研究院、中国石化石油化工科学研究院、辽宁省高等级公路建设局共同承担的《高模量沥青混凝土应用技术研究》是交通部西部交通建设科技项目,研究期限截止到2007 年 12 月。

通过试验路的混合料设计与施工,取得了阶段性研究成果:

①从矿料级配和胶结料两方面着手提高沥青混凝土的模量。在矿料级配方面,采用旋转压实仪并选取最大设计压实次数(125 次)成型混合料,以期获得更坚强的集料结构;在沥青胶结料方面,通过采用沥青混凝土外加剂和低标号沥青来加强骨料之间的连接,增加混合料的黏聚力。

②试验路配合比设计是按照高模量沥青混凝土的设计思想,采用 Superpave 方法进行混合料设计。与目前的 SBS 改性沥青混合料比较,施工用矿料和基质沥青均相同。

③通过混合料性能试验,高模量沥青混凝土与 SBS 改性沥青混凝土相比,动稳定度有较大幅度提高,约提高 51%~77%,马歇尔稳定度略高,约高 5%~11%;与掺配法国 PR-M 外加剂的混合料相比,冻融劈裂试验残留强度明显较好,其他指标相当;低温弯曲破坏应变指标略逊于 SBS 改性沥青。

为探索适用于高温及特重交通下的沥青路面抗车辙的处理方法,广东省路桥建设发展公司与华南理工大学、科氏公司合作,在京珠高速公路上修筑了约 1.4km 的高模量沥青试验段,试验路于 2003 年 12 月底完成。试验路采用了科氏高模量改性沥青,其高温等级可达到PG82。与普通改性沥青的流变性质和模量对比,高模量沥青的模量和车辙因子在老化前后都比普通改性沥青提高了近 3 倍。它的高温连续性能分级为 84.6℃,在高温环境下比普通改性沥青具有更好的抗变形能力。

为了探索高模量沥青混凝土处治车辙的效果,该试验路段采用了高模量沥青混凝土HSAC-13(4cm)+高模量沥青混凝土 FAC-20(6cm)进行维修。试验段施工结束后进行了现场钻芯取样。同时对采用改性沥青 AK-13 维修车辙的路段抽取了芯样,进行对比研究。用Cooper 试验机测定 25℃和 40℃下芯样的间接拉伸劲度模量,并对芯样进行了室内 RLWT 多轮车辙试验,由试验结果可以看出,高模量沥青混合料的模量值比改性 AK 沥青混合料的模量显著提高，平均模量提高 1.5 倍左右。

为了分析模量对抗车辙能力的影响，做出 40℃下芯样模量和室内车辙试验。随着模量增加，车辙深度减小。在显著性水平 0.05 下，模量和车辙深度之间存在线性反比关系。因此提高模量可以增强混合料的抗车辙能力。

在 2004 年 6 月(施工半年后)和 11 月底(施工 1 年后)跟踪调查了车辙深度，检测结果表明 1 年后车辙较小。截至 2005 年 10 月，试验路经历了 2 个夏季的高温考验，状况依然保持良好，车辙没有发生进一步的发展，表明方案本身的设计和路用性能良好。

在粤赣高速公路部分长陡坡路段的沥青面层中采用高模量沥青作为胶结料修筑了 5 段试验路。为了提高沥青面层的劲度模量，使应力尽快分散，试验路段沥青面层分别设置了中、上面层 2 层高模量改性沥青混合料和上、中、下面层 3 层高模量改性沥青混合料两种。

3 高模量沥青混合料配合比设计方法

传统的沥青混合料级配设计通常是依据已有的经验，通过试配—修正—试配的过程来确定矿料级配，使设计的矿质混合料形成适宜的空隙结构，包括矿料间隙率[*VMA*]、剩余空隙率[*VV*]、沥青填隙率[*VFA*]及粗集料空隙率[*VCA*]等。

由美国伊利诺州交通部的罗伯特·贝雷(Robert Bailey)发明的贝雷法是一种系统的级配组成方法，其主要思想是以形成的集料骨架作为混合料的承重主体，使设计的混合料能提供较高的抗车辙性能，同时通过调整粗细集料的比例，获得合适的[*VMA*]，以保证设计混合料具有较好的耐久性。

考虑到贝雷法级配设计的优点，我们可以通过将其与传统的马歇尔方法相结合，提出新的高模量沥青混合料配合比设计方法，下面给出设计步骤。

3.1 级配设计步骤

按下列步骤进行高模量沥青混合料级配设计：

(1)测定所选各档材料的毛体积密度、表观密度、松装密度和干捣密度。

(2)确定粗集料的选取密度($kg \cdot m^{-3}$)。

(3)计算粗集料在选取密度下的空隙体积。

(4)用细集料的干捣密度确定填充粗集料空隙所需的细集料($kg \cdot m^{-3}$)。

(5)利用粗、细集料各组分的密度，确定矿质混合料的总重($kg \cdot m^{-3}$)，根据各级粗集料体积+各级细集料体积=单位体积，确定各集料的合成质量百分比。

(6)根据粗集料中所含的部分细集料以及细集料中所含的部分粗集料，分别修正粗、细集料的质量百分比。

(7)若使用矿质填料或回收粉尘，则需调整细料部分的百分含量。

(8)确定经修正后各集料最终的质量百分含量。

(9)合成级配的分析。矿料组成确定以后，需对集料的体积特性进一步分析，也就是检验设计级配的 CA、FA_C、FA_f 三参数是否在建议的范围之内。如果不在，重新确定粗集料选取密度，重复步骤(2)～(9)，直到得到能通过检验的合成级配。将最终得到的级配曲线进行目标配合比的设计。

3.2 高模量沥青混合料配合比设计方法

(1)目标配合比设计。

(2)配合比设计的试验方法必须遵照现行试验规程的方法执行。混合料拌和必须采用小型沥青混合料拌和机进行。混合料的拌和温度和试件制作温度应符合本规范的要求。

(3)生产配合比设计及其验证可参照《公路沥青路面施工技术规范》(JTG F40—2004)规定的方法和步骤进行。

4 结语

通过国内外关于特立尼达湖沥青(TLA)、硬沥青(AH-30、AH-50 等)、高模量沥青混凝土的大量调研表明:通过提高沥青混合料的模量来提高路面的抗车辙能力和抗永久变形的能力,并具有优越的高温性能。但研究它们的低温性能、疲劳寿命和抗水损害性能方面涉及甚少,以及在复杂重交通条件下高模量沥青混凝土路面的力学响应和规律的研究,长期路用性能的跟踪与评价,经济效益和社会效益分析等都缺乏系统的研究。我国沥青路面的早期损坏很大程度上与路面的抗车辙能力有关,通过国外的深入的研究和成功的应用,针对我国高等级沥青路面出现的问题必将具有重要的借鉴价值。通过系统性地研究高模量沥青混合料的路用性能,我们将贝雷法级配的设计优点,与传统马歇尔方法相结合,提出新的高模量沥青混合料配合比设计方案。

参考文献

[1] 魏松涛,孙义冰. TLA 的特性与国内外应用概况[J]. 山西建筑,2006,32(19),150-160.

[2] 郭林泉,谭积青. 高模量沥青混凝土在路面车辙处理中的应用. 公路交通科技(应用技术版),2006,06,59-62.

[3] 曹江. AH-50 硬质沥青路面材料性能研究[D]. 西安:长安大学硕士学位论文,2006,06.

[4] 吕伟民. 沥青混合料设计原理与方法[M]. 上海:同济大学出版社,2001.

采用冻断试验评价SEAM沥青混合料低温性能

徐世法[1]　郑立宝[2]　高建华[3]　李　平[2]

(1. 北京建筑工程学院；2. 河南中原高速公路股份有限公司；
3. 河南交通职业技术学院)

摘　要　SEAM沥青混合料路面的低温性能至关重要，而选用什么样的评价指标来评价沥青混合料的低温性能以控制或消除沥青路面的收缩裂缝是一个重要研究课题。本文重点介绍了能够准确模拟面现场状况的冻断试验，对其试验设备、试验原理、试验方法和步骤及试验评价指标进行了详述，结合试验结果对SEAM沥青混合料的低温性能进行了评价分析，结果表明，添加SEAM的沥青混合料其低温性能并没有降低。

关键词　SEAM沥青混合料　低温性能　冻断试验

SEAM是一种新型的沥青混合料改性剂，将其直接加入拌和仓而取代一定比例的沥青，按常规方法拌和后形成SEAM沥青混合料。SEAM沥青混合料作为一种新型沥青混合料，其在我国的研究与应用属于初步探索阶段，没有进行系统而深入地研究和系统的使用效果观测，特别是在对低温抗裂性能方面的评价指标及试验方法更需要进一步深入研究。本文在分析用于研究和评价沥青混合料低温抗裂性的国内外试验方法的基础上，重点介绍能够较好地模拟路面现场状况的冻断试验(即TSRST约束试件的温度应力试验)，并采用冻断试验方法对SEAM沥青混合料低温开裂性能进行评价。

1　国内外沥青混合料低温抗裂性评价方法概述

沥青混凝土路面的低温开裂问题一直是道路工程界人士研究的一个热点问题。国内外学者对此进行了大量的理论与试验研究，目前用于研究和评价沥青混合料低温抗裂性的方法可以分为三类：预估沥青混合料的开裂温度；评价沥青混合料的低温变形能力或应力松弛能力；评价沥青混合料断裂能。相关的试验主要包括：等应变加载的破坏试验，如间接拉伸试验(低温劈裂试验)、直接拉伸试验；低温收缩试验；低温蠕变弯曲试验；受限试件温度应力试验(冻断试验)；应力松弛试验；切口小梁弯曲试验等。美国公路研究战略计划(SHRP)在综合分析了以前各种用于分析、研究沥青混凝土温度开裂问题的试验方法：①直接拉伸试验；②间接拉伸试验；③直接拉伸蠕变试验；④弯曲梁试验；⑤TSRST约束试件温度应力试验(冻断试验)；⑥热膨胀和收缩系数试验等。Vinson等(1990年)采用以下指标评价了上述试验方法：①对现场条件的模拟性；②试验结果在力学模型中的应用性；③老化和潮湿状态下的适用性；④易操作性；⑤仪器成本。评价结果表明：只有两种试验方法较好地模拟现场状况，即TSRST试验和热膨胀系数试验，其他试验都只是间接测量沥青混凝土的降温响应。因此，由于冻断试验可以直接得到混凝土在低温下的开裂温度和温度应力过程线，而被认为是研究混凝土低温抗裂性能的最有效手段。

国内在评价沥青混合料低温抗裂性能的试验方法主要包括:①低温劈裂试验。它是通过加载条加静载于圆柱形试件的轴向,从而可获得沥青混合料的劈裂强度和变形数据。试验温度－10℃±0.5℃来评价沥青混合料的低温抗裂性能。②弯曲试验。低温小梁弯曲破坏试验是我国最常用的沥青混合料低温抗裂性能评价方法。试验温度一般为－10℃,加载模式及加载速率并不统一。③压缩试验。与低温劈裂试验、小梁弯曲试验一样,压缩试验也采用固定的加载速率,改变试验温度,便可以得到不同温度下的破坏强度、破坏应变及破坏劲度模量与温度的关系,由此确定此试验条件下沥青混合料的脆化点温度。由压缩试验确定的脆化点主要是说明沥青路面在低温时的抗裂性能,因此压缩试验的脆化点意义不大。

2 冻断试验设备组成及原理和方法

2.1 试验设备

冻断试验设备装置采用 LWDD-10 微机控制沥青混合料低温冻断试验机,如图 1 和图 2 所示,其由高低温箱、多功能试验机及控制器、量测系统、微机采集控制系统等组成。其能自动选取温度下降梯度,自动选取加载速度,并实现温度、应力、位移的自动测试和曲线图表的输出,可得到破断温度、破坏强度、温度应力曲线斜率和转折点温度。

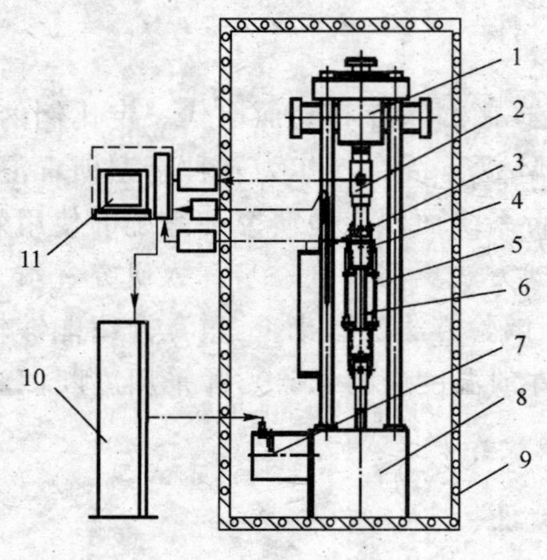

图 1 冻断试验设备示意图

1-多功能试验机;2-荷载传感器;3-温度控制系统;4-试件夹头;5-位移测量系统;6-沥青混凝土试件;7-伺服电机;8-试验机传动系统;9-高低温箱;10-控制器;11-微机采集控制系统

图 2 LWDD-10 冻断试验机

主要技术指标包括:试件尺寸,40×40×220(mm);温度范围,－50℃～30℃;温度冷却速度,5±0.5℃/h、10±0.5℃/h、15±0.5℃/h、30±0.5℃/h;加载速度,0.002～10mm/min;压力传感器 0～10kN;精度,0.05%FS;温度传感器测试范围,－50℃～50℃,精度为 0.2℃。

2.2 试验原理

冻断试验能够模拟实际情况,当试件环境温度下降时,能够使试件某一长度保持不变,随着温度的降低,试件内的温度应力越来越大,直到试件破坏。冻断试验的关键是在环境温度变化时,保持试件某一长度不随温度变化而改变。为了保证试件在一定量测标距内 L 的长度不变,提出了零位移控制原理,即采用测量—比较—补偿的办法来控制沥青混凝土试件量测标距内 L 的长度在降温过程中始终保持不变。

试验前通过设定初始温度和降温速率等参数确定希望的降温规律。试验时,将规定尺寸的压实沥青混合料试件(梁或芯样)用环氧树脂黏贴在试验系统的两端,放入环境箱中,采用压缩机控制来降温。仪器采用 4 个温度传感器来测定试件表面的温度,用一个温度传感器测定环境箱的温度,根据环境箱温度和设定的降温规律的比较结果来控制压缩机。当试件在降温过程中产生收缩时,仪器通过计算机控制步进发动机把试件拉伸到初始的位置,模拟路面的约束作用。这样就可以测定沥青温合料试件在降温过程中所产生的温度应力。试验时可以任意设定一个初始温度和降温速率,以测定在不同初始温度和不同降温速率下沥青混合料试件中的温度应力。

2.3 试验方法及步骤

(1)用击实或轮碾方法成型试件,并锯成 220mm×40mm×40mm 的试件,测定其密度、孔隙率和断面面积,试验以 3 个试件为一组。

(2)用强力黏结剂将试件黏结在试件夹头中,黏结剂应适于低温－60℃工作。黏结后的试件根据黏结剂的性能放置约 24h。放置试件时特别注意不得使两端粘有夹头的试件发生变形。

(3)设定力和位移传感器的比例系数。在常温下,位移传感器和力传感器的比例系数应分别设定 2 次,误差小于 5%时,取其平均值。

(4)将两个位移传感器通过传感器夹具和钢棒装在石英玻璃上,量距 $L=100$mm。将装有位移传感器的石英玻璃棒置于高低温箱中,在试验起始温度(一般为 10℃)下恒温 35min,记录两个位移传感器的起始值 L_{01} 和 L_{02},然后以试验要求的降温速度降温,将高低温箱的温度降至－45℃。在整个降温过程中记录位移量测系统随温度变化的过程线,得到 $\Delta L_{传}=f(T)$,将此关系式输入计算机,经过程序处理,在正式试验过程中可消除在降温过程中位移量测系统随温度变化的影响。

(5)在牢固黏结有试件夹头的试件中部两侧安装位移传感器,传感器夹具相距 L(一般为 $L=100$mm),然后将其放入高低温箱中,应注意保证试件不会变形。将高低温箱内的温度控制在冻断起始温度(一般为 10℃),恒温 1h。

(6)试件恒温 1h 后,将其安装在试验机上,此时给试件一个很小的初应力(一般为 0.1MPa)。

(7)试件装好后,以要求的降温速度降温,测试并记录温度、应力和位移。在整个降温过程中,根据位移传感器量测系统随温度的变形量 $\Delta l_{总}$,实时计算出试件的变形量 $\Delta l_{试}$,$\Delta l_{试}=\Delta l_{总}-\Delta l_{传}$。当 $\Delta l_{试}<0$ 时,计算机输出信号通过控制器控制试验机上的伺服电机工作,将试件拉到初始长度,即保持量测距离为 L。

(8)当试件在某一温度断裂时(即应力突然降低到很小),停止降温,试验结束。此时的温度即为试件的冻断温度。

(9)根据试验过程中记录的温度和应力变化情况,绘出温度-应力曲线(见图 3),并确定该试件的断裂温度和断裂时的应力,试件断裂时的温度就是该试件的冻断温度。同一配比沥青混凝土至少平行试验 3 个试件。当测定的冻断最低温度值和最高温度值相差不超过平均值的 10%时,取其平均值作为试验结果。

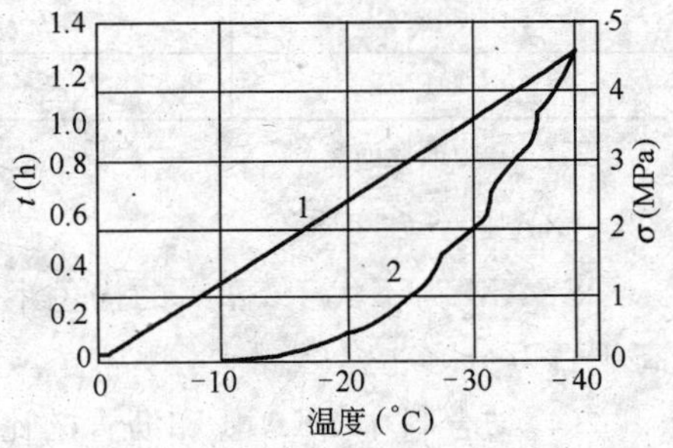

图 3 典型降温曲线和温度-应力过程线

1-典型降温曲线;2-典型温度-应力过程线

2.4 试验评价指标

冻断试验(低温约束温度应力试验 TSRST),模拟沥青路面在降温过程中产生开裂的试验。其从试验得到的温度应力变化曲线如图 3 所示，随着温度的降低，沥青混合料试件中的温度应力逐渐增长直至试件断裂。在断裂点，应力达到最大值，该值称为断裂强度。温度应力-温度曲线的斜率 $d\sigma/dt$ 逐渐增长，到达一定温度后，变为常数，温度应力-温度曲线变成直线，直到断裂。把温度应力-温度曲线分成有松弛和无松弛两部分的温度称为转折点温度。当温度达到转折点温度时，沥青变硬，由降温产生的温度应力不松弛。转折点温度和 $d\sigma/dt$ 可能在评价沥青混合料在低温时的流变行为时起重要作用。所以，采用以下 4 个指标来评价沥青混合料的低温抗裂性能：转折点温度、斜率 $d\sigma/dt$、断裂温度和断裂强度。断裂温度和极限应力(抗拉强度)作为判断沥青混合料低温抗裂性能的指标较好。

3 SEAM 沥青混合料冻断试验分析

3.1 目的

通过比较五种直馏沥青 PG46-34(针入度为 300/400)到 PG70-22(针入度为 60)不加 SEAM 和加入 SEAM 在冻断试验(低温约束温度应力试验 TSRST)下的试验结果，确定 SEAM 对沥青混合料低温抗裂性能的影响。

3.2 试验材料性质

(1)集料性质

集料的级配见表 1。

集 料 级 配 表 1

筛孔大小	19.0	16.0	13.2	9.5	4.75	2.36	1.18	0.6	0.3	0.15	0.075
AC-16	100	98.3	90.6	74.8	55.0	46.8	38.0	27.7	15.1	5.8	2.6
AC-13		100	99.2	82.5	53.5	45.0	28.4	17.3	10.3	6.1	3.6

注：AC-16 的最佳沥青用量为 5.3%，AC-13 的最佳沥青用量为 4.8%。

(2)沥青性质(表 2)

沥 青 性 能 检 测 表 2

PG 分级	PG 性质	针入度分级	针入度(mm)
46～34	50.6～38.5	300/400	345
52～34	53.3～37.3	200/300	280
58～28	58.3～33.0	150/200	165
64～22	65.0～27.2	80/100	85
70～22	70.0～25.0	(AC30)	59
64～34PMB	66.7～37.8		138
70～34PMB	70.6～39.0		116

注：PMB 为改性沥青。

(3)SEAM 性质

SEAM 为不大于 5mm 的褐色半球状颗粒，在 140℃时加热 10min 所释放的 H_2S 浓度不高于百万分之十。

(4)结合料中 SEAM 和沥青的比例

已确定的 AC-16 的最佳沥青用量为 5.3%，AC-13 的最佳沥青用量为 4.8%，通过下式确定 SEAM 和沥青在结合料中所占的比例。结合料用量见表 3。

$$(\text{SEAM}+\text{沥青})\text{结合料}(\%)=\frac{1\,000AR}{10\,000R-100P_s(R-1)+AP_s(R-1)}$$

式中：A——常规沥青混合料设计中的沥青含量(%)(基于总混合料质量计算)；

R——SEAM 替换比(一般 R=1.5～1.7)，建议取 1.7；

P_s——总结合料中 SEAM 的质量比(%)。

结合料用量 表3

集料类型	混合料设计	普通沥青混合料	SEAM 沥青混合料	
		沥青(%)	沥青(%)	SEAM(%)
AC-16	Marshall (75 次击实)	5.3	3.8	2.5
AC-13	Superpave (旋转击实)	4.8	3.4	2.3

3.3 试验方法

按照冻断试验的方法和步骤，通过测得试件在两端固定时试件低温收缩产生开裂时的温度来比较混合料的抗裂性能。

3.4 试验结果(表4)

冻断试验结果 表4

性能等级	46～34	52～34	58～28	64～22
针入度等级	300/400	200/300	150/200	80/100
PG 试验性质	50.6～38.5	53.3～37.3	58.3～33.0	65.0～27.2
普通沥青混合料				
冻断试验断裂温度(℃)	−38.5	−35.0	−32.5	
冻断试验断裂温度与PG 试验温度差(℃)	0	2.3	0.5	
SEAM 沥青混合料				
冻断试验断裂温度(℃)	−36.1	−35.2	−31.5	−26.2
冻断试验断裂温度与PG 试验温度差(℃)	2.4	2.1	1.5	1.0

3.5 试验结论

冻断试验(低温约束温度应力试验)表明：

(1)在沥青混合料中加入 SEAM 后混合料的断裂温度与普通沥青混合料的断裂温度相当，因此加入 SEAM 不会降低混合料的低温抗裂性能。

(2)沥青的不同 PG 分级对沥青混合料冻断温度也有显著影响；不同 PG 分级其针入度指标和温度敏感性不同，由以上冻断试验结果分析，随着针入度的减小沥青混合料的断裂温度逐渐升高。因此，沥青的 PG 分级也是影响沥青混合料低温性能的关键因素之一。

4 结语

本文通过对国内外沥青混合料评价方法的分析，因冻断试验可以直接得到混凝土在低温下的开裂温度和温度应力过程线，被认为是研究混凝土低温抗裂性能的最有效手段。因此，本文重点介绍了冻断试验设备、试验方法和步骤及试验评价指标，并采用冻断试验方法得出普通混合料和SEAM沥青混合料的断裂温度，以此作为低温性能的评价指标。通过对比分析，表明在沥青混合料中加入SEAM后其与普通沥青混合料低温性能相当。因此，加入SEAM不影响混合料的低温抗裂性能，并且不同标号的沥青对混合料的低温性能有着较大影响。

参考文献

[1] 余梁蜀，许庆余，王文进，吴利言. 沥青混凝土低温性能试验和工程应用. 水利学报，2006(5).

[2] 应荣华，田小革. 沥青混凝土温度应力试验研究. 公路，2001(4).

[3] 鲁正兰，孙立军，周朝晖. 高性能SEAM改性沥青混合料设计及其性能. 石油学报，2005(21).

[4] 徐培华，王安玲. 公路工程混合料配合比设计与试验技术手册. 北京：人民交通出版社，2001.

[5] 刘涛，郝培文. 沥青混合料低温抗裂性能评价方法研究. 同济大学学报，2002(3).

[6] 中华人民共和国行业标准. 公路沥青路面施工技术规范(JTJ F400—2004). 北京：人民交通出版社，2004.

[7] D. H. Jung. T. S. Vinson，etc. Low-Temperature Cracking：Test Selection. SHRP-A-400.

[8] Research Report，Shell Canada Limited，2002.

SEAM 沥青混合料 AC-20 路用性能评价

刘剑刚[1]　罗晓辉[2]　张道友[3]　王　军[4]

(1. 平顶山市公路工程质量检测中心;2. 北京建筑工程学院;
3. 河南路桥建设集团有限公司;4. 河南中原高速公路股份有限公司)

摘　要　SEAM 是一种新型高性能沥青混合料改性剂,并能代替部分沥青作为混合料的黏结剂。本文首先探讨了 SEAM 改善沥青混合料的机理及 SEAM 沥青混合料的设计方法;然后采用 AC-20 型沥青混合料,通过大量室内试验,对比分析了添加 SEAM 沥青混合料、普通沥青混合料与 SBS 改性沥青混合料的路用性能。结果表明:在沥青混合料中适当添加 SEAM 能降低混合料拌和温度和成型温度 20℃左右,并能提高沥青混合料的稳定度及动稳定度,抗水损害性能也较好。

关键词　SEAM　沥青混合料　路用性能

SEAM 是 Sulphur-extended Asphalt Modifier 的简称,即"硫磺强化沥青改性剂",是一种新型的沥青混合料改性剂,是在硫磺里面添加烟雾抑制剂和增塑剂成分制成的半球状颗粒,主要成分为硫磺。SEAM 是经过特别处理的石油炼制副产品,经济易得。常温下为固体颗粒,可以同石料一样储存与运输。在沥青混合料拌和过程中,将其直接加入拌和仓而取代一定比例的沥青,按常规方法拌和后形成 SEAM 沥青混合料,同时达到对沥青混合料进行改性的目的,从而提高沥青混合料的路用性能。20 世纪 70 年代硫磺改性沥青就已在美国、加拿大应用很广泛。添加 SEAM 后既可以提高路面的抗车辙、耐久性等交通功能,同时又不会增加太多投资。由于 SEAM 沥青混合料的优越性能及适当的价格,使得北美及许多地区得到了应用,特别是一些温差较大、重载较多的地区。

2002～2005 年期间,天津、黑龙江、内蒙古、云南等地方修筑了一定量的小型试验段,大都取得了较好的应用效果。但 SEAM 沥青混合料在我国的研究与应用仅属于初步探索阶段,而且 SEAM 沥青混合料属于新材料,有必要对 SEAM 改善沥青混合料性能的改性机理、SEAM 沥青混合料的配合比设计及其性能进行研究。

本文采用 AC-20 型沥青混合料,通过浸水马歇尔试验、冻融劈裂试验、车辙试验、劈裂试验等室内试验,对比分析了添加 SEAM 后沥青混合料、基质沥青混合料与 SBS 改性沥青混合料的路用性能。

1　SEAM 改善沥青及沥青混合料性能的机理

硫磺与沥青有很好的相容性,与石料有很好的黏结性,将 SEAM、沥青先后加入到加热的石料中,在沥青混合料拌和过程中,集料的剪切下,使硫磺以非常细的颗粒均匀地分散在沥青混合料中,部分硫磺与沥青呈化学结合,溶解在沥青中,这一部分硫磺作为沥青稀释剂,使黏稠的沥青变得稀释;另一部分硫磺分散在沥青相中。溶解和分散的硫磺最终都形成结晶,作为结构强度增强剂，达到沥青改性的效果。硫磺结晶的数量随着 SEAM 与沥青的质量比增加而增加。

SEAM 掺加到沥青混合料中不仅是沥青改性剂，而且是沥青混合料的添加剂，即除了 SEAM 对沥青的改性效果外，还对整个混合料有改性作用。其原理是：由于单质硫的熔点为 115℃，比较低，当 SEAM 沥青混合料的温度低于硫的熔点时，分散的硫和溶解在沥青中的硫最终会析出，并形成晶体网状结构，这种网状结构将石料相互联结在一起，形成一个严密的整体网络结构，并且随着混合料中 SEAM 的比例增加，这种网络不断增密，从而使路面结构增强，稳定度提高，尤其是改善路面的高温定性。

2 试验研究

2.1 原材料

2.1.1 沥青

试验所用的基质沥青采用 AH-70 号沥青，各项性能见表 1。所采用的改性沥青为 SBS 改性沥青，软化点 75℃，其他指标满足规范中 I-D 的技术要求。

基质沥青性能指标 表 1

试验项目		结果	技术规格
相对密度(25℃)		1.033	1.01～1.06
针入度(25℃,100g,5s)(0.1mm)		68	60～80
延度(5cm/min,25℃)(cm)		>150	≥150
延度(5cm/min,15℃)(cm)		>150	≥100
软化点(环球法)(℃)		47.6	14～64
溶解度(三氯乙烯)(%)		99.9	≥99
闪点(COC)(℃)		300	≥276
含蜡量(%)		1.8	≤2
薄膜加热试验(163℃,5h)	质量损失(%)	0.1	≤0.8
	针入度比(%)	71	≥55
	延度(25℃)(cm)	>150	≥100
	延度(15℃)(cm)	121.4	—

2.1.2 SEAM

SEAM 在常温下呈黑褐色颗粒状，其主要由硫磺和烟雾抑制剂组成。在 150℃以上融化为液体并释放出 H_2S、SO_2 等气体；在低于 150℃下，基本上不产生的 H_2S、SO_2 气体，但是长时间下，SEAM 颗粒中的烟雾抑制剂会逐渐分解而释放出有害气体。SEAM 作为沥青改性剂又是添加剂，使用起来非常方便；SEAM 可以通过旧沥青混合料进料器加入热拌沥青混合料中；并且很容易融化在沥青混合料中；同时 SEAM 颗粒能够长时间储存并且容易长距离运输。

2.1.3 矿料

本次试验所采用的粗集料为石灰岩碎石，细集料中的机制砂采用石灰岩机制砂，矿粉采用石灰岩矿粉。经过试验测试，所采用的集料均满足相关技术要求。

各种矿料的筛分数据见表 2。

矿 料 筛 分 数 据　　表 2

筛孔尺寸(mm)	矿料通过率(%)				
	20～30mm	10～20mm	5～10mm	机制砂	矿粉
31.5	100	100	100	100	100
26.5	97.9	100	100	100	100
19	43.4	100	100	100	100
16	12.6	94	100	100	100
13.2	2.7	81.3	100	100	100
9.5	1.1	49.8	98.4	100	100
4.75	0.6	5.4	34.2	99.9	100
2.36	0.5	1.3	2.3	71	100
1.18	0.5	1.1	1.6	45.4	100
0.6	0.5	1.1	1.5	30.9	99.9
0.3	0.5	1	1.5	19.6	99.6
0.15	0.5	1	1.4	15	98.7
0.075	0.5	1	1.3	10.4	88.2

2.2　SEAM 沥青混合料配合比设计

2.2.1　矿料级配设计

根据各档集料的筛分结果进行矿料级配设计，AC-20 型矿料级配设计依据是《公路沥青路面施工技术规范》(JTG F40—2004)中表 5.3.2-2 规定的级配上下限范围，采用骨架密实型级配，级配曲线趋向于“S”型，级配设计见表 3，级配曲线见图 1。

沥青混合料各种矿料的用量　　表 3

集料用量				
20～30mm	10～20mm	5～10mm	机制砂	矿粉
15%	40%	13%	30%	2%

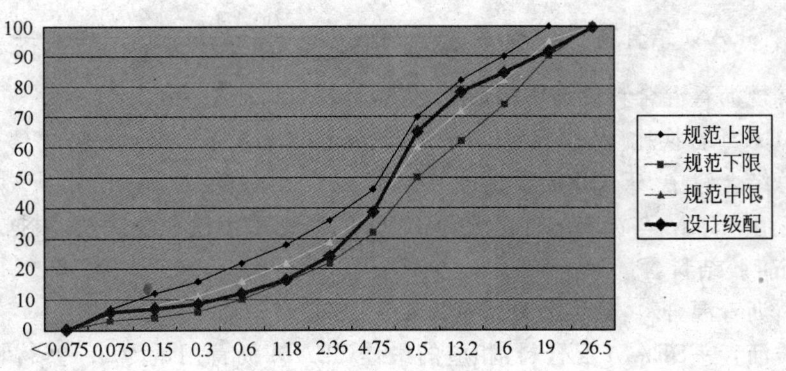

图 1　AC-20 矿料级配曲线

2.2.2　SEAM 沥青混合料的拌和温度的确定

硫磺在 70℃左右开始软化变为胶状体，至 115℃左右完全液化，所以与沥青相融后使沥青的黏度降低，使混合料变得容易拌和、摊铺和碾压，因此可以推断 SEAM 沥青混合料的拌和温度和碾压温度要低于普通沥青混合料的拌和温度和碾压温度。多次试验发现，SEAM 沥青混合料的拌和温度、击实温度比没有添加 SEAM 的沥青混合料均要低 20℃左右，其主要原因就是 SEAM 对沥青进行了稀释，降低了沥青的黏度，从而扩大了沥青混合料的温度应用范围，节省了沥青混合料加热拌和的能量投入。

SEAM 沥青混合料的拌制在温度控制上不同于普通的热拌沥青混合料。首先，将温拌沥青混合料的矿料和沥青在 140℃下保温，SEAM 常温下放置；然后，在 130℃的温度下将沥青、矿料和 SEAM 充分拌和，一般拌和时间控制在 3min45s；最后，将拌和好的沥青混合料在不低于 110℃的条件下成型试件。

由于矿料的加热温度、沥青混合料的拌和温度、成型试件的温度都低于普通的热拌沥青混合料的温度，因此，在拌制过程对能源的消耗、废气和粉尘的排放相对而言较小。

2.2.3 最佳沥青用量与最佳 SEAM 沥青用量

基质沥青混合料的设计仍然采用 Marshall 混合料设计方法，SEAM 沥青混合料中最佳沥青胶结料用量的确定方法一般有两种：常规混合法和代替公式法。

(1)常规混合法

常规混合法是将 SEAM 和沥青按照预先确定的比例进行充分混合，然后将 SEAM 和沥青的混合物视为一个整体，采用常规马歇尔指标确定胶结料的最佳用量，再按照 SEAM 和沥青的比例分别确定 SEAM 和沥青的用量。

(2)代替公式法

应用代替公式法设计 SEAM 沥青混合料步骤如下：

①采用马歇尔法进行普通沥青混合料设计，求出基质沥青混合料的最佳油石比；

②将求得的最佳油石比转化为沥青含量并代入式(1)中，求得 SEAM+沥青的胶结料含量；

③根据 SEAM+沥青的胶结料最佳含量及初定的 SEAM、沥青的质量比例，分别计算 SEAM、沥青的含量；

④根据步骤③计算的 SEAM、沥青的含量制作设计级配的马歇尔试件，测试其马歇尔稳定度等指标，看是否满足规范要求；

⑤如步骤④的结果不能满足要求，调整 SEAM、沥青的质量比，重复步骤②～④直至满足要求，此时所求得的 SEAM、沥青的含量即为 SEAM 沥青混合料的最佳配比。

$$\text{SEAM 结合料}(\%) = \frac{100AR}{10\,000R - 100P_s(R-1) + AP_s(R-1)}$$

式中：A——常规沥青混合料设计中的沥青含量，%；

R——SEAM 替换比(一般 R=1.5～1.7)，建议取 1.7；

P_s——总结合料中 SEAM 的质量比，%。

本试验采用 SEAM 与沥青的质量比为 40∶60，因此采用代替公式法，根据以上方法最终确定的各种沥青胶结料含量为：

70 号基质沥青混合料：最佳沥青用量为 4.3%。

70 号基质沥青+SEAM 混合料：相应的最佳 SEAM 沥青用量为 5.10%，其中 SEAM 的用量为 2.04%，沥青的用量为 3.06%。

SBS 改性沥青混合料：最佳沥青用量为 4.1%。

2.3 性能检验

2.3.1 沥青混合料水稳定性检测

在规范规定的试验条件下进行浸水马歇尔试验和冻融劈裂试验检验沥青混合料的水稳定性，详细数据见表 4、表 5。

两种沥青混合料浸水马歇尔试验数据与规范要求值　　表 4

混合料类型	浸水前稳定度(kN)	浸水 48h 后稳定度(kN)	浸水马歇尔试验残留稳定度比(%)	规范要求值(%)	试验方法
基质沥青混合料	9.87	7.90	80.04	80	T 0709
SEAM 沥青混合料	11.38	9.75	85.68	85	
SBS 改性沥青混合料	12.45	10.32	87.71		

两种沥青混合料冻融劈裂试验数据与规范要求值　　表 5

混合料类型	非冻融强度(MPa)	冻融强度(MPa)	残留强度比(%)	规范要求值(%)	试验方法
基质沥青混合料	0.60	0.46	76.01	75	T 0729
SEAM 沥青混合料	0.76	0.61	80.02	80	
SBS 改性沥青混合料	0.81	0.67	82.72		

2.3.2　沥青混合料车辙试验检测

在上述最佳沥青和 SEAM 沥青含量下，用轮碾法制作两种沥青混合料的 300mm×300mm×50mm 车辙试件，在试验温度 60℃，轮压 0.7MPa 下进行车辙试验，检验高温稳定性，详细数据见表 6。

两种沥青混合料车辙试验数据及规范要求值　　表 6

混合料类型	动稳定度(次/mm)	规范要求值(次/mm)	试 验 方 法
基质沥青混合料	1 125.36	1 000	T 0719
SEAM 沥青混合料	3 107.14	2 800	
SBS 改性沥青混合料	3 351.23		

2.3.3　低温劈裂数据

采用低温劈裂(试验温度为－10℃，加载速率为 1cm/min)来测试基质沥青混合料与 SEAM 沥青混合料的低温抗裂性，其低温劈裂强度见表 7。

两种沥青混合料低温抗拉强度　　表 7

混合料类型	低温劈裂抗拉强度(MPa)	试 验 方 法
基质沥青混合料	1.41	T 0716
SEAM 沥青混合料	2.20	
SBS 改性沥青混合料	2.35	

3　不同类型沥青混合料的性能对比

从上述 SEAM 沥青混合料相关路用性能的测试中可以看到，AC-20 型 SEAM 沥青混合料各项路用性能都比较优良，SEAM 沥青混合料的高温抗车辙能力很强，满足规范对改性沥青混合料的要求，抗水损害能力较好，低温抗裂性能也比较优良。

同普通沥青混合料与改性沥青混合料相比，SEAM 沥青混合料的各项路用性能均优于普通沥青混合料，与改性沥青混合料性能基本相同。其中 AC-20 型 SEAM 沥青混合料的高温稳定性非常优越，达到普通沥青的 3 倍，这对于提高路面的抗车辙性能是非常有利的；抗水损害的能力比普通沥青混合料强，稍低于 SBS 改性沥青混合料，SEAM 沥青混合料的低温抗裂性能比普通沥青混合料更好。

4 结语

(1)通过试验分析认为,SEAM 沥青混合料的动稳定度远大于基质沥青混合料,与 SBS 改性沥青混合料相似,说明添加 SEAM 后很好地起到了改善沥青混合料抗车辙的性能。

(2)SEAM 沥青混合料的残留马歇尔稳定度比与残留强度比均超过规范的要求,表明具有良好的抗水损害性能。

(3)SEAM 沥青混合料的拌和温度和碾压温度要低于普通沥青混合料,而路用性能尤其是高温抗车辙性优于普通沥青混合料,与 SBS 改性沥青混合料相近。

参考文献

[1] 中华人民共和国行业标准.公路沥青及沥青混合料试验规程(JTJ 052—2000).北京:人民交通出版社,2000.

[2] 中华人民共和国行业标准.公路沥青路面设计规范(JTJ D52—2006).北京:人民交通出版社,2006.

[3] 刘真岩,马洪福等.硫磺改性沥青混合料设计应用技术研究(专题报告).天津:天津市政研究院,2001.

[4] De Filippis(Univ'La Sapienza');Giavarini C,Santarelli,M. L Sulphur-extended Asphalt: Reaction Kinetics of H_2S Evolution Fuel,V77,n5,Apr,1998,459-463.

[5] Deme,I.,(1978)"Sulphur as an Asphalt Diluent and Mix Filler",ACS Series No. 165.

SEAM 沥青混合料疲劳性能评价方法研究

高建华

（河南交通职业技术学院）

摘　要　本文通过对沥青混合料疲劳性能评价试验方法的分析总结，认为在应变控制的疲劳试验中，沥青混合料的应力应变状态更能够反映沥青路面疲劳破坏的实际情况，试验得出的弯拉应变与疲劳寿命之间的关系更便于应用。因此采用应变控制模式重复弯曲疲劳试验作为评价沥青混合料疲劳特性的试验方法更为合理，结合对基质沥青混合料和 SEAM 沥青混合料的应变控制模式的疲劳试验结果，对比分析其疲劳特性。

关键词　SEAM 沥青混合料　应变控制　疲劳性能

随着我国道路建设的发展，高等级道路沥青路面应用越来越广泛。汽车交通量的迅速增长以及车辆轴载的日益增大，使得路面负荷不断增加，当荷载作用超过一定次数以后，路面出现疲劳破坏。疲劳断裂作为沥青路面的主要破坏形式，也越来越引起人们的注意。但是国内对沥青混合料疲劳性能评价还没有形成较为完善的试验方法与指标。而 SEAM 沥青混合料作为一种新型沥青混合料对其疲劳性能的评价也尤为重要。

国外疲劳试验大部分都采用应变控制方法，而国内则常采用应力控制方法。本文在分析国内外现有疲劳试验及评价方法的基础上，结合 SEAM 沥青混合料的特性，提出 SEAM 沥青混合料的疲劳性能评价方法，并根据相关试验结果，评价 SEAM 沥青混合料的特性。

1　沥青混合料疲劳试验方法概述

沥青混合料疲劳性能是指其在特定荷载环境与气候环境条件下抵抗重复加载作用而不产生破裂的能力。疲劳损坏是沥青混凝土路面最主要的破坏形式之一。疲劳问题一直是沥青路面设计理论中的主要研究课题之一。为了保证沥青路面具有良好的使用性和耐久性，世界各国沥青路面设计方法均以路面疲劳特性作为基本设计原则，路面疲劳性能指标已经成为沥青路面设计方法中不可缺少的重要指标，为优化路面结构设计、路面的施工和养护工作起着重要的指导和规范作用。

综合目前已有的研究成果，沥青路面疲劳特性试验方法基本上可以分为两类：一类为现象学法，即传统的疲劳理论试验方法，它采用疲劳曲线表征材料的疲劳性质，可采用控制应力和控制应变两种不同的加载模式；另一类为力学近似法，即应用断裂力学原理分析疲劳裂缝扩展规律以确定材料疲劳寿命的一种方法。

1.1　应用现象学法

应用现象学法进行疲劳试验时，可采用控制应力和控制应变两种不同的加载模式。应力控制方式是指在反复加载过程中所施加荷载（或应力）的峰谷值始终保持不变，随着加载次数的增加最终导致试件断裂破坏。这种控制方式可以完全断裂作为疲劳损坏的标准。

应变控制方式是指在反复加载过程中始终保持挠度或试件底部应变峰谷值不变。由于在这种控制方式下，试件通常不会出现明显的断裂破坏，一般以混合料劲度下降到初始劲度50%或更低为疲劳破坏标准。

应用现象学法进行疲劳试验的方法很多，归纳起来可以分为四类：第一类是实际路面在真实汽车荷载作用下的疲劳破坏试验（也称为现场试验法），以美国著名的AASHO试验路为代表。现场疲劳试验花费的时间较长，试验结果也受到气候条件（如温度和水分等）的影响，南非公路研究院曾使用了总重力为300kN的重型汽车模拟机在路面上进行疲劳试验，作用频率为22Hz，相当于80kN轴载车辆每8h作用30万次，这便大大加快了疲劳试验的速度。第二类是足尺路面结构在模拟汽车荷载作用下的疲劳试验研究（也称为试槽法），包括环道试验和加速加载试验，以与车轮荷载面积相等的圆形承载板或实际车轮加载，这比试板法更符合路面实际受力状态，试验结果更能表征路面的疲劳特性。目前主要有澳大利亚和新西兰的加速加载设备（ALF），南非国立道路研究所的重型车辆模拟车（NVS），美国华盛顿日立大学的室外大型环道和重庆公路科学研究所的室内大型环道疲劳试验。第三类是试板试验法（也称为试块法）。试板尺寸比试件大，制作比较麻烦，温度和湿度等影响因素较难控制，但能用压头或模型车轮加荷，模拟路面的二维受力状态，在这方面它优于试件法，但因其试验难度大、成本高，无法取得像试件试验法那么多的数据。一般可利用试件法试验所确定的参数（如荷载、温度和混合料组成性质等）进行试板疲劳试验，这是对疲劳试验结果进行定性分析过渡到定量分析的一个较好的形式。第四类是试验室小型试件的疲劳试验研究（也称为试件法）。其特点是制备试件比较简单，试件尺寸小，试验周期较短，温度和湿度等影响因素容易控制，易于进行大量的试验，以便总结路面混合料的疲劳特性。其缺点是不能同时模拟路面单元的综合受力状态，如单轴拉压或弯曲试验不能产生三向应力，而三轴重复加荷又没有剪应力。因此，试件疲劳试验的结果与路面实际的疲劳效应仍有一定的差别。

由于前三类试验研究方法耗资大、周期长，开展得并不普遍，因此大量采用的还是周期短、费用少的室内外小型疲劳试验，包括脉冲压头式、轮胎加压式、动轮轮迹式和动板轮迹式等。其中动轮轮迹式是采用车辙试验机来了解沥青混合料块体的疲劳特性。试验采用轮胎在沥青混凝土块体上滚动，沥青试块用橡胶垫支撑，设备能够测量块体底部应变并检验裂缝的产生和发展。

上述几种疲劳试验方法各有特点，但都是设法模拟实际车辆荷载的作用方式和路面单元的应力应变状态。如试件法中的旋转法，是对阔头圆柱体试件的悬臂施加单点荷载，使试件任一截面产生波状变化的拉应力。弯曲、拉、压或拉—压试验法是作用以波状力，如以正弦波或半正弦波来模拟汽车车轮的加荷效应。

北美大多数采用梁式试件进行反复弯曲疲劳试验；欧洲大多采用悬臂梯形梁试件，在其端部施加正弦形的反复荷载；也有采用圆柱体试件，进行间接拉伸疲劳试验的。

1.1.1 简单弯曲试验

简单弯曲试验主要有以下三种形式：中点加载或三分点加载；旋转悬臂梁；梯形悬臂梁。

三分点加载试验设备包括加州伯克莱分校和沥青协会使用的两种，前者采用的试件尺寸为38.1mm×38.1mm×381mm，后者采用的试件尺寸为美国公路战略研究计划提出的压实沥青混合料重复弯曲疲劳寿命测定的标准试验方法（SHRPM-009），也是通过三分点加载，试件尺寸50.0mm×63.5mm×381mm，试验温度20℃，加荷频率5～10Hz，采用应变控制模式测定试件劲度降低到初始劲度50%的荷载循环次数。

阿姆斯特丹的壳牌试验室采用中点加载方式，试件尺寸为30mm×40mm×230mm，试验在应变控制下进行。

英国诺丁汉大学采用一种旋转的悬臂梁设备,试件竖向安装在旋转悬臂轴上,荷载作用于试件顶部,从而整个试件都受到恒定的弯曲应力作用。大部分试验在10℃和1 000r/min速度下进行。

壳牌比利时的研究者和法国LCPC采用梯形梁疲劳试验,梁的较粗一端固定,另一端受到正弦变化的应力或应变作用。如梁的尺寸合理,破坏将产生在试件高度和中部区域而不是基部。W. Van Dijk采用的试件粗端尺寸为55mm×20mm,顶端尺寸为20mm×20mm,高度为250mm。采用消散能评价试件的疲劳性能,优点是建立在物理现象基础上,消散能与加载次数之间存在唯一关系,缺点是精确预测疲劳寿命需大量疲劳试验数据简化方法仅仅提供了疲劳寿命的粗略值。

简单弯曲试验的优点是应用广泛,试验结果可直接用于设计,也可选择加载方法,缺点是耗时,成本较高,需专业设备。

1.1.2 单轴拉伸试验

英国道路与运输研究所(TRRL)采用无反向应力的单轴拉伸试验,加载频率25Hz,持续时间40ms,间歇时间从0～1s不等。

直接拉伸试验优点是免去了疲劳试验,与已有疲劳试验结果存在相关关系。缺点是需建立在100万次重复加载基础上,试验稳定仅有10℃。

1.1.3 间接拉伸试验

间接拉伸试验是沿圆柱形试件的垂直径向面作用平行的重复压缩荷载,这种加载方式在沿垂直径向面、垂直于荷载作用方向产生均匀拉伸应力,试验易于操作,为广大研究人员所采用。试件直径100mm、高63.5mm,荷载通过一个宽12.5mm的加载压条作用在试件上。

我国哈尔滨建筑大学则利用圆柱体试件进行了间接拉伸试验(温度15℃,频率10Hz),按照能量理论研究了沥青混合料的疲劳性能,用劈裂蠕变试验建立了疲劳特性的预估模型。

间接拉伸试验的优点是简单,设备可用于其他试验,可预测开裂,缺点是两维应力状态,低估了疲劳寿命。

1.2 力学近似法

力学近似法是用断裂力学原理来分析路面材料的开裂,并用以预测材料疲劳寿命的一种方法。

由于这种方法是将应力状态的改变作为开裂、几何尺寸及边界条件、材料特性及其统计变异性的结果来考虑,并能对裂缝的扩展和材料中疲劳的重分布所起的作用进行分析,因此它有助于人们认识破坏的形成和发展机理。

试验常采用切口试件,将梁式试件做成单边的“V”形或“U”形槽口,进行弯曲或拉伸试验。应用该方法的疲劳寿命被定义为在一定的应力状态下,材料的损坏按照裂缝扩展定律,从初始状态增长到危险和临界状态的时间。

此方法的优点是理论为低温条件下适用,无需疲劳试验,缺点是高温时应力强度因子不是材料常数,需较多试验数据,仅适用于裂缝稳定扩展阶段。

1.3 疲劳性能评价方法综述

通过比较国内外沥青混合料疲劳性能的试验方法,可见国外疲劳试验大部分都采用应变控制方法,而国内则常采用应力控制方法。研究表明,在应变控制的疲劳试验过程中,混合料的应力应变状态更符合沥青路面的实际情况。另外，由于沥青混合料是黏弹性材料，其模量与温度相关，并非定值，受其影响实际工程中所测得的应变转化成的应力的精确度就差。因此，应力控制式疲劳试验得出的弯拉应力与疲劳之间的关系不便于应用，而应变控制模式得出的结果可直接应用。因此，以应变控制模式重复弯曲疲劳试验作为评价沥青混合料疲劳特性的试验方法，能够较为准确地评价沥青混合料的疲劳性能。

2 SEAM 沥青混合料疲劳性能试验检测

SEAM 沥青混合料与普通沥青混合料的性能类似，但比沥青混合料的劲度模量高，可以采用应变控制模式来评价其疲劳特性。结合基质沥青混合料和 SEAM 沥青混合料采用应变控制模式的重复弯曲疲劳试验的结果，对 SEAM 沥青混合料的疲劳性能进行评价如下。

2.1 试验材料

2.1.1 结合料

为确定 SEAM 改善沥青混合料硬度的性能，选用较软的沥青，沥青在 25℃ 的针入度为 83，软化点为 45.6，针入度指数为－1.1。结合料中 SEAM 所占的质量为 40％，沥青为 60％，SEAM 替换比 $R=1.5$ 或 2。

2.1.2 集料

所用的集料包括：0～2mm 的砂，2～4mm、4～6mm、6～10mm 的石料，质量优良。

2.1.3 混合料的组成

经过试验测得，SEAM 替换比 $R=1.5$ 的结合料的最佳用量为 6.4％，SEAM 替换比 $R=2.0$ 的结合料的最佳用量为 6.8％。

2.2 试件制备

制备试件时温度不能超过 150℃，拌和过程中，最后加入 SEAM 颗粒，再拌和 2min 后碾压成型，放置 24h 后切割成试件，再放置 15d 后才可进行试验。

2.3 试验方法

通过低频率的正弦曲线的位移产生的弯曲应力施加到小梁的基础上。试验温度和频率为 10°C 和 25Hz。

试验是根据法国规范来操作的。十八个阶梯型的试件同时用来做模数测定，依次作三组位移级别。施加的位移使得试件产生微小的裂缝。这些不是明显的破坏，但当产生位移的应力降低到原来应力的一半时试验就可以停止了。试验的目的是描述沥青混合料在重复作用荷载下的寿命，来估计它的疲劳性能。试验的条件是 10°C 和 25Hz。由试验结果统计分析得到的疲劳特征曲线。

特征疲劳曲线中（y 轴截距，a），疲劳曲线的斜率 $1/b$（b 为沥青材料的系数约为－0.2），其相对应变为 ε_b：S_N 循环破坏周期次数的对数，而 $\Delta\varepsilon_b$ 是测试结果的一个指标，r^2 为回归系数。

疲劳曲线的平衡方程如下：

$$\lg N = a + \left(\frac{1}{b}\right)\lg\varepsilon$$

2.4　试验结果(表1)

不同沥青混合料的模量　表1

模量(MPa)	基质沥青混合料	SEAM $R=1.5$ 的沥青混合料	SEAM $R=2$ 的沥青混合料
10℃和25Hz(模量试验)	16 393	19 456	18 597
10℃和25Hz(疲劳试验)	14 311	18 066	17 364
两者差的比例	−12.7	−7.1	−6.6

对三种混合料的三种疲劳弯曲特性的对比,结果见表2。

不同沥青混合料的疲劳弯曲特性　表2

参　数	基质沥青混合料	SEAM $R=1.5$ 的沥青混合料	SEAM $R=2$ 的沥青混合料
a(疲劳曲线 y 轴截距)	−15.76	−14.99	−18.15
$1/b$(疲劳曲线斜率)	−5.342	−5.076	−5.894
b	−0.187	−0.197	−0.170
r^2(回归系数)	0.94	0.93	0.93
S_N	0.16	0.17	0.19
$\Delta\varepsilon_b$(μdef)	±3.7	±4.6	±3.8
ε_b(μdef)	84	73	80

2.5　试验结论

通过上述SEAM替代率R为1.5的混合料比没有加SEAM的混合料在疲劳性能方面低大约13%。SEAM替代率R为2的混合料介于前两者之间,两种SEAM替代率沥青混合料疲劳曲线的斜率和没有添加SEAM的沥青混合料相似。由于加入SEAM添加剂,使得斜率趋近于预期的沥青混凝土的斜率。

在同样的结合料体积下,基质沥青混合料和SEAM替代率为$R=2$的沥青混合料表现了相同的抗疲劳性能,替代率为$R=1.5$时,SEAM沥青混合料的抗疲劳性能略有降低。

3　结语

本文综合比较了沥青混合料疲劳性能各种试验方法。提出沥青混合料疲劳试验的荷载控制模式有应力控制模式和应变控制模式。而在应变控制的疲劳试验过程中,沥青混合料的应力应变状态更符合沥青路面的实际情况,试验得出的弯拉应变与疲劳寿命之间的关系更便于应用。由此提出了以应变控制模式小梁重复弯曲疲劳试验作为评价沥青混合料疲劳特性的试验方法,并根据该方法的试验试验结果,对SEAM沥青混合料疲劳性能做出评价。结果表明,在同样的结合料体积下,基质沥青混合料和SEAM替代率为$R=2$的沥青混合料表现了相同的抗疲劳性能,替代率为$R=1.5$时,SEAM沥青混合料的抗疲劳性能略有降低。因此SEAM替代率对其抗疲劳性能有一定影响。

参考文献

[1] 刘真岩,马洪福,等.硫磺改性沥青混合料设计应用技术研究.天津:天津市政研究院,2001.
[2] 吕伟民.沥青混合料设计原理与方法.上海:同济大学出版社,2001.

[3] 中华人民共和国行业标准.公路工程沥青及沥青混合料试验规程(JTJ 052—2000).北京:人民交通出版社,2000.
[4] 鲁正兰,孙立军,周朝晖.高性能 SEAM 改性沥青混合料设计及其性能.石油学报,2005(21).
[5] 徐培华,王安玲.公路工程混合料配合比设计与试验技术手册,北京:人民交通出版社,2001.
[6] 李立寒,张南鹭.道路建筑材料(第四版).北京:人民交通出版社,2003.
[7] 侯曙光,王宏畅,黄晓明,李志栋.低温地区沥青混合料冻融疲劳特性分析.公路交通科技,2006.
[8] 中华人民共和国行业标准.公路沥青路面施工技术规范(JTJ F400—2004).北京:人民交通出版社,2004.
[9] 葛折圣,黄晓明.沥青混合料应变疲劳性能的试验研究.交通运输工程学报,2002.3.
[10] Laurent Porot, Jacques Colange & Laurent Bobrisow, Complex Modulus and Fatigue Tests on Asphalt Mixes Containing Bitumen and SEAM, Shell Research Report, 2005.12.

SEAM沥青稳定碎石混合料设计及路用性能评价

魏道新[1]　崔志方[2]　张道友[3]　邱　峰[3]

(1.长安大学,交通部科学研究院;2.河南中原高速公路股份有限公司;
3.河南路桥建设集团有限公司)

摘　要　针对目前采用水泥稳定碎石作为基层容易造成路面的裂缝和优质沥青较为短缺的问题,提出采用SEAM沥青稳定碎石作为路面基层进行施工。通过试验系统地比较分析了SEAM对沥青及沥青混合料性能的改性效果。结果表明:在沥青混合料中适当添加SEAM能降低混合料拌和温度和成型温度20℃左右,并能提高混合料的稳定度及动稳定度,但抗水损害性能较差。添加抗剥落剂后抗水损害性能得到提高,满足规范的要求。

关键词　基层　SEAM沥青稳定碎石　高温稳定性　抗水损害

1　概述

据统计,我国95%以上的高等级公路沥青路面的基层为半刚性水泥稳定碎石材料。由于它具有强度高、刚度大、整体承载力较高、能节约沥青等特点,成为我国沥青路面普遍采用的结构形式。但是,半刚性基层的刚度过大,直接造成了沥青混凝土面层内的剪应力急剧增加,诱发沥青混凝土面层的剪切破坏。其原因在于当基层的刚度过大时,沥青混凝土面层内的剪应力超过了面层的强度极限而发生剪切裂缝或剪切变形,这是造成路面早期损坏的结构性破坏原因。解决这一问题的途径,可以采取柔化半刚性基层的方法。沥青稳定碎石基层作为一类柔性结构层,具有很强的柔性和变形能力,作为应力消散层,大大延缓了路面反射裂缝的发生;另一方面,沥青稳定碎石基层可以与沥青混凝土面层结合牢固,并且由于其模量与面层接近,使得路面结构受力更加均匀,从而提高道路耐久性,延长路面使用寿命。为此,近年开展了沥青路面柔性基层(沥青稳定碎石混合料)结构和性能研究,这对于路面基层结构的选择具有非常实际的意义。

但是,近几年来,石油价格居高不下,导致沥青价格飞涨,国内正处在道路的建设高峰期,因此优质沥青供不应求,迫切需要一种既能替代部分沥青,又能保证满足规范要求的路用性能的新型材料。

SEAM是Sulphur-extended Asphalt Modifier的简称,即"硫磺强化沥青改性剂",是在硫磺里面添加烟雾抑制剂和增塑剂成分制成的半球状颗粒,主要成分为硫磺。SEAM是一种新型的沥青混合料改性剂,是经过特别处理的石油炼制副产品,经济易得。常温下为固体颗粒,可以同石料一样储存与运输。在沥青混合料拌和过程中,将其直接加入拌和仓而取代一定比例的沥青,按常规方法拌和后形成SEAM沥青混合料,同时达到对沥青混合料进行改性的目的,从而提高沥青混合料的路用性能。

因此可以采用SEAM代替一部分优质沥青拌和成SEAM沥青稳定碎石用于路面的基层,既可以满足交通功能要求,又不会增加太多投资。并且作为一种柔性结构层来解决采用半刚性基层容易造成的路面早期损坏的结构性破坏的现象。

SEAM 在我国属于新材料、新工艺，有必要对 SEAM 沥青稳定碎石的配合比设计及其性能进行深入研究，本文结合 ATB-25 型沥青稳定碎石通过室内试验对 SEAM 沥青稳定碎石和基质沥青稳定碎石进行相关性能的研究，分析比较 SEAM 对沥青及沥青稳定碎石的改性效果。

2 试验研究

2.1 原材料

2.1.1 沥青

试验所用的基质沥青采用 AH-90 号沥青，各项性能见表 1。

基质沥青性能指标　　表 1

试验项目		单位	试验结果	技术指标	试验方法
针入度(25℃,5s,100g)		0.1mm	92	80～100	T 0604
针入度指数 *PI*		cm	0.5	−1.5～+1.0	T 0604
软化点		℃	47	≥45	T 0606
60℃动力黏度		Pa・s	179	≥160	T 0620
10℃延度		cm	>50	≥45	T 0605
15℃延度		cm	>100	≥100	T 0605
蜡含量(蒸馏法)		%	2.1	≤2.2	T 0615
闪点		℃	296	≥245	T 0611
溶解度		%	99.8	≥99.5	T 0607
25℃相对密度		—	1.007	实测	T 0603
薄膜烘箱加热	质量变化	%	0.04	≤±0.8	T 0610
	25℃残留针入度比	%	76	≥57	T 0604
	10℃残留延度	cm	17	≥8	T 0605
	15℃残留延度	cm	35	≥20	T 0605

2.1.2 SEAM

SEAM 在常温下呈黑褐色颗粒状，其主要由硫磺和烟雾抑制剂组成。在 150℃以上融化为液体并释放出 H_2S、SO_2 等气体；在低于 150℃下，基本上不产生的 H_2S、SO_2 气体，但是长时间下，SEAM 颗粒中的烟雾抑制剂会逐渐分解而释放出有害气体。SEAM 作为沥青改性剂又是添加剂，使用起来非常方便，SEAM 可以通过旧沥青混合料进料器加入热拌沥青混合料中，并且很容易融化在沥青混合料中。同时 SEAM 颗粒能够长时间储存并且容易长距离运输。

2.1.3 矿料

本次试验所采用的粗集料为石灰岩碎石，细集料中的机制砂采用石灰岩机制砂，矿粉采用石灰岩矿粉。经过试验测试，所采用的集料均满足相关技术要求。

各种矿料的筛分数据见表 2。

矿料筛分数据　表2

筛孔尺寸(mm)	集料			
	碎石 2～3cm	碎石 1～2cm	碎石 0.5～1cm	机制砂
31.5	100	100.0	100.0	100.0
26.5	97.9	100	100	100
19	43.4	100	100	100
16	12.6	94	100	100
13.2	2.7	81.3	100	100
9.5	1.1	49.8	98.4	100
4.75	0.6	5.4	34.2	99.9
2.36	0.5	1.3	2.3	71
1.18	0.5	1.1	1.6	45.4
0.6	0.5	1.1	1.5	30.9
0.3	0.5	1	1.5	19.6
0.15	0.5	1	1.4	15
0.075	0.5	1	1.3	10.4

2.2 SEAM 沥青混合料配合比设计

2.2.1 矿料级配设计

根据集料筛分结果进行矿料级配设计，ATB-25 型矿料级配设计依据是《公路沥青路面施工技术规范》(JTG F40—2004)中表 5.3.2-2 规定的级配上下限范围，采用骨架密实型级配，级配曲线趋向于"S"型，级配设计见表 3，级配曲线见图 1。

沥青混合料各种矿料的用量　表3

集料用量			
碎石 2～3cm	碎石 1～2cm	碎石 0.5～1cm	机制砂
45%	14%	15%	26%

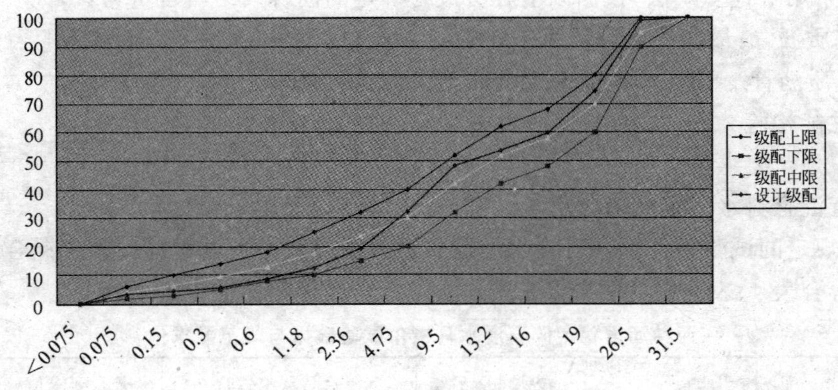

图 1　ATB-25 矿料级配曲线

2.2.2 SEAM 沥青混合料的拌制

SEAM 沥青混合料的拌制在温度控制上不同与普通的热拌沥青混合料。首先，将温拌沥青混合料的矿料和沥青在 140℃下保温，SEAM 常温下放置；然后，在 130℃的温度下将沥青、矿料和 SEAM 充分拌和，一般拌和时间控制在 3min45s；最后，将拌和好的沥青混合料在不低于 110℃的条件下成型试件。

由于矿料的加热温度、沥青混合料的拌和温度、成型试件的温度都低于普通的热拌沥青混合料的温度，因此，在拌制过程对能源的消耗、废气和粉尘的排放相对而言较小。

2.2.3　最佳基质沥青用量与最佳 SEAM 沥青用量

基质沥青混合料的设计仍然采用 Marshall 混合料设计方法，SEAM 沥青混合料中最佳沥青胶结料用量的确定方法一般有两种：代替公式法和常规混合法。

(1)常规混合法

常规混合法是将 SEAM 和沥青按照预先确定的比例进行充分混合，然后将 SEAM 和沥青的混合物视为一个整体，采用常规马歇尔指标确定胶结料的最佳用量，再按照 SEAM 和沥青的比例分别确定 SEAM 和沥青的用量。

(2)代替公式法

应用代替公式法设计 SEAM 沥青混合料步骤如下：

①采用马歇尔法进行普通沥青混合料设计，求出基质沥青混合料的最佳油石比；

②将求得的最佳油石比转化为沥青含量并代入式(1)，求得 SEAM＋沥青的胶结料含量；

③根据 SEAM＋沥青的胶结料最佳含量，及初定的 SEAM、沥青的重量比例，分别计算 SEAM、沥青的含量；

④根据步骤③计算的 SEAM、沥青的含量制作设计级配的马歇尔试件，测试其马歇尔稳定度等指标，看是否满足规范要求；

⑤如步骤④的结果不能满足要求，调整 SEAM、沥青的质量比，重复步骤②～④直至满足要求，此时所求得的 SEAM、沥青的含量即为 SEAM 沥青混合料的最佳配比。

$$\text{SEAM 结合料}(\%) = \frac{100AR}{10\,000R - 100P_s(R-1) + AP_s(R-1)}$$

式中：A——常规沥青混合料设计中的沥青含量，%；

R——SEAM 替换比(一般 $R=1.5\sim1.7$)，建议取 1.7；

P_s——总结合料中 SEAM 的质量比，%。

本试验采用替代公式法，根据以上方法最终确定的沥青胶结料含量为：

90 号基质沥青：最佳沥青用量为 4.0%。

90 号基质沥青＋SEAM：相应的最佳沥青用量为 4.75%。

2.3　性能检验

2.3.1　规范要求值

(1)沥青混合料水稳定性检测

在规范规定的试验条件下进行浸水马歇尔试验和冻融劈裂试验检验沥青混合料的水稳定性，并同时符合表 4、表 5 中的两个要求。

两种沥青稳定碎石浸水马歇尔试验数据与规范要求值　　表 4

混合料类型	浸水前稳定度	浸水 48h 后稳定度	浸水马歇尔试验残留稳定度比(%)	规范要求值(%)	试验方法
基质沥青稳定碎石	9.14	7.62	83.3	75	T 0709
SEAM 沥青稳定碎石	9.78	6.37	65.1		

两种沥青稳定碎石冻融劈裂试验数据与规范要求值　　表5

混合料类型	冻融劈裂残留强度比(%)	热拌沥青混合料规范要求值(%)	试验方法
基质沥青稳定碎石	76	70	T 0729
SEAM沥青稳定碎石	52		

针对添加SEAM后ATB-25的残留稳定度比与残留强度比较低的问题，决定采用添加抗剥落剂来提高混合料的抗水损害性能，添加的抗剥落剂的量为SEAM沥青结合料用量的5‰，成型马歇尔试件进行浸水马歇尔试验与冻融劈裂试验，具体数据见表6、表7。

添加抗剥落剂后SEAM沥青稳定碎石浸水马歇尔试验数据　　表6

混合料类型	浸水前稳定度	浸水48h后稳定度	浸水马歇尔试验残留稳定度比(%)	规范要求值(%)	试验方法
SEAM沥青稳定碎石	10.21	8.46	82.9	75	T 0709

添加抗剥落剂后SEAM沥青稳定碎石ATB-25冻融劈裂　　表7

混合料类型	冻融劈裂残留强度比(%)	热拌沥青混合料规范要求值(%)	试验方法
SEAM沥青稳定碎石	76	70	T 0729

从上表数据可以看出，添加抗剥落剂后，ATB-25型SEAM沥青稳定碎石的抗水损害能力增强了，并且满足规范的要求，因此，可以通过添加抗剥落剂来提高ATB-25型SEAM沥青稳定碎石的抗水损害性能。

(2)沥青混合料车辙试验检测

在上述最佳沥青和SEAM沥青含量下，用轮碾法制作300mm×300mm×50mm车辙试件，在试验温度60℃，轮压0.7MPa下进行车辙试验，检验高温稳定性。详细数据见表8。

两种沥青混合料车辙试验数据及规范要求值　　表8

混合料类型	动稳定度(次/mm)	规范要求值(次/mm)	试验方法
基质沥青稳定碎石	1 206.8	800	T 0719
SEAM沥青稳定碎石	2 336.5		

(3)低温劈裂数据

采用低温劈裂(试验温度为－10℃，加载速率为1cm/min)来测试基质沥青稳定碎石与SEAM沥青稳定碎石的低温抗裂性，其低温劈裂强度见表9。

两种沥青混合料低温劈裂强度　　表9

混合料类型	低温劈裂强度(MPa)	试验方法
基质沥青稳定碎石	1.83	T 0716
SEAM沥青稳定碎石	1.66	

3　SEAM沥青混合料与普通热拌沥青混合料对比

从上述沥青稳定碎石相关路用性能的测试中可以看到，ATB-25型SEAM沥青稳定碎石的抗水损害能力比规范要求的稍低，但高温抗车辙能力很强，远远大于规范所要求的数值，低温抗裂性能也比较优良。

为了进一步对比说明 SEAM 沥青稳定碎石的性能，同时按相同的集料与 ATB-25 型级配，全部用沥青作为结合料做了普通沥青稳定碎石试件，与 SEAM 沥青稳定碎石进行对比试验。试验表明：ATB-25 型 SEAM 沥青稳定碎石的车辙性能非常优越，达到普通沥青的 2 倍，但抗水损害的能力比普通沥青混合料稍差，但添加抗剥落剂后抗水损坏能力得到了加强，并能满足规范要求，低温抗拉性能与普通沥青混合料相差不大。

4 结语

(1)通过试验分析认为，SEAM 沥青稳定碎石的动稳定度远大于基质沥青稳定碎石，说明采用 SEAM 稳定碎石能够很好地提高路面的抗车辙性能。

(2)SEAM 稳定碎石的残留稳定度能满足规范的要求，但残留稳定度比较低，与规范要求有一定差距，冻融劈裂强度比也不能满足规范要求，掺加抗剥落剂后残留稳定度比和冻融劈裂强度比都得到了提高，并完全能达到规范要求，因此在实际使用 SEAM 稳定碎石时，可以采用添加抗剥落剂的方法来提高路面的抗水损害性能。

(3)SEAM 沥青稳定碎石的路用性能尤其是高温抗车辙性能优于普通沥青稳定碎石，这为修建柔性基层来提高路面的使用寿命提出了新的途径。

参考文献

[1] 中华人民共和国行业标准.公路沥青及沥青混合料试验规程(JTJ 052—2000).北京：人民交通出版社，2000.

[2] 中华人民共和国行业标准.公路沥青路面设计规范(JTJ D52—2006).北京：人民交通出版社，2006.

[3] 刘真岩，马洪福，等.硫磺改性沥青混合料设计应用技术研究(专题报告).天津：天津市政研究院，2001.

[4] De Filippis(Univ'LaSapienza');Giavarini C,Santarelli,M. L Sulphur-extended Asphalt: Reaction Kinetics of H_2S Evolution Fuel,V77,n5,Apr,1998,459-463.

[5] Deme,I.,(1978)"Sulphur as an Asphalt Diluent and Mix Filler",ACS Series No. 165.

沥青混合料低温性能评价方法

——冻断试验与低温小梁弯曲试验方法对比分析

王　玮

（河南交通职业技术学院）

摘　要　低温小梁弯曲试验及冻断试验(低温约束温度应力试验 TSRST)是两种评价沥青混合料低温性能的试验方法。通过对两者的试验原理及试验方法的分析,认为低温小梁弯曲试验不能够全面反映沥青混合料的低温性能,冻断试验能够较好地评价沥青混合料的低温抗开裂性能。

关键词　沥青混合料　低温性能　冻断试验　低温弯曲试验

沥青路面开裂是国内外道路界普遍关心的问题,这不仅由于低温收缩裂缝是沥青路面早期损坏的开端,而且由于冻涨裂缝、反射裂缝、低温荷载裂缝、温度疲劳裂缝都与沥青混合料低温状态下的松弛特性和破坏性有关,控制低温收缩裂缝的发生与发展,可能会有效地控制其他低温开裂的发生与发展。因此沥青路面的冬季低温抗开裂性能就直接影响到沥青路面的使用品质和使用寿命。沥青混合料的抗开裂性能不仅取决于沥青的性能,而且取决于混合料的级配情况。因此仅评价沥青的抗开裂性能是不够的,还必须评价沥青混合料的抗开裂性能才能真正说明沥青路面的低温抗开裂性能。对于沥青混合料低温性能的评价的试验方法主要有低温拉伸试验、低温弯曲试验、低温拉伸蠕变试验、低温收缩系数试验和直接冻断试验(亦称低温约束温度应力试验 TSRST)。

本文结合沥青混合料低温开裂的机理,对比分析低温小梁弯曲试验及冻断试验(低温约束温度应力试验 TSRST)评价沥青混合料低温开裂性能的有效性。

1　沥青混合料低温开裂机理分析及评价指标

当环境温度降低时,表面沥青混凝土产生收缩变形,这种变形受到下层无限连续板体的约束作用使沥青混凝土内部产生拉应力,当拉应力超过材料的极限抗拉强度时,沥青混凝土产生温度裂缝。即沥青路面的低温开裂是由于作用于沥青混合料内部的温度应力产生的应变值超过了沥青混合料所能承受的极限应力和极限应变而造成的。因此,无论采用极限应力或极限应变指标,还是间接反映上述指标的其他单一指标,如劲度模量和蠕变速率来评价沥青混合料抗开裂性能都是不全面的。

2　低温小梁弯曲试验分析

低温小梁弯曲破坏试验是我国最常用的沥青混合料低温抗裂性能评价方法。试验温度一般为－10℃,加载模式及加载速率并不统一。该方法目前已被写入我国《沥青及沥青混合料试验规程》。

2.1　试验方法

2.1.1　试验原理

沥青混合料的低温小梁弯曲试验是在规定的试验温度下－10℃，对规定尺寸的小梁试件，在跨中给试件施加集中荷载至断裂破坏的试验，由破坏时的最大荷载求得试件的抗弯强度以MPa计，由破坏时的跨中挠度求得沥青混合料的破坏弯拉应变，两者之比值为破坏时的弯曲劲度模量以MPa计。

2.1.2　试验目的与应用范围

用于测定沥青混合料在规定温度和加载速率时弯曲破坏的力学性质，并用于评价沥青混合料低温拉伸性能。试验温度和加载速率一般采用－10℃±0.5℃和50mm/min。本方法适用于由轮碾成型后切制的长250mm±2.0mm、宽30mm±2.0mm、高35mm±2.0mm的棱柱体小梁，其跨径为200mm±0.5mm。

2.1.3　仪具与材料

(1)带有传感器、环境保温箱、伺服系统的万能材料试验机或者压力机。

(2)跨中位移测定装置、数据采集系统或 *X-Y* 记录仪、恒温水槽或烘箱、天平、温度计、秒表及卡尺、平板玻璃。

2.1.4　准备工作

(1)对用轮碾法成型的沥青混合料试件，切割成规定尺寸的棱柱体小梁，一块300mm×300mm×50mm的板块最多可切制8根小梁。每根小梁需在跨中及两支点断面处量取试件尺寸，当两端高度(或宽度)之差超过2mm时，试件应作废。跨中断面的宽度为 b、高度为 h，取相对两侧的平均值，准确至0.1mm。

(2)将试件置于规定的试验温度(15℃)的恒温水槽中保温45min或恒温空气浴中3h以上，直至试件内部温度达到要求的试验温度±0.5℃为止，保温时试件应放在支起的平板玻璃上，试件之间的距离应不小于10mm。

(3)将试验机环境保温箱达到要求的试验温度，并将试验机梁式试件支座准确安装好，测定支点间距为200mm±0.5mm，使上下压头保持平行与稳固。

2.1.5　试验步骤

(1)将试件从恒温水槽或空气浴中取出，立即对称安放在支座上，试件上下方向与试件成型时方向一致。

(2)在梁跨下缘正中央安放位移测定装置，支座固定在试验机身上。位移计测头支于试件跨下缘中央或两侧(用两个位移计)。选择适宜的量程，有效量程应大于预计的最大挠度的1.2倍。

(3)将荷载传感器、位移计与数据采集系统或 *X-Y* 记录仪连接，以 *X* 轴为位移，*Y* 轴为荷载，选择适宜的量程后调零。开动压力机以规定的速率在跨径中央施以集中荷载，直至试件破坏，记录仪同时记录荷载——跨中挠度的曲线。如图1和图2所示。

2.1.6　计算

小梁弯曲破坏时的弯拉强度 R_B、梁底最大拉应变 ε_B 及弯曲劲度模量 S_B 按下式进行计算：

$$R_B = \frac{3LP_B}{2bh^2} \tag{1}$$

$$\varepsilon_B = \frac{6hd}{L^2} \tag{2}$$

$$S_B = \frac{R_B}{\varepsilon_B} \tag{3}$$

式中：R_B——试件破坏时的抗弯拉强度，MPa；

ε_B——试件破坏时的最大弯拉应变；

S_B——试件破坏时的弯曲劲度模量，MPa；

b——跨中断面试件的宽度，mm；

h——跨中断面试件的高度，mm；

L——试件的跨径，mm；

P_B——试件破坏时的最大荷载，N；

d——试件破坏时的跨中挠度，mm。

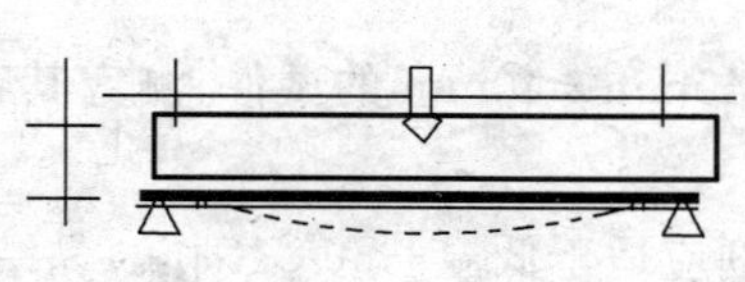

图 1 小梁弯曲试验示意

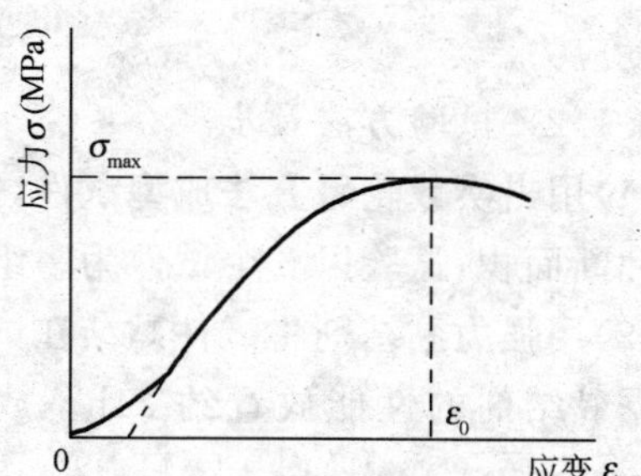

图 2 荷载（应力）—挠度（应变）曲线

当一组测定值中某个数据与平均值之差大于标准差的 k 倍时，该测定值应予舍弃，并以其余测定值的平均值作为试验结果。当试验数目 n 为 3、4、5 和 6 时，k 值分别为 1.15、1.46、1.67和 1.82。

2.2 试验评价指标及分析

通过测定破坏强度、破坏应变、破坏劲度模量，并根据应力应变曲线的形状，综合评价沥青混合料的低温抗裂性能，以破坏应变（μ_ε）指标值作为技术要求。

对于由于沥青混合料内部温度应力产生的应变值超过沥青混合料所能承受的极限应力和极限应变的开裂性能，低温小梁弯曲试验的破坏应变指标并不能够全面反映。低温小梁弯曲试验是在一定不变温度下进行的加载试验，因其温度是不变的，所以其不能够直接反映出温度应力的变化情况；而由其加载的方式所产生的应变只能间接反映出温度应力所产生的应变变化情况。变形的大小并不能准确反映出沥青混合料的低温抗裂性能，变形大其低温性能不一定差，而变形小其低温性能也不一定好。因此，以低温小梁弯曲试验的破坏应变指标来判断混合料的低温抗开裂性能，是不够准确和全面的。

3 冻断试验（低温约束温度应力试验 TSRST）

约束试件温度应力试验又称冻断试验，能较好地模拟沥青路面在降温过程中产生开裂。美国战略公路研究计划（SHRP）从众多的试验方法中筛选出该法作为沥青混合料低温抗裂性能的评价方法，该试验方法由美国俄勒冈州立大学开发。

3.1 试验方法

3.1.1 试验原理

冻断试验能够模拟实际情况，当试件环境温度下降时，能够使试件某一长度保持不变，随着温度的降低，试件内的温度应力越来越大，直到试件破坏。冻断试验的关键是在环境温度变化时，保持试件某一长度不随温度变化而改变。为了保证试件在一定两侧标距内 L 的长度不变，提出了零位移控制原理，即采用测量—比较—补偿的办法来控制沥青混凝土试件量测标距内 L 的长度在降温过程中始终保持不变。

试验前通过设定初始温度和降温速率等参数确定希望的降温规律。试验时，将规定尺寸的压实沥青混合料试件（梁或芯样）用环氧树脂黏贴在试验系统的两端，放入环境箱中，采用压缩机控制来降温。仪器采用 4 个温度传感器来测定试件表面的温度，用一个温度传感器测定环境箱的温度，根据环境箱温度和设定的降温规律的比较结果来控制压缩机。当试件在降温过程中产生收缩时，仪器通过计算机控制步进发动机把试件拉伸到初始的位置，模拟路面的约束作用。这样就可以测定沥青温合料试件在降温过程中所产生的温度应力。试验时可以任意设定一个初始温度和降温速率，以测定在不同初始温度和不同降温速率下沥青混合料试件中的温度应力。

3.1.2　试验方法及步骤

(1)用击实或轮碾方法成型试件，并锯成 220mm×40mm×40mm 的试件，测定其容重、孔隙率和断面积，试验以 3 个试件为一组。

(2)用强力黏结剂将试件黏结在试件夹头中，黏结剂应适于低温－60℃工作。黏结后的试件根据黏结剂的性能放置约 24h。放置试件时特别注意不得使两端粘有夹头的试件发生变形。

(3)设定力和位移传感器的比例系数。在常温下，位移传感器和力传感器的比例系数应分别设定 2 次，误差小于 5%时，取其平均值。

(4)将两个位移传感器通过传感器夹具和棒装在石英玻璃上，量距 L=100mm。将装有位移传感器的石英玻璃棒置于高低温箱中，在试验起始温度（一般为 10℃）下恒温 35min，记录两个位移传感器的起始值 L_{01} 和 L_{02}，然后以试验要求的降温速度降温，将高低温箱的温度降至－45℃。在整个降温过程中记录位移量测系统随温度变化的过程线，得到 $\Delta L_{传}=f(T)$，将此关系式输入计算机，经过程序处理，在正式试验过程中可消除在降温过程中位移量测系统随温度变化的影响。

(5)在牢固黏结有试件夹头的试件中部两侧安装位移传感器，传感器夹具相距 L（一般为 L=100mm)，然后将其放入高低温箱中，应注意保证试件不会变形。将高低温箱内的温度控制在冻断起始温度（一般为 10℃），恒温 1h。

(6)试件恒温 1h 后，将其安装在试验机上，此时给试件一很小的初应力（一般为0.1MPa）。

(7)试件装好后，以要求的降温速度降温，测试并记录温度、应力和位移。在整个降温过程中，根据位移传感器量测系统随温度的变形量 $\Delta l_{总}$，实时计算出试件的变形量 $\Delta l_{试}$，$\Delta l_{试}=\Delta l_{总}-\Delta l_{传}$。当 $\Delta l_{试}<0$ 时，计算机输出信号通过控制器控制试验机上的伺服电机工作，将试件拉到初始长度，即保持量测距离为 L。

(8)当试件在某一温度断裂时（即应力突然降低到很小），停止降温，试验结束。此时的温度即为试件的冻断温度。

(9)根据试验过程中记录的温度和应力变化情况，绘出温度-应力曲线（见图 3），并确定该试件的断裂温度和断裂时的应力，试件断裂时的温度就是该试件的冻断

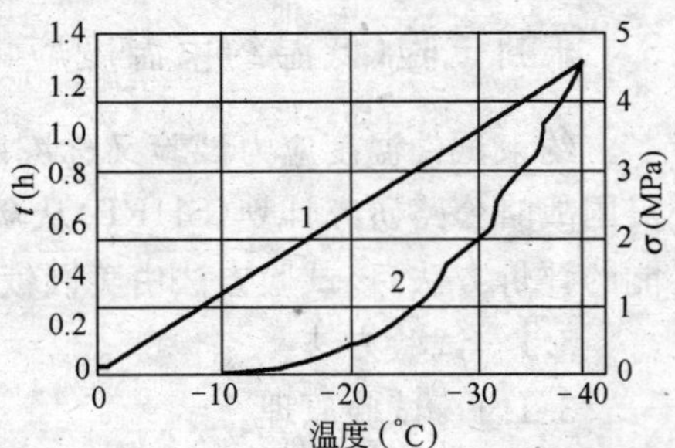

图 3　典型降温曲线和温度-应力过程线
1-典型降温曲线；2-典型温度-应力过程线

温度。同一配合比沥青混凝土至少平行试验 3 个试件，当测定的冻断最低温度值和最高温度值相差不超过平均值的 10%时，取其平均值作为试验结果。

3.2 试验评价指标及分析

冻断试验（低温约束温度应力试验 TSRST），模拟沥青路面在降温过程中产生开裂的试验。其从试验得到的温度应力变化曲线如图 3 所示，随着温度的降低，沥青混合料试件中的温度应力逐渐增长直至试件断裂。在断裂点应力达到最大值，该值称为断裂强度。温度应力-温度曲线的斜率 $d\sigma/dt$ 逐渐增长，到达一定温度后，变为常数，温度应力-温度曲线变成直线，直到断裂。把温度应力-温度曲线分成有松弛和无松弛两部分的温度称为转折点温度。当温度达到转折点温度时，沥青变硬，由降温产生的温度应力不松弛。转折点温度和 $d\sigma/dt$ 可能在评价沥青混合料在低温时的流变行为时起重要作用。所以，采用以下 4 个指标来评价沥青混合料的低温抗裂性能：转折点温度、斜率 $d\sigma/dt$、断裂温度和断裂强度。而断裂温度和极限应力（抗拉强度）作为判断沥青混合料低温抗裂性能的指标是比较好的。

冻断试验方法的特点是能够直接测定出沥青混合料的低温开裂时的温度、冻断时温度应力以及混合料内部的温度应力随温度变化的规律，指标直观，便于比较。

3.3 冻断试验结果分析

试验开始温度为 5℃，温度下降速率为 20℃/h，试件长度为 $40\times40\times220mm^3$，试件类型为 AC-20。试验数据如表 1 所示，图 4 为应力温度—曲线图。

冻断试验数据　　表1

试件类型	最大拉力(kN)	破坏荷载(MPa)	破坏温度(℃)
AC-20	3.62	2.26	−29.24

由图 4 分析，随着温度的降低，沥青混合料试件中的温度应力逐渐增长直至试件断裂。此时应力达到最大值 2.26MPa，该值即为断裂强度。温度应力-温度曲线的斜率 $d\sigma/dt$ 逐渐增长，到转折温度为−20℃后，近似为常数，温度应力-温度曲线变成近似直线，直到断裂。转折温度把温度应力-温度曲线分成有松弛和无松弛两部分。当温度达到转折温度时，沥青变硬，由降温产生的温度应力不松弛。转折温度和 $d\sigma/dt$ 在评价沥青混合料在低温时的流变行为时起重要作用。从上述分析可知：冻断试验所得到的应力-温度曲线能够全面直观地反映沥青混合料的低温性能。

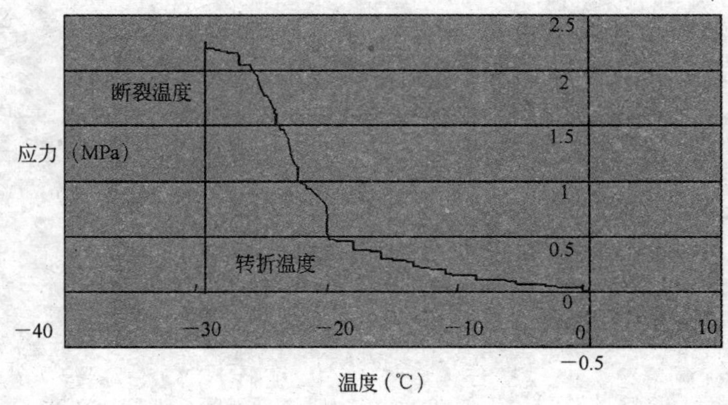

图 4　AC-20 冻断试验应力-温度曲线

4 结语

通过对低温小梁弯曲试验及冻断试验(低温约束温度应力试验 TSRST)的介绍分析总结出如下结论：

(1)沥青混合料的低温小梁弯曲试验能从一个侧面反映沥青混合料的低温性能，但不能够准确全面地反映。

(2)沥青混合料的低温直接冻断试验能够较好地评价沥青混合料的低温抗开裂性能。

参考文献

[1] 吕伟民. 沥青混合料设计原理与方法. 上海：同济大学出版社，2001.

[2] 中华人民共和国行业标准. 公路工程沥青及沥青混合料试验规程(JTJ 052—2000). 北京：人民交通出版社，2000.

[3] 刘涛，郝培文. 沥青混合料低温抗裂性能评价方法研究. 同济大学学报，2002.3.

[4] 中华人民共和国行业标准. 公路沥青路面施工技术规范(JTJ F400—2004). 北京：人民交通出版社，2004.

[5] 佘梁蜀，许庆余，王文进，吴利言. 沥青混凝土低温性能试验和工程应用. 水利学报，2006(5).

改性乳化沥青温拌混合料与改性沥青混合料路用性能对比研究

陈民权[1]　李　平[1]　王　玮[2]　高建华[2]

(1. 河南中原高速公路股份有限公司；2. 河南交通职业技术学院)

摘　要　采用特制改性乳化沥青对温拌沥青混合料进行了配合比设计和路用性能(水稳性、高温稳定性)测试，并将其与相同类型的改性沥青混合料路用性能进行了对比，结果表明，改性乳化沥青温拌沥青混合料和改性沥青混合料的路用性能基本相同，并且能满足改性沥青混合料的规范要求。由于改性乳化沥青温拌沥青混合料拌和及压实时所需的温度比改性沥青混合料低30℃以上，因此，具有节约能源、保护环境的特点。

关键词　改性乳化沥青温拌混合料　改性沥青混合料　路用性能　对比评价

1　引言

目前，我国的高速公路建设已进入全新的时期，在严酷的气候条件和繁重的交通条件下，普通的热拌沥青混合料已不能满足路面的使用要求，为了提高沥青混合料的路用性能，人们逐渐采用改性沥青代替普通沥青作为矿料的结合料。但是目前，道路建设中的路面基本上都采用传统的热拌沥青混合料 HMA(Hot Mixture Asphalt)。HMA 是一种热拌热铺沥青混合料，其是将沥青从常温加热到160℃左右，矿料从常温加热到180～200℃，然后再将沥青和矿料于180℃的高温下进行拌和，拌和后的 HMA 温度不低于160℃。摊铺和碾压时的温度不低于140℃。将沥青和矿料加热到如此高的温度，不仅要消耗大量的能源，而且在生产和施工的过程中还会排放出大量的废气和粉尘，严重影响周围的环境质量和施工人员的身体健康，所以说，使用 HMA 的问题之一就是环境的破坏、能源的浪费和人的生存圈的缩小，这与我国发展绿色、可持续的道路是背道而驰的。因此，十分有必要研究一种绿色、环保的沥青混合料来取代 HMA，使其既保持和 HMA 一样的使用品质，又能充分地节约源和保护环境。

在日本及欧洲等国家，由于签署了《京都议定书》限制空气中 CO_2 的排放量。因此，人们在1995年就开始研制一种环保型的温拌沥青混合料 WMA(Warm Mixture Asphalt)来替代传统的热拌沥青混合料 HMA。所谓 WMA 就是在沥青混合料中使用一种调和沥青，这种调和沥青具有合适的黏度，从而能在相对较低的温度下进行拌和及施工。就目前而言，温拌沥青混合料的拌和温度一般保持在100～120℃，摊铺和压实路面的温度为80～90℃，相对于热拌沥青混合料，温度降低了大约30℃。

但是，对于改性乳化沥青温拌混合料，国内外尚处在研究与应用的初步阶段，更没有系统的乳化沥青温拌混合料设计与施工的相关技术规范。

鉴于改性乳化沥青温拌混合料技术的现状与不足，加之普通沥青越来越不能满足重载交通要求，而改性沥青在路面面层结合料中占主导地位，因此本论文采用 AC-20 型沥青混合料，通过浸水马歇尔试验、冻融劈裂试验、车辙试验等室内试验，对比分析了改性乳化沥青温拌混合料与SBS改性沥青混合料的路用性能。

2 试验研究

2.1 原材料检测

石料采用石灰岩，矿粉是石灰岩矿粉，改性乳化沥青温拌混合料中沥青采用SBS改性乳化沥青，采用Pen60/80沥青胶结料确定改性乳化沥青温拌混合料的油石比。

沥青胶结料Pen60/80、改性乳化沥青和SBS改性沥青，按《公路沥青路面施工技术规范》(JTG F40—2004)要求进行了规定项目的试验检测，检测结果分别见表1～表3。

Pen60/80 沥青性能检测 表1

检测项目		单位	技术要求	试验结果	试验方法
针入度(25℃,100g,5s)		0.1mm	60～80	62	T 0604—2000
针入度指数 *PI*		—	−1.5～+1.0	−1.228	T 0604—2000
延度(5cm/min,10℃)		cm	≥20	53	T 0605—1993
软化点(环球法)		℃	≥46	49	T 0606—2000
动力黏度(60℃)		Pa·s	实测记录	171	T 0625—2000
闪点(开口式)		℃	≥260	348	T 0611—1993
溶解度(三氯乙烯)		%	≥99	99.8	T 0607—1993
密度(15℃)		(g/cm³)	实测记录	1.035	T 0603—1993
TFOT后残留物	质量变化	%	≤±0.8	0.027	T 0609—1993
	针入度比	%	≥61	66	T 0604—2000
	延度(10℃)	cm	≥6	7.5	T 0605—1993

SBS(I-D)改性沥青性能检验 表2

检测项目		单位	技术要求	试验结果
针入度(25℃,100g,5s)		0.1mm	40～60	45
针入度指数 *PI*		—	≥0	+0.2
延度(5cm/min,5℃)		cm	≥25	30
软化点(TR&B)		℃	≥75	77
运动黏度		Pa·s	≤3	3
离析,软化点差		℃	≤2.5	2
闪点		℃	≥230	240
溶解度		%	≥99	99.5
弹性恢复(25℃)		%	≥85	86
RTF0后残留物	质量损失	%	±1.0	0.9
	针入度比(25℃)	%	≥65	66
	延度(5℃)	cm	≥20	22

改性乳化沥青性能检测 表3

检测项目		单位	试验结果	试验方法
蒸发残留物	含量	%	68.03	ASTM D244
	25℃针入度	0.1mm	65	ASTM D5
	5℃低温延度	cm	20	ASTM D113
	软化点	℃	59	ASTM D36
	储存稳定性(1d)	%	3.9	ASTM D244

从表1～表3可以看出，经过试验测试，所采用的各种材料均满足相关技术要求，可以使用。

2.2 矿料

2.2.1 矿料筛分

粗集料为10～20mm、5～10mm、3～5mm石灰岩，细集料为机制砂，矿粉为石灰岩矿粉，筛分结果见表4。

矿料筛分 表4

筛孔尺寸(mm)	通过百分率(%)				
	10～20mm	5～10mm	3～5mm	机制砂	矿粉
26.5	100.0	100.0	100.0	100.0	100.0
19.0	85.6	100.0	100.0	100.0	100.0
16.0	53.7	100.0	100.0	100.0	100.0
13.2	18.8	100.0	100.0	100.0	100.0
9.50	1.1	80.0	100.0	100.0	100.0
4.75	0.6	14.5	96.9	100.0	100.0
2.36	0.4	1.0	22.1	88.5	99.9
1.18	0.4	0.5	6.3	62.4	99.8
0.60	0.4	0.4	3.5	38.8	99.5
0.30	0.4	0.4	2.4	23.2	97.7
0.15	0.4	0.4	2.1	15.2	90.5
0.075	0.4	0.4	1.7	10.8	75.5

2.2.2 矿料相对密度

矿料的相对密度检测结果见表5。

矿料体积性质 表5

体积性质	10～20mm	5～10mm	3～5mm	机制砂	矿粉
毛体积相对密度(g/cm^3)	2.758	2.760	2.655	2.627	2.751
表观相对密度(g/cm^3)	2.780	2.807	2.738	2.689	2.751

2.3 配合比设计

2.3.1 矿料级配设计

采用马歇尔试验方法进行AC-20型沥青混合料的目标配合比设计。合成矿料级配中矿料比例见表6。

矿 料 比 例　　表6

矿　　料	粗　集　料			机制砂	矿粉
	10～20mm	5～10mm	3～5mm		
比例(%)	29	34	7	28	2

2.3.2　温拌沥青混合料的拌制

对于温拌沥青混合料的拌制在温度控制上不同与普通的热拌沥青混合料。首先，将温拌沥青混合料的矿料和沥青各自在145℃和80℃保温4h以上；然后，在120℃的温度下将温拌沥青和矿料充分拌和，一般拌和时间控制在3min；最后，将拌和好的沥青混合料在120℃的温度下保温2h后成型试件。

由于矿料的加热温度、沥青混合料的拌和温度、成型试件的温度都远远小于普通的热拌沥青混合料的温度，因此，在拌制过程中，能源的消耗、废气和粉尘的排放相对而言较小。表7是两种不同沥青混合料在各种不同阶段的温度对比表。

两种不同沥青混合料在不同阶段的温度对比表　　表7

项　　目	改性沥青混合料	温拌沥青混合料
沥青加热温度(℃)	160～165	70～90
矿料加热温度(℃)	190～220	135～150
沥青混合料拌和温度(℃)	170～185	115～135

2.3.3　最佳乳化沥青用量确定

尽管乳化沥青温拌混合料与热拌沥青混合料具有不同的成型特点，但两者确定最佳胶结料用量的控制指标和步骤是相同的，控制指标有马歇尔稳定度、流值、空隙率和沥青饱和度。乳化沥青温拌混合料中乳化沥青最佳用量的确定有两种方法：一是直接使用乳化沥青成型试件，根据混合料的稳定度、流值、空隙率和沥青饱和度等指标的控制范围确定最佳用量；二是采用生产乳化沥青的基质沥青或相同标号的沥青按热沥青混合料的马歇尔法确定最佳沥青用量，然后根据乳化沥青的固含量反算出乳化沥青的最佳用量。

本研究以常用的Pen60/80级道路石油沥青为胶结料配制SBS改性乳化沥青，采用Pen60/80级道路石油沥青按热沥青混合料配合比设计方法确定了最佳油石比为4.6%。按照固体含量，反算SBS改性乳化沥青两种胶结料的最佳用量为6.6%。

改性沥青混合料改性沥青的最佳用量为5.3%。

2.4　温拌沥青混合料的性能测试

对所配制的温拌沥青混合料和改性沥青混合料进行较全面的路用性能试验，主要包括水稳性能、高温稳定性能的测试。

2.4.1　水稳定性

对于AC-20型温拌沥青混合料的水稳定性能检验，沥青胶结料采用壳牌改性乳化沥青，其各项检测指标见表3，改性沥青混合料采用SBS改性沥青，其各项检测指标见表2。按照《公路工程沥青及沥青混合料试验规范》(JTG 052—2000)中T 0729的要求执行，成型试件时击实50次/面。试验结果见表8。

AC-20 型温拌沥青混合料冻融劈裂试验结果(TSR) 表 8

胶结料	检测结果	规范要求	试验方法
温拌沥青混合料	82%	≥80%	T 0729—2000
改性沥青混合料	83.6%		

从表 8 的实验结果看,本次试验的 AC-20 型温拌沥青混合料和改性沥青混合料的冻融劈裂试验数据能满足国家规范《公路沥青路面施工技术规范》(JTG F40—2004)的相关技术要求。

按照《公路工程沥青及沥青混合料试验规范》(JTG 052—2000)中 T 0790 的要求进行了浸水马歇尔试验,成型试件时击实 75 次/面。试验结果见表 9。

两种沥青稳定碎石浸水马歇尔试验数据与规范要求值 表 9

混合料类型	浸水前稳定度	浸水 48h 后稳定度	浸水马歇尔试验残留稳定度比(%)	规范要求值(%)	试验方法
温拌沥青混合料	15.34	13.57	88.5	85	T 0790
改性沥青混合料	16.58	14.94	90.4		

从表 9 的实验结果看,本次试验的 AC-20 型温拌沥青混合料和改性沥青混合料的浸水马歇尔试验数据能满足国家规范《公路沥青路面施工技术规范》(JTG F40—2004)的相关技术要求。

2.4.2 高温性能

在进行 AC-20 沥青混合料高温稳定性能检验时,沥青胶结料采用壳牌改性乳化沥青,其各项检测指标见表 3。车辙试验按照《公路工程沥青及沥青混合料试验规范》(JTG 052—2000)中 T 0719 的要求执行,试验结果见表 10。

AC-20 型温拌沥青混合料车辙试验结果(DS) 表 10

胶结料	检测结果	规范要求	试验方法
温拌沥青混合料	5251	≥2800	T 0719
改性沥青混合料	6847		

从表 10 的实验结果看,本次试验的 AC-20 型温拌沥青混合料和改性沥青混合料的高温稳定性能满足国家规范《公路沥青路面施工技术规范》(JTG F40—2004)的相关技术要求。

3 结语

(1)从上述对温拌沥青混合料的性能测试中可知,改性乳化沥青温拌混合料均满足规范要求,水稳定性与高温性能较好。

(2)虽然改性乳化沥青中含有 SBS 改性剂,但改性乳化沥青混合料的水稳性能和抗车辙性能同改性沥青混合料相比,性能稍差。主要原因是由于改性乳化沥青中 SBS 改性剂的含量较低,这可以从表 2、表 3 中软化点的大小可以看出,改性乳化沥青蒸发残留物的软化点比 SBS 改性沥青的软化点小得多。

(3)改性乳化沥青温拌沥青混合料和相同类型及级配的改性热拌沥青混合料基本上具有相同的路用性能。但由于温拌沥青混合料在拌制、压实等过程中的所需的控制温度较低,因此,具有减少燃料消耗,节能 30%、减少沥青烟的排放,降低对环境的污染和对施工人员健康的损害等优点。

参考文献

[1] 中华人民共和国行业标准.公路沥青路面施工技术规范(JTG F40—2004)[S].北京:人民交通出版社,2004.

[2] 徐世法,等.高节能低排放型温拌沥青混合料的技术现状与应用前景[J].北京:公路,2005(7).

[3] 李祝龙,等.沥青混合料应用中的环境保护[J].北京:交通运输工程学报,2004(12).

[4] 赵剑强,等.公路交通与环境保护[M].北京:人民交通出版社,2002.

[5] 常魁和,等.公路沥青路面养护新技术[M].北京:人民交通出版社,2000.

[6] Graham C. Hurley "EVALUATION OF ASPHA-MIN® ZEOLITE FOR USE IN WARMMIX ASPHALT"NCAT Report 05-04.

[7] Graham C. Hurley "EVALUATION OF SASOBIT® FOR USE IN WARM MIX ASPHALT"NCAT Report 05-06.

沥青路面抗车辙与抗水损坏平衡设计技术在郑石高速公路中的应用

徐世法[1]　王　玮[2]　陈民权[3]

（1.北京建筑工程学院；2.河南交通职业技术学院；
3.河南中原高速公路股份有限公司）

摘　要　车辙与水损坏是沥青路面的主要病害，是造成沥青路面破坏的主要原因。但在进行沥青路面设计时，抗车辙与抗水损坏在某些方面是互相矛盾、互相制约的。结合郑石高速公路工程的建设，在沥青路面的设计中既考虑了抗车辙设计，又注重了抗水损坏设计，提出了沥青路面抗车辙与抗水损坏平衡设计技术。

关键词　沥青路面　抗车辙　抗水损坏　平衡设计　应用

1　前言

近年来，以沥青路面为代表的高等级公路在我国得到了迅猛发展。但由于车辆超载、气候以及道路设计、施工工艺等多方面原因的影响，沥青路面的破坏问题也变得日益突出。其中车辙与水损坏是沥青路面的主要病害，是造成沥青路面破坏的主要原因。

车辙的出现，严重影响了路面的使用寿命和服务质量，给路面及路面使用者带来许多危害，例如：(1)影响路面的平整度，降低了行车舒适性；(2)轮迹处沥青层厚度减薄，削弱了沥青层及路面结构的整体强度，从而易于诱发各种病害；(3)雨天路表排水不畅，影响高速行车的安全性；(4)车辆在超车或更换方向时易失控，影响车辆操纵的稳定性。而沥青路面的水损坏是指沥青路面在水分存在的条件下，经受交通荷载及温度胀缩的反复作用，水分逐步侵入到沥青与集料的界面上，同时由于动水压力的作用，沥青膜渐渐地从集料表面剥离，并导致集料之间的黏结力丧失而发生的路面破坏过程。水损坏的显著特征是沥青膜的剥落，从而使沥青混合料掉粒、松散，继而形成沥青路面的网裂、唧浆、坑槽，甚至路面结构性的破坏。

国内大量工程实例和经验表明，在进行沥青路面设计尤其是沥青混合料配合比设计时，抗车辙与抗水损坏在某些方面是互相矛盾、互相制约的。近几年，随着汽车超载和渠化交通等多方面因素的影响，沥青路面的车辙问题日趋严重，因此各地在沥青混合料配合比设计及面层结构组合设计方面采取了一系列防治车辙的措施，如选择坚硬的优质石料、采用较粗的集料粒径，适当减少沥青用量等。这些措施取得了较好的防治车辙效果，但同时又带来了新的隐患，即沥青路面的水稳定性不足，出现了大量的水损坏破坏。因此，在设计时必须考虑抗车辙与抗水损坏的平衡，不能顾此失彼。

2　沥青路面抗车辙与抗水损坏平衡设计方法的提出

沥青路面产生车辙的主要原因是由于沥青混合料的高温稳定性不足，而评价其高温稳定性的试验方法通常采用车辙试验。沥青路面产生水损坏的主要原因是由于沥青混合料的水稳定性不足，而评价其水稳定性的试验方法通常采用水煮法来检验沥青与集料的黏附性、利用冻融劈裂试验和浸水马歇尔试验来评价沥青混合料的水稳定性。分析以上试验方法，可以看到对于沥青混合料抗车辙能力的试验方法，没有考虑超载与浸水的影响，而对于沥青与沥青混合料抗水损坏的评价方法，则没有考虑车辆荷载，尤其是超载的作用。而浸水车辙试验则能同时反映沥青混合料的抗水损坏与抗车车辙能力，据此可以进行沥青混合料抗水损坏与抗车车辙能力的综合评价及平衡设计。

本文采用浸水车辙试验来模拟沥青混合料的高温、浸水及超载的情况，得出沥青混合料在浸水条件下的动稳定度，为沥青路面车辙与水损坏这一对相互制约的病害综合防治提供参考。大量的试验结果表明，温度、水及超载等因素都会使沥青混合料的动稳定度降低。因此，在进行沥青混合料路用性能检测时，要求不同试验条件的浸水车辙试验的动稳定度次数与标准车辙试验的动稳定度次数相近或更高，可以认为沥青混合料在保证抗车辙能力的同时，也能具有良好的抗水损坏能力。

3 在郑石高速公路中的应用

3.1 工程概况

郑州至石人山高速公路北起郑州市，止于国道 G311，全长 182.24km，是河南省新规划的“两桥三路”中的“一路”，是一条新的区域能源和旅游大通道的中央辐射线，是河南省中、南部地区的重要运输干线，是贯穿河南省郑州市、许昌市、平顶山的大通道，同时还连接郑州西南绕城、许禹、上洛、太澳等高速公路，是河南省高速公路网的重要组成部分。在郑石高速公路建设过程中，根据交通量、道路等级、交通组成、设计路段交通特点等基础资料，考虑沿线气候、水文、地质及筑路材料分布情况，对其沥青路面结构进行了综合设计。为了预防沥青路面在使用过程中出现车辙及水损坏等病害情况，在路面结构设计中既考虑了抗车辙设计，又注重了抗水损坏设计。本文以郑石高速公路路面二标的沥青路面结构设计为例，阐述了抗车辙与抗水损坏平衡设计的应用，其沥青路面结构示意图如图 1 所示。

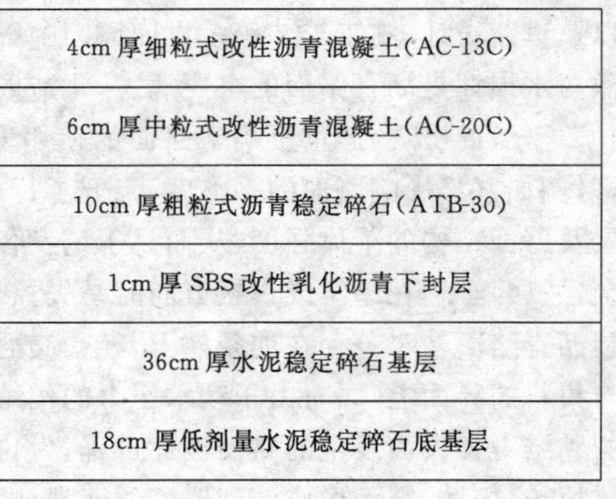

图 1 路面二标沥青路面结构示意图

3.2 沥青混合料配合比设计

3.2.1 原材料选择及性能检验

(1)沥青：根据以往的工程经验，SBS 改性沥青通常具有良好的抗车辙能力，同时其抗剥落性能普遍较好。本设计根据河南省的气候特点，在沥青路面的上面层和中面层选用了 I-D 型聚合物 SBS 改性沥青，并在其技术指标满足《公路沥青路面施工技术规范》(JTG F40—2004)中 SBS(I-D)技术标准的基础上，对某些指标的要求进行了适当调整，见表 1。下面层选用了 70 号 A 级沥青，其技术指标应满足《公路沥青路面施工技术规范》(JTG F40—2004)中 70 号 A 级沥青的技术标准，见表 2。

SBS(I-D)改性沥青技术要求 表1

技术指标		要求
针入度(25℃,100g,5s)(0.1mm)		>40(40~60)
延度 5℃,5cm/min(cm)		>25(≥20)
软化点 $T_{R\&B}$(℃)		>75(≥60)
运动黏度(135℃)(Pa·s)		≤3
储存稳定性离析,48h软化点差(℃)		≤2.5
闪点(℃)		≥230
溶解度(%)		≥99
弹性恢复(25℃)(%)		≥80(≥75)
RTFOT后残留物	质量损失(%)	≤±1.0
	针入度比25℃(%)	≥65
	延度 5℃(cm)	>20(≥15)

注:括号内为规范要求值。

70号A级沥青技术要求 表2

技术指标		要求
针入度(25℃,100g,5s)(0.1mm)		60~80
针入度指数PI		−1.5~+1.0
软化点(R&B)(℃)		≥46
60℃动力黏度(Pa·s)		≥180
10℃延度(cm)		≥15
15℃延度(cm)		≥100
蜡含量(蒸馏法)(%)		≤2.2
闪点(℃)		≥260
溶解度(%)		≥99.5
TFOT(或RTFOT)后	质量变化(%)	≤±0.8
	残留针入度比(25℃)(%)	≥61
	残留延度(10℃)(cm)	≥6
	残留延度(15℃)(cm)	≥15

(2)集料:粗集料采用玄武岩,细集料采用石灰岩,其质量技术要求分别见表3及表4。

沥青混合料用粗集料质量技术要求 表3

指标	表面层	其他层次
石料压碎值 不大于(%)	26	28
洛杉矶磨耗损失 不大于(%)	28	30
视密度 不小于(t/m³)	2.6	2.5
吸水率 不大于(%)	2.0	3.0
对沥青的黏附性 不小于	4级	4级
坚固性 不大于(%)	12	12
细长扁平颗粒含量 不大于(%)	15	18

续上表

指　　标	表 面 层	其他层次
水洗法<0.075mm 颗粒含量　不大于(%)	1	1
软石含量　不大于(%)	3	5
石料磨光值　不小于(BPN)	42	42
石料冲击值　不大于(%)	28	28
破碎砾石的破碎面积　不小于(%)	90	80

沥青混合料用细集料质量技术要求　　表 4

指　　标	规 定 值
视密度　不小于($10^3kg/m^3$)	2.5
坚固性(>0.3mm 部分)　不大于(%)	12
砂当量　不小于(%)	60

(3)填料:选择石灰石作为矿粉,其质量技术要求见表 5。

沥青混合料用矿粉质量技术要求　　表 5

指　　标		规 定 值
视密度　不小于($10^3kg/m^3$)		2.50
含水量　不大于(%)		1
粒度范围	<0.6mm(%)	100
	<0.15mm(%)	90～100
	<0.075mm(%)	75～100
外观		无团粒结块
亲水系数		<1

根据规范的要求,对以上材料分别进行了各项性能指标的检验,均符合规范要求。

3.2.2　目标配合比设计

根据各档集料的筛分结果进行矿料级配设计,各面层沥青混合料的矿料级配设计依据《公路沥青路面施工技术规范》(JTG F40—2004)中规定的相关级配上下限范围,设计时要进行适当的优化与调整。矿料级配采用骨架密实型,级配曲线趋向于"S"型。沥青混合料的最佳沥青用量(油石比)采用马歇尔试验方法。

沥青路面上面层和中面层改性沥青混合料采用马歇尔试验技术标准,其技术要求应符合表 6 的规定,并有良好的施工性能。下面层沥青稳定碎石也采用马歇尔试验技术标准,其技术要求应符合表 7 的规定。

AC-13C 和 AC-20C 马歇尔试验技术标准　　表 6

试验项目	技术标准
击实次数(双面)　(次)	75
试件尺寸(mm)	ϕ101.6×63.5
空隙率 *VV*(%)	3.5～4.5(3～6)
稳定度 *MS*　不小于(kN)	8
流值 *FL*(mm)	1.5～4
矿料间隙率 *VMA*　不小于(%)	14
沥青饱和度 *VFA*(%)	65～75

注:括号内为规范要求值。

ATB-30 马歇尔试验技术标准 表 7

试验项目	技术标准
击实次数(双面)(次)	112
试件尺寸(mm)	ϕ152.4×95.3
空隙率 *VV*(%)	3~6
稳定度 *MS* 不小于(kN)	15
流值 *FL*(mm)	实测
矿料间隙率 *VMA* 不小于(%)	11.5
沥青饱和度 *VFA*(%)	55~70

从表 6 可以看到，沥青路面上面层和中面层的改性沥青混合料的空隙率要求控制在3.5~4.5 的范围内，相比规范规定的范围更小，通常认为在这个范围内沥青混合料能更好地满足抗车辙与抗水损坏性能。

3.2.3 路用性能检测

(1)浸水车辙试验技术要求

我国标准车辙试验的试验条件为温度 60℃，试验荷载 0.7MPa。大量的研究认为，在浸水条件下上面层的温度相比标准车辙试验的温度(60℃)会略低，故在此条件下温度定为 55℃；同时考虑到超载的影响，将试验荷载定为 1.0MPa。随着路面深度的增加，中面层和下面层所受的温度和荷载会逐渐降低，故中面层的浸水车辙试验条件定为温度 50℃，试验荷载 0.9MPa；下面层的浸水车辙试验条件定为温度 45℃，试验荷载 0.7MPa。

《公路沥青路面施工技术规范》(JTG F40—2004)中关于沥青混合料标准车辙试验的动稳定度技术要求普通沥青混合料不小于 1 000 次/mm，而改性沥青混合料则不小于 2 800 次/mm。根据沥青路面抗车辙与抗水损坏平衡设计的原则，利用浸水车辙试验，综合考虑水、高温及超载等因素对沥青路面抗车辙及抗水损坏性能的影响，并结合郑石高速公路的气候与交通条件，以及当地材料与水文地质特点，提出了郑石高速公路沥青路面车辙试验技术要求，技术要求及实测结果见表 8。

沥青混合料车辙试验技术要求(次/mm) 表 8

试验项目		上面层 AC-13		中面层 AC-20		下面层 ATB-30	
		规定值	实测值	规定值	实测值	规定值	实测值
标准车辙试验(60℃，0.7MPa)	改性沥青	≥4 000	7134	≥4 000	8 099	—	—
	普通沥青	—	—	—	—	≥1 000	1 227
上面层浸水车辙试验(55℃，1.0MPa)		≥3 000	7 514	—	—	—	—
中面层浸水车辙试验(50℃，0.9MPa)		—	—	≥3 000	9 299	—	—
下面层浸水车辙试验(45℃，0.7MPa)		—	—	—	—	≥1 000	2 013

从表 8 的试验数据可以看出，各个面层的沥青混合料车辙试验结果均满足相关技术要求，说明沥青路面的各个面层均能够很好地满足抗车辙与抗水损坏的要求。

(2)其他试验技术要求

在规定的试验条件下进行浸水马歇尔试验和冻融劈裂试验来检验沥青混合料的水稳定性，其指标应符合《公路沥青路面施工技术规范》(JTG F40—2004)中的相关规定。达不到要求时必须按规范的要求采取抗剥落措施，调整最佳沥青用量后再次试验。此外，在试验温度为－10℃，加载速率为 50mm/min 条件下进行低温弯曲试验，测定破坏强度、破坏应变、破坏劲度模量，评价沥青混合料的低温抗裂性能，其指标应符合《公路沥青路面施工技术规范》

(JTG F40—2000)中的相关规定。

从表 9 的试验数据可以看到,各项路用性能检测试验的结果均满足相关技术要求,说明沥青路面的各个面层均能够很好地满足水稳定性和低温抗裂性能的要求。

路面二标沥青混合料路用性能检验结果表 表 9

试验项目	上面层 AC-13		中面层 AC-20		下面层 ATB-30	
	要求值	实测值	要求值	实测值	要求值	实测值
浸水马歇尔试验残留稳定度(%)	≥85	90.4	≥85	90.4	≥80	94.8
冻融劈裂试验的残留强度比(%)	≥80	98.1	≥80	82.43	≥75	80.5
低温弯曲试验破坏应变(με)	≥2 500	5 567.8	≥2 500	9 919.0	≥2 000	2 130

3.3 路面防排水设计

为了有效地预防沥青路面水损坏的产生,在路面结构设计中还充分考虑了路面防排水问题,主要从以下几个方面进行了设计:

(1)中央分隔带沟槽侧面和底面做防水处理,避免进入中央分隔带内的水(如绿化浇水或雨水下渗等)横向渗入路基。每隔一段距离设置一横向排水管,将中央分隔带的水排出路界。

(2)路表面设置合理的横坡,以保证路表水排水顺畅。路两侧路缘石设有横向形排水口,将路表水即使排出路面。

(3)在路面基层中设置纵向排水管,并每隔一定间距设横向排水管将路基内部的水排出路界。

(4)在沥青下面层与基层之间设置 1cm 厚改性乳化沥青席将封层作为下封层,既将沥青面层与基层连接成为一体,又能起到封水排水的作用。

4 结语

根据沥青路面抗车辙与抗水损坏平衡设计原则,对沥青混合料原材料的选择、配合比设计、路用性能检验及路面防水排水设计等进行综合考虑,可以看到各面层沥青混合料都能很好地满足抗车辙与抗水损坏的要求,这说明抗车辙设计与抗水损坏设计这一对矛盾体经过合理的设计是可以达到平衡的。这为今后在沥青路面设计中综合考虑抗车辙与抗水损坏设计提供了有益的参考。当然,在郑石高速公路沥青路面设计与施工中,还综合考虑了多方面因素的影响。只有从路面结构设计、材料设计、施工工艺及检测等各个环节都综合考虑沥青路面抗车辙与抗水损坏设计的措施,才能达到平衡设计的要求,取得最佳的效果。

参考文献

[1] 中华人民共和国行业标准.公路沥青路面施工技术规范(JTG F40—2004).北京:人民交通出版社,2004.

[2] 中华人民共和国行业标准.公路工程沥青及沥青混合料试验规程(JTJ 052—2000).北京:人民交通出版社,2000.

[3] 徐世法,季节,罗晓辉,高建立.沥青铺装层病害防治与典型实例.北京:人民交通出版社,2005.

[4] 沈金安.沥青及沥青混合料路用性能.北京:人民交通出版社.2003.

[5] 季节,罗晓辉,李霞.浸水条件下沥青混合料的抗变形能力分析.北京:公路,2004(04).

[6] 杨珩,王艳丽.沥青路面水损坏的修复工程.散装水泥.2004(03).

水泥稳定风化岩干缩性能试验研究

崔志方[1]　李　郑[2]　杨晓华[2]

（1. 河南郑石高速公路有限责任公司；2. 长安大学公路学院）

摘　要　为研究水泥稳定风化岩的干缩性能，通过干缩试验，对水泥稳定风化岩在不同水泥用量（4%、5%、6%）下的干缩特性进行了试验研究，分析了干缩应变和干缩系数等参数的变化规律，得出泥用量为5%的水泥稳定风化岩混合料单位失水率的干缩系数变化较小，整体变化趋势稳定，没有大的突变，具有较好的干缩性能，为水泥稳定风化岩在高等级公路沥青路面的基层或底基层中的应用提供一些基础资料。

关键词　水泥稳定风化岩　干缩　失水量　干缩应变　干缩系数

半刚性基层具有整体强度高、稳定性好、板体性好、经济实用等特点，被广泛用于修建高等级公路沥青路面的基层或底基层，是我国沥青路面结构的主要形式。目前我国高等级公路的半刚性基层主要采用水泥稳定碎石材料和水泥稳定砾石材料，将风化岩作为半刚性基层、底基层填料的应用研究十分缺乏。本文依托郑石高速公路路面工程，对水泥稳定风化岩的干缩特性进行了试验研究。

1　水泥稳定风化岩配合比设计试验

试验用原材料采用32.5P.O普通硅酸盐水泥和河南平顶山风化花岗岩。通过对所选用的集料筛分试验，完成试验用集料的级配组成设计，并结合水泥选定了3个试验配比方案，对这3种试验配比方案进行了重型击实试验、7d无侧限抗压强度试验、90d无侧限抗压强度试验、90d劈裂试验及90d抗压回弹模量试验，其试验结果见表1。在此基础上，进行了这3种方案的干缩试验。

水泥稳定风化岩各项试验结果　　表1

方案	水泥：风化岩	最大干密度（g/cm³）	最佳含水量（%）	7d无侧限抗压强度（MPa）	90d无侧限抗压强度（MPa）	90d抗压回弹模量（MPa）	90d劈裂强度（MPa）
I	4：96	2.260	9.0	2.52	7.57	887.0	0.24
II	5：95	2.278	9.8	2.67	9.48	834.1	0.63
III	6：94	2.284	9.9	2.89	12.16	889.4	0.80

2　干缩试验

2.1　干缩试件的制作、养生、测试

干缩试验采用平卧式（支架法）试验装置（图1）。每一个方案各为2组试件，每一组3个

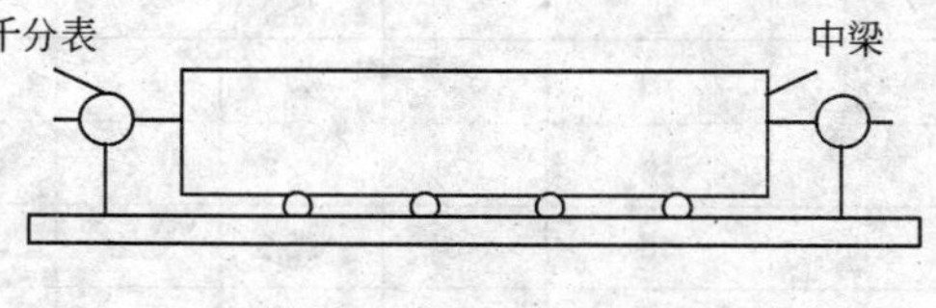

图1　干缩试验图

平行试件，其中一组试件用于测干缩变形，另一组备用试件测失水量。试件采用压力机静压成型，制成 100mm×100mm×400mm 的中梁试件，成型的最大干密度和最佳含水量同无侧限强度试验。试件脱模后置于温度为(25±2)℃的标准养护室保湿养生，养生龄期 7d。

将养生 7d 后取出试件，放在试验室玻璃板上自然干燥，通过平卧式装置上的千分表读取不同时间试件的干缩量。在读取干缩量的同时，测定备用试件在相同自然环境下的平均水分蒸发损失量，以此作为干缩试件的平均水分蒸发损失量。测定过程直到试件含水量不再减少，千分表的读数变化到 0.010mm 为止。

2.2 干缩机理

水泥稳定风化岩试件在室内自然干燥条件下，由于水分挥发和混合料内部熟料矿物的水化反应，会导致混合料自身水分的不断减少。由此而发生的毛细管作用、吸附作用、分子间力的作用、材料矿物晶体或凝胶体间层间水的作用、碳化作用等会引起水泥稳定风化岩的体积收缩，从而引起试件的干缩形变。通常用干缩量、失水量、干缩应变、平均干缩系数和平均失水率等指标来描述材料干缩特性。

2.3 试验结果和数据处理

通过试验，我们可以得到试件的干缩量及其失水量，按式(1)、式(2)和式(3)进行计算，可以得到试件的干缩应变、平均失水率和平均干缩系数。部分试验结果见表 2(试验日期为 2007 年 8 月 26 日到 2007 年 9 月 17 日，试验平均温度 24℃，相对湿度 75%)。

$$\varepsilon_d = \Delta L/L \tag{1}$$

$$\Delta w = m_1/m_s \tag{2}$$

$$\alpha_d = \varepsilon_d/\Delta w \tag{3}$$

式中：L——试件的长度，mm；

ΔL——含水量损失时，试件的整体收缩量，10^{-3}mm；

ε_d——干缩应变，10^{-6}；

m_1——失水量，g；

m_s——试件干质量，g；

Δw——试件平均失水率，%；

α_d——平均干缩系数，10^{-6}。

水泥稳定风化岩干缩试验结果(方案 I) 表 2

时间(d)	干缩量(10^{-3}mm)	失水量(g)	干缩应变(10^{-6})	平均失水率(%)	平均干缩系数(10^{-6})	时间(d)	干缩量(10^{-3}mm)	失水量(g)	干缩应变(10^{-6})	平均失水率(%)	平均干缩系数(10^{-6})
0	0	0	0	0	0	9	210	186	525	2.13	247
1/12	1	12	2.5	0.14	17.9	10	220	199	550	2.27	242
1/6	3	32	7.5	0.37	20.3	11	242	222	605	2.54	238
1/3	4	44	10	0.5	20	12	245	234	613	2.67	229
1/2	10	61	25	0.7	35.7	13	254	241	635	2.75	231
1	15	65	37.5	0.74	50.7	14	263	246	658	2.81	234
2	38	70	95	0.8	118.8	15	271	256	678	2.93	231
3	72	94	180	1.07	168.2	16	277	262	693	2.99	232

续上表

时间 (d)	干缩量 (10^{-3}mm)	失水量 (g)	干缩应变 (10^{-6})	平均失水率 (%)	平均干缩系数 (10^{-6})	时间 (d)	干缩量 (10^{-3}mm)	失水量 (g)	干缩应变 (10^{-6})	平均失水率 (%)	平均干缩系数 (10^{-6})
4	103	120	257.5	1.37	188	17	284	269	710	3.07	231
5	128	139	320	1.59	201.3	18	306	274	765	3.13	244
6	149	159	372.5	1.82	204.7	19	317	282	793	3.22	246
7	178	167	445	1.91	233	20	331	285	828	3.26	254
8	195	178	487.5	2.03	240.1						

3 试验结果分析

3.1 时间对干缩应变的影响

干缩应变随着时间增长而逐渐增大，前 10d 内，干缩应变增长较快，随后干缩应变的增长幅度变小。试件在 10d 以内干缩性状显著；在 10d 以上干缩应变的变化率基本不变，反映出干缩趋于稳定。试验表明干缩应变先随时间增大，后达到稳定状态，干缩历时较长，试验结果如图 2 所示。

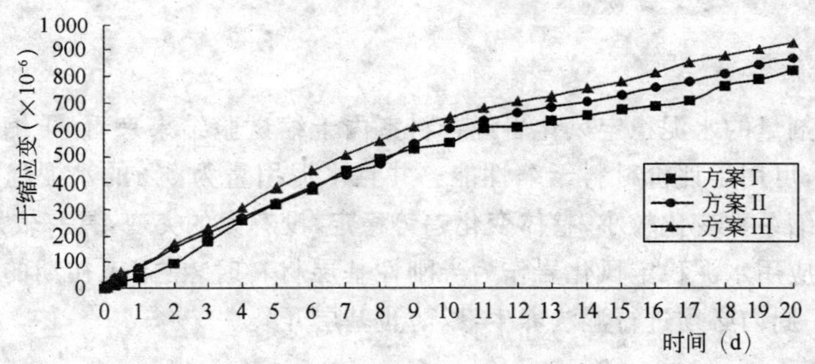

图 2 水泥稳定风化岩干缩应变随时间变化规律

3.2 时间对失水量的影响

失水量在试验初期（基本为第 1 天内）变化速度最快，主要是由于试件在标准养生室中养生，其含水量大，而试验是在室内自然条件下进行，水分丧失较多导致试验开始第 1 天失水量大。总体上分析，前 10d 失水量变化较大，而后相对要小一些，表明失水量受时间影响，先大后小，最终将达到一个很小的变化值，试验如图 3 所示。

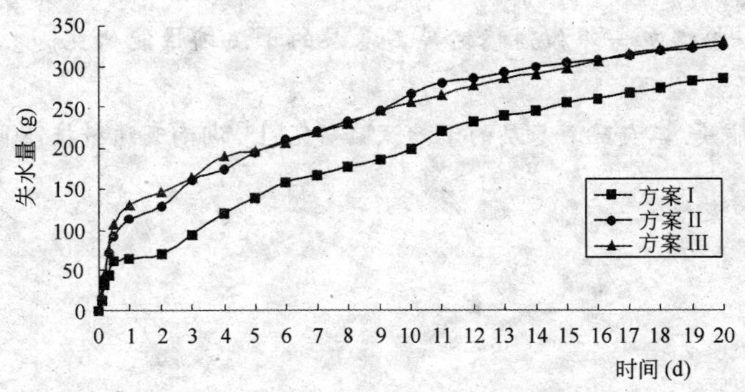

图 3 水泥稳定风化岩失水量随时间变化规律

3.3 失水率对平均干缩系数的影响

总体分析三种方案各试件，随着失水率的增大，平均干缩系数逐渐增大，开始时平均干缩系数增长较快，到失水率达到2.7%以后，增长变得缓慢，直至最大值。并且方案II的平均干缩系数随失水量的变化基本趋于直线，变化稳定，能有效地减少半刚性基层的开裂，防止路面开裂。方案I和方案III中，平均干缩系数变化落差大，即在同样的单位失水率情况下，试件的干缩应变显著，易引起半刚性基层的开裂。见图4。

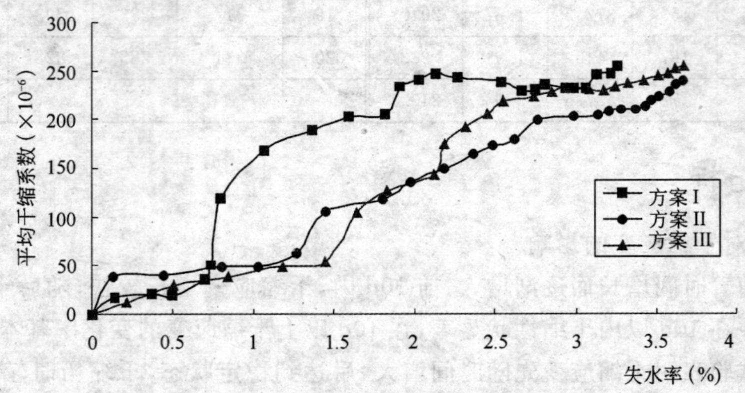

图4 水泥稳定风化岩平均干缩系数随失水率变化规律

4 结语

从不同水泥剂量的水泥稳定风化岩混合料室内干缩试验结果来看，干缩系数是一个较为稳定的材料参数，可用于评价材料干缩性能。并且水泥用量为5%的水泥稳定风化岩混合料单位失水率的干缩系数变化较小，整体变化趋势稳定，没有大的突变，具有较好的干缩性能，施工时推荐使用。应用水泥稳定风化岩作为半刚性基层材料时，在施工初期的10d左右养生至关重要，施工后一周内必须进行湿法养生，以防止基层开裂。

参考文献

[1] 沙庆林. 高等级公路半刚性基层沥青路面[M]. 北京：人民交通出版社，1998.

[2] 中华人民共和国行业标准. 公路工程无机结合料稳定材料试验规程(JTJ 057—1994)[S]. 北京：人民交通出版社，1994.

[3] 中华人民共和国行业标准. 公路路面基层施工技术规范(JTJ 034—2000)[S]. 北京：人民交通出版社，2000.

[4] 周诚喜. 水泥—粉煤灰—外加剂稳定碎石基层的干温缩性能研究[J]. 粉煤灰综合利用，2004(5). 32-35.

[5] 谭鹰，黎霞，邵腊庚. 二灰碎石基层的干缩试验研究[J]. 湖南交通科技，2002(2). 54-56.

水泥稳定花岗岩风化料强度特性试验分析

陈宏伟[1]　李　哲[2]　谢永利[2]

（1. 河南中原高速公路股份有限公司；2. 长安大学公路学院）

摘　要　水泥稳定类花岗岩风化料的强度能否满足路用要求是将该类材料应用于高等级公路底基层时的关键之一，通过原状风化料的筛分、击实试验以及三种水泥配合比的击实试验、无侧限抗压试验、劈裂试验，得出水泥稳定类花岗岩风化料能够满足高等级公路底基层的强度要求，水泥掺量以4%～5%为宜，并以5%为优的结论，这为进一步研究水泥稳定类花岗岩风化料的路用性能提供了基础资料。

关键词　风化花岗岩　水泥稳定土　路用性能　劈裂试验

花岗岩风化料是花岗岩经物理、化学、风化作用形成的残留在原地的岩石碎屑物，其工程力学性质与风化料的粒度成分有关，而风化料的粒度成分与母岩成分及风化程度有关。花岗岩经风化后，其颗粒大小不一具有砂粒和黏土的性质，有较大的孔隙比、较大的内摩擦角并具有一定的黏聚力，但遇水后宜软化，是一类特殊的岩土类型。郑石高速沿线局部大量出露此类岩土，如何在高等级公路建设中利用该风化料，以节约成本降低造价，成为一个技术难题。目前，利用花岗岩风化料作为路基填料的研究较多，但将改性后的花岗岩风化料用作高等级公路底基层的研究文献很少。本文在郑石高速花岗岩风化料路用性能研究课题基础上，仅分析了水泥稳定类花岗岩风化料的强度性能，其温缩、干缩、疲劳及冻融特性和添加石灰、粉煤灰后花岗岩风化料的工程特性，限于篇幅，另文撰述。

1　试验设计

1.1　花岗岩风化料颗粒特征

现场采集的原状风化花岗岩颗粒较粗且不均匀，为分析原状土颗粒分布特征，进行了室内筛分试验，结果表明：原状土颗粒主要由砂、砾粒组成，以砾粒为主，占60%～70%，其余为砂粒，占30%～40%。不均匀系数为5.5～9，曲率系数0.88～0.912，原状风化花岗岩为级配不良的土，见图1。击实试验结果见图2，两组击实试验结果分别为：最优含水量7.5%，最大干密度2.12 g/cm^3 和最优含水量7.5%，最大干密度2.14 g/cm^3，平均最优含水量7.5%，平均最大干密度2.13 g/cm^3。

1.2　试验方案

通过对所选用的集料筛分试验，完成试验用集料的级配组成设计。试验采用32.5P.O普通硅酸盐水泥作为添加剂，重型击实试验水泥内掺量分别为3.5%、4%、5%、6%。通过击实试验确定3个试验配比方案即水泥内掺量分别为4%、5%、6%，对这3种试验配比方案进行了水泥稳定花岗岩风化料的重型击实试验、7d无侧限抗压强度试验、90d无侧限抗压强度试验及90d劈裂试验。

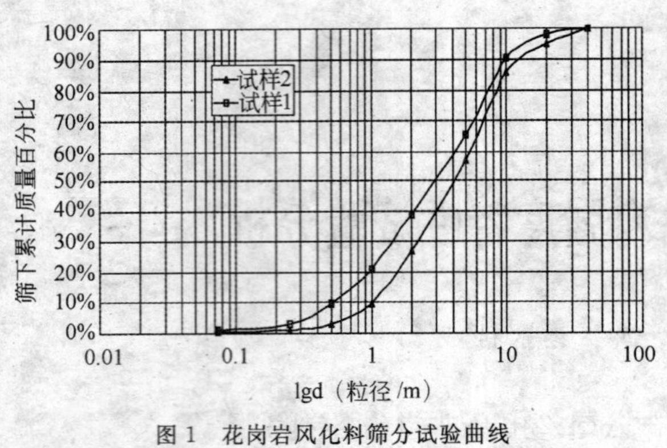

图1　花岗岩风化料筛分试验曲线

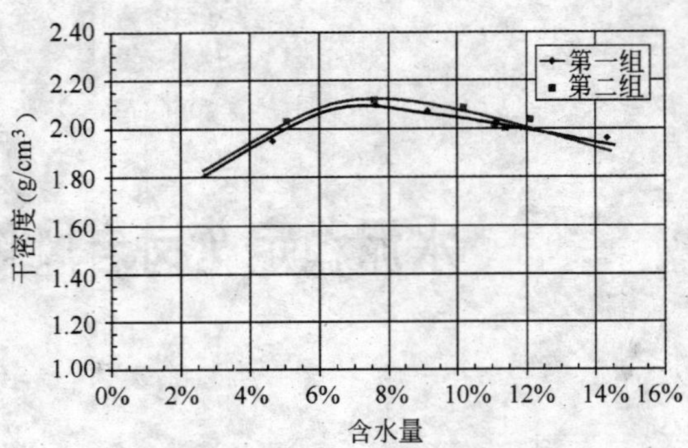

图2　花岗岩风化料击实试验曲线

1.3　试验方法及试件成型

按照《公路工程无机结合料稳定材料试验规程》(JTJ 057—94)采用静压法成型试件尺寸15cm×15cm圆柱体试件，试件要求在最优含水量和设计要求压实度(98%)条件下成型，成型的试件脱模后称量质量，立即用塑料包裹，送至相对湿度90%以上，恒温(25℃±2℃)养生室养生至规定龄期。养生期最后一天浸水24h。采用NYL-300型压力试验机，进行无侧限抗压强度试验，采用MTS机进行劈裂强度试验。

2　试验结果与分析

2.1　击实试验

在花岗岩风化料中掺入水泥以提高试件的强度，内掺水泥按3.5%、4%、5%、6%配比进行。花岗岩风化料中掺入不同剂量水泥重型击实试验结果见图3，各组配比试件最优含水量较接近，主要分布在8.13%～8.30%之间，最大干密度分布在2.085～2.118g/cm³之间。各配比试件中水泥内掺量为5%时的最佳含水量最高为8.3%，相应的最大干密度最大为2.118g/cm³，见图4和表1。试验表明内掺水泥材料时，以水泥掺量为5%时最优。

不同水泥掺量击实试验最佳含水量、最大干密度表　　表1

水泥掺量(%)	3.5	4.0	5.0	6.0
最佳含水量(%)	8.18	8.15	8.30	8.20
最大干密度(g/cm³)	2.085	2.098	2.118	2.105

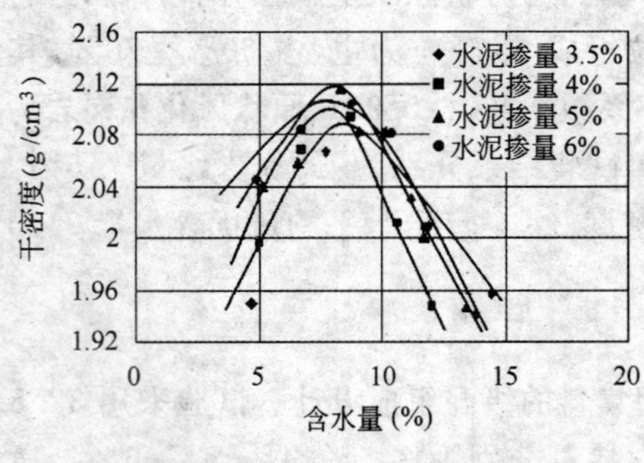

图3　不同水泥掺量试件击实试验结果

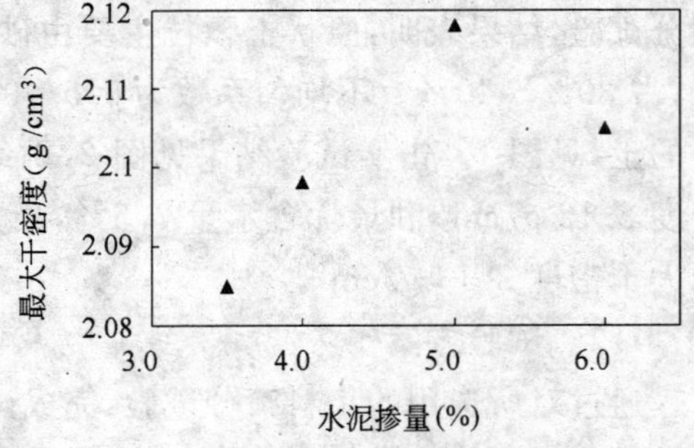

图4　不同水泥掺量与最大干密度关系

2.2　无侧限抗压强度试验

内掺不同比例水泥的花岗岩风化料试件的无侧限抗压强度试验结果见表2和图5。7d试件的无侧限抗压强度随水泥掺量增加而增大见图5a)，其变化趋势从3%到4%区间内试件无侧限抗压强度增加较显著，从4%到6%试件无侧限抗压强度增加缓慢趋于稳定值2.89MPa。90d试件无侧限抗压强度值随水泥掺量增加而显著增大，其数值及增幅均比7d试件无侧限抗压强度值大，90d强度值是7d强度值的3.0～4.2倍，水泥系风化料的后期强度有较大幅度增长。《公路沥青路面设计规范》(JTG D50—2006)以7d无侧限抗压强度代表值规定水泥稳定类材料底基层在压实度≥97%时重、中交通下的无侧限抗压强度≥2.0MPa。水泥稳定花岗岩风化料7d无侧限强度值满足底基层材料强度的要求，但水泥掺量增加会造成底基层开裂，因此，水泥掺量控制在4%～5%之间为宜，以水泥掺量为5%时最优。

90d试件无侧限抗压强度试验结果表 表2

水泥掺量	4%		5%		6%	
试件龄期	7d	90d	7d	90d	7d	90d
编号	强度(MPa)	强度(MPa)	强度(MPa)	强度(MPa)	强度(MPa)	强度(MPa)
1	2.23	6.27	3.07	9.98	2.43	12.94
2	2.7	8.95	2.16	10.37	2.31	11.86
3	2.03	7.7	2.89	9.52	3.21	12.54
4	3.08	8.09	2.16	9.29	3.18	11.23
5	1.91	5.99	3.35	7.52	2.97	12.03
6	3.17	8.44	2.37	10.55	3.23	12.2
7	—	—	—	9.12	2.43	12.31
平均值	2.52	7.57	2.67	9.48	2.89	12.16
标准差	0.54	1.195	0.51	1.016	0.41	0.54

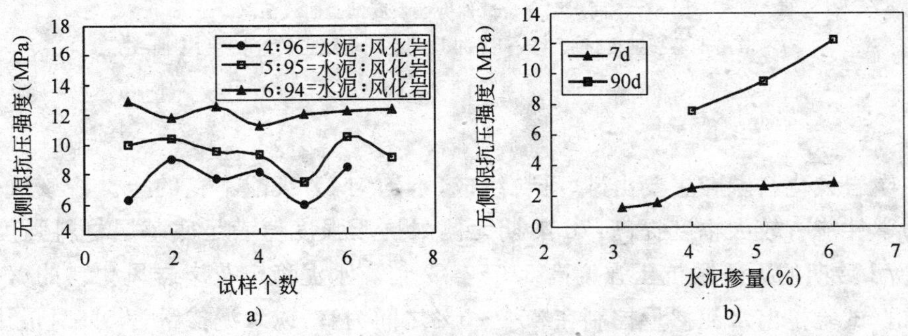

图5 不同水泥含量试件无侧限抗压强度试验结果

a)90d龄期无侧限抗压强度试验曲线；b)7d与90d龄期无侧限抗压强度试验对比曲线

2.3 劈裂强度试验

内掺不同比例水泥的花岗岩风化料试件的劈裂强度试验结果见表3(90d)和图6。90d龄期试件劈裂强度值随水泥掺量增加而增大，水泥掺量在5%以下时劈裂强度增量较大，而在5%以上时增量明显减小，水泥掺量为5%时的劈裂强度值是一个明显的拐点。考虑轮胎接地压力为0.7MPa时，为满足设计年限内累计标准轴次达到(3 000～5 000)万次/车道的要求，底基层材料的劈裂强度一般要达到0.4MPa[2]。考虑底基层材料的变异性(图6a)各配比劈裂强度试验曲线)，取变异系数0.8，则底基层劈裂强度一般要达到0.5MPa，规范要求水泥稳定碎石的基层材料90d的龄期的劈裂强度为0.4～0.6MPa符合当前路用要求。水泥稳定花岗岩风化料的劈裂强度在水泥掺量为5%和6%时，均满足路用要求，并以水泥掺量为5%时为优。

90d 试件劈裂强度试验结果表 表 3

水泥掺量	4%	5%	6%
编号	强度(MPa)	强度(MPa)	强度(MPa)
1	0.277	0.405	0.883
2	0.192	0.772	0.634
3	0.249	0.693	1.069
4	0.209	0.696	0.668
5	0.255	0.622	0.854
6	0.24	0.634	0.747
7	0.238	0.594	0.73
平均值	0.24	0.63	0.79
标准差	0.029	0.116	0.15

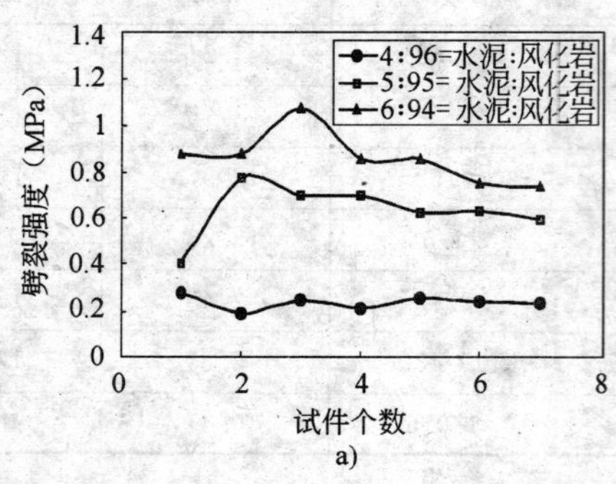

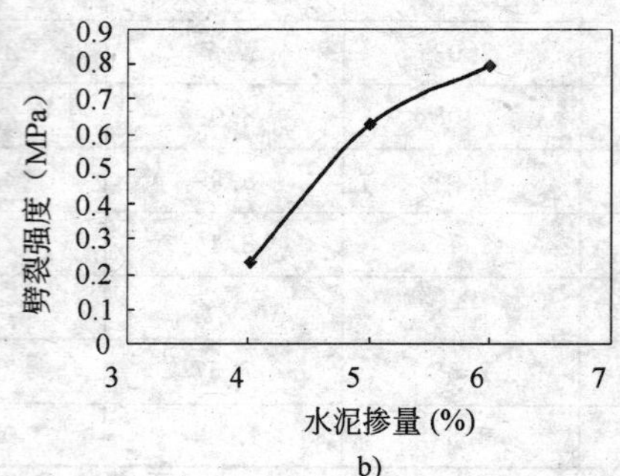

图 6 不同水泥含量试件劈裂强度试验曲线汇总

a) 90d 龄期劈裂强度试验由线；b) 90d 龄期不同水泥掺量劈裂强度曲线

3 结语

原状花岗岩风化料颗粒主要由砂、砾粒组成，不均匀，为级配不良的土。将该风化料掺入水泥后其力学性能有较大幅度提高，7d 龄期无侧限抗压强度值满足底基层材料强度的要求，90d 龄期比 7d 龄期的无侧限抗压强度高 3.0～4.2 倍。水泥稳定花岗岩风化料的劈裂强度满足路用要求。试验得出水泥掺量控制在 4%～5%之间为宜，以水泥掺量为 5%时最优。

参考文献

[1] 梅传江，牛朋. 水泥稳定碎石基层路用性能研究[J]. 公路交通科技. 2002，Vol19 No. 3. 35-37.

[2] 宋少华，杨晓勇，许志鸿，孙兆辉，李淑明，孙洪燕. 水泥稳定碎石基层合理强度的探讨[J]. 公路交通科技(应用技术版). 2006(04)，51-54.

[3] 马士宾，苌军英，魏连雨，吴琰. 水泥稳定风积砂碎石基层正交试验研究[J]. 重庆交通学院学报，2004，Vol23，No. 5，48-51.

[4] 中华人民共和国行业标准. 公路沥青路面设计规范(JTG D 50－2006)[S]. 北京：人民交通出版社，2006.

水泥稳定碎石不同成型方法的比较研究

崔志方[1]　刘剑刚[2]　李　莉[2]

（1. 河南中原高速公路股份有限公司；2. 平顶山市公路工程质量检测中心）

摘　要　分析了振动法和静压法两种水泥稳定碎石混合料成型方法的技术特点，采用相同矿料和相同级配分别成型了水泥稳定碎石试件，对比分析了两种方法成型试件的技术指标。试验结果表明，振动法成型的水泥稳定碎石试件各项性能明显优于静压法成型的试件。试验路段钻芯取样测定结果表明，振动法成型能更好地模拟实际施工中的压实情况，对于施工质量控制更具有指导意义，值得进一步推广应用。

关键词　水泥稳定碎石　成型方法　最大干密度　无侧限抗压强度　水泥用量

水泥稳定碎石路面基层的材料具有整体性强、承载力高、水稳性及抗冻性好、刚度大、早期强度高，且随着时间的延长其强度也不断增长的特点，目前在我国高速公路建设中得到广泛的应用。我国目前普遍采用重型击实法确定水泥稳定碎石的最佳含水量及最大干密度，相应测定水泥稳定碎石无侧限抗压强度的试件成型方式是静压法成型。

近年来，重型振动碾压已成为水泥稳定碎石混合料基层的施工技术，并在实际工程中得到了广泛应用，导致以现在普遍使用的室内重型击实、静压法成型试件方法不能模拟现场的施工压实工艺，压实度超过 100％的情况时有发生，因此已失去了对施工的控制与指导作用。

针对此问题，本文通过对同一级配的水泥稳定碎石混合料，分别按静压法和振动法进行试验，并对其试验结果作了对比分析，并通过实际铺筑路面基层的相关数据，验证了振动法成型的混合料更加接近于现场碾压成型的混合料的性能。

1　两种成型方法的技术特点

1.1　静压法成型方法

1.1.1　确定水稳碎石最佳含水量与最大干密度

在确定水泥稳定碎石的最佳含水量与最大干密度时采用重型击实的方法，方法是在规定的试筒内，采用击锤对水泥稳定碎石进行击实试验，以绘制水泥稳定碎石的含水量-干密度关系曲线，从而确定最佳含水量与最大干密度。

水泥稳定碎石击实试验的主要参数见表 1。

击实试验的主要试验参数　　表 1

锤的质量(kg)	锤击面直径(cm)	落高(cm)	试筒内径(cm)	试筒高(cm)	试筒容积(cm^3)	锤击层数	每次锤击次数	平均单位击实功(J)	容许最大粒径(mm)
4.5	5.0	45	15.2	12	2 177	3	98	2.677	40

1.1.2 静压法制备试件测定无侧限抗压强度

静压法成型试件的方法是模拟路面使用静力压路机滚压路面的原理，用静压力使铺层材料获得永久变形。随着滚压次数的增多，材料的密实度增加，而永久残留变形减小，最后实际残留变形接近于零。这种压实是利用压路机自身的静荷载对材料产生剪应力，属于静力压实。当剪应力接近被压材料的最大剪切强度时，材料产生塑性变形，迫使材料颗粒相互靠近，移动到更稳定的位置。随着静荷载增加，颗粒间的摩擦力也增加，材料颗粒之间的摩擦力阻止颗粒进行大范围运动，因此，静力压实有一个极限压实效果。无限制的增加静荷载，有时不但不能达到要求的压实效果，反而会破坏材料的结构。而且，静压力的影响随着深度的增加很快减弱，其压实作用主要集中在表层，容易产生虚压实现象。

在测定水泥稳定碎石无侧限抗压强度时，首先采用液压千斤顶按照事先定好的最佳含水量与最大干密度，根据实际要求的路面基层的压实度，通过静压法制备试件，养生7d后，通过路面材料强度试验仪测定水泥稳定碎石试件的抗压强度。

1.2 振动法成型方法

振动压实是通过振动压路机的往复作用，使被压实材料的颗粒在振动冲击作用下，由初始的静止状态过渡到运动状态。被压材料之间的摩擦力也由初始的静摩擦状态过渡到动摩擦状态。同时，由于材料中水分的离析作用，使材料颗粒的外层包围一层水膜，形成了颗粒之间的润滑剂，为颗粒的运动提供了十分有利的条件。被压材料颗粒之间在非密实状态下存在许多大小不等的间隙，在振动冲击的作用下，颗粒间的相对位置发生变化，产生相互填充的现象，即较大颗粒形成的间隙由较小颗粒填充；较小颗粒的间隙由水分来填充；被压材料中空气含量也在振动冲击过程中减少，被压材料的密实度增加。同时，由于振动作用，颗粒间的摩擦力减小，大颗粒不易于压碎。振动压实的特点是表面应力不大，加载频率大，过程短，可广泛用于黏性小的材料。

1.2.1 确定水稳碎石最佳含水量与最大干密度

采用表面振动试验仪对水泥稳定碎石进行振动成型，并确定水泥稳定碎石的最佳含水量与最大干密度。

表面振动试验仪为上置式振动压实设备，可近似地模拟振动压路机在材料表面的作业状况，其仪器参数与常用的振动压路机的参数相近，仪器参数见表2。

表面振动试验仪仪器参数 表2

静压力(N)	激振力(N)	振动频率(Hz)	振动时间(s)	试筒直径(cm)
1 900	6 900	30	180	15

1.2.2 振动法制备水泥稳定碎石试件测定无侧限抗压强度

通过振动法制备无侧限抗压强度试件，采用的含水量与干密度由已定的最佳含水量与最大干密度和要求的压实度确定。制备完试件，养生7d后，通过路面材料强度试验仪测定水泥稳定碎石试件的抗压强度。

2 室内试验研究

2.1 碎石材料的确定

根据现场的矿料供应情况，确定采用四种规格的石料进行配比设计，分别为10～30mm碎石、10～20mm碎石、5～10mm碎石和石屑。

通过试验测定，粗集料的压碎值、各种料的颗粒筛分、含水量、相对密度、吸水率以及石屑中小于0.075mm的颗粒含量和塑性指数等多项指标均满足相关技术规范的要求，可以在工程中使用。矿料筛分数据见表3。

集料的筛分数据 表3

筛孔(mm)	矿料通过率(%)			
	10～30mm	10～20mm	5～10mm	石屑
31.5	100.0	100.0	100.0	100.0
26.5	95.4	100	100.0	100.0
19	38.4	74.9	100.0	100.0
9.5	5.8	0.9	74.8	100.0
4.75	0.8	0.4	6.0	98.8
2.36	0.3	0.3	0.7	62.8
0.6	0.3	0.3	0.6	32.6
0.075	0.3	0.3	0.6	5.2

2.2 集料级配设计优化

在进行水泥稳定碎石的级配设计时，应保证在满足规范要求的情况下，尽量提高水稳碎石的抗裂性能。

在现行规范规定的级配范围内，不同级配曲线制作的基层材料抗裂性仍有明显的差异，其中提高粗集料的含量，采用密级配对提高水泥稳定碎石的抗裂性能有显著提高。另外，水泥剂量的变化也显著地影响基层的抗裂性能。

在设计中通过规划求解的方法初步确定水稳碎石中各种集料用量比例，然后本着“提高粗集料含量、减少细集料含量、级配曲线为平滑的S形曲线”的原则进行适当调整，最终确定各集料的用量比例，规范要求的级配范围及各种集料用量比例见表4、表5，级配曲线见图1。

水泥稳定碎石规范要求的级配范围 表4

通过下列方筛孔(mm)的质量百分率(%)							
筛孔尺寸	31.5	19.0	9.50	4.75	2.36	0.6	0.075
基层	100	68～86	38～58	22～32	16～28	8～15	0～3

设计级配中矿料用量比例 表5

矿料	10～30mm	10～20mm	5～10mm	石屑
推荐配比(%)	24	16	24	36

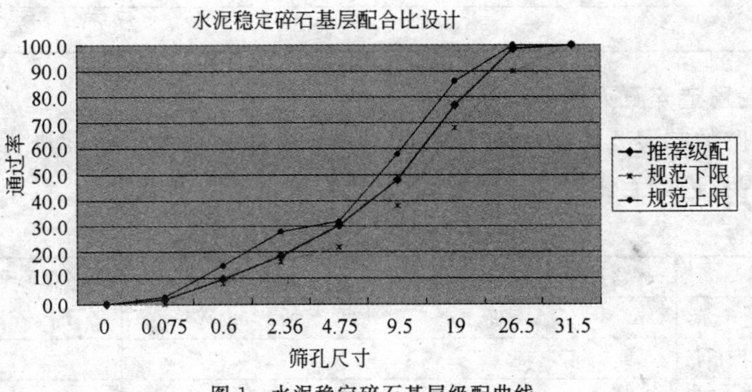

图1 水泥稳定碎石基层级配曲线

2.3　水泥类型的选用

普通硅酸盐水泥、矿渣硅酸盐水泥和火山灰质硅酸盐水泥，都可用于水泥稳定碎石，但应选用终凝时间较长的水泥，并可用强度等级较低的水泥。考虑实际工程情况故采用强度为32.5MPa 的普通硅酸盐水泥。

2.4　不同成型方法测定水稳碎石无侧限抗压强度试验数据

2.4.1　静压法成型

(1)确定最佳含水量与最大干密度

通过击实试验测定水泥稳定碎石的含水量与干密度。根据实际经验，相同级配、不同水泥剂量的水泥稳定碎石混合料的最佳含水量与最大干密度相差微弱，对最终确定的无侧限抗压强度影响很小。故本次试验采用只测定 4%水泥剂量的水泥稳定碎石的最佳含水量与最大干密度，并把此最佳含水量与最大干密度作为不同水泥剂量的水泥稳定碎石的最佳含水量与最大干密度。

由试验确定的水泥剂量为 4%的水泥稳定碎石的最佳含水量与最大干密度见表 6。

静压法确定的最佳含水量与最大干密度　　表 6

最佳含水量(%)	最大干密度(g/cm^3)
4.8	2.43

(2)测定水泥稳定碎石无侧限抗压强度

高速公路的基层要求的压实度最小为 98%，故采用测得的最大干密度的 98%作为试件的干密度。按照此干密度用静力压实法制备试件，进行无侧限抗压强度试验。相应的试验数据见表 7。

静压法成型试件的无侧限抗压强度　　表 7

水泥剂量	平均无侧限抗压强度值(MPa)	偏差系数(%)	95%保证率的强度 $R_{c0.95}$(MPa)
98%压实度，3%水泥剂量	3.3	11.1	2.7
98%压实度，4%水泥剂量	5.8	11.8	4.6
98%压实度，5%水泥剂量	7.5	14.4	5.8

2.4.2　振动压实法确定最佳含水量与最大干密度

(1)确定最佳含水量与最大干密度

在相同级配，同样为 4%水泥剂量的条件下，对水泥稳定碎石按振动击实法进行压实试验，确定其最佳含水量与最大干密度见表 8。

振动法确定的最佳含水量与最大干密度　　表 8

最佳含水量(%)	最大干密度(g/cm^3)
5.2	2.53

(2)测定水泥稳定碎石无侧限抗压强度

按照高速公路的基层要求的 98%压实度与表 8 确定的最大干密度进行振动击实成型试验，并依据试验规程进行无侧限抗压强度试验，测得的试验数据见表 9。

振动法成型试件的无侧限抗压强度　　表 9

水泥剂量	平均无侧限抗压强度值(MPa)	偏差系数(%)	95%保证率的强度 $R_{c0.95}$(MPa)
98%压实度，3%水泥剂量	4.0	5.4	3.6
98%压实度，3.3%水泥剂量	5.2	4.1	4.9
98%压实度，4%水泥剂量	6.2	3.3	5.9

由表 6 与表 8 可以看出，水泥稳定碎石的最大干密度取决于击实方式，不同的击实方式确定的干密度相差较大，振动压实确定的最大干密度大于重型击实确定的最大干密度。在采用同一水泥剂量的条件下，振动压实最大干密度为重型击实确定的最大干密度 1.041 倍，最佳含水量为 1.083 倍。

由表 7 和表 9 可以看出，水泥稳定碎石混合料振动成型试件和静压成型试件的 7d 无侧限抗压强度均随水泥剂量的增加而增大。在水泥剂量相同时，水泥稳定碎石振动成型试件 7d 无侧限抗压强度比其静压成型试件 7d 无侧限抗压强度有较大提高，振动成型试件的无侧限抗压强席平均为静压成型试件的 1.3 倍。

3 试验路段

室内试验结果表明，振动法确定的混合料的结构和性能要明显好于静压法确定的混合料的结构和性能，但振动试验方法是否合理只有通过现场试验结果来验证。为此，铺筑了级配相同、水泥剂量为 3%，采用室内重型压实确定的最大干密度，压实度为 98%的试验路段。

3.1 压实工艺

根据《公路路面基层施工技术规范》(JTJ 034—2000)的要求，首先将松铺系数确定为 1.20，碾压组合为 50t 压路机静压 2 遍＋ 50t 振动压路机振压 4～5 遍＋50t 振动压路机静压 1～2 遍。

3.2 强度检测

6d 后在 B 段试验路上钻取了完整的芯样，经饱水 24 h 后检测无侧限抗压强度，并与采用相同矿料由静压成型试件和振动成型试件的 7d 无侧限抗压强度作对比，试验结果见表 10。

试验段施工后检测结果 表 10

水泥剂量(%)	室内静压法抗压强度(MPa)	室内振动法抗压强度(MPa)	芯样抗压强度(MPa)	芯样密度(g/cm^3)
3	2.7	3.6	4.3	2.5

由表 10 可以看出，现场芯样平均抗压强度更接近于室内振动法制作试件的抗压强度，这说明了表面振动成型混合料的结构及性能与现场碾压后的混合料的结构及性能相似。

4 结语

(1)静压法成型的主要优点是成型方便，所需设备简单，各个单位均有相关设备，道路工作者对此成型方法较熟悉。缺点是由于静压法成型的试件采用的是重型击实试验确定的最大干密度，此密度比较小，实际工程中由于采用了大型振动压路机，进行重型振动碾压，故在实际施工过程中很容易造成路面碾压后压实度在 100%以上，这不利于实际的施工质量控制。而实际测定试验路段的密度与振动压实确定的最大干密度的比值为 98.9%，符合规范及施工的要求。因此，把振动击实确定的最佳含水量、最大干密度作为现场施工质量控制标准更为合理。

(2)以前普遍采用的在配比设计阶段采用击实与静压法成型试件的方法，与实际施工中压路机的碾压效果差别较大，据此方法确定的水泥稳定碎石强度低，因此为了提高强度需要增大水泥的用量，这不仅造成了原材料的浪费，而且降低了半刚性基层材料的抗裂性能。而振动成型法由于能更好地模拟压路机的压实效果，确定出的水泥剂量更经济合理，符合实际施工要求，因此值得推广。

但在实际的试验过程中发现振动法成型依然存在一些问题需要解决，首先振动法成型试件时由于成型工艺为表面振动法，水泥浆容易向试件底部聚集，甚至流出试模，造成测得的试验数据不准确；其次，在振动成型时噪声较大，振动较大，对周围环境影响较大。这些问题需要进一步的研究。

参考文献

[1] 中华人民共和国行业标准.公路工程集料试验规程(JTJ 058—2000)[S].北京：人民交通出版社，2000.

[2] 中华人民共和国行业标准.公路路面基层施工技术规范(JTJ 034—2000)[S].北京：人民交通出版社，2000.

[3] 沙庆林.高等级道路半刚性路面[M].北京：中国建筑工业出版社，1993.

[4] 沙爱民.半刚性路面材料结构与性能[M].北京：人民交通出版社，1998.

[5] 胡力群.半刚性基层材料结构类型与组成设计研究[D].西安：长安大学，2002.

[6] 李立寒，张南鹭.道路建筑材料[M].北京：人民交通出版社，2004.

[7] 李美江.道路材料振动击实特性研究[D].西安：长安大学，2002.

温拌沥青混合料应用现状与发展前景

李 平[1] 冉 晋[2] 卢卫模[3] 易志强[3]

（1.河南中原高速公路股份有限公司；2.北京建筑工程学院；
3.广东冠粤路桥有限公司）

摘 要 温拌沥青混合料是一种节能、环保的新型路面材料，它能够在相对热拌沥青混合料更低的温度下拌和、摊铺和碾压，并能达到与热拌沥青混合料相似的路用性能。研究表明，温拌沥青混合料能在满足要求的路用性能的前提下，具有减少能源消耗、保护环境等优点，在我国具有良好的应用价值和广阔的发展前景。

关键词 温拌沥青混合料 应用现状 发展前景

1 引言

目前，道路建设中所使用的沥青混合料根据拌和与摊铺温度可分为热拌沥青混合料和冷拌沥青混合料。热拌沥青混合料是应用最为广泛，路用性能最为良好的一种混合料。它是将沥青从常温加热到150～175℃，矿料从常温加热到160～190℃，然后再将沥青和矿料进行拌和，拌和后的沥青混合料温度不低于150℃，摊铺和碾压时的温度不低于120℃。将沥青和矿料加热到如此高的温度，不仅消耗了大量的能源，而且在生产和施工过程中还产生大量的废气和粉尘，严重影响了周围的环境质量和施工人员的身体健康。冷拌沥青混合料是以乳化沥青或稀释沥青与矿料在常温状态下拌和与铺筑的混合料。它无需对矿料和结合料进行加热，可节约大量能源，减少废气排放，但冷拌沥青混合料的路用性能与热拌沥青混合料相比有较大的差距，只能用于沥青路面的修补、低交通量路面、中重交通量路面的下面层和基层，难以满足高速公路、重载交通道路等重要工程的要求。

能否开发出一种可以同时兼具热拌沥青混合料和冷拌沥青混合料优点的沥青混合料呢？经过各国科研人员的不断努力，一种新型的沥青混合料——温拌沥青混合料应运而生。温拌沥青混合料（Warm Mix Asphalt）是一种拌和温度介于热拌沥青混合料（150～180℃）和冷拌沥青混合料（常温）之间，性能与热拌沥青混合料相当的一种新型沥青混合料。它的使用大大减少了能源的消耗，降低了CO_2、CO、NO_x和粉尘等温室和污染气体的排放，以及减少烟雾和刺激气味的形成，有效地改善了操作环境的状况，提高了路面的耐久性能，延长了施工季节。

2 国内外应用现状

温拌沥青混合料是20世纪90年代中期首先由欧洲的Shell公司和Kolo-veidekke公司联合研制开发出来的。在研制和使用初期，温拌沥青混合料是利用软沥青和乳化沥青来生产温拌沥青，这样生产出来的温拌沥青混合料虽然在性能上能和热拌沥青混合料相媲美，但生产成本却高出热拌沥青混合料20%。为了降低成本，同时又不降低温拌沥青混合料的性能，

Shell 和 Kolo-veidekke 在 1998 年开始用泡沫沥青和软沥青来生产温拌沥青，并制备温拌沥青混合料，这种温拌沥青混合料于 1999 年和热拌沥青混合料进行了现场对比试验，经过一年的春、冬季跟踪观测，温拌沥青路面的使用性能良好。因此，Shell 和 Kolo-veidekke 在 2000 年的 Eurobitume/Euroasphalt 国际会议上第一次提出了温拌沥青混合料。随后，日本和欧洲等国开始大量使用温拌沥青混合料，2001 年使用量达到 8 000t，2002 年增长到 15 000t，2003 年高达 30 000t。从温拌沥青混合料使用量的大幅提高上，可以看出温拌沥青混合料的发展趋势十分迅猛，国内外已越来越重视对此项新技术的研究和应用。

温拌沥青混合料的制备与生产大体上都是通过掺入外加剂来降低沥青结合料的黏度，使集料在较低的温度下就能被沥青充分地裹覆，从而降低混合料的生产温度，制备出温拌沥青混合料。目前，国外温拌沥青混合料的生产技术有以下五种。

(1)Aspha-Min 温拌沥青混合料：在沥青混合料拌和过程中将名为 Aspha-Min 的合成沸石加入进去，使沥青结合料产生发泡效果。Aspha-Min 是德国 Eurovia Services GmbH，Bottrop 的产品，呈非常细的白色粉末状，是一种人造的合成沸石(铝硅酸钠)，水热结晶。当沥青混合料搅拌过程中加入约 0.3%(质量比)的该种沸石时，水分会随着时间的延长而慢慢释放出来，从而产生连续的发泡反应。液相结合料中的发泡反应起到润滑剂的作用从而使混合料在较低温度下具有可工作性。沥青混合料的拌和温度可降至 130～145℃。

(2)泡沫型温拌沥青混合料(WAM-Foam)：是由 Shell 公司和 Kolo-Veidekke 公司联合开发的一种两阶段法生产温拌沥青混合料的技术。该技术首先采用软质沥青与石料拌和，拌和温度控制在 110℃左右。在第一阶段使软质沥青完全裹覆于石料表面；在第二阶段硬质沥青以泡沫沥青的形式喷入并迅速拌和；由于沥青发泡后体积增加数倍且黏度明显降低，因此可在温度较低的条件(90～145℃)下拌和均匀。这种技术的关键在于必须选择合适的软、硬沥青种类以及两者的比例，以满足混合料相应的路用性能要求。另外，在第一阶段必须保证集料干燥，防止水分存在于集料表面，必要时可掺加抗剥落剂以增强抗水损害能力。

(3)添加低熔点的有机添加剂得到温拌沥青混合料：该技术是将低熔点的有机添加剂掺入到沥青混合料中，从化学角度来改变沥青的黏温曲线。目前成功应用的化学添加剂有两类：合成蜡(如南非 Sasol Wax 公司生产的 Sasobit)和低分子量酯类化合物(如德国 Romonta 公司生产的 Asphaltan B)。各类添加剂大约在 99℃下融化，在其熔点以上产生的大量液体会使沥青结合料黏度降低，从而达到温拌的目的。有关资料表明，这些有机添加剂在降低混合料工作温度的同时，能提高混合料的某些路用性能，如抗车辙能力。

(4)乳化沥青温拌混合料：该温拌沥青混合料的结合料采用的是乳化沥青(改性乳化沥青)。这是最近几年开始的生产温拌混合料的新方式，是将特制的 80℃左右的乳化沥青与加热到 130℃左右的矿料直接拌和，其拌和及施工有较大的温度范围，混合料在 100～120℃时可充分搅拌，在 60～70℃条件下也有较好的碾压效果，施工所需设备和施工工序与热拌沥青混合料基本相同。美国 NCAT 对乳化沥青温拌混合料进行了室内试验评价，初步认为在达到相同的空隙率条件下，温拌混合料的拌和温度可比热拌沥青混合料低 30℃以上，温拌混合料与热拌沥青混合料的性能相似。

(5)利用低能量沥青(LEA)技术得到温拌沥青混合料：此方法来自法国 Fairco 的 LEA (Low Energy Asphalt)技术，是将湿冷的沙子(细集料)搅拌到 120～160℃干燥的覆盖有热沥青的粗集料里，水汽从集料里逸出并激发出泡沫，泡沫化的沥青完全拌和并覆盖了集料，最终形成了温拌混合料。它的摊铺碾压温度在 70～90℃，而且易于操作，改进了操作工的生产条件，降低了约 30%的能耗，减少了 80%的尘埃，减少了一半的温室气体排放，因而它获得 2006 年法国 INTERMAT 创新奖。

目前，国内对于温拌沥青混合料的相关研究很少，应用就更不多见。在我国，已知的铺设温拌沥青混合料的试验路段共有 3 条。由交通部公路科学研究院、同济大学、北京路桥路兴物资中心和美国 MeadWestvaco 公司合作铺设的我国第一条温拌沥青混合料路面于 2005 年 11 月在北京试铺成功，这标志着我国在温拌沥青路面的研发和应用上迈出了可喜的一步。此后，由上海建设机场道路工程有限公司、上海市虹口区市政和水务管理署、美德维实伟克公司和壳牌（中国）有限公司等共同参与了上海首条（国内第 2 条）温拌沥青混合料试验路的铺筑。北京建筑工程学院、北京市道路工程质量监督站等单位在北京顺密路铺筑了一条温拌沥青混合料试验段。前两条试验路均选用乳化沥青温拌混合料，北京顺密路除铺设了一段乳化沥青温拌混合料外，还铺设了一段改性乳化沥青温拌混合料。考虑到经济、技术、原材料供用、生产与施工等多种因素的影响，除乳化沥青（改性乳化沥青）温拌混合料外，我国尚未开展对其他温拌沥青混合料生产技术的研究和应用。结合我国的国情，认为乳化沥青（改性乳化沥青）温拌混合料不论在经济合理性方面还是在技术可行性方面都最符合我国的材料设备与技术现状，以及交通与气候对道路材料的要求。

3 发展前景

总结国内外温拌沥青混合料的相关研究资料，相对于热拌沥青混合料，温拌沥青混合料具有以下优点：

（1）降低能源消耗，根据有关资料，沥青混合料拌和温度从 160～170℃降至 120℃，可降低能源消耗 30%左右。

（2）保护生态环境，温拌沥青混合料可大大减少温室和污染气体的排放，减少对环境的污染。

（3）拌和与摊铺设备简单，可采用与热拌沥青混合料一样的拌和设备和摊铺设备，不需要进行改造。

（4）由于降低了摊铺温度，可在较冷天气时施工，延长了施工季节；同时铺好后冷却到可通车温度的时间较快，缩短了开放交通的时间。

（5）提高了路用性能，具有与热拌沥青混合料相当的路用性能，对于部分指标，温拌沥青混合料的性能甚至更优。对乳化沥青温拌混合料而言，其抗车辙性能明显优于热拌沥青混合料，抗裂及抗水损坏性能也有所提高。

（6）减轻了沥青老化程度，沥青从热拌时 160℃拌和、储运下降到温拌时 120℃拌和、储运（温度相对更低），沥青老化的程度可大大降低。

（7）由于施工温度低，能够减轻施工工人的劳动强度，对工人和邻近居民造成的危害更小。

中国作为《京都协议书》的签约国，如何在发展国民经济的同时节约能源、保护环境是我国必须高度关注与解决的问题。我国“十一五”规划纲要明确提出建设“资源节约型、环境友好型”社会的目标，政府工作报告也提出单位 GDP 能耗降低 20%的指标要求。当前，我国道路建设处于快速发展时期，热拌沥青混合料由于其消耗大量能源、污染环境而与国家的发展目标不协调。鉴于温拌沥青混合料以上优势，在今后的道路建设中采用温拌沥青混合料，不仅可以节省资源，保护环境，而且为可持续发展做出贡献，必定会带来可观的社会效益和经济效益。因此，温拌沥青混合料技术在我国的应用前景十分广阔。

4 结语

国内外大量的室内试验和工程应用经验，都证明了温拌沥青混合料具有与热拌沥青混合料相当的路用性能，且易应用于实际工程中，所以其发展前景十分光明。当然，温拌沥青混合料是一种新型的混合料，所以它也存在着不少技术和应用的困难。尤其是我国对温拌沥青混合料的研究还处于初期阶段，虽然取得了一些研究成果，但还有很长的路要走。

在今后的研究中，应从以下几个方面对温拌沥青混合料进行深入的研究：

(1)除了继续深入研究乳化沥青(改性乳化沥青)温拌混合料技术以外，对 Aspha-Min 温拌沥青混合料、泡沫型温拌沥青混合料(WAM-Foam)等其他温拌混合料技术也要进行全面的研究，对比各种温拌混合料技术的优劣，为全面系统地掌握温拌混合料技术打下坚实的基础。

(2)温拌沥青混合料具有与热拌沥青混合料相当的路用性能，在车辆超载、气候以及设计、施工等多方面因素的影响下，其路面病害问题将不可避免。因此，要深入研究温拌沥青混合料配合比设计方法、路用性能评价方法及温拌沥青路面病害的防治措施等。

(3)要深入研究温拌沥青结合料的微观性能及温拌沥青混合料的强度形成机理等。

(4)积极开发新的温拌沥青混合料，有资料提出研究用温拌技术结合废旧沥青或橡胶沥青铺路，是很有前途的，也更具有环保节能的意义。

参考文献

[1] 徐世法，颜彬，季节，高原.高节能低排放型温拌沥青混合料的技术现状与应用前景.公路，2005(7).

[2] 秦永春，黄颂昌，徐剑，徐长奎，苏玉昆.温拌沥青混合料技术及最新研究.石油沥青.2006.8,20(4).

[3] 仰建岗.温拌沥青混合料应用现状与性能.公路交通科技(应用技术版).2006(08).

[4] 杨小娟，李淑明，史保华.温拌沥青混合料的技术与应用分析.2007,21(04).

[5] 孙大权，王锡通，汤士良，褚莉花，罗杰.环境友好型温拌沥青混合料制备技术研究进展.2007.8,21(04).

[6] 蔡春华，曹亚东，严军，柴平.温拌沥青混合料的应用研究.2006(06).

[7] 钱军.温拌沥青铺就环保节能之路.沥青技术.2006.9.

[8] Graham C. Hurley, Brian D. Prowell. Evaluation of Aspha-Min Zeolite for Use in Warm Mix Asphalt. NCAT Report05-04, June 2005.

[9] Graham C. Hurley, Brian D. Prowell. Evaluation of Sasobit for Use in Warm Mix Asphalt. NCAT Report05-06, June 2005.

郑石高速沥青路面平整度施工质量控制技术方案

张贺亮　韩叙领

（河南省交通规划勘察设计院）

摘　要　文章对高等级沥青路面不平整的原因进行了简要分析，并针对原因提出了详细的解决方案，对沥青路面施工具有重要的参考价值。

关键词　沥青路面　平整度　施工质量　原因　方案

随着高等级公路的迅速发展，对于路面平整度要求越来越高，路面平整度的优劣不仅仅反映了行车舒适程度，还直接影响到该项目的社会效益，乃至整个交通系统的声誉。但我省几条高速公路通车后不久，部分路段不同程度的出现了坑凹、接缝台阶、波浪、碾压车辙、桥涵与路面接茬不平、跳车等路面不平整现象，社会影响极坏。沥青路面不平整产生的原因有许多，例如，路基不均匀沉降、结构物与路基的差异沉降、基层平整度不高等都会影响路面平整度，本文仅对面层施工产生的不平整的现象及原因进行了浅析，并提出了相应处理方案。郑州至石人山高速公路沥青路面施工即将大面积展开，业主及施工单位都十分重视，希望本文能对沥青路面施工具有一定的参考价值。

1　沥青路面不平整产生的原因

1.1　路面摊铺机械及工艺对平整度的影响

(1)摊铺机械性能好坏，决定着路面面层的平整度。摊铺机是沥青路面面层施工的主要机具设备，其本身的性能及操作对摊铺平整度影响很大，摊铺机结构参数不稳定、行走装置打滑、摊铺机摊铺的速度快慢不匀、机械猛烈起步和紧急制动，以及供料系统速度忽快忽慢都会造成面层的不平整和波浪。

(2)摊铺机基准线的控制，也影响着路面平整度。

(3)摊铺机操作不正确，最容易造成路面出现波浪、搓板。

1.2　面层摊铺材料的质量对平整度影响

沥青路面的施工质量，也取决于主要材料的质量和沥青混合料的配合比设计及沥青混合料的拌和。

(1)沥青混合料的配合比不合理。

(2)沥青混合料的拌和不均匀。

1.3　碾压对平整度的影响

沥青面层铺筑后的碾压对平整度有着重要影响，选择碾压机具、碾压温度、速度、路线、次序等都关系着路面面层的平整度。

1.4 接缝处理欠佳

接缝包括纵向接缝和横向接缝(工作缝)两种,接缝处理不好常容易产生的缺陷是接缝处下凹或凸起,以及由于接缝压实度不够和结合强度不足而产生裂纹甚至松散。

2 采取的处理方案

2.1 沥青路面机械摊铺工艺及控制

(1)摊铺机基准线的控制,摊铺机在进行自动找平时,需要有一个准确的基准面(线),下面介绍两种确立基准面(线)的方法,使用者可结合路面的结构层次和施工位置进行选定。其基本原则是:当以控制高度为主时,以走钢丝为宜;当控制厚度为主时,则采取浮动基准梁法。一般是底面层用走钢丝,中面层和表面层用浮动基准梁法。

摊铺底面层——基准钢丝绳(走钢丝)法,是在路面两侧安装基准钢丝绳,但注意:支持钢丝绳的支柱钢筋的间距不能过大,一般为5～10m;用两台精密水准仪测量控制钢筋的高程,钢筋宜较设计高程高1～2mm,并保证钢筋的高程在铺筑过程中始终准确;一般使用ϕ2mm～ϕ3mm的高强度钢绞线,用紧线器拉紧安放在支柱的调整横杆上,每两根钢支柱间钢丝绳的挠度不大于2mm,张紧钢丝绳的拉力一般在800N左右;基准线应尽量靠近熨平板,以减少厚度增量值;为保证连续作业,每侧钢丝绳至少应具备有三根200～250m长的钢绞线,在未走完本段钢丝之前,下段钢丝已经架设完成。

摊铺中面层和表面层——浮动基准梁法,浮动基准梁用于保持摊铺机前后高差相同,保证摊铺厚度和提高表面平整度,在构造物上另加挂钢丝绳配合进行控制(因构造物上沥青层的厚度与表面层厚度不同),方法是:浮动基准梁的前部由长2～3m的2～4个轮架组成,每个轮架有3～4对小轮,行走在摊铺机前面下承层。浮动基准梁的后部是约0.5m×10m的滑板(俗称滑靴),在摊铺层顶面滑移,为了减少基准误差和自动找平装置的误差,需在进行自动找平装置的安装和调整时注意:横坡传感器听安装误差应小于+0.1%;浮动基准梁的滑动基面应与摊铺基面平行上横坡值相同;随时检查液压系统的工作压力,使其处于正常状态;随时检查摊铺厚度和横坡值是否符合设计值。

(2)摊铺机的摊铺进度控制,摊铺机应该匀速,不停顿地连续摊铺,严禁时快时慢。因摊铺速度的变化必然导致摊铺厚度变化。为了保证厚度不变,就要调节厚度调节器以及捣固器和熨平板的激振力与振捣梁行程,但人工调节是凭经验调节,在速度变化处会引起摊铺后预压密实度的变化,从而导致最终压实厚度的差异,影响路面平整度。

在摊铺过程中,应尽量避免停机,应将每天必须停机中断摊铺点放在构造物一端顶定做收缩缝的位置。在中途万一出现停机,应将摊铺机熨平板锁紧不使下沉;停顿时间在气温10℃以上时不要超过10min。停顿时间超过30min或混合料温度低于100℃时,要按照处理冷接缝的方法重新接缝。

(3)摊铺机操作控制措施,选用熟练的摊铺机操作手,并进行上岗前培训;在摊铺过程中,运料车应在摊铺机10～30m处停住,并挂空挡,依靠摊铺机推动缓慢前进,并应有专人指挥卸料车进行卸料;确保摊铺机供料系统的工作具有连续性,即保证脚轮(输送轮)内的料位高度稳定、均匀、连续,料位高度保持在中心轴以上叶片的2/3为宜。如中断摊铺时间短,仅受料斗内的混合料已经冷硬,则应先将受料内已冷硬的混合料铲干净,然后重新喂料;派专人负责及时清扫洒落的粒料;摊铺前,熨平板必须清理干净,调整好熨平板的高度和横坡后,预热熨平板。

2.2 碾压质量控制

沥青混凝土面层的碾压通常分为三个阶段进行，即初压、复压和终压。

(1)初压，第一阶段初压习惯上常称作稳压阶段。由于沥青混合料在摊铺机的熨平板前已经初步夯击压实，而且刚摊铺成的混合料温度较高，因此只要用较小的压实就可以达到较好的稳定压实效果。通常用 6～8t 的双轮振动压路机以 2km/h 左右速度进行碾压 2～3 遍。碾压机驱动轮在前静压匀速前进，后退时沿前进碾压时的轮迹行驶进行振动碾压。也可以用组合式钢轮—轮胎(四个等间距的宽轮胎)压路机(钢轮接近摊铺机)进行初压。前进时静压匀速碾压，后退时沿前进碾压时的轮迹行驶并振动碾压。

(2)复压，第二阶段复压是主要压实阶段。在此阶段至少要达到规定的压实度，因此，复压应该在较高温度下并紧跟在初压后面进行。通常用双轮振动压路机(用振动压实)或重型静力双轮压路机和 16t 以上的轮胎压路机同进先后进行碾压，也可以用组合式钢—轮胎压路机与振动压路机和轮胎压路机一起进行碾压。碾压遍数参照铺筑试验段时所得的碾压遍数确定，通常不少于 8 遍，碾压方式与初压相同。

(3)终压，第三阶段终压是消除缺陷和保证面层有较好平整度的最后一步。由于终压要消除复压过程中表面遗留的不平整，因此，沥青混合料也需要有较高的温度。终压常使用静力双轮压路机并应紧接在复压后进行。终压结束时的温度不应低于沥青面层施工规范中规定的 70，应尽可能在较高温度下结束终压。

(4)为保证各阶段的碾压作业始终在混合料处于稳定的状态下进行，碾压作业应按下述规则进行：由下而上(沿纵坡和横坡)；先静压后振动碾压；初压和终压使用双轮压路机，初压可使用组合式钢轮—轮胎压路机，复压使用振动压路机和轮胎压路机；碾压时驱动轮在前，从动轮在后；后退时沿前进碾压的轮迹行驶；压路机的碾压作业长度应与摊铺机的摊铺速度相平衡，随摊铺机向前推进；压路机折回去在同一断面上，而是呈阶梯形；当天碾压完成尚未冷却的沥青混凝土层面上不应停放一切施工设备(包括临时停放压路机)，以免产生形变；压实成型的沥青面层完全冷却后才能开放交通。

(5)横向接缝的碾压，横向接缝的碾压是工序中重要一环。碾压时，应先用双轮压路机进行横向(即垂直于路面中心线)碾压，需要时，摊铺层的外侧应放置供压路机行驶的垫木。碾压时压路机应主要位于已压实的混合料层上，伸入新铺混合料的宽度不超过 20cm。接着每碾压一遍向新铺混合料移动约 20cm，直到压路机全部在新铺面层上碾压为止。然后进行正常的纵向碾压。在相邻摊铺层已经成型必须施作冷纵向接缝时，可先用钢轮压路机沿纵横碾压一遍，在新铺层上的碾压宽度为 15～20cm，然后再沿横向接缝进行横向碾压。横向碾压结束后进行正常的纵向碾压。

(6)纵向接缝的碾压，纵向接缝的碾压，压路机先在已压实路面上行走，同时碾压新铺混合料 10～15cm，然后碾压新铺混合料，同时跨过已压实路面 10～15cm，将接缝碾压密实。

2.3 接缝处理对策

(1)纵向接缝，两条摊铺带相接处，必须有一部分搭接，才能保证该处与其他部分具有相同的厚度。搭接的宽度应前后一致。搭接施工有冷接茬和热接茬两种。

冷接茬在施工是指新摊铺层与经过压实后的已铺层进行搭接头。半幅施工不能采用热接缝时宜加设挡板或采用切刀切齐。铺另半幅前必须将缝边缘清扫干净，并涂洒少量黏层沥青。摊铺时应重叠在已铺层 5～10cm，摊铺后用人工将摊铺在前半幅上面的混合料铲走，然后进行碾压。应注意新摊铺带必须与前一条摊铺带动的松铺厚度要相同。

热接在施工一般是在使用两台以上摊铺机梯队作业时采用的。此时两条毗邻摊铺带的混合料都还处于压实前的热状态，所以纵向接茬易于处理，且连接强度较好。施工时应将已铺混合料部分留下宽10～20cm，暂不碾压，作为后摊铺部分的高程基准面，待后摊铺部分完成后，一起跨缝碾压。

不管采用冷接法或热接法，摊铺带的边缘都必须整齐，这就要求机械在直线上或弯道上行驶始终保持正确位置。为此，可沿摊铺带一侧敷设一根导向线，并在机械上安置一根带链条的悬杆，驾驶员只要注视所悬链条对准导向线行驶即可。

(2)横向接缝，相邻两幅及上下层的横向接缝均应错位1m以上。横向接缝有斜接缝和平接缝两种。高速公路的中、下层的横向接缝可采用斜接缝，在上面层应采用垂直的平接缝。铺筑接缝时，可以已压实部分上面铺一些热混合料使之预热软化，以加强新旧混合料的黏结。但在开始碾压前应将预热用的混合料铲除。

平接缝应做到紧密黏结、充分压实、连接平顺，施工可采用下列方法：

①在施工结束时，摊铺机在接近端部前约1m处将熨平板稍抬起驶离现场，用人工将端部混合料铲齐后再予碾压，然后用3m直尺检查平整度，趁混合料尚未冷透时垂直刨除端部层厚不足的部分，使下次施工时直角连接。

②在预定的摊铺段的末端先撒一薄层砂带，摊铺混合料后摊铺层上挖一道缝隙，缝隙位于撒砂的交界处，在缝中嵌入一块与压实层厚等厚的木板或型钢，待压实后铲除撒砂的部分，扫尽砂子，撤去木板或型钢，在端部洒黏层沥青接着摊铺。

③在以预定摊铺段的末端先撒一薄层砂带，再摊铺混合料，待沥青混合料稍冷却后用切割机将撒砂的部分切割整齐后取走，再用干拖布吸走多余的冷却水，待无全干燥后在端部洒黏层沥青接着摊铺，不得在接头有水或潮湿的情况下铺混合料。

在摊铺新混合料时应调整好预留高度，接缝摊铺层施工结束后再用3m直尺检查平整度，当有不符合要求者应趁混合料尚未冷却时立即处理，以保证横向接缝处的路面平整度。

3 结语

路面平整度对于高速公路而言具有十分重要的意义，沥青路面施工则是其关键的一环。郑石高速作为河南省高速公路典型示范工程，路面的平整度尤其至关重要。因此，为使郑石高速建设成为质量合格性能优良的旅游景观路，严密的施工管理及完善的施工工艺是不可或缺的。

影响高速公路沥青路面平整度原因分析与对策

张宛东[1]　董　超[2]　李雪艳[3]

(1.平顶山市公路工程质量检测中心;2.河南省公路工程监理咨询有限公司;
3.河南省公路工程集团有限公司)

摘　要　路面平整度是衡量高等级公路使用性能的一项重要指标。本文通过许平南高速公路和平临高速公路沥青路面施工实践,对影响沥青路面平整度的原因进行了细致的分析,并提出了相应的对策。

关键词　高速公路　沥青路面　平整度　影响因素　对策

在高速公路建设中,由于沥青路面具有表面平整、行车舒适、耐磨抗滑、低噪声、施工周期短、维修简便等特点,因此被广泛应用。人们乘车在高速公路上行驶,平整度能直接反映高速公路通车后的整体效果,是体现路面使用品质与行车舒适性的最直接的外观指标。我公司在许平南高速公路和平临高速公路沥青路面施工过程中,严密组织,精心施工,使路面平整度均方差分别达到0.68和0.55的较高水平。本文结合施工实践就影响沥青路面平整度的原因进行分析,并提出相应对策。

1　基层施工质量的影响

以往"基层不平面层调,下层不平上层找"的老方法,对平整度要求很高的高速公路来说是根本行不通的。如规范允许基层顶面偏差10mm,当用沥青混合料将10mm低洼处填平时,尽管表面是铺平了,但该处多出的10mm松厚经压实后仍会出现低洼现象,其深度为10－(10/1.2)＝1.7mm(1.2为沥青混合料平均压实系数)。如误差大于10mm则不平整度将更大,由此可见,基层顶面的平整度对沥青面层的平整度影响可谓举足轻重。

1.1　重视基层平整,厂拌混合料摊铺机铺筑

二灰碎石半刚性基层的施工,过去习惯采用平地机作业,它的缺点是高程、厚度难以控制,且反复找平表面容易离析,同时混合料浪费也多。

许平南高速公路和平临高速公路业主按新规范标准,提出了混合料集中厂拌、进口摊铺机铺筑的高要求,之所以强调进口摊铺机主要原因是它能保证所铺混合料均匀、表面平整,高程、纵横坡、厚度等指标能满足设计要求。实践证明,进口ABG型摊铺机铺筑效果最佳,而国产摊铺机几次试铺均未成功。

对设计厚度超过30cm者可分二层铺筑,摊铺宽度控制在6～8m时平整度效果较好。

1.2　控制混合料的最大粒径及含水量

为提高基层平整度及方便摊铺机铺筑,基层混合料集料最大粒径宜适当减小。因为集料粒径越大,混合料越易产生离析,且对搅拌、摊铺设备的磨损也大。因此,适当减小集料最大粒径,有利于摊铺机作业和基层顶面平整度的提高。

另外,混合料施工含水量的控制亦十分重要,含水量过小影响结构的板体形成,含水量过大碾压成型困难,且易形成路面大波浪,致使基层平整度降低,甚至导致结构层收缩开裂。

实践表明,提高沥青路面平整度必须从基层抓起,而提高基层施工质量的关键在于采用精良的施工机械,如好的稳定粒料厂拌设备与进口摊铺机。

2 施工机械作业的影响

2.1 摊铺机

2.1.1 基准钢丝及装置的准确程度

在施工中我们采用底面层"走钢丝"、中、上面层"走雪橇"的基准控制方法,收到了较好的效果。

底面层施工前,先要张拉好用于承托仪表传感器的基准线(2~3mm 钢丝绳),然后设好各桩(桩距 10m),根据测量的挂线高确定各桩位钢丝的高度。应精心测量、认真调整,并检查钢丝拉力不得小于 784N。否则,由于测量不准、量线失误或拉力不够钢丝下挠等都会通过架设在钢丝上的仪表反映到摊铺路段上,造成路面波浪状起伏,影响平整度。

在许平南高速公路沥青上面层施工中我们采用了自制移动式基准梁,长度为 10m,摊铺精度达到平整度均方差 0.68f。为了实现平临高速公路平整度 0.60f 以下的高标准,又引进美国布鲁诺克斯公司生产的移动式基准梁。该装置长 16.77m,在摊铺机前面的基准梁上装有 2×12 个可上下伸缩的"雪橇"板,后基准梁上装有 2×16 个可上下伸缩的橡胶轮,前后基准梁在摊铺机大臂处铰接,可消除下层局部不平整,将原有路面纵坡(通过前基准梁获得)和新铺层(通过后基准梁获得)的平均高程结合在一起,与"走钢丝"及自制雪橇相比,摊铺精度明显提高,从而提高了路面平整度。

2.1.2 摊铺机仪表性能及微调器的正确使用

路面高程的控制是靠仪表来实现的。摊铺机带全自动调平装置,能够根据自动找平仪的指令达到设计高程,这样铺筑的路面平整度好。如仪表反应迟缓,加上微调器使用不当升降太快均会反映到新铺路面上,影响平整度。

2.1.3 摊铺机熨平板加热及调整

在许平南高速公路和平临高速公路施工中,我们使用了德国产 ABG422 型、ABG311 型、VOGELE2000 型、VOGELE1800 型摊铺机。这四种摊铺机的熨平板加热装置中 ABG 型属于液化气加热,VOGELE 型属于电加热。摊铺前,如果熨平板加热温度不够或加热不均匀,摊铺时会造成温度较高的混合料与温度较低的熨平板黏结,使得摊铺层面出现拉毛、小坑洞、深槽等不规则的凹凸不平。因此,摊铺前熨平板温度必须加热到 85~90℃。

另外,摊铺前一定要认真检查熨平板的平直度,若有正拱或反拱现象,则必须调整撑拉熨平板的拉杆长度,使熨平板下表面同属一坡度,以确保路面横向平整度。

2.1.4 摊铺机振捣器、夯锤对路面平整度的影响

振捣器、夯锤的频率与摊铺速度、混合料级配、温度和厚度等有很大的关系,应按使用说明书规定认真选定合适的频率。如果摊铺较薄的上面层,振捣器、夯锤频率过大会造成熨平板共振,使摊铺机找平装置处于不稳定状态而影响平整度。同时,应经常检查振捣器、夯锤皮带,皮带过于松弛会使振捣频率、夯实次数快慢不一,形成路面"搓板"。

2.1.5 校正行驶方向引起路面不平整

摊铺机行驶方向发生偏斜时,必须及时校正。此时,摊铺机履带一边前进,另一边缓慢前

进，快的一边熨平板前方会有一个向前抬高的小台阶，慢的一边熨平板后端会有一个向后推挤的小台阶，影响路面平整度，应在碾压时采取措施予以消除。

此类校正行驶方向出现的小台阶，在曲线半径较小的路段容易产生。

2.2 压路机

路面平整度好坏的关键在摊铺机，但与压路机的碾压有着不可分割的关系。合理的碾压工艺与正确的碾压操作是保证路面平整度的重要手段。

2.2.1 碾压方式及碾压速度的控制

碾压沥青混合料应采用组合碾压的方式，初压时首先采用双钢轮压路机，碾压2遍，速度为1.5～2km/h；复压紧接在初压后进行，应采用重型轮胎压路机，碾压4～5遍，速度为3.5～4.5km/h；终压采用双钢轮压路机，碾压2遍，速度为2.5～3.5km/h。碾压时除按规范标准进行外，应注意碾压路线和方向不得突然改变，以免使混合料产生推移或发裂。

2.2.2 碾压温度的控制

沥青混合料的温度控制是沥青路面施工过程中的关键，现场应有专人负责对来料车、摊铺后、碾压前、碾压中及碾压终了的温度进行测试。碾压应在混合料较高温度下进行最为有利，一般初压不低于120℃，复压不低于90℃，终压完成时不低于70℃。温度越高越容易提高路面的平整度与压实度，温度偏低导致沥青混合料颗粒间摩擦阻力加大，使沥青面层压实度不均匀，且容易形成局部松散和发裂，影响路面平整度。

2.2.3 压路机的正确使用

轮胎压路机使用时，应注意检查各个轮胎的新旧程度和轮胎压力，必须做到新旧一致、压力相等。否则轮胎软硬不一，在碾压过程中形成轮迹，使沥青面层横向平整度超标。钢轮压路机应装雾状喷水装置以防混合料黏轮，轮胎压路机应有专人负责用1∶3的油水混合液喷洒轮胎表面，防止碾压时将沥青混合料黏在一起形成路面不平整。

压路机应停在冷却后的沥青路面上，否则极易形成小坑槽影响平整度。

3 施工过程中其他因素的影响

3.1 沥青拌和站的生产能力应与摊铺能力相匹配

实践证明，当沥青拌和站的生产能力与摊铺机的摊铺能力相匹配时，摊铺机能连续、均匀、不间断作业，此时路面平整度就好。但在低温季节施工，如供料不及时，摊铺机待料时间过长，虽然ABG型摊铺机装有防爬锁，但因混合料温度下降会引起局部不平整，而且自动找平系统在每次启动后，需行驶3～8m后才能恢复正常，因此切忌摊铺机经常停机。只有采用加强拌和站管理、保证连续供料、运用中途不停机加油、操作手轮换休息等办法，做到每天早晨开机、晚上收工关机、中途力争不停机，以确保路面摊铺作业连续不间断。

3.2 摊铺作业速度的影响

沥青路面施工技术规范要求：“摊铺过程中不得随意变换速度或中途停顿”。在施工过程中，我们感到这是提高路面平整度的一个关键环节。

摊铺速度过快，易造成摊铺层表面的粗颗粒在熨平板下沿摊铺方向滑动，使表面粗颗粒后方出现小坑小空洞，从而影响面层平整度和预压密实度；但亦不能太慢，否则会影响生产效率。摊铺速度经实践比较后认为：上面层应控制在2～3.5m/min，中、下面层2～4m/min为好。

摊铺过程中一般不宜随便改变速度，因为速度变化必然导致摊铺层面预压密实度起变化，从而最终压实度有差异，影响路面平整度。

3.3 运料车辆与摊铺机的配合

摊铺作业时，常因运料车辆操作不熟练而与摊铺机配合不协调，使混合料洒落在摊铺机行走履带前，如不及时清除会使摊铺机左右晃动，造成自动调平系统工作仰角发生变化，影响路面平整度。因此，必须专人负责指挥倒车，严禁运料车撞击摊铺机。

3.4 施工缝的处理

沥青路面施工缝处理的好坏对平整度有一定的影响，往往连续摊铺路段平整度较好，而接缝处的一个点数据较差。因此，接缝水平是制约平整度的重要因素之一。处理好接缝的关键是要舍得切除接头，用 3m 直尺检查端部平整度，以摊铺层面直尺脱离点为界限，以切割机切缝挖除。新铺接缝处采用斜向碾压法，适当结合人工找平，可消除接缝处的不平整，使前后两路段平顺衔接。

3.5 现场人工修补

施工过程中，不论何种原因，只要是混合料中混杂有少量的枯料、花料，摊铺到路面后就必须彻底挖除，换上合格的混合料。人工填平混合料不可能达到摊铺机铺筑的水平，必然会影响路面平整度。

3.6 桥头与伸缩缝的处理

平整度好的路面，必须与减少和消除桥头跳车相结合，才能解决好高速公路的行车舒适问题。许平南高速公路和平临高速公路高度重视桥头跳车问题，如采用工程性质良好的材料填筑桥头路堤，用手扶振动压路机处理边角以减少桥头路堤日后的沉降，收到了很好的效果。由于车辆在高速公路上高速行驶时产生的冲击力大，国产橡胶板式伸缩缝经受不了大交通量高速行车的冲击。因此，许平南高速公路和平临高速公路对大、中桥桥面伸缩缝一律采用自德国进口和中德合资江苏毛勒桥梁附件有限公司生产的毛勒伸缩缝，这种伸缩缝是当今国际上公认的性能可靠且又耐久的桥面伸缩装置，安装使用效果明显，桥面行车平稳舒适，接缝处无跳车现象。

4 路面结构类型与平整度的关系

施工中发现，采用相同的摊铺机和相同的碾压工艺，摊铺不同类型的路面结构层，其各自的平整度不同。相同的厚度、开级配料由于其混合料松铺系数较密级配大，所以平整度不如密级配。在同一级配条件下，厚度小的结构层比厚度大的平整度好。

5 结语

沥青路面平整度涉及的面很广，影响因素很多，关系到路基、路面施工全过程，情况复杂，有的是机械性能引起，有的则是人为操作、安排失误造成，我们只有在充分研究分析产生的原因后，才能对症下药抓好施工中的每一细小环节。沥青路面平整度是施工机械、人员素质、操作水平的综合反映，只有加强施工现场管理，精心组织施工，才能保证路面平整度，提高路面工程质量。

浅谈混凝土的施工温度与裂缝

张宛东[1]　马桂杰[1]　王　萍[2]　尚纪双[1]

（1. 平顶山市公路工程质量检测中心；2. 河南中原高速公路股份有限公司）

摘　要　通过多年的现场观察，通过查阅有关混凝土内部应力方面的专著，对混凝土温度裂缝产生的原因、现场混凝土温度的控制和预防裂缝的措施进行等进行阐述。

关键词　混凝土　温度应力　裂缝　控制

混凝土在现代工程建设中占有重要地位。而在今天，混凝土的裂缝较为普遍，在桥梁工程中裂缝几乎无所不在。尽管我们在施工中采取各种措施，小心谨慎，但裂缝仍然时有出现。究其原因，我们对混凝土温度应力的变化注意不够是其中之一。

在大体积混凝土中，温度应力及温度控制具有重要意义。这主要是由于两方面的原因。首先，在施工中混凝土常常出现温度裂缝，影响到结构的整体性和耐久性。其次，在运转过程中，温度变化对结构的应力状态具有显著的不容忽视的影响。我们遇到的主要是施工中的温度裂缝，因此本文仅对施工中混凝土裂缝的成因和处理措施进行探讨。

1　裂缝的原因

混凝土中产生裂缝有多种原因，主要是温度和湿度的变化、混凝土的脆性和不均匀性、结构不合理、原材料不合格（如碱集料反应）、模板变形、基础不均匀沉降等。

混凝土硬化期间水泥放出大量水化热，内部温度不断上升，在表面引起拉应力。后期在降温过程中，由于受到基础或老混凝土的约束，又会在混凝土内部出现拉应力。气温的降低也会在混凝土表面引起很大的拉应力。当这些拉应力超出混凝土的抗裂能力时，即会出现裂缝。许多混凝土的内部湿度变化很小或变化较慢，但表面湿度可能变化较大或发生剧烈变化。如养护不周、时干时湿，表面干缩形变受到内部混凝土的约束，也往往导致裂缝。混凝土是一种脆性材料，抗拉强度是抗压强度的 1/10 左右，短期加荷时的极限拉伸变形只有 $(0.6\sim1.0)\times10^{4}$，长期加荷时的极限位伸变形也只有 $(1.2\sim2.0)\times10^{4}$。由于原材料不均匀，水灰比不稳定及运输和浇筑过程中的离析现象，在同一块混凝土中其抗拉强度又是不均匀的，存在着许多抗拉能力很低，易于出现裂缝的薄弱部位。在钢筋混凝土中，拉应力主要是由钢筋承担，混凝土只是承受压应力。在素混凝土内或钢筋混凝土的边缘部位如果结构内出现了拉应力，则须依靠混凝土自身承担。一般设计中均要求不出现拉应力或者只出现很小的拉应力。但是在施工中混凝土由最高温度冷却到运转时期的稳定温度，往往在混凝土内部引起相当大的拉应力。有时温度应力可超过其他外荷载所引起的应力，因此掌握温度应力的变化规律对于进行合理的结构设计和施工极为重要。

2　温度应力的分析

根据温度应力的形成过程可分为以下三个阶段：

(1)早期:自浇筑混凝土开始至水泥放热基本结束,一般30天。这个阶段的两个特征,一是水泥放出大量的水化热,二是混凝土弹性模量的急剧变化。由于弹性模量的变化,这一时期在混凝土内形成残余应力。

(2)中期:自水泥放热作用基本结束时起至混凝土冷却到稳定温度时止,这个时期中,温度应力主要是由于混凝土的冷却及外界气温变化所引起,这些应力与早期形成的残余应力相叠加,在此期间混凝土的弹性模量变化不大。

(3)晚期:混凝土完全冷却以后的运转时期。温度应力主要是外界气温变化所引起,这些应力与前两种的残余应力相迭加。

根据温度应力引起的原因可分为两类:

(1)自生应力:边界上没有任何约束或完全静止的结构,如果内部温度是非线性分布的,由于结构本身互相约束而出现的温度应力。例如,桥梁墩身、结构尺寸相对较大,混凝土冷却时表面温度低,内部温度高,在表面出现拉应力,在中间出现压应力等。

(2)约束应力:结构的全部或部分边界受到外界的约束,不能自由变形而引起的应力。如箱梁顶板混凝土和护栏混凝土。

这两种温度应力往往和混凝土的干缩所引起的应力共同作用。

要想根据已知的温度准确分析出温度应力的分布、大小是一项比较复杂的工作。在大多数情况下,需要依靠模型试验或数值计算。混凝土的徐变使温度应力有相当大的松弛,计算温度应力时,必须考虑徐变的影响,具体计算这里就不再细述。

3 温度的控制和防止裂缝的措施

为了防止裂缝,减轻温度应力可以从控制温度和改善约束条件两个方面着手。

控制温度的措施有:

(1)采用改善集料级配,用干硬性混凝土、掺混合料、加引气剂或塑化剂等措施以减少混凝土中的水泥用量。

(2)拌和混凝土时加水或用水将碎石冷却,以降低混凝土的浇筑温度。

(3)热天浇筑混凝土时减少浇筑厚度,利用浇筑层面散热。

(4)在混凝土中埋设水管,通入冷水降温。

(5)规定合理的拆模时间,气温骤降时进行表面保温,以避免混凝土表面发生急剧的温度梯度。

(6)施工中长期暴露的混凝土浇筑块表面或薄壁结构,在寒冷季节采取保温措施。

改善约束条件的措施有:

(1)合理地分缝分块。

(2)避免基础过大起伏。

(3)合理地安排施工工序,避免过大的高差和侧面长期暴露。

此外,改善混凝土的性能,提高抗裂能力,加强养护,防止表面干缩,特别是保证混凝土的质量对防止裂缝是十分重要的,应特别注意避免产生贯穿裂缝,出现后要恢复其结构的整体性是十分困难的,因此施工中应以预防贯穿性裂缝的发生为主。

在混凝土的施工中,为了提高模板的周转率,往往要求新浇筑的混凝土尽早拆模。当混凝土温度高于气温时应适当考虑拆模时间,以免引起混凝土表面的早期裂缝。新浇筑早期拆模,在表面引起很大的拉应力,出现“温度冲击”现象。在混凝土浇筑初期,由于水化热的散发,表面引起相当大的拉应力，其表面温度较气温高，此时拆除模板，表面温度骤降，必然引起温度梯度，从而在表面附加一拉应力，与水化热应力迭加，再加上混凝土干缩，表面的拉应力达到很大的数值，就有导致裂缝的危险。但如果在拆除模板后及时在表面覆盖一轻型保温材料，如泡沫海绵等，对于防止混凝土表面产生过大的拉应力，具有显著的效果。

加筋对大体积混凝土的温度应力影响很小，因为大体积混凝土的含筋率极低，只是对一般钢筋混凝土有影响。在温度不太高及应力低于屈服极限的条件下，钢的各项性能是稳定的，而与应力状态、时间及温度无关。钢的线胀系数与混凝土线胀系数相差很小，在温度变化时两者间只发生很小的内应力。由于钢的弹性模量为混凝土弹性模量的 7～15 倍，当内混凝土应力达到抗拉强度而开裂时，钢筋的应力将不超过 100～200kg/cm^2。因此，在混凝土中想要利用钢筋来防止细小裂缝的出现很困难。但加筋后结构内的裂缝一般就变得数目多、间距小、宽度与深度较小了。而且如果钢筋的直径细而间距密时，对提高混凝土抗裂性的效果较好。混凝土和钢筋混凝土结构的表面常常会发生细而浅的裂缝，其中大多数属于干缩裂缝。虽然这种裂缝一般都较浅，但它对结构的强度和耐久性仍有一定的影响。

为保证混凝土工程质量，防止开裂，提高混凝土的耐久性，正确使用外加剂也是减少开裂的措施之一。例如，笔者在实践中总结出使用减水防裂剂主要作用有：

(1)混凝土中存在大量毛细孔道，水蒸发后毛细管中产生毛细管张力，使混凝土干缩变形。增大毛细孔径可降低毛细管表面张力，但会使混凝土强度降低。这个表面张力理论早在 20 世纪 60 年代就已被国际上所确认。

(2)水灰比是影响混凝土收缩的重要因素，使用减水防裂剂可使混凝土用水量减少 25%。

(3)水泥用量也是混凝土收缩率的重要因素，掺加减水防裂剂的混凝土在保持混凝土强度的条件下可减少 15%的水泥用量，其体积用增加骨料用量来补充。

(4)减水防裂剂可以改善水泥浆的稠度，减少混凝土泌水，减少沉缩变形。

(5)提高水泥浆与集料的黏结力，提高的混凝土抗裂性能。

(6)混凝土在收缩时受到约束产生拉应力，当拉应力大于混凝土抗拉强度时裂缝就会产生。减水防裂剂可有效的提高的混凝土抗拉强度，大幅提高混凝土的抗裂性能。

(7)掺加外加剂可使混凝土密实性好，可有效地提高混凝土的抗碳化性，减少碳化收缩。

(8)掺减水防裂剂后混凝土缓凝时间适当，在有效防止水泥迅速水化放热基础上，避免因水泥长期不凝而带来的塑性收缩增加。

(9)掺外加剂混凝土和易性好，表面易磨平，形成微膜，减少水分蒸发，减少干燥收缩。

许多外加剂都有缓凝、增加和易性、改善塑性的功能，我们在工程实践中应多进行这方面的实验对比和研究，比单纯地靠改善外部条件，可能会更加简捷、经济。

4 混凝土的早期养护

实践证明，混凝土常见的裂缝，大多数是不同深度的表面裂缝，其主要原因是温度梯度造成，寒冷地区的温度骤降也容易形成裂缝。因此说混凝土的保温对防止表面早期裂缝尤其重要。

从温度应力观点出发，保温应达到下述要求：

(1)防止混凝土内外温度差及混凝土表面梯度，防止表面裂缝。

(2)防止混凝土超冷，应该尽量设法使混凝土的施工期最低温度不低于混凝土使用期的稳定温度。

(3)防止老混凝土过冷,以减少新老混凝土间的约束。

混凝土的早期养护,主要目的在于保持适宜的温湿条件,以达到两个方面的效果:一方面使混凝土免受不利温、湿度变形的侵袭,防止有害的冷缩和干缩;一方面使水泥水化作用顺利进行,以期达到设计的强度和抗裂能力。

适宜的温湿度条件是相互关联的。混凝土的保温措施通常有保湿的效果。

从理论上分析,新浇混凝土中所含水分完全可以满足水泥水化的要求而有余。但由于蒸发等原因常引起水分损失,从而推迟或妨碍水泥的水化,表面混凝土最容易而且直接受到这种不利影响。因此混凝土浇筑后的最初几天是养护的关键时期,在施工中应切实重视起来。

大体积混凝土裂缝的控制技术

任新建[1]　汤国安[1]　孙晓军[2]

（1.河南中原高速公路股份有限公司；
2.江苏恒基路桥总公司）

摘　要　结合大桥大体积混凝土承台浇筑的施工，分析了混凝土产生温度裂缝的原因，提出了裂缝的控制技术措施，并制定大体积混凝土浇注后出现裂缝的处理方法。

关键词　施工　混凝土浇筑　裂缝　原因　控制措施　处理

1　概述

大体积混凝土基础随着桥梁技术的突飞猛进，在长大桥梁中的应用越来越多，其经常出现的问题并不是力学上的结构强度问题，而是如何控制混凝土的温度变形裂缝，从而提高混凝土结构的整体性和耐久性的问题。因此，如何进行混凝土的温度控制、采取哪些技术措施防止混凝土开裂及裂缝出现后的处理，在大体积混凝土的施工中就显得至关重要。本文结合着常金大桥主墩承台的施工，对大体积混凝土裂缝产生的原因进行了分析研究，着重介绍了裂缝控制和处理的技术措施。

2　混凝土裂缝产生的原因

大体积混凝土施工阶段所产生的温度裂缝，一方面是混凝土内部因素，由于内外温差而产生的；另一方面是混凝土的外部因素，结构的外部约束和混凝土各质点间的约束，阻止混凝土收缩变形，混凝土抗压强度较大，但受拉力却很小。所以温度应力一旦超过混凝土能承受的抗拉强度时，即会出现裂缝。现分析裂缝产生原因如下。

2.1　水泥水化热的影响

水泥在水化过程中要释放大量的水化热，而大体积混凝土结构断面较厚，热量聚集在结构内部不易散发，由于混凝土的传热性能差，浇筑初期混凝土的强度和弹性模量都很低，对水化热引起的急剧温升约束不大，相应的温度应力也较小。随着混凝土的龄期增长，弹性模量增加，对混凝土内部的约束越来越大，以致产生很大的拉应力，当混凝土的极限抗拉强度不足以抵抗这种拉应力时，便开始出现温度裂缝。

2.2　外界温度的影响

大体积混凝土在施工时，当外界温度升高。混凝土的浇筑温度也升高。外界温度降低，会增加表层混凝土与内部混凝土的温度梯度，在混凝土表面引起很大的拉应力。气温的变化直接影响到温差，而温度应力则是由温差所引起的温度变形造成的，因此温差越大，温度应力也越大，就越容易出现裂缝。

2.3　混凝土收缩徐变的影响

影响混凝土收缩徐变的因素很多，主要与混凝土的原材料、配合比特别是与混凝土的养护条件和构件成型的时间有关，养护不周或时干时湿，表面混凝土会产生很大的收缩变形，这种收缩变形受到内部混凝土的约束从而导致裂缝。

3 裂缝控制的技术措施

大体积混凝土基础裂缝的宽度在允许限值内，一般不会影响结构的强度，但却对结构的耐久性有所影响，因此在混凝土施工过程中必须采取措施对其裂缝进行控制。

3.1 混凝土材质控制措施

(1)粗集料宜采用连续级配，细集料宜采用中砂。

(2)外加剂宜采用缓凝剂、减水剂；掺和料宜采用粉煤灰、矿渣粉等。

(3)大体积混凝土在保证混凝土强度及坍落度要求的前提下，应提高掺和料及集料的含量，以降低单方混凝土的水泥用量。

(4)水泥应尽量选用水化热低、凝结时间长的水泥，优先采用中热硅酸盐水泥、低热矿渣硅酸盐水泥、大坝水泥、矿渣硅酸盐水泥、粉煤灰硅酸盐水泥、火山灰质硅酸盐水泥等。

(5)采用良好可泵性混凝土配合比，坍落度在 12±3cm，初凝时间 10h 左右。

3.2 混凝土的施工控制措施

(1)根据混凝土流动性大的特点，施工采用“分层定点、一个坡度、薄层浇筑、循序推进、一次到顶”的斜面浇筑方法，以缩小混凝土暴露面积及加大浇筑速度(要求每小时供应量满足需要)以利缩小浇筑时间。

(2)混凝土表面处理：混凝土在初凝前 1～2h，先用长刮尺刮平，用工具打磨抹压二次，并用硬扫帚刷混凝土表面，以防止混凝土早期收缩裂缝。

3.3 混凝土养护控制措施

大体积混凝土的养护，不仅要满足强度增长的需要，还应通过人工的温度控制，防止因温度变形引起混凝土的开裂。在结构物外露的混凝土表面以及模板外侧覆盖保温材料(如塑料薄膜、工程织物、草袋等)并要迭缝覆盖，在缓慢的散热过程中，以控制混凝土的内外温差小于20℃，让其自身养护，使混凝土获得必要的强度。

3.4 混凝土的温度监控措施

(1)降低混凝土的入模温度，对浇筑前的砂石用冷水降温，在搅拌过程中向混凝土中添加冰水。

(2)在混凝土的内部通入冷却循环水，以便加快混凝土内部的热量散发。混凝土表面应该覆盖一些织物进行保温、保湿养护，这样不但可以降低混凝土内外温差，防止表面产生裂缝，还可以防止混凝土骤然降温产生贯穿裂缝，并且还可以使水泥顺利水化，防止产生湿度裂缝。

(3)混凝土测温从混凝土浇筑后 3h 开始，每 2h 测温一次，着重报告混凝土中心与表面及表面与环境温度差，7d 后每 4h 测温一次，并将测量数据记录整理分析，从而可以更好地了解混凝土的温度变化情况，一旦内外温差超过允许值 25℃，应及时采取控制措施。测温点必须布置在具有代表性，从混凝土高度、断面考虑，应包括底面、中心和上表面，以平面考虑应包括中部和边角区。

4 混凝土裂缝的处理方法

大体积混凝土内出现的裂缝按深度的不同，分为贯穿裂缝、深层裂缝及表面裂缝三种。贯穿裂缝是由混凝土表面裂缝发展为深层裂缝，最终形成贯穿裂缝。它切断了结构的断面，可能破坏结构的整体性和稳定性，其危害性是较严重的；而深层裂缝部分地切断了结构断面，也有一定危害性；表面裂缝一般危害性较小。不管是哪种裂缝的出现都会影响结构的整体性和刚度，还会引起钢筋的锈蚀，加速混凝土的碳化，降低混凝土的耐久性和抗疲劳、抗渗能力。因此根据裂缝的性质和具体情况我们要区别对待、及时处理，以保证混凝土构件的使用质量，混凝土裂缝的修补措施主要有以下一些方法。

4.1 表面处理法

表面处理法包括表面涂抹和表面贴补法表面涂抹适用范围是浆材难以灌入的细而浅的裂缝，深度未达到钢筋表面的发丝裂缝、不漏水的缝、不伸缩的裂缝以及不再活动的裂缝。表面贴补（土工膜或其他防水片）法适用于大面积漏水（蜂窝麻面等或不易确定具体漏水位置、变形缝）的防渗堵漏。

4.2 填充法

填充法用修补材料直接填充裂缝，一般用来修补较宽的裂缝，作业简单，费用低。宽度小于 0.3mm，深度较浅的裂缝或是裂缝中有充填物，用灌浆法很难达到效果的裂缝以及小规模裂缝的简易处理可采取开 V 形槽，然后进行填充处理。

4.3 灌浆法

灌浆法从细微裂缝到大裂缝均可适用，处理效果好。利用压送设备（压力 0.2～0.4MPa）将补缝浆液注入混凝土裂隙，达到闭塞的目的，该方法属传统方法，效果很好。也可利用弹性补缝器将注缝胶注入裂缝，不用电力，十分方便，效果也很理想。

4.4 结构补强法

因超荷载产生的裂缝、裂缝长时间不处理导致的混凝土耐久性降低、火灾造成的裂缝等影响结构强度可采取结构补强法，包括断面补强法、锚固补强法、预应力法等。混凝土裂缝处理效果的检查包括修补材料试验、钻心取样试验、压水试验、压气试验等。

5 结语

大体积混凝土结构的施工技术与措施直接关系到混凝土结构的使用性能，若不能很好地了解大体积混凝土结构开裂的原因，以及掌握应对此类问题所采取的相应施工措施，那么实际生产当中就很难保证施工质量，在现场施工过程中只要严格控制材料，优化配合比；控制好拌制混凝土、振捣、保温保湿养护、测温等全过程，在常规情况下，还是完全可以避免危害结构的裂缝的产生。

参考文献

[1] 王铁梦. 工程结构裂缝控制. 北京：中国建筑工业出版社，1999.

[2] 王铁梦. 王铁梦教授谈控制混凝土工程收缩裂缝 18 个因素. 混凝土，2003(1).

[3] 鞠丽艳. 混凝土裂缝抑制措施的研究进展. 混凝土，2002(5).

四、桥梁与隧道工程

钢纤维混凝土桥面铺装施工控制

杨文辉　张玉霞

(河南中原高速公路股份有限公司)

摘　要　钢纤维混凝土具有较高的抗拉强度和断裂韧性、抗疲劳性,容易浇筑成型,适用于桥梁工程中的复杂应力部位。

关键词　钢纤维混凝土　性能　特性　桥面施工

钢纤维混凝土具有很好的韧度,很高的抗弯拉强度与抗剪强度,且具有抗振、抗裂缝、抗渗透特点,从而使钢纤维混凝土从本质上区别于普通混凝土,广泛应用于公路、桥梁、隧道、机场等方面。在保证工程质量的同时,降低了工程造价,取得良好的社会效益。

1　工程实例

山西太原至长治高速公路第5合同段K42+835湖王沟大桥,7m×30m箱梁,桥面净宽为2m×11m,桥面铺装采用8cm厚钢纤维混凝土。根据业主对工程的要求,钢纤维采用上海贝尔卡特—二钢有限公司生产的佳密克丝钢纤维,建议采用的型号为RC-65/60-BN,掺量为25kg/m^3。

此中钢纤维的参数为,型号:RC-65/60-BN;长度:60mm;直径:0.90mm;长径比67;抗压强度>1 000MPa;每公斤3 200根;可应用浇筑方式为泵送和直泻式。

2　钢纤维性能(RC-65/60-BN)

(1)抗拉强度高。

(2)与混凝土有良好的握裹力。

(3)与混凝土有良好的和易性,搅拌无结固。

(4)长径比大。

(5)采用水溶性胶水将钢纤维黏结成排。

3　钢纤维混凝土特性

钢纤维混凝土中乱向分布的短纤维主要作用是阻碍混凝土内部微裂缝的扩展和阻滞宏观裂缝的发生和发展。在受荷(拉、弯)初期,水泥基料与纤维共同承受外力,当混凝土开裂后,横跨裂缝的纤维成为外力的主要承受者。因此,钢纤维混凝土与普通混凝土相比具有一系列优越的物理和力学性能。

3.1　强度和质量比值增大(p/m)

这是钢纤维混凝土具有优越经济性的重要标志。在相同强度要求的情况下,有效地减少了混凝土的用量,同时也起到了减轻桥面自重的作用。

3.2 具有较高的抗拉、抗弯、抗剪和抗扭强度

在混凝土中掺入适量钢纤维,其抗拉强度提高25%～50%,抗弯强度提高40%～80%,抗剪强度提高50%～100%。

3.3 具有卓越的抗冲击性能

材料抵抗冲击或振动荷载作用的性能,称为冲击韧性,在通常的纤维掺量下,冲击抗压韧性可提高2～7倍,冲击抗弯、抗拉等韧性可提高几倍到几十倍。这个特性对于行车中的桥面不可避免的微动损害具有很重要的作用。

3.4 收缩性能明显改善

在通常的纤维掺量下,钢纤维混凝土较普通混凝土的收缩值降低7%～9%。

3.5 抗疲劳性能显著提高

钢纤维混凝土的抗弯和抗压疲劳性能比普通混凝土都有较大改善。当掺有1.5%钢纤维抗弯疲劳寿命为1×10^6次时,应力比为0.68,而普通混凝土仅为0.51;当掺有2%钢纤维混凝土抗压疲劳寿命达2×10^6次时,应力比为0.92,而普通混凝土仅为0.56。

3.6 耐久性能显著提高

钢纤维混凝土除抗渗性能与普通混凝土相比没有明显变化外,由于钢纤维混凝土抗裂性、整体性好,因而耐冻融性、耐热性、耐磨性、抗气蚀性和抗腐蚀性均有显著提高。掺有1.5%的钢纤维混凝土经150次冻融循环,其抗压和抗弯强度下降约20%,而其他条件相同的普通混凝土却下降60%以上,经过200次冻融循环,钢纤维混凝土试件仍保持完好。掺量为1%、强度等级为CF35的钢纤维混凝土耐磨损失比普通混凝土降低30%。掺有2%钢纤维高强混凝土抗气蚀能力较其他条件相同的高强混凝土提高1.4倍。钢纤维混凝土在空气、污水和海水中都呈现良好的耐腐蚀性,暴露在污水和海水中5年后的试件碳化深度小于5mm,只有表层的钢纤维产生锈斑,内部钢纤维未锈蚀,不像普通钢筋混凝土中钢筋锈蚀后,锈蚀层体积膨胀而将混凝土胀裂。

4 钢纤维混凝土桥面铺装的施工

4.1 施工准备

4.1.1 现场准备

(1)桥面凿毛。可使用风镐配合人工进行凿毛,但必须达到去除浮浆及软弱松散层的目的,露出密实混凝土为止。尤其是齿板处强度不足混凝土和积存的水泥浆必须清除。

(2)桥面锚固筋调整。如果预埋钢筋丢失或高度不足的,应在梁板顶面用冲击钻钻眼,用混凝土配高强度环氧树脂进行固定。

(3)桥面清理。桥面凿毛完成后,必须清理杂物,然后用高压水枪将桥面冲洗干净,确保桥面洁净无杂物。

(4)桥面铺装钢筋网已安装完毕,并且通过验收。

(5)振动梁的轨道采用3.5cm×3.5cm的槽钢,并用于控制桥面铺装混凝土顶面的高程,槽钢支撑要稳定,一般每隔50cm,加固支撑,以保证其刚度。

4.1.2 现场器具设备准备

(1)平板振捣器(1.5kW),4个。

(2)振捣棒(1.1kW),2个。

(3)振捣梁(6m),1个。

(4)水平仪(自动按平),1台。

(5)平整度尺(5m),1把。

(6)小推车(或三轮车),2台。

(7)铁锹、钯子、抹子等。

4.1.3　现场人员准备

(1)现场指挥,1人。

(2)指挥混凝土罐车及放料,1人。

(3)人工摊铺混凝土,8人。

(4)混凝土振捣,4人。

(5)抹平、收浆、压纹,4人。

(6)养生,2人。

4.2　钢纤维混凝土的拌和

(1)拌和方法:钢纤维混凝土采用依次投料的湿拌法,每立方米混凝土掺入25kg钢纤维。

(2)投料顺序:依次将粗集料、细集料、钢纤维、水泥按设计量投入到拌和筒内,然后加水及外加剂进行拌和,拌和时间较普通混凝土略微延长10～20s。

(3)拌和设备:使用强制式搅拌机,拌和必须保证顺利、钢纤维分散均匀、无结团现象。

(4)注意事项:一旦发现有钢纤维结团,就必须剔除掉;每拌一次的搅拌量不宜大于搅拌机额定搅拌量的80%。

4.3　混凝土运输

混凝土集中拌和,用混凝土罐车运输。运输时间到铺筑完成一般不超过1h。并根据气温升高而适当缩短运输时间。

混凝土罐车开至桥头,一般不得上桥,以免产生振动,影响已铺设的混凝土质量。在桥头用手推车或小型农用三轮车,继续运送混凝土。

4.4　混凝土摊铺

钢纤维混凝土采用人工摊铺,用人工将其大致铺整平,摊铺后用平板振动器振捣,振捣的持续时间以混凝土停止下沉,不再冒气泡并泛出水泥浆为准,且不宜过振。对边角处采用振捣棒振捣密实。振捣时辅以人工找平,混凝土整平采用振动梁振捣拖平,再用钢滚筒依次滚压进一步整平,整平的表面不得裸露钢纤维。在做面时需分两次进行,即先找平抹平,待混凝土表面无泌水时,再做第二次抹平。

4.5　压纹

钢纤维混凝土浇筑完成后,必须用铁扫帚及时清扫浮浆,时间在初凝之后。有专人清扫浮浆并把握时间。压纹采用ϕ16螺纹钢焊成排架。压纹深度及间距:深度不小于5mm,间距为3～5cm。压纹时间施工时应认真掌握好压纹时机,不致使混凝土表面疏松和破坏,又能保证压纹深度为宜。施工时派专人掌握压纹时间。

4.6　养生

钢纤维混凝土的养护尤为重要,如养护不当或养护时间不够会出现表面龟裂现象。

混凝土做面完成后,及时采用湿法养护,终凝后及时覆盖复合土工布进行洒水保湿,养护时间不少于7d,养护期间封闭交通。

大体积高性能混凝土的裂纹控制

张炜烽　张加阳　裴　凯

（河南中原高速公路股份有限公司）

摘　要　通过分析对大体积高性能混凝土产生裂纹的机理，针对高性能混凝土耐久性的特点，对混凝土原材控制和配合比的优化及施工工艺的控制，实践证明，不采用特别降温措施也能够满足温度裂纹控制的要求。

关键词　大体积　高性能混凝土　裂纹控制

1　引言

随着我国高速公路、高速铁路及大型水利建设的开展，大体积高性能混凝土已越来越多地被应用于大型结构物的基础构造中。但大体积混凝土的表面裂纹问题则是相关技术人员所必须面对的一个课题。

本文中笔者对大体积高性能混凝土裂纹产生的机理加以分析，并试图通过理论及试验数据寻求能够有效控制其裂纹的方法。

2　裂纹的产生机理和原因

大体积高性能混凝土承台、墩（台）身等裂纹的产生是由多种因素引起的。裂纹的种类也较多，但主要分为两种，即收缩裂纹和温差裂纹。

2.1　收缩裂纹

混凝土收缩的主要原因是混凝土中的用水量、胶凝材料用量较多，用水量和胶凝材料中水泥用量越高，水泥的水化热也就越大，混凝土的收缩就越大，不同的水泥品种，干缩、收缩的量也不同。混凝土逐渐散热和硬化过程引起的收缩，会产生很大的收缩应力。如果产生的收缩应力超过当时的混凝土极限抗拉强度，就会在混凝土中产生收缩裂纹。

2.2　温差裂纹

混凝土内外部温差过大会产生温差裂纹。大体积混凝土结构一般要求一次性整体浇筑。水泥因水发生水化热，由于混凝土体积大，聚集在内部的水泥水化热不易散发，混凝土内部温度将显著升高，而其表面则散热较快，温度较低形成了较大的温度差，使混凝土内部产生压应力，表面产生拉应力。此时，混凝土龄期短，抗拉强度很低，当温差产生的表面拉应力超过混凝土极限抗拉强度，则会在混凝土表面产生裂纹。

3　裂纹的控制措施

混凝土的裂纹主要为收缩裂纹和温度裂纹，根据以上分析分别从原材料、混凝土配合比、施工工艺三方面对高性能混凝土的裂纹进行控制。

3.1 原材料的控制

(1)水泥。选择水泥时不能以强度作为唯一的指标,耐久性同样非常重要。因为提高水泥的强度,实际上是增加水泥中的C3A和C3S含量并提高水泥的比表面积,导致水泥水化速率过快,水化热大,混凝土收缩大,抗裂性下降,混凝土的微结构不良,抗腐蚀性差,耐久性降低。控制水泥中的碱含量,碱的影响首先表现在增加混凝土的开裂倾向,不管是否有活性集料存在,开裂首先是由于水泥的高含碱量引起的收缩,所以要改善混凝土的抗裂性,要控制水泥中的C3A和C3S的含量且水泥颗粒不能太细,混凝土早期强度越高,在早期也越易开裂,所以要慎用早强水泥。

(2)集料。集料在混凝土中所占比例一般为混凝土绝对体积的80%左右,应选择线膨胀系数小、岩石弹模较低、表面清洁无弱包裹层、级配良好的集料。集料吸水率大的混凝土会有较大的长期收缩,影响混凝土的抗裂性,骨料级配和粒径不好,必然加大混凝土的胶凝材料总量,增大混凝土收缩。

(3)高效减水剂及掺和料。高效减水剂和引气剂复合使用可以降低大体积混凝土的水胶比和胶凝材料用量,掺入粉煤灰的混凝土强度发展较慢,水化热的产生没有普通混凝土集中,矿渣的掺量到一定数量后,由于减少了相应的水泥量,矿渣水化的速度因缺少足够的水泥中激发物而降低,相应的水化热和自收缩就减少。

根据对各种原材料的要求和对各种原材料的检测结果,确定选用以下材料作为高性能大体积混凝土的原材料,如表1。

大体积混凝土原材料 表1

序号	原材料	产地或厂家	序号	原材料	产地或厂家
1	水泥	鼎鑫P.0 42.5	4	粉煤灰、矿粉	天津华鹏
2	细集料	遵化中砂	5	高效外加剂	雍阳
3	粗集料	天津蓟县			

3.2 配合比优选

混凝土的技术性能在很大程度上由原材料的性质及相对含量决定的,混凝土配合比应根据混凝土的原材料品质、实际强度等级、耐久性等要求进行试拌选定。

高性能混凝土配合比选定应遵循以下基本原则:

(1)为提高混凝土的耐久性,改善混凝土的抗裂性,混凝土中应适量掺加优质的粉煤灰、矿粉等矿物掺和料。

(2)不同混凝土强度和环境条件等级混凝土的最大水胶比和最大胶凝材料用量必须满足要求。

(3)混凝土中宜掺入能提高混凝土耐久性能的高级外加剂,优先选用多功能复合外加剂。

根据以上的混凝土配合比选定的原则,对原材料分析及确定的原材料,混凝土经过多次试验,确定的配合比如表2。

大体积高性能混凝土配合比 表2

材料	水泥	细集料	粗集料	水	外加剂
用量	210	767	1 103	136	5.25
材料	粉煤灰	矿粉	水胶比		
用量	70	70	0.39		

3.3 施工工艺的控制

混凝土浇筑后混凝土的保温及养护措施如果没有保证，其表面的水分散失太快，就会导致混凝土表面因干燥而开裂，在混凝土的强度不足以抵抗因干燥和降温收缩而产生的拉应力时，混凝土表面地裂纹就会向混凝土内部延伸发展，致使混凝土产生有害的温度应力裂纹。

在实际施工中，承台混凝土浇注完成后，承台侧表面均采用塑料薄膜包裹，表面用土工布覆盖，以每小时 3～8 次保持混凝土表面潮湿为宜，持续 28d，同时还根据天气情况在温度低时用草袋覆盖，尽量不在大风和气温突变的天气拆膜，保证新浇筑的混凝土降温速率控制在一定范围(5℃/d)。施工后仔细观察，均未发现承台表面出现裂纹，保温和保湿起到较好的效果。

4 温度收缩应力及抗裂安全度计算控制

其控制原理：根据选定的配合比，计算混凝土的水泥水化热、绝热升温值、各龄期的收缩变形值，收缩当量温差和弹性模量，计算可能产生的最大温度收缩应力，如不超过混凝土的抗拉设计强度，则表示所采取的防裂措施能有效控制裂纹的出现；如超过则采取调整混凝土的浇筑温度或低水化热温升值，降低内外温差，改善施工操作工艺和混凝土性能，提高抗拉强度和改善约束等技术措施重新计算应力在允许范围以内为止。

混凝土收缩应力的计算公式如下：

(1)混凝土强度随时间增长的强度 $R(n)$

$$R(n)=\frac{R(28)\lg n}{\lg 28}$$

式中：$R(n)$，$R(28)$——nd、28d 龄期混凝土的抗压强度，MPa。

(2)水化热绝热温度及最大水化热绝热温度 $T(t)$(℃)

混凝土的水化热绝热温升值，一般按下式计算：

$$T(t)=m_c Q/c\cdot\rho(1-e^{-mt})$$

式中：$T(t)$——浇完一段时间，混凝土的绝热升温值，℃；

m_c——每立方米混凝土水泥用量，kg/m^3；

Q——水泥水化热量，J/kg；

c——混凝土的比热，一般取 0.92～1.00，取 0.96J/kg·K；

ρ——混凝土的质量密度，取 2 400kg/m^3；

e——常数，2.718；

m——与水泥品种，浇捣时与温度有关的经验系数，一般为 0.2～0.4；

t——混凝土浇筑后至计算时的天数，d。

实际结构外表是散热的，证算值为安全。

(3)各龄期混凝土收缩变形值 $\varepsilon_y(t)$

各龄期混凝土的收缩变形值 $\varepsilon_y(t)$随许多具体条件和因素的差异而变化，一般可按下列指数函数表达式计算：

$$\varepsilon_y(t)=\varepsilon^{\circ}{}_y(1-e^{-0.01t})\times M_1\times M_2\times M_3\times\cdots\times M_n$$

式中：$\varepsilon^{\circ}{}_y$——标准状态下的最终收缩值(即极限收缩值)，取 3.24×10^{-4}；

$M_1\times M_2\times M_3\times\cdots\times M_n$——考虑各种非标准条件的修正系数；

$\varepsilon_y(t)$——各龄期混凝土的收缩相对变形值；

t——混凝土浇筑后至计算时的天数，d；

e——常数,为 2.718。

(4)混凝土收缩当量温差 $T_y(t)$

混凝土的收缩变形换成当量温差按下式计算:

$$T_y(t) = \varepsilon_y(t)/\alpha$$

式中:$T_y(t)$——各龄期(d)混凝土收缩当量温差,℃,负号表示降温;

$\varepsilon_y(t)$——各龄期混凝土的收缩相对变形值;

α——混凝土的线膨胀系数,取 1.0×10^{-5}。

(5)各龄期混凝土弹性模量 $E(t)$

$$E(t) = E_c(1 - e^{-0.09t})$$

式中:$E(t)$——混凝土从浇筑后至计算时的弹性模量,MPa;计算温度应力时,一般取平均值;

E_c——混凝土的最终弹性模量 MPa,可近似取 28d 的弹性模量;

e——常数,2.718;

t——混凝土浇筑后至计算时的天数,d。

(6)混凝土的最大综合温差 ΔT

$$\Delta T = T_0 + 2/3T(t) + T_y(t) - T_h$$

式中:ΔT——混凝土的最大综合温差,℃,如为负则为降温;

T_0——混凝土的入模温度,℃;

$T(t)$——浇完一段时间,混凝土的绝热升温值,℃;

$T_y(t)$——各龄期(d)混凝土收缩当量温差,℃,负号表示降温;

T_h——混凝土的浇筑后达到稳定时的温度,一般根据历年气象资料取当年平均气温,℃。

(7)露天养护混凝土降温收缩应力 ΔT

$$\Delta T = T_0 + 2/3T(t) + T_y(t) - T_h$$

式中:ΔT——混凝土的最大综合温差,℃,如为负则为降温;

T_0——混凝土的入模温度,℃;

$T(t)$——浇完一段时间,混凝土的绝热升温值,℃;

$T_y(t)$——各龄期(d)混凝土收缩当量温差,℃,负号表示降温;

T_h——月平均最低气温。

(8)混凝土最大降温收缩应力 ζ_1

$$\zeta_1 = -E(t)\cdot\alpha\cdot\Delta T/(1-\upsilon)\cdot S(t)\cdot R$$

式中:ζ_1——混凝土的温度(包括收缩)应力,MPa;

$E(t)$——混凝土从浇筑后至计算时的弹性模量,MPa;计算温度应力时,一般取平均值;

α——混凝土的线膨胀系数,取 1.0×10^{-5};

ΔT——混凝土的最大综合温差,℃,如为负则为降温;

υ——混凝土的泊松比,可采用 0.15~0.20;

$S(t)$——考虑变影响的松弛系数,一般取 0.3~0.5;

R——混凝土的外约束系数,当为岩石地基时,$R=0$;一般基地取 0.25~0.50。

(9)C30 混凝土设计抗拉强度 $R(n)$

$$R(n) = R(28)\lg n/\lg 28$$

式中:$R(n)$——nd 龄期混凝土的抗拉强度,MPa;

$R(28)$——28d 龄期混凝土的抗拉强度,MPa;

lg28、lg$n$——28d 和 $n(n \not< 3)$的常用对数。

(10)安全度 K

$$K=1.15$$

经过计算，混凝土的各个龄期的混凝土最大温度收缩应力均小于 C30 混凝土对应各龄期混凝土设计抗拉强度，安全度 K 均大于 1.15，温差产生的应力小于混凝土随龄期自身产生的应力值，可以不采用冷却水管及散热水管施工措施。

5 现场大体积高性能混凝土内部温度实测

(1)探头布置要能够如实反映大体积混凝土在不同、关键部位的温度情况。布置原则：能够反映混凝土内部与混凝土表面温度，能够反映混凝土表面与环境温差。根据施工温度控制的需要，在承台内部具有代表性的不同部位埋设了 9 个测温探头，并对每一个测温探头进行了编号，测温探头的具体埋设位置如图 1 所示。

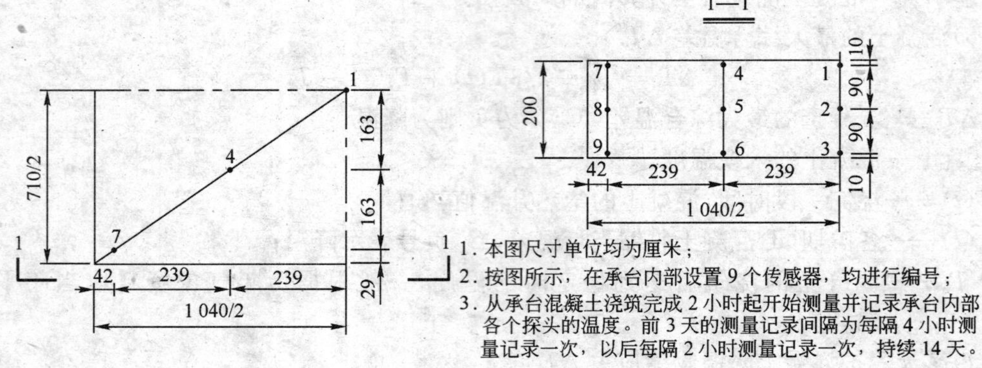

图 1 $\frac{1}{4}$承台内控头平面布置图

(2)现场实测的温度表如表 3 所示。

混凝土内部实测温度表(平均温度：℃) 表 3

时间	1号	2号	3号	4号	5号	6号	7号	8号	9号	环境温度(℃)	混凝土表面与环境温差(℃)	混凝土内部与混凝土表面(℃)
4月15日	18.0	30.9	25.0	18.4	30.8	24.7	17.6	30.7	24.6	16.0	2.0	12.9
4月16日	19.4	38.9	32.4	20.0	38.8	32.0	19.4	38.5	31.8	14.0	5.4	19.5
4月17日	22.5	42.2	34.7	22.8	44.3	34.1	22.1	44.2	33.9	19.0	3.5	19.7
4月18日	27.6	46.8	34.2	28.2	46.5	34.2	28.0	46.5	33.6	17.0	10.6	19.2
4月19日	29.4	48.2	35.8	29.8	48.0	35.4	29.6	47.3	34.9	21.0	8.4	18.8
4月20日	30.2	49.3	37.1	30.8	49.1	37.1	30.6	48.8	36.3	18.0	12.2	19.1
4月21日	34.9	51.0	45.4	35.4	50.9	45.1	34.6	50.0	44.7	16.0	18.9	16.1
4月22日	34.0	49.0	43.5	34.6	49.0	43.1	34.5	48.2	42.3	19.0	15.0	15.0
4月23日	33.5	48.7	44.8	33.6	48.5	44.8	33.6	48.0	44.1	18.0	15.5	15.2
4月24日	32.0	48.2	40.6	32.5	48.2	40.5	32.1	47.5	40.1	19.0	13.0	16.2
4月25日	31.4	46.0	40.3	31.4	46.0	40.1	30.6	45.9	39.6	22.0	9.4	14.6
4月26日	30.8	45.8	40.8	31.1	45.7	40.7	31.0	44.9	40.3	24.0	6.8	15.0
4月27日	29.7	43.4	36.4	30.4	43.3	36.4	30.2	43.2	35.5	20.0	9.7	13.7
4月28日	28.7	42.5	38.2	29.1	42.4	37.8	28.4	41.5	37.6	17.0	11.7	13.8
4月29日	24.5	40.7	36.2	24.5	40.3	36.2	23.9	40.2	35.5	18.0	6.5	16.2

(3)实测温度曲线走向图如图 2～图 4 所示。

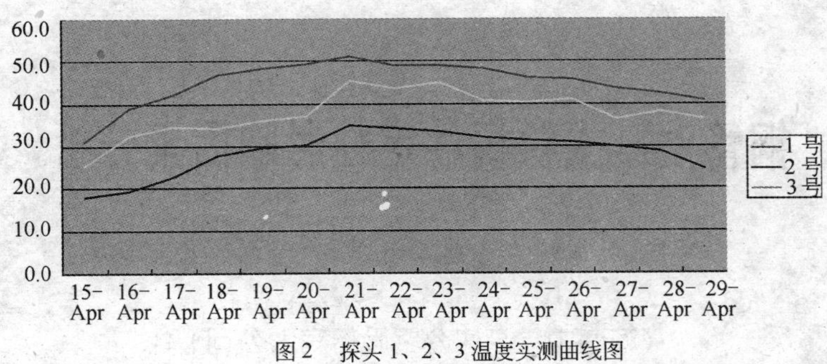

图 2 探头 1、2、3 温度实测曲线图

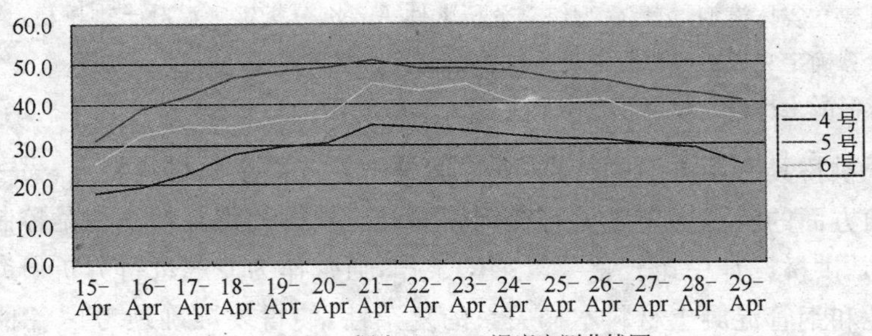

图 3 探头 4、5、6 温度实测曲线图

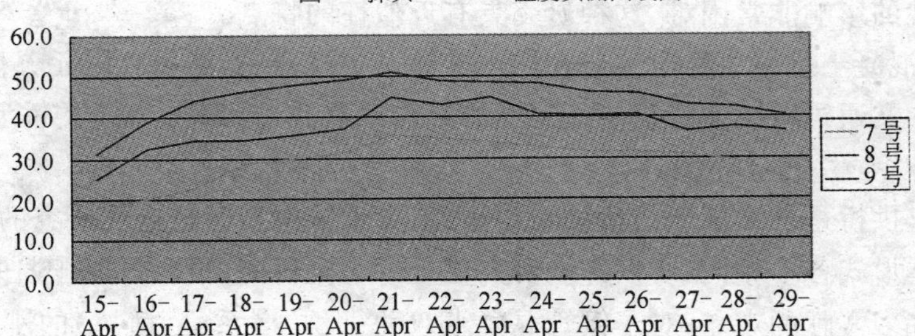

图 4 探头 7、8、9 温度实测曲线图

从现场实测的温度表来看，混凝土的表面与环境温差、混凝土内部与混凝土表面温差均小于 20℃，满足施工规范要求；同时从实测温度曲线走向图来看，混凝土的水化反应在第 7d 时达到最高峰，以后混凝土的内部温度逐渐下降平稳。结合计算，可以不采用冷却水管等降温措施采用上述施工工艺能够有效温度裂纹的产生。

6 结语

通过以上分析计算，实践证明采用合理的配合比和良好的施工养护，能够有效地控制混凝土的收缩裂纹，混凝土的密实性、耐节性等各种性能指标能够满足设计要求。采用此种方法施工也带来较好的经济效益，使得施工成本大幅度降低，同时也推进了施工进度，取得了良好的经济和社会效益，为我国的大体积混凝土施工提供了宝贵的经验。

钢管混凝土拱桥稳定性影响因素分析

赵新征

（河南中原高速公路股份有限公司）

摘　要　通过建立实体模型，运用大型综合分析软件 Ansys 分析钢管混凝土拱桥稳定性的影响因素，经过计算确定它们对于钢管混凝土拱桥稳定性的影响程度。

关键词　钢管混凝土拱桥　稳定性　刚度

钢管混凝土拱桥具有两方面的特点：一方面是钢管混凝土的材料特点；另一方面是拱桥的结构特点。这两方面的特点决定了大跨径钢管混凝土拱桥的稳定性往往是控制设计的主要因素，稳定性分析是拱桥设计中比较重要复杂的工作，通常作为专题进行分析研究。由于拱桥稳定理论的复杂性和钢管混凝土材料本构关系的复杂性，使得要准确地考虑各种因素对钢管混凝土拱桥稳定性的影响非常困难，这种研究具有近似性的特点。

目前，钢管混凝土拱桥的稳定性研究往往是针对实桥开展，采用有限元分析方法或通过模型实验方法。本文通过对某大桥整体稳定性的影响因素作些探讨，为同类桥型的优化设计提供参考。

钢管混凝土拱桥是一种新型的桥梁结构型式，关于该桥型的稳定性研究的文献较多，但由于该桥型的具体形式各不相同，所以许多研究也是针对实桥的，难以形成普遍的理论。但根据拱桥的理论和许多文献的观点，对于钢管混凝土双肋拱桥，横系梁（横撑）的刚度及布置形式、主拱圈刚度、桥面刚度和吊杆非保向力、拱脚支承条件等均对整体稳定性有较大影响，所以将这些因素列为本文研究的主要对象。

1　横撑的布置形式及刚度的影响

对于中下承式拱桥，特别是大跨径的肋拱桥，其横向稳定问题很突出，横撑对横向稳定的影响是不容忽视的。上承式肋拱可采用多肋结构，通常布置成等间距的径向横撑（或横系梁），其横向稳定主要取决于整桥的宽跨比。对于中下承式拱，横向联系的布置受到行车空间的限制，因此靠桥面一节的横撑间距较大，拱顶附近则可以密些，这种不等间距的问题随矢跨比的减小而突出。同时横撑布置过密时，行车空间的压抑感则增加，这个问题在国外的一些大跨径钢拱桥中十分突出。因此，横向联系布置既要能满足横向稳定要求，又要简捷美观，当然简捷美观通常也就显得经济。不过，一般情况下钢管混凝土拱桥的横向联系既不像钢桁拱那样杆件众多，构造复杂，也不像钢筋混凝土结构那样体量较大，显得笨重。从使用效果来看，钢管混凝土拱桥的横向联系只要处理得好，一般不会给行车造成压抑感。横撑可采用径向布置（与拱轴线垂直）或竖直平行布置（与水平面垂直），还可以是切向布置（与拱轴线近似平行）。但是在靠近拱顶处将横撑布置成径向（在拱顶处纵向也是竖直）、在其他地方按切向布置效果较好。这是因为拱肋横向失稳向面外侧倾时，拱顶处的横撑主要承受拱肋的扭转变形（横撑承受竖向弯矩），采用竖向布置的横撑增强了对拱肋在拱顶处的扭转变形的约束，能提高拱的面外稳定性。在1/4附近拱肋侧倾时横撑要承受拱肋的相对错动，对横撑是横向弯矩，因此采用切向布置（K形撑）对约束拱肋的相对错动有较大的作用。该桥在拱肋和桥面交汇处，采用了固定横梁的形式，即横梁和拱肋固结，这样既能承受桥面荷载产生的竖向弯矩，又能起横撑作用的承担拱肋水平失稳时产生的横向弯矩。

变截面板拱的截面变化形式有两种：一种是变高度，另一种是变宽度。前者主要是加强拱脚的面内抗弯能力，后者则主要加强拱的横向稳定性。但对于超静定拱，无论是变高度还是变宽度，刚度的变化均会引起内力的改变，刚度大的地方内力也大，所以变截面拱在提高某些截面的抵抗能力的同时，也提高了该处的内力值（当然后者的提高幅度应比前者小，否则变截面就失去了意义）。对于肋拱，变高度引起的内力变化规律同板拱，但横撑起的作用就是使拱肋横向刚度大大增加，但是拱肋的自重没有明显提高，同时内力的增加比板拱的要小得多，所以横撑对增加拱肋横向刚度方面是十分经济合理的。

现针对某大桥横撑的变化，讨论横撑形式对稳定性的影响。拱桥的横向联系是其横向稳定的重要影响因素，这里认为其横向联系能保证拱肋在整体失稳之前不发生局部失稳，即仅讨论整体横向失稳问题。

为了讨论横撑不同布置形式对钢管混凝土拱桥横向稳定性的影响，我们在原模型基础上作适当的修改，修改后模型的风撑布置形式如图1～图3所示。模型4去掉了所有的横撑，如图1所示；模型5是在原模型的基础上，在拱顶设置一道一字横撑，如图2所示；模型6设置了三道一字横撑，如图3所示；模型7和模型8是在不考虑净空的情况下，在原模型的基础上设置了五道横撑，其中模型7横撑为全一字型，模型8两边为两道K形横撑，如图4和图5所示。

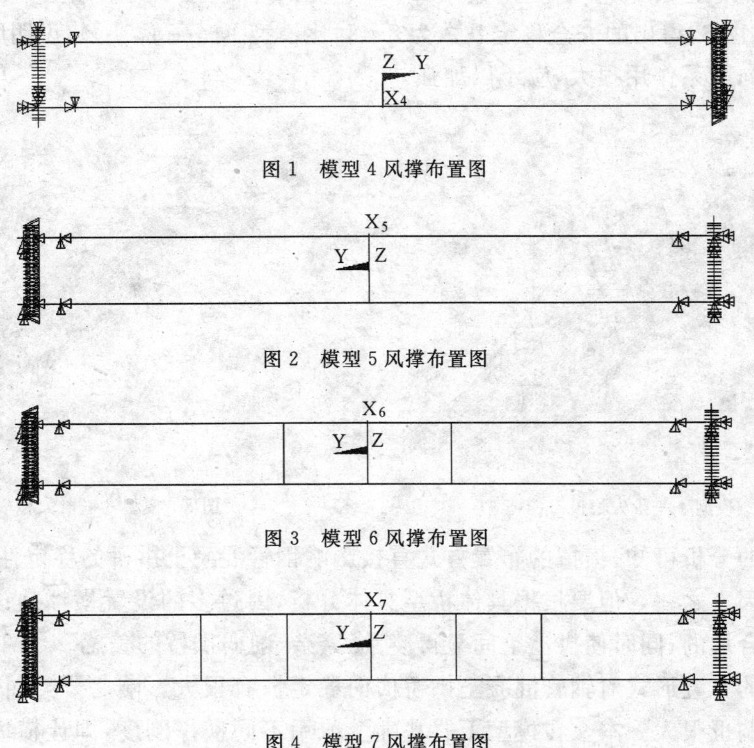

图1　模型4风撑布置图

图2　模型5风撑布置图

图3　模型6风撑布置图

图4　模型7风撑布置图

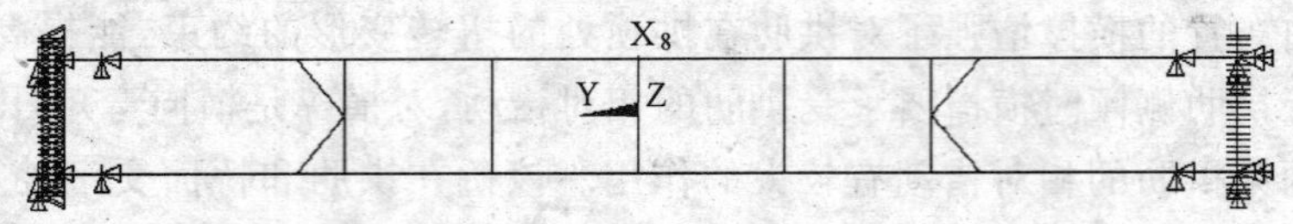

图 5　模型 8 风撑布置图

现比较这五种模型在工况 2 作用下的稳定安全系数，模型 4 的稳定安全系数 $\lambda_4=2.41$，模型 5 的稳定安全系数 $\lambda_5=3.68$，模型 6 稳定安全系数 $\lambda_6=5.01$，模型 7 的稳定安全系数 $\lambda_7=7.90$，模型 8 的稳定安全系数 $\lambda_8=8.46$，其失稳模态均为面外失稳。

图 6 为不同风撑布置形式对稳定系数的影响图。

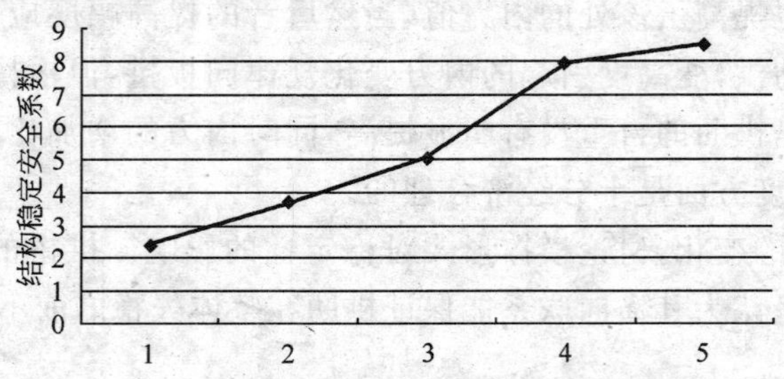

图 6　不同风撑布置形式对稳定系数的影响图

模型 4 因为没有设置横撑，结构稳定安全系数极小，结构失稳形式为面外半波失稳如图 7；模型 5 在拱顶设置了一道横撑，计算出来的稳定系数有了一定的提高，这说明设置横撑是提高拱桥横向稳定性的有效办法；模型 7 和模型 8 不同之处在于模型 8 两边是 K 形横撑，模型 8 的稳定安全系数比模型 7 的提高了 10%左右，因此在 1/4 附近拱肋处采用切向布置的 K 形横撑，能大大提高其稳定系数；原桥模型 I 本来设置了四道横撑，拱顶附近为两道一字型，两边为两道 K 形横撑，模型 I 的安全稳定系数 $\lambda=7.17$，模型 8 在模型 I 的基础上增加了拱顶一字横撑，失稳模态如图 8，得出的安全稳定系数为 8.46，比模型 I 提高了 18%，说明肋拱的横向联系中拱顶处的横向联系作用很大，应予以加强。

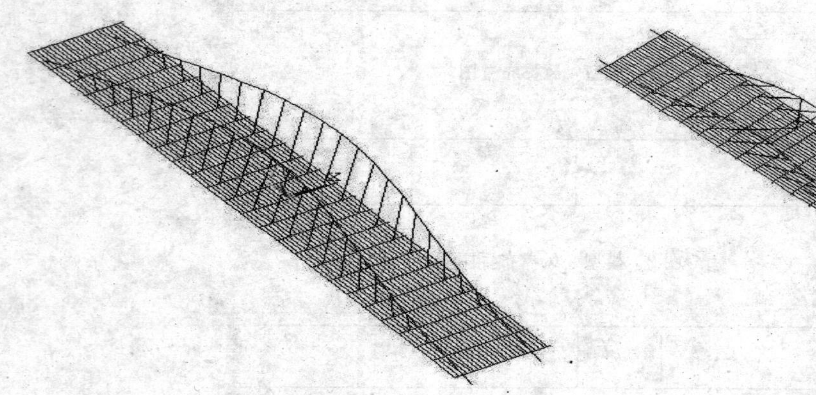

图 7　模型 4 一阶失稳模态图

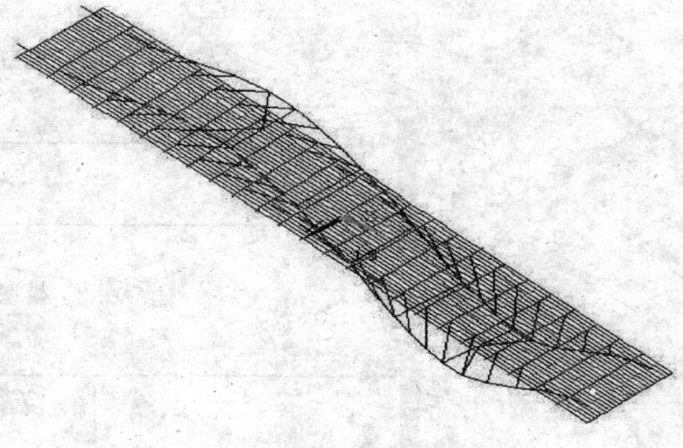

图 8　模型 8 一阶失稳模态图

根据上面的分析可知，横撑的布置方式直接影响钢管混凝土拱桥的稳定性，是在设计中必须重点考虑的因素之一。但要根据具体桥型具体分析，因过多的设置横撑从设计和施工的角度来讲都是不合理的；同时使拱上空间显得凌乱、繁杂，削弱拱桥的美感。

除了横撑的布置形式对钢管混凝土拱桥横向稳定性有很大影响之外，横撑的刚度对钢管拱稳定性的影响也很大。本文在模型 I 的基础上取用不同横撑刚度，即让横撑的抗弯和抗扭刚度同时乘以相应的倍数，分别建立不同的有限元模型。计算在工况 2 作用下结构的稳定安全系数如表 1 所示。

横撑刚度对稳定安全系数 λ 的影响　　表 1

横撑刚度的倍数	0.1	0.5	0.7	0.8	1.0	2.0	4.0	6.0	8.0	10	15
λ	5.89	6.54	7.23	6.83	7.17	7.39	7.65	7.78	7.90	6.68	6.23

由表 1 和图 9 可知，横撑的抗扭和抗弯刚度在减小到原刚度的 0.7 倍之前，结构的稳定系数是呈降低趋势，但是到了原刚度 0.7 倍时，结构的稳定安全系数还略有提高；而横撑刚度提高 10 倍时，结构的稳定安全系数由上升趋势转为下降趋势，稳定系数还略有降低，其原因是由于横撑自重产生的弯矩对整体稳定性的不利影响大于其刚度提高对整体稳定性有利影响的缘故。

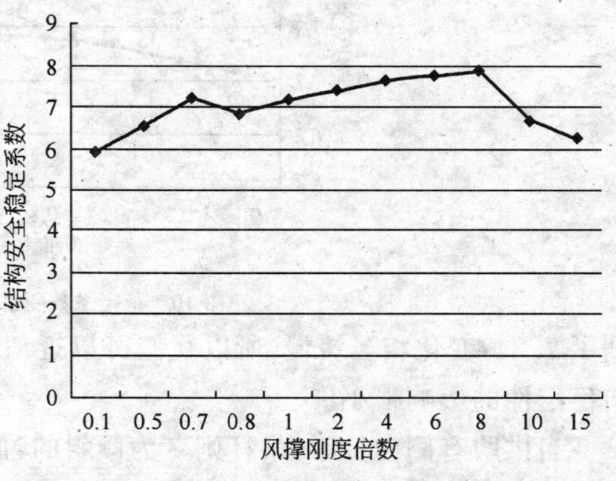

图 9　风撑刚度变化对稳定系数 λ 的影响图

拱梁组合体系在空间是一个空腹桁架结构，具有较大的侧向稳定性，加大横梁和横撑的刚度，对整体稳定性有利但影响不大，而其自重产生的弯矩会降低侧向稳定性，因此横梁与横撑的刚度不可盲目加大，横撑应注意布置形式。

综合以上分析结果，对于钢管混凝土肋拱桥的横撑设置需要注意以下几个要点：

(1)横撑的布置形式和横撑的刚度均会影响到双肋拱的整体稳定性，其中横撑的布置形式对拱桥的横向稳定性影响更为显著。

(2)在一般情况下，肋拱桥横撑布置形式对桥梁侧向稳定性的影响大于肋拱及横撑刚度变化的影响。

(3)拱肋的侧向抗弯刚度对桥梁侧向稳定性的影响较其他两个方向显著；对于横撑在拱顶区域竖向抗弯刚度影响较大，对于其他区域则侧向刚度也有较大影响。

(4)拱顶或拱顶附近的横撑对约束拱肋的扭转和拱顶的位置效果较为显著。

(5)K 撑或 X 撑对拱桥的侧向稳定性贡献较大，因此对中承式拱在桥面以下应尽量采用，在桥面以上可根据实际需要选用。

2　桥面刚度及吊杆非保向力的影响

某大桥主梁采用的是预制钢筋混凝土槽型板，其目的是在满足抗弯抗扭的前提下，自重减轻很大，对桥的稳定性是很有利的。桥面系通过与吊杆固结和拱肋组成空间刚性拱梁组合体系，共同参与结构受力，并直接影响结构的横向稳定问题，所以桥面系的刚度取值(对拱桥稳定而言影响最大的主要是抗扭刚度)也将影响到钢管混凝土拱桥的稳定。图 10 为稳定系数随桥面板抗扭刚度 GJ 变化图。

表 2 给出了在工况 2 作用下，桥面的抗扭刚度 GJ 与安全系数 λ 的关系。

抗扭刚度 GJ 与安全系数 λ 的关系　　表 2

GJ 的倍数	0.1	0.3	0.6	0.8	1	1.5	2.0	3.0	4.0	5.0
λ	7.02	7.07	7.13	7.16	7.17	7.22	7.46	7.52	7.66	7.84

从表 2 和图 10 我们可以看出，虽然钢管混凝土拱桥的稳定安全系数随桥面板抗扭刚度抗扭刚度的增加而增加，但是当桥面板的抗扭刚度从 0.1 倍增加到 5 倍时，λ 只是从 7.02 增加

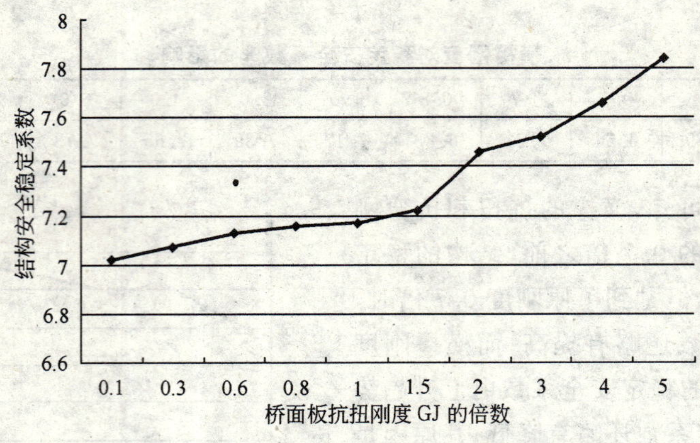

图 10　稳定系数随桥面板抗扭刚度 GJ 变化图

到了 7.84，变化相当缓慢，所以我们可以近似地认为桥面板的抗扭刚度对钢管混凝土拱桥横向稳定性的影响很小。

当拱肋有侧向位时，吊杆则变为倾斜的，而拱肋上的所有点将在以桥面边线中心、以吊杆的长度为半径的圆弧上移动。相对于拱肋，假定桥面是完全刚性的，能制止桥面系边线的侧向移动，假定吊杆是不可拉伸的且没有抗弯刚度，这样吊杆拉力对下弦桥面系产生了一个向外的水平分力，使之发生侧向弯曲变形，由此对拱肋产生了一个水平分力。这个恢复力相当于一个侧向的水平弹性支承，也就是所谓"非保向力效应"。某大桥的拱脚与拱座为固结，无强大的纵梁，所以采用柔性吊杆，它也存在着非保向力效应，但非保向力的效果要视桥面的横向刚度而定。当桥面系仅靠桥面板作为纵向连接和横向刚度的来源时，桥面系的刚度较弱，拱肋横移时，桥面系也会随之横移，非保向力就比较小。但某大桥采用桥面板与吊杆横梁固结方式，保证了桥面系的整体性，增加了桥面系的横向刚度。

模型 9 将桥面系和吊杆去掉，只保留裸拱结构（图 11），将桥面系上的恒载及二期活载加在吊杆与拱相连的节点位置。与模型 I 相比，在工况 1 作用下，安全系数 λ 降低了 20%，在工况 2 作用下，安全系数 λ 降低了 32%，可见吊杆非保向力效应对本桥的稳定性影响很大。

吊杆非保向力效应不仅影响该桥的稳定系数，同时也对失稳的模态有影响。图 12 和图 13 为模型 9 在工况 2 作用下的第一阶失稳模态及模型 I 在工况 2 作用下的第一阶失稳模态。从图 12 可以看出，在没有吊杆非保向力作用时，结构失稳模态是面外半波失稳，而图 13 显示的是有吊杆非保向力作用时，失稳模态为 S 形面外单波失稳，两拱肋的横向变形截然不同。

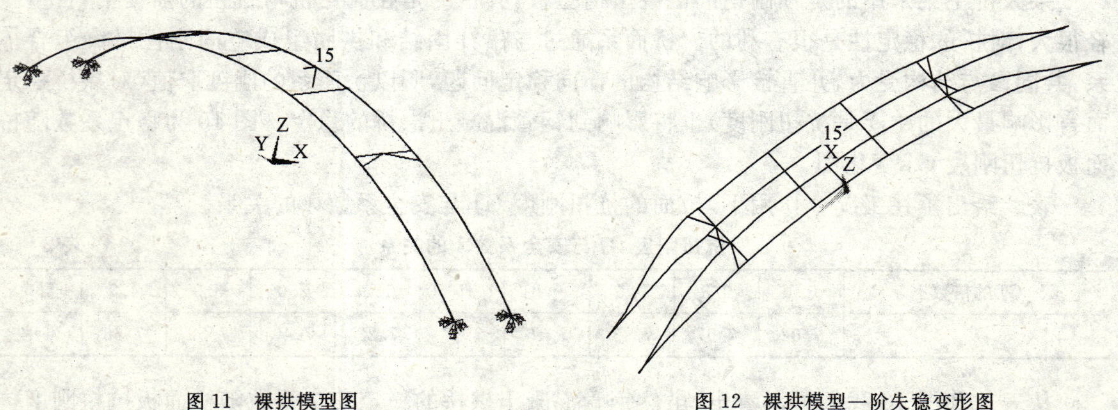

图 11　裸拱模型图

图 12　裸拱模型一阶失稳变形图

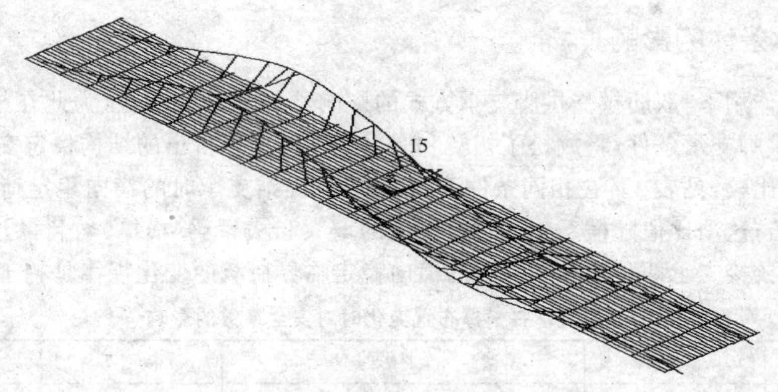

图 13　模型 I 一阶失稳变形图

吊杆非保向力效应对结构失稳模态的影响，说明双肋式钢管混凝土拱桥，能通过吊杆的纵向或横向斜度来提高桥面系纵横向的刚度。特别是在无风撑的情况下，由于吊杆非保向力效应致使两边拱肋位移相差很大，在对该桥型运营阶段监控时，更要高度重视。

吊杆非保向力效应与桥面横向刚度有关，但采用桥面板与吊杆横梁固结方式，保证了桥面系的整体性，增加了桥面系的横向刚度，使得吊杆的非保向力作用得到了充分的发挥。

3　拱肋刚度的影响

对于空间体系的拱肋而言，存在着抗扭刚度 I_x、竖向抗弯刚度 I_y 和侧向抗弯刚度 I_z，该桥结合跨径大的特点，采用了平面桁架拱肋，其横向抗弯刚度较小，而面内抗弯刚度相对较大。在考虑拱肋自身刚度的影响时，将拱肋的横向刚度设为定值，即只改变弦杆的刚度。表 3 中为本桥工况 2 作用下的安全稳定系数 λ 随主拱圈刚度 EI 变化的取值。

弦杆刚度对安全系数的影响　　表 3

EI 的倍数	0.1	0.3	0.6	0.8	1	1.5	2.0	3.0	4.0	5.0
λ	1.12	2.65	3.27	5.53	7.17	10.5	12.5	15.8	17.6	18.5
失稳模态	面内失稳				面外失稳					

通过对主拱圈取不同刚度值来计算结构的稳定安全系数，由图 14 可知，当拱肋面内刚度相对较大时，拱会发生面外失稳，此时拱肋面内刚度的继续增大对拱的横向稳定性影响不大，曲线趋于平行；而拱肋面内刚度减小至一定值时，由于拱的面内刚度小于面外刚度，拱会发生面内失稳，此时拱肋面内刚度的变化对拱的整体稳定性影响较大。

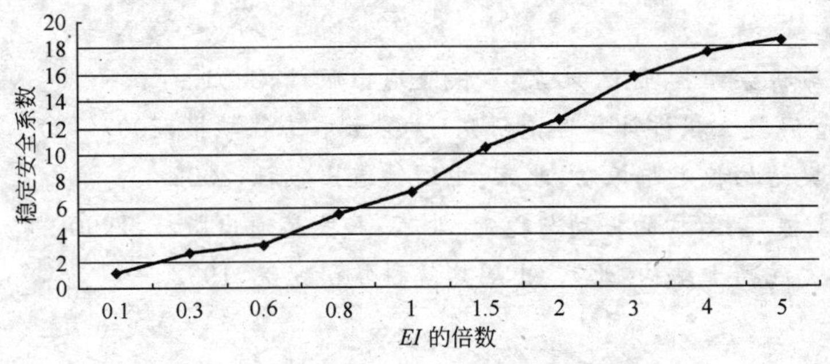

图 14　稳定系数随拱肋 EI 变化图

4 拱脚支承条件的影响

在保向力作用下，双肋拱受拱脚支承方式的影响不如单肋拱明显，为此在模型 4～8 的基础上，修改了拱脚支承条件，将放松了扭转和竖向转动约束后得出的结构稳定安全系数与固结支承下的进行比较，见表 4。在相同条件下，双肋拱在固结支承时的横向稳定荷载约为铰接支承时的 1～3 倍，这项比值随横系梁（横撑）刚度的增大和横系梁（横撑）数目的增加而减小，双肋拱在固结和铰接支承两种边界条件下的横向稳定临界荷载的变化规律是趋于一致的。

拱脚支承在横撑布置变化时对安全系数的影响 表 4

支承状态	模型 4	模型 5	模型 6	模型 7	模型 8
拱脚铰接 λ_i	0.70	1.11	1.75	4.07	6.36
拱脚固结 λ_j	2.41	3.68	5.01	7.90	8.46
λ_j/λ_i	3.45	3.33	2.86	1.94	1.33

5 结语

本文对某大桥整体稳定性的影响因素进行了探讨，经过比较分析，横撑的布置形式和横撑的刚度均会影响到双肋拱的整体稳定性，其中横撑的布置形式对拱桥的横向稳定性影响更为显著，拱顶或拱顶附近的横撑对约束拱肋的扭转和拱顶的位置效果较为显著，K 撑或 X 撑对拱桥的侧向稳定性贡献较大，因此对中承式拱在桥面以下应尽量采用，在桥面以上可根据实际需要选用。虽然钢管混凝土拱桥的稳定安全系数随桥面板抗扭刚度的增加而增加，但是变化相当缓慢，所以我们可以近似地认为桥面板的抗扭刚度对钢管混凝土拱桥横向稳定性的影响很小。吊杆非保向力效应对结构失稳模态的影响，说明双肋式钢管混凝土拱桥，能通过吊杆的纵向或横向斜度来提高桥面系纵横向的刚度。特别是在无风撑的情况下，由于吊杆非保向力效应致使两边拱肋位移相差很大，在对该桥型运营阶段监控时，更要高度重视。通过对主拱圈取不同刚度值来计算分析，可知全桥稳定安全系数随着主拱圈刚度的增大而增大，当拱肋面内刚度相对较大时，拱会发生面外失稳，此时拱肋面内刚度的继续增大对拱的横向稳定性影响不大，而拱肋面内刚度减小至一定值时，由于拱的面内刚度小于面外刚度，拱会发生面内失稳，此时拱肋面内刚度的变化对拱的整体稳定性影响较大。双肋拱受拱脚支承方式的影响没有单肋拱明显，这项比值随横系梁（横撑）刚度的增大和横系梁（横撑）数目的增加而减小，双肋拱在固结和铰接支承两种边界条件下的横向稳定临界荷载的变化规律是趋于一致的。

参考文献

[1] 项海帆. 高等桥梁结构理论. 北京：人民交通出版社，2001.
[2] 陈宝春. 钢管混凝土拱桥计算理论研究进展. 土木工程学报，2003(12).
[3] 李国豪. 桥梁结构稳定与振动. 北京：中国铁道出版社，2002.
[4] 项海帆，刘光栋. 拱结构的振动与稳定. 北京：人民交通出版社，1990.
[5] 蔡绍怀. 钢管混凝土结构. 北京：中国建筑科学研究院，1992.

拱形天桥静载试验研究

张占锋
（河南中原高速公路股份有限公司）

摘　要　随着交通事业的发展，许多大型、新颖桥梁不断涌现的同时，也有大量旧桥超过服役年龄。为了确保旧桥梁的正常运行，需要对其进行检测和安全评估，而结构静载试验作为结构评价的有效手段在实际中广泛应用。本文通过对郑州市某过街天桥实桥调查与理论计算，确定静载试验测试截面、等效荷载[1]；测试、分析各截面在各级试验荷载作用下的挠度、应力，评价了其安全性能。

关键词　过街天桥　静载试验[2]　等效荷载

1　工程概况

郑州某过街天桥建成于19世纪80年代，该桥跨距36.05m、宽为4.0m，上部结构为钢结构弓形梁，梁截面为16Mn钢焊接矩形空心截面；下部结构桥台为灌注混凝土钢管单柱桩，柱桩径为1.1m；桥台分别与两边钢结构双向人行梯坡相连；人行道是通过在下弦梁横向焊接杆件上铺设8mm钢板和在该钢板上铺装8cm厚的混凝土形成；护手由间距为0.2m的钢筋支撑薄壁不锈钢管组成；按照城市人行天桥设计规范，该桥设计荷载4.2kN/m。

本文通过实桥调查与理论计算，确定主桥的测试截面；测定各截面在各级试验荷载作用下的挠度、应力，评价其安全性能。

2　理论分析

郑州某过街天桥桥型立面图如图1所示，图中标注为主梁上应力测试截面位置。本文对该桥理论分析计算采用有限元方法，同时应用ANSYS9.0、Midas6.11、结构力学求解器进行计算校核，三者的计算结果差别较小。

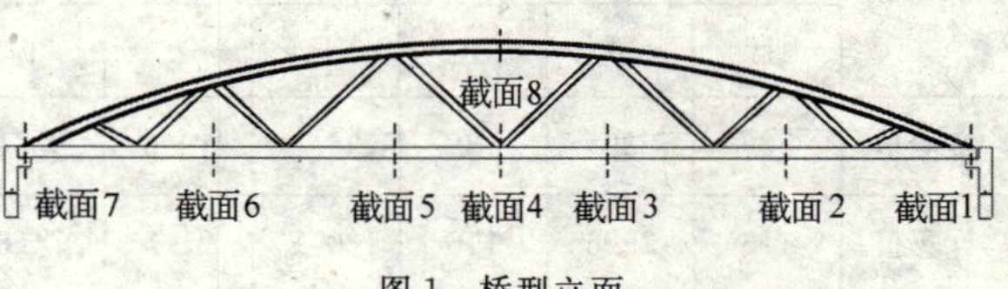

图1　桥型立面

3　静载试验

桥梁静载试验的目的主要是通过测量桥梁结构在静力试验荷载作用下的内力、变形，从而确定桥梁结构的实际工作性能是否与设计期望值相符，静载试验是验证桥梁刚度、强度的有效方法。

本文通过对该桥结构内力分析及测试截面内力和位移分析，利用等效荷载的原则，并考虑到旧桥的可能承载能力不足，拟采用30t重物分级加载，具体加载位置及测试截面如图2所示。

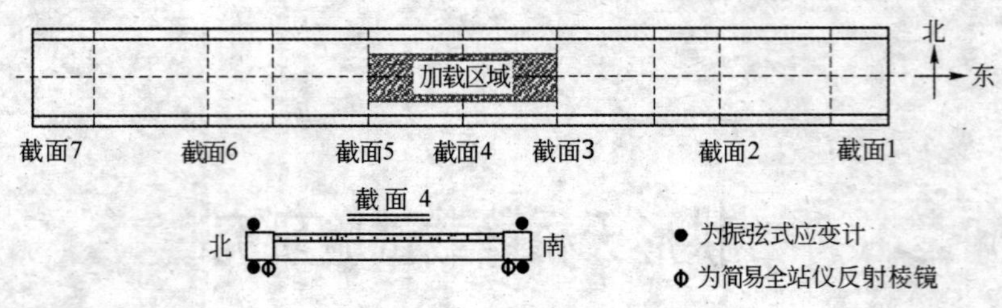

图 2 测试截面平面布置

4 静载试验结果分析

4.1 应力分析

该桥静载时，应力实测值与理论值并不一致，当加载到 23.5t 时，截面 3、5 南北下缘所受应力与截面 4 上缘应力变化情况相同，都是应力突然增大，而截面 8(拱顶)北侧下缘应力的增幅度却有减小的趋势(图 3)，这说明拱顶北侧下缘钢板的抵抗能力基本达到极限值，其原因为该部位严重锈蚀导致钢板变薄。总之，该桥截面实测结果大于理论值，表明其实际所受应力大于理论计算应力，没有足够的安全储备，这也与结构的实际工作状态基本吻合。表 1 为控制截面的应力校验系数表。

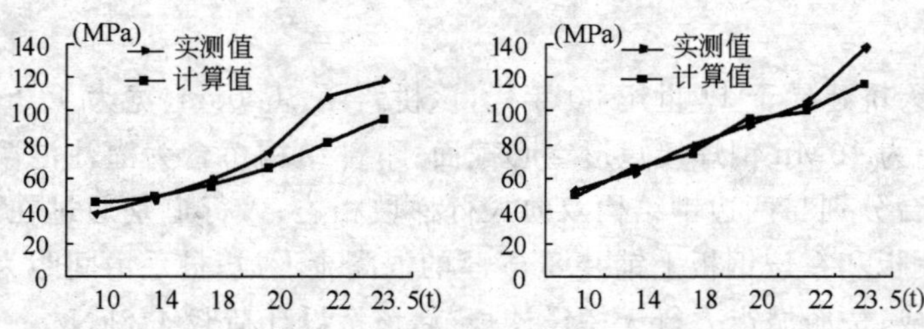

图 3 截面 8 北侧下缘和截面 4 南侧上缘应力变化

控制截面的应力校验系数(单位：MPa) 表 1

参数	截面 4				截面 5				拱顶			
	南		北		南		北		南		北	
	上	下	上	下	上	下	上	下	上	下	上	下
实测值	129	39	138	36.2	19.6	93.4	18.3	98.1	98.1	39	108	36.2
计算值	116	29.6	116	30.1	21.3	74.8	20.6	75.2	85.2	37.2	86	37.6
K	1.12	1.32	1.19	1.2	0.92	1.25	0.89	1.3	1.15	1.05	1.26	0.96

4.2 变形分析

结构变形特征是结构受力情况综合反映，是结构性能试验中最为客观和准确的判据之一，同时，挠度校验系数的大小也直接反映了构件的承载能力，虽然按《公路钢结构及木结构设计规范》(JTJ 025—86)规定，该桥的最大允许挠度为桥长的 $L/800$，即 44.4mm，比实测值大，但是在设计人行荷载的等效荷载作用下，测试截面 3、4、5 挠度均大于理论计算挠度，且其挠度校验系数均大于 1.05，说明主梁的纵向刚度达不到规范要求。表 2 为控制截面的挠度检验系数。

控制截面的挠度校验系数 表2

截 面	7	6	5	4	3	2	1
计算值(mm)	0.0	−12.9	−20.1	−19.2	−20.4	−13.0	0.0
实测值(mm)	−0.51	−11.5	−22.4	−23.1	−21.6	−12.3	−0.32
K	—	0.86	1.09	1.18	1.04	0.92	—

5 结语

本文通过对郑州市某过街天桥的静载试验，并在对大量测试数据进行整理分析的基础上得出以下结论与建议：

(1)该桥在控制荷载时的应力和挠度的实测值比理论值大，表明该桥主梁理论刚度比实际刚度大，其承载能力达不到规范要求。

(2)对特殊结构的桥型做静载试验时，应该先计算，确定该桥的控制截面。

(3)重物加载时应该控制好加载区域，避免偏载。

(4)对旧桥用重物加载的方式做静载试验时，对重物分级的级差应先稍大、后较小，结果要随时计算，以便进行下一步加载试验。

参考文献

[1] 龙驭球，包世华. 结构力学教程[M]. 北京：高等教育出版社，2000.

[2] 谌润水，胡钊芳. 公路桥梁荷载试验[M]. 北京：人民交通出版社，2003.

后张法预应力混凝土桥梁的张拉工艺及关键问题探讨

熊元克

（河南中原高速公路股份有限公司）

摘　要　介绍后张法预应力混凝土桥梁的张拉前期工作、伸长值量测及计算以及张拉工艺及要求，并对张拉中的有关问题进行探讨。

关键词　后张桥梁　张拉工艺　关键问题　探讨

1　引言

当今国内公路、铁路的预应力混凝土桥梁中，除少数先张桥梁外，大部分均是后张法预应力混凝土桥梁。凡是后张桥梁，无论是悬臂梁、连续梁还是简支梁，不管采用什么施工方法，都会涉及到预应力张拉这一重要工序。后张桥梁预应力张拉是待桥梁混凝土达到一定强度和脱模后，在梁体预留孔道中穿入预应力筋，安装锚具，用机械张拉锚固，使预应力筋对梁体施加应力。施加预应力过多或不足都会影响桥梁的质量，必须按设计要求，准确地施加预应力，所以张拉工艺极为关键。后张桥梁的张拉工艺主要是对预应力筋的张拉锚固，桥梁所使用预应力筋和锚具的锚固体系不同，其张拉工艺各不相同。目前常用的有钢绞线或钢丝束夹片锚固体系、钢丝束镦头锚固体系和精轧螺纹钢筋锚固体系。以下结合本人在公路后张桥梁施工中的张拉实践，对低松弛钢绞线夹片锚固体系的张拉前期工作、张拉工艺等予以介绍，并对其张拉中的有关问题进行探讨。

2　张拉前期工作

首先是了解桥梁预施应力的设计情况，理解设计意图，复核设计资料。再根据设计要求进行内业资料编制、料具选购、设备选择及检验标定等工作。主要有以下前期工作。

2.1　张拉控制力计算

根据各钢绞线束的设计控制应力 σ_k(MPa)和截面积 A(mm^2)，进行各钢绞线束的张拉控制力 P(N)计算，即：$P=A\cdot\sigma_k$。

2.2　张拉理论伸长值计算

张拉时，钢束从初始应力至控制应力的理论伸长值 ΔL(mm)，可按下式计算：

$$\Delta L=[2\times(([\sigma_k-\sigma_O]/E_g)\times e^{-u\theta}\times L_1\times[1-e^{-kx}]/kL_1+([\sigma_k-\sigma_O]/E_g)\times L_2\times[1-e^{-u\theta}]/u\theta)+([\sigma_k-\sigma_O]/E_g)\times L_3\times n]\times 10$$

式中：σ_k——张拉时锚下控制应力，MPa；

σ_O——开始计算钢束伸长量时的钢束初始应力，MPa；

E_g——钢绞线弹性模量，MPa；

L_1——钢束在孔道内直线段长度的一半，m；

L_2——钢束在孔道内一端曲线段的长度，m；

L_3——钢束在孔道出口至千斤顶工具锚处的长度，m；

n——张拉端数，即一端或两端张拉；

e——自然对数底，$e=2.71828$；

θ——张拉端钢束弯起角度之和，弧度；

u——钢束与孔道壁间的摩擦系数；

x——张拉端至计算截面的孔道长度，m；

k——孔道对其设计位置的偏差系数。

张拉时，孔道内钢束从 O 至控制应力 σ_k 的理论伸长值 ΔL_k(mm)为：

$$\Delta L_k = (\Delta L - ([\sigma_k - \sigma_O]/E_g) \cdot L_3 \cdot n)/(1-[\sigma_O/\sigma_k])$$

2.3 张拉设备选择

首先选择千斤顶，根据钢束张拉控制力和钢束张拉伸长量选择千斤顶的张拉力和行程。一般选择千斤顶的张拉力为最大控制张拉力的1.5～2.0倍，行程为钢束张拉伸长量加3～5cm。其目的是确保张拉准确、安全，并便于处理滑丝、断丝。选定了千斤顶的额定张拉力和行程，还应考虑锚具的最小设计间距、张拉空间以及锚固体系等，从而确定千斤顶的规格型号及与之配套的锚固限位板。张拉油泵及油压表的选择应与张拉千斤顶配套。根据钢束最大张拉控制力 P(N)和千斤顶油缸活塞受力面积 A_H(mm^2)进行选择，即，$P_u=P/A_H$。

油压表选用最大读数为1.6P_u(MPa)，精度1级，表盘直径不小于150mm，读数分格不大于1MPa，且为防振型。

油泵选用额定油压为1.4P_u(MPa)，油箱容量为张拉千斤顶总输油量的1.5倍以上。

联结油泵和张拉千斤顶的油管选用耐高压耐油橡胶管。

一般选用与OVM或HVM系列锚具，配套的YCW型系列千斤顶及ZB系列油泵。

2.4 千斤顶及油表的校验标定

2.4.1 油压表校验

油压表的校验周期为7d，当油压表首次使用或校验过期或发生故障拆修后，均应进行校验。油压表校正一般用油压试验台，采用标准表比较法。即在油泵出口接一根三通管，分别接上标准表和被校验表，按每2MPa一级逐级升压，分别记录两只表的读数，直到超过最大使用压力为止，依此重复三次取其平均值。则按 K=校验表读数/标准表读数。计算校验系数，校验系数 K 应在被校验表等级最大允许偏差范围内。

2.4.2 千斤顶的校验

千斤顶在使用前或校验期限超过30d或漏油拆修后均应进行校验，千斤顶应与已校验过的油表配套编号进行校验标定。一般采用传感器进行其校验标定。方法是：将千斤顶、传感器压顶筒安装在特制的框架中，安装好油泵、油表，向顶内充油，按油压表每5MPa一级逐级升压，分别记录油压表读数和传感器压力读数，直到超过最大使用压力两个级为止，依此重复三次取其平均值。则每级校验系数等于油表读数×千斤顶活塞面积/传感器压力读数平均值。

若校验系数大于1.05，则该千斤顶不能使用，若小于1.05，则用电脑进行回归分析，求得回归方程($x=ay+b$)中的斜率 a、常数 b，以及相关系数 r。r 越接近1，回归方程的可行性越大。

2.5 张拉油压表读数计算

利用千斤顶与油压表配套校验标定的回归方程进行计算：$x=ay+b$。

式中：x——油表读数，MPa；

y——张拉力，kN；

a、b——方程中的斜率和常数。

2.6 孔道和锚口摩阻力及锚塞回缩预应力损失检测

一般采用已校验标定的张拉设备和两套传感器进行应力损失检测。首先将钢绞线下料穿束，两端再对称依次安装传感器压力筒、锚具、限位板、千斤顶、工具锚。检测时，采用一端张拉，即一端为张拉端，另一端为被动端。

千斤顶升压时，根据张拉端油压表各级读数计算千斤顶拉力，通过传感器测得压力筒的各级压力，两者之差即为锚口摩阻力；张拉端锚固前后传感器所测得的压力筒压力之差即为锚塞回缩预应力损失值；千斤顶升压时，张拉端和被动端通过传感器测得压力筒的各级压力，两者之差即为钢束在整个孔道内的摩阻力。孔道摩阻力由孔道曲率效应和偏差效应两部分组成，可按下式计算：

$$P_2 = P_1 \times e^{-(u\theta + kL)}$$

式中：P_1、P_2——张拉端和被动端孔道口钢束拉力；

L、θ——孔道总长度(m)和孔道总弯起角度(弧度)；

k、u——孔道偏差系数和钢束与孔道壁间的摩擦系数。

根据传感器测得 P_1、P_2 和设计的 L、θ 值，按二元线性回归可求得 k 和 u。

3 张拉实际伸长值的量测及计算方法

钢束张拉时，应先张拉到初始应力 σ_o(一般为控制应力 σ_k 的 10%)，并在千斤顶活塞上，用铅笔做标志线，当升压张拉到控制应力 σ_k 时，在千斤顶活塞上量测伸长值 ΔL_1，实际伸长值除张拉时量测的 ΔL_1 外，还应加上初始应力时的推算伸长值 ΔL_2，并减于钢束从孔道口至工具锚固处的钢束伸长值 ΔL_3 和工具锚具夹片回缩值 δ 以及梁体弹性压缩值 C，即：

$$\Delta L = \Delta L_1 + \Delta L_2 - \Delta L_3 - \delta - C$$

式中：δ——两端外露锚具夹片回缩值之和；

C——梁体在张拉过程中的弹性压缩值；

n——张拉端数(即一端或两端张拉)。

4 张拉工艺及要求

4.1 张拉工艺流程

张拉工艺流程如图 1 所示。

4.2 张拉前检查

张拉前必须进行以下检查，且均符合要求后，方可进行张拉作业。

(1)检查梁体缺陷处理情况，确认不影响张拉质量。

(2)检查梁体混凝土强度和弹性模量，确认符合设计张拉要求。

(3)检查锚具，确认已按照规定检验合格，且无污物。

(4)检查钢绞线确认有技术合格证并已按规定检验合格，且外表无损伤、无扭结油污等。

(5)检查孔道情况，确认无积水和污物。

(6)检查锚垫板平面，确认干净且与孔道轴线垂直。

(7)检查梁体上拱度及弹性压缩测量设施，确认符合要求。

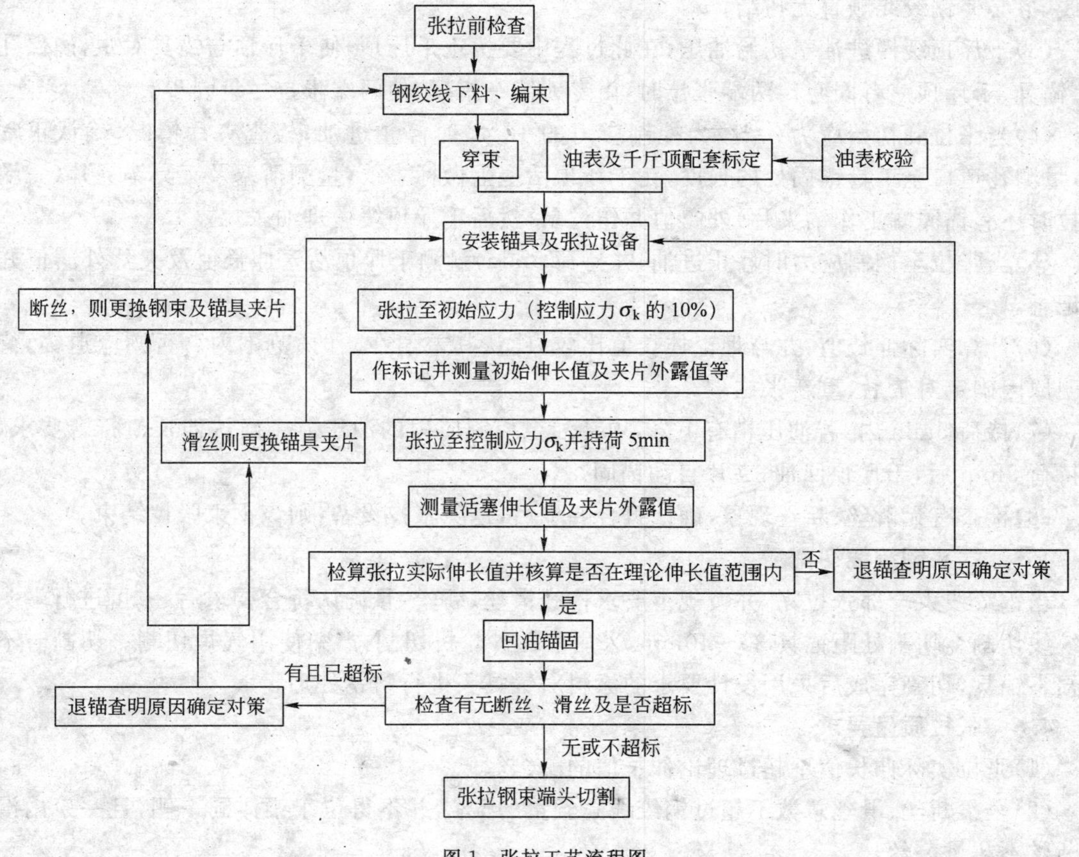

图1　张拉工艺流程图

(8)检查张拉设备,确认运转正常,且千斤顶和油表均已校验标定并在有效期内。

(9)检查张拉油表读数计算,确认正确无误。

4.3　钢绞线下料、编束及穿束

钢绞线下料长度,等于孔道净长加两端的预留长度,其预留长度为锚具长、千斤顶工作长度、工具锚长及钢绞线露出锚具的长度(一般取10～20cm)之和。根据千斤顶和锚具型号而定。一般两端张拉每端取60～120cm。一端张拉的,其锚固端预留长度为锚具长度加3cm。钢绞线的切断应采用砂轮切割机,以保证切口平整。钢绞线下料后应顺直平放。

钢绞线可单根穿入孔道,也可整束同时穿入孔道。采用人工单根穿入时,应按一定的顺序进行,以免钢绞线在孔内出现人为扭结现象。采用卷扬机或滑车利用钢丝绳整束拉入法穿束时,应用带孔眼的梳板进行理顺编束,同时沿长度方向每隔2～3m用铁丝捆扎一道。并在钢束前端安装特制的牵引头,以确保钢束顺利拉入孔道。

4.4　张拉顺序及步骤

为了防止梁体截面受过大的偏心力而导致梁体出现较大的侧弯现象,钢束张拉时,必须对称进行,以梁中线对称左、右钢束之差不得超过一束,并按先中间后两边、先下后上的顺序进行。

根据张拉顺序,按以下步骤及方法进行张拉作业。

(1)检查确认孔道内的钢绞线根数后,安装与之配套的锚板及夹片,并用短钢管套在钢绞线上,沿着钢绞线将夹片敲击整齐,然后安装限位板。

(2)用手拉支架上的倒链滑链吊装千斤顶,使之与孔道中心对位。再安装工具锚,夹紧钢绞线，务必使钢绞线顺直无扭结。

(3)千斤顶缓慢进油至初始油压，在此过程中要拨正千斤顶，使千斤顶与锚具对中，确保孔道、锚具、千斤顶三者同心。两端张拉时，由专人统一指挥，使两端张拉尽量同步。

(4)当张拉到初始应力(一般为控制应力的10%)时停止进油，检查夹片情况，确认正常后，量测孔道口至工具锚固处的长度，在千斤顶活塞上做标志线，量测活塞及工具锚夹片(一端张拉时还有锚固端工作锚夹片)外露值并作记录，然后千斤顶缓慢进油张拉。

(5)当张拉至控制应力时停止进油，并持荷5min，量测千斤顶活塞伸长值及夹片外露值并作记录。

(6)计算实际伸长值，并与理论伸长值比较，确认其差值在±6%范围内。否则应退锚，待查明原因确定对策后，重新张拉。

(7)持荷5min内，若油压稍有下降，须补油至控制应力的油压值。确认伸长值符合要求，且持荷5min后，千斤顶回油，夹片自动锚固。

(8)检查有无滑丝、断丝现象，确认符合要求后，退除张拉设备，则该钢束张拉结束。

4.5 端头钢绞线切割

当钢绞线束全部张拉完，并按规范要求检查滑丝、断丝，且确认符合要求后，方可进行端头钢绞线切割。切割处距锚具30～40mm，采用手提砂轮机切割，严禁使用气焊切割。切割时不能损害锚具，切割完成后采用设计要求的涂料对锚具头进行防锈处理。

4.6 张拉质量要求

(1)张拉实际伸长值不超过理论伸长值的±6%。

(2)全梁断丝、滑丝总数不超过钢绞线总丝量的5‰，并不得位于梁体同一侧，且一束内滑丝断丝不超过一丝。

(3)梁体上拱度偏差不超过设计的±15%。

(4)同一钢束夹片外露量差不超过2mm。

(5)钢绞线及锚具因处理滑丝、断丝而留有明显刻痕或其他伤痕时，或同一钢束重复张拉超过3次时，均应予以更换。

4.7 张拉滑丝、断丝处理

在张拉过程中或锚固时，预应力筋滑丝、断丝数量超过设计、规范或上述要求时，应予以处理。

(1)滑丝处理

张拉完成后应及时在钢绞线上做好醒目的标记，如发现滑丝，解决的措施一般是：采用YDC240Q千斤顶和卸锚座单根卸锚张拉，即将卸锚座支承在锚具上，用YDC240Q千斤顶张拉滑丝钢绞线，直到将滑丝夹片取出，换上新夹片，再张拉至设计控制力即可。如遇严重滑丝或在滑丝过程中钢绞线受到严重伤害，则应将锚具上的钢绞线全部卸荷退锚，找出原因并解决，再重新张拉。

(2)断丝处理

断丝处理的常用方法是：卸荷、退锚、换钢束、重新张拉。也可征得设计方同意后，采取提高其他钢绞线或其他钢束的控制张拉力，补偿断丝应力的方法进行处理。但这种方法用得很少。

4.8 张拉安全要求

(1)张拉现场应有明显标志，非工作人员严禁入内。

(2)张拉或退锚时，千斤顶后面不得站人，以防断筋或夹片弹出伤人。

(3)油泵运转不正常时，应立即停机检查。在压力情况下，不得拧动油泵或千斤顶的任何螺钉。

(4)作业应由专人指挥,操作时严禁摸踩、碰撞钢绞线。

(5)高压油管的接头应加防护套,以防喷油伤人。

(6)已张拉完而尚未压浆时,严禁剧烈震动梁体,以防预应力筋裂断发生事故。

5 张拉的有关问题探讨

5.1 关于张拉理论伸长值计算的参数取用

在张拉理论伸长值计算中,对钢绞线弹性模量 E_g、孔道偏差系数 k 和孔道摩擦系数 u 的取用很不一致。钢绞线弹性模量 E_g,有的取用钢绞线进场抽样检验测得值,有的取用规范提供参考值中的 200GPa 或 195GPa 或 190GPa;孔道偏差系数 k 和孔道摩擦系数 u,有的取用首次张拉前检测值,有的取用规范提供值。

E_g、k 和 u 的取用,对张拉理论伸长值计算结果的可靠性影响较大,因此涉及到对张拉结果确认的准确性。如若每束都做钢绞线弹模和孔道摩阻检测,其结果最为准确。但现场施工又不可能做到,因此,E_g 取用钢绞线出厂技术合格证给出值,k 和 u 取用规范给出值,似乎更为合理。因为钢绞线出厂是每卷检测后给定的技术合格证,并且施工中钢绞线每三卷(约10T)要做一次检验,可以通过检验测得值与出厂技术合格证给出值,进行核对后再使用。这样更具合理性。规范给出的 k 和 u 是经过大量数理统计而得出的,比个别孔道检测所得值更具有代表性。

5.2 关于锚固时工作锚回缩造成的应力损失

由于夹片锚具均采用限位板进行张拉时的工作锚夹片限位,利用千斤顶回油时钢绞线回缩,带动工作锚夹片回缩进行锚固。因此,在工作锚夹片回缩锚固时,存在应力损失。设计上一般考虑 4~6mm 的钢绞线回缩值。但施工中易出现超标现象,因为它是靠限位板的限位槽控制,而限位板的两个面,分别适用于不同直径的两种钢绞线。其限位槽深各不相同,钢绞线直径大者,其槽则深,反之则浅。张拉时易用错,若粗钢绞线用到浅槽面,易断丝,容易发现,反之,则不易发现,其应力损失就超标,往往限位板的槽深与钢绞线不是非常配套。因此选购千斤顶时,应根据所用钢绞线的直径,找厂家配套特制单面限位板,而且使用前应采用传感器检测工作锚回缩应力损失,以利确保预施应力质量。

5.3 关于张拉时梁体混凝土弹性压缩应力损失

由于梁体混凝土弹性压缩量与很多因素有关,理论计算也不能非常准确,其值也不是很大,所以张拉中经常忽略不计。但其确实影响预施应力效果,而且在混凝土弹性模量低的桥梁中影响较大,尤其是张拉的第一束。因此在张拉前应根据理论近似计算,按钢束的张拉先后顺序和预施应力大小进行应力损失分配。并根据每束张拉后实测梁体压缩量,及时调整应力损失分配,从而提高预施应力的准确性。

5.4 关于张拉的“双控”

设计和规范要求:张拉时根据控制应力按“双控”进行张拉作业,以控制张拉应力为主,钢绞线伸长量作校核。然而,在张拉中难免会出现伸长值偏大或偏小的现象。较短的简支梁易出现伸长值偏大,大跨度梁、尤其是悬臂连续梁易出现伸长值偏小。张拉中有的施工人员对伸长值偏大不予处理,对伸长值偏小,采用超张拉力增加伸长值的方法进行处理。本人认为影响张拉伸长值有三个主要因素:一是张拉力;二是钢束弹性模量;三是应力损失。所以应从张拉设备、钢绞线、孔道摩阻、锚口摩阻、梁体混凝土弹性压缩等方面分析原因,采用排除法逐个分析,查出原因,再采用正确对策进行处理,方可达到张拉的“双控”目的。

混凝土裂缝的预防与处理

杨文辉　张玉霞　邵　平

（河南中原高速公路股份有限公司）

摘　要　混凝土问题是一个普遍存在而又难于解决的问题，本文对混凝土施工中常见的一些裂缝问题进行探讨分析，并针对具体情况提出一些预防、处理措施。

关键词　裂缝　裂缝产生原因　预防措施

1　引言

混凝土是一种由砂石集料、水泥、水及其他外加材料混合后而成的非均质脆性。由于混凝土施工和本身变形、约束等一系列问题，硬化成型号的混凝土中存在着众多的微孔隙气穴和微裂缝，可是由于这些初始缺陷的存在才使混凝土出现一些非均质的特性。微裂缝通常是一种无害裂缝，对混凝土承重、防渗及其他一些使用功能不产生危害，但是在混凝土受开荷载、温差等作用之后，微裂缝应会不断地扩展和连通，最终形成我们肉眼可见的宏观裂缝，也就是工程中常说的裂缝。

混凝土裂缝产生原因很多，原材料选择不当造成裂缝，施工工艺及施工安排造成裂缝，有养护环境不当和化学作用引起裂缝，在实际工程中要区别对待，根据实际情况解决问题。

2　混凝土工程中常见裂缝

2.1　原材料选择不当造成裂缝

(1)水泥碱含量较大。一般情况下，当选用碱含量不大于0.6左右水泥。

(2)砂、石含泥量太大。路面混凝土所用砂，石料的含泥量应比结构混凝土更加严格控制，否则直接影响混凝土的抗折强度及界面黏结强度。同时，过量的黏土含量有降低混凝土面层耐热性能，增大局部混凝土收缩膨胀的趋势。

(3)混凝土配合比选用不当，主要是混凝土的砂率选择。用水量确定，单方水泥用量的多少，都直接影响混凝土的性能，适当调和配合比的组成，防止因砂浆层过厚及混凝土拌制不均匀形成收缩不均。

(4)集料级配不良。不良的集料级配将可能造成混凝土的离析、粗、细集料聚集，形成强度和变形的薄弱区域。

2.2　施工工艺及施工安排造成裂缝

(1)混凝土拌制不均匀，造成混凝土拌和物“夹生”，粗、细集料聚集，以及混凝土凝结硬化过程中的应力集中现象。

(2)混凝土振捣不均匀，尤其是人工浇筑振捣施工工艺。受人主观意识的影响，过振、漏振现象难以避免，造成混凝土密实性不均，近面层砂浆厚度相差过大，极易形成区域性开裂。

(3)人工及辊轴施工时，提浆过厚，使得混凝土表层稀浆厚度过大，造成表面干缩裂缝。

(4)早期养护不及时、养护方式不当，不能及时补充或阻止水分蒸发，造成混凝土表面开裂。

(5)施工过程中工艺衔接控制不当，压缝不及时，形成早期横向开裂。

2.3　气候影响

桥铺相对于结构混凝土的承发表面积要成倍增大，因此受气候的影响，表面温度也大得多。

(1)风力和风向的影响。有经验证明，当裸露的混凝土在四级以上风力的作用下，沿风向的垂直方向最有可能出现裂缝。

(2)高温的影响。高温条件下混凝土受到负面影响主要表现在：

①促使混凝土水化热在较短时间内集中产生，造成混凝土强度裂缝。

②高温照射下混凝土集料蕴含大量的热能，导致混凝土自身温度过高，加剧了已浇筑混凝土早期热量的增加，进而影响混凝土内部应力应变的平衡，形成裂缝。

(3)干燥气候的影响。当天气温度较低，外界水分不能及时得以补充时，混凝土表面水分的丧失，很快造成表面的平缩裂缝。

2.4　化学反应引起的裂缝

碱集料反应裂缝和钢筋锈蚀引起的裂缝是钢筋混凝土结构中常见的由于化学反应而引起裂缝。

混凝土拌和会产生一些碱离子，这些离子与某些活性集料产生化学反应并吸收周围环境中的水而体积增大，造成混凝土酥松，膨胀开裂。这种裂缝一般出现在混凝土结构使用期间，一旦出现很难补救，因此应在施工中采取有效措施进行预防。

主要预防措施：选用碱活性小的砂石集料；选用低碱水泥和低碱或无碱的外加剂；选用合适的掺和料抑制碱集料反应。

由于混凝土浇筑，振捣不良成者钢筋保护层较薄，有害物质进入混凝土便钢筋产生锈蚀，锈蚀的钢筋体积膨胀，导致混凝土张裂，此中裂缝多为纵向裂缝，沿钢筋位置出现。

通常预防措施有：保证钢筋的保护层厚度；混凝土级配要良好；混凝土浇筑要振捣密实；钢筋表层涂刷防腐涂料。

2.5　表面修补法

表面修补法是一种常见简单、常见的修补方法，它主要适用于稳定和对结构承载能力没有影响的表面裂缝以及深进裂缝的处理。通常的处理措施是在裂缝的表面涂抹水泥浆、环氧胶泥或在混凝土表面涂刷油漆、沥青等防腐材料，在防护的同时为了防止混凝土受各种作用的影响继续开裂，通常可以采用在裂缝的表面粘贴玻璃纤维布等措施。

2.6　灌浆、嵌缝封堵法

灌浆法主要适用于对结构整体性有影响或有防渗要求的混凝土裂缝修补，它是利用压力设备将胶结材料压入混凝土的裂缝中，胶接材料硬化后于混凝土形成一个整体，从而起到封堵加固的目的。常用的塑性材料有聚氯乙烯胶泥、塑料油膏、丁基橡胶等；常用的刚性止水材料为聚合物水泥砂浆。

2.7　结构加固法

当裂缝影响混凝土结构的性能时，就要考虑采取加固法对混凝土结构进行处理。结构加固中常用的主要有以下几种方法：加大混凝土结构的截面面积，在构件的角部外包型钢、采用预应力法加固、粘贴钢板加固、增设支点加固以及喷射混凝土补强加固。

2.8 混凝土置换法

混凝土置换法是处理严重损坏混凝土的一种有效方法，此方法是先将损坏的混凝土剔除，然后在置换入新的混凝土或其他材料。常用的置换材料有：普通混凝土、砂浆、聚合物或改性聚合物混凝土或砂浆。

2.9 电化学防护法

电化学防护是利用施加电场在介质中的化学作用，改变混凝土或钢筋混凝土所处的环境状态，钝化钢筋，以达到防护的目的。阴极防护法、氯盐提取法、碱性复原法是化学防护法中常用的三种有效方法。这种防护的优点是防护方法受环境因素的影响较小，适用于钢筋、混凝土的防护，既可用于已裂结构也可用于新建结构。

2.10 仿生自愈合法

仿生自愈合法是一种新的裂缝处理方法，它模仿生物组织，对受创伤部位自动分泌某种物质，而使创伤部位得到愈合的机能，在混凝土的传统组分中加入某些特殊组分，在混凝土内部形成智能型仿生自愈合神经网络系统，当混凝土出现裂缝时分泌出部分液芯纤维可使裂缝重新愈合。

总体而言，桥铺混凝土施工工艺与施工控制应注意以下几点：

(1)尽量用机械化施工，并注意机械的配套和能力匹配。

(2)正确选择桥面混凝土的浇筑时间，降低混凝土或入模温度。

(3)严格控制振捣方法、振捣时间及振捣层厚度，避免漏振及振捣不均匀。

(4)保证施工作业连续性，尽可能缩短工序之间的间隔。

(5)加强早期养护，防止面层失水过快。

(6)及时压缝，保证压缝深度。

3 结语

防止桥铺混凝土的裂缝，除了要求基础稳固、基层坚固外，采用先进的机械化施工工艺、良好的施工组织、合理的施工工期是十分重要的。

同时，还应当在指导思想上克服小生产的分散施工模式，以专业化大生产及流水作业的方式来安排施工的每一个环节，才能得到良好的效果。

简支梁的运输和安装工作注意事项

杨伟君　王晓川

（常州市交通工程有限公司）

摘　要　装配式简支梁桥在高等级公路建设中被广泛应用，笔者通过几年来在高速公路施工中总结出的一些经验心得，与大家探讨一下施工过程中的一些注意事项。

关键词　简支梁　运输　安装

装配式简支梁桥在全国高等级公路建设中被广泛应用，该种结构具有经济、可靠、技术难度相对较小、施工周期短、工厂化生产、质量进度有保证等优点。运输和安装工作是该种结构的施工关键，一些细节如果处理得不好的话，极易产生质量事故甚至重大安全事故，造成严重后果。我们在郑州到石人山高速公路 12 标的桥梁施工中，都是采用的这类结构，跨径从 16～20m、质量从 20～30t 不等，本人在施工过程中总结出一些经验，在此与大家交流一下运输与安装过程中应该注意的事项。

1　简支梁的起吊和运输

(1)大梁的起吊或出坑，混凝土的强度必须满足设计要求后进行。尤其是后张法构件，压浆浆体的强度必须达到 75%以上时方可起吊；否则会引起大梁徐变过大，甚至在受拉区出现裂缝，影响大梁的整体性能，在施工中我们一般在强度必须达到 90%以上时起吊，增加质量方面的保险系数。

(2)起吊前必须认真检查吊环等预埋件的尺寸及位置，吊环的形状和外观质量同样重要；当吊绳与构件的交角小于 60°时，应增设专用吊架或扁担梁，尽可能使吊绳垂直受力。如不采取措施，容易使吊绳拉应力过大，吊环也容易变形、破坏。

(3)对于不设置吊环只有吊装槽的时候，尤其要加强混凝土边角和钢丝绳的保护，防止损坏，引起安全事故。

(4)构件的起吊点和支承点位置应一致，按理论支承点合理受力；捆绑吊运时，吊绳内侧应用木板、橡胶皮等柔性物体衬垫。

(5)运输应视构件的尺寸、截面形状、质量、场地条件选择运输工具，常用的有平板车、套车、扒杆、龙门吊、走滚、履带吊、轨道车等，选择合适的运输方式可取得较好的效果。在郑石高速上，根据现场实际，我们采用的是龙门吊出坑，平板车运输，汽车吊安装。

(6)用车辆运输大型构件时，必须提前检查道路是否满足拐弯、爬坡和反复碾压等要求。构件装车时必须平衡放置，对称承重。如采用拖车运输，为适应拖车拐弯，大梁支点处须设转动装置，以免拐弯时扭伤构件底部。

(7)用轨道平车运输时，轨道曲线应尽量顺畅，平车上应设转向装置，保证构件在曲线上安全运行。同时还要认真检查平车上的制动装置，保证构件在需要停顿的位置准确就位。

(8)龙门吊是短距离运输的最佳工具，具有方便、安全、高效的特点，起重吨位大，运行平稳。条件许可的施工现场可由龙门吊独自完成起梁、运输、安装等一系列工作。

(9)重心不稳的构件在运输前必须设置横向限位装置和支撑装置；如果构件有翼缘板，为了防止支撑力引起翼板局部开裂，横向支撑点应设在翼板根部或梁体侧面。

(10)装卸荷载时，必须待构件完全平稳后才能松吊钩，人员和设备不能停留在可能倾覆的区域。梁体的前端也应设限位装置，防止紧急制动或上、下坡道时梁体纵向移动，酿成险情。

2 简支梁的安装

(1)安装工作涉及到人身和国家财产的安全，为确保万无一失，施工前必须对起重设备和临时支架的强度、刚度和稳定性进行验算，除工作质量外，还应考虑其他荷载和意外冲击力的影响，留有一定安全系数，所有起重设备要经质量技术监督部门验收、标定后方可投入使用。

(2)精确测放出支座对应的中心位置，每片梁的端线、边线位置必须弹线控制，高程和轴线偏差必须在规范允许范围之内。同一片梁支座顶面高程的偏差可通过高标号砂浆或调平钢板来调整，使荷载均匀分布在各个支座上。如临时支座采用砂筒的话，必须对砂筒进行等载预压，确保大梁就位后梁板顶面高程的准确。

(3)如果在条件较好的场地上安装较小的构件，可以全部选择汽吊安装，既高效又经济，在郑石高速上，我们就全部采用此方法。

(4)在事先必须根据起吊质量、安装距离、起吊高度来选择吊机的吨位和吊机数量，提前选择好吊车作业位置和梁车停靠位置，以上问题同时处理好之后才能顺利安装。

(5)如采用从边孔向另一端逐孔安装的话，在吊车、拖车上桥之前，必须在已安大梁上满铺钢板，避免单块梁板受力。

(6)在水深河宽的河道上可选择浮吊安装，只要疏通好河道中浮吊停靠位置，一套设备可以架设相应跨的所有大梁，但必须提前做好航道管制工作，消除桥下通航与安装工作相互干扰、影响。

(7)对于较重的大型构件在无水区域或水流较小的浅滩上安装可以选择跨墩龙门吊。对轨道基础地基进行加固处理，水中可搭设临时排架作为轨道基础。轨道平面位置和相对距离必须精确放样，以免平车之间的距离忽大忽小，引起门架变形。龙门吊在纵向喂梁过程中，平车移动必须完全同步，防止龙门吊受扭变形；而两个龙门吊之间的距离必须按梁长控制，通过定尺的钢丝绳牵引，保证吊索使终垂直受力，增加龙门吊顺桥向的稳定性。

(8)在桥梁的一侧有较深水位或不具备铺轨道的情况下，龙门吊也可改成单侧跨墩龙门吊，即在安装跨两侧的墩台中心线外侧铺设横梁和天车轨道，大梁运送至横梁外侧支撑点与墩台间的空挡，通过起重设备吊起构件后横移、就位。此方案必须重点注意墩顶横梁和轨道的稳定性，包括顺桥向的稳定和吊运时横桥向的平衡，尤其是外边梁的就位，要防止荷载中心移到墩顶横梁支点外侧时的平衡，横梁必须做好配重或与墩台捆绑等安全措施。

(9)对于上一定规模的大、中型简支梁桥，安装通常采用各式各样的架桥机，有工厂生产的成套设备，也有自行拼装的设备，基本工作程序为：喂梁→安装跨纵向就位→横移→落梁，工作范围满足全幅宽即可。需重点做好的共性工作就是：(1)起重能力；(2)各桁架的刚度和强度；(3)高空作业时的稳定性；(4)每一步骤的安全验算。

3 安全管理

(1)大梁的运输与安装是桥梁施工的关键工序,具有较高的技术难度和安全要求,除了完善的施工组织和科学的施工方案外,必须加强安全管理工作。

(2)建立完善的安全管理网络,做到分工明确、责任到人。相关人员必须持证上岗,定期开展安全学习和培训,在下达生产任务的同时必须进行安全交底,安全工作实行一票否决制。

(3)加强对机械设备的保养、检修和管理工作,确保设备高效运转时的安全性,杜绝超负荷运转和违章作业现象,防止因机械设备原因造成安全事故的发生。

4 结语

以上是本人在多年施工实践和学习过程中总结的一点经验和心得,大梁的运输与安装是桥梁施工的重点,每年都有因不规范施工和违章作业引发安全事故,造成一定的损失。努力确保安装工作顺利进行是每个造桥人的义务,本人在此提出一些浅见与大家交流,不足之处请多批评指正为感。

某高速公路桥梁立柱裂缝成因分析

毛文华

(河南中原高速公路股份有限公司)

摘　要　本文依托某高速公路桥梁立柱混凝土开裂现象,简要介绍了现场检验方法、试验内容,以及碱含量计算步骤。

关键词　高速公路　桥梁　混凝土　开裂　碱含量

1　背景

大沙河桥、王平楼排沟中桥是某高速公路上的两座桥梁,柱式墩,桩基础,采用模板现浇的施工方法。由于立柱在养生完拆模 3～4d 后表面出现裂缝,为了确保桥梁质量,保障通行安全,决定对这两座桥梁立柱进行全方面检查,以查清裂缝成因。

2　检验目的和内容

本次检验的目的是:通过实地调查,结合施工、实验资料,分析立柱表面裂缝的成因。经研究确定,进行以下几个方面的检验:

(1)立柱表面裂缝的形状、宽度以及深度;

(2)立柱表面裂缝的发展趋势;

(3)收集施工用水、水泥、砂、石料、外加剂,有针对性地做部分材料实验;

(4)收集施工资料及施工日志;

(5)收集工地实验资料。

3　检验方案和实施过程

3.1　现场检查内容和方法

试验人员到达现场后,首先通过业主了解立柱的开裂情况,并对施工单位的施工工艺及养护措施进行了初步了解;然后向施工单位主管人员和现场技术人员详细询问了施工用料、施工时间、施工工艺、养护方法、养护时间等;之后到现场对开裂立柱进行逐个检查,详细记录了裂缝形状。

通过调查知道,施工用料均符合规范要求,施工工艺为模板现浇施工,24h 后拆模,采用薄膜养生,养生期为 14d,最短 7d,最长 30d。养生期间,立柱没有出现裂缝,在停止养生后 4d 左右裂缝开始发育。现场发现大部分立柱裂缝发育严重,主要有环向裂缝和竖向裂缝,环向和竖向裂缝最长可达到通长,宽度在 0.1～0.2mm 之间,大部分为 0.15mm;部分立柱表面局部有网状裂缝,宽度一般在 0.05～0.1mm 之间;还有一些柱顶沿钢筋有环向裂缝,宽度可达到 1～1.5mm。立柱表面裂缝深度采用注射红色墨水,凿开测量的方法,现场选取两根有代表性的立柱实测,测得裂缝深度为 1.5～3cm。在所检查的立柱中,一些裂缝有白色析出物。

3.2 资料收集

外业以后，到项目部对这两座桥的施工资料、施工日志及工地实验资料进行了收集。包括：水泥厂提供的水泥试验报告单、水泥细度、稠度、凝结时间和安定性试验报告单、水泥胶砂强度试验记录、建筑材料（水泥）报验单、混凝土工程施工记录、现浇混凝土整体式模板安装质量检验表、混凝土拌和物坍落度试验记录、水泥混凝土（砂浆）抗压强度试验记录、混凝土配合比试验、柱或双壁墩分项工程质量检验评定表、工程施工质量检测记录、砂的技术性质试验报告、砂筛分试验记录、砂（石）含泥量试验记录、建筑材料（砂）报验单、粗集料筛分试验记录、粗集料的技术性质试验报告、粗集料压碎值试验记录、粗集料针片状颗粒含量试验记录、钢筋拉伸试验记录、钢筋厂家质量证明书、建筑材料（钢筋）报验单、钢筋加工及安装质量检验表、施工日志等。

3.3 采样

对施工用的材料水、水泥、砂、石料、外加剂（建 3B 高效缓凝减水剂）按照规范进行了采样，以备实验用。

4 材料检验结果和计算结果

分别对施工用普通硅酸盐水泥（P·O32.5 级）和建 3B 高效缓凝减水剂做了含碱量检验，检验结果普通硅酸盐水泥（P·O32.5 级）含碱量为 0.84%，建 3B 高效缓凝减水剂含碱量 18.52%。

工程现场用级配为：水泥：砂：石：水：外加剂＝400：637：1 183：180：2.4（该工地假定 $1m^3$ 混凝土质量为 2 400kg）。

根据《混凝土碱含量限值标准》（CECS 53:93）提供的计算方法，计算混凝土含碱量如下。

4.1 水泥含碱量

水泥的碱含量以实测平均碱含量计，每立方米混凝土水泥用量以实际用量计，水泥提供的碱按下式计算：

$$A_c = W_c K_c (\mathrm{kg/m^3})$$

式中：W_c——水泥用量，$\mathrm{kg/m^3}$；

K_c——水泥平均碱含量，%。

得：$A_c = W_c K_c$

$= 400 \times 0.84\%$

$= 3.36 (\mathrm{kg/m^3})$

4.2 化学外加剂（建 3B 高效缓凝减水剂）

在化学外加剂的掺量以水泥质量的百分数表示时，外加剂引入混凝土的碱按下式计算：

$$A_{ca} = \alpha W_c W_a K_{ca} (\mathrm{kg/m^3})$$

式中：α——将钠或钾盐的质量折算成等当量 Na_2O 质量的系数；

W_a——外加剂掺量，%；

K_{ca}——外加剂中钠（钾）盐含量，%。

常用钾或钠盐的折算系数按附表 1 取用：

质量折算系数表　　表 1

钠、钾盐	$NaNO_2$	$NaCl$	Na_2SO_4	Na_2CO_3	$NaNO_3$	K_2SO_4	K_2CO_3	KCl
α	0.45	0.53	0.44	0.58	0.36	0.36	0.45	0.42

钠或钾盐的质量折算成等当量 Na_2O 质量的系数。

建 3B 高效缓凝减水剂所含盐为 Na_2SO_4(厂家提供),得:

$$
\begin{aligned}
A_{ca} &= \alpha W_c W_a K_{ca} \\
&= 0.44 \times 400 \times 18.52\% \times 0.006 \\
&= 0.20(\text{kg/m}^3)
\end{aligned}
$$

4.3 混凝土含碱量

混凝土的碱含量 A 可按下式计算:

$$A = A_c + A_{ca} + A_{ma} + A_{aw}(\text{kg/m}^3)$$

式中:A_{ma}——掺和料含碱量;

A_{aw}——由集料和拌和水引入混凝土的碱。

本计算忽略掺和料含碱量和由集料和拌和水引入混凝土的碱。

$$
\begin{aligned}
A &= A_c + A_{ca} + A_{ma} + A_{aw} \\
&= 3.36 + 0.20 \\
&= 3.56(\text{kg/m}^3)
\end{aligned}
$$

根据《混凝土碱含量限值标准》(CECS 53:93),依据混凝土所处的环境条件对不同的工程结构分别采取表 2 中碱含量的限值。

碱含量限值表　　表 2

环境条件	混凝土最大碱含量(kg/m³)		
	一般工程结构	重要工程结构	特殊工程结构
干燥环境	不限制	不限制	3.0
潮湿环境	3.5	3.0	2.1
含碱环境	3.0	用非活性集料	

根据本工程的性质,采用潮湿环境重要工程结构的限值 3.0。

比较计算结果,本工程采用混凝土碱含量明显偏高。

5 结语

根据外观调查及计算结果可以得出,这两座桥梁立柱混凝土开裂的主要原因为碱含量超标。

浅论预制预应力混凝土箱梁相关技术措施

武朝梁[1] 秦海潮[2]

（1. 河南中原高速公路股份有限公司；2. 山东省路桥集团有限公司）

摘 要 虽然预制预应力混凝土箱梁的施工技术已相当成熟，但其中的一些细节的改进对于我们进行箱梁的现场施工仍具有很大的益处。本文涉及到了混凝土箱梁预制时所需要的许多技术改进措施，例如：箱梁台座的制作方法、钢筋加工的改进方式、张拉计算的介绍，以及混凝土浇筑工艺的组织等，这些在现场施工中总结出的一些经验和改进措施，必将会对预制预应力箱梁的施工起到一定的促进作用。

关键词 预应力 箱梁 台座 钢筋 管道坐标 张拉计算 浇筑 改进措施

随着高速公路桥梁建设的日益成熟，预制预应力混凝土箱梁以其建筑高度低、结构安全、耐久性高、适于工厂化、标准化施工、可缩短工期、节省投资等优点，在上部结构的应用中也愈来愈普遍。众所周知，工程技术、施工进度和材料供应并称工程建设的三大要素，其中工程技术尤为重要，它构成了整个工程建设的"灵魂"。箱梁工程技术的创新和先进箱梁工程技术的应用无疑成为了提高预制预应力混凝土箱梁工程质量、减少原材料浪费、加速施工进度的关键。

1 工程概况

郑州至石人山高速公路是河南省规划的重要干线公路之一，同时也是交通部公路勘测设计典型示范工程，全长 182.22km。其中，郑石高速四合同双洎河大桥桥宽 28m，桥面单幅净宽 12.5m，设计时速 120km/h，桥梁设计标准公路Ⅰ级的 1.3 倍，设计洪水频率 1/100，桥长 727m 为 24 孔 30m 装配式预应力混凝土先简支后连续箱梁，每孔有 8 榀箱梁组成，梁高 1.75m，中跨每榀箱梁长 29.32m，边跨每榀箱梁长 29.31m。

2 箱梁预制技术的几点改进措施

2.1 台座的制作

台座制作的标准化及稳定性直接关系到箱梁成形后的质量，可以说是箱梁预制的基础，本梁场根据现场的实际情况，采取了以下适宜的制作方式。

(1)由于台座两端头是箱梁张拉后的主要受力部位，故采用扩大基础长 200cm×宽 100cm×深 90cm，中间部分采用宽 120cm×深 50cm，且填块石后，再浇筑 C25 混凝土。

(2)台座顶面采用厚 5mm 的钢板找平，两侧用角钢护边，台座中间预留 1.3cm 的预拱度。

上述做法避免了基础大体积浇筑混凝土和大面积使用钢筋，降低了台座制作的费用，由于上部采用钢板制作，避免了水磨石制作的一些不利因素：(1)水磨石制作的顶面只能使用一次，周转次数明显低于钢板制作的顶面。(2)由于工人振捣技术的良莠不齐，在振捣箱梁底板时，极有可能导致水磨石面被振捣出凹坑，从而影响预制梁体的底板质量。实践证明：由下面实际测量的张拉前后箱梁台座高程变化值特别小可知，此种方法制作的台座的稳定性完全合格。台座横断面见图1，箱梁台座高程表见表1。

箱梁台座高程表

表1

基座号	方位	箱梁张拉前(m)	箱梁张拉后(m)	差值(m)	备注(m)
1	南	143.936	143.940	−0.004	梁场水准点高程
	北	143.947	143.946	0.001	Q_1=143.671
2	南	143.947	143.945	0.002	Q_2=143.745
	北	143.947	143.947	0	Q_3=143.857
3	南	143.947	143.945	0.002	Q_4=143.886
	北	143.945	143.946	−0.001	
4	南	143.95	143.948	0.002	
	北	143.95	143.948	0.003	
5	南	144.116	144.115	0.001	
	北	144.116	144.115	0.001	
6	南	144.111	144.112	−0.001	
	北	144.113	144.116	−0.003	
7	南	144.086	144.084	0.002	
	北	144.088	144.088	0	
8	南	144.091	144.091	0	
	北	144.093	144.093	0	
9	南	144.25	144.251	−0.001	
	北	144.255	144.255	0	
10	南	144.252	144.251	0.001	
	北	144.252	144.254	−0.002	
11	南	144.25	144.248	−0.002	
	北	144.255	144.256	−0.001	
12	南	144.25	144.25	0	
	北	144.255	144.255	0	

(3)箱梁台座宽度的确定：笔者所在梁场箱梁台座的宽度是根据生产厂家加工制作的钢模板侧模尺寸的要求，经过精确的计算而确定的，为92cm，则腹板宽度正好为设计的18cm，但根据混凝土浇注时的实际情况可知，混凝土浇筑后，其压力可胀模1cm左右。故梁场采用的台座宽度为91cm，使得两边腹板宽度各为17.5cm，待箱梁成型后，腹板宽度正好满足设计要求。这种适当减少台座宽度方式比正常的92cm宽度的台座可节约近1m³的混凝土/片梁，整座桥(共192片梁)可节约近5万元的费用。

图1 台座横断面

2.2 钢筋的加工制作

(1)清单计价规范规定:钢筋制作安装按设计图示钢筋长度计算,搭接按设计规范规定计算。笔者认为预算中钢筋长度计算可以按钢筋下料长度计算的方法来计算:当不用搭接时,下料长度=钢筋原长+弯钩增长量-弯曲长度;当需要搭接时,下料长度=钢筋原长+弯钩增长量-弯曲长度+搭接长度。但工地钢筋下料时,多数技术员都忽略了对下料长度的精确计算。例如,制作一段钢筋的直弯钩部分,多数人都开料成图纸的设计值,但在实际的现场操作中,由于钢筋自身的延伸性,当弯曲后,钢筋构件的实际长度将长于原来的设计值,多了一个弯曲长度。当为直弯钩时,弯曲长度=πd(d——钢筋直径),现场验钢筋时,多数技术员容易忽略这些"大概"、"差不多"的长度。但笔者采用的是刚开始就现场测量每一件钢筋构件的弯曲长度,现场进行计量,结果实际钢筋用量比预算少3%左右,这样,可以节约10万元左右的钢筋费用。

(2)腹板钢筋绑扎方式的改进。为了保证腹板钢筋绑扎的"横平竖直"的原则,笔者所在梁场现场制作了三角形斜撑支架,平面倾斜度为1∶4,此斜度吻合箱梁侧面倾斜度的要求。然后,令其两脚插入台座预埋孔内,每侧6个支撑。此法既起到了固定和保证腹板几何形状的作用,又加快了腹板钢筋的绑扎速度,对于工程的实际操作,不失为一种好的方式。

(3)齿板钢筋的加工。箱梁齿板钢筋的加工应在钢筋加工区进行加工,但加工好的齿板钢筋置于顶板上之后,顶板上的ϕ16环形钢筋却很难穿插过去,即便穿插过去也会导致底部保护层过大,达到设计值的1.5倍,直接导致齿板顶面的升高,浇注顶面混凝土时经常会出现齿板处混凝土面超高的情况,从而对桥面铺装产生直接的影响。因此,如何避免齿板处高度的偏高?我们采用齿板处的16环形钢筋与齿板钢筋在加工区一次性加工成形的方法,在加工区直接将ϕ16环形钢筋与齿板钢筋的位置调整恰当,然后一次性吊装。这种做法既加快了施工速度,也满足了标准化施工的要求,是一种解决这类问题比较好的解决方式。

(4)端头钢筋外伸长度的改进。一般而言,设计中所给的顶板钢筋外伸长度都是标准的外露长度。如果不考虑箱梁制作时产生的误差、架梁时所产生的误差等因素的影响,则钢筋的设计外露长度正好满足下部工序的施工要求。但现场施工的上部工序所产生的误差往往会导致外露钢筋的搭接长度不能满足下步工序的设计要求,导致现场施工中不得不加焊钢筋进行连接,这样既费工又费料。为了防止此类情况的发生,笔者所在梁场采用在不加长外露钢筋且保证箱梁顶面结构受力要求的情况下,将外露钢筋向外多推出5cm,切实保证搭接长度,保证箱梁的湿接缝施工的顺利进行。

2.3 波纹管高程的计算

箱梁施工中,波纹管的位置是技术员检查的重中之重,如何既快又准地计算出波纹管的位置是衡量技术员技术水平的标准之一。在日常的施工中,笔者总结出了一套波纹管高程计算公式,以中跨半跨的计算对波纹管Y轴坐标做一下简单介绍,如表2、表3所示。

管道坐标计算书(中跨半跨,mm) 表2

	钢绞线下料长度	半跨长度	端部高度	中心线处高度	高差	正弦值
N1	30 790	15 395	1 590	310	1 280	0.122
N2	30 850	15 425	1 310	200	1 110	0.122
N3	30 900	15 450	1 030	90	940	0.122
N4	30 710	15 355	125	90	35	0.024

续上表

	斜边长	半径	弧度	弧长	半角正切值	切线长	起弯点
N1	10 492	60 000	0.122	7 320	0.061	3 670	569
N2	9 098	50 000	0.122	6 100	0.061	3 058	2 602
N3	7 705	40 000	0.122	4 880	0.061	2 447	4 635
N4	1 458	30 000	0.024	720	0.012	360	12 901

	正切值	交点左方水平长	半跨水平线共长	平分共长	第一标注点长
N1	0.123	10 407	14 646	14 000	646
N2	0.123	9 024	14 684	14 000	684
N3	0.123	7 642	14 724	14 000	724
N4	0.024	1 458	14 719	14 000	719

	交点右方水平长	余弦值	交点右方切线水平长	终弯点水平长
N1	4 239	0.993	3 644	7 883
N2	5 660	0.993	3 037	8 697
N3	7 082	0.993	2 430	9 512
N4	13 261	1	360	13 621

曲线内高度验证			
	X 坐标	曲线直角边长	高度
N1	3 646	3 077	389
N2	5 684	3 082	295
N3	6 724	2 089	145
N4	13 719	818	101

曲线右方高度验证				
	曲线终弯点直角边长	曲线终弯点高度	曲线终弯点右方 X 轴	X 坐标高度
N1	7 314	757	9 646	973
N2	6 095	573	10 684	815
N3	4 877	388	11 724	658
N4	720	99	13 719	101

2.4 钢绞线的张拉计算

预应力采用引伸量和张拉应力双控，以张拉应力为主，以伸长量进行校核，引伸量误差须在－6%～6%之间，每一截面的断丝率不得大于该截面钢丝总量的 1%，理论伸长量的计算及其所涉及的各项要素构成了钢绞线张拉的技术所需。跨中管道摩阻是影响张拉精确性的重要因素之一，按照设计院给定的双洎河大桥箱梁的有关技术参数可知，其管道摩擦系数 $\mu=0.23$，管道偏差系数 $k=0.001\,5$。由于跨中管道的摩阻很小，在一般情况下进行张拉时可以不计。在理论伸长值的计算当中，由于钢绞线采取的是两端张拉，所以在进行伸长量的计算时是采用计算一般钢绞线的伸长值然后乘以二的方法。在钢绞线伸长量的计算当中，钢绞线的分段原则是将整根钢绞线根据设计线形分成曲线连续段及直线连续段，而不能将直线段及曲线段分在同一段内。预应力筋的伸长量计算方法有多种，常用的平均力法及简化计算法在很多工程施工中也能够满足精度要求。以中跨中梁为例，钢绞线张拉理论伸长值计算如下所述。

管道坐标数据表(中跨半跨,mm) 表 3

中心点高	N1		310	310	310	310	310	310	310	310	310	310	310	310	310	310
	N2		200	200	200	200	200	200	200	200	200	200	200	200	200	200
	N3		90	90	90	90	90	90	90	90	90	90	90	90	90	90
	N4		90	90	90	90	90	90	90	90	90	90	90	90	90	90
半径	N1		60 000	60 000	60 000	60 000	60 000	60 000	60 000	60 000	60 000	60 000	60 000	60 000	60 000	60 000
	N2		50 000	50 000	50 000	50 000	50 000	50 000	50 000	50 000	50 000	50 000	50 000	50 000	50 000	50 000
	N3		40 000	40 000	40 000	40 000	40 000	40 000	40 000	40 000	40 000	40 000	40 000	40 000	40 000	40 000
	N4		30 000	30 000	30 000	30 000	30 000	30 000	30 000	30 000	30 000	30 000	30 000	30 000	30 000	30 000
起弯点	N1	569	569	569	569	569	569	569	569	569	569	569	569	569	569	569
	N2	2 602	2 602	2 602	2 602	2 602	2 602	2 602	2 602	2 602	2 602	2 602	2 602	2 602	2 602	2 602
	N3	4 635	4 635	4 635	4 635	4 635	4 635	4 635	4 635	4 635	4 635	4 635	4 635	4 635	4 635	4 635
	N4	12 901	12 901	12 901	12 901	12 901	12 901	12 901	12 901	12 901	12 901	12 901	12 901	12 901	12 901	12 901
终弯点	N1									7 883	7 883	7 883	7 883	7 883	7 883	7 883
	N2										8 697	8 697	8 697	8 697	8 697	8 697
	N3										9 512	9 512	9 512	9 512	9 512	9 512
	N4															13 612
X 轴	N1	600	1 600	2 600	3 600	4 600	5 600	6 600	7 600	8 600	9 600	10 600	11 600	12 600	13 600	14 600
	N2	600	1 600	2 600	3 600	4 600	5 600	6 600	7 600	8 600	9 600	10 600	11 600	12 600	13 600	14 600
	N3	600	1 600	2 600	3 600	4 600	5 600	6 600	7 600	8 600	9 600	10 600	11 600	12 600	13 600	14 600
	N4	600	1 600	2 600	3 600	4 600	5 600	6 600	7 600	8 600	9 600	10 600	11 600	12 600	13 600	14 600
Y 轴	N1	310	319	344	387	446	521	614	723	845	967	1 089	1 211	1 333	1 455	1 577
	N2	200	200	200	210	240	290	360	450	561	683	805	927	1 049	1 171	1 293
	N3	90	90	90	90	90	102	138	200	287	399	521	643	765	887	1 009
	N4	90	90	90	90	90	90	90	90	90	90	90	90	90	98	122
计算用	N4′	90	90	90	90	90	90	90	90	90	90	90	90	90	98	122
	N4′	90	90	90	90	90	90	90	90	90	90	90	90	90	98	122

预制预应力混凝土箱梁后张法张拉计算书如下：

预应力钢绞线均采用按美国标准 ASTMA416-90a270 级 ϕ15.24mm 高强度底松弛钢绞线，其标准强度为 1 860MPa。

公称面积：$A_p=140mm^2$　　　1MPa=1N/mm²

钢绞线理论延伸量：$\Delta L=P_p \times L/A_p/E_p$

根据《公路桥涵施工技术规范》附录 G-8 可知：预应力筋平均张拉力的计算公式为：

$$P_p = P(1-e^{-(kx+\mu\theta)})/(kx+\mu\theta)$$

式中：P_p——预应力筋平均张拉力，N；

P——预应力筋张拉端的张拉力，N；

x——从张拉端至计算截面的孔道长度，m；

k——孔道每米局部偏差对摩擦的影响系数，参见附表 G-8，取 $k=0.0015$；

μ——预应力筋与孔道壁的摩擦系数，参见附表 G-8，取 $\mu=0.23$；

θ——从张拉端至计算截面曲线孔道部分切线的夹角之和，rad。

钢根据跨径 30m 装配式连续箱梁钢束布置图可知：$\theta_1=0.122$；$\theta_2=0.122$；$\theta_3=0.122$；$\theta_4=0.024$。

注：当预应力筋为直线时 $P_p=P$。

根据《公路桥涵施工技术规范》编制说明 12.8 施加预应力一节中 12.8.3.2 之规定：对由多曲线组成的曲线预应力筋，或由直线与曲线混合组成的预应力筋，其伸长值宜分段计算，然后叠加。

可知，30m 预制预应力混凝土箱梁张拉伸长值分两段进行计算。

(1)直线段：预应力筋平均张拉力 $P_p=P$；

(2)曲线段：预应力筋平均张拉力为 P_p；

(3)钢绞线理论延伸量：$\Delta L=\Delta L_{直线段}+\Delta L_{曲线段}$。

中跨梁预应力钢绞线的长度分曲线段与直线段(取波纹管长度两端各加 50cm 工作长度)：

$L_{1中}=1\,529.5cm$

$L_{1中曲线段}=aR=7\times3.14\times6\,000/180=732.7cm$

$L_{1中直线段}=L_1-L_{1曲线段}=796.8cm$

$L_{2中}=1\,527.5cm$

$L_{2中曲线段}=aR=7\times3.14\times5\,000/180=610.6cm$

$L_{2中直线段}=L_1-L_{1曲线段}=916.9cm$

$L_{3中}=1\,530cm$

$L_{3中曲线段}=aR=7\times3.14\times4\,000/180=488.4cm$

$L_{3中直线段}=L_1-L_{1曲线段}=1\,041.6cm$

$L_{4中}=1\,520.5cm$

$L_{4中曲线段}=aR=7\times3.14\times3\,000/180=73.3cm$

$L_{4中直线段}=L_1-L_{1曲线段}=1\,447.2cm$

边跨梁预应力钢绞线的长度分曲线段与直线段(取波纹管长度两端各加 50cm 工作长度)：

$L_{1边}=1\,534.5cm$

$L_{1边曲线段} = aR = 7\times3.14\times6\,000/180 = 732.7\text{cm}$

$L_{1边直线段} = L_1 - L_{1曲线段} = 801.8\text{cm}$

$L_{2边} = 1\,533.5\text{cm}$

$L_{2边曲线段} = aR = 7\times3.14\times5\,000/180 = 610.6\text{cm}$

$L_{2边直线段} = L_1 - L_{1曲线段} = 922.9\text{cm}$

$L_{3边} = 1\,532\text{cm}$

$L_{3边曲线段} = aR = 7\times3.14\times4\,000/180 = 488.4\text{cm}$

$L_{3边直线段} = L_1 - L_{1曲线段} = 1\,043.6\text{cm}$

$L_{4边} = 1\,529.5\text{cm}$

$L_{4边曲线段} = aR = 7\times3.14\times3\,000/180 = 73.3\text{cm}$

$L_{4边直线段} = L_1 - L_{1曲线段} = 1\,456.2\text{cm}$

根据跨径 30m 装配式连续箱梁钢束布置图附注 4 可知：

N_1、N_2、N_3 锚下控制应力为：$\sigma = 1\,340\text{MPa}$

N_4 锚下控制应力为：$\sigma = 1\,320\text{MPa}$

中跨箱梁的孔道 N_1、N_2、N_3、N_4 预应力筋均为 4 股则：

$P_1 = P_2 = P_3 = 1\,340\times140\times4 = 750.4\times10^3\text{N}$

$P_4 = 1\,320\times140\times4 = 739.2\times10^3\text{N}$

边跨箱梁的孔道 N_1、N_2、N_3 预应力筋均为 5 股，孔道 N_4 预应力筋为 4 股则：

$P_1 = P_2 = P_3 = 1\,340\times140\times5 = 938\times10^3\text{N}$

$P_4 = 1\,320\times140\times4 = 739.2\times10^3\text{N}$

根据规范要求，设定初应力 $\sigma_o = 0.2\sigma$

钢绞线理论延伸量计算（中跨预制预应力混凝土箱梁）

根据我部 2006 年 2 月 14 日预应力混凝土用钢绞线检验报告（编号 WI0462）可知：

该批样弹性模量实测值 $E_p = 203\text{GPa}$

计算 N_1：

$L_{1中直线段} = 7\,918\text{mm}$

$$\begin{aligned}\Delta L_{1中直线段} &= P\times L_{1中直线段}/A_p/E_p\\ &= 750.4\times10^3\times7\,918/140/4/203\times10^3\\ &= 52.3\text{mm}\end{aligned}$$

$L_{1中曲线段} = 7\,327\text{mm}$

$$\begin{aligned}P_p &= P(1-e^{-(kx+\mu\theta)})/(kx+\mu\theta)\\ &= 750.4\times10^3\times(1-e^{-(0.001\,5\times7.327+0.23\times0.122)})/(0.001\,5\times7.327+0.23\times0.122)\\ &= 736.0\times10^3\text{N}\end{aligned}$$

$$\begin{aligned}\Delta L_{1中曲线段} &= P_p\times L_{1中曲线段}/A_p/E_p\\ &= 736.0\times10^3\times7\,327/140/4/203\times10^3\\ &= 47.4\text{mm}\end{aligned}$$

$\Delta L_{1中} = \Delta L_{1中直线段} + \Delta L_{1中曲线段} = 52.3 + 47.4 = 99.7\text{mm}$

则 N_1 的理论延伸量 $\Delta L_1 = 2\times\Delta L_{1中} = 2\times99.7 = 199\text{mm}$

N_1 的初应力伸长值 $\Delta L_{1初} = \Delta L_1/5 = 40\text{mm}$

计算 N_2：

$L_{2中直线段} = 9\,169mm$

$\Delta L_{2中直线段} = P \times L_{2中直线段}/A_p/E_p$

$= 750.4 \times 10^3 \times 9\,169/140/4/203 \times 10^3$

$= 60.5mm$

$L_{2中曲线段} = 6\,106mm$

$P_p = P(1 - e^{-(kx+\mu\theta)})/(kx + \mu\theta)$

$= 750.4 \times 10^3 \times (1 - e^{-(0.001\,5\times 6.106+0.23\times 0.122)})/(0.001\,5 \times 6.106 + 0.23 \times 0.122)$

$= 736.7 \times 10^3 N$

$\Delta L_{2中曲线段} = P_p \times L_{2中曲线段}/A_p/E_p$

$= 736.7 \times 10^3 \times 6\,106/140/4/203 \times 10^3$

$= 39.6mm$

$\Delta L_{2中} = \Delta L_{2中直线段} + \Delta L_{2中曲线段} = 60.5 + 39.6 = 100.1mm$

则 N_2 的理论延伸量　$\Delta L_2 = 2 \times \Delta L_{2中} = 2 \times 100.1 = 200mm$

N_2 的初应力伸长值　$\Delta L_{2初} = \Delta L_2/5 = 40mm$

计算 N_3：

$L_{3中直线段} = 10\,416mm$

$\Delta L_{3中直线段} = P \times L_{3中直线段}/A_p/E_p$

$= 750.4 \times 10^3 \times 10\,416/140/4/203 \times 10^3$

$= 68.8mm$

$L_{3中曲线段} = 4\,884mm$

$P_p = P(1 - e^{-(kx+\mu\theta)})/(kx + \mu\theta)$

$= 750.4 \times 10^3 \times (1 - e^{-(0.001\,5\times 4.884+0.23\times 0.122)})/(0.001\,5 \times 4.884 + 0.23 \times 0.122)$

$= 737.4 \times 10^3 N$

$\Delta L_{3中曲线段} = P_p \times L_{3中曲线段}/A_p/E_p$

$= 737.4 \times 10^3 \times 4\,884/140/4/203 \times 10^3$

$= 31.7mm$

$\Delta L_{3中} = \Delta L_{3中直线段} + \Delta L_{3中曲线段} = 68.8 + 31.7 = 100.5mm$

则：N_3 的理论延伸量　$\Delta L_3 = 2 \times \Delta L_{3中} = 2 \times 100.5 = 201mm$

N_3 的初应力伸长值　$\Delta L_{3初} = \Delta L_3/5 = 40mm$

计算 N_4：

$L_{4中直线段} = 14\,472mm$

$\Delta L_{4中直线段} = P \times L_{4中直线段}/A_p/E_p$

$= 739.2 \times 10^3 \times 14\,472/140/4/203 \times 10^3$

$= 94.1mm$

$L_{4中曲线段} = 733mm$

$P_p = P(1 - e^{-(kx+\mu\theta)})/(kx + \mu\theta)$

$= 739.2 \times 10^3 \times (1 - e^{-(0.001\,5\times 0.733+0.23\times 0.122)})/(0.001\,5 \times 0.733 + 0.23 \times 0.122)$

$= 728.6 \times 10^3 N$

$$\Delta L_{4中曲线段} = P_p \times L_{4中曲线段}/A_p/E_p$$
$$= 728.6 \times 10^3 \times 733/140/4/203 \times 10^3$$
$$= 4.7\text{mm}$$
$$\Delta L_{4中} = \Delta L_{4中直线段} + \Delta L_{4中曲线段} = 94.1 + 4.7 = 98.8\text{mm}$$

则：N_4 的理论延伸量　$\Delta L_4 = 2 \times \Delta L_{4中} = 2 \times 98.8 = 198\text{mm}$

N_4 的初应力伸长值　$\Delta L_{4初} = \Delta L_4/5 = 40\text{mm}$

通过测量千斤顶活塞伸出量再进行换算的方法也一般可以用于实际施工中，但动量计算单端钢绞线的伸长量就有就有 3～4mm 的误差，两侧同时张拉时共计有约 6～8mm 的误差（误差值的大小取决于工具锚夹片打紧程度），因此用测量千斤活塞的方法一般测出来的值都是偏大的。因此，对于钢束实际伸长值的测量，建议采用量测钢绞线绝对伸长值的方法，而不使用量测千斤顶活塞伸出量的方法。后者测得的伸长值须考虑工具锚处钢束回缩及夹片滑移等影响，尤其是在钢绞线较长，必须进行分级张拉时，更为繁琐，若直接通过测量千斤顶活塞的伸出量，则误差类计更大；单前者使用一个标尺直接固定在钢绞线上，不论经过几个行程，均以此来量测分级钢绞线的长度，累计的结果就是初应力与终应力之间的实测伸长值。

预制混凝土箱梁张拉完毕后应注意量测梁跨中 1、3、7、14 和 30(d)的箱梁起拱值，在现场及时掌握箱梁混凝土在发生徐变和回缩以及混凝土强度在逐渐增长的情况下，起拱值的响应变化情况，以便在发生意外情况时，及时地采取响应解决措施。

2.5　箱梁模板制作的改进工艺

箱梁模板一般由专业生产厂家制作的定型钢模板，由于模板厂家的“自我封闭”制作，一些箱梁施工中的具体细节很容易被忽略，直接会导致模板难拆、箱梁表面出现缺陷等问题。因此，在模板生产前，首先要让生产厂家提交出合理的模板生产标准图，然后，我们会同现场技术员对其中的一些细节进行着重的研究落实。例如，由于箱梁横隔板处过人洞尺寸较小，如果两横隔梁中间部分的内模板块较大，则会直接导致内模拆下后拉不出去。且横隔梁倒角处的倒角内模需要与其他内模分离，防止因内模板块过大而拆不下来，如图 2。

图 2　模板拆除示意图

为确保振捣时不漏浆，外模拼装过程中，外模接口处通常用海面胶进行粘贴、封闭。但这种做法很难做到万无一失，经常会出现漏浆情况，对箱梁的质量和外观有很大的影响。笔者所在梁场采用在海面胶条之间夹上一层厚 3mm、宽 1cm 的皮条，这样就可最大限度地避免漏浆情况的出现，确保梁体的外观质量。

模板腹板安装完毕之后我们技术员通常采用尺子量测腹板宽，由于尺子端头固有的铁片的影响，当尺子靠住模板后，在腹板与尺子之间会有一定的空隙，且尺子测量的位置也不一定准确，通常腹板内部宽度不能量测到位，这些因素将会导致验收时产生较大的误差。我们为改进这种情况，特制作了固定的 T 形钢筋仪，如图 3 所示的结构形式。此种改进方式可以将误差降至最低，是比较标准的一种方式。

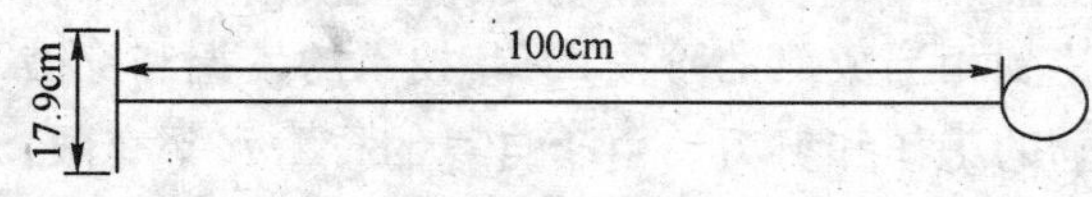

图 3　T 形钢筋仪结构形式

2.6 混凝土的浇筑

(1)振捣混凝土时，不仅要使用插入式振动棒，还要使用附着式振动器，起到对梁体表面辅助振捣的作用。那么，附着式振动器的安放数量及安放位置的合宜性将会直接影响箱梁的施工。附着式振动器安放过多，势必浪费资源，增加劳动强度，且容易产生过振；附着式振动器安放过少，起不到辅助振捣的作用。笔者所在梁场根据 1m³ 混凝土双侧满足规范摊铺的要求，采用梅花状安置振动器的方式，相互间隔 1m。实践证明：这种方式即能满足流水施工的要求，也能起到良好的振捣效果，见图 4。

图 4　梅花状安置振动器

(2)混凝土浇筑的施工工序在混凝土施工中占有非常重要的位置，根据规范的要求，混凝土振捣过程中混凝土的摊铺厚度适宜控制在 20～30cm 范围进行振捣。在实际的施工中，由于混凝土振捣工自身的技术水平欠缺，经常会出现如下问题：放料时，1m³ 混凝土被直接放成一堆，而混凝土振捣工就死守在一个部位进行振捣；这样的情况直接会导致混凝土振捣不密实，很容易产生气泡、麻面。箱梁浇筑通常分三个阶段(底板、腹板、顶板)，三个阶段应该相互交叉，递推而进；但振捣工习惯于将一个阶段浇筑完毕之后，再进行下一阶段；由于底板浇筑时间过长，这种方式很容易造成底部的整体地出现棱纹。混凝土振捣工单侧浇筑很可能会使内模产生侧移，导致腹板宽度不均衡。因此，对于箱梁这种大体积混凝土的施工，如何控制和组织切实可行的混凝土浇筑施工工序显得格外的重要，它可以确保混凝土振捣时的良好效果和箱梁成型后的质量。如图 5 所示混凝土的施工工序，其施工照片见图 6。

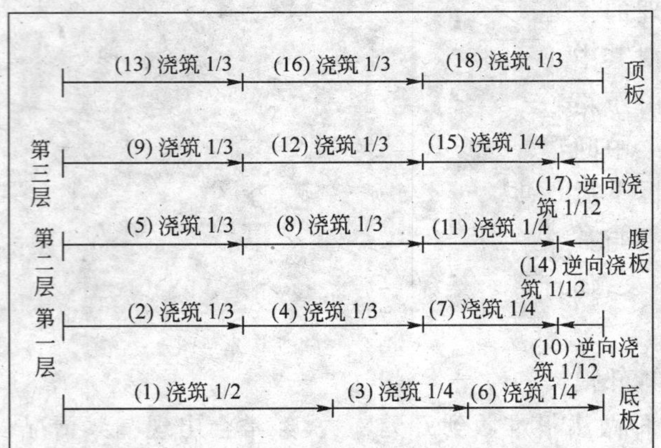

图 5　混凝土的施工工序示意图

注：本施工顺序仅供参考，现场混凝土振捣人工要根据现场混凝土的实际情况进行振捣混凝土。但现场混凝土的铺设长度不得低于图内所示。腹板振捣分三层，每层 30cm 左右。

图 6　混凝土施工照片

3　结语

目前，预制预应力混凝土箱梁的施工技术已达到相当成熟的阶段，但其技术的发掘和突破仍然是无止境的，这有待我们广大技术工作者辛勤的工作和努力。由于自身的技术水平有限，文中如有不妥之处，恳请各位同仁进行斧正。

浅谈枢纽互通方案选型

周中兴[1]　李清斌[2]

（1. 铁道第四勘察设计院公路处；
2. 河南中原高速公路股份有限公司）

摘　要　本文通过实例简要介绍郑石高速公路余官营枢纽互通立交设计方案的选型因素，通过工程方案的比选过程，提出了可行的方案。

关键词　枢纽互通立交　方案选型　设计

1　引言

随着国民经济快速可持续的发展，高等级公路在我国大量兴建，为充分发挥高速公路的服务功能，增强路网对对方经济的带动作用，便于高速公路间快速、便捷地转换交通，连接两条甚至多条高速公路的枢纽性互通选型关系到路网功能作用的发挥，对是否能发挥高速公路的运营效益，合理组织、引导和疏散高速公路间的交通流起着关键的作用。

笔者经过多条高速公路的设计实践，结合工程实例，通过技术经济比较得出适合工程实际、投资造价合适、体现安全环保理念的互通立交工程方案。下面结合郑石高速公路余官营枢纽互通的实例的选型浅谈一下设计思路。

2　立交的基本条件

郑石高速公路是河南省高速公路网规划的重要组成部分，也是交通部典型示范工程。余官营互通式立体交叉位于平顶山市宝丰县周庄镇余官营村，是郑石高速公路与平临高速公路交叉的枢纽互通，也是郑石高速公路的一个重要节点。立交通过多次方案优化比选，最终确定了采用主线上跨的半直连＋半苜蓿叶组合型方案，并据此形式付诸实施。

2.1　相交道路的性质

相交道路为平临高速，相交角度 60 度。平顶山至临汝段高速公路是南（京）洛（阳）高速公路的重要组成部分之一，也是河南省干线公路网规划的“五纵、四横、四通道”中的重要一横。该项目东起叶县县城东环路，终点位于平顶山与洛阳交界处的汝州市临汝镇西营新村。按平原微丘区六车道高速公路标准设计，设计行车速度 120km/h，路基宽 28m。

2.2　地形地貌特征

立交范围内地势较为广阔平坦，立交东侧为余官营村，其余皆为旱地，不受其他用地规划限制。互通范围内有一条 500kV 高压线及其高压铁塔（塔高 45m），离互通中心较近，互通布置时充分考虑了与高压线及铁塔的接近、交叉的基本要求。

立交范围内主线依次跨越昭平台北干渠、平临高速公路、孟宝铁路、省道 S241。

3 立交型式的选择

3.1 计算单向设计小时交通量

计算公式如下：DDHV＝AADT×K×D

式中：DDHV——每小时转向交通量；

AADT——每昼夜转向交通量；

K——设计小时交通量系数；

D——方向不均匀系数(%)。

通过以上的计算，交通量均较小，结果见表1，环形匝道即可满足交通量转换的需要，但考虑到为枢纽互通，采用半直连式匝道与环形匝道相结合的互通形式。车速高、流量大的主流向采用半直连式匝道，而相对车速低、流量少的次要流向则采用环形匝道。由图1可知，立交主要转向交通为东-北方向(①～④)，其次为西-北方向(①～②)，其他方向交通量相对较少，故东、西-北方向匝道标准相对要高，南-东、西方向匝道标准可适当降低。

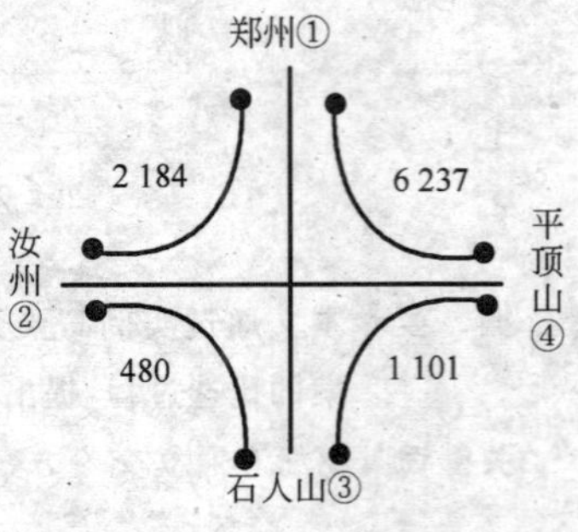

图1 2028年预测交通流量图

设计小时交通量计算表 表1

转弯方向	AADT(辆/昼夜)	K	D	DDHV(辆/小时)
郑州—平顶山	6 237	0.125	0.6	468
郑州—汝州	2 184	0.125	0.6	164
石人山—平顶山	1 101	0.125	0.6	83
石人山—汝州	480	0.125	0.6	36

3.2 现状重要构筑物制约分析

被交路平临高速公路为在建项目，路基已经成型。设计时应尽量减少对其的影响。设计时考虑郑石高速上跨平临高速，同时在布置匝道线型时尽量避开平临高速既有大型桥梁，避免桥上桥，影响施工。

互通东侧为余官营村，为减少拆迁，设计时必须控制互通规模，尽量采用布局紧凑，占地较少的互通形式。

互通西北侧有一条现状500kV高压线及高压铁塔，互通布置时，必须满足其交叉、接近的要求。

互通主线跨越构筑物较多，依次跨越昭平台北干渠、平临高速公路、孟宝铁路、省道S241，致使互通范围内主线高程较高，纵坡较大，考虑互通形式时，应尽量利用主线桥布置匝道。

充分考虑上述几种情况后，本次设计经过了多方案的比选，最终进行了两种半直连式匝道与环形匝道的混合型方案的同深度比较。

(1)方案一(图2)

该方案为半直连式匝道与环形匝道的混合型，根据规范相应规定，在混合型立交中环形匝道不超过两条，而且应布置在对角象限中。在本互通中郑州—平顶山交通量较大，设置半直连式匝道，所以环形匝道的布置空间有限，只能在南北象限。故互通布置中两个方向左转采用半直连式匝道，上跨平临高速公路；两个方向左转采用远引式环形匝道，下穿主线。每个方向右转匝道均从左转匝道上分流，接入主线，除环形匝道外各方向平纵面指标满足 60km/h 车速要求。

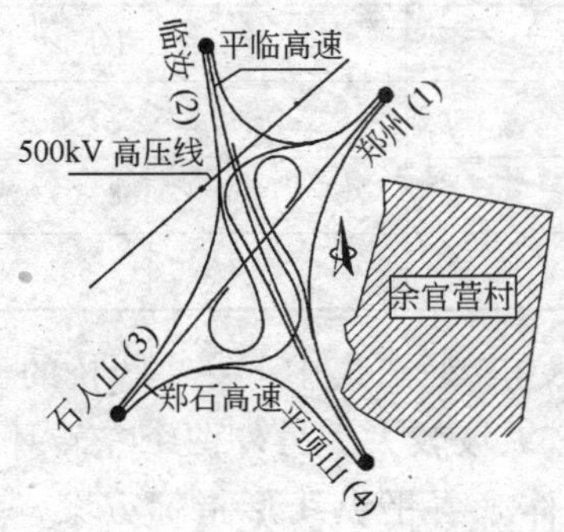

图 2 立交方案一

此方案充分利用主线桥下净空较高的特点布设各左转车道。部分交通量不大的匝道从主线桥下穿过，通过环形匝道完成左转。该方案布局紧凑，每个方向左右转均在匝道上分流，大大减少了对主线直行车的干扰。该方案外形优美流畅，行驶在郑石高速公路的主线桥上，余官营互通的全貌可以展现在驾驶员面前。

作为枢纽互通，方案一平纵面线形指标较高，可以使两条高速公路的转向车流保持较高的车速。每个方向只有一个出口，左右转交通在匝道上分流，便于转向车的交通组织；每个方向上高速公路的入口有两个，前后两个入口间距超过 300m，满足出口间距要求。匝道有两条跨平临高速，施工时对其运营有一定影响，但匝道桥与平临高速斜交角度较大，均可分跨跨过，施工时可尽量减少对平临高速的干扰。

(2)方案二(图 3)

该方案亦为半直连式匝道与环形匝道的混合型，为尽量减少互通对余官营村的影响，匝道尽量远离村庄布设。

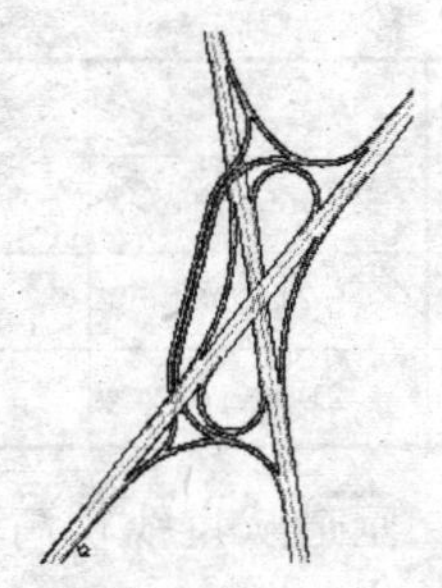

图 3 立交方案二

郑州至平顶山交通量较大的匝道设为半直连匝道，平顶山至汝州由于匝道布置的全面考虑，也采用半直连匝道，平纵线形指标按 60km/h 考虑，平面最小半径 180m；另外两条交通量较小的左转匝道线形指标稍低，均采用环形匝道，平面最小半径 80m，按 40km/h 考虑。该方案匝道有二座桥跨平临公路，选择在同一位置附近跨越，尽量减少施工时对其运营有的影响。

两个方案线形指标如表 2 所示。

两个方案线形指标　　表 2

比较指标	方案一	方案二
圆曲线最小半径(m)(不包括环形匝道)	150	180
反弯线形	无	两处
最大纵坡(%)	4%(1 处)	5.6%(3 处)
相临出入口最小间距(m)	240.8	188.3
匝道总长度(m)	5 719.904	5 942.601

分析上表比较结果,我们可以看出方案一由于采用左转匝道集中下穿主线桥的型式,平纵指标比较均衡。方案二一左转匝道从主线桥高位接出,纵坡较大。另外两个左转环形匝道也由于环形平面长度有限,接入主线时纵坡也较大。总体来看平纵线形指标方案一稍优于方案二。

两个方案总体布局如表 3 所示。

两个方案总体布局　　表 3

比较指标	方案一	方案二
互通形式	半直连半苜蓿叶型	半直连半苜蓿叶型
环形匝道布置形式	对角象限远引式	对角象限一般式
最大交通量方向左转匝道形式	半直连式	半直连式
半直连式匝道布置形式	对称布置	并列布置

分析上表比较结果,我们可以看出方案一、方案二均为混合式立交。方案一采用对称布置,外形新颖美观。方案二半直连式匝道独象限并列布置,外型紧凑。方案上报后,业主倾向于对称布置。

两个方案经济指标比较如表 4 所示。

两个方案经济指标　　表 4

比较指标	方案一	方案二	比较指标	方案一	方案二
路面数量(1 000m^2)	38.39	36.5	占地面积(亩)	665.52	601.3
跨线桥(m/座)	1 060.2/2	1 005.6/2	匝道总长度(m)	5 719.904	5 542.601
路基土石方(m^3)	499 644.5	402 260	估算工程造价(万元)	21 067.05	18 784.5

如果仅从经济比较上看,方案二稍优于方案一,但由于方案二匝道从主线桥高位接出,纵坡较大,且存在反弯线形,不利于行车安全,将大大降低立交本身的功能及服务等级。而方案一充分利用主线桥下净空较高的特点布设各左转车道。部分交通量不大的匝道集中从主线桥下穿过,通过远引式环形匝道完成左转,布局紧凑,样式新颖、功能齐全、规模适中、线形指标高。无论从功能上,还是从服务水平上均高于方案二,因此将方案一作为推荐方案。

4　结语

通过余官营互通立交的设计,笔者认为要做好一个立交设计,必须从深入调查研究着手,充分掌握第一手资料,包括交通量的调查、分析、论证及预测,以及立交区域的地形地貌的调查，抓住主流，精心设计，集思广益，不断论证优化设计方案，并在满足交通功能的前提下，强调其实用性、安全性及美观性，使道路立交不仅能发挥其交通运输的功能，而且能使其成为一个高速公路的新景观。

参考文献

[1] 吴国雄，李方. 互通式立体交叉设计范例. 北京：人民交通出版社，2002.

[2] 乔翔，蔺惠茹. 公路立交规划与设计实务. 北京：人民交通出版社，2001.

[3] 贺拴海，徐岳，等. 道路立交的规划与设计. 北京：人民交通出版社，1994.

双洎河大桥旋挖钻钻孔施工技术

秦海潮

（山东省路桥集团有限公司）

摘　要　双洎河钻孔的施工大部分是在水下进行的，其施工过程无法观察，成桩后也不能进行开挖验收。根据实际情况，双洎河大桥地下桩采用先进的旋挖钻钻孔施工，施工中任何一个环节出现问题，都将直接影响到整个工程的质量和进度，甚至给施工方造成巨大的经济损失和不良的社会影响。实践证明，旋挖钻的钻孔施工在双洎河大桥地下桩的施工中取得了巨大的成功。

关键词　旋挖钻　钻孔　施工

钻孔灌注桩的施工大部分是在水下进行的，其施工过程无法观察，成桩后也不能进行开挖验收。施工中任何一个环节出现问题，都将直接影响到整个工程的质量和进度，甚至给施工方造成巨大的经济损失和不良的社会影响。因此，要求基础施工队伍在施工技术措施上要落实，并加强施工质量管理，密切注意抓好施工过程中每一个环节的质量，力争将隐患消除在成桩之前。旋挖钻机施工技术，因其具有对各种土层的适应性强、无挤压效应、无振害、噪声小、无泥浆、成孔速度快等特点，在工程中得到了广泛的应用。

1　工程概况

郑州至石人山高速公路是河南省规划的重要干线公路之一，同时也是交通部公路勘测设计典型示范工程，全长 182.22km。其中郑石高速 4 合同双洎河大桥，设计时速 120km/h，桥长 727m，钻孔灌注桩共 104 根，设计均为摩擦桩，ϕ1.8m 桩：92 棵，总长 4 212m；ϕ1.5m 桩：4 棵，总长 148m；ϕ1.2m 桩：8 棵，总长 264m。

2　旋挖钻钻孔技术

2.1　双洎河大桥桥位地形、地质

双洎河河谷地带地势平整，双洎河大桥桩基基本上在河谷地带，适宜于旋挖钻钻机的施工布置。在勘探深度内，所见地层均为第四系地层。表层以红色、黄褐色及灰黄色亚黏土、亚砂土为主（深度 2～5m），中部为砂、卵石层（深度 10m 左右），下部为老黏土，局部弱胶结（深度 30m 左右）。且表层水较丰富，地面以下 2m 就会出现渗水情况，因此，此处采用挖孔形式不合适宜。由于此工程工程紧、任务重，冲击钻钻孔速度慢且需大量使用，工程费用也会猛增，在很大程度上冲击钻钻孔不能满足施工中的实际要求。因此工程中采用了旋挖钻钻孔施工。

2.2　旋挖钻的施工工艺

全液压旋挖钻机整机自动化程度高，其水平、垂直度和钻孔中心由指示灯控制，操作室配置钻进深度指示仪。钻孔过程中采用泥浆护壁，保证孔壁不坍塌。当护筒埋设好后，灌入配好的稳定液，将侧面铰刀安装在钻头内侧，开始加压旋转钻杆及钻头，钻进取土，先启动泥浆泵和

转盘，使之空转一段时间，待泥浆输进一定数量后，方可开始钻进。接、卸钻杆的动作要迅速、安全，争取在尽快时间内完成，以免停钻时间过长，增加孔底沉淀。当钻头内装满土后，将之提升上来，旋转钻机，将土弃于自卸车上运走，关闭钻头活门，转回钻头至钻进点，继续钻进。钻孔过程中注意对孔内补充稳定液，注意钻头的升降速度，防止速度过快导致塌孔。因此，开钻初期低挡慢速钻进，待导向部位或钻头全部进入地层后，方可加速钻进，在不同的地质调整转速与进尺，钻进速度与泥浆排量相适应。所以在轻亚黏土或亚黏土夹卵、砾石层中钻进时，因土层太硬，会引起钻锥跳动和钻杆摆动加大及钻锥偏斜等现象，易使钻机超负荷损坏。宜采用低挡慢速，优质泥浆，大泵量，两级钻进的方法钻进。

2.3 旋挖钻施工的技术优势

(1)旋挖钻钻机采用全电脑控制，可以采用电脑坐标仪在钻孔前就定准钻头与孔位中心再同一直线上，以便很好地控制钻头的钻进方向。一旦出现钻杆偏离标准钻进中心 1cm，钻机电脑系统将会发出警告指令，使操作者及时调整中心位置，从而确保成孔孔位的精确性。旋挖钻的电脑控制还可以直接测出钻头的钻进深度，避免了冲击钻在钻进过程中时不时地要用测绳测控深的麻烦，只需要在最后成孔时来进行量测孔深，见图 1。

(2)旋挖钻钻机的稳定性好于冲击钻，一旦旋挖钻定位，其偏离情况可忽略不记，并且旋挖钻可以灵活移位，可以很快地为下道工序提供出工作面，见图 2。

图 1

图 2

(3)旋挖钻钻进表层时，对地质的适应性较强，埋设护筒一般比较方便、快捷。由于桥位处的地表层多为松散无黏结性的松散卵石层，因此，当进行混凝土浇筑护壁时，护壁的深度将达到数十米，这将不适合冲击钻的施工。旋挖钻可用钻头直接开口放置护筒，但护筒需加高成 3m 左右，护筒放置好后，再用装黏土的土袋进行护边，确保桩口不产生塌陷。

(4)旋挖钻在施工当中对坚硬岩层有很好的适应性，其钻头的特殊构造可以直接掏取地下卵石。旋挖钻一般采取正旋钻进、反旋挖出的方式，将大体积卵石直接带到地面。此种做法能够很好地对比设计院所给的地质图，以便发现不符时，及时地采取相应对策，见图 3。

(5)现代高速公路施工对环境的影响特别大，尤其是在钻孔期间，所产生的噪声污染、泥浆排放污染，对于当地百姓的生产、生活产生了巨大的负面影响。冲击钻在挖孔桩的施工中由于需要大量的泥浆且不能循环使用，导致这种污染愈演愈烈。旋挖钻的泥浆使用可将这种危害情况显著降低。旋挖钻的泥浆可循环使用，即使浇筑地下桩之后，也可使泥浆重新流回泥浆池，从新进行利用，直到地下桩全部浇筑完毕，见图 4。

图 3

图 4

(6)为有效地防止塌孔、缩径及桩孔偏斜等现象，除了在复核旋挖钻钻具长度时注意检查钻杆是否弯曲外，还根据不同土层情况对比地质资料，随时调整钻进速度，并描绘出钻进成孔时间曲线。当钻进粉砂层进尺明显下降，在黏土钻进最快 0.2m/min 左右，在细粉砂层钻进都是 0.015m/min 左右，两者进尺速度相差很大。钻头直径的大小将直接影响孔径的大小，在施工过程中要经常复核钻头直径，如发现其磨损超过 10mm 就要及时调换钻头。

(7)旋挖钻的成孔质量较高，一般不需要进行二次清空，避免了反复施工的缺陷。旋挖钻在开钻之初，对于泥浆的性能的要求较高，一般来说，泥浆比重要达到 1.5 左右，在桩长达到设计长度之前，逐渐地降低泥浆比重，直至比重达到 1.05 左右，再由钻头进行反复清孔，避免沉淀层厚度过大。

3 结语

旋挖钻的应用在郑石高速公路的钻孔施工中是一种新工艺，它的许多施工技术都有待我们广大工程技术人员去学习和探讨。本文仅从很简略的施工技术方面介绍了一下旋挖钻的施工特点，请广大同仁批评指正。

混凝土构件在施工阶段产生裂缝的原因简析及预防

宋立新

（郑石高速公路 No.20 土建合同段）

摘　要　本文对混凝土构件在施工阶段产生裂缝的原因进行了简要分析，同时提出了相应的预防措施，可供工程建设人员参考。

关键词　混凝土构件　裂缝　原因

混凝土是由集料、水泥石以及存留其中的水分、气体组成的一种非匀质脆性材料。它具有取材广、价格低、抗压强度高、易浇筑成各种形状、易养护、耐火好、抗风化等优点，在公路、铁路、水利及建筑行业中广泛应用。但混凝土最大的缺点是抗拉性能差、易开裂，该缺点成为了影响混凝土构件使用寿命的主要原因之一。混凝土的这一缺点是与生俱来的：混凝土在硬化过程中，在温度、湿度变化的条件下各种材料产生不一致的体积变形，其变形相互约束而产生初始拉应力或剪应力，使集料与水泥石之间或水泥石本身产生肉眼几乎不可见的（宽度小于0.05mm）裂缝，通常称为微裂，因它对构件的使用无多大危害，也称之无害裂缝。但随着各类荷载作用及进一步产生温差、收缩等情况下，部分裂缝会继续发展而演变成为可见的、对构件使用影响较大的有害裂缝。本文仅就混凝土构件在施工阶段产生裂缝的原因进行简析，并总结相应的预防方法，以与广大同仁商榷。

1　收缩引起的裂缝

在施工过程中，混凝土裂缝多半是因收缩所引起的，通称收缩裂缝。收缩裂缝包括塑性收缩裂缝、凝缩裂缝、沉降收缩裂缝、干燥收缩裂缝及碳化收缩裂缝等，其中以塑性收缩裂缝和干燥收缩裂缝为多见。

(1)塑性收缩裂缝。一般产生混凝土浇筑后4h左右，此时水泥水化反应较为激烈，当环境温度高、风速大，混凝土表面水分急剧蒸发，混凝土便会失水引起收缩，因此阶段混凝土尚未硬化，称为塑性收缩。塑性收缩一般出现在暴露构件的表面，形状规则、长短不一，互不连贯、深度较浅，多出现在构件竖向变截面处。

(2)凝缩裂缝。多出现在混凝土初凝期间，为浅表裂缝，呈碎小的六角花纹状。它是因为对结构物表面过分压光引起的。在对表面压光的过程中，使得混凝土粗集料下沉，表面留下水泥浆及细集料，它相对而言比它下层的混凝土具有更大的收缩性。因而当混凝土表面水分流失时，表层会因收缩率更大而产生裂缝。另外，若用在混凝土表面撒干水泥的方法进行表面压光，同样会产生凝缩裂缝。

(3)沉降收缩裂缝。多出现在混凝土初凝阶段，裂缝一般顺钢筋通长方向或箍筋上断续出现，裂缝呈“V”字形，宽度1～4mm，深及钢筋表面。因混凝土振捣后，粗集料沿竖向沉落，当这种沉落受到钢筋、预埋件或先前凝固的混凝土的阻碍、约束时，或混凝土自身各部分沉降量相差过大时，均会出现沉降裂缝。

(4)干燥收缩裂缝。裂缝宽度多在0.05～0.2mm之间，为表面裂缝，呈纵横交错、无规律分布。该裂缝多出现在构件在露天裸置一段时间之后，会随外界湿度的变化而发展。混凝土结硬以后，随着表层水分逐步蒸发，湿度逐步降低，混凝土体积减小。因混凝土表层水分损失快，内部损失慢，因此产生表面收缩大，内部收缩小的不均匀收缩，表面收缩变形受到内部混凝土的约束，致使表面混凝土承受拉力，当表面混凝土承受拉力超过其抗拉强度时，便产生因干燥引起的收缩裂缝。

(5)碳化收缩裂缝。空气中的二氧化碳与水泥中的氢氧化钙发生化学反应引起表面体积收缩，而这种收缩又受到其内部未碳化的混凝土的约束，进而使混凝土表面产生龟裂。裂缝一般深度1～6mm、宽度0.05～0.2mm，在空气相对湿度较小的环境中较为显著，且随二氧化碳的浓度的增加而加快。

混凝土收缩裂缝一旦发展为有害裂缝，则直接影响结构物的寿命。空气会通过裂缝对钢筋产生锈蚀，使氧化后的钢筋表面产生体积膨胀，进而加大裂缝，直至混凝土沿钢筋表面剥脱，最终导致构件的破坏，因而对收缩裂缝进行研究是非常必要的。

通过观察发现，混凝土收缩裂缝大部分属于表面裂缝，裂缝宽度较细，成龟裂状，形状无规律。研究表明，影响混凝土收缩裂缝的主要因素有：

(1)水泥的使用。使用收缩率较大的水泥，如矿渣水泥、快硬水泥、低热水泥混凝土收缩性较高，普通水泥、火山灰水泥混凝土收缩性较低；水泥用量越大，则混凝土收缩越大，且发生收缩时间越长；为了提高混凝土的早期强度，施工中经常无原则增加水泥用量，这样做的结果加大了裂缝出现的机会。

(2)集料的使用。过量使用粉砂会加大混凝土的体积收缩；同时粗集料中石英、石灰岩、白云岩、花岗岩、长石等，其吸水率较小，相对收缩性亦较低；而砂岩、板岩、角闪岩等吸水率较大，其收缩性亦较高。

(3)水灰比的选择。混凝土水灰比过大，或模板、保护层垫块过于干燥，均会引起混凝土的局部收缩。

(4)外加剂的选择。外加剂的保水性越好，则混凝土收缩越小。

(5)养护方法。良好的养护可以缩短混凝土的水化反应过程，使混凝土获得较高的强度。养护时保持湿度越高，气温越低，养护时间越长，则混凝土的收缩越小。

(6)外界环境的影响。空气干燥、温度高、风速大，则混凝土水分蒸发快，混凝土收缩也越快。

(7)结构物外形。在斜坡上浇筑混凝土时，由于重力作用，混凝土有向下流动的倾向，这种倾向会导致塑性裂缝的产生。

(8)振捣方式及时间。混凝土的振捣时间应根据机械性能决定，一般每次5～15为宜。欠振会引起振捣不密实，形成混凝土强度不足或不均匀；过振则会造成混凝土的分层、离析，使粗集料下沉，细集料留在上层，上层易发生收缩裂缝。因此，在条件容许时，提倡在一次振捣后半小时左右进行二次振捣。

为减小混凝土收缩，可采取以下措施：

(1)施工时应控制水灰比及水泥用量，选择良好的级配，减小空隙率及砂率。

(2)混凝土振捣要密实，浇筑前对混凝土界面及模板应用水充分湿润。

(3)对已完成的部分应及时用麻袋或棉毡覆盖并保湿养护，尤其在风大、炎热的环境条件下更要加强表面的压抹及养护工作。

(4)如结构物表面粗糙、粗集料较多、难以压光时，可采取适量撒稠水泥浆的方式进行压光，避免撒干水泥进行刮抹，以减少凝缩裂缝的产生。

(5)对于由下至上截面相差较大的构件，在浇筑时应先浇较深部位，且控制浇筑速度，以避免沉降过大导致沉降裂缝。

(6)避免对混凝土表面过度收光或过振；在冬季施工时，避免在通风状况不佳的情况下用火炉加热的方式进行保温养护，提倡用蒸汽养护。

(7)对预制后的后张法预应力构件，除强化养护外，一旦强度达到设计要求，应及时施加预应力。

2 温度裂缝

表面温度裂缝多发生在施工期间，一般表现为走向无一定规律性；梁板类或长度尺寸较大的结构构件，裂缝多平行于短边；大面积结构裂缝常纵横交错。深进的和贯穿的温度裂缝，一般与短边方向平行或接近于平行，裂缝沿全长分段出现，中间较密。裂缝宽度一般在0.5mm以下，沿全长没有多大变化。

表面温度裂缝的产生，大致有以下原因：

(1)表面温度裂缝大多由于温差较大引起的。因混凝土具有热胀冷缩性质，混凝土结构构件尤其是大体积混凝土，在硬化期间水泥放出大量的水化热，致使混凝土内部与表面温差较大。当温度产生非均匀的降温差时，将导致混凝土表面急剧的温度变化而产生较大的降温收缩，此时表面受到内部混凝土的约束，将产生很大的拉应力，而混凝土早期抗拉强度很低，因而出现裂缝。

(2)在冬季施工时，养护措施不力，导致混凝土表面温度起伏不定，或养生覆盖物、养生棚拆除过快，温度下降梯度过大，而受到肋部或模板的约束，常导致构件表面、截面变化处或肋部出现裂缝引起温度裂缝。

(3)当浇筑箱形混凝土结构物时，箱体内外的通风差，导致箱体内外产生较大温差，进而因结构物不能承受过大的环向温度应力而产生温度裂缝。因此，在箱形结构物上设置足够数量的通风孔，对结构物而言无论是施工阶段还是使用阶段，都是非常必要的。

(4)当大体积混凝土基础、墙体浇筑在坚硬地基、特别是岩石地基上时，没有采取隔离层等放松约束的措施。当混凝土降温收缩，全部或部分地受到地基、混凝土垫层或其他外部结构的约束，将会在混凝土内部出现很大的拉应力，产生降温收缩裂缝。

对温度裂缝可采取以下预防措施：

(1)合理选择原材料和配合比，采用级配良好的石子；砂、石含泥量控制在规定范围内；对高标号混凝土掺加减水剂，降低水灰比；控制水泥用量；严格施工分层浇筑振捣密实，以提高混凝土抗拉强度。

(2)对大体积混凝土尽量采用低水化热水泥，或在不影响结构功用、设计强度的前提下，在混凝土内部埋置循环冷却水管，以有效降低混凝土内外温差；也可在混凝土中掺加缓凝剂，减缓浇筑速度，以利于散热。在设计允许的情况下，可掺入不大于混凝土体积25%的块石，以吸收热量，并节省混凝土。

(3)对细长或墙形结构，尽量采取分段间隔浇筑，或适当设置施工缝或间断缝，以减少来自底部的约束应力。

(4)利用长线台座生产构件时，应及时放松预应力筋，避免构件温度收缩受到台座、胎模、下部构件及预应力筋的约束而导致产生裂缝。

(5)蒸汽养护结构、构件时，应严格遵循规范要求，控制升温速度不大于15℃/h；降温速度不大于10℃/h，并缓慢揭盖，及时脱模，避免急热急冷，引起过大温度应力。

(6)当浇筑薄层混凝土时，每层浇筑厚度控制在30cm以下为宜，以加快热量的散发，并使温度分布较均匀，同时便于振捣密实，以提高弹性模量。

(7)加强早期养护，提高抗拉强度。对薄壁结构要适当延长拆模时间，使之缓慢地降温。拆模时，块体中部和表面温差控制不大于20℃，以防止急剧冷却，造成表面裂缝，基础混凝土拆模后应及时回填。

(8)加强温度控制，混凝土拌制时温度要低于25℃；浇筑时要低于30℃。浇筑后控制混凝土与大气温度差不大于25℃，混凝土本身内外温差在20℃以内；加强养护过程中的测温工作，发现温差过大，及时覆盖保温，使混凝土缓慢地降温，缓慢地收缩，以有效降低约束应力，提高结构抗拉能力。

3 沉陷裂缝

沉陷裂缝多属进深或贯穿性裂缝，其走向与沉陷情况有关，一般与地面垂直或呈30°～45°角方向。较大的贯穿性沉陷裂缝，往往上下或左右有一定的错距，裂缝宽度受温度变化影响小，因荷载大小而异，且与不均匀沉降值成比例。沉降裂缝的产生原因一般有以下几点：

(1)施工中构件下面的地基承载能力不均，或局部存在松软土，未经夯实和必要的加固处理，当混凝土浇筑后，地基产生不均匀沉降而引起裂缝。

(2)现场平卧生产的预制构件，底模部分支撑在回填土上，养护时浸水局部下沉，由于构件侧向抗弯能力很差，在构件的上侧面常出现裂缝。

(3)结构物顺长方向截面变化大，各部分自重荷载悬殊，未做必要的加强处理，混凝土浇筑后因地基受力不均，产生不均匀下沉，导致局部应力集中而出现裂缝。

(4)模板刚度不足，模板支撑不牢，支撑间距过大或支撑在松软土上；以及过早拆模，也常导致不均匀沉陷裂缝出现。

(5)冬期施工，模板支架支承在冻土层上，上部结构未达到规定强度时地层化冻下沉，使结构下垂或产生裂缝。

对沉降裂缝有以下预防措施：

(1)对软硬地基、松软土、填土地基应进行必要的夯(压)实和加固。避免直接在较深的松软土或填土上平卧生产较薄的预制构件。

(2)模板应支撑牢固，保证整修支撑系统有足够强度和刚度，并使地基受力均匀。拆模时间不能过早，应按规定执行。

(3)结构各部荷载悬殊的结构，适当增设构造钢筋。

(4)构件制作场地周围应作好排水措施，并注意防止水管漏水或养护水浸泡地基。

(5)模板支架一般不应支承在冻胀性土层上，如确实不可避免，则应加垫板，做好排水，覆盖好保温材料。

4 张拉裂缝

预应力梁板常在上表面或端头(包括横肋端头和纵肋端头)出现裂缝。板面裂缝多为横向，在板角部位呈45°角；端横肋靠近纵肋部位的裂缝，基本平行于肋高；纵肋端头裂缝呈斜向。此外，预应力构件的端头锚固区，常出现沿预应力筋方向的纵向裂缝，并断断续续延伸一定长度范围。桁架端头有时还出现垂直裂缝，其中拱形桁架上弦往往产生横向裂缝。

这种裂缝产生的主要原因有：

(1)后张法预应力构件，张拉后沿预应力筋孔道方向出现纵向裂缝。主要因为施工中预应力孔道定位不力或不准，孔道偏向一侧，当张拉时预应力筋会对孔壁产生较大的侧向分力，如遇混凝土较薄时，就会沿孔道侧面出现裂缝，严重时会产生局部崩裂。

(2)预应力板类构件的板面出现裂缝，主要因为预应力筋放张后，由于肋的刚度差，当控制力偏高时，受压后产生反拱，使板面出现拉应力，加上板面与纵肋收缩不一致，也使板面受拉，两种应力值叠加，当超过混凝土抗拉强度，便会出现横向裂缝。

(3)板面四角斜裂缝是由于端横肋对纵肋压缩变形的牵制作用，而在四角区出现对角线方向拉应力，加上收缩作用而引起裂缝。

(4)预应力桁架、托架等端头沿预应力方向的纵向水平裂缝，主要是构件端部节点尺寸不够和未配置足够的横向钢筋网片或钢箍，当张拉时，由于垂直预应力钢筋方向的"劈裂拉应力"而引起裂缝出现。此外，混凝土振捣不密实、张拉时混凝土强度偏低及张拉力超过规定等，都会引起这种裂缝出现。

对于张拉裂缝的预防措施，有以下几点：

(1)选择良好的混凝土配合比，加强混凝土振捣，保证混凝土的密实性和强度。

(2)预应力锚下的局部补强钢筋网片须保证其位置、数量；预应力锚下螺旋筋应按要求放置准确；预应力锚垫板定位要准确，保证预应力孔道轴线在端部与锚垫板承压面垂直，以防止因混凝土局部偏心受压而破裂。

(3)后张法施工时，张拉顺序应遵循全断面先受拉区、后受压区，且由中心向两侧对称进行的原则进行。必要时要进行计算，以板面不出现拉应力为度，使纵肋预应力钢筋引起的反拱减小，避免板面出现受拉裂缝。

(4)混凝土必须达到设计要求的强度，再进行预应力张拉或放张。操作时，控制应力应准确，并应缓慢放松预应力钢筋。

(5)模胎端部加弹性垫层或设置滑动面，或减缓模胎端头角度，并选用有效隔离剂，以防止或减少卡模现象。

5 冻胀裂缝

水的冰点为0℃，当环境温度达到0℃时，混凝土内部的游离水就会形成冰冻，导致混凝土体积膨胀，出现冻胀裂缝。冻胀裂缝表现为构件表面沿主筋、箍筋方向出现宽窄不一的裂缝，深度一般到主筋。

产生冻胀裂缝的主要原因有以下几点：

(1)冬期施工混凝土结构、构件未保温，混凝土早期遭受冻结，将表层混凝土冻胀，解冻后，钢筋部位变形仍不能恢复，而出现裂缝、剥落。

(2)冬期进行预应力孔道灌浆，未采取保温措施，或保温不善，孔道内灰浆含游离水分较多，受冻后体积膨胀，沿预应力筋方向孔道薄弱部位胀裂。

冻胀裂缝的预防措施有以下几点：

(1)冬期施工时，配制混凝土应采用普通水泥，低水灰比，并掺加适量早强型抗冻剂，以提高早期强度。对混凝土进行蓄热保温或加热养护，直至达到40%设计强度。

(2)冬期进行预应力构件孔道灌浆，必须灌浆时，应在灰浆中掺加早强型防冻减水剂，或掺加气剂，防止水泥沉淀产生游离水，灌浆后进行加热养护，直至达到规定强度。

(3)据研究表明，水在4℃时具有最大的容重，一旦高于或低于此温度均会产生体积膨胀。所以混凝土施工时应避开0～4℃这个温度段，冬季施工时混凝土入模温度应在6℃以上。

6　其他裂缝

因施工工艺不当导致的裂缝：在构件制作、脱模、运输、拼装、堆放、吊装过程中，由于各种原因而产生纵向的、横向的、斜向的、竖向的、水平的、表面的、深进的或贯穿的各种裂缝，特别是细长薄壁结构构件更容易出现。裂缝的深度、部位和走向都随产生的原因而异，裂缝宽度、深度和长度不一，无一定规律性。

原因分析：

(1)木模浇制的结构或构件，浇筑混凝土前模板未浇水湿透，或脱模剂失效，模板与混凝土黏结，模板大量吸水膨胀，常沿通长将柱、梁角拉裂。

(2)结构或构件成型或拆模时，受到剧烈振动，或大量施工荷载作用；拆模只撬一角，或用猛烈震动的办法脱模；模胎刚度不够，起吊脱模时受扭；构件过早拆模，混凝土强度不够，常导致出现沿钢筋的纵向或横向裂缝。

(3)在构件起吊或存放时，构件的受力状态与设计受力状态不符，局部出现过大的拉应力，致使混凝土构件产生横向裂缝甚至断裂。运输时构件受到剧烈的颠簸、冲击或急转弯产生扭转；拼装时，屋架倾斜，支撑不牢下沉或倾倒，都可能使构件发生裂缝。

(4)后张预应力构件或多孔道梁板成孔时，如抽芯过早、过快，产生塌孔或出现裂缝。抽芯过晚，芯管与混凝土黏结，混凝土容易被拉裂。

(5)构件起吊时，由于混凝土与底模黏连；吊装时，桁架等侧向刚度差的构件，侧向未采取临时加固措施；安装时下放速度太快或紧急制动，使构件承受过大的冲击荷载。

对于此类裂缝的预防措施有：

(1)重复使用的模板，表面一定要清理干净，并刷好脱模剂；浇筑混凝土前应对模板浇水湿润，减少因木模吸水而造成混凝土表面的水分损失。

(2)在构件成型或拆模作业时防止构件受到剧烈冲击、振动，脱模应使构件受力均匀。

(3)混凝土构件堆放场地应平整，并按其设计受力状态设置垫块；重叠堆放时，垫块应在一条竖线上。板、柱构件应避免侧放、反放；运输时，构件之间应设垫木并互相绑牢，防止晃动、碰撞、倾倒。拼装时要用支架撑牢，防止斜放或支撑失稳倾倒。

(4)采用抽拔胶管法制孔时，孔道必须平顺，符合设计线形，胶管外壁残留水泥浆必须清理干净并刷油；采用抽拔钢管制孔时，混凝土浇筑后，要定时转动钢管，抽芯管时间以手指按压混凝土表面不显印痕为宜，抽管时应平稳缓慢均匀，转动方向一致。

(5)预制构件胎模应选用有效的脱模剂，脱模前先用千斤顶均匀松动，再平缓起吊，防止构件受力不均或受扭。柱、薄腹梁、支架等大型构件吊装，应按规定设置吊点；对于屋架等侧向刚度差的构件，要用脚手杆横向加固，并设牵引绳，防止吊装过程中晃动、颠簸、碰撞。同时，下放要平稳，防止下放速度太快和紧急制动。

另外还有钢筋保护层太薄、钢筋除锈不彻底产生的锈蚀裂缝；因原材料质量导致的裂缝：如水泥体积安定性不良、强度不足、含碱量过高，集料中含云母、有机物、轻物质过多；使用未经软化处理的硬水或含碱的外加剂;设计阶段建立计算模型不当、计算荷载及施工阶段的施工荷载考虑不足、安全系数偏低,非常因素造成的冲击、基础位移等均会在结构的使用阶段产生不良裂缝,乃至结构破坏,因已超出本文讨论范围,在此均不细述。

7 结语

导致混凝土构件产生裂缝的因素很多,从设计计算、原材质量,到施工工艺、营运管理,每一环节出现问题,均会导致裂缝的产生,乃至直接影响结构物的使用寿命,甚至直接破坏,造成巨大的伤亡及经济损失。因此,要有效控制构件裂缝的产生、保证结构物的使用寿命,需要从设计、施工、监理、运营管理、维修等各环节着手,进行有效地、科学地、严格地控制,并认真遵循现行施工规范及技术标准。唯有如此,才能防患于未然,才能使结构物的使用寿命得以保证乃至延长,这也是我们所有业内工程技术人员、管理人员所共同期望的。

先张法钢绞线伸长值误差原因简析

刘　平

（郑石高速土建 NO.5 标项目部）

摘　要　简要分析了导致预应力钢绞线先张法伸长值异常的因素，并提出了施工中应采取的预防措施。

关键词　钢绞线先张法　伸长值　误差原因

预应力先张梁因其施工工艺成熟、工程造价经济等诸多优点，被广泛应用于公路工程之中。

在预应力先张梁施工中，钢绞线的张拉一般采用双控原则，即以张拉应力控制为主，以张拉伸长值校核为辅。《公路桥涵施工技术规范》(JTJ 041—2000)规定：预应力筋实际伸长值与理论伸长值的差值应符合设计要求，设计无规定时，实际伸长值与理论伸长值的差值应控制在±6%以内。钢绞线的实际伸长值从初应力开始量测，再加上初应力以下的推算伸长值，一般采用相邻级的伸长值。当相邻级伸长值出现误差时，在计算实际伸长值的最终结果时会将此误差翻倍，造成更大的误差。因此，弄清导致钢绞线伸长值异常的因素，并采取措施予以预防，对保证钢绞线伸长值误差不超限是很有必要的。

钢绞线的理论伸长值 ΔL 一般按下式计算：

$$\Delta L = P_p L/(A_p E_p)$$

式中：P_p——预应力筋的平均张拉力，直线筋取张拉端的拉力；

L——预应力筋的长度；

A_p——预应力筋的截面面积；

E_p——预应力筋的弹性模量。

从以上公式可知：P_p、L、A_p、E_p 是影响钢绞线伸长值的因素，其中 P_p 属于张拉设备方面的因素，L、A_p、E_p 属于钢绞线材料自身方面的因素。现结合本人实践，从张拉设备和钢绞线材料自身两方面对钢绞线伸长值误差原因做如下分析。

1　张拉设备方面的原因

1.1　初张拉的千斤顶与控制张拉的千斤顶应力不同步

在整体张拉、整体放张的预应力施工工艺中，初张拉一般采用穿心式千斤顶，控制张拉采用顶推式千斤顶。穿心式千斤顶与顶推式千斤顶可能存在应力不同步的问题。例如，穿心式千斤顶的 15%σ_{con} 可能略大于或略小于顶推式千斤顶 15%σ_{con}。出现这种情况的原因主要从千斤顶与油表对应关系方面分析：试验检测机构所给出的反映顶表对应关系的线性回归方程，一般情况下在张拉力较大时比较接近线性，精确度较高，而在张拉较小时不太接近线性，也就是通过线性方程计算出的油表的理论读数与通过试验测出的同一张拉力对应的油表实际读数有较大的差异。在施工过程中，油表的读数均按通过线性方程计算出的理论读数进行控制，这就有可能造成不同千斤顶之间应力不同步的问题。对于同一张拉控制应力，穿心式千斤顶的实际控制应力如果大于顶推式千斤顶的实际控制应力，初应力调整完毕，进行控制张拉时，当油表读数达到与理论初应力相同的理论控制应力时，钢绞线本应开始伸长，但由于应力不同步的问题，当顶推式千斤顶的实际控制应力大于实际初应力时，钢绞线才开始伸长，这就造成了实际伸长值比理论伸长值偏小，并很有可能超出误差允许范围。

要解决千斤顶应力不同步的问题，所选择的控制张拉的起算应力应大于初张拉的应力值，使之存在一定的差值，例如，初张拉应力值选 $15\%\sigma_{con}$，控制张拉起算应力选 $20\%\sigma_{con}$。

1.2 全部采用单根张拉时由于多次回顶造成的伸长值误差

预应力先张梁施工，80m 长的台座，钢绞线的理论伸长值为 60cm 左右、100m 长的台座，钢绞线的理论伸长值可达 70cm 多，穿心式千斤顶行程一般在 25cm 左右，实际可用行程也就 22cm 左右。采用单根张拉的施工工艺时，每根钢绞线大约需要回顶三次。回顶锚固时张拉端钢绞线会产生回缩，多次回顶使误差累积增大。

因此在选择预应力施工工艺时，应尽量选择整体张拉、整体放张的施工工艺。整体张拉与单根张拉相比，具有受力均匀、减小伸长值误差、减小预应力损失、减少滑丝断丝、缩短施工周期等优点。

1.3 张拉设备出现故障

千斤顶长时间使用可能出现油封老化的现象，导致千斤顶漏油，无法进行持荷，难以达到要求的张拉控制应力。油表受到外力碰撞或受热、受潮过度等，可能会出现故障，与千斤顶的对应关系发生改变。

以上情况的出现，都有可能导致钢绞线伸长值误差超限。因此张拉设备在使用过程中要特别爱惜，经常进行保养。当千斤顶使用超过 6 个月或 200 次或在使用过程中出现不正常现象或检修以后应重新检验。进行张拉设备的检校应尽量到资质等级高、信誉好的试验检测机构。

2 钢绞线材料自身方面的原因

2.1 一根钢绞线由两段捻向不同的钢绞线用连接器连接而成

钢绞线共有两种捻向：左捻和右捻，一般为左捻。在整体张拉的施工工艺中，当一根钢绞线由两段捻向不同的钢绞线用连接器连接而成，进行张拉时，两段钢绞线从连接器处发生转动，原本捻紧的各股钢丝变得松散而伸长，这样当这根钢绞线达到某一伸长值时，张拉力无需达到相应的理论值，多出来的这部分张拉力就分摊到未松散的钢绞线上，使这些钢绞线因实际张拉力增大而导致伸长值增大。这样一方面因捻紧的钢丝松散导致钢绞线伸长，另一方面未松散的钢绞线上分担多余的张拉力而使伸长值加大，两方面一叠加会导致伸长值严重超出误差允许范围。

在施工实际中，不用连接器的各根钢绞线可以捻向不同，但需要用连接器连接的各根钢绞线一定要做到捻向相同。在签订进货合同时，应尽量要求厂家提供同一捻向的钢绞线。

2.2 钢绞线截面面积，弹性模量等的制造误差

由于实际材料的制造误差和其他因素，预应力筋截面面积和弹性模量并不是固定不变的，而是由于生产批次的不同而略有起伏。目前钢绞线截面面积普遍大于其理论值，而在实际计算中采用的一般是固定的理论值。即使是同一批次的钢绞线，各盘的弹性模量之间也存在一定的差异。按《预应力混凝土用钢绞线国家标准》(GB/T 5224—2003)规定，每批钢绞线抽取

3 根进行弹性模量试验，因只抽取 3 根，试验结果可能不完全具有代表性。

钢绞线截面面积，弹性模量的制造误差对伸长值有一定的影响，但一般不足以导致伸长值误差超限。另外，还可以将弹性模量的试验值与厂家提供的质保单上所给出的每盘的弹性模量一起取平均值，作为计算理论伸长值时弹性模量的选用值，使选用数据更具代表性。

3 结语

当钢绞线测量伸长值与计算伸长值误差超出规范规定的范围之后，必须停止张拉，查明原因并记录在案，排除原因后才能继续张拉。一旦出现钢绞线的异常伸长，应集中分析工程的实际情况，并考虑施工因素，采取积极的措施，以确保预应力效果。

预应力混凝土连续箱梁支架法施工工艺探讨

张铁富[1]　刘剑刚[2]　宿　亮[3]

（1. 河南中原高速公路股份有限公司；　2. 平顶山市公路工程质量检测中心；
3. 郑石高速土建 NO. 4 标段项目部）

摘　要　郑石高速公路下汤互通主线桥上部预应力混凝土连续箱梁(6×25＋6×25)m 采用碗扣式满堂支架法施工。介绍了变截面、多箱室预应力混凝土现浇梁支架法施工工艺以及质量控制要点。

关键词　连续箱梁　支架法　施工工艺　质量　措施

1　概述

满堂支架施工方法适用于中低高度连续梁桥现浇施工，尤其适合变截面、不等跨结构，因其具有安全、快捷、方便的特点，已成为目前桥梁上部梁板现场施工的一种主要施工方法。就地浇筑法就是在桥位处搭设满堂支架，在支架上支设模板，预压，浇筑混凝土，混凝土达到强度后拆除侧模板、张拉、拆除支架。

郑州至石人山高速公路下汤互通立交主线桥下部构造为柱式墩，墩高 10～19m，上部构造为(6×25＋6×25)m 两联预应力混凝土连续箱梁。箱梁梁高为 1.6m，箱室高 1.1m，单幅桥宽(最小)12.75m，梁底宽(最小)8.75m，采用 C50 混凝土。该桥位于 $R=1\,900$m 的平曲线上，纵坡 1.8%，竖曲线半径 $R=650$m，桥面采用 2%左转单向横坡。满堂式支架逐孔现浇施工，在浇筑混凝土前对支架进行预压，在支架沉降稳定后卸载，然后分段支模、绑扎钢筋，分段、分层浇筑混凝土，最后张拉压浆进入下一循环。

2　支架设计

设计采用满堂式碗扣式钢管支架支撑体系，立杆步距 $h=1.2$m，立杆纵距 $I_b=0.9$m，立杆横距 $I_a=0.9$m，中隔板及腹板下方纵距改为 0.6m，脚架搭设设计高度 $H_0=15$m。立杆上下配可调支托；连续梁底、箱梁模板采用大块竹胶板拼装而成，模板支撑梁采用 10cm×10cm 方木，U 型支托内采用 15cm×15cm 方木做纵梁；内模采用 10cm×10cm 方木作支撑；箱梁模板翼板支撑采用 10cm×10cm 方木。

2.1　满堂式碗扣钢管支架计算

2.1.1　支架承载力计算

(1)箱梁重力：P_1；

(2)脚手架重力：P_2；

(3)内外模板重力：P_3；

(4)模板底支承方木重力：P_4；

(5)人和运输工具在模板上行走时的荷载：P_5；

(6)振动混凝土产生的荷载：P_6；

(7)倾倒混凝土时产生左右模板的水平荷载：P_7；

(8)碗扣式钢管支架承载力核算：

①荷载组合：$P= P_1+ P_2+ P_3+ P_4+ P_5+ P_6+ P_7$，支架支撑数量 N；

②最底层支架承载力 $Q_{支架}=P/N< Q_{容}$，则支架承载力满足承载力要求。

2.1.2　支架稳定性验算

(1)支架高宽比为：$H/D < 3$，查《建筑施工手册》，支架高宽比若小于 3，则支架毋须整体稳定验算，只须验算单根钢管的稳定性。

(2)单根立杆受力计算。

立杆搭设间距为：纵桥向 90cm，横桥向 90cm，层与层之间的距离为 1.2m，现只验算其 1.2m一般钢管与支架的稳定性和受力情况。

根据两端铰接的欧拉公式，极限荷载为：$F=(\pi^2/l^2)\times E\times I=(\pi^2/1.2^2)\times(2.1\times10^{12})\times 0.1\times10^{-6}> Q_{支架}$，则单根立杆受力满足要求，可行其中计算长度取 1.2m，钢管的惯性矩 $I=\frac{\pi}{64}(0.042^4-0.032^4)=0.1\times10^{-6}\text{m}^4$

2.1.3　支架底模方木内力计算

(1)荷载分析：

①箱梁混凝土荷载重 N_a；②模板荷载 N_b；③施工荷载 N_c；④震动荷载 N_d。

(2)荷载组合：

强度荷载验算组合：$N_1=N_a+N_b+N_c+N_d=26.07\ \text{kN/m}^2$

挠度荷载验算组合：$N'_1=N_a+N_b=18.07\ \text{kN/m}^2$

(3)底模采用 $244\times122\times1.8\text{cm}^3$ 光面高强竹胶板，支承底模板的肋木按 30cm 间距排列，底模板按四连跨板计算：

①荷载计算：

$$q_1=26.07\ \text{kN/m}^2\times1.22\text{m}=31.81\text{kN/m}$$
$$q'_1=18.07\text{kN/m}^2\times1.22\text{m}=22.05\text{kN/m}$$

②内力计算：

$$M_1=0.107\times q_1L_2^2=0.107\times31.81\times0.3^2=0.306\text{kN}\cdot\text{m}$$
$$Q_1=0.607\times q_1L_1=0.607\times31.81\times0.3=5.793\text{kN}$$

③强度验算：(松木 $[\sigma]=8\text{MPa}$)

$$\sigma_1=M_1/W_1=0.306\text{kN}\cdot\text{m}/(1.67\times10^{-4})=1.83\text{MPa}<[\sigma]=8\text{MPa}$$
$$\tau_1=Q_1S_1/I_1b_1=5.793\times10^3\times2.196\times10^3/(5.9\times10^5\times1.22\times10^2)$$
$$=0.177\text{MPa}<[\tau]=1.9\text{MPa}$$

④挠度验算：

$$f_1=0.632\times10^{-2}\ q'_1l_1{}^4/E_1I_1$$
$$=0.632\times10^{-2}\times22.05\times0.3^4\times10^{12}/(9\times10^3\times5\times10^5)$$
$$=0.213\text{mm}<[f]=300/400=0.75\text{mm}$$

(4)横向方木受力验算：

横向支撑垫木采用 10cm×10cm×400cm 方木，间距 30cm，直接承受底模传来压力。支承横向垫木的纵向方木之间距离为 90cm，其中腹板底处间距 90cm，腹板外间距为 120cm，横向方木按四连跨板计算。

荷载计算：$q_2=26.07\times0.3=7.821\text{kN}$　$q'_2=18.07\times0.3=5.421\text{kN}$

内力计算：

①腹板底部位置：

$$M_2=0.107\times q_2l_2^2=0.107\times7.821\times0.9^2=0.678\text{kN}\cdot\text{m}$$

$$Q_2=0.607\times q_2l_2=0.607\times7.821\times0.9=4.27\text{kN}$$

②腹板底部之外位置：

$$M_2=0.107\times q_2l_2^2=0.107\times7.821\times1.2^2=1.21\text{kN}\cdot\text{m}$$

$$Q_2=0.607\times q_2l_2=0.607\times7.821\times1.2=5.7\text{kN}$$

强度验算：

①腹板底部位置：

$$\sigma_2=M_2/W_2=0.678\times10^6/(16.6\times10^4)=4.08\text{MPa}<[\sigma]=8\text{MPa}$$

$$\tau_2=Q_2S_2/I_2b_2=4.27\times10^3\times10\times10^4/(8.33\times10^6\times100)$$
$$=0.513\text{MPa}<[\tau]=1.9\text{MPa}$$

②腹板底部之外位置：

$$\sigma_2=M_2/W_2=1.21\times10^6/(16.6\times10^4)=7.29\text{MPa}<[\sigma]=8\text{MPa}$$

$$\tau_2=Q_2S_2/I_2b_2=5.7\times10^3\times10\times10^4/(8.33\times10^6\times100)$$
$$=0.684\text{MPa}<[\tau]=1.9\text{MPa}$$

挠度验算：

①腹板底部位置：

$$f_1=0.632\times10^{-2}\,q'_2l_1{}^4/E_1I_1$$
$$=0.632\times10^{-2}\times5.421\times0.9^4\times10^{12}/(9\times10^3\times8.33\times10^6)$$
$$=0.03\text{mm}<[f]=900/400=2.25\text{mm}$$

②腹板底部之外位置：

$$f_1=0.632\times10^{-2}\,q'_2l_1{}^4/E_1I_1$$
$$=0.632\times10^{-2}\times5.421\times1.2^4\times10^{12}/(9\times10^3\times8.33\times10^6)$$
$$=0.95\text{mm}<[f]=1\,200/400=3.0\text{mm}$$

(5)纵向方木受力验算：

横向方木传于纵向方木的荷载为集中荷载。纵桥向方木采用10cm×10cm×400cm间距为90cm。纵桥向方木按三连跨梁计算：

$$P_3=q_2l_3=7.821\times0.9=7.039\text{kN}$$

$$P_3=q_2l_3=5.421\times0.9=4.879\text{kN}$$

内力计算：

$$M_3=0.175\times P_3l_3^2=0.175\times7.039\times0.9=1.109\text{kN}$$

$$Q_3=0.650\times P_3=0.650\times4.879=3.171\text{kN}$$

强度验算：

$$\sigma_3=M_3/W_3=1.109\times10^6/(16.6\times10^4)=6.68\text{MPa}<[\sigma]=8\text{MPa}$$

$$\tau_3=Q_3S_3/I_3b_3=3.171\times10^3\times10\times10^4/(8.33\times10^6\times100)$$
$$=0.038\text{MPa}<[\tau]=1.9\text{MPa}$$

挠度验算：

$$f_1 = 1.146 \times 10^{-2} P_3 l_3^3 / E_3 I_3$$
$$= 1.146 \times 10^{-2} \times 4.879 \times 0.9^3 \times 10^{12} / (9 \times 10^3 \times 8.33 \times 10^6)$$
$$= 0.0544\text{m} < [f] = 900/400 = 2.25\text{mm}$$

2.2 地基承载力计算

(1)满堂支架基础是钢管通过下托支承在 20×10×200cm³ 方木上，把支架承力传递给地基，方木纵桥向铺设，一条方木最多受 3 个支点的荷载，按 2 块方木承载 6 个支点计算地基承载力。

方木接触地面面积：$A=0.2\times2\times2=0.8\ \text{m}^2$

所需最小地基承载力为：

$$\sigma_{\min} = P/A = 21.23 \times 6/0.8 = 159.23\text{kPa}$$

(2)当地基处理后实测地基承载力，通过地基承载力试验测定。

当 $\sigma_{实际} > \sigma_{\min} = 159.23\text{kPa}$ 时，则地基承载力满足受力要求，否则将予以加固处理。

3 支架模板制作安装

3.1 支架的搭设

3.1.1 支架垫梁铺设

支架垫梁采用 200×20×10cm³ 和 200×15×5cm³ 两种规格的方木。先按设计施工图放出箱梁腹板在地面上的投影线，定出支架垫梁的位置，挂线铺设支架垫梁，并用中粗砂或石屑调平。横隔梁处前后各 2m 范围内铺 200×20×10cm³ 的方木，其他地方铺 200×15×5cm³ 的方木。垫梁按纵向铺设，当支架立柱位于垫梁接头处时，根据实际情况做适当调整。

3.1.2 支架搭设

结合支架受力情况，可操作性和连续箱梁的线型等因素，支架沿纵向挂线搭设，两边翼板及底板下排距为 120cm，腹板下排距为 90cm，宽度每边超出箱梁 100cm。支架在腹板处按四体品字排列，在横隔梁处按四体排列加密，其他按双体排列。底层支架安装可调底座，在两墩之间挂线，调节可调底座至支架位于同一高度，支架底座调节高度与支架顶可调 U 型顶托调节高度为 1∶2。支架纵向顺直，横向对齐，竖向垂直。

3.1.3 撑杆设置

撑杆采用 ϕ48×2.5mm 钢管，在腹板处和支架的外侧设置斜撑和通长水平撑。横向每 4 个支架设置横向水平撑，斜撑间距为 4m。纵向、横向水平撑和斜撑在交点处用排栅夹联结，每个与撑杆相交的支架至少有一个交点连接起来。纵向、横向水平撑在支架的底层和顶层设置。

3.1.4 模板垫梁

纵向、横向共设置两层垫梁，在支架顶可调 U 型顶托上沿纵向铺一层 400×10×10cm³，间距为 90cm，加密处为 45cm。再在其上横向铺一层 400×10×10cm³，间距为 30～40cm 不等。

3.2 模板制作与安装

3.2.1 模板材料

箱梁底、内及外模均采用 $\sigma=1.8$cm 的复合光面高强竹胶板，其平面尺寸为 2.44m×1.22m。

3.2.2 模板安装

(1)底模安装

支架在搭设到要求高程，支架搭设工作结束，其后将进行模板及其分配梁的铺设工作，底模纵向、横向共设置两层垫梁，在支架顶可调U型顶托上沿纵向铺一层 $400\times10\times10cm^3$，间距为40～122cm不等。再在其上横向铺一层 $400\times10\times10cm^3$，间距为30cm。底模竹胶板直接铺钉在方楞上，竹胶板拼缝处用45°斜面拼接，拼缝下加设方楞木，使拼缝刚好位于方楞木中间，拼缝间夹贴双面棉胶，拼缝表面用石腊密封。在铺设底模前先放置好盆式支座，并在支座位置处根据梁底的楔块尺寸在底模上开孔，在开孔处支立梁底楔块的模板，楔块的底模根据预埋钢板的尺寸也开孔，预埋钢板与楔块的底模用高强砂浆密封。纵横桥向铺设分配梁须根据精确的放样，确定箱梁断面的横坡与超高而铺设，分配梁铺装完毕，进行底模面板的铺设，铺设原则为:模板长边为顺桥向，从内圆孤处向外圆孤铺设。

(2)外模安装

外模安装分箱梁腹板侧模和箱梁翼板底模两大部位安装。

①腹板侧模安装。

在底模安装完毕后，重新标定桥梁中心轴线，对箱梁的平面位置进行放样，在底模上标出腹板侧模、内腹模、翼板边线和钢筋布置的位置。腹板侧模用高强度胶合板，每隔25cm立方木、背杆木，竖向背杆木直接置于支架横向方楞木上，并用木楔楔牢。施工时必须保证模板支架的强度与刚度，箱梁侧模与翼板底模须连成一体。

a.侧模根据底模的外边线的方向，紧贴底模侧进行安装，由于箱梁处于圆曲线及相连的缓和曲线上，在曲率大处，侧模与底模会出现不能紧贴的现象。考虑侧模为竹胶板，具有一定的柔性，经过外侧对撑钢管的撑紧可使侧模与底模密贴。

b.侧模沿高度方向采用竹夹板长1.22m的两边，由于侧模高为1.15m，多余部分须切割，侧模纵桥方向采用竹夹板长2.44m的边，毋须切割。

c.侧模加劲骨架采用5cm×10cm的方木，其间距为0.3m。

②翼板底模安装。

a.在腹板安装完成后，进行翼板模板的安装，包括箱梁翼板滴水槽的模板。

b.翼板分配梁安装，纵桥向铺10cm×10cm方木，横桥向铺装已钉上5cm×10cm方木的翼板模板。

c.由于箱梁处于小半径圆曲线及相连的缓和曲线上，在铺设翼板模板时，会出现相邻两块竹夹板之间不紧贴补现象，这种缝隙呈三角形，其缝隙用切割竹夹板弥补，表面采用腻子灰盖缝，以保证浇筑时没有漏浆现象。

3.2.3　内模安装

为保证侧模稳固在箱梁主筋和腹箍筋上，设置一定数量的定位钢筋。准确确定模板位置，并在箱梁腹板上设置ϕ14圆钢对拉钢筋。内模腹板肋条间距为25cm，顶板和底板的肋条间距为40cm，顶板和底板之间设立纵向间距为40cm、横向间距为60cm的竖向方木支撑，横向设置上下两道竖向间距为60cm的横支撑，横支撑和竖支撑形成组合“#”字架，此组合“#”字架事先钉好，内模底板和顶板设置成可活动的，在绑扎顶板钢筋之前先支好内模，待浇筑底板的时候卸掉组合“#”字架，打开内模的顶板和底板，当底板浇筑好后，合上内模底板，放入组合“#”字架固定好，最后合上内模顶板。

内模须预留底板混凝土下料槽。为防止内模上浮，内模采用钢筋拉杆固定于模下支架上，并派模板工专人负责跟踪，一旦发现轻微上浮马上采取措施进行调整。内模拆除考虑空间限制，分节段依次从前到后，从上到下拆除。拆除后的模板从施工孔取出。

4 满堂支架预压

支架预压的目的主要是消除支架间的非弹性变形量和地基沉降量，通过预压对支架的稳定性进行检验，同时通过在预压过程中的沉降观测获得支架间的弹性变形量。弹性变形量是无法消除的，因此在预压结束调整底模高程时应在设计高程的基础上加上弹性变形量，从而达到控制梁体底面高程的目的。立架后除为抵消支架弹性变形而设置的预拱外，支架不另设预拱。立模高程由设计高程、支架压缩变形等因素确定。预压质量为箱梁混凝土自重120%。

4.1 观测点布置

于箱梁底板布点并在对应枕木顶面布设观测点。

4.2 试验方案

(1)预压形式。采用砂袋堆放预压。此方案优点是：受力较均匀；预压质量能得到有效的控制；能堆放成近似箱梁截面，以便检验整个箱梁截面的受力情况。缺点是：劳动强度大；成本较高且工期较长。

(2)预压堆放顺序：分层堆放，先底板，后腹板，最后翼板。

(3)在模板上(按箱梁截面)横向 2.25 m 和 4.125m、纵向 5m 设观测点，沉降观测点设置完即进行堆载预压此时高程为 H_1，在堆载的过程中，每天堆载施工前和当天堆载结束后进行二次沉降观测，其间如沉降量出现异常波动时应停止堆载，当波动趋于稳定时才可以进行。当达到总压重的 10%、30%、50%、80%、100%和达到 100%后 24h 用水准仪检测高程变化，当连续两次观测结果在 1～3mm 之间时，基本认为沉降稳定。此时的高程 H_2 于预压前的高程 H_1 的差值为非弹性变形和弹性变形量之和。此可进行卸载，卸载后进行观测一次以了解回弹量，以检测支架的弹性、非弹性变形及稳定性、强度，借以控制梁体的线形变化。当预压在底模上的重量卸载后，底模高程会出现升高的现象，此时高程 H_3 与卸载前的高程 H_2 的差值为弹性变形量。卸载顺序同加载顺序相反。

(4)观测点的沉降不允许超过 3.0cm。在跨机耕道路处其沉降观测频率应比同等地质条件高 1.5 倍，用以修定其弹性变形量。当 24h 观测沉降稳定后，卸载。

5 钢筋制作安装

对用于箱梁的钢筋必须按要求采购，并按规定要求进行抗拉、抗弯、物理、化学分析等试验，钢筋混凝土箱梁的钢筋安装程序为：梁底板→梁肋板→横隔梁→梁顶板。

钢筋位置应准确，定位要牢固。钢筋混凝土底板的保护层应尽量采用塑料垫块，防止使用砂垫块而使底板出现麻面，斑块(因铺地板革地方发亮，露砂垫块的地方发暗形成斑块)。梁肋和横隔下的垫块，应防止被压坏或垫块倾倒。当个别钢筋的位置与其附近的钢筋发生冲突时，其定位的优先次序是：预应力筋→主要的普通受力筋→一般构造筋，或遵循先精后细、先螺纹后圆钢的次序。

6 混凝土浇筑

为保证工程质量，箱梁的浇筑，一般采用二次成型法。即先浇筑底板和腹板，再浇筑顶板的方法。将施工缝留在翼板与腹板交接处，逐孔分层浇筑。为了提高施工材料的现场周转速度及混凝土的质量，每联最好一次完成。如需分段时，其施工缝应留在 1/4 跨处。对于混凝土顶板的浇筑，应严格控制其高程，为防止混凝土收缩裂缝，可在混凝土表面初凝时进行二次抹面。箱室的内模可以回收，其方法是在梁跨 1/4 处的顶板上预留天窗，待内模拆除后，在“天窗”部位设置混凝土顶模，用与箱梁顶板同标号的微膨胀混凝土而封闭“天窗”。

7 拆除模板和支架

模板、支架的拆除时间根据模板部位和混凝土所达到的强度而定。非承重梁肋内侧模应在混凝土强度能保证其表面及棱角不致因拆模而受损坏时，方可拆除，一般混凝土的抗压强度应达到 2.5MPa；箱室内顶模应在同步养生的试块强度达到设计强度 70%时，方可拆除；对于箱梁底板、翼板及支架，必须在混凝土强度达到设计强度的 90%时，张拉完成后拆除。

支架的卸落应接程序进行。卸落量开始宜小，逐次增大，每次卸落均由跨中开始；纵向应对称、均衡，横向应同步平行，遵循先翼板、后底板的原则。碗扣式支架自上而下依次卸落。

8 预应力钢绞线张拉

钢绞线张拉设备采用 YCW350A 型千斤顶；用 ZB4-500 型油泵；用 1.5 级精度，量程 60MPa 的 YB-150 型压力表，并按规范将压力表与千斤顶配套校验。锚具采用 OVM15 型，固定端采用 P 型锚。

(1)张拉用千斤顶，油压表使用前必须经过检测机构鉴定。

(2)施工预应力在养护 7d 后且梁体混凝土强度不低于设计强度的 90%(同条件养生试块)时进行，预应力钢绞线张拉采用张拉力和伸长值进行双控。张拉力必须达到设计要求，伸长值与理论伸长值之差控制在±6%以内，设计张拉控制应力为 1 395MPa。

(3)所有钢束均采用一端张拉，张拉顺序为：①浇筑施工缝一侧箱梁混凝土；②张拉横向 $N1$、$N3$ 钢束；③张拉纵向预应力钢束；④浇筑施工缝另一侧箱梁混凝土；⑤张拉横向 $N2$、$N4$ 钢束；⑥张拉纵向预应力钢束。

(4)张拉程序如下：

①首先将钢绞线拉至约(2%～3%)σ_k 时，消除钢绞线松弛状态，并检查孔道轴线、锚具、千斤顶是否共线，注意使钢绞线受力均匀。

②当达到 $0.1\sigma_k$ 时，量测钢绞线平面距锚垫板长度 L_1，继续张拉至 $0.2\sigma_k$ 时，量测钢绞线平面距锚垫板长度 L_2，则 L_2-L_1 即可作为 $0.1\sigma_k$ 时钢束伸长量。再继续张拉至 σ_k 时测量钢绞线平面距锚垫板长度 L_3，则 $L_3+L_2-2L_1$ 即为实测伸长值。与理论值比较，合格后持荷 2min 即可锚固。并做好张拉记录。

张拉控制采用“双控法”，整个箱梁浇筑完毕，待混凝土强度达到设计强度的 90%以上，同时养护 7d 后，经监理认可，开始张拉预应力钢绞线。张拉顺序严格按设计预应力钢束布置图，同排的钢绞束应同时张拉。每束钢束张拉程序为：0→10%δ_{con}→20%δ_{con}→100%δ_{con}(持荷 2min)→回油锚固。

伸长值校核是检验张拉工序成败的有效手段，预应力控制为主、伸长量控制为辅的双向控制已在预应力中普遍应用，若钢绞线控制应力已达到设计值，并实际量测伸长值在计算伸长值的±6%范围内，则认为合格。否则应暂停张拉，查明原因，在采取措施后，方可继续张拉。

量测引伸量的要求：开始张拉前应将所有钢绞线尾端切割成一个平面或采用与钢绞线颜色反差较大的颜料标出一个平面，在任何步骤下量测引伸量均应量测该平面距锚垫板之间的距离，而不可量测千斤顶油缸的变位量，以免使滑丝现象被忽略。

初张拉时预应力钢绞束张拉端先对千斤顶主缸充油，使钢绞束略为拉紧，同时调整锚圈及千斤顶位置，使孔道、锚具和千斤顶三者之轴线互相吻合，注意使每股钢绞线受力均匀，当钢绞束达初应力 10% δ_{con} 时两端作伸长量标记，并借以观察有无滑丝情况发生。张拉采用逐级加压的方法进行，当张拉达到设计控制应力（100% δ_{con}）时，继续供油维持张拉力不变，持荷 2min，同时在两端分别测量实际伸长量，比较是否与计算值相符。计算伸长量和实测伸长量误差应在±6%以内，当实测值与计算值不符合要求时，应及时查明原因，上报监理，调整计算伸长量再进行张拉。

张拉过程中如有滑丝、断丝、伸长量不够的情况发生，则需分析原因并处理后重新张拉。

钢束张拉如发现伸长量不足或过大，也应及时分析原因，一般是管道布置不准，增大孔道摩阻，应力损失大，有时也有可能设计计算使用的钢绞线的弹模值与实际使用的弹模值不相同。

全部预应力钢筋张拉完成后 24h 内进行孔道压浆，孔道压浆顺序是先下后上一次压完，孔道压浆后，应立即将梁端水泥浆冲洗干净，同时清除支承垫板、锚具及端面混凝土的污物，并将端面凿毛，连接端部钢筋，安装下一跨连接器，进入下一工作循环。

郑石高速公路桥梁伸缩装置施工管理

张 磊 李 倩 杨俊峰

（河南中原高速公路股份有限公司）

摘 要 介绍了郑石高速公路桥梁伸缩装置的施工管理经验，说明项目管理必须遵循的原则。针对目前伸缩装置的破坏机理进行了分析，并给出了本项目中使用的一些技术参数供同行参考。

关键词 桥梁 伸缩装置 施工管理

1 引言

公路桥梁伸缩缝装置，在桥梁结构中直接承受车轮荷载的反复冲击作用及温度影响，而且长期暴露在大气中，使用环境比较恶劣，是桥梁结构最易遭到破坏而又较难以修补的部位。桥梁伸缩装置在设计、施工上稍有缺陷或不足，就会引起其早期破坏。这不仅直接使桥梁通行者感到不舒适，缺乏安全感，有时还会影响到桥梁结构本身及行车安全。因此，桥梁伸缩装置的设计、施工、养护和管理已引起了广泛重视。

本着"严格控制整体的协调性、认真把握好每个细节、从总体均衡调配和细节控制中追求效益"的原则，郑石高速公路桥梁伸缩装置施工和管理从材料厂家选定一直到竣工通车都达到甚至超出了预期的效果。

2 伸缩装置的破坏原因分析

模数式系列伸缩装置，是国内近几年来为适应大位移量桥梁工程需要研制开发的产品，是一种仿毛勒伸缩装置。目前用量较大，由于施工技术还不够成熟，暴露出的问题还未很好的得到解决。但除国外引进的产品外，就国内产品经实际应用后，仍出现一些问题。例如，主要中梁构件开焊，出现晃动、噪声；伸缩均匀性差，甚至失灵、更换；密封橡胶带迅速老化、脱落或跳出，严重漏水；装置两侧混凝土出现裂缝、坑槽，锚固系统不理想，出现局部或整体性破坏。

伸缩装置破坏的原因很多，就目前比较常见的破坏来说，主要归结为以下几方面：

(1)地基的不均匀沉降所致。由于基础竖向不均匀沉降或水平方向位移，使结构中产生附加应力，超出混凝土结构的抗拉能力，导致结构开裂。

(2)材料的选用不当所致。由于锚固系统现浇混凝土刚度不足，在车辆的冲击作用下，产生较大变形，最终由变形产生的不均匀应力过大而被压碎。这种破坏可以通过选用刚度大的材料来减少或避免。一般可选用高标号混凝土如 C50、C60 等，也可采用复合材料。在郑石高速路上采用了钢纤维 C50 混凝土，使用效果很理想。还有对钢梁的要求，最好是一次成型，不允许焊接，由于焊接成的组合结构整体性差，焊接质量较难保证，很容易出现开焊现象。

(3)施工工艺不当所致。伸缩装置中横向筋放置在了顶部纵向筋的上面，这样不利于伸缩装置的稳定，由于伸缩装置的不稳定，行车过程中振动频繁而使锚固系统的现浇混凝土产生破坏。在郑石高速路上伸缩装置中横向钢筋放置在底部纵向钢筋下面，这样加强了伸缩装置的稳定性，耐久性好。

3 项目实行三统一

统一选定材料入围厂家、统一技术标准、统一施工管理。

实行统一选定材料入围厂家，可以在同样的成本下，选用更好的材料、设备，提升产品性能价格比。实行统一施工能有序组织施工当中材料调配、施工进度和施工质量，因此可减少用料、加快施工进度、节约费用、便于扩充，提高了施工质量。实行统一技术标准，能够稳固质量，把统一的优势发挥到极致，能够整体把握项目，大大提高施工效率。

本项目采用三个统一，不仅保证了施工质量，节约了工程投资费用，而且效果非常显著。

4 制定专门的施工标准

所有桥梁伸缩装置的原材料、成品、安装、养护、设计文件、郑石高速公路项目《技术规范》基础上都有相应的提高，主要包括以下方面。

4.1 伸缩缝综合技术指标

伸缩缝综合技术指标见表1。

伸缩缝综合技术指标　　表1

序　　号	检 测 项 目	技 术 标 准
1	插入合格橡胶条	100%
2	行车道表面钢梁平整度	±1.5mm
3	伸缩缝直线度(目测)	无明显弯曲
4	移动范围	0～160mm
5	油漆厚度	160±20μm

4.2 伸缩缝钢材技术指标

钢构件采用强度高、可焊性好和高的耐腐蚀性及抗冲击性、抗疲劳、弹性缓冲及耐磨性好的钢材。机械强度：应通过2 000 000次的抗疲劳实验。具体要求如表2。

伸缩缝钢材的技术标准　　表2

标 准 名 称	强度极限(MPa)	屈服极限(MPa)	延伸度(%)	冲击韧性 ISO－V(温度0℃)
标准边梁	＞390	＞290	＞22	27
标准中、横梁	＞490	＞355	＞22	30

4.3 模数伸缩缝密封胶条物理机械性能

密封胶条采用针对道路交通特有的力学化学作用而开发的特种氯丁橡胶(三元乙丙橡胶)材料，具有强度高、耐老化性能好等特点，具体要求如表3。

密封胶条物理性机械性能及要求　　表 3

<table>
<tr><th>序号</th><th>性　能</th><th>标准</th><th>序号</th><th colspan="2">性　能</th><th>标　准</th></tr>
<tr><td>1</td><td>硬度(ShA)</td><td>60±5</td><td rowspan="4">8</td><td rowspan="4">热空气老化试验</td><td>实验条件(℃×h)</td><td>70℃×14d</td></tr>
<tr><td>2</td><td>拉伸强度(MPa)</td><td>≥11</td><td>拉伸强度降低率(%)</td><td>最大−20</td></tr>
<tr><td>3</td><td>拉断延伸率(%)</td><td>≥350</td><td>扯断伸长率降低率(%)</td><td>最大−20</td></tr>
<tr><td>4</td><td>脆性温度(℃)</td><td>< −35</td><td>硬度变化(ShA)</td><td>最大+7</td></tr>
<tr><td>5</td><td>恒定压缩永久变形(%)</td><td>< 28</td><td rowspan="3">9</td><td colspan="2">体积变化率(%)</td><td>最大+ 10</td></tr>
<tr><td>6</td><td>耐臭氧老化 24h/50ppm/30℃/20%伸长</td><td>无裂纹</td><td colspan="2">硬度变化率(%)</td><td>最大−5</td></tr>
<tr><td rowspan="2">7</td><td>耐油性膨胀率%(70h / 25℃1 号标准油)</td><td>< 45</td><td colspan="2">耐热沥青性能 85/25 300min /220℃</td><td>—</td></tr>
<tr><td>耐盐水(浓度 4%)</td><td>—</td><td>10</td><td colspan="2">拉伸强度变化率(%)</td><td>最大−20</td></tr>
</table>

4.4 其他要求

(1)桥梁伸缩装置的安装不得损坏、污染沥青混凝土路面工程，否则，以损坏污染面为准进行处罚。

(2)在安装伸缩装置时，应用钢纤维 C50 混凝土灌入预留槽内。

(3)钢纤维在混凝土中的体积率可按 1%计算，即 $1m^3$ 混凝土中掺入 80kg 钢纤维。

(4)钢纤维混凝土的标准采用《钢纤维混凝土结构设计与施工规程》。

(5)施工中应保证一切材料符合质量的要求，伸缩缝的结构设计合理，有较好的防尘、防水功能，能防腐防锈，且便于维护；并提供伸缩装置主体型钢和橡胶的材质及检测标准，出厂的质量检验报告单。

5 高度重视伸缩装置材料选用

伸缩装置锚固系统的现浇混凝土采用了钢纤维 C50 混凝土；桥面铺装采用沥青混凝土(厚度为 100mm)。其伸缩装置的钢梁(中、边梁)的技术要求可按表 2 采用；钢纤维在混凝土中的体积率可按 1%计算，即 $1m^3$ 混凝土中掺入 80kg 钢纤维，钢纤维混凝土的标准采用《钢纤维混凝土结构设计与施工规程》；施工中沥青混凝土夯实达到 98%的密实度。钢梁和钢纤维混凝土均为刚性材料，在长期的车轮荷载作用下属不可变体，而沥青混凝土为半刚性材料，在长期反复车轮荷载作用下的压缩推移变形使伸缩装置锚固系统的现浇混凝土与之产生 1～2mm 的高差，这也是路面容易产生跳车的主要部位之一，为避免该处的跳车情况，要控制沥青混凝土和钢纤维混凝土的平整度在± 1.5mm。由于锚固系统混凝土硬化时要产生收缩变形，在硬化后认为其不再变形，因此可以等到其硬化后，再对过渡处的沥青混凝土抛高 h 值(约为 1.4～1.6mm)，即沥青混凝土夯实了 98%后还要比锚固系统现浇混凝土高出 h，等到长期的车轮荷载作用使沥青混凝土夯实达到 100%后两者过渡处的平整度要能满足±1 .5mm 的要求。

对施工方还要求，伸缩缝预留槽中由于预埋钢筋位置不准确或不够的，由桥梁伸缩缝施工单位补足，需增加预埋钢筋的可埋置药卷锚筋，不得使用膨胀螺栓。由于采用膨胀螺栓时，施工中孔内杂质不能完全清除，等到路面通车后，车辆频繁振动使得螺栓很容易松动，从而整体性下降。预留槽大于设计图的也由伸缩缝施工单位一并用钢纤维 C50 混凝土补足。钢筋的埋置深度必须大于10cm。梁伸缩缝预留槽处的路面沥青混凝土、多余的水泥混凝土以及伸缩缝处防撞护栏未设缝的均由桥梁伸缩缝施工单位凿除。

6 选择合理的伸缩装置构造形式

到目前为止，我国公路桥梁和城市桥梁工程上使用的伸缩装置种类很多，按照其传力特点及其构造特点可分成五大类，即对接式伸缩装置、钢制支承式伸缩装置、橡胶组合剪切式伸缩装置、模数式伸缩装置和无缝式伸缩装置。

随着我国高等级公路和城市高架桥建设事业的迅速发展，桥梁的长大化得到突破性发展，这就要求有结构合理、大位移量的桥梁伸缩装置来适应这一发展的需要。然而板式橡胶制品这一类伸缩装置，很难满足大位移量的要求。由于橡胶的特性与水泥混凝土差异较大，车辆经过伸缩缝时由于变形不一致，必然产生跳车，使得橡胶伸缩装置很容易产生破坏，该伸缩装置仅适用于变形小、振动小的桥梁，如人行天桥；钢制形的伸缩装置，又很难做到密封不透水，而且容易造成对车辆的冲击，影响车辆的行驶性能；无缝式伸缩缝仅用于较小的接缝部位，适用范围有所限制；模数式(模数支承式)桥梁伸缩装置系列就是针对了以上的缺点而出现的，它利用吸震缓冲性能好又容易做到密封的橡胶材料，与强度高、刚性好的异型钢材组合，在大位移量情况下能承受车辆荷载的各种类型模数式(模数支承式)桥梁伸缩装置系列，其最大位移量可达1 000mm。

交通部行业标准《公路桥梁橡胶伸缩装置》中也有明确规定，纯橡胶伸缩装置适用于伸缩量≤60mm以下的公路桥梁工程；板式伸缩装置和组合式伸缩装置不适用于高速公路桥梁工程。鉴于以上各种伸缩装置的分析，本项目选用了模数式伸缩装置。模数式伸缩装置又具有一系列产品：C型、D型、F型、Z型、“王”字型。C型伸缩装置与钢筋的联结相当于点与线的连接，整体性不强，在营运阶段很容易松动，耐久性差；D、F、Z型相对前者来说属于线与面、面与面的连接，整体性好，故在该项目中选用了后三种。具体选用形式为：伸缩量为40、60、80的伸缩装置的异型钢采用D、F、Z型，伸缩量为160的伸缩装置的异型钢采用D字型。

7 严格按照施工工艺要求施工

在《公路工程质量检验评定标准》中，桥面的平整度是一个很重要的指标，而影响桥面平整度的重要部分之一则是桥梁的伸缩装置，如果施工程序不合理或施工不慎，在3m长范围内，其高程与桥面铺装的高程有正负误差，将造成行车的不舒适，严重的则会造成跳车，这种现象在高等级公路上更为严重。在车辆跳跃的反复冲击下，将很快的导致桥梁伸缩装置的破坏。因此，遵照伸缩装置的施工程序并谨慎施工是桥梁伸缩装置成功的重要保证。

桥梁伸缩装置施工工艺如下：(1)用切割机切除桥面铺装；(2)清除桥面铺装及缝内填充物；(3)清理预留槽并整理预埋钢筋；(4)将伸缩装置整体放入预留槽内并用定位支架控制好高程；(5)将伸缩装置的锚固钢筋与梁体内的预埋钢筋牢固焊接在一起；(6)浇筑伸缩装置连接部分的混凝土；(7)待连接部分的混凝土初凝后拆除定位支架，安装好防水密封橡胶带；(8)覆布洒水养生，待伸缩装置两侧混凝土强度满足设计要求后，方可开放交通。

8 结语

性能同样优良的伸缩装置，施工安装的管理体制不同，会导致施工安装质量不同，从而使用效果、耐久性和经济效应会有明显差别，这说明良好的伸缩装置的施工管理体制是保证伸缩装置安装质量和使用效果好的一个关键环节。从郑石高速公路桥梁伸缩装置的施工管理过程可以看到:在宏观把握好整个项目的同时,也要注意把握好每一个细节。

参考文献

[1] 中华人民共和国行业标准.公路工程质量检验评定标准(JTJF80/1—2004)[S].北京:人民交通出版社,2003.

[2] 中华人民共和国行业标准.公路沥青路面施工技术规范(JTG/F40—2004)[S].北京:人民交通出版社,2004.

[3] 李扬海. 公路桥梁伸缩装置[M]. 北京:人民交通出版社,1999.

[4] 黄龙显,杨虎根,蒋宇.高速公路桥梁伸缩装置施工管理.重庆交通学院学报,2006;25(3).

钻孔灌注桩常见施工质量问题及防治措施

刘　平

（郑石高速土建 NO.5 标）

摘　要　钻孔灌注桩由于对各种地质条件的适应性、施工简单易操作且设备投入一般不是很大，在桥梁桩基施工中得到了广泛的应用。钻孔灌注桩的施工大部分是在水下进行的，其施工过程无法观察，成桩后也不能进行开挖验收。施工中的任何一个环节出现问题，都将直接影响整个工程的质量和进度。本文总结了钻孔过程中及水下混凝土灌注过程中易出现的问题，以防止施工质量问题发生，确保工程质量。

关键词　灌注桩　施工质量　防治措施

钻孔灌注桩的施工大部分是在水下进行的，其施工过程无法观察，成桩后也不能进行开挖验收。施工中的任何一个环节出现问题，都将直接影响整个工程的质量和进度。本人通过施工实践，总结了钻孔灌注桩施工过程中易出现的问题，在施工过程中，做到预先控制，防止质量问题发生，确保了工程质量。

1　钻孔过程中出现的施工质量问题及防治措施

1.1　护筒冒水

护筒外壁冒水，严重时会引起地基下沉、护筒倾斜和移位，造成钻孔偏斜，甚至无法施工。

造成原因：埋设护筒的周围土不密实，或护筒水位差太大，或钻头起落时碰撞。

防治措施：在埋筒时，坑地与四周应选用最佳含水率的黏土分层夯实。在护筒的适当高度开孔，使护筒内保持 1.0～1.5m 的水头高度。钻头起落时，应防止碰撞护筒。发现护筒冒水时，应立即停止钻孔，用黏土在四周填实加固，若护筒严重下沉或移位时，则应重新安装护筒。

1.2　孔壁坍陷

钻进过程中，如发现排出的泥浆中不断出现气泡，或泥浆突然漏失，则表示有孔壁坍陷的迹象。

造成原因：孔壁坍陷的主要原因是土质松散，泥浆护壁不好，护筒周围未用黏土紧密填封以及护筒内水位不高。钻进速度过快、空钻时间过长、成孔后待灌时间过长和灌注时间过长也会引起孔壁坍陷。

防治措施：在松散易坍的土层中，适当埋深护筒，用黏土密实填封护筒四周，使用优质的泥浆，提高泥浆的比重和黏度，保持护筒内泥浆水位高于地下水位。搬运和吊装钢筋笼时，应防止变形，安放要对准孔位，避免碰撞孔壁，钢筋笼接长时要加快焊接时间，尽可能缩短沉放时间。成孔后，待灌时间一般不应大于 3h，并控制混凝土的灌注时间，在保证施工质量的情况下，尽量缩短灌注时间。

1.3　缩颈

缩颈即孔径小于设计孔径。

造成原因：塑性土膨胀。

防治措施：采用优质泥浆，降低失水量。成孔时，应加大泵量，加快成孔速度，在成孔一段时间内，孔壁形成泥皮，则孔壁不会渗水，亦不会引起膨胀。或在导正器外侧焊接一定数量的合金刀片，在钻进或起钻时起到扫孔作用。如出现缩颈，采用上下反复扫孔的办法，以扩大孔径。

1.4 钻孔偏斜

成孔后桩孔出现较大垂直偏差或弯曲。

造成原因：钻机安装就位稳定性差，作业时钻机安装不稳或钻杆弯曲所致；地面软弱或软硬不均匀；土层呈斜状分布或土层中夹有大的孤石或其他硬物等情形。

防治措施：先将场地夯实平整，轨道枕木宜均匀着地；安装钻机时要求转盘中心与钻架上起吊滑轮在同一轴线，钻杆位置偏差不大于20cm。在不均匀地层中钻孔时，采用自重大、钻杆刚度大的钻机。进入不均匀地层、斜状岩层或碰到孤石时，钻速要打慢挡。另外安装导正装置也是防止孔斜的简单有效的方法。钻孔偏斜时，可提起钻头，上下反复扫钻几次，以便削去硬土，如纠正无效，应于孔中局部回填黏土至偏孔处0.5m以上，重新钻进。

1.5 桩底沉渣量过多

造成原因：清孔不干净或未进行二次清孔；泥浆比重过小或泥浆注入量不足而难于将沉渣浮起；钢筋笼吊放过程中，未对准孔位而碰撞孔壁使泥土坍落桩底；清孔后，待灌时间过长，致使泥浆沉积。

防治措施：成孔后，钻头提高孔底10～20cm，保持慢速空转，维持循环清孔时间不少于30min。采用性能较好的泥浆，控制泥浆的比重和黏度，不要用清水进行置换。钢筋笼吊放时，使钢筋笼的中心与桩中心保持一致，避免碰撞孔壁。可采用钢筋笼冷压接头工艺加快对接钢筋笼速度，减少空孔时间，从而减少沉渣。下完钢筋笼后，检查沉渣量，如沉渣量超过规范要求，则应利用导管进行二次清孔，直至孔口返浆比重及沉渣厚度均符合规范要求。开始灌注混凝土时，导管底部至孔底的距离宜为30～40mm，应有足够的混凝土储备量，使导管一次埋入混凝土面以下1.0m以上，以利用混凝土的巨大冲击力溅除孔底沉渣，达到清除孔底沉渣的目的。

2 水下混凝土灌注过程中出现的施工质量问题及防治措施

2.1 卡管

水中灌注混凝土过程中，无法继续进行的现象。

造成原因：初灌时，隔水栓堵管；混凝土和易性、流动性差造成离析；混凝土中粗集料粒径过大；各种机械故障引起混凝土浇筑不连续，在导管中停留时间过长而卡管；导管进水造成混凝土离析等。

防治措施：使用的隔水栓直径应与导管内径相配，同时具有良好的隔水性能，保证顺利排出。在混凝土灌注时，应加强对混凝土搅拌时间和混凝土坍落度的控制。水下混凝土必须具备良好的和易性，配合比应通过实验室确定，坍落度宜为18～22cm，粗集料的最大粒径不得大于导管直径和钢筋笼主筋最小净距的1/4，且应小于40mm。为改善混凝土的和易性和缓凝，水下混凝土宜掺外加剂。应确保导管连接部位的密封性，导管使用前应试拼装、试压，试水压力为0.6～1.0MPa，以避免导管进水。在混凝土浇筑过程中，混凝土应缓缓倒入漏斗的导管，避免在导管内形成高压气塞。在施工过程中，应时刻监控机械设备，确保机械运转正常，避免机械事故的发生。

2.2　钢筋笼上浮

钢筋笼的位置高于设计位置的现象。

造成原因：钢筋笼放置初始位置过高，混凝土流动性过小，导管在混凝土中埋置深度过大钢筋笼被混凝土拖顶上升；当混凝土灌至钢筋笼下，若此时提升导管，导管底端距离钢筋笼仅有1m左右时，由于浇筑的混凝土自导管流出后冲击力较大，推动了钢筋笼的上浮；由于混凝土灌注过钢筋笼且导管埋深较大时，其上层混凝土因浇筑时间较长，已接近初凝，表面形成硬壳，混凝土与钢筋笼有一定的握裹力，如此时导管底端未及时提到钢筋笼底部以上，混凝土在导管流出后将以一定的速度向上顶升，同时也带动钢筋笼上升。

防治措施：钢筋笼初始位置应定位准确，并与孔口固定牢固。加快混凝土灌注速度，缩短灌注时间，或掺外加剂，防止混凝土顶层进入钢筋笼时流动性变小，混凝土接近笼时，控制导管埋深在1.5～2.0m。灌注混凝土过程中，应随时掌握混凝土浇筑的高程及导管埋深，当混凝土埋过钢筋笼底端2～3m时，应及时将导管提至钢筋笼底端以上。导管在混凝土面的埋置深度一般宜保持在2～4m，不宜大于5m和小于1m，严禁把导管提出混凝土面。当发生钢筋笼上浮时，应立即停止灌注混凝土，并准确计算导管埋深和已浇混凝土面的高程，提升导管后再进行浇筑，上浮现象即可消失。

2.3　断桩

混凝土凝固后不连续，中间被冲洗液等疏松体及泥土填充形成间断桩。

造成原因：由于导管底端距孔底过远，混凝土被冲洗液稀释，使水灰比增大，造成混凝土不凝固，形成混凝土桩体与基岩之间被不凝固的混凝土填充；受地下水活动的影响或导管密封不良，冲洗液浸入混凝土水灰比增大，形成桩身中段出现混凝土不凝；由于在浇筑混凝土时，导管提升和起拔过多，露出混凝土面，或因停电、待料等原因造成夹渣，出现桩身中岩渣沉积成层，将混凝土桩上下分开的现象；浇筑混凝土时，没有从导管内灌入，而采用从孔口直接倒入的办法灌注混凝土，产生混凝土离析造成凝固后不密实坚硬，个别孔段出现疏松、空洞的现象。

防治措施：成孔后，必须认真清孔，一般是采用冲洗液清孔，冲孔时间应根据孔内沉渣情况而定，冲孔后要及时灌注混凝土，避免孔底沉渣超过规范规定。灌注混凝土前认真进行孔径测量，准确算出全孔及首次混凝土灌注量。混凝土浇筑过程中，应随时控制混凝土面的标高和导管的埋深，提升导管要准确可靠，并严格遵守操作规程。严格确定混凝土的配合比，混凝土应有良好的和易性和流动性，坍落度损失应满足灌注要求。在地下水活动较大的地段，事先要用套管或水泥进行处理，止水成功后方可灌注混凝土。灌注混凝土应从导管内灌入，要求灌注过程连续、快速，准备灌注的混凝土要足量，在灌注混凝土过程中应避免停电、停水。绑扎水泥隔水塞的铁丝，应根据首次混凝土灌入量的多少而定，严防断裂。确保导管的密封性，导管的拆卸长度应根据导管内外混凝土的上升高度而定，切勿起拔过多。

钻孔灌注桩质量缺陷的预防

张 巍

（常州交通工程有限公司）

摘　要　钻孔灌注桩作为桥梁建设中最常用的基础类型，在高速公路建设中被大量采用，在一般的土层中主要采用正循环回旋钻的施工方法。笔者针对非岩石的地质情况，浅析采用正循环回旋钻成桩的钻孔灌注桩常见质量缺陷的产生原因和一些预防方法，与大家交流探讨。

关键词　钻孔桩　缺陷　预防

1　引言

钻孔灌注桩作为桥梁的基础，是承受荷载的关键部位，其质量优劣关系到整座桥梁的承载能力。由于属于隐蔽工程，施工过程中意外因素较多，极容易产生质量问题，补救也较为困难。所以针对实际情况制订完善的施工方案和提前做好质量缺陷的预防工作相当重要。在此提出一些施工中常见问题的产生原因和防治措施，与大家探讨和交流。

2　钻进中的穿孔

穿孔部位通常出现在护筒底部和松软的土层中，穿孔会引起孔内外水头差的损失导致钻进困难和坍孔，严重时会引起穿孔部位的冲刷，形成局部地层空洞，灌注的混凝土会流失，甚至会导致地层塌陷和影响周围桩基础的安全。

其防治措施如下：

(1)对于护筒底部穿孔，首先要保证护筒底部埋置深度大于2m，如在有冲刷的河床上，至少应埋到冲刷线以下1m，护筒底部内侧用黏土分层夯实，对于在旱地或筑岛上埋设护筒的钻孔桩，护筒底部和四周均要用黏土分层夯实，基本原则就是护筒下口要埋置在不透水层。

(2)钻孔中途出现穿孔现象的，到穿孔的另一端的距离远近不一，距离较远的相对较严重，穿孔沿途均有冲刷现象，而且会越来越严重。应立即停止钻孔，调运黏性土进行回填。条件许可的话，抽干部分泥浆回填到护筒口，再进行适当的夯实，经过一段时间后重新开钻。在钻头到达穿孔深度前，放慢钻机转速，加大泥浆的黏性和稠度，控制在22～28s，并适当减小泥浆泵压力，最好能掺入一定量的泥浆化学外加剂，提高护壁性能。

3　扩孔

扩孔现象通常由钻机工作部位间隙过大，钻头变形、平台基础不稳、钻头出浆口位置不当和地质情况复杂等原因引起的，会导致混凝土浇筑量过大、桩身几何尺寸不符合要求、钢筋笼偏位等问题。

其防治措施如下：

(1)钻机工作部位间隙过大和钻头变形会使钻机晃动过大，所以必须认真查清部位，对相应部件进行整修和更换，既可防止扩孔，又可以减小钻机的磨耗。

(2)对水中平台和陆上平台的基础重新加固处理以增加稳定性，既可提高成孔质量，又能提高施工安全性。

(3)钻头出浆口位置朝向和出浆口形状及大小能影响钻进速度和夹渣能力，有时为提高效率擅自改动出浆口，导致在松软土层中钻孔时对孔壁冲刷过大。所以不能擅自改动出浆口，应该在不同土层中采用不同转速和泵压来控制钻进速度，保证成孔质量。

(4)不同地质必须采用不同的进尺速度、泵压和泥浆指标，要经常检测排出的钻渣，判定土层情况，及时调整成孔方法，尤其是在软、硬土层的变化部位，不能采用不变的钻速、泵压和泥浆。

4 斜孔

倾斜度大于1%的孔就称为斜孔，属不合格品，会引起钢筋笼吊放困难、成桩后受力不合理、局部受弯拉过大。通常的产生原因有钻机导向架偏位变形，钻机平台不水平，软硬土层交界面是斜面和进尺速度过快等，如不能理好，会影响钻孔桩的承载能力。

其防治措施如下：

(1)对导向架和平台进行纠偏，仍不符合要求的就必须更换。

(2)由软土层进入硬土层或强风化岩层时，必须低速钻进，同时主卷扬必须承受50%以上的钻具总质量，减小孔底压力，不让钻头轻易跑偏。由于土层交界面有时是个斜面，或者桩径范围内一侧较硬另一侧较软，如不采取以上措施，钻头很可能会沿斜面偏移或向松软处偏移。

5 桩长不足、沉淀过厚

产生的原因主要是钻进速度过快，清孔不彻底，钻头掉渣、孔壁坍塌等，会导致承载能力降低和浇筑困难。

其防治措施如下：

(1)首先要控制进尺速度，认真清孔，严格检查清孔泥浆指标，精确测量孔深，必要时可采取二次清孔。

(2)拆钻杆、提钻时动作不宜过快过大，防止钻头刮到孔壁导致局部坍塌，尤其是提钻头出水面的瞬间，防止钻头上附带的黏性泥块突然失去泥浆浮力而掉落。

(3)在下钢筋笼和导管的同时经常检测孔深，如有沉淀超过设计要求的趋势时，应重新清孔。可采用接钻杆不带钻头的方式清孔，应保持泥浆的稠度、减小比重和含砂率，来保证泥浆的夹带性能和清孔效果。

6 钢筋笼偏位、变形

产生原因主要是测放桩位中心不准确、吊放钢筋笼不规范和钢筋笼制作时轴线不一致等。

其防治措施如下：

(1)必须提前做好桩位的放样、复核和验收工作，对桩中心控制点加强保护，待桩机准确就位、对中、找平以后方可施工，桩中心控制点同时要移到护筒外侧或在护筒口做好记号，确保随时可以恢复桩中心点。

(2)严格按规范和图纸要求制作钢筋笼，尤其是加强箍的制作和安装，关系到把主筋连成整体和确保运输、吊放钢筋笼时不会发生变形、散架。根据钢筋笼自重配制足够的吊环筋，固定在护筒口或钻机平台上，钢筋笼的顶高程则由吊环筋的长度来控制。保护层垫块必须严格按图纸要求设置，可以有效控制水下部分的偏位。主筋的接长要求先打弯后焊接，并且要求焊接成型后轴线一致，确保轴向受力。

7 桩身混凝土不完整和断桩

钻孔桩的桩身混凝土不完整或断桩是较为严重的质量问题，关系到决定桩体承载的能力，必须通过各种检测手段来判定能否继续使用。其产生的原因也最为复杂，具体如下：

(1)搅拌后的混合料和易性不好，容易产生离析、卡管现象。首先，选购级配良好的石料，最大粒径控制在 35mm 以内，砂的细度模数控制在 2.5～2.8，砂率控制在 0.40～0.45，搅拌时间在 1.5min 以上，严格按理论试配控制水灰比和坍落度，保证混合料有较好的和易性与流动性。运输最好采用混凝土搅拌运输车，如距离较近可用普通车辆运输，但必须保证道路平整，因为颠簸容易使混合料产生离析。

(2)混合料灌注的冲击力不足，会产生下料困难、卡管等现象。所以浇筑宜采用泵送或爬梯料斗，有条件时也可以直接用混凝土搅拌运输车向料斗内倾倒，需要足够的冲击力才能保证等体积的泥浆和沉淀顺利泛出。

(3)导管漏水容易使管内混凝土离析、夹泥，造成桩身混凝土局部缺陷，同样，漏水会使混合料下冲时对原有管内混凝土及压缩空气的能量大大减少，造成卡管现象，导致断桩，所以下导管之前必须做水密试验，确认导管完全密封后方能施工。

(4)冲孔不成功会使桩身混凝土中出现夹层、夹泥等现象。所以浇筑前应精确测量出孔深，严格控制导管下口悬空高度，保证首批冲孔混凝土能使导管下口埋入混凝土面以下 1m，所以料斗的容量必须满足冲孔混凝土用量。在开闸放料的同时最好有混合料跟着首盘冲孔混合料一起下冲，可以在爬梯料斗或泵车中先备好料，这样可以增加冲孔的保险系数。

(5)导管埋深过深或导管长时间不动、不拆的话容易造成卡管现象，所以整个浇筑过程必须有专业技术人员全程控制。每盘料下去后检测混凝土顶面的上升高度，使导管埋深控制在 2～6m。因为桩径较大的桩的混凝土面上升相对较慢，所以大直径桩的导管埋深不宜超过 5m，尤其是在浇筑间隙，要及时拆卸导管，减小后续混合料下冲时遇到的阻力。在浇筑过程中应当经常抽动导管，防止导管和水下混凝土长时间处于相对静止状态，此方法也有助于减少管内混凝土数量，降低管内混凝土面的高度。

(6)如首盘冲孔不成功，导管下口仍悬空，应当立即拆除导管，重新用小钻头进行清孔，直至验收合格后重新冲孔，防止首盘混凝土中的集料变成新的沉淀和钻渣。如在接近原地面处出现卡管或断桩，可采用明挖、护壁至断桩处，清理桩头后接桩，类似于挖孔桩的方案进行补救，处理得当是不会影响桩的质量的。

(7)在灌注中途出现卡管，应采用提升、下放导管帮助下料，土质良好的桩孔可以同时抽取一定数量的泥浆，减小管内混合料下落的阻力，帮助混合料下落。如实在无法灌注，应果断拆除导管，防止导管拔不出来(拆除时防止管内混凝土掉到孔内)。如果时间间隔不长，应迅速组织再次冲孔，重新接好的导管下口插入孔内混凝土面至少 1m，穿过沉淀层，把沉淀层及表面的混凝土重新顶到上面，此类桩必须经过专业人员反复检测判定其不影响正常使用后方可进入下道工序。

(8)对于断桩或检测为不合格的桩,一般由业主批准、设计单位重新验算后在周围补桩。

8 结语

钻孔灌注桩是桥梁施工中较为复杂的一个环节,是看不见摸不着的隐蔽工程,产生质量缺陷的原因纷繁复杂,往往受到多种因素的影响。要做好该工作,主观上首先要确立一丝不苟的思想,要详细了解现场情况,在施工规范的指导下科学施工,才能有效控制质量缺陷。由于本人的技术和经验的局限,以上观点的疏漏之处,请同行专家批评、指正。

30m 跨现浇箱梁满堂支架的设计及施工控制

李林涛

（河南中原高速公路股份有限公司）

摘　要　介绍 30m 现浇预应力箱梁碗扣式满堂支架设计与验算过程，提出支架搭设及预压方法及施工要点。

关键词　现浇预应力箱梁　满堂支架　模板与支架设计　预压　施工要点

郑州至石人山高速公路太澳枢纽立交为郑州至石人山高速公路与太原至澳门高速公路交叉枢纽，郑州至石人山高速公路太澳枢纽立交主线桥共 28 跨。其上部结构，第 1～9 跨为现浇 20m 钢筋混凝土连续箱梁，第 9～28 跨为预应力混凝土连续箱梁。左幅桥跨径布置：5×20＋4×20＋5×29.94＋4×29.94＋(3×32.08＋3×30.62)＋4×30(m)；右幅桥跨径布置：5×20＋4×20＋5×29.94＋4×29.94＋(3×30.62＋3×32.08)＋4×30(m)。

上部结构采用 C50 混凝土，预应力混凝土箱梁梁高 1.6m，钢筋混凝土箱梁梁高 1.4m，箱梁顶板与底板平行，均采用单箱多室(2 室、3 室、4 室不等)断面。由于该桥预应力箱梁结构跨径大，施工技术难度相对较大，故仅对 30m 预应力连续箱梁支架的设计及施工控制加以详尽介绍。

1　施工方案

桥梁墩柱高度 5～20m 不等，地质条件良好，采用碗扣式满堂支架进行施工。

2　施工方法

2.1　地基处理

在经试验室测定地基承载力不小于 180kPa 的基础层以上，按 30cm 一层翻动，整平，碾压，压实度不小于 90%，逐层碾压完成后，其上铺 50cm 碎石土，用推土机配合人工找平，分两层用 20t 振动压路机碾压至无轮迹，平整度不大于±30mm。

2.2　支架立杆位置放样

用全站仪放出箱梁中心线，然后用钢尺放出底座十字线，并标示清楚。

2.3　满堂支架安装

支架材料采用碗扣式钢支架，当基础处理完后再横铺 16cm 宽的槽钢，其上立支架；支架立杆顺桥向间距 0.6m，横桥向在箱梁腹板下间距 0.6m，在箱梁底板及翼板下间距 0.9m，横杆步距 0.6m，立杆顶部加可调顶托，顶托上架设 12cm 宽槽钢作为横梁，纵向间距 0.6m 或 0.9m，横梁上纵向铺设 10cm×10cm 方木(松木)作为纵梁，间距 0.25m，在纵梁上铺竹胶板(2.44m×1.22m×1.5cm)作为底模，侧模及翼板模为定制钢模。考虑到支架的稳定性，在纵向每 4 跨设剪力撑一道，横向每 3 跨设剪力撑一道。

2.4 强度、刚度验算

(1)模板强度、刚度验算(按三跨连续计算):

①荷载计算:(因腹板处混凝土荷载最大,只需验算腹板下模板即可)

模板自重 $a=0.112\text{kN/m}^2$;腹板下混凝土重 $b=1.6\times26\text{kN/m}^3=41.6\text{kN/m}^2$;施工荷载 c 取均布荷载 2.5kN/m^2 或集中荷载 1.5kN;混凝土倾倒、振捣引起的荷载各取 $2.0\ \text{kN/m}^2$,即 $d=4\text{kN/m}^2$,则每米宽模板荷载:

$$q_1=(a+b)\times1.2+(c+d)\times1.4=(0.112+41.6)\times1.2+(2.5+4)\times1.4=59.154\text{kN/m}$$

②强度验算:

模板跨中弯矩 $M=q_1l^2/8=59.154\times0.25^2/8=0.462\text{kN}\cdot\text{m}$

模板截面抗弯矩 $W=bh^2/6=1\times10^{-2}\times0.15^2/6=3.75\times10^{-5}\text{m}^3$,则模板跨中应力:

$\delta=M/W=0.462/(3.75\times10^{-5})=12.32\text{MPa}<[\delta]=72.25\text{MPa}$(竹胶板),强度满足要求。

③挠度验算:

模板截面惯性矩 $I=bh^3/12=1\times0.015^3/12=2.8125\times10^{-7}\text{m}^4$

竹胶板弹性模量 $E=10.56\times10^3\text{MPa}$

$f=5q_1l^4/384EI=5\times59.154\times10^3\times0.25^4/(384\times10.56\times10^9\times2.8125\times10^{-7})=2.593^{-4}\text{m}=0.259\text{mm}<[f]=L/400=0.625\text{mm}$,刚度满足要求。

(2)纵梁(10cm×10cm 方木)强度、刚度验算:

①荷载计算:

纵梁自重:$6.5\text{kN/m}^3\times(0.1\times0.1)=0.065\text{kN/m}$,每米荷载:

$$q_2=[(0.112+41.6)\times1.2+(2.5+2+2)\times1.4]\times0.25+0.065\times1.2=14.867\text{kN/m}$$

②强度验算:

纵梁跨中 $M_{1/2}=q_2l^2/8=14.867\times0.9^2/8=1.505\text{kN}\cdot\text{m}$

纵梁截面抵抗弯矩 $W=bh^2/6=0.1\times0.1^2/6=1.667\times10^{-4}\text{m}^3$

纵梁跨中弯应力 $\delta=M/W=1.505\times10^3/1.667\times10^{-4}=9.028\text{MPa}<[\delta]=12\text{MPa}$,强度满足要求。

③挠度验算:

松木的弹性模量为 $E=4\times10^3\text{MPa}$

截面惯性矩 $I=bh^3/12=0.1\times0.1^3/12=8.33\times10^{-6}\text{m}^4$

$f=5q_2l^4/384EI=5\times14.867\times10^3\times0.9^4/(384\times4\times10^3\times8.33\times10^{-6})=3.81\times10^{-5}$
$=0.381\text{mm}<[f]=L/400=1.5\text{mm}$,刚度满足要求。

(3)横梁强度、刚度验算:

①荷载计算:

纵梁传下荷载:$P=14.867\times0.9=13.38\text{kN}$

纵杆槽钢自重荷载:$q_3=0.121\text{kN/m}\times1.2=0.145\text{kN/m}$

②强度验算:

横梁弯矩 $M=q_3l^2/8+Pl/3.5=0.145\times0.6^2/8+13.38\times0.6/3.5=2.3\text{kN}\cdot\text{m}$

I12 型槽钢截面抗弯矩 $W=36.4\text{cm}^3$

$\delta=M/W=2.3\times10^3/36.4\times10^{-6}=63.18\text{MPa}<[\delta]=145\text{MPa}$,强度满足要求。

③挠度验算:

钢材弹性模量 $E=2.1\times10^5$ MPa

槽钢截面惯性矩 $I=388.5\text{cm}^4$

$f=5q_3l^4/384EI+pl^3/55EI=5\times0.145\times10^3\times0.6^4/(384\times2.1\times10^5\times10^6\times388.5\times10^{-8})+2.3\times10^3\times0.6^3/(55\times2.1\times10^{11}\times388.5\times10^{-8})=0.013\text{mm}<[f]=L/400=600/400=1.5\text{mm}$，刚度满足要求。

(4)支架强度、刚度、稳定性验算：

①荷载计算：

横梁传下的荷载：13.38×0.6/0.25+0.145×0.6=32.2kN，10m 高支架自身荷载：

0.074×10+0.074×(0.6+0.9) ×10/0.6=2.59kN

立杆荷载：$P=32.2+2.59\times1.2=35.31\text{kN}<40\text{kN}$（步距 60cm 立杆最大承载力）

②强度验算：

$\phi48\times3.5$mm 钢管截面积 $A=4.89\times10^2\text{mm}^2$

$\delta=P/A=35.31\times10^3/4.89\times10^2\times10^{-6}=72.21\text{MPa}\leqslant[\delta]=140\text{MPa}$，强度满足要求。

③稳定性验算：

$\phi48\times3.5$mm 钢管截面积回转半径 $i=15.78$mm

立杆长细比 $\lambda=l/i=600/15.78=38.02$，查表得 $\phi=0.744$，则有：$[N]=\phi A[\sigma]=0.744\times4.89\times140=50.93\text{kN}$

$N_{max}=P\times A=35.31\times4.89=17.27\text{kN}$，可见 $[N]>N$，抗压强度满足要求。

(5)地基承载力验算：

立杆下槽钢处应力

$\delta=P/A=35.31\times10^3/(0.16\times0.6)=367.81\times\text{kPa}<[\delta]=500\text{kPa}$（中密风化碎石），地基承载力满足要求。

(6)预拱度计算：

①根据设计资料，太澳互通现浇箱梁反拱度为 0，施工时则不考虑支架卸载后梁板挠度和混凝土收缩、温度变化挠度。

②支架在荷载作用下的弹性压缩：

$$\Delta l_1=NL/EA=17.27\times20/(2.1\times10^5\times4.89)=3.363\text{mm}$$

③支架在荷载作用下的非弹性变形因是钢管对接可以不计。

④支架基底的非弹性变形按砂土计 $\Delta l_2=20$mm，则预拱度：

$$\Delta l=\Delta l_1+\Delta l_2=3.363+20=23.363\text{mm}。$$

2.5 支架预压

(1)预压方法

支架预压采用袋装堆积法等预压方式加压，吊车垂直运输。砂袋尺寸 $100\times100\times100\text{cm}^3$，每袋砂砾重 1.5t。由于地基处理方法及材料相同，施工时每种支架形式预压一孔，预压荷载取同种支架形式桥跨的最大荷载。根据预压结果，得出支架的非弹性变形沉降量及弹性变形与荷载关系，设置支架预拱度，并为其他桥跨提供依据。

①预压荷载布置

施工区段最大梁体自重为 1 200t，施工区段最大预压荷载 1 220t。预压荷载的纵横向布置与设计恒载保持一致。

②加载及卸载顺序

从跨中向两边逐步加载，按荷载总重的 0→25%→50%→75%→100%→50%→0 进行加载及卸载，并测得各级荷载下的测点的变形值。

③预压时间

直至前后两次的观测值之差小于 1mm 为止。

(2)观测方法

施工区段内(包括本跨和下一邻跨的 7.5m)顺桥向从支架端至下跨 1/4 处腹板位置均布 6 点，横桥向布 5 排，共计 30 个观测点，地面沉降观测点与此对应。水准仪采用 PENTAXAP—128，精度 1.5mm/km。加载后前 4h 每小时观测一次，4h 后每 4h 观测一次，8h 后每 8h 观测一次，16h 后每 12h 观测一次，测量记录高程及坐标和观测的沉降量。卸载前的观测要求：每点测设 2 次，做好记录。按照加载及卸载步骤分别测得各级荷载下的支架下沉量及地面下沉量，并在卸载后全面测得各测点的回弹量。

2.6 满堂支架施工控制要点

(1)在支架施工放样时，要准确放出腹板位置。

(2)立杆对接时，注意扣件固定到位。

(3)严格控制高程，使顶托有调整余地。

(4)根据验算结果，严格控制立杆、纵横梁间距。

(5)按顺桥向每 5 跨设一道剪刀支撑，横向每 3 跨设一道剪刀支撑，保证支架稳定。

(6)做好地基四周排水，以免受水浸泡降低地基承载力。

3 结语

根据现场实测数据，预压后箱梁低模板的变形值(弹性变形+非弹性变形)在 8～23mm 之间，符合本方案设计要求。已完成施工的 43 跨现浇箱梁(按单幅计)，其断面尺寸及顶面高程符合施工规范要求。这充分说明本方案满堂支架的设计，在结构上较好地满足施工及规范要求，较好地指导了本工程的施工。

从 2006 年 8 月份第一联现浇箱梁支架预压地基处理算起，至今(2007 年 3 月)不足 7 个月时间，郑州至石人山高速公路太澳枢纽立交主线桥就已完成 43 跨现浇箱梁的施工(4 个作业面同时展开施工)，充分说明本方案满堂支架的采用，工序简单，施工进度足够快，这对当前施工工期较紧的工程建设项目更具实用性。

参考文献

[1] 李庆华. 材料力学. 成都：西南交通大学出版社，2000.

[3] 杜荣军. 建筑施工脚手架实用手册. 北京：中国建筑工业出版社，1997.

30m 跨预应力 T 梁外观质量缺陷与防治

李林涛

（河南中原高速公路股份有限公司）

摘　要　介绍 30m 预应力 T 梁预制生产中常见质量缺陷，提出防治措施。

关键词　预应力 T 梁　预制　质量缺陷　防治

混凝土的外观质量是混凝土质量的直观体现，目前高速公路建设对外观质量要求越来越高，因此搞好混凝土的外观质量对混凝土工程有其重要意义。郑石高速公路土建 No. 25 合同段共有 516 片 30m 跨 T 梁的施工任务，从施工到管理均参与其中，针对 T 梁的外观质量存在许多问题，经过实践的摸索，现场总结、分析、改进，使 T 梁的外观质量得到有效控制，收到了满意的实施效果。

1　施工中发现的常见质量缺陷

(1)梁腹侧表面、T 梁端头锚固截面有蜂窝、麻面现象，马蹄上口斜面气泡较大。

(2)梁端头第二道横隔板下耳板附近、腹板变厚处、马蹄上口斜面有“狗洞”。

(3)马蹄根部、侧模拼缝、堵头模板两侧处跑浆较多，有“烂边”、“烂根”现象。

(4)梁腹表面有明显的层印。

(5)模板拼缝处有“错台”，个别梁有“跑模”现象。

(6)T 梁张拉起拱后，梁两头马蹄底部缺棱掉角。

(7)T 梁翼板顶面板收缩裂缝较多。

(8)腹板表面、翼板下表面有“白斑”和“黑斑”，混凝土表面花脸，颜色不一。

(9)桥面连续预埋钢板下混凝土不密实。

2　原因分析、预防措施、修补方法

2.1　麻面

麻面是指混凝土表面上呈现出无数绿豆般大小的不规则小凹点。直径通常不大于 5mm。

2.1.1　原因分析

(1)马蹄上口斜面排气困难，锚固截面锚下钢筋密集，受抽拔管位限制振捣困难，混凝土振捣不足，气泡未完全排出，部分气泡残留在混凝土与模板之间。

(2)新拌混凝土浇筑入模后，停留时间过长，振捣时已有部分凝固。

(3)用小料水平分层浇筑完马蹄后，浇筑腹板时误开平板振捣器，上部灰浆顺模板表面流到下层坍落度损失比较大，混凝土表面拆模后出现若断若续的“眼泪”。

(4)浇筑前没有在模板上洒水湿润，或湿润不足，混凝土的水分被模板吸去或模板拼缝漏浆，靠近拼缝的构件表面浆少。

(5)模板表面未清理干净,附有水泥浆渣等杂物。

2.1.2 预防措施

(1)振捣遵循紧插慢拔原则,振动棒插入到拔出时间控制在20s为佳,插入下层5～10cm,振捣至混凝土表面平坦泛浆、不冒气泡、不显著下沉为止;马蹄上口斜面宜作为混凝土分层控制高度,以利排气;插振捣棒确有困难时,采用附着式振捣器或人工插捣的方法振实。

(2)新拌混凝土必须按水泥或外加剂的性质,在初凝前振捣,放置时间过长未初凝混凝土可拉回拌和站按设计水灰比加水加水泥重新拌和,放灰时剔除结硬灰块。混凝土结块比较严重时,严禁使用。

(3)T梁马蹄以下主要依靠附着式振捣器振捣,腹板上部、翼板混凝土主要依靠插入式振捣器振捣,尽量避免浇筑上部混凝土时,启动附着式振捣器,导致下部即将结硬的混凝土表面出现麻面。

(4)浇筑混凝土时,无论那种模型,均需洒水湿润,但不得积水;浇筑前检查模板拼缝,对可能漏浆的缝,设法封堵。

(5)模板表面清理干净,隔离剂应涂刷均匀。

2.1.3 修补方法

混凝土表面的麻点,对结构无大影响,通常不做处理,如需处理,方法如下:

(1)用稀草酸溶液将该处脱模剂油点或污点用毛刷洗净,于修补前用水湿透。

(2)修补用的水泥品种必须与原混凝土一致,砂子为细砂,粒径最大不宜超过1mm。

(3)水泥砂浆的配比为1∶2或1∶2.5,由于数量不多,可用人工在小桶中拌匀,随拌随用。必要时掺拌白水泥调色。

(4)按照漆工刮腻子的方法,将砂浆用刮刀大力压入麻点,随即刮平。

(5)修补完成后,用草帘或草席进行保湿养护。

2.2 蜂窝

蜂窝是指混凝土表面无水泥浆,集料间有空隙存在,形成数量或多或少的窟窿,大小如蜂窝,形状不规则,露出石子深度大于5mm,深度不漏主筋,可能漏箍筋。

2.2.1 原因分析

(1)模板漏浆,加上振捣过度,跑浆严重。

(2)混凝土坍落度偏小,加上激振力不足或漏振。

(3)混凝土浇筑方法不当,没有采用带浆法下料和赶浆法振捣。

(4)混凝土搅拌与振捣不足,使混凝土不均匀,不密实,造成局部砂浆过少。

2.2.2 预防措施

(1)浇筑前必须检查和嵌填模板拼缝,并浇水湿润;浇筑过程中有专人检查模板质量情况,并严格控制每次振捣时限。

(2)坍落度过小时拉回拌和站加水加水泥重新拌制;振捣工具的性能必须与混凝土的工作度相适应;一名振捣手跟着灰斗粗振,另一名振捣手随后细振,按规定的振捣间距精心振捣,尤其加强模板边角和结合部位的振捣。

(3)严格执行带浆下料和赶浆法振捣,注意混凝土振实的五点表现。

(4)混凝土拌制时间应足够;分层厚度不得超过规范规定,防止振捣不到。

2.2.3 修补方法

小蜂窝可按麻面方法修补,大蜂窝采用如下方法修补。

(1)将蜂窝软弱部分凿去,用高压水及钢丝刷将结合面冲洗干净。

(2)修补用的水泥品种必须与原混凝土一致,砂子用中粗砂。

(3)水泥砂浆的配比为1∶2到1∶3,并搅拌均匀,有防水要求时,在水泥浆中掺入水泥用量1%～3%的氯化铁防水剂,起到促凝和提高防水性能的目的。

(4)按照抹灰工的操作方法,用抹子大力将砂浆压入蜂窝内,刮平;在棱角部位用靠尺将棱角取直。

(5)修补完成后,用草帘或草席进行保湿养护。

2.3 孔洞、狗洞

孔洞是指混凝土表面有超过保护层厚度,但不超出截面尺寸1/3的缺陷,结构内存在着空隙,局部或部分没有混凝土,狗洞是指可以望穿混凝土结构的空洞。

2.3.1 原因分析

(1)内外模板距离狭窄,振捣困难。集料粒径过大,腹板钢筋过密,造成混凝土下料中被钢筋和抽拔管卡住,下部形成孔洞。

(2)混凝土流动性差或混凝土成分出现离析,粗集料同时集中到一起,造成混凝土浇筑不畅。

(3)未按浇筑顺序振捣,造成漏振点;没有分层浇筑,或分层过厚,使下部混凝土振捣作用半径达不到,形成松散状态。

(4)水泥结块、集料中含有冰块、泥块等杂物。

2.3.2 预防措施

(1)采用流动性良好的混凝土,在钢筋密集处采用细石混凝土浇筑,振捣时设专人在模板外敲打协助振捣并检查混凝土振实情况。对构件角点和结合部重点检查,特别注意振捣,不能用机械振捣时,可改用人工插捣,插捣应反复数次,确保混凝土不出现孔隙。

(2)混凝土配比中掺加高效减水剂,确保混凝土流动性满足工作要求;在混凝土运输、浇筑的各个环节采取措施保证混凝土不离析。

(3)振捣应密实,不允许出现漏振点,吊斗应按布灰厚度,走动卸灰,避免吊斗直接将混凝土卸入模板内,一次卸料过多。

(4)严防杂物出现在拌制好的混凝土当中。

2.3.3 修补方法

(1)将修补部位的不密实混凝土及突出的集料颗粒凿去,洞口上部向外上斜,下部方正水平。

(2)用高压水及钢丝刷将基层冲洗干净。修补前用湿麻袋或湿棉纱头填满,保持湿润72h。

(3)修补用的水泥品种应与原混凝土一致,为减少新旧混凝土之间的空隙,水灰比控制在0.5以内,并掺水泥用量万分之一的铝粉。

(4)孔洞周围先抹一层水泥素浆,然后用比原混凝土强度高一级的细石混凝土或补偿收缩混凝土填补并分层仔细捣实,以免新旧混凝土接触面上出现裂缝。

(5)抹光后的混凝土表面应覆盖塑料薄膜,并用支撑模板顶紧加压。

对于不易清理的较深蜂窝、孔洞,由于清理敲打会加大缺陷尺寸,使结构遭到更大的削弱,应采用水灰比为0.7～1.1的水泥浆液进行压浆补强。必要时可在水泥浆中掺入一定量的水玻璃作促凝剂。压浆孔的位置、数量及深度,应根据蜂窝、孔洞的实际情况和浆液扩散范围而定,孔数一般不少于两个,一根压浆,一根排气或排除积水。压浆方法如下:在填补的混凝土凝结2d(即相当于强度达到1.2～1.8MPa)后,用砂浆输送泵压浆。压力6～8个大气压,最小为4个。在第一次压浆初凝后，在用原埋入的管子进行第二次压浆，大部分都能压入不少水泥浆，且从排气管挤出清水。压浆完毕2～3d后切除管子。剩下的管子空隙以砂浆填补。

2.4 烂边、烂根

2.4.1 原因分析

“烂边”和“烂根”主要是由于模板拼缝不严密、接缝处止浆不好，模板下底边与台座包边角钢结合不紧密，振捣时混凝土表面失浆造成。漏浆较少时边角出现“毛边”，漏浆严重出现混凝土蜂窝麻面。另外附着式振捣器布置过密、过低、太靠近拼缝也是造成T梁“烂边”和“烂根”的一个原因。

2.4.2 预防措施

(1)接缝处夹带橡胶海绵条或无纺土工布止浆，拼缝设计成搭接企口缝，并用钢木压板、橡胶压条止浆，预制台座包边角钢表面粘贴橡胶海绵，防止模板激振时底边脱开台座。

(2)在保证马蹄振捣的情况下，将最先每两道横隔板之间4个附着式振捣器减少到3个，并将振捣器位置调高，避免振捣器太靠近模板底边、拼缝。

(3)拼缝两侧的振捣器起振时保持同步，异步后模板拼缝漏浆加多。

2.4.3 修补方法

漏浆较少时按麻面进行修复，漏浆严重时按蜂窝处理办法进行修复。

2.5 层印

2.5.1 原因分析

(1)混凝土浇筑顺序控制的不好，浇筑下层混凝土时，上层混凝土等待时间过长，混凝土出现明显的接茬痕迹。

(2)在混凝土拌制、运输、浇筑三个环节中机械故障，停歇后继续浇筑，而未按照施工缝的要求进行检查处理。

(3)分层浇筑时混凝土振捣过度，造成石子下沉，水泥砂浆上浮，浆多的地方颜色发青，石子多的地方颜色发白，形成对比。

(4)模板上机油涂刷过多往下流，拆模后在构件表面呈现若断若续的假“分层”。

2.5.2 预防措施

(1)预制梁浇筑顺序一般从模板一端开始水平分层浇筑，当梁较高超过2.5m时，采用马蹄、腹板、翼板同时浇筑。从模板一头开始，先浇筑一段马蹄，反回头浇筑腹板段、翼板，再向前浇马蹄，再回头浇筑腹板、翼板，如此反复保持浇筑斜面不断推进。由于正截面段马蹄部分抽拔管集中、变截面段的起始部分腹板较薄，横隔板钢筋密集，大料混凝土流动性不如小料，下料过程中容易卡料，导致马蹄、横隔板下耳出现孔洞。针对以上问题龙王庙大桥采用小料、大料两种配比的混凝土，前两罐灰拌小料，水平分层浇筑马蹄部分，附着式振捣器振捣，其他部位混凝土采用大料按上述方法浇筑，插入式振捣器振捣。

(2)混凝土停歇后继续浇筑，虽未超出施工缝停歇时间，亦应参照施工缝的要求进行检查，情况严重时严格按照施工规范的规定处理好施工缝。

(3)精心组织振捣，注意混凝土振实的5点表现，振捣棒插入下层混凝土5～10cm，避免混凝土发生离析。

(4)涂机油时以模板现油光为准，采用质量品质较好的机油涂刷均匀。

2.5.3 修补方法

对油脂引起的假分层现象，用砂纸打磨后即可现出混凝土本色，对其他原因造成的混凝土分层，当不影响结构使用时，一般不做处理，需处理时，用黑白水泥调制的接近混凝土颜色的浆体粉刷或喷涂。当有软弱夹层影响混凝土结构的整体性时，按照施工缝进行处理：

(1)如夹层较小，缝隙不大，可先将杂物清楚，夹层面造成“八”字型后，用水清洗干净，在潮湿无积水的状态下，用1∶2～1∶3的水泥砂浆强力填塞密实。

(2)如夹层较大时，将该部位混凝土及夹层凿除，视其性质按蜂窝或孔洞进行处理。

2.6 错台、跑模

2.6.1 原因分析

(1)模板拼缝经反复拆装企口变形严重或支模时模板垂直度控制得不好，相邻两块模板本身嵌缝。

(2)相邻两块模板对拉螺杆松紧程度不一，模板激振后张开程度不一。

(3)混凝土侧压力比较大；拉杆滑丝、螺母丝扣有损伤，激振过程中出现螺母脱丝。

2.6.2 预防措施

(1)定期修整模板，确保模板底边和拼缝处平整度满足规范要求。

(2)设专人紧固模板，手劲一致保持对拉螺杆松紧一致。

(3)装模时叮嘱操作工人检查拉杆的工作情况，杜绝使用坏丝的拉杆螺母和已变形拉杆。混凝土侧压力比较大时，拉杆上双螺母。激振强烈时螺母底下加垫减振弹簧垫片，防止拉杆崩丝，出现跑模。

2.6.3 修补方法

(1)将错台高出部分，跑模部分用铁钎凿除，露出石子，新茬表面比构件表面略底，稍微凹陷成弧形。

(2)用水将新茬面冲洗干净，洒水使混凝土结合面充分湿润。先抹一层水泥素浆打底，然后用1∶2干硬性的水泥砂浆，自下而上按照抹灰工的操作方法大力将砂浆压入结合面，反复搓动，抹平。修补用的水泥应与原混凝土品质一致，砂子用中粗砂，必要时掺拌白水泥，保证混凝土颜色一致。

为使砂浆与混凝土表面结合良好，抹光后的砂浆表面应覆盖塑料薄膜，并用支撑模板顶紧加压。

2.7 切角

切角指T梁张拉起拱后，梁端头马蹄底边混凝土发生斜截面破坏后掉角。

2.7.1 原因分析

T梁张拉起拱后，支撑方式发生变化，由张拉前的面支撑改为线支撑，加之梁端有5cm素混凝土，很容易发生斜截面剪切破坏。

2.7.2 预防措施

支T梁侧模板时，提前在梁头钢筋笼底下垫一块10cm宽、1cm厚的薄木板，将T梁支撑线前移10cm。

2.7.3 修补方法

打掉碎裂混凝土切角，立封端模板和封端混凝土一起浇筑。

2.8 收缩裂缝

混凝土的收缩分干缩和自收缩两种。干缩是混凝土中随着多余水分蒸发，湿度降低而产生体积减少的收缩，其收缩量占整个收缩量的很大部分；自收缩是水泥水化作用引起的体积减少。收缩量只有前者的1/5～1/10。

干缩裂缝呈现在T梁翼板顶面，宽度多在0.05～0.2mm之间，其走向纵横交错，无规律性，分布不均，并随温度和湿度变化而逐渐发展。

2.8.1 原因分析

(1)混凝土养护不当。洒水次数过少，表面损失水分过快，造成内外收缩不均匀而引起表面混凝土开裂。

(2)过度振捣造成离析，表面水泥含量大，收缩量也增大。

2.8.2 预防措施

(1)浇筑完混凝土12h后开始养护，养护龄期为7d，前24h内每2h养护一次，24h后按每4h养护一次，翼板顶面用草帘覆盖，避免曝晒。

(2)振捣密实而不离析，对板面进行二次抹压，以较少收缩量。

2.8.3 修补方法

对于细微的裂缝可向裂缝灌入纯水泥浆，嵌实再覆盖养护。或将裂缝加以清洗，干燥后涂刷两遍环氧胶泥或加贴环氧玻璃布进行表面封闭。对于较深的或贯穿的裂缝，应用环氧树脂灌浆后表面再加刷环氧树脂胶泥封闭。

2.9 花脸

腹板表面、翼板下表面有“白斑”和“黑斑”，混凝土表面花脸，颜色不一。

2.9.1 原因分析

(1)混凝土浇筑后，模板会因投料和振捣器激振，溅上许多水泥浆或在翼板模板上残留有未清理干净的水泥浆，拆模后在混凝土表面留下白斑点。

(2)黑斑指废机油涂抹不匀，或模板未清理干净，局部油脂集中，拆模后形成黑斑。

2.9.2 预防措施

(1)浇筑梁腹时，用彩条布遮住翼板底模板，防止混凝土散落到模板上；在浇下一层混凝土前将侧模板上溅落的水泥浆擦干净。

(2)打灰以后，用钢丝刷将模板上的灰渣清理干净，铁锈要用细砂纸擦拭干净。清理完后，用质量好的机油均匀涂刷模板表面，用量应少，现油光即可，如果机油过多会往下流，造成混凝土局部颜色发乌，混凝土面颜色不一致。

2.9.3 修补方法

黑斑用细砂纸精心打磨后，即可现出混凝土本身的颜色。白斑一般情况下不做处理，当白斑处混凝土较松散时可按麻面的修补方法进行整修。

2.10 空鼓

凿开T梁顶面混凝土，露出桥面连续预埋钢板及焊接钢筋，清理周边软弱混凝土时发现预埋钢板底下混凝土有空隙。

2.10.1 原因分析

浇筑预埋钢板混凝土时，钢板底部混凝土不饱满，形成空鼓。

2.10.2 预防措施

浇筑混凝土时用钢棒尽量将混凝土压入钢板底部；浇筑后用敲击法检查，如预埋钢板较大，可在钢板上开几个小孔排除空气，亦可作为观察孔。

2.10.3 修补方法

(1)在板外挖小坑槽，将混凝土压入，直至饱满、无空鼓声为止。

(2)如钢板较大或估计空鼓严重，可在钢板上钻孔，按二次灌浆法将混凝土压入。

3 结语

影响预制 T 梁外观质量的因素很多,造成缺陷的原因分析也很复杂。郑石高速公路土建 No. 25 合同段有 516 片的 T 梁,工期紧、任务很重。本文就该项目 T 梁施工中发现的外观质量问题进行了分析归纳,并在施工中加以应用改进,取得了满意的质量效果,较好地完成了节点目标任务。

参考文献

[1] 姚向红. 预应力混凝土 T 梁预制施工质量控制[J]. 山西交通科技,2003.

[2] 徐猷文. 预制混凝土 T 梁外质量控制[J]. 港工技术与管理,2002.

采用管棚法处理坍方段的应用技术

秦 亮

（中铁隧道集团有限公司郑石高速 NO.6 施工合同段）

摘 要 本篇以郑石高速公路始祖山隧道 YK37＋671～YK37＋678 段的坍方处理情况及施工过程中的难点处理为例，来具体的介绍一下大管棚施工在处理坍方问题上的应用技术。首先论述管棚法处理坍方段的技术特点，然后针对坍渣体管棚施工卡钻与下管难的问题提出了具体解决措施，并强调了注浆在管棚法处理坍方技术中发挥着十分重要作用。

关键词 管棚 坍方 卡钻 注浆

1 工程概况（地质及水文情况）及坍方概况

始祖山隧道为郑石高速公路全线控制性工程，设计为分离式双洞，左线 1 665m，右线 1 616m。设计建筑限界为 11.5m 宽、5.0m 高，设计为双车道。复合式衬砌，根据围岩类别、隧道实际布置情况，初期支护分别为锚喷支护、锚喷支护＋钢支撑，二次衬砌分别为素混凝土衬砌，钢筋混凝土衬砌。

1.1 设计工程地质及水文地质情况

（1）地形地貌：始祖山系伏牛山系山余脉，位于新郑西南千户寨乡南部，东部以山脊为界，南属禹州，北属新郑。东南长 14km，南北宽 3.5km。路线穿越始祖山脉老山坪段，区内为浅山地貌，地面高程在 180～370m 之间，此处高差在 180m，山体北坡为黄土岗地，植被较好，山体南坡多为裸露岩石，植被较差。

（2）地层岩性：为较弱风化的白云岩灰岩及大理岩，有裂隙，为块状结构，局部破碎代为 IV 级，但宽度小于 30cm，无支护时局部可产生坍塌。

（3）水文地质：区内地下水为裂隙水，无集水现象，补给来源为大气降水，勘察期间勘察深度范围内未见地下水。

1.2 坍方情况

始祖山隧道右线 YK37＋671 处 2006 年 10 月 26 日 2006 年 11 月 4 日分别发生坍方，涌出的大量粉砂土，估算总量已经超过 2 600m^3，将 YK37＋671～YK37＋678 已经施工的初期支护破坏。地面 YK37＋685 出现沉陷开裂，沉陷处地表高程与设计线高程相差 89m，偏离设计线 7m，基本上位于隧道开挖断面左侧，沉陷面积达 200m^2，开裂面积达 300m^2。

2 坍方体处理施工技术方案

2.1 施工方案与治理原则

2.1.1 施工方案

根据坍方体的工程地质特点，我们确定了在拱部 120°范围内施作 ϕ108 长管棚，管棚间距 50cm，结合超前预注浆技术在开挖轮廓线外形成约 5m 厚的加固圈，并在开挖时以小导管补强注浆加固技术为辅的综合技术方案。开挖过程中采用 CRD 工法进行现场施工，开挖以人工开挖为主。在开挖后立即施作 I22b 钢拱架锚网喷支护及临时支护体系，充分调动加固后的围岩的承载能力，使初期支护与注浆加固的坍方体形成整体式支护结构，并建立科学的监测体系，监测支护体系的变形，以用来判断结构的稳定性和安全性，并及时反馈设计与施工。

2.1.2　技术难点与关键

(1)长管棚与注浆加固圈在拱顶形成了稳固可靠的固结壳，使 5m 范围内的松散土体形成较一个承力环，是保证开挖安全和防止坍方的进一步扩大的关键技术。其中 26m 长的灌满净浆的管棚，一端放于未开挖区的注浆区内，另一端直接放置于临时支护的钢拱架上，成为承受坍方体土体压力的主体，而厚 5m 的注浆固结圈则起到对其的进一步加固作用，同时坍方体大部分为砂性土及泥岩、片岩，又可防止塌坍物从管间缝中涌出而引起新的坍方。管棚与超前注浆构成了超前支护的主体，是坍方处理的关键技术。

(2)坍方体内大部分呈砂土状，土体松散，为溶洞沉积物，土体松散，极易产生坍孔现象，所以在施工过程中采用跟管钻进。对于这些问题的解决直接关系到 26m 管棚的安装成功率和注浆的效果，也是坍方处理的难点所在。

(3)关于坍方管棚的注浆，必须对注浆顺序及注浆工艺进行详细计划，以防止浆液向无用的地区扩散，控制注浆量，尽量以最小的注浆量获得最好的注浆效果。

2.2　治理的原则

施工方案和治理原则可简单概括为：管超前，预注浆，多循环，短开挖，强支护，勤量测，早封闭。

2.3　施工技术要点

2.3.1　施工步骤

对前方 15m 内的初支及坍体进行加固→整修作业平台→测量放线→辅助钢拱架安装定位→导向管定位→钻机定位→钻孔→安装 ϕ108 钢管→注浆→终孔→采用 CRD 工法进行二次开挖→防排水施工→衬砌施工。

2.3.2　施工工艺

通过跟管钻钻孔，超前大管棚注浆加固前方风化破碎的岩石，从而形成复合稳定的固结体，使周围地层的力学性质得到改变，稳定性能加强，同时，在管棚棚护下进行开挖，确保施工安全。

(1)作业平台。根据大管棚角度，将通过钻杆向后延伸在确保钻机操作空间的前提下确定钻机的位置方向，利用方木搭设作业平台。

(2)测量放线。测量时应准确控制衬砌外轮廓线的空间位置，计算控制点坐标并设定在 YK37＋678 和 YK37＋679 已支护好的钢拱架或混凝土面上，同时，在安装辅助钢拱架之后，根据测量结果再进行导向管定位，确定孔位的具体位置，误差应控制在 1cm 以内。

(3)安装辅助钢拱架。安装 I16 辅助钢拱架作为套拱拱架，将 I16 套拱拱架焊接在初期支护的 I16 拱架上，在焊接处增加锁脚锚杆，导向管完成后对 YK37＋678～YK37＋679 进行喷射混凝土施工，形成整体，喷混凝土时应防止混凝土料堵塞导管口。

(4)导向管的安装(如图 1 所示)。测量放线将各孔中心点位确定好后(YK37＋678，YK37

+679 两榀拱架上放点)，根据交底安装辅助钢拱架，之后再根据放样点来对导向管进行定位，其安设 ϕ133mm、长 1.5m 的空口钢管，间距 50cm。孔口导向管与钢拱架焊成一体，保证导向管稳固牢靠，并用经纬仪准确测量其角度及方向，确保其角度及方向与设计值一致。在确保导向管定位牢固后，将其与辅助钢拱架一起用 C25 喷混凝土封闭，使其形成一个整体，以利于下一步的钻孔施工，最后等坍方段过后，再将其取掉。

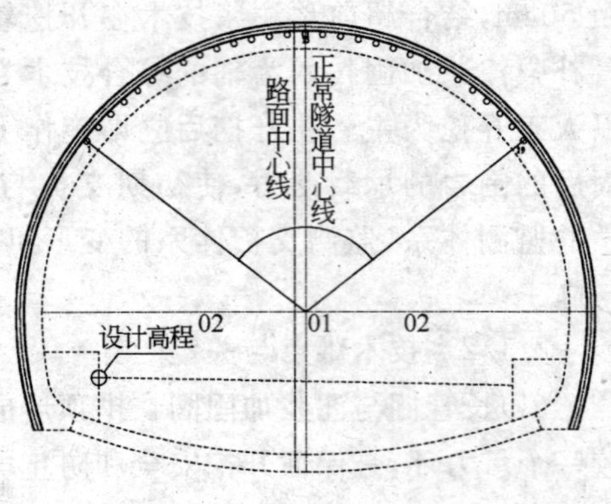

图 1　管棚施工大样图

(5)钻机定位。为加快钻机施工速度，施工时配备 2 台钻机平行作业，由两侧向中间方向施工。施工中钻机的定位准确，钻孔所需要的仰角在方木上进行调整。

(6)钻孔。空压机干式间隔成孔，在施工过程中，为了保证孔口的成孔质量，开孔时宜小给进力，高转速。

(7)大管棚的安装。ϕ108 钢管采用跟管顶进的方法进行施工，其管长有 1.5m 和 2.5m 两种，在顶进过程中，偶数孔 1.5m 的先顶进一根，其后匀为 2.5m 的管节。奇数孔先顶进 2.5m 的管节，最后再次顶进 1.5m 的管节一根。ϕ108 钢管安装时，奇数孔安装时，将 1.5m 的钢管安装于孔底，其他均为 2.5m 的钢管；偶数孔将 1.5m 的钢管安装于孔口第一节，确保施工后，每个断面的接头不能超过 50%，接头应错开。钢管节间均采用公母丝扣连接，便于顺利下管或遇阻拔管。

(8)超细水泥注浆。在本工序中，注浆应从下向上采用跳孔注浆，而且注浆过程应连续，在确保注浆浆液配合比的同时，必须严格控制注浆压力，确保注浆效果及注浆质量能够满足预定要求

①注浆材料。采用超细水泥。(超细水泥粒径 $D_{max}<20\mu m$；$D_{50}<6\mu m$，比表面积 $S>$ 6 000cm^2/g。)由试验室进行确定。

②注浆水灰比。注浆水灰比采用 0.6∶1。

③注浆压力。注浆严格按各段设计压力控制，对吸浆量较小孔段尽快升至设计压力；对吸浆量较大的孔段，采取分级升压的方式达到设计压力。注浆终压根据现场试验结果进行确定。

④注浆完成后，应进行钻孔检测。

⑤大管棚注浆注意事项：

a.注浆顺序按“分期分序、间隔跳孔”的原则进行现场注浆。首先把 29 根管棚分为单号和双号两序分步实施，先安装单序孔然后进行注浆，单序孔采用安装一孔，注一孔的原则进行，一孔完成后再进行下一孔的施做。单序孔完成后，再进行双序孔的安装及注浆，双序孔的管棚全部安装后，再进行注浆(管棚在施工过程中应从上自下，先施工单序孔，进行注浆，再施工双序孔，进行注浆，过程中确保注浆质量)。

b.灌浆水灰比采用 1∶1、0.8∶1、0.6∶1 三个比级。开灌水灰比为 1∶1，以后逐级变浆，当某一水灰比级浆液注入 5m^3 而吸浆量无明显减小或压力未升高时，则变浓一级浆液灌注。最后用 0.6∶1 浓浆置换孔内稀浆进行压力封孔。

c.结束注浆时的判断标准：注浆过程中，压力逐渐上升，流量逐渐下降，当注浆压力达到

2～2.5MPa时，灌浆段吸浆量连续4个读数$Q \leqslant 0.3L/min$时则再延续10min，但该段总灌浆量不少于$5m^3$，即可结束灌浆；如吸浆量长时间达不到上述标准，吸浆量$Q>1L/min$，但纯灌浆时间已超过24h也可结束灌浆，或者用双液浆封堵。设计的所有注浆孔均达到注浆结束标准，无漏注现象后，结束全部管棚注浆。

d.除此以外，在施工过程中还有反向注浆、径向注浆、超前注浆等，其注浆的注意事项及注浆工艺采用小导管注浆的要求进行现场的控制。

e.注意事项。在注浆前充分做好各项的准备工作，特别是机具设备的检修工作，发现问题及时排除，使其处于良好状态。认真检查注浆管路系统，包括混合器、接头、阀门等，如有破损立即更换，不好用的接头、阀门不得使用，防止在高压下发生脱扣的危险事故。注浆前，将管路全部接通，进行试压，试压可用清水进行。在试压时，如管路不通或接头有漏水现象，予以排除，保持管路系统各部件完好畅通。

注浆所用的水泥无结块、无杂物、砂子应洁净并过筛。在注浆过程中，所有拆除下来的接头、阀门，应安排专人及时清洗干净，以备轮换使用。注浆过程中，严禁出现中断注浆现象，注浆必须在设计的压力范围内连续进行施工。作业完毕后，认真清洗干净所有的机具设备，特别是搅拌机、注浆管、接头、阀门、储浆桶等，以备下阶段注浆时使用。每一根钢管注浆应连续。

(9)CRD工法开挖：考虑到坍塌高度较高，且坍体松散，自稳能力差，隧道断面跨度大。采用CRD工法开挖，将开挖断面变小，大洞小打，在开挖过程中临时支撑于拱架可以尽早形成闭合环，开挖时首先进行掌子面右半侧开挖。开挖施工过程中，采用CRD工法开挖虽不利于施工进度，但施工起来却十分安全，且对坍方处的围岩扰动较小，其开挖支护顺序如图2所示。

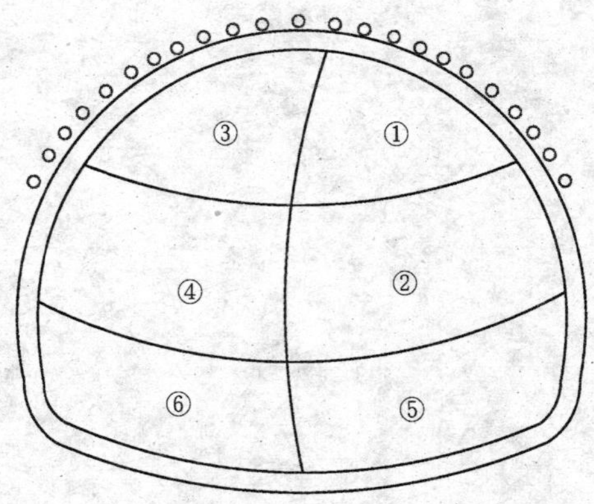

图2 开挖支护顺序图

(10)加强支护：初期支护参数进行如下调整：钢拱架I22a，拱架间距0.5m(侵限段间距0.3m)，中空注浆锚杆长度4.5m，每榀拱架25根，$\phi 8$钢筋网双层布设，网格间距15cm×15cm，$\phi 22$连接钢筋环向间距50cm，喷C25混凝土30cm，同时预留沉降量20cm。上述支护参数需经过设计院进行结构验算。

3 结语

(1)管棚施工完成后，仅用了不足17d时间即完成了7m坍方段开挖施工，整个开挖过程安全顺利，最大变形量仅有28mm。这进一步验证了大管棚在长大坍方处理中的重要作用。

(2)根据开挖中揭示的情况,注浆固结体与管棚的共同棚架护拱作用是确保开挖顺利,防止坍方继续发展的重要因素,在管棚施工中必须重视注浆对地层的改良作用。

(3)在坍渣与破碎岩体中,套管跟进是确保管棚施工质量与精度的重要方法之一。

参考文献

[1] 中华人民共和国行业标准.公路工程质量检验评定标准.北京:人民交通出版社,2005.

[2] 中华人民共和国行业标准.公路隧道施工技术规范.北京:人民交通出版社,1995.

浅谈郑石高速公路沥青混凝土桥面铺装层施工技术

任新建

（河南中原高速公路股份有限公司）

摘　要　结合郑石高速公路情况，介绍了沥青混凝土桥面铺装层的施工技术，并对防水层材料的选择和施工等技术作了介绍。

关键词　沥青混凝土　桥面铺装层　施工　防水层材料

1　引言

桥面铺装层是直接承受汽车荷载的桥梁表层，除受汽车轮载的直接作用外，还受环境因素（温度和湿度等）的影响，受力状态极为复杂。设计、施工稍有不当，容易造成铺装层的早期损坏。据专业调查，桥面铺装层的损坏率远远超过路面损坏率。桥面产生坑洞有其发展过程，先发生裂缝唧浆，接着形变、网裂，最后演变成坑洞。桥面铺装层损坏的极其严重和极易发生，不得不引起我们足够重视。本文结合郑石高速公路实际情况，对沥青混凝土桥面铺装层施工技术及防水层材料的选择做一些浅析。

2　防水层材料的选择与施工

2.1　防水层材料的选择

防水层的作用是防止由面层渗入的水进入桥面而破坏桥面板和腐蚀主梁钢筋，保证和延长桥梁的使用寿命。同时，防水层作为桥面铺装的一个结构层，又必须满足层间抗剪的要求。所以，作为桥面铺装防水层材料必须满足以下 7 个方面的要求：良好的不透水性能；与混凝土桥面和沥青面层有足够的黏结力；面层碾压后的无破损性；不低于面层设计寿命的耐久性；良好的耐高温和低温性能；对桥面准备状况有良好的适应性；抵御桥面裂缝的良好延伸性能。

目前国内能满足桥面铺装要求的防水材料主要有氯丁和 APP 卷材，但从使用效果来看，均不太理想。

高分子抗裂贴是一种国外高等级公路广泛使用的抗裂防水材料，它是由一种或几种聚酯纤维与高分子聚合物有机合成的复合材料。分为黏层油型和自黏型两大类，是由单层或多层抗皱重型聚丙烯材料与高弹型的高分子聚合物经过严格工艺合成的防水防裂材料。具有高的耐热性，能承受 200℃左右的高温，化学性能稳定；且单层或多层聚酯材料提高了材料的强度、磨耗性及抗剪能力。因此，高分子抗裂贴可广泛地运用以桥梁、公路、机场的建设及改造工程中，对防止和减少沥青路面的各种裂缝起到很好的防治效果，其作用机理为：

(1)应力吸收及抗开裂。高分子抗裂贴在沥青面层中，能够将车轮接触的下面层压力和轮载边缘以外区域受到的应力分散，在两块受力区域之间形成缓冲带，使此处应力逐步减小，减少应力集中对沥青面层的破坏，从而有效地延长路面的寿命。

(2)体的稳定性。高分子抗裂贴凭借其良好的抗拉强度及黏结性可以将下层裂缝两侧连接起来，形成 75～100mm 宽的绝对的整体防护层。

(3)较好的抗低温开裂。由于高分子抗裂贴具有较强的抗拉强度。其在沥青面层中的应用，可以提高面层的横向拉伸强度、抵抗较大的拉应力而不至于破坏。即使局部区域产生裂纹，在裂纹处的应力集中，经高分子抗裂贴的传递而消失，裂纹也不会发展到面层而破坏路面。为此，郑石高速公路采用了高分子抗裂贴作为防水层材料并取得了良好的效果。

2.2 防水层施工

高分子抗裂贴防水层施工工艺及要求是：

(1)在铺设前不得将隔离膜(纸)揭开；

(2)在铺设抗裂贴时应将成卷材料拉紧，铺设后的抗裂贴应平整、不起皱、不翘边；

(3)在铺设过程中若出现重叠时，重叠长度为 5～12cm，不能超过两层以上的重叠；

(4)在铺设抗裂贴后用胶轮滚筒进行滚压至少三遍；

(5)铺设完成后，应尽早的进行沥青混合料的摊铺，其间隔时间不应超过 24h，同时应避免施工车辆等机具在材料上行走或抽拉。

3 沥青混凝土铺装层施工技术

3.1 沥青混合料摊铺技术

3.1.1 人工配合

在摊铺机前要有人工清扫底层，清除运料车撒落下来的混合料和其他污物。特别是摊铺机履带板行走的底层上，一定清除干净，以免自动调平装置产生误调动作，破坏摊铺层的平整度。

摊铺机熨平板两侧距混凝土护栏有 10～20cm 的距离，要用人工往两侧分料，并予整平。另外，摊铺过后的铺装层，难免会有个别大料要由人工拣出，再补上混合料。

3.1.2 接茬处理

(1)纵向接茬

两条摊铺带相接处，必须有一部分搭接，才能保证该处与其他部分具有相同的厚度。搭接的宽度应前后一致，搭接施工有冷接茬与热接茬两种。

冷接茬施工是指新铺层与经过压实后的已铺层进行搭接。搭接(重叠)宽度约为 3～5cm，过宽了会使接茬处压实不足，产生热裂。过窄会在接茬处形成斜坡。新摊铺带必须与前一条摊铺带的松铺厚度相同。在摊铺新铺层时，对已铺的摊铺带接茬处边缘应铲修垂直。碾压新摊铺带时，也要先将其接茬边缘铲齐。

热接茬施工一般是在使用两台以上摊铺机梯队作业时采用，此时两条毗邻摊铺带的混合料都还处于压实前的热状态，所以纵向接茬易于处理，且连接强度较好。毗邻摊铺带的搭接宽度约 2～5cm。不管采用冷接法或热接法，摊铺带的边缘都必须齐整，这就要求机械在直线上和弯道上行驶始终保持正确位置。为此，可沿摊铺带一侧敷设一根导向线，并在机械上安置一根带链条的悬杆，驾驶员只要注视所悬链条对准导向线行驶即可。

(2)横向接茬

前后两条摊铺带横向接茬质量的好坏对路面的平整度影响很大，它比纵向接茬对汽车行驶速度和舒适性的影响更大。桥面铺装一般不允许出现横向接茬，在特殊情况下，如需设置横向接茬，则处理好横向接茬的一个基本原则是，要将第一条摊铺带的尽头边缘锯成垂直面，并与纵向边缘成直角。

3.1.3　自动找平装置基准面的选择

由于高速公路桥面沥青混凝土铺装层设计上多为双层，厚度为 10cm(郑石高速桥面铺装层设计为 4cm 上面层＋ 6cm 中面层)，其下层水泥混凝土桥面的平整度往往较差，对平整度的调整和掌握比较困难，只靠摊铺机浮式熨平板的自动调平功能来掌握平整度，结果是平整度较差，行车有明显的颠簸感觉。因此，桥面沥青混凝土铺装层的施工，无疑应使用摊铺机的自动调平装置。

当两侧的护轮带平整度较好，用 3m 直尺量测的最大间隙不大于 3mm 时，可用滑橇作接触件；当桥面水泥混凝土层 3m 直尺量测的最大间隙不大于 5mm 时，可选择浮动梁作接触件；当桥面水泥混凝土层 3m 直尺量测的最大间隙大于 5mm 时，只能以钢丝绳线作基准。由于桥面是一次全宽铺筑，所以钢丝绳线只能设在护轮带上，立杆可由两部分组成，下面部分是带一根立杆的钢筋三角架，上面部分是垂直焊上一根圆钢筋的钢筒。用钢筒的上下滑动来确定高程，靠两侧螺栓将其固定下来。

3.2　沥青混合料压实技术

3.2.1　纵向接茬碾压

(1)热料层与冷料层相接

对这种接茬可采用两种方法碾压。第一种方法是压路机位于热沥青混合料上进行碾压。这种碾压方法，是把混合料从热边压入相对冷结合边，从而产生较高的结合密实度；第二种方法是在碾压开始时，只允许轮宽的 10～20cm 在热料层上，压路机的其余部分位于冷料层上，碾压时，过量的混合料从未压实的料中挤出，这样就减少了结合边缘的料量，这种方法产生的结合密度较低。在这两种碾压过程中，压路机的碾压速度都应很低。

(2)热料层相接(梯队作业时)

这种接茬的压实方法是：先压实离中心热接茬两边大约为 20 cm 以外的地方，最后压实中间剩下来的一窄条混合料。这样，混合料就不可能从旁边挤出，并形成良好的结合。

3.2.2　碾压温度

碾压时温度过高，会引起压路机两旁混合料隆起，碾轮后的摊铺层出现裂纹，碾轮上粘起沥青混合料(尽管用水喷洒)，及前轮推料等问题。而碾压温度过低时(50～70℃)，由于混合料的黏性增大，导致压实无效，甚至起副作用。郑石高速现场施工情况表明：当沥青混合料的摊铺初始温度每提高 10℃则碾压时间就可缩短近 16 %，压实度可提高 1%～2%；而最低碾压温度每降低 10℃，碾压时间需延长近 30 %，达到相同的压实度会需要更多的碾压功。可见沥青混合料温度较高时，有利于缩短碾压时间，提高压实度，加快施工速度。而初压温度的确定，对具体的混合料，应采用赛波特黏度计进行黏度试验，求出黏度—温度关系图，以此确定合适的初压温度。

压实质量与压实温度有直接关系，而摊铺混合料温度是在不断变化的，特别是在摊铺后 4～15min 以内温度损失最大(1～5℃/min),对 6cm 厚的 AC-20 沥青混凝土和 4cm 厚的 AC-13沥青混凝土在微风情况,对应不同气温的摊铺后温度下降为 80℃的时间见表 1 和表 2。

降至 80℃ 的时间(AC-20) 表 1

气温(℃)	摊铺后温度(℃)	到达 80℃的时间(min)
35	138	53
20	137	41
15	144	38
10	148	29

降至 80℃ 的时间(AC-16) 表 2

气温(℃)	摊铺后温度(℃)	到达 80℃的时间(min)
35	142	46
20	141	35
15	149	31
10	153	23

3.2.3 压实速度

合理的压实速度,对减少碾压时间、提高作业效率有十分重要的意义。在施工中,保持适当的恒定碾压速度是非常必要的。一般速度控制在 2～4km/h,轮胎压路机可适当提高,但不超过 5km/h。速度过低,会使摊铺与压实工序间断,影响压实质量,从而可能需要增加压实遍数来提高压实度。碾压速度过快,会产生推移、横向裂纹等。

选择碾压速度的基本原则是:在保证沥青混合料碾压质量的前提下,最大限度地提高碾压速度,从而减少碾压遍数,提高工作效率。

3.2.4 应注意的其他问题

振动压路机应关闭振动装置,采用静压方式碾压,以免造成桥梁结构的损坏。在碾压过程中,为了保持正常的碾压温度范围,每完成一遍重叠碾压,压路机就要向摊铺机靠近一些。这样做,可避免在整个摊铺层宽度上,在相同横断面换向所造成的压痕。变更碾压道时,要在碾压区内较冷的一端。压路机作业中,驱动轮靠近摊铺机,以减少波纹或热裂缝(单轮驱动压路机)。碾压中,要确保压路机滚轮湿润,以免黏附沥青混合料。有时可采用间歇喷水,但应防止用水量过大,以免使混合料表面冷却。

压路机每碾压一遍的末尾,若能稍微转向,就可将摊铺机后面的压痕减至最小。压路机不得在新铺混合料上转向、调头、左右移动位置或紧急制动和从碾压完毕的路段进出。碾压后的路面在冷却前,任何机械不得在路面上停放,并防止矿料、杂物、油料等落在新铺路面上,路面冷却后才能开放交通。

4 结语

要避免桥面铺装层早期损坏,需要精心设计,严格施工质量控制,引进新技术、新工艺、新设备,加强全面质量管理,建设与养护并重。

参考文献

[1] 孟飞. 浅谈沥青混凝土铺装层的施工技术. 山西交通科技,2004.11(168).

[2] 涂常卫,黎增丰,凌子如. 混凝土桥面铺装病害与设计和施工的关系浅析[J]. 公路,1999,(2):17-22.

[3] 凌坚,李志能. 对桥面裂缝及铺装层破坏的讨论[J]. 公路,1996,(9):7-9.

[4] 季节,徐世法,罗晓辉. 桥面铺装病害调查及成因分析[J]. 北京建筑工程学院学报,2000,16(3):33-39.

[5] 张占军,胡长顺,王秉纲. 水泥混凝土桥面沥青混凝土铺装结构设计方法研究[J]. 中国公路学报,2001,14(1):56-59.

预应力混凝土连续箱梁施工质量缺陷及防治

王国晓

(河南中原高速公路股份有限公司)

摘　要　本文重点从预应力箱梁的预制、张拉与压浆、箱梁的安装等三个关键环节分析了质量缺陷的成因,并针对不同情况相应地提出了防治措施,对预应力混凝土箱梁的施工质量控制具有可行的指导意义。

关键词　预应力　箱梁　质量　缺陷与防治

预应力混凝土箱梁由于其结构轻盈、建筑高度小、配筋少等优点,在公路建设中得到普遍使用,但这种结构桥型在施工中存在一些质量通病或质量缺陷,应引起重视。在实际施工过程中,主要有以下几方面需要引起重视。

1　预应力混凝土箱梁预制

1.1　箱梁底板与腹板交接处易发生漏浆、不密实,出现孔洞、冷缝、水波纹等现象

1.1.1　形成原因

除了设计上钢筋间距、保护层过小外,从施工质量控制角度看主要是:施工工艺不完善,粗集料级配、粒径选择不合理,粗集料偏大。在底层波纹管上缘,粗集料易堆积在一起,而为了保证梁体密实性,必然要加强腹板波纹管下混凝土振捣,有时就可能振捣过渡,在波纹管下缘形成一层砂浆层,从外观上看,梁体在腹板局部出现不密实或沿底层波纹管方向出现一层水波纹。

1.1.2　预防和治理措施

(1)制作预制台座时,顶面两侧预埋[50 槽钢,凹槽朝外,支侧模前槽内塞半寸胶皮管。即与模板贴附严密,又防止混凝土振捣时渗水、漏浆。

(2)配备 30 型振捣棒,对梁端及腹板钢筋密集处进行振捣。

(3)箱梁侧模按间距 2～4m 安装附着式振捣器。浇筑腹板时插入式振捣器振完后,间断开启附着式振捣器三次,每次不超过 5s。

(4)采用底板、腹板、顶板全断面、斜向阶梯渐进、分层浇筑工艺,基本同步浇筑。浇筑腹板混凝土要严格控制粗集料粒径,施工时严格控制现场坍落度。

1.2　预应力箱梁张拉后反拱度过大,影响桥面系施工

在桥面系施工中,经常发现反拱度偏大,特别是箱梁边梁有时反拱度甚至达到 2～4cm,导致桥面系施工困难。

1.2.1　主要原因

(1)边跨梁与中跨梁相比,孔道钢绞线设置要多,而且边跨梁有一端不存在负弯矩张拉。

(2)箱梁正弯矩张拉时,由于龄期等原因,混凝土强度未达到设计混凝土强度的 75%以上

或设计另有要求，张拉后引起跨中反拱过大。

(3)储梁期过长，从正弯矩张拉结束到负弯矩张拉时间间隔过长，甚至超过 60d，常常引起桥面铺装层开裂，此后带来桥面水毁等质量问题。

1.2.2 防治措施

(1)预制台座制作不起拱或起反拱 5～15mm，以抵消部分张拉拱度。

(2)严格控制箱梁混凝土施工配合比、搅拌时间、坍落度。

(3)注意控制张拉时，混凝土强度、梁体养护龄期尽量接近，如 7～10d 强度。

(4)及时张拉、出坑，减少存梁期。及时安装，并进行湿接头、中横梁湿接缝施工。

(5)浇筑墩台盖梁垫石时，严格控制其高程，尽量控制在负偏差值，即降低垫石高程 5～10mm。

1.3 混凝土黏结强度差

梁端封锚、现浇湿接头质量控制不严，湿接缝、张拉孔等处混凝土黏结强度差，不能保证箱梁间混凝土受力的连续性。

1.3.1 产生原因

箱梁翼板、张拉孔未严格按施工图纸及规范要求预埋环形钢筋、纵向受力钢筋，有少筋、错筋现象发生；浇湿接缝、张拉孔混凝土时，未严格按施工缝处理，直接影响桥梁总体安全。

1.3.2 防治措施

(1)加强检查，落实三检制，强调专检：预埋筋根数、间距，预制梁成型后及时凿除、扳正。

(2)湿接缝施工时，顶板环形锚筋要对齐、焊接。

(3)封锚、湿接头施工前要专人跟班检查凿毛程度、钢筋焊接质量、搭接长度；及时扳正、焊接顶板钢筋，新浇混凝土前洒水润湿。

2 预应力张拉与压浆

2.1 预应力张拉时，张拉力控制不准，实测伸长量与理论计算伸长量偏差，超出规范要求的+6%

2.1.1 主要原因

(1)油表读数不够准确。目前，一般油表读数精确至 1MPa，而末位小于 1MPa 读数均只能估读，加之持荷时油表指针摆动、视误差等。

(2)千斤顶校验方法有缺陷。千斤顶校验时无论采用主动加压，还是被动加压，往往都是依据加压至整数时对应的千斤顶读数。

(3)计算理论伸长量时，预应力钢绞线弹性模量取值不准确。一般弹模取值主要根据试验确定，取试验值的中间值，钢绞线出场时虽然能符合国标要求，但本身弹性弹性模量离散较大，甚至超出规范要求。

2.1.2 防治措施

(1)张拉人员的责任心要强且要相对固定，张拉时采用拉应力和伸长量“双控”。

(2)千斤顶、油表要定期校验，按实际初应力、控制应力校验对应的油表读数。

(3)如有必要加大钢绞线检验频率，每捆钢绞线取样做弹模试验，及时调整钢绞线理论伸长量。

2.2 预应力孔道压浆不及时、压浆不饱满

2.2.1 施工规范规定

预应力张拉锚固到压浆这段时间控制在 48h，这主要是防止预应力筋锈蚀、梁体徐变、拱

度过大。但有些施工单位由于施工安排不当,工序衔接不好,一周甚至更长时间才进行压浆,由于张拉后钢绞线毛孔已张拉,比原始钢材碳素晶体间隙加大,水分子及不良气体极易侵入,锈蚀明显加快,加大预应力损失。

2.2.2 防治措施

多备一台压浆机,或多备一些易损配件;张拉后及时压浆、封锚。

2.3 压浆不够密实

(1)除了设计波纹管尺寸选择过小外;从施工角度看,由于压浆时压力不足(许多工地压浆机甚至无压力表)或操作不当,少掺、漏掺膨胀剂或水泥净浆流动度过大,向低处流淌,导致孔道压浆不够饱满,降低了钢绞线与混凝土间的握裹力。

(2)防治措施:经设计单位或业主同意,略加大波纹管内径;压浆作业时,现场随时配备稠度计、秒表;技术人员必须跟班检查,控制水灰比、压浆压力;池孔道较长或采用一次压浆时,可以适当加大压力。压浆时,应达到孔道另一端溢处浓浆、排气孔排出与规定稠度相同的水泥浆为止,并及时用木塞等塞紧。

3 箱梁安装

3.1 不能保证支座均匀受力,安装时,很难保证每片箱梁4个临时支座或永久制作均匀受力

(1)由于盖梁支座垫石顶面难以保证完全在一个平面上;有时即使在一个平面上,也因梁底承托或预埋钢板不水平而造成受力不均。特别是端跨连续端临时支座与伸缩端滑动支座变形不一样,更易造成受力不均,甚至脱空,直接影响桥梁使用寿命。

(2)防治措施:定期检测预制台座支座处平整度应控制在1mm内;严格控制临时支座顶面高度,发现误差及时调整;临时支座设计时要考虑施工期间临时荷载作用,并进行超载预压,使用前密封保存。

3.2 施工顺序安排不当

(1)一联内湿接头、湿接缝施工顺序没有按设计要求依次、对称施工。这主要是由于施工安排不当、工期过长造成的。按照设计要求,一般一联内箱梁完成体系转换时,施工顺序要求从联端向中间对称进行现浇湿接头、负弯矩张拉,而实际施工中受工期制约,往往按安装顺序浇筑湿接头,这样由于施工方法的改变,箱梁由简支向连续体系转换时,梁长收缩、温度应力影响等均与设计意图有差异。

(2)防治措施:科学、合理地安排施工,严格按设计要求顺序进行湿接头施工,并依次、对称张拉。如果不能做到一联内湿接头对称施工,一联内负弯矩分两次张拉。张拉负弯矩时,相邻墩湿接头若已浇筑,则先张拉短束,待一联内湿接头混凝土均浇筑完成后,再张拉长束,完成体系转换。

桥头跳车成因浅析及防治

陈民权[1]　何　炜[2]

（1.河南中原高速公路股份有限公司；2.许昌市规划设计院）

摘　要　桥头跳车是道路建设使用过程中的一个普遍问题，针对其产生的成因，进而多方面采取防治措施，最大限度地减缓桥头跳车的病害。

关键词　桥头跳车　成因　防治措施

1　概述

随着我国城建交通事业的迅猛发展，公路及城市道路等级不断提高，其中的桥涵构造物也越来越多，但从目前运行使用的情况来看，存在一些不尽如人意之处，桥头跳车即是一个普遍的现象。

所谓桥头跳车是指由于桥涵构造物与桥涵台后的路堤之间相对发生沉降，造成桥涵两端一定范围内路面与桥面不平顺，当其沉降差超过某一限定值时，车辆高速通过时会引起车辆颠簸振动甚至腾空，致使驾乘人员产生不适的现象。桥头跳车不仅影响道路的服务水平，降低了行车的舒适性和安全性，而且也影响车辆和桥梁的使用寿命，增加了运营成本和养护费用，因此，解决桥头跳车问题具有很大的社会效益和经济效益。

2　桥头跳车的成因分析

导致桥头跳车现象的主要因素是桥台与台后路堤之间的不均匀沉降，产生这种沉降差异的原因是多方面的。

2.1　构造差异

桥台构造物为刚性体，其刚度很大，尤其对大量采用的钻孔灌注桩基础，其自身压缩几乎为零，工后沉降量非常小，而台后路堤填料一般就地取材，刚度相对很小，属柔性体，在行车荷载反复作用下易产生较大变形，而且其塑性变形还会不断积累。从抗变形能力即弹性模量来看，无论是何种形式的桥台，与台后填土相比，两者的弹性模量均相差千倍左右，因而它们在压缩沉降方面差异明显。

2.2　地基沉降

在路堤自身恒重及行车荷载作用下，地基产生压缩变形，形成沉降。特别是软土地基路段，由于地基土天然含水率高，孔隙比大，压缩性高，强度低，渗透系数小，地基沉降更为严重，而且需要几年乃至几十年的时间才能趋于稳定。同时这种沉降变形的大小受路堤土的性质和它的填筑高度影响（桥头路段路堤一般比其他路段要高），所填土容重越大，填筑高度越高，其产生的基底附加应力就越大，从而引起的地基沉降变形也越大。

2.3　路堤路基沉降

虽然现行规范中采用了很严格的压实标准，由于台背填土本身含有水分，存在孔隙，施工中无论采取什么措施或何种填料，也不可能完全消除其颗粒间的空隙，在填土自重及车辆荷载的反复作用下，路基在一定期限内逐渐被压缩，产生沉降。相关研究资料表明，路基填料本身的压缩变形约为路基填筑高度的1%；另一方面，路基在道路投入使用后并没有全部完成固结沉降，在车辆荷载作用下，填料颗粒骨架仍会发生蠕动变形，它所产生的次固结沉降可以达到总沉降的10%左右。

2.4 其他因素

设计方案、施工工艺以及采取的处治措施对不均匀沉降也都有较大的影响。

(1)填料要求不严格，选择不当；软弱地基没有进行必要的处理；台背排水设施考虑欠佳，从而使路堤在通车后沉降过大。

(2)施工过程中，压路机受桥台限制，对紧靠台背的填土难以碾压到位，存在压实盲区，压实度不符合要求。

(3)桥涵构造物与路堤衔接处设计不合理，致使在车辆动荷载的冲击下产生裂缝，降水会沿着裂缝下渗，对路面路基产生冲刷侵蚀，并增加各结构层和路堤的含水率，甚至造成细粒土的流失，进一步加剧台后路基的沉陷。

3 桥头跳车的防治

根据以上分析，针对引起桥头跳车的成因，在工程实施过程中如何尽量减少工后桥台与路堤的不均匀沉降，防止或降低桥头跳车的危害，结合国内外现有的经验和技术，可从以下几个方面去进行防治。

3.1 地基处理

为减少桥路过渡段的不均匀沉降，有效控制桥头跳车，对台背地基进行处理改良是非常必要的，尤其是软弱地基更要进行特殊化处治，目前国内已有换填法、浅层处治法、碎石桩、石灰(二灰)桩法、超载预压法、塑料排水板法、深层搅拌法、土工织物、井点降水、高压喷射浆法、竖向排水体预压法等，这些都是行之有效的常用方法。

在工程应用中，应综合考虑土质、安全、经济等因素和实际情况，选择合适的处治方法，以改良地基性能，提高承载力，减少地基沉降。对地基处理时，要考虑路堤纵向及横向变形的协调问题。在详细了解桥头地基地质情况的前提下，选用处治措施应注意：保证纵向上桥台沉降与路堤沉降的平衡过渡；横向上维持路堤中央变形和坡脚路肩处变形的协调稳定。

3.2 路基处理

台背路堤沉降是引起桥头跳车的主要原因之一。为尽量消除或减小路堤工后沉降，可以从以下几方面着手：

(1)在经济的前提下，合理选择透水性好、内摩擦角大的填料；设法减少路桥过渡段路堤的自重作用，避免因自重过大而产生较大的压缩沉降。

(2)合理安排施工工序和时间，尽早对台背路堤进行施工，保证有足够的时间完成沉降。在立柱、桩基施工中，应先安排桥台，再做其余桥墩；为保证桥台盖梁下填土压实质量，要求必须先将台背填土至盖梁底面高程，再浇筑盖梁。

(3)台后路基填筑前，在处理后的地基拱上设置横向泄水管或排水盲沟。

(4)设法提高台背回填区路堤的压实度，控制填土质量，减少因填料自重和车辆荷载作用下压实度增加而产生的沉降。对台背不易被压路机械碾压的“死角”，可采用强夯法处理。

(5)利用土工格栅加筋的方法，增加路堤填土的整体性，提高路基自身承载能力，减小不均匀沉降的梯度。

3.3 路面处治

(1)设置桥头搭板和枕梁。设置桥头搭板和枕梁对避免桥台与路面之间的错台是必要和有效的,可以使柔性路堤产生的较大沉降逐渐过渡到桥台地段,起到匀顺纵坡的作用,工程中一般认为工后路堤沉降引起的纵坡变化≤0.6%是可以接受的。由于桥头搭板能改善桥头与路堤的连接状态,调节桥路之间的不均匀沉降,因而在道路建设中得到了普遍的应用,效果较好。

目前运用较多的是6m、8m、10m长的搭板(根据桥梁类型分别选用),搭板类型一般为单段式、多段式,设假铰式和带埋板式等。

(2)预设反向坡度。当能预测出路堤沉降规律的时候,为争取工期,可采用在台堤结合处预留反向坡度,类似于设置桥梁预拱度。坡度大小应根据台堤间的沉降差来确定。某些地方在路面铺筑前预加抛高$\Delta=14\sim16$cm,路面铺完后,沉降量即能达到此抛高值的50%以上。抛高值的预估需通过逐步积累资料来完善。

(3)设置过渡性路面。可在桥头一定长度范围内铺设过渡性路面,待路堤沉降基本完成(一般3~5a)后,再改铺原设计路面。过渡性路面可采用预制混凝土块、条石铺砌,其优点是翻修处理速度快,但不易铺砌平整,行车有颠簸抖动感,砌缝易渗入雨水,损害路基;也可采用半刚性过渡层和沥青表处过渡层等类型,其中后者是值得推广的简单可行的方法,优点是当出现较大沉降时,及时补充铺设一层沥青混凝土和沥青砂,便能确保行车顺畅,有效避免跳车现象。

(4)桥面与路堤路面的铺装层混凝土一次完成,这种方法可以解决路面与桥面混凝土连接的顺适性。

4 结语

由于各种因素综合作用,对于桥头跳车采用单一措施处治的作用与效果总是有局限性的,因此,要解决桥头跳车病害或使防治作用更为有效,需综合考虑,同时采用多种措施进行综合防治,其一般原则是:地基处理措施、路基处理措施、路面处治措施相结合,根据当地的地质、土质、水文、材料、施工工艺、环境条件等,进行经济、技术比较选择最优方案。

总之,桥头跳车是一个比较复杂的问题,关系到设计、施工、监理、管理、运行等各个方面,只有通过精心的设计、认真的施工、严格的监理、科学的管理,才能最大限度地缓解这一道路危害。

参考文献

[1] 程翔云. 桥头跳车防治综述. 公路. 1997(12).

[2] 旷开苹,黄宏伟. 高等级公路桥头跳车的综合分析和防治. 华东公路. 2001(5).

[3] 陈华明. 桥头跳车综合治理研究. 中外公路. 2004(4).

[4] 隋耀华,王晓峰,王桂尧. 桥头跳车产生原因及防治措施研究. 湖南交通科技. 2003(3).

[5] 中华人民共和国交通部. 公路软土地基路堤设计与施工技术规范(JTJ 017—96). 北京:人民交通出版社,1996.

高速公路跨线桥钢箱梁结构安全设计与施工质量控制

刘长峰

（河南中原高速公路股份有限公司）

摘　要　钢桥是一种应用历史较为悠久的桥型。20世纪50年代以来，钢桥的设计技术和施工技术逐步完善，在钢材方面向高强、耐腐蚀的特种钢发展，在施工工艺上向全焊结构方面发展。钢箱梁的主要技术特点是结构自重轻、建筑高度小、跨越能力强、现场安装快速且施工周期短等。目前，国内钢箱梁结构应用非常广泛，主要应用在大跨度悬索桥和斜拉桥的主梁，城市道路和高速公路立交桥的匝道桥和跨线桥、城市人行天桥等方面。

关键词　高速公路　钢箱梁　设计　施工

1　工程概况

郑州西南绕城高速与机场高速公路互通式立交工程位于西南绕城高速与机场高速交汇处，主要由A、B两条匝道组成的半互通式立交项目，匝道全长4.29km，匝道桥4座长859.52m，项目总投资8 375万元。

1.1　工程总体布置

互通式立交工程跨越机场高速的B匝道桥全长624.04m，由22孔预应力混凝土连续箱梁和3孔钢箱梁组成。其中BK0＋982.221km三孔钢箱梁跨线桥属于B匝道跨机场高速公路的跨线桥，桥跨布置为(23.5＋40＋23.5)m三跨连续梁。全桥线路中心线平面位于$R=200$m的圆曲线上，立面竖曲线半径$R=2\,000$m。基础均采用钻孔灌注桩，装顶设承台(系梁)；7、10号交接墩墩身为双柱墩，上设冒梁，8、9号中间墩为钢管－钢筋混凝土独柱墩，柱顶采用花瓶式外形构造，颈部直径1.0m，柱身直径1.4m，钢管壁厚16mm，柱高分别是11.0m和13.0m；主梁采用全焊钢箱梁，在工厂内分节段制造，然后现场焊接成型。

1.2　主要技术标准

设计荷载：公路Ⅰ级，根据桥面宽度按照三车道设计。

设计车速：60km/h。

桥梁宽度：0.5m(护栏)＋10.5m(桥面净宽)＋0.5m(护栏)＝11.5m。

桥梁布置：1m(左路肩)＋2×3.5m(双车道)＋2.5m(紧急停车带)。

桥下净空：桥下为机场高速公路，要求净空≥5.5m。

地震烈度：基本烈度VI度，按VII度设防。

1.3　材料

(1)钢材：主结构采用Q345qD，符合《桥梁用结构钢》(GB 714—2000)的规定；辅助结构(支座垫板和护栏等)采用Q235B.Z，符合《碳素结构钢》(GB 700—88)的规定。

(2)混凝土：墩身和帽梁采用C30号混凝土；承台(系梁)和桩基采用C25号混凝土；箱内压重混凝土采用C15号混凝土。

(3)普通钢筋：直径 $\phi \geqslant$12mm 者采用 II 级(20MnSi)热轧螺纹钢筋，符合 GB 1499—91 的规定；$\phi <$12mm 者采用 I 级热轧圆钢筋，符合 GB 13013—91 的规定。

(4)支座：采用 GPZ(II)系列公路盆式橡胶支座。

(5)伸缩缝：采用 SFP 型三防梳齿平板式伸缩缝。

2 钢箱梁设计要点

钢箱梁沿线路中心线全长为 86.9m，分成八个节段制造出厂，在现场吊装后将节段间横缝现场焊接成桥，并在主梁中跨设预拱度，以保证成桥后主梁线形。为避免端支点在最不利状态下出现负反力，在梁端箱梁内浇筑压重混凝土，如图 1 所示。

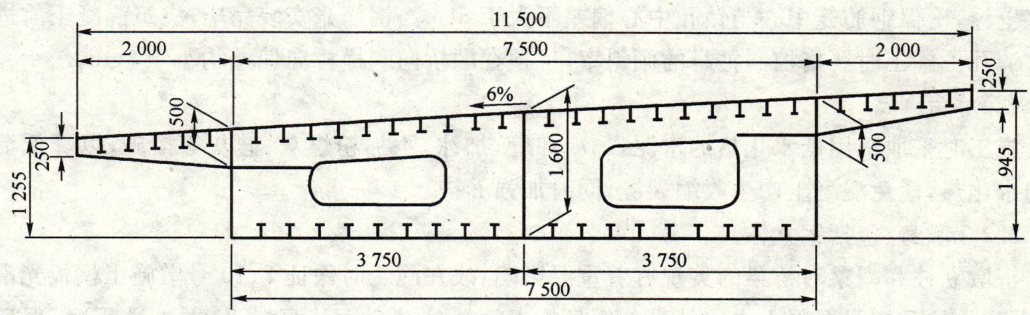

图 1 钢箱梁断面(尺寸单位:mm)

根据空间计算结果，钢箱梁边跨压重采用在各压载箱室中部开一个 ϕ240mm 的圆孔，并对内侧隔板进行封堵。内侧压载两个箱室共 40t，外侧压载一个箱室共 20t。混凝土灌注完毕后对灌注孔采用内衬钢板的方式进行熔透焊封闭，如图 2 所示。

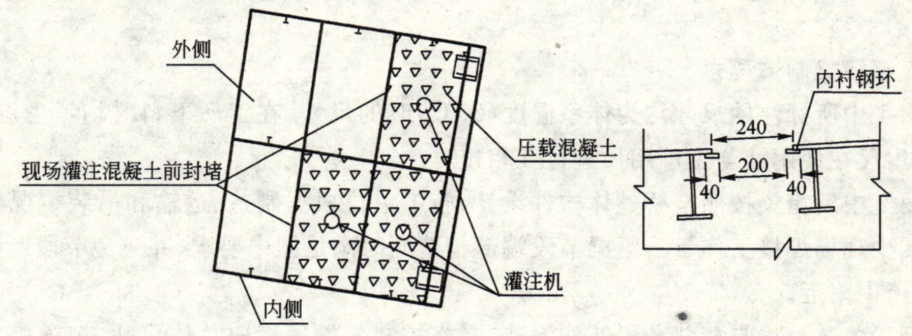

图 2 压载箱室示意图(尺寸单位:mm)

主梁采用全焊钢箱梁，单箱双室断面，钢箱梁全宽 11.5m，其中钢箱部分宽 7.5m，两侧各悬臂 2m。桥梁中心线处梁高 1.6m，线路中心线处梁高 1.66m。线路中心线平面为半径 $R=$ 200m 的圆曲线，钢箱梁桥梁中心线为相应 $R=199$m 的同心圆，沿线路中心线竖曲线半径 2 000m。主梁顶板沿径向为 6%横坡，底板水平，三条腹板铅垂布置。

钢箱梁的顶板兼做桥面承重结构，按正交异性板设计，顶板和底板的纵向加劲肋采用“T”形肋，纵腹板竖向加劲肋亦采用“T”形肋。箱内沿纵向每 2m 左右设一道横隔板，中间开设过人孔，支点处设支点横隔板并设竖向承重加劲肋。每两道横隔板之间 1m 左右设纵腹板竖向加劲肋，横隔板均按平面曲线径向布置。钢箱梁两侧纵向每 2m 左右设一道悬臂梁，悬臂梁根部高 50cm，端部高 25cm，其位置与箱内横隔板相对应，并在横隔板对应悬臂梁下翼缘处设置承压肋。为保证外形美观、内部防锈，悬臂梁下翼缘之间采用薄钢板焊接封闭。为改善箱内防腐条件，钢箱梁内为全封闭构造，梁端均采用薄钢板予以封闭。

3 施工中注意的关键技术

3.1 基础

(1)钻孔桩

7～10 号墩基础均采用钻孔桩，钻孔严格按照《公路桥涵施工技术规范》(JTJ 041—2000)的要求进行施工。钻孔桩钻孔时采用泥浆护壁，钻孔完毕及时进行清孔，以保证孔底沉渣厚度不大于 20cm。钢筋笼采用分段加工吊放时接长，在钢筋笼就位后及时固定牢靠，严格控制钢筋笼上浮，确保钢筋笼中心与钻孔中心偏差不大于 5cm。钢筋笼安装完毕，浇筑混凝土前进行二次清孔。施工时严格控制桩身的倾斜率，桩顶在顺桥向和横桥向偏差均小于 5cm。

(2)承台

施工时采取采用低水化热的水泥，加冷却管，加冰，添加粉煤灰、硅灰等措施，以降低混凝土的水化热，避免混凝土产生收缩裂缝，同时加强养护。

3.2 墩身(包括钢立柱)

桥墩立柱和帽梁对桥梁的美观有着重要影响，故在施工时保证 7、10 号墩施工模板光滑平整，做到立柱和帽梁混凝土内实外光。墩身施工接缝处结合面认真凿毛，并冲洗干净，保证新老混凝土之间的有效结合。8、9 号墩柱身钢管同时作为施工模板，柱身均采用微膨胀混凝土，混凝土灌注时做到一次完成，同时在钢管外侧适当设置附着式振捣器，以保证混凝土与钢管密贴。

垫石高度各不相同，垫石顶面高程做到严格控制，垫石顶面均设置 2cm 环氧砂层以保证支座底面的平整。

3.3 钢箱梁制造要求

(1)图 1 中所标注的尺寸均为体系温度(20℃)时的尺寸，在工厂下料时均考虑温差影响，工地施工用尺在使用前与工厂用尺进行互相校对。

(2)图 2 中钢箱梁按照全桥整体构件设计，施工单位根据制造、运输和吊装情况确定四大节段，以减少现场焊接工作量。钢梁节段端部构造同时满足图中要求，并避免节段断缝设在主梁支点和跨中附近。

(3)钢梁各节段均与相邻节段匹配制造，严格控制各梁段横向总体尺寸，箱梁接口的相对公差幅度能够满足相互接口顺利进行工地焊接。

(4)各种板件的对接焊，均坡口熔透，并经超声波和射线探伤检验合格，表面质量和内部质量符合《铁路钢桥制造规范》(TB 10212—98)的要求。选用的焊接坡口形式符合《埋弧焊焊缝坡口的基本形式与尺寸》(GB 986—88)的要求，并在正式加工前按照《铁路钢桥制造规范》(TB 10212—98)的要求进行工艺试验。

(5)梁底支座垫板由工厂进行机加工，保证顶面与梁底密贴，底面水平。

(6)钢梁节段宽达 11.5m，为便于运输制造时酌情将节段沿纵向分为两部分，增加一道现场纵向焊缝，其具体位置采用为十字缝对接方式确定。

(7)除设计图中特殊要求者外，其他有关制造均按《铁路钢桥制造规范》(TB 10212—98)和《公路桥涵施工技术规范》(JTJ 041—2000)的要求执行。

4 施工控制要点

4.1 钢立柱顶部制造精度

8、9号中间墩采用钢管混凝土独柱墩。为突出外观造型，钢管外壳顶部采用花瓶式外形为一双曲面造型，且双曲面曲率半径很小，制造工艺比较复杂。制造单位采用铸钢制作工艺并进行认真完善，以保证外形尺寸精度和焊接质量。

4.2 钢梁运输

根据钢箱梁节段运输及吊装的要求和本桥所在位置的具体情况，需对钢梁纵向进行开缝。为保证结构安全，避免梁段在运输过程中出现局部变形，对钢箱梁节段纵缝开口侧适当进行加劲，采用大平板车运输钢梁节段至工地。

4.3 钢梁安装

钢梁采用支架法架设安装，同时为满足机场高速公路的基本交通在支架设置时预留车道。吊装钢箱梁所用吊点采用设在横隔板与腹板相交处的方式，临时支架上的支点也设在横隔板与腹板相交处，以避免钢箱梁产生局部塑性变形。

4.4 现场焊接

由于本桥钢箱梁采用全焊结构，保证工地焊缝质量是全桥施工的关键。对于顶板、腹板、底板以及纵肋的横向对接焊缝均要求达到I级焊缝，主梁纵向对接焊缝要求达到II级焊缝。

4.5 主梁内力调整

为使主梁成桥状态与理论计算一致，采用利用千斤顶将钢箱梁整体起顶→撤出临时支座→落梁至设计高程→安装正式支座→支座下垫层压浆→撤出支架→下阶段施工的操作方法，在钢箱梁全部安装完成后进行主梁内力调整。

4.6 支座安装

支座的安装按照支座的施工规则严格执行。支座安装时考虑温度与体系温度(20℃)的温差影响，根据各支点温度跨和温差设置支座的预偏量。盆式橡胶支座上支座板与梁底垫板采用周边围焊，下支座板与支座垫石之间设2cm厚的环氧砂浆找平垫层，并通过锚栓与支座垫石连接。

4.7 钢箱梁(钢立柱)涂装

钢箱梁进行涂装主要是防腐作用和景观作用。其中防腐是关键，即通过油漆(涂料)对钢结构进行防护，防止钢结构在外部腐蚀介质的作用下锈蚀，以保证结构的使用寿命。

本桥钢箱梁涂装按照《铁路钢桥保护涂装》(TB/T 1527—2004)的涂装体系采用并适当给予调整。钢梁节段正式涂装前首先进行外表面喷砂除锈，表面质量等级要求达到Sa2.5级。钢立柱的涂装按照钢箱梁外表面的涂装设计要求进行，并在最后一道涂装时将现场浇筑墩身时的污染物清洗干净。

4.8 钢桥面铺装

钢桥面铺装是世界性的技术难题，目前国内大多数钢桥的桥面铺装均是请专业部门结合工程具体情况进行研究、试验，确定实施方案并指导施工。本桥与107国道郑州段跨越机场高速公路的一座三跨钢箱梁跨线桥位于同一地区，结构相似。故本桥的桥面铺装方案借鉴了《河南省交通科技项目——钢桥桥面铺装层成套技术的研究》的研究成果，实际运用证明：该方案技术可行，施工简单，使用效果良好。

要求在钢桥表面点焊$\phi12$的螺纹钢筋，长度45cm，间距25cm，排列方向与平曲线法线方向成 45°角，如图 3 所示。

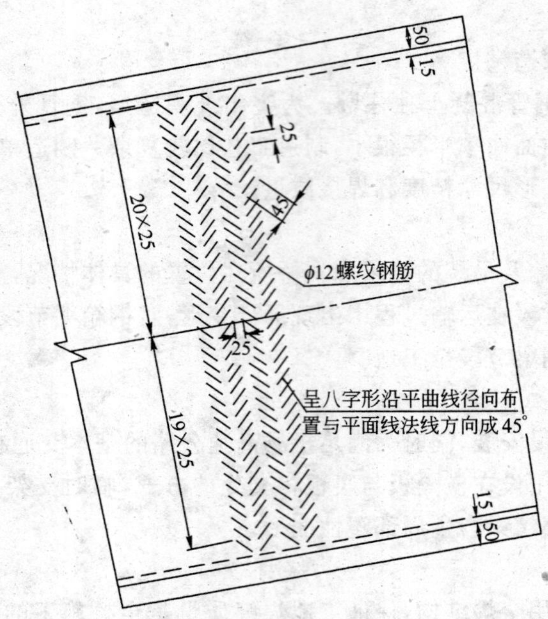

图 3　螺纹钢筋点焊示意(尺寸单位:cm)

对钢桥面及钢筋采用手工或动力工具除锈，表面质量达到 St3 级。对钢桥面涂环氧富锌底漆一至两道，总干膜厚度 75～100μm。为防止渗入铺装层内的水侵蚀钢梁，在防锈漆表面喷洒 YW-1 型聚合物改性沥青桥面防水涂料。沥青铺装采用 SBS 改性沥青 AC-20I 作为下面层，AC-16I 作为上面层。其性能指标保证满足《公路沥青路面施工技术规范》(JTJ 036—98)的要求。为及时排走渗入铺装层的水，在钢梁弯道内侧下面层设置了 15cm 宽，与下面层同厚度的碎石盲沟，排水沟直接与钢桥防撞护栏的侧向排水孔相连，将水排出桥外。同时将具有一定伸缩性，厚 1.6mm、宽 20cm 的美国格雷斯生产的必坚定 5300 型防水条呈 L 形粘贴在弯道外侧路缘石及下面层上，以防止水分从间隙渗入，如图 4 所示。

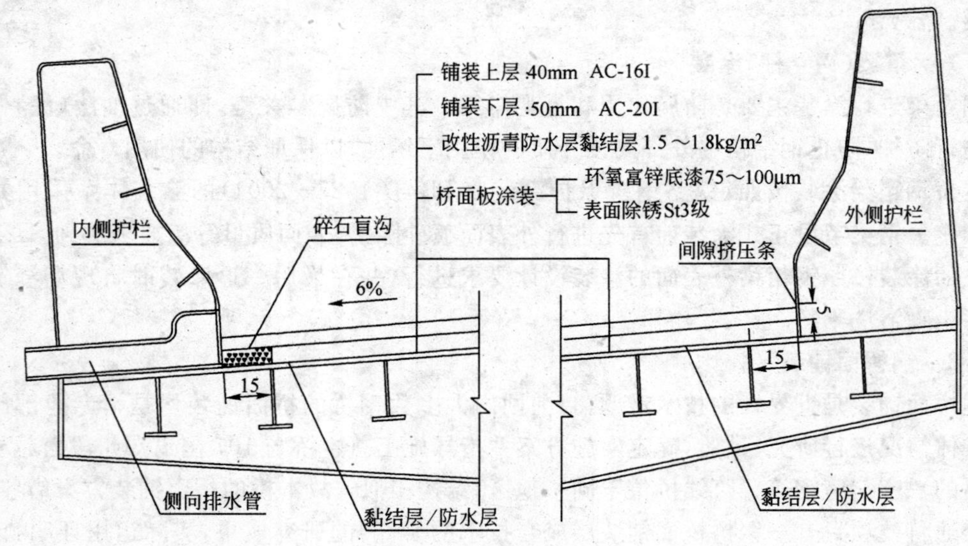

图 4　防水层示意

由于在主梁纵向腹板处存在较大的横向负弯矩，其最大拉应力(变)值超过铺装层的承受能力，为避免出现不规则的裂缝，故在铺装层竣工后，在该位置的面层进行纵向切缝释放应力，并浇筑填缝料进行密封。

5 结语

钢箱梁桥具有材料强度高、横向刚度大、施工架设方便、适宜于连续梁、造型美观等优点，十余年来这种桥型在我国得到了迅速发展。但由于这种结构形式在实际工程中应用的时间较短，在理论与实践上仍缺少成熟的成果，设计理论与有关规范中仍存在许多不完善之处。因此，为了确保桥梁的安全与正常使用，弥补由于理论不完善可能带来的不良后果，就必须对钢桥的施工过程进行严格控制，对施工中的有关关键技术问题进行研究，不断积累经验，为今后同类桥梁的建设提供参考。

五、交通工程、绿化及景观

高速公路景观营造中的意境创造方法探讨

——以河南郑石高速景观意境创造为例

李 蓬[1] 曾 胜[2] 郑立宝[1]

(1.河南中原高速公路股份有限公司;2.长沙理工大学)

摘 要 目前,随着高速公路的迅速发展,我国高速公路的景观设计也受到了一定的重视。一条景观质量良好的高速公路包含着丰富的美学,这种美学一方面表现在形体上,另一方面表现在所创造的意境上。在景物处理上,可以通过高速公路的构造物、建筑物、绿化、设施等载体的景观设计,创造出良好的景观意境。在意境创造上,可以借鉴和利用多种景观设计手法,应用人文资源和自然资源进行意境的创造。

关键词 高速公路景观 意境 景观序列 场所精神 造景手法

高速公路的兴建不仅要给人类带来物质文明,而且应该带来精神文明,使其成为展示地方人文资源、自然资源特色、经济特色和精神风貌的长廊。因此,高速公路景观设计应该借鉴和运用多种景观意境营造方法,结合高速公路的高速行驶的特点,创造独特的高速公路景观意境。营造良好的视觉形象,使驾乘人员有"行一路欢畅,观一路美景"的良好情感,带来一种审美愉悦。

1 高速公路景观意境的内涵

"境":指高速公路中的高速公路本身(公路线形、行车道、路堑、路肩、中央分隔带)、构造物(互通立交、跨线桥、隧道、边坡、挡土墙)、建筑物(管理中心、服务区、收费站)、绿化(自然群落、景观植被)、自然资源(河流、山体、田野、水体、动物、天象)、人文资源(村镇、民居、旅游景点、农田)各种交通服务设施(如路灯、标志牌、护栏、广告牌、隔声壁、小品等)等诸多因素构成的具体物象。

"意":指审美主体在"境"中,运用主观的思维活动所产生的各种情感。

"意境"是设计师对"境"的典型概括和高度凝练,然后加以引导和深化,使审美主体在使用和观赏这些具体物象中触景生情,产生共鸣,激发联想,从而使得精神上获得一种美的享受。

"高速公路景观的意境":指在高速公路上,审美主体在高速运动中,对高速公路的诸多具体物象因素产生的各种情感,并能获得美的享受。这些具体物象因素所构造场景的就是"高速公路景观的意境"。

2 高速公路景观意境的构成要素

"物以貌求,理以心应。"(刘勰《文心雕龙·神思》)为了要塑造一个形神兼备的良好的高速公路形象,首先要研究高速公路沿线的人文景观、自然景观、构造物、建筑物、绿化、设施等的特点，从而探求高速公路景观的意境营造方法。其中，人文景观和自然景观是创造高速公路景观意境的主要源泉，而构造物、建筑物、绿化、设施等是表现高速公路景观意境的主要载体。

2.1 人文资源

丰富多彩的人文资源为高速公路的景观意境营造提供了良好的素材。民俗文化是人文资源中最重要的源泉。民俗文化在高速公路的人文景观中，主要载体是高速公路沿线的民居、庙宇、村庄、城镇、农田等。但同时，宗教、服饰、民间工艺等很多民俗文化均可被用于高速公路的景观设计中。信仰、民间故事、传说、歌谣、俗语、日常习俗、曲艺等都可以提取其文化符号应用到高速公路的景观营造中。这些，都是其景观意境的“本”。历史文化是高速公路人文景观需要重点保护和挖掘的部分。特别对于一些旅游型高速公路，其沿线的历史文化的展示是体现沿线所经区域旅游特色的一大重要手法。

2.2 自然资源

高速公路的自然资源，主要是包括天然形成的地形、地貌和地物，如平原、山区、草原、森林、林地、荒地、沙漠等景物；以及大海、水库、瀑布等水体。同时还有动物、植被、天象、奇异景观等。在高速公路景观的设计中要使公路两侧的自然景观融入到驾乘人员视线空间，丰富高速公路的景观空间，利用视线控制与引导规划，更好组织好高速公路景观空间的序列变化，把自然景观引入到高速公路景观空间，增加高速公路景观层次，创造自然的意境美。

2.3 构造物

互通立交的盘结交错、桥梁的横跨优美、隧道的幽秘深邃、边坡的如画展示等均是构造物在高速公路景观中所体现的优美意境。在设计中其如画的造型与周围环境充分协调。从景观设计方面考虑，高速公路构造物设计的出发点是希望能诱导驾乘人员的视线并满足其对视觉景观的要求。各种构造物的结构、造型、材料、色彩等均要与当地自然和人文景观条件相适应。

2.4 建筑物

建筑是高速公路景观空间中的“形象雕塑”。高速公路两侧的民居是高速公路沿线的景观兴奋点，是展示当地历史文化、经济状况、精神风貌的窗口，浓郁的地域风情特色是它的号牌。沿线服务性建筑(如餐馆、旅店、购物场所、加油站、汽车修理店、收费站和交通控制中心等)的造型、大小、高矮以及色彩等的鲜明醒目、振奋活跃，和谐不刺眼，使驾乘人员充分享受高速公路静态景观环境。出入口处服务性建筑位于城市和高速公路的过渡空间中，安全、简洁明快，具有时代、文化、地域特色的收费亭，是高速公路上的序曲景观或是结尾景观。

2.5 绿化

绿化是高速公路景观中必不可缺的构成要素，其主要包括自然的群落植被和路域内的人工栽植景观植被。对于群落植被应是保留和保护，并应设计良好的诱导视线，让人欣赏。景观植被则需设计师依据一定的功能、安全要求，进行可以带来美感的视觉设计，可进行“乔灌草合理搭配”、利用植物季相进行色彩设计、植物补偿设计、乡土植物物种优先等方法来设计。

2.6 设施

防护和引导设施(防撞栏、隔离墩、隔音屏、里程牌、安全指示牌、安全线、反光板等)位于高速公路廊道空间内，离驾乘人员最近。其有规律的重复、特有的形状和色彩，使人从中得到了快速、高效的体验，形成独特的高速公路景观意境；高速公路两侧的雕塑、壁画、浮雕、广告等，具有较强的艺术性、观赏性，提升了高速公路的品质，使其成为文化长廊；其他类型的设施(电信电缆等通信设施、路灯等电力照明设施等)当其与公路平行时,限制了架乘人员的视线,破坏了景观空间的整体性和连续性,应在景观空间中进行美化或遮蔽。

3 高速公路环境景观意境营造的方法及其应用

高速公路景观意境的营造通过设计师对公路形象的典型概括和高度凝练,赋予景象以某种精神情意的寄托,然后加以引导和深化,使审美主体在观赏这些具体的高速公路形象时,触景生情,产生共鸣,激发联想,对眼前景象进行不断的补充、拓展,"去象取意"。在高速公路的意境营造中,景观设计师结合了景观营造的多种手法来实现。其主要采用构造景观序列、营造多样空间、建立场所精神、应用造景手法等手法。在郑石高速的景观营造中综合的应用了这些手法,创造了一个"人在车中坐,车在画中行,行之者忘倦"的诗意景观。促使郑石高速公路实现了"生态环保、自然和谐、安全舒适、优美畅通"的能源和旅游示范大道的目标。

3.1 构造景观序列

由于高速公路本身的线形性,高速公路的景观呈现流线型。因而高速公路景观序列的构造是在高速公路线形选定后,依据对沿线人文景观、自然景观的分析结果,合理地设计景观节点,形成有序的景观序列。其景观序列模式为"起景(入口)—廊道—发展(服务区、小型互通)—廊道—高潮(大型互通或风景名胜区)—廊道—结局(出口)",具有较强的节奏感,各个节点形似镶嵌在景观廊道上的珍珠,达到引人入胜的效果。景观序列就是给驾乘人员呈现一个精彩的故事。在聆听这段故事中,让驾乘人员身临其境、联想翩翩,从而与景物实现共鸣的效果,达到审美的最高境界——意境。

在郑石高速的景观序列构造中,经过多因素推敲,沿线建立了"山水城池(瓷)"的序列景观。从郑州到石人山的沿线依次可以划分为"城""瓷""水""山"的景观设计序列(图1)。

图1 郑石高速景观序列分布图

从郑州开始,西南互通作为起景入口,"城"景观序列段就开始进行展示:西南互通上的现代城市主题雕塑,沿线密集的中原民居群落成了美丽画卷,沿线反映的现代城市的景观小品,服务区建筑、始祖山隧道、收费站等建构造物的中原文化典型特征,以及沿线黄色主色调突出体现"城"的意境。让驾乘人员在经历这段旅程时,能体会到郑州大都市的繁华和特色。

经过幽暗的始祖山隧道,一棵千年古银杏树的出现将驾乘人员带入到了"瓷"景观序列段。此段全程最长,占了全程的1/2,其沿线构造的是中原文化展示长廊——黄帝文化、裴李岗文化、郑韩文化、夏禹文化、钧瓷文化、中药文化、三国文化。沿线的路域、服务区、互通、边坡、绿化、各种设施都体现了浓郁的中原文化气息，让驾乘人员感受博大精深的中原文化。

余官营互通一过，各种自然水景就呈现在驾乘人员眼前。“水”景观序列段就展开了：公路沿线交叉通过的大小河流、与公路平行的河流、视线开阔的鱼塘以及人工或天然形成的水域湿地景观。水体碧波荡漾的动态美、水平如镜的静态美和形态优美的桥共同绘制了一幅高速公路沿线山水交融，湖光敛影，桥影绰绰的美丽的图画。

一跨越太澳互通，微山区地形地貌就逐渐清晰了。“山”景观序列就如画般渐渐铺开：连绵的山形成“高低向背无遗势，重峦叠嶂何孱颜 ”的意境美；自然和谐、优美酣畅的曲线加上奇峰异石、绿树葱茏，给人带来赏心悦目的自然美；互通、道路线形、桥的优美造型与山体遥相呼应的和谐美。

石人山风景区是序列的结局。153m 高的“鲁山铜佛”屹立在路线终点，强烈地吸引着驾乘人员的视觉和探求心理，从而兴奋地结束郑石高速的全旅程。

3.2 营造多样空间

在景观设计学上，景观空间是景观设计师探求的主体。空间依据不同的需求分为动态空间和静态空间、开敞空间和密闭空间、垂直空间和狭长空间等。高速公路各种各样的景观空间是互相穿插、连接和过渡的。

高速公路的景观空间以动态空间为主，而服务区、收费站等静态空间往往就能成为景观空间中主要兴奋点，因而高速公路上静态空间的精心营造可以带来舒缓、轻松的情感。而在沿线动态空间的组织中，开敞空间和密闭空间的交替出现能消除驾乘人员的视觉疲劳。两侧高陡坡形成的垂直空间和公路线性的狭长空间会给人强烈的对比，并亲身体会垂直空间带来的紧张亲切感受和狭长空间带来的渺茫虚无的感受。高速公路景观空间带来的意境也就油然而生。

图 2 郑石高速边坡景观

图 2 是郑石高速边坡上的一组景观设计，迎面而来的白兔奔跑图案让人感到兴奋，动态空间的创造无疑形成了趣味性意境。

高速公路景观空间由三个空间层次组成。第一层次为道路空间，其组成要素有行车道、路肩、隔离带、防护栏、隔音屏、指示牌、天桥及桥身广告、路基边坡和行使的车辆；第二空间层次为道路两侧的带状绿化空间，其组成要素有乔木、灌木等树木及花草等地被植物、道路两侧的山体护坡、广告等，其宽度一般 10～15m；第三空间层次为高速公路两侧的视域空间，其组成要素有田野、村庄、山体、水体和劳作的人们及各种动植物。

高速公路的第一个景观空间层次，可以从人文资源和自然资源中提取元素，利用地域性特点，创造具有文化气息的景观意境空间。如“瓷”景观序列段，钧瓷的纹理、色彩等都可以被提炼成景观装饰图案。在公路交汇点设置地域特色的“钧瓷”雕塑，在中央绿化带和道边绿化带，加设专门设计的黄帝文化风格的行道灯具，等等。

第二个景观空间层次，可以利用本地乡土树种，并利用中国古典园林中植物意境的搭配方式来创造独特的意境。在“城”景观序列段沿线栽种成片的白杨，从而让人意想到《白杨礼赞》中白杨的力争上游的精神，从而表达了“城”景观序列段的主题。

第三个景观空间层次，“巧于因借”是营造景观意境的最佳手段。山体是空间的垂直界面，对分隔空间、丰富空间层次发挥着重要作用。平原地区视野开阔的景观感受，容易形成浩大的景观场景。人的亲水性决定了水可以带给人“一勺则江湖万里”的意境美。农田景观、果园景观和田园景观让人联想到中国几千年的农耕文明，形成天然的土地情结。荒地景观增加高速公路景观的自然野趣。朦胧的城镇景观、乡村聚落景观、独特的工矿景观等构成了高速公路特有的视觉景观。这些景观需要合理有效地利用才能创造出景观美！名胜古迹是高速公路上景观价值较高的部分，要充分利用。在郑石高速上，第三景观空间层次非常丰富，采取了“充分利用、有效组织”的借取方式。

3.3 建立场所精神

场所是景观的载体，而场所精神的塑造是渲染场景空间的情感氛围，使使用者具有归属感和认同感。营造景观氛围要有助于感受者的情绪状态，要能够引起人们的注意，并使之产生共鸣、受到感化和陶冶情操。景观设计要满足人们对精神体验，就需要一种“诗性”的思维，去体验，去思考，才能把握住景观空间的“魂”，创造出真正具有场所精神的景观空间。

“诗性思维”是景观设计师对生活和环境的直觉体验和直观把握，领悟生活和环境之间的丰富多彩的关联和微妙的相互作用，是人们体验和创造场所精神时的思维活动需要和特征。正如拉普卜特认为我们并不是像看照片或幻灯片那样地看待环境，我们融入其中，以所有的感官，并以不同的方式参与进去。

高速公路景观“诗性思维”可以表述为由一些从具体的动态环境氛围和高速行驶情境所生发的局部需求出发，并使各种需求在整体上达到一种和谐的平衡状态，建构具体生动而又整体协调的景观空间。

郑石高速所穿越的地域比较多，沿线这些成片状的农田、平原、水域、山林等景观在审美主体观赏的景观序列中构成了一系列的景观兴奋点，同时沿线丰富的人文资源为其场所精神的建立提供了得天独厚的条件。运用“诗性思维”合理有序地把沿途的自然资源和人文资源展现给驾乘人员，使得人乘车犹如观赏一幅幅风景画。中原文化展示场所——“瓷”景观序列段所营造的场所精神是“炎黄文化的源远流长和博大精深”；“山”“水”景观序列段所营造的场所精神是“寄情山水，乐而忘返”，这些组成了郑石高速的“诗意”景观。

3.4 运用造景手法

在中国古典园林意境营造中，有多种多样的造景手法。对于高速公路景观而言，其审美主体多处于高速行驶状态，在这一状态下景观主体(人)对景观客体(道路与沿线景物景色)的认识只能是整体概貌与轮廓特征。因此，在高速公路景观的意境营造中，可采用借景、对景、框景、夹景和障景等手法，创造出自然且通视效果好，与景观要素兼容、协调的景观。同时，对于一些景观兴奋点要轮廓清晰、醒目、错落有致、色彩协调、风格统一。

借景是借用第三景观空间层次上的要素——路域以外的远景，远山、绿水、村落等。公路借景是对已有景观或自然风光的利用，希望达到的目标有两个：一是沿线看到的是美景，二是地域特征和重点美景能被展现，最终通过目见之景而使心感其“道”。美景就是潺潺溪流、滔滔江河、巍峨山岳、郁葱林地、野趣田园等，其丰富了高速公路的景观意境。郑石高速穿越了平原、丘陵和山区，其沿线的自然景观和人文景观资源丰富，“借景”是最主要的意境创造手法。最典型的是路线终点的高达 153m 的“鲁山金佛”，在路线 5km 内均可借景(图 3)。

对景指安排在驾乘人员正前方的，用于点缀、烘托或陪衬其他景物不可缺少的一些景物，借以免除视觉中的寂寞感。在服务区、收费站、员工休息区做一些景观小品，使人在停留休息

图 3 鲁山铜佛景观

时，临窗近观也不感寂寞。在道路端头或转弯的地方安排有趣的景物，使人在路上移动时受到它的吸引，能感受到前方有景可赏。在郑石高速的立交区的自然设计，高耸的山包立于立交区内形成对景，让人联想翩翩(图 4)。

框景是利用事物所形成的框，有选择的摄取另一空间的景色，好似一幅嵌于镜框中的图画。高速公路景观设计中可以利用成行排列的树木作为景框，把沿线的景色远景范围起来，使人产生错觉，把现实风景误认为是画在纸上的图画，因而把自然美升华为艺术美。在郑石高速中的路堑边坡适当地种植成排的盐肤木等形成一定的框景意境，同时丰富第三空间的景观层次(图 5)。

夹景就是左右两侧起隐蔽作用的前景。(图 6)远景在水平方向视线很宽，而其中又并非全部景色都很动人，为了突出优美景色，常将视线两侧的较贫乏的景观，利用树丛、数列、山石、建筑等加以隐蔽，形成较封闭的狭长空间，突出空间端部的景物。夹景能增加景观的深远感。在高速公路的前方有景可赏时，多运用夹景的手法将行人的视线引向景物，增强景物的艺术感染力。

图 4 郑石高速对景景观

图 5 郑石高速框景景观

图 6 郑石高速夹景景观

在景观中凡是能抑制视线、引导空间转变方向的屏障景物均为障景。高速公路的沿线一些不美观和不能暴露的一些地区和物体可采用障景的艺术手法，利用植物或景石来遮蔽。郑石高速沿线的一些煤炭采空区就采取了障景手法使其隐于“景观”之后。

4 结语

在高速公路景观意境的营造中，从审美主体的视觉体验出发，运用多种营造方法将多个元素有机地组织，并使高速公路的景观犹如一片播放的优美影片呈现在驾乘人员的眼前，并能随着影片的播映，审美主体能有感而发，有思可想，从而实现与景物的共鸣，达到“诗意”景观的意境。

注：本论文为河南省交通厅科研课题《郑石高速公路环境景观技术研究》的部分成果。

参考文献

[1] 苏金明.高速公路景观设计的探讨.http://www.landscapecn.com.

[2] 何本万.浅谈高速公路景观设计.交通科技,2006 年第四期.

[3] 寿劲秋,叶苹,赵飞鹤.中国古典园林意境的暗示手法.河南科技大学学报(社会科学版),2004 年第 12 期.

[4] 川主寺至九寨沟生态环保公路建设咨询情况介绍.

平原地区高速公路绿化探讨

何　誉[1]　武朝梁[1]　肖　剑[2]

（1.河南中原高速公路股份有限公司；2.长沙理工大学）

摘　要　绿化是高速公路的一个重要组成部分，起到美化、绿化和净化高速公路环境景观及其他防护的作用。而平原地区由于地势平坦、挖填方少、植物生长条件优越等优势，以及视野太过开阔、高速公路"绿地"的等劣势，使得平原地区的高速公路绿化从植物的选取与组配到其设计都具独特的地域特点。

关键词　平原地区　高速公路　绿化

公路绿化是国土绿化的重要组成部分，而公路绿色通道建设也是国家六大生态防护林体系骨干工程之一。公路绿化是指公路用地和空间范围内外的绿化建设和管理，包括公路绿化的规划、设计和植物的栽植、养护等方面。平原地区的高速公路则如一条黑线涂抹在一张展平的田园格网上，而绿化则融合了高速公路与平原自然绿地，其在高速公路建设中起到巩固路基、保护路面、降低噪声、防治污染、维护公路的良好环境等诸多作用。

1　平原地区高速公路绿化立地条件分析

平原地区地势平坦，所要填挖的土方较少，因而平原地区的高速公路边坡较少，特别是高陡坡基本不会出现。平原地区的土壤条件较好，多为肥沃的黄土，土质疏松，植被成活率高；四季分明，雨量充沛，气候较为温和，植被生长状况良好；路域视野开阔，高速公路沿线的路域资源可以一览无余。但同时，广袤无垠容易让驾乘人员感觉疲倦。

高速公路的"绿地"，其立地条件较城市绿地和园林绿地要差。施工中留下的石灰、砾石等杂质使得高速公路绿地中的土壤受到严重污染，肥力大大降低，特别是中央分隔带，其土层薄，污染重，植物不易存活。土壤中水分严重缺乏，加之绿地供水困难，造成绿化植物生长困难，特别是边坡的蓄水能力已被破坏。

2　平原地区高速公路绿化植物选取和组合

2.1　绿化品种的选择

在平原地区的绿化植物选取上要贯彻"乡土种、易成活、抗性强、品种多、色彩艳、树型美"的原则。从平原地区的乡土品种中，通过植物品种的多样选择，利用植物补偿生态设计原理，科学组合和合理种植，从而在满足平原地区高速公路景观和生态需求的同时，实现绿化的遮光防眩、诱导视线、防风固沙等的功能需求。

中央分隔带的作用是遮光防眩、诱导视线，一般采用等高带状栽植方式，配置草坪、花灌木，并通过花灌木的不同花期、花色以及叶色变化，增强美化效果。中央分隔带应选择抗逆性强、枝叶浓密、株型矮小、色彩柔和的花灌木，如河南桧、小叶女贞、大叶黄杨、紫薇、紫叶李、木槿、月季、栀子花、蔷薇、四季玫瑰等。

预留带绿化带的主要功能，是协调和美化公路与周边环境的关系。绿化植物应该多样化，生长年限长，适合粗放管理。实践中，预留带绿化都要达到一定的规模，做到乔灌相结合。通常选择树体高大、树形优美的乔木为骨干，如柳、银杏、黄栌、大叶女贞、龙柏、樟、玉兰、杨、桉、水杉、榆、杜英、重阳木、刺松等，灌木可选择小叶女贞、月季、杜鹃、茶花、栀子花、七里香、南天竹、夹竹桃、丝兰、金钟、美人蕉、鸢尾等。

边坡的功能是护坡和美化。边坡保水困难，特别是坡顶附近更难保水，在种植时，坡顶宜选用植株比较矮、抗旱性强的禾本科地被植物，坡脚可以混播一些比较高大的豆科和禾本科牧草及小型灌木。边坡绿化植物的选取，分两期进行。边坡的一期工程施工时，宜选用混合草种喷播式，保持水土，熟化土壤，多铺植多年生宿根草，如矮生天堂草、狗牙根、假俭草、高羊茅、结缕草等；二期工程种配置抗逆性强的花灌木，达到护坡和绿化美化的目的，栽植紫穗槐、二月兰、怪柳、毛白蜡、爬山虎、凌宵、迎春、金钟、长青藤、藤本月季等植物。

互通立交区是高速公路的出入口，绿化以植草为主，辅以少量矮小植被造景点缀，创造一种自然、开阔的意境，不宜栽种乔木。绿化树种可选择月季、杜鹃、红檵木、小叶女贞等。

服务区、收费站是人们活动最多的地方，其绿化应以美化功能为主，宜乔灌花草相结合，乔木多选择观赏树种。服务区、收费站四周栽植常绿树种，如香樟、桂花，银杏、广玉兰、白玉兰、雪松、棕榈、垂柳、紫薇等，营造浓郁的绿色氛围。并铺植多年生常绿矮生天堂草草坪，如果再配置少量树型优美、观赏价值高的月季、杜鹃、红檵木、茶花、美人蕉，则更能衬托出建筑物的美和艺术效果。

2.2 绿化植物的有效组合

高速公路绿化设计在选择合适的绿化植物后，就是进行有效的植物组合。

2.2.1 生态、生物学特征组合

在进行植物组合时，首先应考虑生态学的规律。在组合上，宜采用喜阳与耐阴组合、深根与浅根组合、直根系与须根系组合、阔叶与细叶组合。同时特别要注意耐湿、耐旱、抗倒伏、抗风沙等多种因素对植物组合的要求。

由于不同植物种群之间存在着竞争，组合时应充分考虑不同植物的生物学特性。例如同是根茎型的蒴股颖和狗牙根混播，因其根系和地上部分的分布基本相同，因而它们之间在养分、阳光、空气、水分等方面的竞争很强烈，竞争的最终结果就是其中一个被淘汰；野牛草与紫穗槐搭配，由于紫穗槐生长旺盛而野牛草不耐阴，野牛草很快就消失了。

2.2.2 乔灌草组合

地被植物和乔灌木组合，会使得植物分布更加有层次，防护效果更佳。在平原地区高速公路绿化中，地被植物的栽植是属于基础绿化，在地被植物上，可以栽种灌木和乔木。如平面上有曲线转弯方向的地方，在平面曲线外侧可种植高大的尾叶桉类乔木，使驾乘人员有一种心理安全感，并混栽一些灌木（如夹竹桃之类的植物）起缓冲作用，减少高树的压迫感，并显示线形的变化，内侧为保证视线通透，适宜种一些低矮植物或地被植物。

2.2.3 形态组合

植物都是有多种形态的，可以采用高矮组合、直立与匍匐组合、圆形与尖塔形组合等。在平原地区的高速公路绿化中，常要人工栽植一定的植物背景，其背景就应以高低组合，从远到近依次采用高大的乔木、小乔木、灌木和矮灌木组合。在边坡设计中，直立的黄刺梅与匍匐的地锦搭配可以丰富边坡绿化景观。在中央分隔带中，圆形与尖塔形的植物交替出现可以变化

线形绿化景观，如球状黄杨与塔状塔柏的搭配。

2.2.4　色彩组合

植物的叶、花、茎都是具有丰富的色彩的。一般采用深绿色与浅绿色搭配或彩色与绿色搭配。如在设计中以侧柏、元宝枫为基调树种；花色选择上，春天以粉红色的榆叶梅、碧桃和黄色的连翘为主，秋天以黄栌和元宝枫为主，营造出春夏花繁似锦、秋季红叶浓烈的特色景观，将高速公路置身于自然的优美环境中。

2.2.5　季相组合

季相是植物特有的变化，其为创造丰富的植物景观提供了优厚的条件。落叶与常绿植物组合、春季型与秋季型植物组合、开花与无花搭配等都是季相组合的最佳方式。

在高速公路绿化设计中，常绿植物是最主要的选择，但是在适当的地方，局部配置一些落叶树种，可以创造变化的绿化景观。特别在北方平原中，乡土树种以落叶树种为主，这就使得落叶与常绿的组合成为一种必然，如杨树与樟树的搭配。在草坪配置上，为了实现四季常绿，往往采用春季型草种与冬季型草种配置种植，如黑麦草与天鹅绒的搭配。而春季型植物的开花与秋季型植物的色叶变化可以为绿化景观创造丰富多彩的季相变化，如紫叶李与枫树的搭配。

3　平原地区高速公路绿化设计探讨

3.1　运用多种植物栽植方式

在平原地区高速公路绿化中，有视线引导栽植、封闭栽植、标志栽植、防眩栽植、明暗过渡栽植、防护栽植、美化环境栽植等多种栽植方式。在平原地区高速公路绿化中，这些栽植方式在绿化设计中会被灵活应用。

视线引导栽植(图 1)是一种用于汽车行驶过程中，预告道路线形变化，引导驾驶员视线的栽植。如在凹凸形竖曲线的部位，在凸形曲线顶部适宜种植矮树，两端种植高树，这样容易看清前方高树顶端，指示方向，起到视线诱导作用。在线形成为谷形的地方，植树最好避开谷形底部，在谷形区间排列种植树木，使视野变窄，更加突出谷形，起到视线诱导作用。在匝道两侧绿地的角部适当种植一些低矮的灌木、球状物(美蕊花、黄榕、夹竹桃)，增强出入口的导向性。

高速公路是专供汽车分道、高速行驶，并全部控制出入的干线公路，为了禁止人及动物穿越公路，严禁其他车辆进入，必须设置封闭设施。采用封闭栽植(图 2)不仅具有良好的阻隔能力，而且对保护道路生态环境有较大作用。绿化植物应选择分枝密、易整形、耐修剪、枝上刺密度大、坚硬锐利、根系发达、耐贫瘠的种类。

图 1　视线引导栽植

图 2　封闭栽植

标志栽植是为高速公路通行者明确指示的栽植。通过此类栽植方式，可知道行驶的位置、公路进出口的位置等。日本的高速公路在进出口的前方和后方一定区间的中央分隔带上种植花木，这是标志式栽植的新方法。

防眩栽植主要是防止夜间强烈的眩光。中央分隔带防眩栽植的主要目的是为了隔断来自对面车的眩光，同时还可在有雾和降雪天气引导驾驶员视线。经研究表明，中央分隔带防眩树高度应在 113～ 118 m ，分枝高度应在 50cm 以内。

明暗过渡栽植是缓解明暗变化给驾驶员带来不适的栽植。栽植的方法有两种：一种是在隧道口外栽植树木，使亮度逐渐变化；一种是分阶段变更明暗缩短适应时间。

防音、防风沙栽植是高速公路生物环境工程的重要环节。栽植一些根系深、抗性强、枝叶茂密的树木，可起到吸收声波、降低噪声、减小风速、防止风沙危害的作用。

美化环境栽植就是从景观角度出发，采用多彩的植物美化、绿化高速公路环境。

3.2 打破单一空间，塑造丰富空间

平原地区的绿化最大的难点就是要处理单一的广阔开敞空间。

在预留绿化带中，要适当的密植多层高大乔木形成密闭空间，同时也应稀植或不植高大乔木以利用广袤的开敞空间，密闭空间和开敞空间应该交替出现，从而形成多变的空间，如图 3、图 4 所示。

图 3 开敞公路绿化空间

图 4 密闭公路绿化空间

在服务区、停车区和收费站等静态区域，应该采用园林中的造景手法塑造多样空间。如采用灌木围合形成安静空间，用桃花、梅花、樱花等开花植物塑造观赏空间等。

在互通立交区应用视线引导栽植，塑造引导空间、观赏空间、警示空间等空间给驾乘人员提供正确的行车指引和安全提示。

3.3 适度的视觉尺度设计

高速公路的高速行驶和平原地区的广阔无垠使得绿化需要适当的视觉尺度，才能产生良好的效果（图 5）。

以不同叶色、花色的植物组景，片植成一定规模的群体大色块，视觉尺度才能感受。在竖向上也要保证植物有一定的株高和体量。中央分隔带以及诱导性的乔灌木，同一品种的种植要延伸一定的长度（以 10km 为宜），才能产生较好的视觉效果，不宜短距离间植，变化太频繁。

图案要明快简洁，色块和线条要大，植物搭配要尽量形成较强的色彩反差。互通立交匝道内的图案以向心对称式或旋转对称式布置为佳。

远视效果是平原地区高速公路的主要绿化设计手段。大画面组景、弯道两侧、迎车坡面、路堑边坡坡顶部天际轮廓线、填方路段内侧边坡坡脚等都是远景绿化设计的重点。

3.4 融合自然环境和人文环境

在平原地区高速公路的沿线，自然环境和人文环境为高速公路铺垫了一张美好的底图，因而在绿化设计上，要充分融合自然环境和人文环境(图6)。

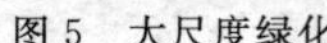
图5 大尺度绿化

图6 融合自然环境的绿化

平原地区高速公路的路线一般都是在原野上穿越，沿线的自然景观多是水乡泽国、蕉林桑田的平原风貌。利用乡土植物，在绿化设计上要强调与周围原始景观风貌贴近。

而平原地区璀璨的人文资源在绿化设计上也要充分体现，如栽植的白杨可以象征力争上游的精神。植物造型的一些雕塑和拼图能反映当地人文气息等，应该在绿化设计中大力应用。

3.5 绿化设计考虑远近期效果

在平原地区高速公路绿化建设中，要求马上能呈现绿化效果，而植物的生长则需要一定的生长期才能呈现有效的效果。因而在设计中远近期效果的搭配设计就成为一种必然。

速生树种与慢生树种相结合，高速公路上需要依靠绿地发挥防护、遮蔽作用，又不可能影响行车安全，可选择生长较快、扎根深、覆盖迅速的植物。而对于路边或匝道内起诱导作用，以及中央分隔带起防眩作用的植物，不宜生长过快。速生树栽植于需要快速成形的地方，如在路翼栽植速生杨，在3年内就可以形成茂盛的植物景观。

幼苗与成年树移植相结合，成年树的移植可以在短期内出绿化效果，但是成本高，养护较为困难，一般用于临近大中城市的高速公路段。而幼苗的生长速度慢，呈现效果的时间长，一般用于沿途多处不需作定期修剪养护管理，尽量按自然式布局的地段。

合理控制种植密度。有条件的地方可试行初期加大密度，快出效果，后期相间移植的做法，可为新建高速公路提供绿化资源。也可将慢生和速生乔灌木间植，前期效果快，后期控制各自的生长空间。有条件的地方也可作后期移植考虑。

平原地区高速公路上铺设的草坪一般采用铺植和喷播草籽的办法。除服务区、管理中心以及对景观要求较高的绿地外，应主要强调其防护功能，对草坪的平整度以及草种的纯度不作要求，要允许其他杂草侵入。

4 结语

在平原地区高速公路上创造绿化景观，需要依据平原地区的特征，在体现平原风貌的同时，局部打破平原景观的单调，创造一个生态优越、环境优美、景观丰富的平原高速公路绿化环境。但在实际设计中，总是会有一些难以处理的矛盾，这些就需要在充分认识平原地区高速公路绿化的特征后作出对应的取舍，以获取一个相对生态稳定、环境优化、景观突出的一个绿化空间。

参考文献

[1] 孙丙湘. 道路绿化和美化工程[M]. 北京:人民交通出版社,1983.
[2] 夏本安. 高速公路景观绿化设计研究[J]. 中外公路,2004(2).
[3] 李为,李远富,宋清霞. 高速公路景观绿化美化设计[J]. 中外公路,2006(4).
[4] 陈秉恒. 高速公路绿化设计中值得探讨的几个问题[J]. 公路与汽运,2004(3).
[5] 陈小庭,黄小清. 高速公路绿化形式与立地条件的和谐统一[J]. 公路,2005(8).

乡土景观与现代高速公路景观设计结合方式

郑立宝

（河南中原高速公路股份有限公司）

摘　要　乡土景观是乡土经验的一种历史记载，乡土景观的发掘、保护和利用是贯彻“安全、舒适、环保、和谐”公路设计新理念的重要手段，对于现代高速公路景观设计有着重要的意义。文物古迹、自然风光、民风民俗等文化资源的保存、保护、永续利用与持续发展，也是当代人留给后代人最可珍贵的遗产。本文结合郑石高速公路的建设，对乡土景观对于现代高速景观设计的意义进行探讨。

关键词　乡土景观　景观设计　自然生态　公路建设

1　乡土景观的发掘

公路沿线比较有特色的乡土景观主要表现形式有：

1.1　平原风光

开阔的平原一望无垠，绿油油的麦地一片生机；远处偶尔矗立起的一片杨树林，随风而动；阵阵花香迎面扑来，使人心旷神怡，耳目一新——好一幅北国风光的美丽图画。

1.2　丘陵地貌

丘陵与丘陵之间的垄中分布着平坦的耕地，两侧为起伏的山丘，位于山丘坡脚两层的楼房、长条的青瓦房掩映在翠绿的松杉林中，构成了一幅闲适、恬静的田园风光。该景观的是乡村生活的真实写照，它与周围松杉林的宁静典雅、朝气蓬勃的环境相得益彰，映入人们视野的是一片和谐、安宁和悠然自乐的田园牧歌式的生活情景。

1.3　自然生态景观

山地植物群落景观资源丰富、层次分明、色彩鲜艳夺目。高速公路处于我国北亚热带和暖温带的气候分区线和中国动物区划古北界和东洋界的分界线，也是华北、华中、西南植物的镶嵌地带，区内保存了丰富的生物资源，植物品种多达 2 800 多种，野生动物中兽类有 62 种，鸟类有 213 种，昆虫的种类超过了 3 000 种。郁郁葱葱中兽走鸟语，原始生态的环境岂不羡煞神仙？

1.4　溪流、江河风光

沿线河流众多，溪流密布，有众多与公路平行的河流、视线开阔的鱼塘以及人工或天然形成的水域湿地景观。水体碧波荡漾的动态美和水平如镜的静态美和形态优美的桥共同绘制了一幅高速公路沿线山水交融、湖光敛影、桥影绰绰的美丽图画。

1.5　历史、人文景观

8000 年的裴李岗文化、5000 年的黄帝文化和 2700 年的郑韩文化诠释着最古老的建筑、生活、宗教和文化艺术。嵩山少林寺 1500 多年的历史，使少林武学文化蜚声宇内外。石人山美丽的传说耳熟能详，景色更是迷人，春天山翠水绿，鸟语花香；夏日万木葱茏，云雾缭绕；秋时霜叶如醉，金风飘丹；冬季银装素裹，玉树琼枝。

2 乡土景观在公路设计景观中的应用

2.1 公路绿化景观设计

绿化是高速公路建设的重要组成部分。它能改善道路景观，美化环境；调节气候，延长公路的使用寿命；净化空气，改善大气环境；降低交通噪声；稳固斜坡，防止水土流失，保持路基稳定；诱导视线，防眩遮光，确保行车安全。因此郑石高速公路的绿化，应围绕“生态路、和谐路”的主题和“安全、舒适、环保、和谐”的原则来布置和规划高速公路绿化。同时应注意：公路绿化设计要充分发挥乡土资源的优势，体现各区域的乡土人文景观，景意相交，融为一体；绿化工程要进行总体规划，以丰富的历史人文景观为脉络，用现代绿化造景的手法，将沿线的各种景观联系在一起，既体现了和谐的文化氛围，又体现了经济与实用、绿化与美化、近期与远期相结合的原则。

沿线野生植物资源丰富，在绿化植物品种的选择上要因地制宜，尽量采用适地适树品种，并根据当地的自然地理环境（地形、土质、气象等），结合设计要求及本地区草木的生长情况确定。采用“简单的、淳朴的、自然的”表现手法进行绿化植物的配置，使沿线绿化景观完全与大自然景观融为一体。

互通立交区作为高速公路的重要景观节点，也可以说是高速公路的“绿肺”，景观设计结合现场实际地形进行设计，以草坪为基础，给人以视线开敞，中心绿地植物配以乔灌木和低矮花卉，植物的选择以乡土树种为主，在不影响视距的范围内，设计稳定的植物群落，可常绿与落叶树相结合，乔木与灌木相搭配，还可以考虑植物季相的变化，既可营造色彩缤纷的植物景观，又可形成良好的自然群落，自然而丰富，同时可减少人工养护管理。在重要的区域，还可以设置象征性的雕塑，宣示主题。

服务区、停车区主要供驾乘人员做短暂停留、缓解疲劳、车辆加油等，同时又可以作为一个对外宣传的窗口，可以让经过者了解所经区域的名胜古迹、历史文化、地方特色等。所以在绿化景观设计方面除了要考虑遮荫、休息等功能外，还可以通过园林建筑和小品、绿化植物造型等来展示地方的乡土景观特色。

隧道景观设计注重洞口形式和进出口的绿化设计。洞口设计要充分体现当地乡土人情，使生硬的构造物具有历史文化气息、地域特色。隧道进出口绿化需满足视觉和心理的要求，减少驾乘人员进入隧道的心理压抑感和缓解明暗急剧变化给驾驶员带来的不适感。另外，洞顶和洞侧植被应与山体植被一致，过渡自然，能很好地与周边环境融为一体。

2.2 房建服务设施景观设计

郑石高速公路穿行于平原、山地丘陵、河流谷地之间，自然环境优美，因此其服务设施的选址，应协调公路建设与优美的自然景观的关系，突出体现服务设施的服务主体为“使用者”及周边的居民，将“以人为本”的设计理念贯穿设计的全过程，并结合当地的地理条件、人文景观，将自然景观有机的融入其中。服务区、停车区选择在风景优美、山水俱佳的地方，尽量依山傍水，随坡就势，这样在方便驾乘人员停车、加油、休息的同时还可观赏到优美的自然景观。

在服务区的布局上，应以满足、方便各方面使用者的需求，合理组织人流、车流；给旅行者提供安全、舒适的休息场所为原则。服务区内利用造园手法，将自然景观巧妙地介入服务区，同时利用植物群落和游路的区划，将服务区分成风景各异的绿化空间，使整个服务区山水交融，风景宜人，成为郑石高速一道靓丽的风景线。

结合沿线居民居住特征，在房建设计中，应该秉承“历史传承，和谐创新”的原则，尊重当地地域特征和文脉，在建筑造型上，吸收当地民居建筑中优秀的，有代表性的建筑元素。通过对建筑的实质的深刻理解和对当地文化的深刻挖掘，设计出极富地方特色的建筑。采用当地的建材和现有常规建材为构筑手段，巧妙地驾驭材料的质地、肌理，创造性地美化建筑空间形态、空间序列，精心打造绿色的建筑外环境，采用朴素、简约的建筑风格。通过建筑单体之间灵活自由的组合，既达到不同功能建筑之间的融合，又通过组合变化产生强烈的空间感。

3 乡土景观对现代高速公路景观设计的意义

3.1 保护乡土景观有利于现代高速公路的持续发展

作为20世纪人类认识世界的重大成果之一的“可持续发展”理念的确定，是人类文明史上的一个重要里程碑。“可持续发展”理念不仅体现在物质资源和自然资源的永续利用和持续发展上，还体现在人类精神文明与文化知识的可持续发展上，体现在如何保持、保护、弘扬民族精神与文化的可持续发展上。

郑石高速公路沿线自然风光秀丽，因此在沿线的景观设计中应树立面向节约资源的设计理念，最大限度地保护和利用现有景观资源，最大可能地避免浪费资源，最大可能地挖掘开发新资源，最大限度地回收利用废弃资源。

郑石高速公路线路设计和建设阶段已充分考虑尽量避免破坏自然环境和原有风景，充分保护各种动植物、河流水域、名胜古迹。在保护原有风景的同时，作为现代化的生态旅游公路，设计为符合时代的发展要求，郑石路灵活运用多种元素，构筑旅游公路的特色景观环境，使之成为现代化生态环保的时空走廊。

3.2 发掘乡土景观有利于自然融合与环境协调

郑石高速公路的景观设计着重考虑公路环境与沿线自然生态、环境相协调的问题，减少人为雕琢和人造景观的痕迹。在考虑平纵、横断面相结合、填切土方平衡的同时，还要充分考虑与自然环境、人文景观相结合，努力做到不仅不破坏自然环境，还能通过对局部地形、物种的调整改善沿线生态环境；不仅考虑到公路线形美观，还考虑到驾乘人员良好的心理和视觉的感受，做到“显山露水”，使郑石路真正做到源于自然、融入自然、高于自然。从公路建设一开始就应当杜绝乱开挖、乱取土、随意施工、肆意破坏环境的行为；排水和防护工程应当配合景观设计，视线范围内的截水沟可利用植物进行隐性化处理；道路互通范围内的内侧边坡尽量因地制宜、随坡就势、坡度普遍放缓，逐步取消违反人性化的圬工防护工程，采用地被植物替代；道路边沟充分考虑保护农田，沿线服务设施、各种桥涵形式多样风格各异，建议采用本地石材、木材等结构(如木栈道、古城墙等)，应充分体现当地特色并与周围自然环境、景观相协调。

3.3 利用和营造乡土景观为当地人的生活设计

郑石路景观设计的主题为“生态路、和谐路”。围绕这一主题，充分发掘沿线各地域的历史文化、人文景观和自然景观的特征，加以利用，由此表现出各自的特色和韵味，适当地进行艺术加工和变化，如构筑物的风格、造型、色彩以及线形的弯曲、起伏等，使驾驶人在行车途中感受到沿途景观在一片充满生机的绿海中。公路的延伸富有节律感、多样性景观、使人心情愉悦，达到消除疲劳、提高行车安全的目的；同样也为沿线经年累月生活在与自己有着密切关系的公路周边环境中的当地人，提供一个相对熟悉、和谐的景观。

3.4 现代高速公路景观设计创新的灵感源泉

利用和回避风的形式、利用和回避太阳光的形式、利用和回避水的形式、利用和回避动物及人流的形式以及多样化的乡土形式所给人的独特体验，都为设计具有地域特色的现代高速公路景观提供了不尽的源泉。

4 结语

一种理想的景观,无论是没有设计师的、基于经验的前科学设计,或是基于科学理论和方法的现代设计,最终都将走向天、地、人的和谐(俞孔坚,1998,2000)。发掘和利用乡土景观如同掌握最现代的科学和技术一样,都有助于景观设计师的作品离理想景观更近些、与自然环境更贴近些。

参考文献

[1] 俞孔坚,等.论乡土景观及其对现代景观的意义.华中建筑,2005(4):123-126.
[2] 俞孔坚.景观:文化、生态与感知[M].北京:科学出版社,2000.
[3] 张阳.公路景观学.西安公路交通大学,1999.

郑州至石人山高速公路交通安全设施设计创新与思考

李清斌[1]　严云飞[2]

（1.河南中原高速公路股份有限公司;2.郑州路通公路建设有限公司）

摘　要　本文主要论述郑州至石人山高速公路交通安全设施的设计指导思想、设计内容与设计方法，着重论述在郑石高速公路设计上的创新以及今后设计中值得注意的几个问题，并对部分常见问题进行简单的分析，为今后的设计提供一些参考意见。

关键词　高速公路　交通安全设施　设计

交通安全设施是高速公路的重要附属设施，主要包括交通管理设施和防护设施两个部分。交通管理设施主要包括交通标志和标线，通过标志、标线，可以对道路使用者进行正确的引导和指示，保证交通流的有序运行，充分发挥高速公路安全、快速和舒适的特点，大幅度减少由于无序行驶而造成的交通事故。安全防护设施主要包括护栏、隔离栅、防眩设施及防落网等，主要防止行人、动物及杂物进入或落入高速公路，减少夜间对向车灯造成的眩光，使正常行驶车辆免受不必要的干扰，同时，在发生交通事故时，将事故损失降至最低，尽量避免二次事故的发生，并起到保护沿线其他设施安全的作用。

1　设计简介

1.1　交通标志

郑石高速公路全线布设的标志类型除了有指路标志、前方出口预告标志、入口标志、限速标志、收费站标志、车距确认标志及视线诱导标志等国标规定的标志以外，还根据国家有关禁令及项目特点布设了轴重限制标志、车道指示标志及最高(低)限速标志、旅游区指示标以及具有鲜明图像、简单易懂、可视性良好的情景辅助标志，提醒道路使用者养成良好的驾驶习惯。交通标志版面采用中英文对照的方式，主线指路标志汉字高度为 70cm，其余汉字高度为 50～60cm，英文字高为汉字高度的 1/2。

标志在布设时充分考虑了道路使用者，特别是陌生使用者的行为特性，充分考虑动态条件下的发现、判读标志及采取行动的时间和间距。因此，在设计中对于重要的信息，特别是重要的出入口信息，提前多次重复进行显示，进行多级预告。在收费站广场，设置路网简图标志。同时，为保证行车的安全，同一地点的指路标志数量不超过 3 块，同一地点指路标志和禁令标志不能同时使用。平面交叉口处，若无交通信号灯控制，则设置了减速让行标志和相应的标线。

本项目桥梁众多，且多为大桥，因此在设计中本项目仅对长度大于 500m 的桥梁设置了桥名标志；同时根据目前手机普及的情况，取消了紧急电话设置，也取消了紧急电话标志。为便于报警并查知报警地点的位置，设计时采用了在里程标志上标示紧急电话号码的方案，如图 1 所示。通过上述设计，降低了工程造价。

在结构设计上，特别是全线门架标志的设计，考虑到目前门架标志设计立柱普遍较为笨重的现状，将门架标志结构设计进一步优化，选用了蛇形门架，节约了立柱钢管，减少了用钢量，使标志结构受力更加合理，形式变得轻盈美观，同时还节省了投资。同时，根据本项目上跨天桥、分离式立交较多的特点，优化、调整了门架间距的设计，取消了距天桥较近的门架，标志牌全部固定在天桥上，节约了投资。

设计创新点主要有：

(1)轴重限制标志、最高（低)限速标志、旅游区指示标志以及情景辅助标志管的设置；

(2)标志结构设计进一步优化，采用新型门架结构标志牌，使全线标志既美观又节省投资。

1.2　标线、轮廓标和突起路标

在郑石高速公路安全设施设计中，是通过将振动标线、轮廓标以及突起路标组成一个有机的、立体的反射系统，以保证道路使用者的行车安全。路面标线采用热熔型2号标线标线，厚度为2mm；车行道分界线为白色虚线，宽度为15cm；车行道边缘线左侧为黄色实线，宽度20cm，并在其上设置突起振荡标线；右侧为白色实线，宽度20cm，并在其上设置突起振荡标线，振荡标线厚度为6mm，宽度为10cm。

该类型标线不仅提高了标线在夜间、雨天的视认性，同时也可以提醒驾驶员注意安全、防止越线，提高了行驶的安全性。振荡标线价格比较高，为节约费用我们在设计时将标线宽度的一半设计为振荡标线，即保证了应有的作用，又节约了造价。

另外，通常设计中在车道边缘线外侧，配合标线设置要设置突起路标，其作用是通过反射车灯光使驾驶员识别车道边缘的位置，看清前方道路走向，并通过车轮碾压时产生的振动警示驾驶员。但由于热熔标线的反光及振荡标线的设置，车道边缘线外侧突起路标的作用不再明显。同时，根据以往道路管理实际情况，在进行铲雪时容易破坏外侧突起路标，如要保证完善，每年需要进行补设。因此，根据上述情况，郑石高速的设计取消了外侧车道边缘线突起路标的设置。

收费站收费岛以外范围，不设置橡胶减速带，需要设减速带的设置为振荡标线。

路侧轮廓标分别选用附着式和柱式(柱式轮廓标设置于不设置路侧护栏的路段)。

设计创新点有：通过振动标线、轮廓标和突起路标组成立体的雨、雾、夜间条件下的行车诱导系统，提高了车辆在恶劣天气下行车的安全性。

1.3　护栏

由于郑石高速公路穿越丘陵、山区地带，近50km段落为挖方和低填土段落，同时为配合景观的要求，挖方段及低路堤路段边沟设计均采用了暗埋式边沟，或浅碟形边沟，表面种植草皮；因此，在本次路侧波形梁护栏的布设上，在大中桥、填土高度较低的低路堤路段及长挖方路段均不设置护栏，使路侧绿色植物带直接呈现在道路使用者的视野范围内。其余路段连续设置波形梁护栏，波形梁与立柱之间采用托架连接。

为保证车辆的安全，避免车辆冲出路堤，对填土高度大于8m的路段，在设计中率先采用了三波加强型波形梁护栏(按照JTG/T D81—2006进行设计)。

郑石高速前81km范围，通行车辆以载重车辆为主，为保证车辆分向行驶的安全，中央分隔带护栏设计为改进型新泽西护栏。为提高防撞能力，预制节段长度设计为3m，采用企口缝进行连接，防撞能力大大提高。在后100km路段，除在中央分隔带开口段外，全线设计为连续的波形梁护栏，波形梁与立柱之间采用防阻块连接。

路侧波形梁护栏的起、讫点处采用了外展圆头式端头处理方式，没有采用地锚式的设计，主要原因是地锚式端头形梁护栏插入地面混凝土的形式，现突出地面的混凝土基础影响景观；同时，地锚式的端头在发生车辆碰撞时可能会造成车辆的侧翻。

路侧混凝土护栏与波形梁护栏的过渡段采用JTG/T D81—2006附录中BT-1、BT-2的过渡段结构设计，使两者之间刚度、高度和外形逐渐的进行过渡，形成一个整体，提高护栏的安全性能。

中央分隔带开口段活动护栏是设置在中央分隔带开口处的一种活动装置，要求在正常情况下能够拦住车辆不驶入对向车道，在紧急情况下又能够灵活开启。但频繁发生在中央分隔带开口处的恶性交通事故证明了目前普遍使用的钢结构活动护栏不能满足实际使用需要。普遍使用的伸缩式护栏、插拔式活动护栏具有使用方便、灵活的优点。但是，在实际使用中伸缩式活动护栏在车辆碰撞下极易破碎，且产生大量飞溅的杀伤性破片，对驾乘人员不利，而且容易引发二次事故。因此在新版规范中不推荐使用伸缩式活动护栏。新规范规定："中央分隔带开口必须设置Am级(160kJ)的活动护栏"。

因此，郑石高速在中央分隔带活动护栏设计时率先采用了经过实车碰撞试验的专利产品"钢管预应力索式活动护栏"，其能够达到160kJ的防撞能力，具有安全、美观、经济、开启方便、防盗的功能，如图1所示。该种护栏具有良好的导向作用，可以有效地防止大型车辆进入另一面车道，乘务员纵向最大加速度不超过20g。

高速公路分流处是事故多发段，《高速公路交通工程及沿线设施设计通用规范》中规定"高速公路主线分流端、匝道出口的护栏端头应设置防撞垫"。2006年9月1日颁布实施的《高速公路交通工程及沿线设施设计通用规范》条文说明5.9规定："……防撞垫能有效地吸收碰撞能量，降低正面碰撞的危害程度。而侧面碰撞时能改变车辆碰撞角度……"但在目前高速的设计中，普遍采用防撞能力很低玻璃钢材料的防撞桶，或其他的防撞设施，但这种设计为重大事故留下了严重的隐患。

为避免安全事故的发生，保障驾乘人员在事故发生时的安全，郑石高速在分流段设计使用一种通过实车碰撞试验验证和专家委员会鉴定的新型防撞垫——可导向防撞垫，如图2所示。

图1　钢管预应力索式活动护栏

图2　可导向防撞垫

为使小汽车的驾乘人员能够在车中欣赏到道路两侧的美景，对部分周围景观较美的大桥，尝试设计了有视线通透、造型美观防撞能力强的梁柱式型钢护栏。

设计创新点主要有：

(1)护栏布设结合沿线地形考虑，灵活布设，对低填土路段，取消了路侧护栏的布设，使道路视野开阔、行车舒畅。

(2)在高速公路上率先尝试设计了有视线通透、造型美观防撞能力强的梁柱式型钢护栏。

(3)活动护栏率先采用了防撞能力强、美观、经济、开启方便、防盗的新型钢管预应力索式活动护栏。

(4)路侧护栏率先采用了防撞能力更大的三波加强型波形梁护栏。

(5)分流端率先采用了通过实车碰撞试验验证和专家委员会鉴定的新型防撞垫——可导向防撞垫。

1.4 隔离栅及防落网

郑石高速公路沿线两侧除天然屏障(河流等)外，其余均连续设置隔离栅。为降低工程造价，保证重点地段的美观效果，在挖方地段及填土高度 3m 以内的路段及互通区、服务区段采用金属焊接网隔离栅，其他地段全部采用了刺丝隔离栅。为确保隔离栅在条件具备的情况下立即能够安装，刺丝隔离栅采用了钢立柱的设计，没有采用预制钢筋混凝土立柱。隔离栅设置于公路用地界内侧 0.3m 处，地形有起伏时，隔离栅按阶梯形设置。在遇到≤3m 的沟渠或涵洞时，采用一次跨过。在旱桥及通道处实行封闭式围封。每段隔离栅的起、终点或隔离栅需要断开的地方，针对不同的情况做端头围封，在隔离栅需要改变方向的地方，均相应做拐角处理。全线隔离栅采用镀锌后再镀塑的焊接网型隔离栅。防落网的设计考虑到美观和牢固的要求，采用了与隔离栅相同的形式。

1.5 防眩设施及其他安全设施

全线中央分隔带设置防眩设施，设计波形梁中央分隔带路基段采用植树防眩；构造物路段及设计改进型新泽西中央分隔带护栏路段采用绿色金属防眩网进行防眩。里程牌采用支撑钢管及抱箍安装在路侧波形梁护栏立柱上的形式。百米牌采用在百米桩号的护栏立柱上用白底绿字四级反光膜标注百米字样。界碑、锥形路标及轮廓标设置均按相关国标及规范进行设置。

2 设计体会

通过交通安全设施的设计，发现了一些安全设施设计中尚需进一步改进的问题。在此，提出一些建议与想法，仅供参考。

2.1 总体设计的协调

郑石高速公路交通安全设施的设计是由三家设计单位来完成，考虑到各设计单位的设计理念、设计水平、设计经验、图纸编排习惯等差别很大，因此在设计招标时指定了一家总体设计协调单位。但总体协调单位由于能力、经验、管理及时间等方面的原因，没能起到总体协调单位应有的作用，造成设计有很多不一致、不协调的地方。中间经过业主的多次组织、协调和修改，花费了大量的时间和精力，才统一了有关标准和设计细节，完成了交通安全设施的设计和招标等工作。因此，如何确定总体协调单位及如何进行总体协调需要进行研究和思考。

2.2 有关设计

(1)在有长挖方路段的项目，交通标志的设置位置不仅要和土建结构物、外场设备及照明灯杆等设施相互协调，还要和路侧护栏的布设相协调，尽量避免在不设置路侧护栏的段落设置大型交通标志保证行车安全。在进行设计时要注意进行门架位置的优化，门架标志的设计要与上跨分离立交、天桥的设计综合进行考虑，以节约投资。

(2)交通标志立柱等钢构件的防腐不要局限于普通的镀锌防腐，可考虑多种防腐形式，如同护栏、隔离栅一样采用双层防腐形式(先镀锌再喷塑)，不仅增加了构件的防腐性能，而且在色彩的选择上也有了很大的余地，既提高了钢构件的防腐性能，又增加了道路的景观效果。

(3)振荡标线对保证行车安全有着重要的作用，但目前的设计还缺乏相应的规范、标准，同时该种标线造价相对较高，因此对于该类标线突起部分的形式、设置形式、振动效果、材料以及反光性能、施工等方面还应进一步地研究。

(4)桥梁护栏施工较早，路侧护栏的过渡段设计比较滞后，因此路侧混凝土护栏与波形梁护栏的过渡段结构设计在施工中可能无法全部实现，这是比较大的遗憾。桥梁护栏端部的设计应主要过渡段设计的需要，这应引起设计人员的注意。

(5)标志牌的反光膜规范规定高速公路应采用一、二级反光膜，但未规定字膜、底膜采用同级或者是不同级，两种方式各有优缺点，但造价差别较大。因此在此方面还应做进一步的研究和分析。

(6) 对于需在主体工程中预留和预埋的安全设施，应配合主体工程施工图设计同步完成，以便与主体工程设计相互协调，并在施工中及时预留和预埋，避免以后不必要的开挖和破坏。

2.3 施工图设计的时间安排

安全设施施工图设计应结合主体工程实际情况，在进行施工图设计时必须参考主体工程的施工图设计文件，因此从时间的安排上，交通安全设施设计应是滞后于主体工程设计的。根据郑石高速交通安全设施施工图的设计、完善、修改定稿完成情况来看，应在通车前 1 年完成交通安全设施施工图设计文件的初稿，4 个月内完成有关的内、外部的审查、修改和定稿等工作比较合适。这种安排与较早提交施工图的做法相比有以下一些优点：

(1)可以将主体工程设计中的有关变更充分体现在安全设施施工图设计中，保证了设计思路的连贯性及文件的完整性，并可减少很多设计变更，可以使设计人员将更多的精力投入到完善整体设计及优化设计方案的工作中去，有利于提高设计水平。

(2)在通车前 1 年，路基工程一般已基本完成，此时，设计人员可以通过现场考察，以便对工程实际状况及路网有更深的了解，对保证设计方案的合理性和实用性有很大的帮助。

(3)设计人员对刚完成的设计还非常有利于施工配合。

(4)有利于新产品、新技术的采用，以及对新标准、新规范的贯彻。

需要补充一点，对于需在主体工程中预留和预埋的安全设施设应配合主体工程施工图设计同步完成，以便与主体工程设计相互协调，并在施工中及时预留和预埋。

高速公路绿化景观设计与沿线地域文化、城市建设和旅游资源的综合开发

王国晓

（河南中原高速公路股份有限公司）

摘　要　高速公路建设的飞速发展，极大了拉动和助推了地域经济文化的发展和繁荣，同时也为旅游资源的综合开发提供了有力的硬件支撑。本文结合我省高速公路建设发展实际，系统的阐述了高速公路建设发展与沿线地域文化、城市建设和旅游资源的综合开发。

关键词　高速公路　绿化景观　文化　城市　旅游　开发

随着我省高速公路建设的飞速发展，市场经济体制不断培育和完善、城市发展速度加快，城市与城市之间的联系增多和竞争加大，这时如何有效整合高速公路建设与城市经济建设的关系，如何充分利用城市的各种资源、提高城市吸引力、竞争力和文化品位，如何塑造城市形象，打造城市品牌的问题提上日程。河南地处中原，自然环境多样，旅游资源丰富，是中华民族文化的发祥地，具有得天独厚的地理优势和经济优势。近年来，省委省政府立足于我省经济建设大局，放眼全国、放眼世界，坚持科学发展观，不断加快城市化进程，制定并实施了建设经济河南、旅游河南、文化河南宏伟计划，取得了显著成效，一个新型的、蓬勃发展的河南正在中原大地上快速崛起。其中，高速公路建设在河南经济建设大格局中起到了不可估量的带动和助推作用。本文将从高速公路绿化景观设计入手，结合沿线地域文化、城市园林和人文历史及城市品牌营销等方面系统地阐述，以探求合理的高速公路建设和地域经济文化二者间的互动双赢策略。

当今社会是个高复合化、多元化的社会，这就使得社会各个层面不再局限于传统意义上的某一单一领域，而是更多了一些功能上的交叉和资源上的共享。同时也促使各个行业就自身微观上的发展和整个社会宏观上的发展如何做有益结合和相互支撑进行一些有益而积极的思考。这是一种社会责任也是一种社会趋势。本文正是基于这一点，在这就如何在高速路的绿化景观设计中，通过不同角度不同的视点和不同的功能，全方位多层面大视点地将城市品牌营销理念等诸多元素和原高速公路绿化设计完美地统一和结合，并由点到线，由线到面地做一个探讨和阐述，以寻求高速公路这一基础设施最大化的价值利用和赋予它更丰富的内涵。

1　高速公路人文景观是区域品牌的一个窗口

品牌要传播才能成功，传播需要一个有效的载体。

这里我们先分析一个有趣的市场现象：在我国沿海经济发达地区的市场中，本土商品占到市场份额的70％～80％，外来商品占20％～30％；而经济相对落后的内陆城市，市场中却有70％～80％的外来商品，只有20％～30％的本土商品。从商品同质化的角度看，经济发达地

区和内陆不发达地区所生产的很多商品并无二致，但同样的商品为何就“外来的和尚好念经”而本土商品却常常遭遇“酒好也怕巷子深”的尴尬呢？这里边就存在一个地域品牌的效应作用。而沿海城市先天的地域优势——连接世界的海给了他们一个良好的传播途径，这种传播是双向的，既引进来又传出去，这使得他们获得了一种先进性，并以这种先进性树立了在国内及国际市场的城市品牌形象，从而有力地拉动了当地经济的腾飞。

河南作为内陆城市，虽然没有海，但却有正在高速发展和建设的高速公路，据统计，截止2007年年底，河南省高速公路建成通车里程已突破4 000km，跃居全国第一位。高速公路网遍布中原大地，促进了沿线地区物资、信息交流，带动了地方经济的发展，在西部大开发的伟大格局中发挥了承东接西、连南贯北的中心枢纽作用。极大的促进地域经济发展和文化传播，丰富的旅游资源得到深度开发。如果行驶在高速公路上，可以说路路景观不同，处处景点不同。更为显著的是，高速公路的飞速发展，加快了商品流通，加强了城市之间的联系和沟通，提高了人民群众的生活质量。它每天的人流量是超过100万人次，我们完全有理由相信高速公路是展示和传播地域品牌形象的一条高效而快速有效的传播通道。那么我们通过什么为载体在这条高速通道上去体现这一新的内涵呢？靠的就是高速公路景观设计来体现。我们以郑石高速公路为剖面层，切入当地的“山水关”文化，按照“挖掘、盘整、弘扬、创新”的思路，努力挖掘郑州至石人山悠久的历史和厚实的文化底蕴，展示地域特色文化魅力，推出以“时代先锋、经济灵魂、和谐社会、生态文明、文化繁荣”等为主体的五大互动工程。即，在时代先锋工程中突出先进性，在经济灵魂工程中体现发展性，在和谐社会工程中凸显人文性，在生态文明工程中保持协调性，在文化繁荣工程中彰显特色性，以此来发展活力郑石、建设实力郑石、构建和渚郑石。具体就是把道路沿线的绿化带、边坡、天桥、涵洞、节点等景观设计元素结合地域文化特点进行统一的规划设计，用一个个单一要素最具表现力的方式去体现地域品牌形象宣传的某一个点，通过一系列点的组合形成一个整体地域品牌形象宣传链条，最终突现城市品牌营销效应。依托“山水关”旅游资源优势，热情接待国家、省、市领导和社会各界人士。在“一带三线”文明长廊建设的基础上，同时推出“人文旅游长廊”、“特色文化长廊”。以地域特色文化、历史古迹文化为载体，把开辟、建设文化高速作为一个重要的文化展示、宣传阵地。

如郑石高速公路沿线地质复杂多边，自然景观变化较大，线路途经郑州、许昌、平顶山3个地级市的9个县区、34个乡镇、204个行政村，建设总里程183.539km。郑州地域属于典型的“黄土冲沟”地貌，在绿化上，可通过点、面的形式，在布局、图案及有针对性地选择具有某种代表当地人文寓意的树种等方式有层次地反映城市文化特色。总之，就是在景观廊道中形成一个有点、有面，高低错落、层次丰富的城市人文景观，最终达到地域品牌营销效应。

2 高速路的景观设计区域文化密切相关

高速公路在设计与施工过程中，优先考虑的是高速公路的基本功能要求，即道路线型的“平、直、缓”，以达到“快速、安全、舒适、畅通”的目的，因此高速公路的绿化景观设计，主要考虑的是天然的植被、地形、水系等，特别是对公路营运期间车辆排放的尾气、扬尘、废水以及产生的噪声、振动给生态环境带来的不利影响的处理上。为此在绿化景观设计中专门建立了高速公路环境影响评价体系，开展环保设计。那么现在我们要站在最大限度利用资源和地域品牌营销这个角度，在高速路景观设计的环保效应和生态景观效应之外，结合城市园林、城市广场设计再赋予它新的命题：城市品牌营销效应。

首先我们要了解高速路景观设计的概况和基本元素，其次是对我们所要表现城市的历史人文、风俗民情做深入的了解和准确定位，高度概括出城市的品牌形象及宣传的着眼点。在作好这两方面的充分准备之后，在景观设计时，把道路沿线景观设计的所有要素和城市品牌所要体现的要素综合起来做整体的规划，形成一系列的设计，通过系列的设计达到城市品牌营销效应。

高速公路景观空间主要由景观廊道和景观节点组成，与城市街景有一定的相似性，二者均为带状空间，但又不同于城市街景的功能和特征。城市街景人工性、围合性强，视域有限，而高速公路景观空间自然性强，围合性弱，视域宽广，同时要求有很强的导向性。

(1)景观廊道。景观廊道是高速公路景观空间的主体，它由三个空间层次组成，第一层次为道路空间，其环境生态组成要素有行车道、路肩、隔离带、防护栏、隔音屏、指示牌、天桥及桥身广告、路基边坡和行使的车辆；第二空间层次为道路两侧的带状绿化空间，其环境生态组成要素有乔木、灌木等树木及花草等地被植物、道路两侧的山体护坡、广告等，其宽度一般10～15m；第三空间层次为高速公路两侧的视域空间，其环境生态组成要素有田野、村庄、山体、水系和劳作的人们及各种动植物。第一空间层次包容在第二空间层次中，第二空间层又包容在第三空间层次中，共同营造景观廊道，构筑新的大地景观。

(2)景观节点。高速公路景观节点包括三种类型:第一种为高速公路的进出站口，是高速公路整体景观空间序列的起点和终点，是进入一个城市或地区的门户，其景观环境决定着人们感受一座城市或地区的第一印象，它的环境生态组成要素有收费亭、防撞设施、广告牌、车辆、工作人员、其他服务性建筑及小品等；第二种为高速公路服务区，按照高速公路适当的里程并结合两侧的地形地貌来设置，其环境生态组成要素有停车场、加油站、维修站、厕所、车辆、驾乘人员、服务人员、绿化、广告、小品建筑及住宿、餐饮、购物的主体建筑等；第三种为互通区，它是由道匝及横跨的桥梁和涵洞围合而成的内向型空间，其环境生态组成要素与景观廊道的道路空间层次生态组成要素相同。

3 高速路景观设计与城市品牌营销元素的结合

(1)景观廊道中城市品牌形象的展示。在景观廊道中，天桥及天桥广告、路基边坡、绿化带等都是体现城市特色和文化底蕴的载体。在对该地域城市的历史、人文、风俗、民情深入了解并准确定位后，将其最具代表性的特色，通过合理化的设计在这些载体上进行体现。

比如边坡，高速公路在兴建过程中，难免开山填土，形成了山体的边坡和路基的边坡。为了避免山体滑坡和路基崩塌，需将边坡上裸露的岩石和土壤进行加固。边坡的加固方法有多种多样，因为边坡是高速公路空间的垂直界面，是人们视线不可回避的地方，也是形成该道路印象最重要的因素。因此，不管是那一种形式，在满足加固要求的同时，应充分将城市品牌营销理念贯穿到整个景观设计方案中。依托文明长廊载体，借助传统的民间娱乐、民俗文化、古迹文化、佛教文化、水域文化、关隘文化、现代广场文化、现代企业文化、农村文化大院、文化中心(站)等文化载体，组织开展爱国主义教育基地游、革命传统基地游等参观导视示意图，以先进的文化内涵、优秀的民族精神来塑造心灵、培育爱国主义情操品质。城市文化的发展离不开悠久的历史文脉，河南的文化底蕴突出地彰显着史前文化、神龙文化、政治文化、圣贤文化、思想文化、名流文化、英雄文化、农耕文化、商业文化、科技文化、医学文化、汉字文化、诗文文化、宗教文化、民俗文化、武术文化、姓氏文化。此外，境内分布着众多的文物古迹、优秀建筑、名人故居、传统街巷、自然风光、民俗风情等。所有这些，为文化建设注入了新的内涵、垒起了新的精神支柱，有效地催化了人文精神的弘扬与成熟，一并形成深厚的“山水关”人文底蕴和鲜明的地域文化，在更高层次上打造地域文化品牌提供了富有的资源，为忻州经济社会的全面发展提供了厚实的文化根基。

在绿化上，可通过点、面的形式，在布局、图案及有针对性地选择具有某种代表当地人文寓意的树种等方式有层次地反映城市文化特色。总之，就是在景观廊道中形成一个有点、有面，高低错落、层次丰富的城市人文景观，最终达到城市品牌营销效应。

(2)景观节点中的城市品牌营销。节点是公路景观设计中场地最大、立地条件最好、景观设置可塑性最强的部位，在这部位可以充分结合城市园林设计和城市广场设计去最大限度地体现城市文化底蕴和城市品牌形象。这种表现可以是长效性的，也可以是时段性的。比如在高速公路沿线的每个进出站口设置具有城市象征意义的雕塑，这种雕塑是一个长效性的宣传。通过雕塑最直观的形体语言，高度凝聚和反映当地的历史文化、产业特色、民族风情等，使其在以较强的艺术性、观赏性提升高速公路的品质、满足南来北往之客视觉感受的同时，也成为一个展示城市文化的长廊。使过往驾乘人员通过一系列的形象组合感受到整个区域的文化氛围，使地域品牌形象更加深入人心和广为流传。

在服务区和互通区，可以运用城市园林和城市广场设计理念去深度地表现城市丰厚的文化底蕴和风俗民情，以鲜明的主题及易于被人们所指认的形象去推广城市的品牌。还可在高速公路线形设计时，在保护好现有的自然景观、人文景观、历史古迹和生态环境不受损害的前提下，合理将其引入到高速公路景观空间中来，或将高速公路的节点延伸到景区当中，通过驾乘人员切身的美好体验而让城市品牌形象得到传播。如郑石高速公路终点服务区设计时，借用沙河绕山而过的风景，突出大佛的宏大景观。主体建筑远离公路，依水库而建，变成了宁静的观赏山水秀丽景色的好去处；同时，沿线景观设计结合农业产业结构调整，大面积种植经济林带和发展生态观光农业，使其两侧形成了一幅绵延的画卷，形成了让人记忆深刻和称道的地域特色，充分展示了地域魅力。

从这些例子中可以看到，高速路景观设计中除长效性和时段性之外，还需要一种政府的参与性。在上述长效性和政府参与性的品牌推广设计之外，时段性的景观设计也是一种有力的城市品牌营销手段。比如某个城市做文化活动时，就可配合活动在高速路进出站口或服务区做一些时段性的景观设计，用绿化、壁画等宣扬活动主题，宣传城市文化，在高速路每天几万几十万乃至上百万人次的流量中展示区域城市文化品牌，日复一日年复一年地低成本高效率地传播城市品牌形象。

4 高速路与区域经济发展的几点思考

文化品牌一经定位，就要借助一整套名称、标志、象征和口号，千方百计扩大知名度，同时整合各种社会资源，持续不断地加以经营和推广，把文化品牌真正做大做强。综上所述，就是如何利用高速路景观设计这个平台去有力地展示地域品牌形象，从而赋予高速路这一具有强大的人流、物流、货流信息流功能的基础设施更多的内涵和附加值。使高速路景观不仅只具生态、环保、美化意义，更成为城市的一张流动的、个性鲜明的城市名片。筑经济社会发展的宽阔平台，逐渐树立起以挖掘优秀文史资源，丰富地域文化内涵，把历史文化与政治、经济、生态、旅游、商贸融为一体，实现文化互动战略。

到目前为止，可以假想运用经营和营销城市的理念吸引社会资金，开发建设旅游景点、公众文化场所，做到与人文景观结合，与休闲健身结合，与文脉旅游结合，使一大批各具特色的名胜古迹，拂去历史的尘埃，以崭新的面貌，以文化长廊的形式走入世人的眼帘。

通过文化与产业、文化与事业、文化与自然、域外文化与域内文化的良性互动、优势互补，努力实现“从少部分地区发展到可持续的全面发展”、“从城市活力到民间活力”的两大转变。难得的历史机遇为我们提供了广阔的发展前景。

当然，城市品牌营销还需要通过多个层面来支撑，而且各个层面之间要环环相扣，按照艺术链条的规律步步为营，形成文化产业的集群化、链条化，加快文化的产业的发展，以文化创城市品牌，实现城市经济发展。这需要我们以高度的社会责任感去不断地努力探索和实践《十一五规划纲要》明确地提出了我们要缩小的是“城乡、区域间公共服务、人均收入和生活水平的差距”，从而廓清了协调发展的目标指向。我们知道，即使在欧美等西方发达国家，国内也存在地区差距，但这种差距主要表现在经济发展水平上，而在公共服务水平上几乎没有差异，人均收入差距也不大，这是因为提供公共产品服务是政府的基本职能，政府通过转移支付、社会保障等公共财政工具，可以实现地区之间的均等化。解决我国地区间、城乡间的发展差距，也应当将公共服务水平的均等化放在首位，要加大国家对中西部地区及广大乡村的财政转移支付，尽快使那里的教育文化、医疗卫生、道路交通、公共设施等向东部看齐，让居住在国家不同地区的人民都能享受到大致相同的公共设施。

客土喷播绿化工程技术在郑石高速公路中的应用与研究

王国晓

（河南中原高速公路股份有限公司）

摘　要　客土喷播是一种将含有草种的有机质混合物喷射在岩石上，达到既防护边坡又恢复植被的边坡绿化处理技术。其核心在于特殊的施工工艺和物种选择两部分。该技术适用范围是边坡坡度在75°以内的硬石质路堑边坡绿化工程。对于边坡稳定性不足的岩质边坡，首先在坡面上打设锚杆并挂镀锌铁丝网，稳定坡面，然后将按照一定配方拌和的植壤土、粘合剂、保水剂、土壤改良剂以及草木种子等混合物喷射在边坡上，形成一种均匀的毯状物，给种子创造一个良好的生长环境，促使植被快速恢复。

关键词　客土喷播　技术　应用与研究

客土喷播技术是从国外引进的一种先进的植被建植技术，该项技术目前在欧洲，北美和日本使用较为普遍，20世纪90年代末期，交通部科学研究院从日本引进客土喷播防护技术，并迅速在全国公路绿化行业推广使用。现已成为高速公路边坡植被保护，河堤生态防护以及规模绿地建植的一种行之有效的植被恢复方法。这种方法实施最有效，成本相对较低，它将种子和植物生长所需的各种液体物、纤维物、粒状物均匀混合，通过大功率喷播机器喷洒在被破坏的原生植被裸土表面，形成一种均匀的毯状物。覆盖物通过纤维的交织性和溶液的黏性相互连接并依附在地表，外表层形成胶状膜，这样既可保持内部湿润，防止水土流失，还能很好的固定种子，给种子创造一个良好的生长环境，促使植被快速恢复。此项技术目前使用最普遍有干式客土喷播种植法和湿式客土喷播种植法两种，两种方法在使用上可因地制宜、因时制宜的搭配。

经过实践比较得之，郑州至石人山高速公路在边坡绿化施工时采用湿式客土喷播种植法最为适宜，因此客土喷播技术在石人山高速公路边坡绿化工程中得到普遍应用。

1　技术优点

（1）造价低于喷锚防护、片石护坡加生物防护。

（2）硬质坡面对生态环境是一种破坏，人长期在这种环境下行车极易感到疲劳。而喷混植生生态治理后的坡面形成一层致密的护坡草皮，绿色的植物景观让人舒适而安静，并对生态环境具有积极意义。

（3）相对于喷锚护坡及砌片石护坡，施工容易、简便，有利于石质边坡的快速生态修复。

（4）喷混植生的基底及植被寿命可达15～20年，甚至更长。在灌草生长茂盛后，依靠灌草根系的交错及根系吸力，使喷混基底、石缝及岩石风化层融为一体，延续植被寿命，达到中长期生态防护效果。

2 施工要求

(1)根据坡率和坡面的破碎程度,喷射厚度一般为0.08～0.12m。

(2)草灌种子及喷植混合料配比应满足业主提出的草灌结合、冷暖结合的要求,并拌和均匀。

(3)喷射在坡面上的混合物应具有足够的孔隙率和肥力,以保证植物生长良好。

(4)生成的植被在陡于1∶0.75的边坡上,应具备保护坡面和抵抗雨水冲刷的必要强度。

3 边坡修整

清理边坡上的碎石杂物,特别是浮石、浮土,同时对边坡进行简易修整。不影响挂网的边坡可以不进行修整。对于特别凸的地方用工具进行修理,保证边坡的稳定性和挂网的可操作性。

4 锚杆挂网

由于坡面较陡,应在坡面上铺挂铁丝网进行护坡,防止坡面坍塌。铁丝网选用机编镀锌网。将铁丝网沿坡面顺势铺下,铺设时应拉紧网,铺后用长锚杆和短锚杆自上至下固定。铁丝网与坡面保持3～8cm的距离。用钻机在坡面上打孔,然后用锚杆或锚钉将铁丝网固定。镀锌网规格为5cm×5cm,直径为0.28cm。锚杆直径为16～18mm,长锚杆长度为0.6～1m,短锚杆长度为0.3～0.5m,长锚杆与短锚杆交错排列,纵横向间距约为1m。在坡顶处,铁丝网应伸出坡顶30cm,用锚杆砸紧埋于土下。铁丝网之间搭接不少于5cm。由于长锚杆兼有固定及挂网的双重作用,因此在布置长锚杆时,应根据坡面的具体情况,在预先不能清除的危石处适当加密长锚杆的数量。在坡面平整、岩体稳定处可用短锚杆代替长锚杆,间距可适当调整。

5 喷播

利用经改良的混凝土喷射机将混合均匀的基质材料混合物高压喷射于岩面上,喷射尽可能从正面进行,凹凸部分及死角部分要喷射充分。喷射的平均厚度为8～10cm,其中铁丝网上要保证有2～3cm厚的基质材料。

根据边坡岩性及坡体土石特性,可酌情调整喷射厚度。如边坡土质比例较大、成土母质较多或岩面风化明显,喷射厚度可降至3～7cm;如坡面为未风化岩或无裂隙的新鲜岩石,喷射厚度可增至10～15cm,以保证基质能提供种苗生长的足够营养与水分。

混合物喷射完成后,用喷播机将含有草种的纤维营养泥均匀地喷播于基材混合物上。

6 覆盖无纺布

为保证种子发芽率,选用13g/m^{2}的无纺布从上至下铺盖。用竹签或U形钉固定。覆盖无纺布可起到保水保温的作用,并防止发芽期雨水对坡面的冲刷。苗出齐后揭除无纺布。

7 养护

喷播后,在草种发芽期、成坪期和苗木恢复生根期内,每天视察工地,保持基质层湿润。根据天气情况控制浇水量,结合浇水进行病虫害防治和追肥,使其顺利进入生长旺盛期。在草苗成坪、苗木生长正常后(大约三个月后)逐渐减少浇水次数,锻炼植物的适应能力。但在一年内,尤其在旱季,要视天气情况对其进行定期护理,使其能够自然生长。

郑石高速公路绿化施工中乔、灌木种植与养护的经验做法

王国晓

（河南中原高速公路股份有限公司）

摘　要　在绿化设计中充分考虑路与景的结合、路与自然的和谐，树立建设“和谐工程”新理念，采用乔、灌、草和高、中、低的立体空间绿化景点布置，同时采用多样化绿化植物，将郑石高速公路建设成为河南的绿化植物公园。

关键词　高速公路　绿化　质量控制

郑州至石人山高速公路是河南省一条旅游和能源大通道，在绿化设计中充分考虑路与景的结合、路与自然的和谐，树立建设“和谐工程”新理念，采用乔、灌、草和高、中、低的立体空间绿化景点布置，同时采用多样化绿化植物，将郑石高速公路建设成为河南的绿化植物公园。下面就郑石高速公路绿化施工中不同绿化树种植和管养方法进行系统阐述。

1　材料要求

表土、肥料、水等应符合本手册相关部分要求。植物品种有如下几种：

(1)所有植物应考虑公路沿线地区特点，选择适合当地气候条件易于生长的、并有丰满干枝体系和茁壮的根系。植物应无缺损树节、擦破树皮、受风冻伤害或其他损伤，植物外观应显示出正常健康状态，能承受上部及根系适当的修剪。无特殊规定或图纸标明，所有植物应在苗圃采集。

(2)乔木应具有挺直的树干，发育良好的枝杈，根据其自然习性对称生长。不应有大于直径 20mm 的伤痕。

(3)运到现场的乔、灌木高度应符合图纸要求，其胸径应不小于图纸规定规格，按图纸所示。

2　施工要求

2.1　种植季节

各类植物应在公路所经当地的最适宜的季节进行种植，除非图纸上另有标明或监理工程师指示；土壤条件不适合种植时不应种植。

2.2　提供植物、检查及运送

(1)承包人应在种植工作前 14d，向监理工程师提供有关植物供应来源的全部资料，监理工程师可随时前来检查。所有种植物应符合现行关于植物病害及昆虫传染检疫的法规，承包人应送监理工程师必要的全部检疫证明。

(2)从苗圃运出前不少于 7d，承包人应以书面形式通知监理工程师，在苗圃挖移以前检查所有种植物。监理工程师同意挖移的植物，并不意味着最后验收。

(3)在运出植物前，应由园艺人员按起苗、调运等技术要求负责将在植物挖出、包扎、打捆，以备运输；任何时候，植物根系应保持潮湿、防冻、防止过热。乔木起挖时应根据不同树种的生长习性和季节变化等因素，采取不同的起挖方式。落叶植物在裸根情况下运输时，必须将根部包涂黏土浆，使根部全部带有泥土，然后包装在稻草袋内。所有常青树及灌木的根部，均应连同掘出的土球用草绳绑扎包装，土球的大小应为树木地径的 8～10 倍。运到工地及种植前，这些土球应结实，草绳包装完好。树冠应仔细捆扎防止枝杈折断。

(4)为保证苗木的成活率，在栽植时应做到随挖、随运、随散苗、随栽植，尽量缩短苗木根部暴露时间。散苗时要轻拿、轻放，分放带土球的苗木时要注意保护土球完整，搬运土球苗木时不得只搬树干，尽量减少滚动土球。不可以伤及植株树皮，栽植后还要对树干采取相应的保护措施。

2.3 储存与保护

(1)运到工地后一天内种不完的植物，应存放在阴凉潮湿处，以防日晒风吹，或暂时进行假植。

(2)裸根植物应将包装打开，放在沟内，根部暂盖壅土，并保持湿润。

(3)带有土球及草袋包装的植物，应用土、稻草或其他适当材料加以保护，并保持土、稻草等潮湿，以防根系干燥。

2.4 种植准备

(1)承包人应按绿化工程布置的图纸标出种植地段、种植位置及品种的轮廓，并进行放样，在种植之前这些布置应得到监理工程师的检查认可。

(2)种植地段应修整到符合监理工程师指示的线形和坡度，并具有舒顺的外形。在种植中所有大土块、石块、硬土及其他杂物和不适于种植的材料，均应由承包人自工地移走，并更换合格的栽植土。处理好的表土和底土应分开，并得到监理工程师的认可。

(3)在种植时，先在坑底松填 150cm 厚的表土。

(4)乔灌木的放样要经过监理工程师同意后方可进行栽植施工。必须严格按照工程图纸上标出的种植地段、位置及种类进行种植穴放样。种植穴放线必须符合设计图纸要求，利用代号进行表示，位置要准确、标志要明显；如定植点遇到障碍物，应与监理工程师取得联系，在征得监理工程师同意后，再进行适当调整。

2.5 定植穴开挖

2.5.1 定植穴、定植槽的规格要求

(1)定植穴、定植槽开挖位置要准确，坑径应根据根系、土球大小及土质情况而定，定植穴、定植槽开挖要直上直下成桶形，不得上大下小或上小下大，以免造成窝根或填土不实。

(2)坑径一般可比植物的根系或土球直径大 0.2～0.3m，具体规定见附表 2、附表 3。

(3)如遇上土质过黏、过硬或含有有害物质如石灰、沥青等，则应适当加大坑径。

2.5.2 定植穴、定植槽开挖的操作

(1)开挖时应以所定位置为中心按规定坑径划一圆圈或矩形为开挖的范围。

(2)挖掘时应把表土与底土分别置放，不同的土质应分开堆放。堆放位置不影响栽植为宜。挖掘到规定深度后在定植穴底垫表土。

(3)挖掘的穴壁要随挖随修整，使其呈直上直下形状，不要成锅底状。

(4)挖掘时如发现地下管道、电缆等地下设施应停止操作，并及时向监理工程师报告，请示处理办法。

(5)在斜坡处挖掘应先做成一平台，平台大小应以坑径最低规格为依据，做成后在平台上再挖坑。

(6)栽植槽的开挖宽度依据实际栽植密度确定，但应与图纸及施工技术规范相符；深度应在35～50cm，并将挖槽时遇到的不利于植物生长的废弃物清理干净，如需换土应将废土进行彻底清换。

2.6 栽植

(1)乔木栽植时必须征得监理工程师同意后方可进行，栽植时必须要做到苗木端正，回填夯实；具体的回填方法为：种植前先在种植穴内松填25cm厚的表土，再均匀回填掺有有机肥的表土15～20cm，然后及时浇透水；这样可以起到栽植穴回填夯实的作用，同时也可为树木的后期生长提供水分和养分。在树木入穴以后再将剩余的表、心土掺入少量的有机肥一次性回填夯实使中部略微突起，并浇透水。裸根苗木栽植时要做到"一进、两踩、三提苗"使植株根系能跟土壤充分的结合。

(2)按照工程图纸上标出的种植地段、位置及种类进行栽植区域及图形的放样。栽植方式依据图纸的具体要求和实地情况采用槽植或点植的方式进行，栽植槽的开挖走向依据施工地段的实际情况确定，但必须符合工程设计图的要求，位置也要准确无误；标示要明确易识别。如在开挖栽植槽的过程中遇到障碍物，应与甲方代表取得联系，在征得甲方同意后，依据协商情况解决。

(3)修剪工作对高大乔木应在散苗后进行，即在栽植前进行，高度3m以下无明显主尖的乔木和灌木为了保持栽植后高矮一致、整齐美观，可再栽植后修剪，剪口应与树干平齐不留枯橛以免影响愈合；短截时注意留外芽，剪口距芽位置要适合，一般离芽10mm左右，剪口应稍斜成马蹄形；修剪20mm以上的大树枝剪口应涂防腐剂，可促进愈合和防止病虫、雨水侵害。

(4)栽植露根苗应掌握随掘、随运、随散苗、随栽植，尽量缩短根部暴露时间，以利成活。散苗时要轻拿、轻放，分放带土球的苗木时要注意保护土球完整，搬运土球苗木时不得只搬树干，尽量减少滚动土球。不可以伤及植株树皮，栽植后还要对树干采取相应的保护措施。行道树散苗要顺路的方向放树苗，不得横放于路上影响交通。

(5)栽植前对露根苗木的根系要进行修剪，将断根、劈裂根、感染病虫害根、过长的根剪去，剪口要平滑，带土球的苗木和灌木应将围拢树冠的草绳剪断。

(6)栽植前应检查定植穴的大小、深度是否与根系、土球规格标准相一致，不符时应进行修整。

(7)栽植时不得歪斜，要保持树木上下垂直，有树弯时应掌握树尖与根部在一垂直线上，行道树的树弯应在顺路的方向，与路平行。

(8)应由有经验的工人进行种植和回填土，植物应垂直于地面较好，比在苗圃的种植深度适当加深。种植前的乔木和灌木应经监理工程师检查认可。

(9)对裸根植物，先将表土放在定植穴底，其松散厚度约150mm，随即撒播适量有机肥，在肥料上覆盖50～100mm回填土层，使根系不接触肥料。随后将裸根植物放在定植穴中央，以自然形态散开根系，所有折断或损坏的根系应予以截去，促使根部生长良好。

在定植穴四周及其上部回填土后捣固并适当压紧，当回填到根系一般深度时，将植物稍提起，随即在按每层150mm回填土并压实。植物四周应由土围成与定植穴大小相同的浅盆形凹穴的蓄水池，深约150mm。

(10)栽行道、行列树必须横平竖直，栽植时可每隔10或20株按规定位置准确的栽上一株作为前后植树对齐的依据，然后再分别栽植。

(11)根部带有土球的植物，应和上述(9)一样进行处理，并将表土及肥料放在定植穴内。随即将乔木或灌木垂直栽在定植穴底放稳，栽植深度应比此植物在苗圃时适当加深。

回填土随即填在植物土球周围并捣实。土球上部的草绳应割开并移去，将土球上部的土松开并摊平，然后将其余回填土填下，还应做好浅土盆的蓄水池。

(12)栽植较大规格的常绿树和高大乔木时应在栽植的同时埋上支柱，支柱应埋深在0.3m以下，支柱要捆牢，并注意不要使支柱与树干直接接触以免磨伤树皮。立支柱方向应在下风口。

(13)灌木的栽植必须规则，横竖成行，间距必须恰当，不可过稀或过密，为植物的后期生长创造良好的条件。

(14)灌木的栽植时应保持其姿势端正，密度均匀；回填时应注意有机肥与原土的充分搅拌，以便使植物在后期生长过程中有足够的养分供应。修剪时应根据图案模纹的实际形状，因地制宜的进行，修剪后间距不可超过10cm，同时要充分考虑到人们的视觉感受，使绿化景观的效果发挥到极致。栽植、修剪完成后要结合实际情况浇一次透水，以保证灌木的良好生长状态。

(15)在种植后应按图纸要求，对乔木或灌木浇水，并要浇透，半月之内，再浇透水2～3次。其后每周一般浇水一次，视天气情况而定，直到植物成活为止。

(16)对于在中央分隔带栽植起防眩作用的树木，其高度和株距应符合图纸要求，如图纸无规定，则树高宜1.6m，株距宜1.5m。

3 植物养护与管理

3.1 化学药品

(1)农药、除草剂及其他农用化学物品应由承包人按园艺要求的方法、季节及当地气候和所用物品的有关性质来选用。

(2)在开始工作至少7d前承包人应将各种化学物品的样品以及有关资料送监理工程师批准。

3.2 不同月份的养护要求

(1)种植完工后3d内，承包人应向监理工程师提供管理和养护种植物的详细计划及日程，这个计划是种植计划的延续，将种植物养护到工程交工验收为止。对于更换枯树或草的再种植，应从再种植时起至少养护一年的生长期，随时进行检查及时补植。

(2)植物栽植的成活率在规定的时间内应符合下述标准；公路处于平原区时应达到90%以上；处于山区时应达到85%以上；处于寒冷草原区及沙、碱、干旱区时应达到75%以上。

(3)植物管理养护计划应包括：清除杂草、施加除草剂；按园艺方法进行修剪、栽培；需要时经常浇水；每年施肥应不少于2次；经常施加农药及防治病虫害；采取措施防范人为的破坏和牲畜践踏、啃咬；枯死、损坏或丢失的树木花草应适时补栽；保持种植区的清洁，经常清扫及清除垃圾、保护表土。

(4)在适宜的季节，对枯树、坏灌木以及其他不发芽或死去的植物和草均应予以更换，按监理工程师指示的期限内完成。

(5)周年养护内容：

一月份：全年中气温最低的月份，露地树木处于休眠状态。

①冬季修剪:全面展开对落叶树木的整形修剪作业;树木上的枯枝、伤残枝、病虫枝及妨碍架空线和建筑物的枝杈进行修剪。

②乔木检查:及时检查行道树绑扎、立溉情况,发现松绑、铅丝嵌皮、摇桩等情况时立即整改。

③防治害虫:冬季是消灭园林害虫的有利季节。可在树下疏松的土中灌入农药以毒杀刺蛾等的虫蛹、虫茧等。1月申旬的时候,蚧壳虫类开始活动,但这时候行动迟缓,可以采取刮除树上幼虫的方法。在冬季防治害虫,往往有事半功倍的效果。

④绿地养护:要注意挑除大型野草;草坪要及时挑草、切边;绿地内要注意防冻浇水。

二月份:气温较上月有所回升,树木仍处于休眠状态。

①养护基本与1月份相同。

②修剪:继续对大小乔木的枯枝、病枝进行修剪。月底以前,把各种树木修剪完。

③防治害虫:继续以防刺蛾和蚧壳虫为生。

三月份:气温继续上升,中旬以后,树木开始萌芽,下旬有些树木(如迎春)开花。

①补植:春季是植树的有利时机。土壤解冻后,应立即抓紧时机植树。补植大小乔木前作好规划设计,事先挖(刨)好定植穴,要做到随挖、随运、随种、随浇水。种植灌木时也应做到随挖、随运、随种,并充分浇水,以提高苗木存活率。

②春灌:因春季干旱多风,蒸发量大,为防止春旱,对绿地等应及时浇水。

③施肥:土壤解冻后,对植物施用基肥并灌水。

④防治病虫害:本月是防治病虫害的关键时刻。一些苗木出现了煤污病,瓜子黄杨卷叶螟也出现了(采用喷洒杀螟松等农药进行防治)。防治刺蛾等土壤越冬的害虫可以继续采用灌入农药毒杀的方法。

四月份:气温继续上升,树木均萌芽开花或展叶开始进入生长旺盛期。

①继续植树:四月上旬应抓紧时间种植萌芽晚的树木,对冬季死亡的灌木应继续及时拔除补种,对新种树木要充分浇水。

②灌水:继续对养护绿地进行及时的浇水。

③施肥:对草坪、灌木结合灌水,追施速效氮肥,或者根据需要进行叶面喷施。

④修剪:剪除冬、春季干枯的枝条,可以修剪常绿绿篱。

⑤防治病虫害:蚧壳虫在第二次蜕皮后陆续转移到树皮裂缝内、树洞、树干基部、墙角等处分泌白色蜡质薄茧化蛹。可以用硬竹扫帚挡除,然后集中深埋或浸泡。或者采用喷洒杀螟松等农药的方法;天牛开始活动了,可以采用嫁接刀或自制钢丝挑除幼虫,但是伤口要做到越小越好;其他病虫害的防治工作。

⑥绿地内养护:注意大型绿地(互通、服务区)内的杂草及攀援植物的挑除。对草坪也要进行挑草及切边工作。

五月份:气温急剧上升。树木生长迅速。

①浇水:树木展叶盛期,需水量很大,应适时浇水。

②修剪:修剪残花。行道树进行第一次的剥芽修剪。

③防治病虫害:继续以捕捉天牛为主。刺蛾第一代孵化,但尚未达到危害程度,根据养护区内的实际情况做出相应措施。由蚧壳虫、蚜虫等引起的煤污病也进入了盛发期(在紫薇、海桐、夹竹桃等上),在5月中、下旬喷洒10~20倍的松脂合剂及50%三硫磷乳剂1 500~2 000倍液以防治病害及杀死虫害(其他可用杀虫素、花保等农药)。

六月份：气温高

①浇水：植物需水量大，要及时浇水，不能“看天吃饭”。

②施肥：结合松土除草、施肥、浇水以达到最好的效果。

③修剪：继续对行道树进行剥芽除蘖工作。对绿篱、球类及部分花灌木实施修剪。

④排水工作：有大雨天气时要注意低洼处的排水工作。

⑤防治病虫害：六月中、下旬刺蛾进入孵化盛期，应及时采取措施，现基本采用50%杀螟松乳剂500～800倍液喷洒（或用复合BT乳剂进行喷施）继续对天牛进行人工捕捉。

⑥做好树木防汛防风的检查工作，对松动、倾斜的树木进行扶正、加固及重新绑扎。

七月份：气温最高，中旬以后会出现大风大雨情况。

①移植常绿树：雨季期间，水分充足，可以移植针叶树，但要注意天气变化，一旦碰到高温要及时浇水。

②排涝：大雨过后要及时排涝。

③施追肥：在下雨前干施尿素等速效肥（具体使用方法根据肥料品种确定）。

④乔木：进行防风剥芽修剪，对与电线有矛盾的树枝一律修剪，并对树桩逐个检查，发现松垮、不稳立即扶正绑紧。事先做好劳力组织、物资材料、工具设备等方面的准备，并随时派人检查，发现险情及时处理。

⑤防治病虫害：继续对天牛及刺蛾进行防治。防治天牛可以采用50杀螟松1∶50倍液注射（或果树宝、或圈科三号）然后封住洞口，也可达到很好的效果。香樟樟巢螟要及时的剪除，并销毁虫巢，以免再次危害。

八月份：气温开始有下降迹象。

①排涝：由于仍在雨季所以要及时排涝。

②施追肥：此时也是植物第二次根系坐长高峰，在下雨前干施氮肥等速效肥。

③除草：抓紧根除杂草以免草种遗落，为第二年的除草增加困难，可以使用有针对性的除草剂。

④防治病虫害：与7月相同。

九月份：气温继续降低，植株一年内第二个生长期的开始。

①注意排水：九月份仍是北方的雨季，应根据绿地的实际情况，进行相应的排水处理，以防止积水过多而造成植物死亡。

②补植：前段时间因高温干旱，可能导致绿地内植物焦叶、卷边、斑秃现象较多，可适时安排补植作业，恢复原有绿化景观。

③修剪：应合理安排修剪作业，对行道树三级分枝以下进行剥芽，草坪修剪；紫叶小聚、金叶女贞等灌木要进行适当修剪；对绿地内乔木做好抹芽修剪工作，根部的萌蘖芽也要随时修剪剥除。

④施肥：对生长势较差的树木，可采取叶面喷施的方式进行适当的追肥。

⑤病虫害防治：此时也是病虫害相对猖獗的时候，危害较大且比较容易发生的病虫害有：草坪夜峨（可用乐斯本或抑太保）；叶蝉（可用10%吡虫啉（蚜虫一遍净）1 500～2 000倍液或20%杀灭菊酯3 000～4 000倍液喷药防治；禾本科草坪锈病（及时修剪，以减少锈病的发生，并于9月中下旬喷粉锈宁或三挫酮喷雾保护）；舟蛾类（可用农地乐、BT等）。

十月份：气温较低。

①清除枯枝落叶：及时清除植物的粘枝落叶，并集中焚烧，可以较好的降低第二年病虫害

发生的几率。

②施肥:结合深翻施用有机肥。

③修剪:剪除病死枝和枯枝,集中烧毁。

④浇水:适当降低浇水频率。

十一月份:气温低,植株进入休眠。

①浇水:在封冻前浇一次透水,以保护植物根系以及为来年生长储存水分。

②施肥:继续结合深翻进行施肥。

③除草:清除绿地内剩余的杂草,集中销毁或深埋。

④病虫害防治:开始用石硫合剂进行喷雾消毒。

十二月份:气温低,植株进入休眠。

①涂白:进行树干涂白以保护乔木。

②病虫害防治:用石硫合剂喷雾进行全面消毒。

4 保洁

绿化养护工作本身就是为了使景观效果更加美观而进行的一项工程,所以在施工过程中应充分注意保洁问题,在施工中要做到随施工随清理,要做到施工过后不留痕迹的效果。

清除的杂草要和修剪下的枝条集中堆放于不显眼处并在下工时统一清运;保证水车的连接处密封情况良好,在浇水时不可将水洒到非作业区域;每日清理绿化地中的各种垃圾,保证绿化区域整洁、美观;施肥(特别是有机肥)时要将肥料直接堆放至作业区内,不可对路面、广场造成任何污染。

附件:附表 1 植物生长最小土层厚度。

附表 2 植株规格对应的定植穴(槽)规格。

植物生长最小土层厚度 附表 1

植物种类	最小土层厚度(m)	植物种类	最小土层厚度(m)
草本	0.30	小灌木	0.45
大灌木	0.60	浅根乔木	0.50
深根乔木	1.50		

植株规格对应的定植穴(槽)规格 附表 2

乔木干径	mm			30~50	50~70	70~100	
灌木高度	m		1.2~1.5	1.5~1.8	1.8~2.0	2.0~2.5	
常绿树高度	m	1.0~1.2	1.2~1.5	1.5~2.0	2.0~2.5	2.5~3.0	3.0~3.5
定植穴径	m	0.5×0.3	0.6×0.4	0.7×0.5	0.8×0.6	1.0×0.7	1.2×0.8
绿篱高度	m	1.0~1.2		1.2~1.5		1.5~2.0	
单行	m	0.5×0.3		0.6×0.4		0.7×0.4	
双行	m	0.3×0.4		1.0×0.4		1.2×0.5	

注:定植穴(槽)规格指的是宽×深。

六、高速公路信息化

加强管理和创新　实现郑石高速公路档案管理规范化标准化

王　方

（河南中原高速公路股份有限公司）

摘　要　建设工程档案资料具有重要的利用价值，本文针对郑石高速公路工程建设过程中工程档案的立卷归档工作特点，从四个方面论述了做好档案管理工作的管理思路和管理方法。

关键词　高速公路　档案　管理

高速公路在建设过程中会形成各种各样的文档材料，包括建设前期批文、施工过程记录、竣工验收资料等。这些文档材料全面反映了高速公路工程建设的详细情况，对工程质量评定、工程竣工后的管理和维护，以及对新建工程的准备等，都具有重要的利用价值。因此，认真做好建设工程档案管理工作，确保高速公路建设项目档案的完整、准确、系统是非常重要的。

1　齐抓共管，密切联合，建立集中统一的档案管理体系

加强对档案工作的集中统一管理，是建设工程档案齐全、完整、规范的重要保证。我们遵照统一领导、统一制度、分级管理的原则，成立了档案工作领导小组，统一协调档案管理工作。由总工程师主管档案情报工作，成立档案情报室，设立专职档案员，在各业务部门及各参建单位指定专业技术人员担任兼职或专职档案员，形成了工程建设从上至下的档案管理网络。同时，完善制度建设，修订岗位责任制及档案管理制度，做到职责分明，层层把关。无论是在工程各阶段还是单位内的各个部门，都能从组织上保证文件材料不疏漏、不散失，使档案管理工作达到了系统化、规范化、标准化。

2　转变观念，超前管理，确保工程档案完整、系统

长期以来，我们对档案内容和工作范围的理解偏于狭窄，思路不够开阔，工作不能创新。对于各级各类档案的管理工作没有一种超前管理的意识，各相关部门没有很好地加强联系，没有将档案工作渗透到各个环节之中。导致业务部门和档案管理部门各自为政，档案资料积累残缺不全，给档案的整理归档带来了困难。鉴于上述情况，我们从工程建设伊始就制定措施，突破集中归档的传统做法，主动融入工程建设日常管理，实现化整为零、实时归档，对工程档案进行超前管理。

2.1　根据高速公路工程建设复杂性的特点，拓宽档案收集渠道

从实际情况看，高速公路工程建设是比较复杂的。它分有路基、路面、绿化、房建、机电工程等，工程建设周期长，从项目申报到工程竣工的阶段比较多。这种工程形成的文件材料涉及面广、内容繁杂，涉及单位和人员多，经历时间长，稍有疏忽就可能遗漏。加之施工人员组成复

杂，往往造成工程任务一完成，临时机构解散，而档案材料也随之消失。为了保证档案资料收集齐全、完整，档案管理人员首先了解工程建设工作的具体操作程序、工作流程及分阶段的工作安排，掌握了每一阶段工作中需要形成哪些档案资料，对每种资料的内容、数量做到心中有数。在此基础上、采取以下收集方法。

(1)追踪收集。适用于工程周期短、形成档案材料快的工程，档案人员或兼职档案人员主动到现场询问和了解工程进展情况，及时掌握工程信息，并指导和督促技术部门有针对性地收集档案资料。这种方法收集速度快、档案资料齐全、质量也比较高，但花费的人力、物力较大。

(2)分阶段收集。适用于建设周期长的工程，始终保持与兼职档案员及施工单位的联系，及时掌握工程进展情况，并加强催收，尽力避免档案原始材料的散失。这样能保证工程档案的连续性、完整性。

2.2 制定规范，及时立卷

根据郑石高速公路工程建设的实际情况，结合省交通厅《河南省公路工程竣工文件材料立卷归档管理细则》，我们制定了“档案管理规定实施细则”，坚持以规范化的作业方式，把应该收集归档的文件资料进行分类整理，整出预备案卷；可以装订成正规卷的及时进行装订，使档案管理工作逐步走向规范化、科学化。

3 强化业务培训，提高档案管理水平

从事工程档案工作的人员，专业知识和技能应该比一般单位的档案人员更全面，不仅要懂文书档案，还要懂科技档案，懂与工程建设相关的一些专业类别档案，懂不同类别的档案的分类整理。因此，为达到工程档案整理规范化的要求，我们积极派员参加省交通厅举办的档案业务培训，并对各专职或兼职档案管理人员进行了大量培训，讲解了工程建设过程中会形成哪些类型的文件材料，哪些是属于有保存价值的档案，并讲解了具体的归档范围。同时，按照公司档案整理要求，对文件的起草、书写要求和制成材料的规范化作了详细的讲解，使大家对档案内容提前了解，在日常工作中注意积累资料，做到有的放矢。这种培训将档案管理工作和工程同步进行，为今后建档工作奠定了基础，使档案的标准化、规范化有一个切实的保障。

4 健全电子资料的收集、归档，完善档案信息，促进档案管理工作

目前，建设过程中产生大量的电子文件、多媒体文件，推动电子文件归档工作是建立完善、系统的档案资料的有效保障。同时，对此类文件形式进行有效的收集、归档管理，能够更好地利用档案信息，促进档案管理工作。

电子文件的载体稳定性差，易损坏，因此归档方式的选择至关重要。经实践检验，利用脱机采集数据的介质移交方式容易造成数据丢失，简便而安全的方式是采用网络移交归档，并利用光盘存储。

网络移交可借助项目信息管理系统，开通电子文件归档专递子系统的途径实现。随着各单位信息管理系统的建立与发展，越来越多的重要文件被传输上网。这些文件经过各业务管理部门挑选，反映了职能活动的概貌，并按照统一要求进行了文件格式的转换，在一定程度上保证了数据的可靠性和通用性，因此是归档的重点。对那些未输送到信息管理系统上的具有保存价值的电子文件，由电子文件形成部门编目整理，也利用网络技术向档案部门传输，可以

借助信息管理网络在各业务管理机构与档案部门之间开通电子文件归档专递，建立依附在信息管理系统上的归档专用子系统。将上网与未上网的具有保存价值的电子文件通过此系统传输给档案部门。档案部门经与办公自动化和信息管理部门协商，可对归档的电子文件提出格式要求，应认可几种通用性较强的软件。

档案工作专业性强，各门类档案的收集整理规范要求不同。因此，档案工作部门与机关其他业务部门及档案主管部门的关系都很密切。对内，要加强与各业务部门的联系，加强培训工作，引导全体工作人员提高档案意识，养成自觉遵守档案法律法规的习惯，指导档案联络员配合完成必要的辅助性管理工作。对外，要加强与档案主管部门的沟通汇报，增强主动接受执法监督的意识，请专家进来指导，送人员出去培训，采取各种方式方法提高档案工作的规范化水平。实践证明，协调好内外关系，档案管理工作才能走上良性运行轨道。

郑石高速公路建管养一体化数字信息管理系统

李志强　张　磊　何亚琪

（河南中原高速公路股份有限公司）

摘　要　高速公路工程建设管理、养护管理过程中涉及许多的数据联系，以往的管理系统侧重单一的数据管理，本文结合郑石高速公路建管养一体化系统的开发，提出了建管养一体化的概念，并对郑石高速公路建管养一体化数字信息管理系统进行了介绍。

关键词　高速公路　建管养一体化　数字信息管理系统

1　引言

郑州至石人山高速公路（简称郑石高速公路）是河南省唯一的一个国家交通部“勘察设计典型示范工程”，是河南省高速公路“686”建设规划网的一条重要联络线，也是新规划“两桥三路”中的“中央辐射线”，更是河南省委、省政府、省交通厅站在全省经济社会发展大局之上果断决策，建设的一条能源和旅游大通道。线路经郑州、许昌、平顶山 3 个地级市的 9 个县区、34 个乡镇、204 个行政村，建设总里程 182.247km。全线共有特大桥梁 2 座、大桥 66 座、中桥 37 座、天桥 35 座、分离式立交 68 座、涵洞 454 道、互通立交 13 座、隧道 1 座。项目投资概算 87.68亿元，由河南中原高速公路股份有限公司全额投资建设。

河南中原高速公路股份有限公司郑石分公司负责郑州至石人山高速公路的建设和养护运营管理工作。根据项目工程、项目公司的具体情况，郑石分公司采用网络化高速公路建设项目信息管理系统来辅助项目公司进行网络化实时管理，以提高公司的整体管理水平。系统经过两年多的运行，从各方面，包括施工单位、监理单位、郑石分公司各职能部门等不同用户层的反映，以及资金费用的节省、工作时间的缩短、工作效率的提高等各方面均取得了很好的效果。为避免重建轻养、建管脱节现象，郑石分公司在网络化高速公路建设项目信息管理系统的基础上，积极构建数字化高速，开发了网络化高速公路建管养一体化项目信息管理系统。该系统包括了高速公路地理信息系统、三维可视化系统和养护、路政、收费、监控、资产管理等综合管理平台。

2　系统特点

针对郑石高速项目建设和后期运营管理需要，利用计算机和网络、通信、监控等技术，通过数字化技术手段，以郑石高速公路完整性数据库为基础，集成各应用子系统，构建郑石高速建管养一体化数字综合管理平台，实现数字化管理和计算机辅助决策，提高高速公路建管养水平和综合效益。主要包括办公系统、项目建设管理信息系统、地理信息系统、三维可视系统（一期）和路政救援系统、收费系统、监控系统、通信系统、机电系统等（二期）。该系统主要特点如下：

(1)充分吸收国内外高速公路工程建设、运营维护的管理思想，借鉴我国交通行业信息化成果，应用先进的数字化技术，充分利用已有成果，对已经应用的系统进行系统级的集成，创新、自主地建设高速公路建管养一体化综合数字管理系统。

(2)在工程建设阶段实现工程建设的信息化、数字化管理，采集完整、全面的工程技术数据，建立工程建设数据库，为运营维护管理打下坚实的数据和技术基础。

(3)在运营阶段充分利用已有的技术成果和数据成果，建设覆盖高速公路运营维护管理各业务层面的综合数字管理系统，建立高速公路完整性数据库，为高速公路的运营维护管理提供现代化的管理手段和技术平台，同时不断积累高速公路运营维护数据和管理经验，为管理决策和智能化交通管理提供数据支持和经验参考。

(4)整个系统将建设成为一个高度集成的覆盖高速公路全生命周期的数字化管理系统，建设成为一个技术先进、功能实用、数据完整、可扩展维护的开放性系统，建设成为一个具有向全行业推广和应用价值的高速公路行业信息化建设系统。

3 系统内容

郑石高速公路建管养一体化管理系统内容具体包括：系统模块、系统结构、系统流程、门户网站、办公系统、项目管理系统、地理信息系统、三维可视化系统、养护运营管理各系统、权限管理和系统安全。

3.1 系统模块

郑石高速公路一体化数字综合管理系统模块包括：

(1)工程建设管理各系统：企业网站、办公管理系统、项目建设管理信息系统、工程资料查询等。

(2)运营维护管理各系统：通信、收费、监控、路桥养护、路政救援、办公资产管理等系统。

(3)系统平台部分：郑石高速建管养一体化综合数字管理系统综合平台、地理信息系统、三维可视化系统。

(4)系统管理部分：用户权限管理、数据管理维护、系统安全管理及系统维护。

(5)数据库部分：工程技术数据库、运营维护数据库。

3.2 系统结构

系统结构如图1所示。

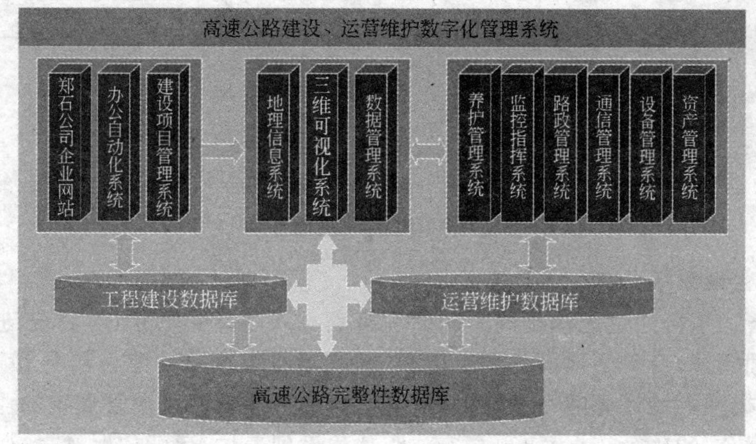

图1 郑石高速公路建管养数字化系统结构

3.3 门户网站

企业网站提供在线讨论、办公服务以及网络交互等功能，网站内容可以自定义并随时更新，是深化企业形象、强化业务应用、提高办公效率的门户，同时也是各业务系统的统一入口。郑石高速网站如图2所示。

图2 郑石高速网站

3.4 办公系统

办公服务系统主要供郑石公司内部办公使用，便于公司各部门和员工的协同工作和信息交流。郑石高速办公服务系统如图3所示。

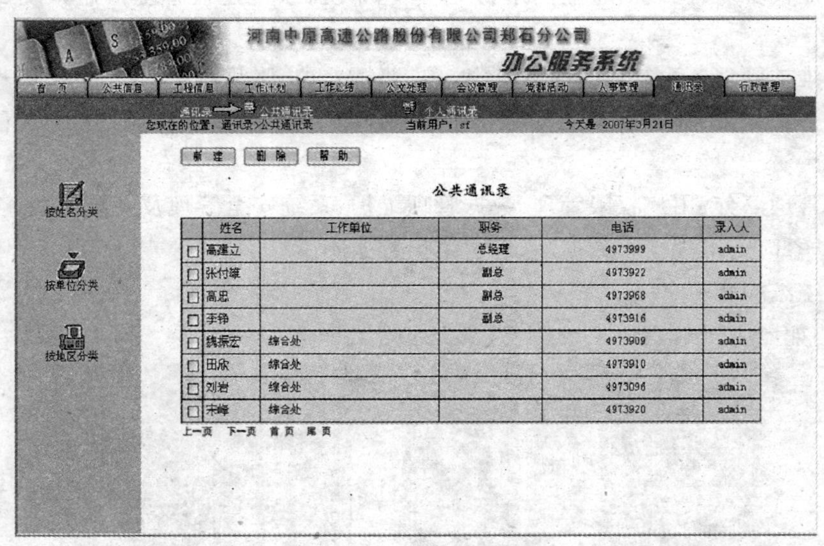

图3 郑石高速办公服务系统

3.5 项目管理系统

建设项目管理系统通过把郑石高速的管理特点融入信息化的手段，将先进的项目管理理念及规范的管理模式，有计划地固化到系统中，促进郑石高速公路建设项目管理的自动化、规范化；利用计算机强大的计算能力和数据分析能力，为高速公路建设管理中的业务决策提供可靠的、基于历史数据的决策依据；实现高速公路从建设到养护、运营的顺利过渡，确保信息化建设中对项目成本的控制。系统具备合同管理、计划进度管理、质量安全管理、材料管理、征地拆迁管理、计量支付等功能，实现了工程计划进度网上填报、网上计量支付。郑石高速项目建设管理系统具体情况如图 4 和图 5 所示。

图 4 登录

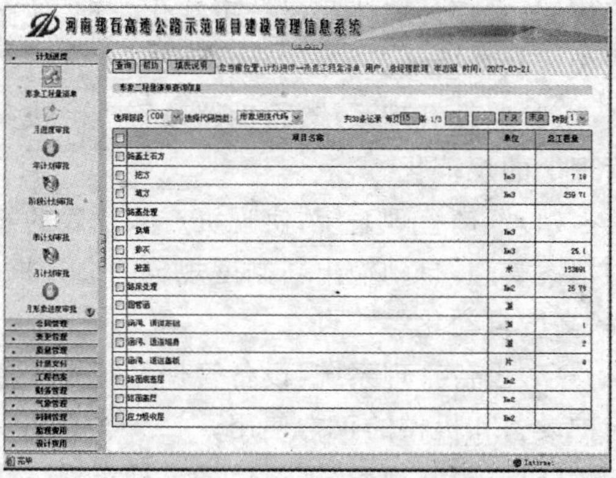

河南郑石高速公路示范项目建设管理信息系统

图 5 工程量查询

3.6 地理信息系统

地理信息系统以建设适合高速公路管理需要的空间数据库为基础，整合建设阶段所采集的基础数据，并与相关业务数据建立对应关系，实现空间数据与业务数据的紧密结合，具有电子地图网络浏览、图属一体化查询、空间定位、空间数据统计分析、专题图发布、实时进度查询等功能，把地理信息技术融入各业务系统的管理需要中，使之成为运营维护管理中直观、有效的管理工具和管理手段，如图 6 所示。

3.7 三维可视化

以地理信息数据和高速公路完整性数据库为基础，开发建设高速公路三维可视化系统，构建高速公路三维模型，通过先进的三维可视化技术，以直观的方式展示高速公路及其周边环境的实际状况，待建设数据采集完整后可建立与数据库的关联，实现三维影像与地理信息和属性信息的互动查询，如图 7 所示。

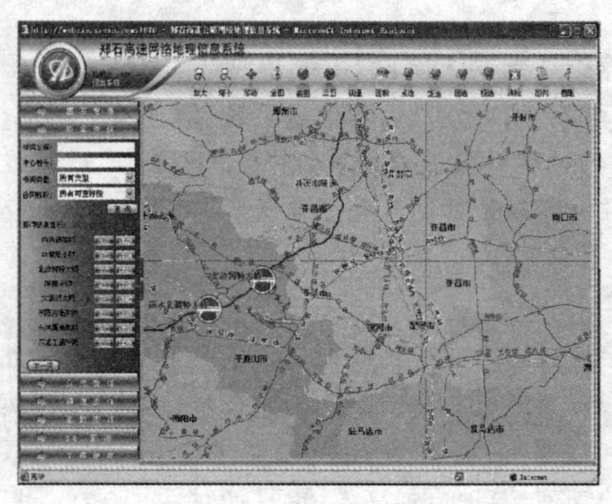

图 6 郑石高速网络地理信息系统

图 7 郑石高速三维可视化系统(互通立交)

3.8 养护运营管理

(1)路桥检测养护管理系统：将有关路桥养护的文档、图形和各种分散的数据组织和管理起来，及时有效地进行数据更新，避免资源浪费。建立一个实用、高效、技术先进的高速公路养护管理系统，实现高速公路养护信息集中有效的管理，有效地提高养护管理的效率和科学化、规范化水平。

(2)监控指挥系统:该系统主要为智能交通指挥、辅助管理决策提供全面的信息服务与决策依据,实现高速公路运营可视化管理,使高速公路正常、有序、高效地运行,提高高速公路经营效率和社会效益。

(3)路政管理系统:帮助路政管理者快速、高效地完成日常工作,并实现决策上的科学化和管理上的规范化。

(4)资产管理系统:实现资产账证表的一体化管理。实现各种类别的凭证输出,实现完善的档案管理,自动输出新制度规定的会计报表,具有强大的查询功能、安全性高、系统运行效率高、高度自动化等特点。

(5)设备管理系统:设备管理系统集业务管理和数据库为一体,提高设备管理的效率,保障养护设备和机械的正常使用。

(6)通信管理系统:通信系统是实现高速公路现代化管理的基础平台,是高速公路收费、监控系统话音、数据和图像的传输通道。它既满足高速公路管理和运营的要求,又为向外提供服务留有扩展的余地,具有适用性好、安全可靠性高、传输速率快、易于升级扩展的特点。

3.9 权限管理

为保证各子系统的统一性,整个数字化系统采用统一的权限配置,通过组织机构管理、角色配置、用户管理等方式给指定用户赋予相应的系统权限,权限配置可以具体到部门、个人、功能模块和访问数据。

3.10 系统安全

系统数据存储采用 RAID5 技术同步备份,在系统出现问题时可立即启用备份硬盘,保证系统的正常运行和数据的安全。

防火墙可以过滤掉不安全服务、有害信息,防止受到攻击。同时,能有效记录进出网络的访问日志,并且可以防止内部信息的外泄(主要是屏蔽内部网络、内部重点网段隔离等)。

4 系统实施情况

郑石高速建管养一体化管理系统分建设和养护运营两大阶段,系统建设与工程建设同步实施。工程建设阶段(一期)包括企业网站、办公系统、项目建设管理信息系统、地理信息系统、三维可视系统、工程技术数据库建设等工作;运营养护阶段(二期)包括综合管理平台、运营维护各应用子系统等工作。系统运行综合平台和数据库建设如图 8 和图 9 所示。

5 系统展望

(1)随着系统的建设,各管理部门将可以直接通过网络或各种终端设备进行各方面的业务管理。监控、养护、路政、通信、设备设施等信息和资料形成完整的高速公路技术、运营数据,从而为管理养护和辅助决策提供有力的技术保障和数据支持。管理者可以随时获得技术图纸、资料及路况的实时信息、应急预案,使高速公路的管理、养护更加高效、更具针对性。

(2)系统的建设将同时为高速公路经验管理积累资料、数据、管理经验等宝贵的无形资产和信息财富,实现高速公路资产的增值增效,为今后的高速公路建设、管理提供参考和支持。

(3)数字化系统除为管理、决策提供信息化手段和支持外,还将成为广大高速公路使用者的有力工具和信息来源。系统建成后,将向公众开放地理信息查询、路况查询、路况实时监控影像、三维模拟行驶等功能,可以通过信息板、网络、手机、智能终端等各种途径获得高速公路

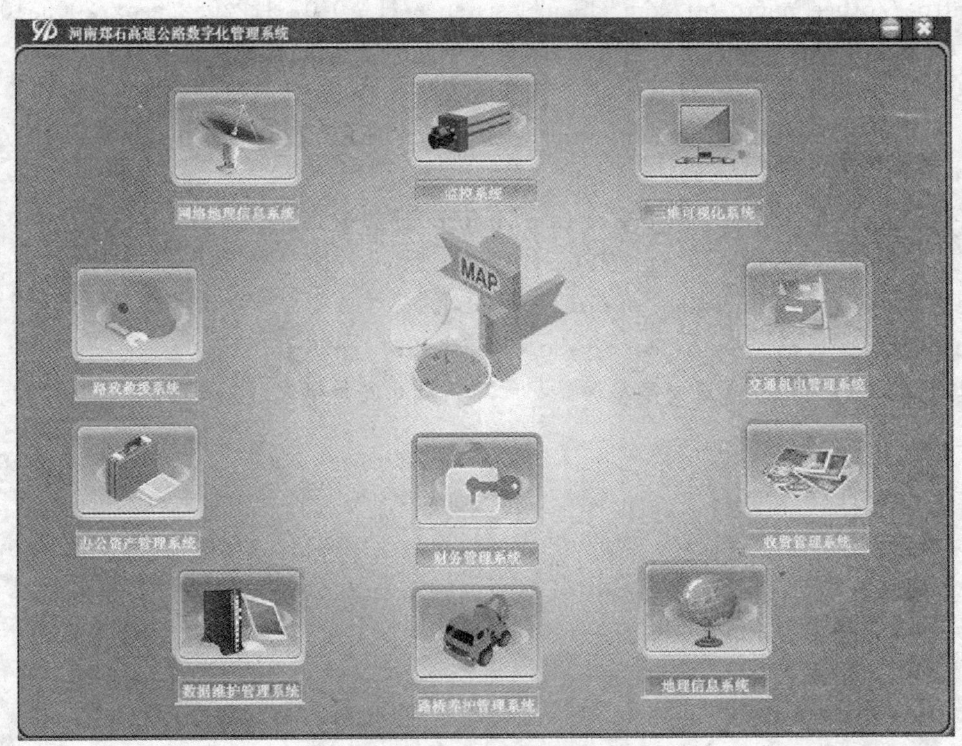

图 8 综合平台

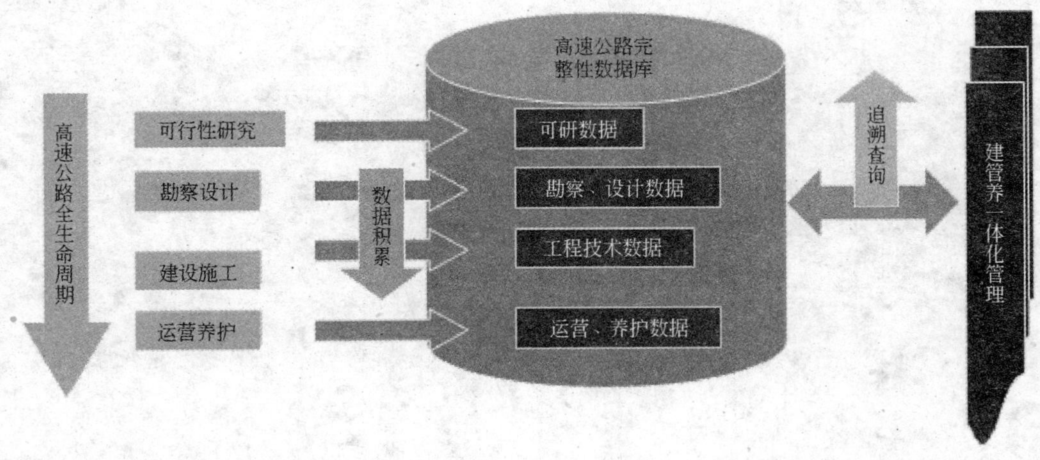

图 9 数据库建设

实时、准确的信息。

(4)系统可以通过与 GPS 等外部设备集成,为公众提供实时导航、车速提醒、紧急救援等现代化、个性化服务。

参考文献

[1] Primavera system Inc. P3e/c User Guide[EB/OL].
(http://www.primavera.com/downloads/p3ecug.pdf. 2005.8)

[2] Microsoft Corp.. Project2003 Introduce[EB/OL].

(http://office. microsoft. com/zh-cn/assistance/HA-010731222052. aspx. 2005. 10)
[3] J. Gido,P. Clements. 成功的项目管理(英文版)[M]. 北京:机械工业出版社,2002.
[4] 姚祖康. 路面管理系统[M]. 北京:人民交通出版社,1993.
[5] L. A. Zadeh,Fuzzy logic=computing with words,IEEE Transactions on Fuzzy Systems, 1996(4):103-111.
[6] L. A. Zadeh,Towards a theory of fuzzy information granulation and its centrality in human reasoning and fuzzy logic, Fuzzy Sets and Systems, 1997(19):111-127.
[7] L. A. Zadeh,Announcement of GrC[EB/OL].
(http://www. cs. uregina. ca/~yyao/GrC/,1997)
[8] 程刚,黄卫,谭明鹤. 高速公路路面养护管理系统开发和研究[J]. 公路,2003.(12).

公路建设与养护信息一体化管理系统研究

李书耕　李红亮　陈卫军

（河南中原高速公路股份有限公司）

摘　要　针对目前交通行业存在的信息孤岛、建设和养护信息分离问题，提出并建立了将建设期的信息数据融入到养护及运营管理系统进行道路性能分析的公路建养一体化信息管理系统。文中对系统的设计目标、研究内容、总体结构、功能等进行了设计，介绍了系统主要功能模块及主要技术特点。建立的建养一体化信息系统有助于促进公路信息的完整化、标准化和共享化，对于施工过程进行指导和道路养护决策的科学化都具有重要意义。

关键词　公路工程　建设信息　养护信息　一体化　管理系统

1　引言

信息化是实现交通行业现代化的必由之路，也是交通行业可持续发展战略中的重要内容。而道路建设和养护信息更是交通信息的主要组成部分，所以更要加强建设与养护信息的管理。

目前的建设和养护系统的研究基本处于分离的阶段，建设中的各子系统相互独立，数据重复录入、数据一致性低；建设完成后，由形形色色的子系统备份出来的数据几乎全部作废，养护系统无法使用；各类养护系统数据格式不统一，养护部门积累的重要原始数据无法在各个系统中通用。高速公路建设和养护中普遍存在的建养分离、信息孤岛、应用孤岛等问题已经不能适应公路行业发展的需求，阻碍了施工和养护技术的提高。

为此，本文在郑石高速公路建设初期便设计了郑石高速公路建设管理系统，采集完整的工程技术数据，建立规范、完整的工程建设数据库，并设计了建养一体化管理系统，为郑石高速公路的建设和养护决策、路用性能预测服务。

2　系统总体设计

2.1　设计目标

(1)在工程建设阶段实现工程建设的信息化、数字化管理，采集完整、全面的工程技术数据，建立工程建设数据库，为养护运营管理打下坚实的数据基础和技术基础。

(2)在养护运营阶段充分利用已有的技术成果和数据成果，建设覆盖高速公路养护运营管理各业务层面的数字化管理系统，建立高速公路完整性数据库，为高速公路的运营维护管理提供现代化的管理手段和技术平台。

(3)通过长期的数据采集、分析，得出建设期的信息与养护运营期的道路性能之间的规律与相关关系，以支持施工过程中的科学决策，促进施工技术的科学化、信息化；促进业务内部形成统一的技术标准、行业标准、基础标准，使得管理具有统一性、有序性、高效性，提高工作效率。

2.2　系统设计原则

实用性：整个系统要易于操作、管理和维护，各类信息完整、及时、准确地在各相关单位之间传输，各级领导和工作人员可以随时随地得到想要的资料并进行分析。

安全性：高速公路建设、养护运营管理项目有大量工程业务信息，从而建立多层次多重安全保护体系。

全面性：系统所采用的硬件平台、软件平台、网络协议等符合开放系统的标准，并能够与其他系统实现互联，支持其他品牌工程应用软件在 e-FIDIC 系统中运行。

容错性：系统必须具有较强的容错能力，对于数据出错时具有相应的提示信息及处理能力，并且每个处理环节具有高度的可靠性、保密性和安全性。

扩展性：软件系统在设计上具备相应的扩展与升级能力。

先进性：应用软件工作平台应选用流行、成熟的软件产品，开发工具先进、功能强，应用软件系统力求方案的先进、灵活、高效。

2.3　系统网络总体拓扑结构设计

根据道路施工和养护管理的业务分析，从软件设计角度出发考虑，系统用户有施工单位、监理单位、业主、竣工验收单位、公路管理单位、养护队伍、信息查询人员。系统的拓扑结构如图 1 所示。

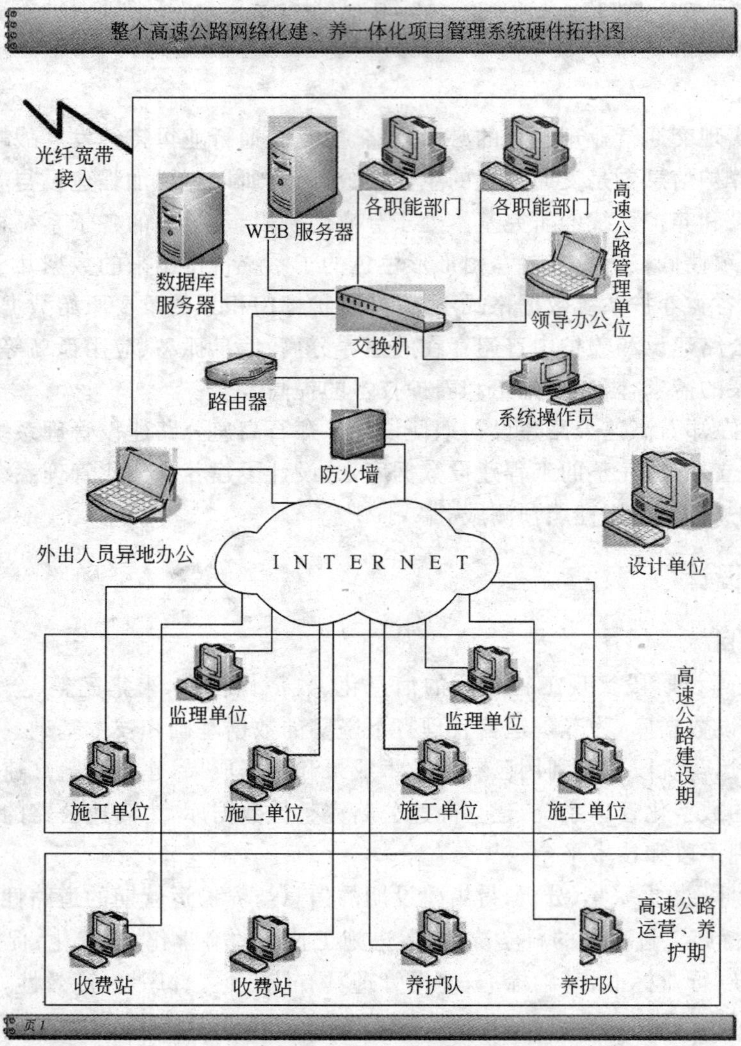

整个高速公路网络化建、养一体化项目管理系统硬件拓扑图

光纤宽带接入
数据库服务器
WEB 服务器
各职能部门
各职能部门
高速公路管理单位
领导办公
交换机
路由器
系统操作员
防火墙
外出人员异地办公
INTERNET
设计单位
监理单位
监理单位
施工单位
施工单位
施工单位
施工单位
高速公路建设期
收费站
收费站
养护队
养护队
高速公路运营、养护期
页 1

图 1　系统拓扑结构

2.4 软件体系结构

在高速公路建设和养护管理业务中，涉及多类操作和管理主体，主体的物理位置相对较远，传统的信息交换成本很高，这就决定了传统的单机版软件和基于 C/S 结构的软件都不能很好地满足实际要求。本系统总体上采用 B/S 结构，建立基于 web 的 Intranet 网络数据库管理系统。在局部应用上，采用 C/S 技术，提高软件效率。

基于这种模式的软件系统有如下特点。

(1)适用于工程单位使用。由于使用了广域网技术，工作人员远程办公就像在同一个办公室一样，可以方便地进行信息交流和工作安排。

(2)便于扩充。由于使用页面技术，功能模块区分明显，开发人员甚至用户都可对系统添加功能页面。

(3)集成性。系统采用 BS 架构，该结构事实上是一种类似于终端/主机系统的结构模式，同时又具有客户/服务器模式的分布计算特性，其主要特点是集中管理。也就是说，软件的程序、数据库以及其他一些组件都集中在服务器端；客户端无需安装任何内容，只需使用 IE 即可完成所有的工作内容。少量的 ActiveX 控件的安装也无需用户参与，系统可以自动完成安装和升级。系统需要查询的资料和打印文档的数据都来自于同一个数据库，从而保证了数据的及时性与完整性。从管理的角度而言，程序代码的维护以及更新、数据库的备份和日常维护等都可在服务器端进行。

(4)向前兼容性。Internet 是时代的必然，该系统采用 Internet 技术，便于数据共享，消除信息孤岛。

3 系统功能设计

3.1 子系统设计

根据系统设计目的以及公路建设项目的特点，将公路建设与养护信息一体化管理系统设计主要分为：建设项目管理系统、工程交竣工子系统、路网级养护运营子系统、综合查询和数据挖掘子系统。

建设项目管理系统模块主要包括：招投标管理子系统、计量和支付子系统、工程质量评定子系统、进度管理子系统等。

工程交竣工子系统功能主要对建设期的基础数据进行管理，主要包括：工程划分模块、公路的基础技术数据模块、工程试验检测数据模块、工程施工质量管理模块、工程竣工管理模块等。系统软件逻辑视图如图 2 所示。图 3 为建设管理系统界面，图 4 为建养一体化决策支持系统界面。

(1)工程划分模块：这是系统初始化的一部分，主要是根据投标文件对实际的建设项目自上而下的进行划分，即标段→单位工程→分部工程→分项工程。在该模块中，用户根据提示选择“工程划分名称”，只要用户选择了不同的上级工程划分名称，系统就会自动列出其全部的子项工程划分名称，使用十分方便。

(2)公路的基础技术数据模块：公路概况类数据包括路线名称、编号、起止桩号、技术等级、车道特征等；路基、路面类数据，包括路基类型及宽度、路面类型、结构形式、路面宽度等；桥涵概况，包括桥涵名称、编码、桩号等；沿线设施概况，包括标线、标志、护栏、防眩设施等；其他资料，如隧道情况、与其他重要道路的交叉情况、沿线地形特征、地质情况、气候状况。

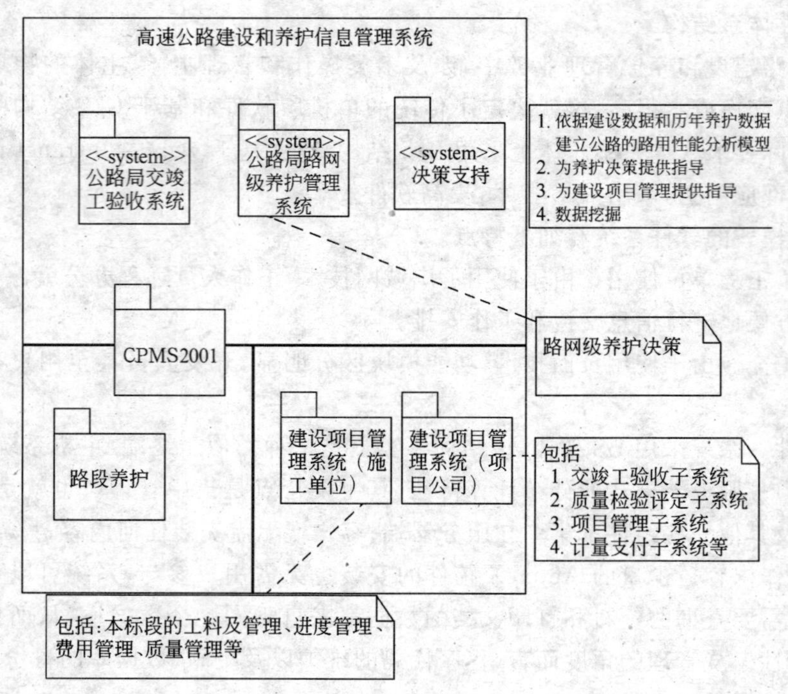

图 2　软件系统逻辑视图

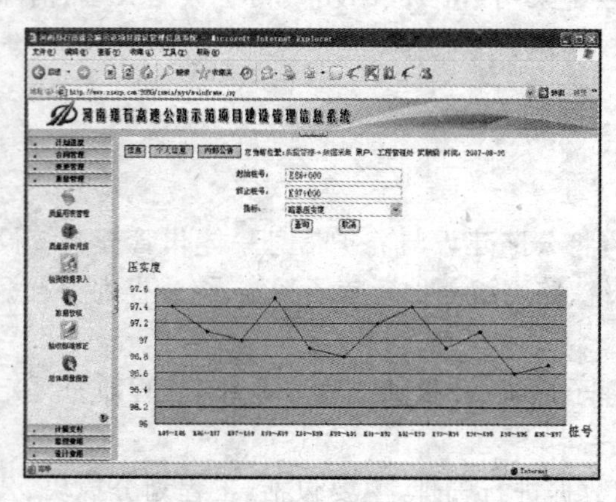

图 3　郑石高速公路建设管理系统

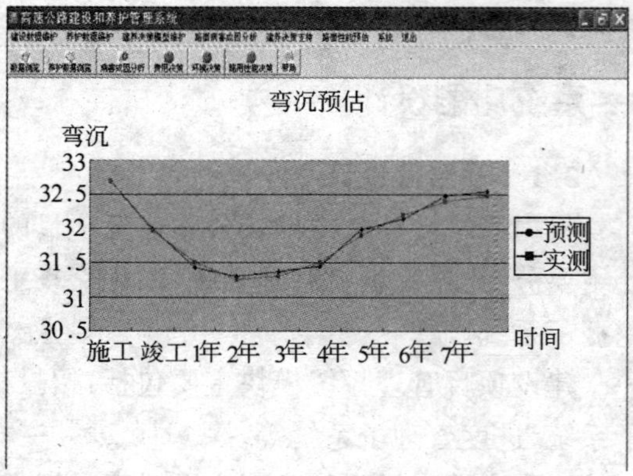

图 4　建养一体化决策支持系统

(3)试验检测数据模块：试验项目(原材料等)、测量检测项目和现场检测项目，通过对采集数据的计算，得出各项目的指标数据，形成满足项目竣工文档格式要求的报告单。

(4)工程施工质量管理模块：施工过程控制信息，如施工温度、施工机械等；检测项目、检测数据处理、质量评定、质量分析。

(5)工程竣工管理模块：竣工检测项目等。

该养护运营子系统功能特点是考虑了建设期因素，来分析道路性能变化，促进科学的养护管理决策。该子系统功能主要包括：路面养护子系统、桥梁养护子系统、前方图像系统、养护报告系统、日常养护子系统。

3.2　数据存储设计

以交通基础数据元的定义为根据，以数据层次为主体结构，制定数据元的 XML 模式，对数据进行规范。

第一层数据为检验、试验、检查、记录得到的原始数据，本文利用交通基础数据元对第一层的数据定义模式，但数据不单独管理，模式主要指定数据的类型、格式、英文缩写名称（可用于数据库字段名称）。

第二层为微观控制数据，例如压实度、抗滑性能、弯沉值等包括质量评定标准和养护质量评定标准中的指标值。微观控制数据由基础数据生成或者直接检测得到，数据中可以附带原始数据作为数据的子元素。

第三层为中观管理数据元集。包括分项、分部、单位工程等的质量评定结果、实验结论、进度状况、经费使用状况、收费金额、重大事件情况等数据元。

第四层为宏观决策数据元集。主要为路网级决策数据元，如开通里程、工程量完成情况、路网级养护评价结果、投资预算、投资回收率、安全指数等。

在业务平台上是将业务流程封装进去，开发人员就会基于这两层平台实现产品开发，同时在开发过程中不断完善。通过这种技术方法的使用，不仅保证了开发过程的技术一致性和可重用性，而且减少了开发时间和成本，同时还可以对市场的变化做出快速反应。

4 结语

本文研究开发的一体化信息管理系统能为用户提供一套规范化、自动化、科学化的工程项目管理模式，促进各单位间相关信息流转速度、提高工作效率、强化工程项目管理的信息化水平、降低工程项目建设成本的。该系统采用 B/S 架构开发，便于扩充、整合，在郑石高速公路的建设阶段得到了成功应用。

参考文献

[1] 刘飞.公路工程施工管理系统研究[J].中南公路工程，2006.12，第 6 期.

[2] 王华斌，万庆.高速公路养护管理信息系统设计与开发[J].地球信息科学，2005，(04).

[3] 胡河宁，陆文冕.信息孤岛与电子政务[J].价值工程，2004，(07).

[4] 林达铭.信息化是实现交通新的跨越式发展的必由之路[J].交通世界，2004，(07).

公路信息基础数据元二维分类及其应用

王选仓[1]　雷　雨[2]　张绍阳[1]

（1. 长安大学公路学院；2. 河南中原高速公路股份有限公司）

摘　要　现有规范对公路信息基础数据元仅按照其业务领域（称之为“专业维度”）进行划分，难以实现急需先用、逐步完善、指导工作的目标。本文对我国公路建设、养护和管理的层次进行了抽象，基于信息粒度理论，提出并建立了“管理维度”分类标准。将两种分类方法结合形成二维数据元分类方法，并对现有公路信息基础数据元重新进行了分类，指出存在问题并给出了数据元扩充的思路，对二维数据元的关键属性进行了研究。将该分类方法在公路工程质量检验评定中进行了应用，提出质量检验评定的软件设计层次。应用结果表明，二维分类模式对于规范数据格式、实现信息共享、明确系统边界都有重要的作用。

关键词　道路工程　公路信息　数据元　分类方法

1　引言

数据元对于解决我国各行各业信息化过程中普遍存在的信息孤岛、应用孤岛等具有重要的作用[1-3]。在交通行业，2005 年交通部制定并开始实施“交通信息基础数据元集[4]”。该数据元集将交通信息基础数据按照其业务领域分为公路、车辆、港口、航道、船舶五大类，其中公路基础数据元又细分为综合统计、路线概况集、路基集、路面集、主要构造物集、沿线设施集、交通量集、沿线环境集等八类。山东、浙江等省建立的省级数据元规范以交通部的分类方法为基础进行了细化，基本结构与交通部保持一致。交通信息基础数据元规范对于交通行业的信息化起到了重要的指导作用。这种按照业务领域的分类方法本文称之为按照“专业维度”的单维划分方法。

但是，由于交通业务信息数据元种类众多，现有的数据元集对于各类业务系统来讲都是杯水车薪。在系统建设时，只有少量的数据元有标准可以参考，大量的数据元仍然采用自定义方式进行，达不到数据元标准制定的初衷。为此，需要对数据元的整体框架进行研究，建立一种便于扩充、适合于应用系统管理层次的数据元框架。本文从管理角度出发，提出并建立了基于“管理维度”的分类方法，与“专业维度”分类方法结合形成二维数据元分类方法，对现有数据元集重新进行了分类，给出了下一步扩充的指导思想。重点对公路信息基础数据元进行了研究，其他类别可以参考进行，最后在质量检验评定中进行了应用。

2　基于管理维度的数据元分类

2.1　基本思想

数据元[5]是指通过定义、标识、表示以及允许值等一系列属性描述的数据单元，是数据标准中不可再分的最小数据单元。在公路建、养、管的信息化过程中，涉及海量的数据元，一次性对其全部进行规范不科学并且具有一定的难度。但是，应该清楚地认识到，管理信息系统是为管理实体服务的，而管理是分层次的，每层的管理实体关心的信息粗细程度不同，因此，海量的数据元可以按照管理层次进行划分。层次越高，数据元越少，越容易规范，但是对行业的引导作用越大。因此，可以首先制定高管理维度的数据元规范。这就是本文提出的基于管理维度的数据元分类的基本思想。

下面分别对我国公路建、养、管的管理层次以及信息粒度理论进行研究，在此基础上建立基于管理维度的分类方法。

2.2 我国公路建设和管理层次

我国公路建设、养护和管理主体多元、核算方式不一、管理模式多样。但无论采用何种管理形式，投资主体如何变化，公路产品的生命周期都是基本类似的，都要经历建设、养护、管理的阶段。本文从公路业务管理总体目标出发，将公路建设、养护和管理主体抽象为三个层次。

(1)执行层。完成各类基本工作，例如数据的采集、录入、计算等功能。执行层包括施工现场的操作人员、施工设备、技术人员、实验人员、监理等；养护工区的技术人员、工人、养护机具、数据采集设备等；收费、路政、监控等现场人员和设备。

(2)管理层。从项目目标出发，对建设、养护、收费、路政等工作从资金、进度、质量、安全、日常运营等各方面总体负责。管理层包括路段管理公司、施工单位项目部、项目建设公司等。

(3)宏观决策层。进行国家、省、市一级的宏观决策。决策层包括交通部、交通厅、公路局(高管局、高速公路指挥部)、集团公司等。

2.3 信息粒度[6]

在管理中，不同的管理层次关心的信息层次不同，即通常所说的信息“粗”和“细”的概念。这是一种很不严格、感性的提法，它隐约指示了人们在认知和处理现实世界的问题时，常常采用从不同层次观察问题的策略，这种策略可以使用信息粒度原理更加准确、严格地来表述。粒度(Granularity)本来是一个物理学概念，意指“微粒大小的平均度量”，在信息领域转义为“信息粗细的平均度量”。物理粒度涉及对物理对象的细化划分，而信息粒度则是对信息和知识细化的不同层次的度量。

在公路行业的建设和管理层次中，各层关心的信息粗细程度也不同。例如，位于宏观决策层的省公路局不会关心公路上某一点压实度的质检结果是多少，他们只须关心某个标段的质检评定结果即可；位于执行层的机械操作人员也不会去关心整个项目的施工进度，而只是按照施工安排和操作规程完成规定的任务。因此可以认为，公路信息基础数据元可以按照管理层次进行粒度级别的划分，低粒度级别的数据为管理底层所关心，高粒度级别的数据为管理高层所关心。下面借鉴粒度的概念，对公路信息基础数据元进行分层。

2.4 基于管理维度的公路数据元分类

对应管理层次，并考虑应用特点，将公路基础数据元粗分为 4 个粒度层次和一个公用数据元集，4 个粒度层次为：基础数据元集、微观控制数据元集、中观管理数据元集和宏观决策数据集，如表 1 所示。根据管理需要，还可以进行级别细分，满足各层内的不同管理需求。

各层的数据元不是孤立的，上层的数据元一般都是下层数据元通过一定的算法计算得来。这与数据元的定义不违背，相对于各管理层来讲，该层数据都是不需要再进行细分的数据单元。因此，“不可再分”也是相对概念。

基于管理维度的公路信息基础数据元分类　表1

分类号	描　述	划分原则
40	宏观决策数据元集。主要为路网级决策数据元，例如开通里程、工程量完成情况、路网级养护评价结果、投资预算、投资回收率、安全指数等	用于宏观决策的数据
30	中观管理数据元集。包括分项、分部、单位工程等的质量评定结果、实验结论、进度状况、经费使用状况、收费金额、重大事件情况等数据元	管理层使用的反应项目总体状况的数据
20	微观控制数据元集。也称为指标数据，例如压实度、抗滑性能、弯沉值、PCI、PSI、是否超载等指标值	执行层使用的计算数据
10	基础数据元集。包括建设过程中的现场检测数据、实验室测量数据、记录数据等；养护过程中的图像资料、结构性能检测数据、路面病害观测数据等；以及收费记录、监控记录、违章记录等数据	直接测量、观测得到的数据
00	公用数据元集。例如桩号、路线编号等数据元	各层共用的数据元

各层管理实体一般只需把握本级的数据。为了保证数据的准确性并尽可能多地了解一些细节信息，管理者一般还会关心下一级的数据，公路信息数据粒度层次、业务管理层次及管理抽象层次具有如图1所示的对应关系。

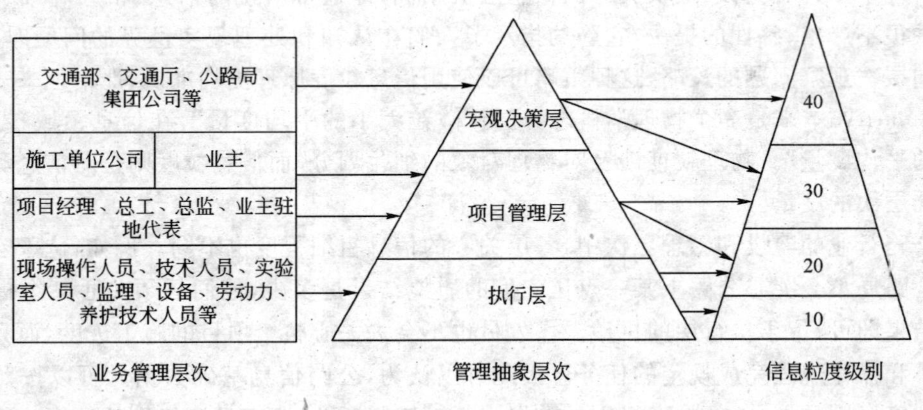

图1　管理层次与粒度层次的对应关系

3　二维数据元分类模式

3.1　二维分类模式

二维分类综合使用专业维度和管理维度两种分类，X 轴方向为专业维度分类，Y 轴方向为管理维度分类。专业维度分类基本沿用交通部的分类标准，但由于存在管理维度分类，因此，将综合统计分类去掉，并入宏观决策数据元集；建立交通管理类别，包含交通量类别。管理维度分为公用、基础、微观、中观、宏观五个层次。对现有交通信息基础数据元集中的公路信息数据元重新分类，得到如表2所示的二维分类模型。

二维公路信息基础数据元分类

表 2

<table>
<tr><td rowspan="4">管理维度</td><td>宏观</td><td colspan="7">综合信息</td></tr>
<tr><td>中观</td><td>路线现状、养护里程、晴雨通车里程、公路交叉路口、绿化、GBM工程里程等</td><td>路基现状、路基防护、路基排水</td><td>工程材料、面层类型</td><td>桥梁概况、涵洞概况、隧道概况、公路渡口</td><td>交通安全设施、公路服务设施、公路养护设施、地下管线设施、交通管理设施</td><td></td><td>站点交通量、收费公路、绿化、城管路段</td></tr>
<tr><td>微观</td><td></td><td></td><td>PCI、代表弯沉、平整度、抗滑系数</td><td></td><td></td><td></td><td></td></tr>
<tr><td>基础</td><td>平曲线、总曲线、纵坡、路肩</td><td>路基边坡</td><td>面层厚度、基层厚度、垫层厚度、路面宽度</td><td></td><td>道路标线、护栏、防眩设施</td><td>公路定位控制点、沿线地形、公路设线类型</td><td></td></tr>
<tr><td></td><td rowspan="2">公用</td><td colspan="7">里程桩号、路线编号、技术等级等</td></tr>
<tr><td></td><td>路线概况</td><td>路基</td><td>路面</td><td>主要构造物</td><td>沿线设施</td><td>沿线环境</td><td>交通管理</td></tr>
<tr><td colspan="9">专业维度</td></tr>
</table>

3.2 二维分类中的数据元编号格式

交通基础数据元集规定了数据元编号(即内部标识符)格式,其长度为 11 位,规则如下:第 1、2 位为字母,代表所属业务领域(类别),公路为 GL、车辆为 CL 等;第 3、4 位为数字,代表数据元所属一级分类顺序号;第 5、6 位为数字,代表数据元所属二级分类顺序号;第 7、8 位为数字,代表数据元所属三级分类顺序号;第 9、10、11 位为数字,代表某一级分类下的数据元的序号,从 001 开始顺序编码。1、2、3 级分类顺序号从左向右顺序排列,每级分类顺序号从 01 开始,无某级分类的,则该级编号为 00,该级分类名称为空;

本文提出两种数据元编号方式,其一是增加内部标识符的长度为 13 位,前 8 位保持交通部的定义,第 9、10 位为数字,表示管理维度分类号,第 11,12,13 位与原 9,10,11 位定义相同。这种方式使用内部标识符暗含了数据元分类,较为简洁,但是需要修改内部标识符的长度,建议在数据元系统升级时,考虑增加两位保留的分类号,便于各业务系统建设时使用。其二是在数据元的格式定义中增加"自定义分类"属性,自定义属性为数字,长度为 6 位,使用第 1,2 位表示管理分类,其他 4 位保留,默认值 0。这种方式实现简单,仅从概念上对交通基础数据元重新分类,不破坏交通部原有内部标识符的定义,但是需要增加一条属性。

3.3 二维分类在公路行业中的应用

(1)在公路信息基础数据元集建设中的应用。从表 2 可以看出,现有的数据元从基础数据到宏观数据都进行了定义,但各数据元集定义都明显不足。基于二维分类模式,在下一步的扩充中,可以首先完成宏观决策和中观管理数据元集,一方面由于宏观决策数据元和中观管理数据元数量较少,便于定义;另一方面也能够体现政府对行业的引导作用,避免盲目扩充。

(2)在公路行业信息化系统建设中的应用。在缺乏数据元信息粒度划分的情况下,软件设计边界模糊,各家软件公司都试图建立从执行层到宏观决策层的软件系统,形成多种大而不全、重复开发的应用软件,严重影响了行业应用系统的开发水平。二维数据元分类模式给软件系统开发提供了明确的层次化结构，在开发时首先根据目标客户进行自身定位确定系统边界，接口设计时下层软件只需为上层提供 API 接口或者提供输出功能，上层软件只需访问下层软件接口即可获得基础数据。基于这种层次化结构开发的软件系统，各层数据定义明确、接口规范、用户对象清楚，软件系统之间能够有效地协作，实现系统的开放性，避免重复、低水平的开发，保护投资效益。

4 二维数据元分类在公路工程质量检验评定中的应用

4.1 在质检评定数据元集建设中的应用

公路工程质量检验由多个部门在不同时期完成，主要有业主在施工过程中的抽检、监理单位的日常检查、施工单位按规范要求的自检、交竣工验收小组进行的抽检等。无论哪家单位进行的检查，都是按照“公路工程质量检验评定标准”[7,8]中规定的检查项目来完成。对这些数据按照二维分类标准划分可以得到类似于表 2 的、与质量相关的数据元分类集。

4.2 在质检评定系统开发中的应用

目前，在公路建设过程中，业主、监理、施工单位、交竣工验收系统各自使用为自己量身定做的软件系统。据不完全统计，现有公路建设和管理系统中涉及到质量管理和评定内容的至少有 20 多种，这些质检评定系统层次不分明，大多系统都包含了从执行层到决策层的部分功能，有的业主系统甚至包含了部分实验室的数据处理功能。另外，各个系统之间的数据格式不一致，无法进行交换，最终的评定数据不完整、无法集中存放，造成工作低效、计算机无用论的混乱局面。基于质量数据元二维分类，给出如图 2 所示的质量检验评定软件系统层次以及层次之间的数据交换规范，在进行系统建设时，可以进行参考。

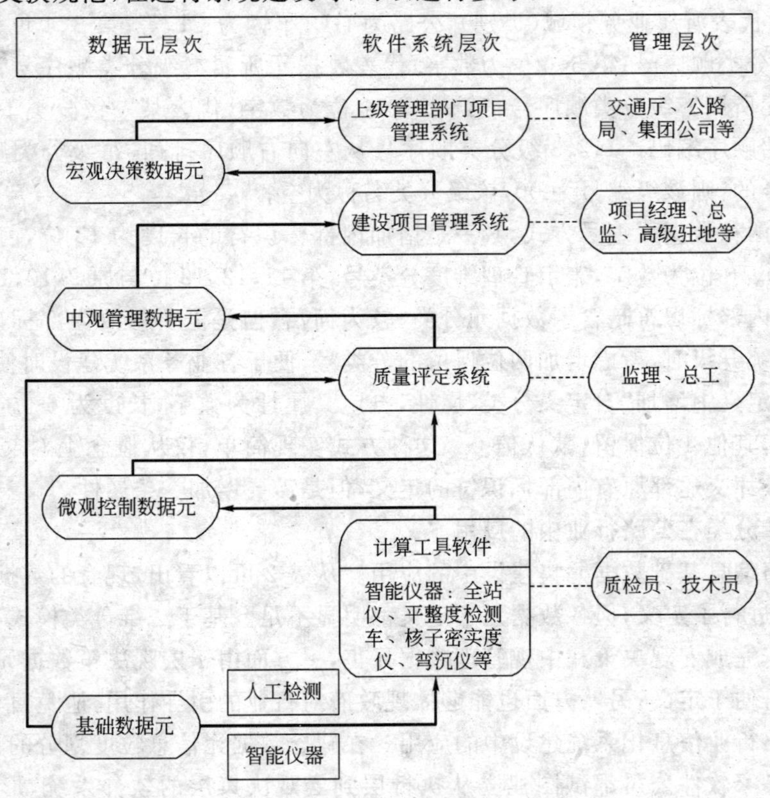

图 2 质量检验评定系统分层及各层次间关系

5 结语

本文提出并研究了公路信息基础数据元的二维分类方法并在公路工程质量检验评定中进行了应用，可以得出以下结论。

(1)基于管理维度的分类方法能够在专业维度的分类基础上，对公路信息基础数据元进行更为贴近实际应用的分类。

(2)对现有公路信息基础数据元集进行二维分类，对数据元的进一步扩充具有很好的指导作用。

(3)将二维数据元分类在公路工程质量检验评定系统中应用表明，二维数据元分类模式对于实现数据共享、保护现有投资、避免重复开发具有重要的作用。

限于篇幅，本文提出并研究了二维分类方法，没有详列可能的数据元。本着即用先行、逐步完善的原则，在建立各层的数据元时，可以按照这个方法，对正在建设或者应用范围较广的业务领域进行数据元定义，这需要广大公路行业信息化的建设者们的参与，并希望就本文提出的方法进行批评指正。

参考文献

[1] 杨明波，王谦，褚江川.电子政务与信息孤岛[J].电子政务.2005，(11).

[2] 刘云波，张绍阳.企业信息化共用消息平台研究[J].现代电子技术.2005，(15):91-95.

[3] 杨洪义.探索交通信息化发展规律[J].中国水运.2005，(2):10-11.

[4] 交通部.交通基础数据元查询系统[DB/OL].http://jt sjy.moc.gov.cn:88，2006.

[5] ISO/CD 8459. Information and documentation——Bibliographic data element directory [DB/CD]. Aug. 2006.

[6] 张钹，张铃.问题求解的理论及应用[M].北京：清华大学出版社，1990.

[7] 中华人民共和国行业标准.公路工程质量检验评定标准(土建工程)(JTGF80/1)[S].北京：人民交通出版社，2004.

[8] 中华人民共和国行业标准.公路工程质量检验评定标准(机电工程)(JTGF80/2)[S].北京：人民交通出版社，2004.

高速公路“数字化”建设构想

王 飞 雷 雨

（河南中原高速公路股份有限公司）

摘 要 随着电子信息技术的不断发展，人们已经逐步进入了数字化信息时代。本文以高速公路交通机电工程为依托，结合智能交通系统方案，以全新的视角，发掘高速公路“数字化”建设过程中的可行性方案，拓展高速公路建设人员的建设思路，为建设“数字化”高速公路提供初步的可行性技术方案。

关键词 高速公路 数字化 服务 管理

高速公路是一种特殊的商品，既具有公益性，又具有商品性。一方面，作为社会的基础公共设施，高速公路的首要任务是为社会公众服务，提供快速畅通的行驶道路；另一方面，对于高速公路的管理者，需要通过运营管理来获得经济效益。因此，高速公路的数字化建设要实现的目标有两个：一是要为道路使用者服务，就是要使高速公路的使用者切身感受到数字化高速为其带来的便利；二是要为运营管理服务，就是通过现代化的技术手段来强化运营管理，提高管理的效率。下面，我们将围绕着这两个终极目标，寻找数字化的解决方案。

1 为道路使用者服务

我们不妨站在驾乘人员的角度去感受一下，当我们行驶在高速公路上的时候，每一辆车就是一个相对独立的被服务单元，那么通过什么途径向这些相对独立的单元服务，服务的内容又有哪些，就是运营管理者需要考虑的问题。

服务的内容相对比较容易界定，就是如何引导车辆快速安全的到达目的地，也就是我们需要向驾驶者传递所行驶路段的路况信息和交通安全信息。那么如何把信息快速准确的传递到每一个相对独立的被服务单元，就是目前要解决的关键问题。现在让我们以一个相对独立的被服务单元为平台来考虑，实现和被服务者的信息交流，可以通过以下几种方式来实现。

1.1 利用汽车无线接入技术（近距离无线通信）

从早期的汽车遥控门控系统，到现在的不停车收费系统（ECT）、蓝牙免提通话系统等的新兴应用，无线接入系统正不断在车辆应用中涌现。那么随着应用的不断深化，如果车辆内部集成有基于公共信息接收的无线接收器，就可以接收跟驾驶者有关的社会公共信息，在车内多功能显示面板上显示。假如我们在收费站上道广场和沿高速公路主线每隔一段间距处设置无线发射基站，就可以将实时路况信息及路段限速信息等发送到多个特定的区域（基站发射机的最大发射功率一般受政府规定限制），当车辆每经过一个接收区域时，都会接收到最新的路况信息，从而对其进行有效的交通诱导。这种无线接入系统应用前景广阔，例如商务或居住区内的停车诱导，大型停车场内停车区域和停车位置的指示，城市道路改线提示等，但是由于其用途为接收公共信息，那么它的发展就需要国家的统一规划和汽车生产商的一致配合，在现阶段还不具有实际的可操作性。

1.2 利用车内现有移动通信工具(远距离无线通信)

1.2.1 通过手机定位来实现

在手机广为普及的今天,其在人们的生活中早已不再是人们单一的通信工具,大量丰富多彩的功能正逐步被人们所挖掘,例如手机定位。手机是靠与其通信基站的GSM/GPRS无线网络来实现定位功能的,在一些发达国家已经有了相关的服务功能。如美国的InfoMove公司在为无线上网的汽车提供互联网服务的同时,还提供汽车所在地附近的实时交通状况,包括附近的银行、超市、停车场位置等信息。

我们也可以通过手机定位服务来实现交通信息的传递:当发现有单个手机信号点迅速在高速公路所辖路段区域内沿主线上下行方向漫游时,就向其发送相关的路况信息。由于手机定位服务是由移动通信运营商提供的,我们可以通过和其合作的方式来实现:由监控中心把实时路况信息发送给移动通信运营商,然后由移动通信运营商根据手机信号的漫游特征以短消息的形式发送到这些漫游手机上。但是这种信息沟通的方式需要经过第三方,即移动通信运营商,信息的时效性难以保证,而且具体实施起来还有很多问题需要考虑:比如目前移动通信运营商不止一家;由于高速公路的线形特征跨越了多个不同的地市,需要协调的难度较大;另外还涉及到个人隐私等敏感问题,还需要做进一步的比较分析。

1.2.2 通过GPS定位实现

随着GPS技术近年来在国内的迅速普及,越来越多的汽车驾驶者安装了GPS车载导航设备或使用了手持式GPS个人导航设备,这些GPS设备在接收到连续的卫星信号后计算出实时的三维定位坐标、速度、方向、轨迹等信息,在其内置的电子地图中标示出来,从而实现了GPS导航功能。如果这些GPS导航仪能够将其定位信息通过无线网络连续实时地传到路段监控中心,就能够为路段的车流量实时监测提供有效的数据源。由于监控中心已经有了所辖路段的地理信息数据库(GIS),把定位坐标的移动轨迹在GIS上显示出来,就形成了动态的道路车辆通行状况图。监控中心可以通过车流的异常变动情况,将事件信息和路段通行状况信息通过无线网络再反馈给每个独立的GPS导航仪,从而引导GPS测算出最佳的行车路线。

据报道,德国格达斯公司利用GPS原理推出的"流动汽车数据"方案已在汉诺威市试用。该方案将全市的公交车辆作为"交通信息传感器",通过这些散布在城市中的公交车辆把车速数据传送到信息处理中心,就能掌握各关键路口的车流状况,并可通过电台、手机短信和GPS导航仪等各种途径告知驾驶者,让他们避开拥堵路段。我国上海市为了在2010年的世博会期间提供更完善的交通服务,已经开始了这方面的尝试。

由于高速公路相对封闭,完全控制上下口通行,并且有外场全程监控摄像机和车辆检测器的全程数据支持,可以较好的掌握路段通行信息,如果再通过GPS来掌握路况信息显然有点多此一举。另一方面,目前国内GPS市场较为混乱,同时大部分的手持设备只能接收卫星信号而不具备远程数据传输能力,即使能够远程数据传输,如何传入路段监控中心以及在监控中心进行信息接收和处理等多个具体的环节上还不具有实际的可操作性,但是通过引入GPS+GIS的方式对路政、养护等工作进行日常的运营管理,倒是有一定的现实意义。

1.2.3 利用公共广播系统实现

我们可以利用高速公路所属区域的省市级交通广播资源,将最新的道路通行信息和路段限速信息实时发送至所属区域的省市级交通广播电台,用其自身的公众广播服务功能告知所有社会车辆,达到路况信息的实时传送。这个方案可以实现交通广播和路段公司的双赢,即传播了路段的交通信息，又提高了交通广播的收听率，而我们需要做的，仅仅是在路肩竖立一块标志牌："实时路况报道，FM……"。

1.2.4 利用可变情报板实现

这是现行最直观也是最常用的方法，通过沿线的可变情报板将信息公示给所有驾乘人员，笔者认为这个方法同时也是以上所有方案中效果最好的。因为在长时间的行驶过程中，面对视觉单一的线形方向前进，驾驶人员很容易产生视觉疲劳，这种视觉疲劳虽然还不至于引起交通事故的发生，但是却可以使驾驶者精力分散，反应相对迟缓。如果在路线中合理的分布一定数量的可变情报板，让不同颜色的字体凸现在公路线形周围，在引起驾驶者注意的同时，可使其精力迅速集中，缓解视觉疲劳的程度，同时也实现了交通信息的传递。

沪宁高速公路全长248km，共设置了40套大型可变情报板，22套悬臂式可变情报板，12套LED信息发布屏来宣传和发布道路通行情况信息以及车辆安全行驶信息，可见其对这种信息发布平台的重视和依赖程度。如果我们通过增加一定数量的情报板来提高路网信息的发布量，改善道路行驶者的第一印象，让他们在行驶过程中加深对高速公路数字化建设的认可程度，可以说是一个行之有效的办法。

2 为运营管理服务

为运营管理服务，就是要通过高速公路的数字化建设，用现代化的技术手段来提高管理的效率，节约运营的成本。为了实现这个目标，我们需要做的就是在高速公路的建设过程中增加道路的科技含量，提高设备的自动化程度，提供数字化的管理功能，创造良好的管理条件。

2.1 路段监控中心

作为数字化管理的枢纽，监控中心的布局要合理，空间感良好，平面显示系统要清晰、明亮，室内装饰要简洁、大方，这决定着数字化管理场所的硬件环境。各种新技术、新设备的应用可以提升监控中心的数字化氛围，在经济条件许可的情况下可以适当考虑，例如玻璃成像显示系统，空气立体投影显示系统等。

在监控中心正前方的大屏幕上，会有路段全线的平面图形显示。如果路段成功构建了GIS，可以将其与外场监控设备联网，将整条道路的通行状况及外场设备的工作状况实时显示在大屏幕上，实现对交通流量，气象状况，事故地点等信息的自动采集，这样GIS就由原来的静态地理信息数据库变成了动态实时地理情报数据库，通过立体交通模型的引入，由后台计算机对道路通行环境进行客观的分析和辨别，进而自动控制外场设备进行必要的交通诱导。例如当跨路风速达到一定程度后，信息发布屏会主动提醒过往车辆注意横风；如果遇到雨雾天气，后台计算机可以根据能见度测试仪测出的当前能见度等级来自动选择适合的车辆行驶速度，然后主动更改可变限速标志的车辆限速信息，达到限制通行车辆当前行驶速度的目的。

2.2 视频检测系统

随着交通监控图像的增加，监控人员已很难对所有的道路交通图像进行实时查看，可以考虑对所有的外场监控图像进行视频自动识别分析，利用动态图像自适应技术和车辆图像跟踪技术，对全线所有道路摄像机的视频信号进行识别分析，检测交通突发事件，对车辆碰撞、交通拥堵、车辆逆行、行人上路等事件进行自动识别并及时报警。这种技术正在日渐成熟，并已广泛投入使用，例如沪宁高速公路在全线共设置了17套交通事件视频检测系统。

需要注意的是图像的实时识别有效率与摄像机的观测角度有一定的关系，同时在识别过程中要尽可能使摄像机保持静止状态，但是当需要对个体事件进行重点监控时，可能要人为的控制摄像机转动来强化对事件现场的监控，笔者认为这个问题可以通过设置摄像机预置位的方法来解决。将摄像机的最佳观测角度存为摄像机的预置位，一旦有人操作视频矩阵键盘调整摄像机的观测范围时，以人工控制优先，当人工控制结束后，通过调用预置位的功能将摄像机自动回复到最佳监控状态同时重新开始视频的识别分析。这样在日常的监控活动中，以视频自动检测为主要监控手段，以人工定期巡视并对个别图像作重点监视作为辅助监控手段，可以较好的提高运营管理的效率。

2.3 隧道照明方案

由于隧道内需要有24小时不间断的照明，为了更好的达到节能、环保等要求，照明技术方案的选择就显得尤为重要。隧道内的照明光源需要具备能耗低、亮度可调、光线均匀、颜色柔和等特点，目前市场上的新光源主要有正在迅速普及的LED和近几年刚刚兴起的塑料光纤照明。

针对隧道的特点，LED照明的优点在于可以自由调光，控制灵活，用作建筑物大面积照明光源已比较成熟。光纤照明除了可以自由变换光线颜色外，还有不怕水，不异电，不发热，无电磁干扰等优点，由于是新兴照明方案，目前主要应用于引导性照明，建筑物内完全取代灯光照明的工程案例还不多。

特别值得关注的是，目前利用太阳能采光的光纤照明系统已经研发成功，该照明系统发出的光线光谱与太阳光是完全一致的，这就意味着即使在隧道内，也一样可以分享到太阳光所带来的各种能量。在我们常见的太阳能利用中，一般是把太阳光转化为热能或电能，而采用这种方式，太阳光经过照明光纤传导至隧道内，可将太阳光直接加以利用，具有清洁、高效、安全、无污染等优点。如果在隧道内安装此系统，正常情况下白天可以不消耗任何电能就能解决照明问题，这样就能减少隧道一半的正常用电消耗，长期计算其经济性能十分突出，但是目前该系统的市场化程度不够，还没有成熟的市场案例经验可以借鉴。

根据隧道的特征，结合传统照明与新兴照明的相对优势，可以考虑在隧道顶部安装LED作为主要照明光源，在隧道两侧使用发光光纤作为辅助引导性照明。根据设置在隧道两端洞口外的光强度检测器所取得的实时光强度信息，自动调节LED的供电电流，从而实现自动控制隧道内部及出入口过渡段的照明亮度。发光光纤可以作为路线的引导照明，根据隧道内不同的环境变化情况，自动调节光纤照明的颜色。例如平时呈现为冷色调(蓝色或绿色)，当隧道内有烟雾，能见度较差时，可以显示为黄色或橙色。

2.4 隧道温控自动化

根据隧道的特性，考虑到通风排烟的需要，隧道内可以采用光纤测温的技术(光纤激光雷达)来实现对隧道所辖路段内温度的实时监控。同时在隧道内还设有CO/VI(一氧化碳/能见度)检测器，如果将这些外场设备采集的数据与风机的自动控制联系起来，根据检测到的环境参数与设定参数的比较结果，控制风机运行的组合方式和运行时间，就实现了隧道温控的自动化管理。例如当检测到隧道内外的温差过大或隧道内一氧化碳浓度超标时，自动启动部分风机对隧道内进行通风处理，如果问题不能得到有效的缓解，备用风机也将迅速启动并全速运行，使隧道内的通风量达到最大。当隧道内某一区域与其他区域的温差急剧增大时，该区域内将自动启动隧道消防系统，并向隧道监控站发出消防告警信号，引导隧道消防管理人员启动隧道火灾紧急预案，从而及时控制事故现场。

2.5 信息自动发布

通常车辆检测器会实时提供车流量、车道占有率等数据，当监控中心的数据采集计算机收到车检器的车道行车数据后，可以根据数据的变化情况进行数据统计，当数据变化超过一定范围时，向信息发布计算机提出事件申请，信息发布计算机根据事件的类型，自动向情报板发送交通诱导信息。

例如，当车辆检测器感应到在路段某一地点车流密度加大，车速趋缓，单位时间行车数量明显增多时，就会在前方路段的情报板上发布“前方进入车流密集区，请谨慎驾驶”等诱导信息。当车辆检测器感应到车流停滞不前，就会在前方情报板上发布“前方拥堵，请进服务区休息”等诱导信息，同时在服务区的信息发布屏上提示“前方拥堵，请稍候通行”的信息。等路政人员处理完毕，车辆恢复通行时，可变情报板的显示就会自动恢复正常，同时服务区的信息发布屏也恢复正常信息。

2.6 超速自动提醒

为了防范超速行驶带来的各种危害，可以在路段某处设置超速提醒装置。具体的实现方式多种多样，以下提供一种方案以供参考：

在离可变情报板 500m 距离处，可以设置车速感应线圈，并安装抓拍摄像机，当检测到车辆超速时，在可变情报板上就会有超速警告信息，提醒当前行驶车辆减速行驶。由于可变情报板显示能力的限制，如果需要显示车辆的抓拍图像，还需要单独设立一块图像显示屏，可以和可变情报板设置在一起，这样如果车辆超速，就会有图文并茂的方式警告超速车辆，达到限速的目的。

2.7 供配电管理自动化

通过组建路段的电力监控系统，可以做到对供配电系统的远程遥信、遥测、遥控、遥调。在监控中心的供配电监控计算机上，可以查看全线各个站点的供配电设备工作状况，例如三相电压、三相电流、变压器温度、频率、功率因数、开关位置等，结合有载调压等功能，在监控中心就可以实现远程过电压保护动作、低电压保护动作等操作。根据电力监控计算机中保护定值的参数设置，进行保护定值的实时在线管理，从而实现了供配电管理的综合自动化。

2.8 电视电话会议系统

高速公路点多线长的特性，给其管理带来了很大的不便。如果路段运营管理中心需要开会，全线所有收费站的管理人员都需要在同一时间赶到同一地点，造成管理效率低下，增加了运营管理的成本。可以考虑增加电视电话会议功能，实现多地点实时视频通话，节约会议的组织费用，节省与会人员的时间。

具体实现方式有多种，可以利用 OA(办公自动化)网络和相关软件实现，也可以通过光网络数字传输体系实现。建议视频图像利用收费监控图像的传输通道实现，这样视频清晰度可以得到保证，声音的传输可以利用内部电话实现，也可以采用 IP 语音技术实现。

2.9 路政、养护数字化管理

高速公路的“数字化”不仅仅体现在机电工程上，还体现在管理的每一个环节上，“数字化”高速还可以有以下特点：

(1)路政和养护管理：可以引入 GPS+GIS 系统实现对路政及养护部门的动态管理，掌握出勤车辆及人员的实时准确位置，针对路段的日常事件能够做到准确定位并实时调度路政、养护管理车辆。

(2)桥梁监测系统：通过在桥面、桥墩、桥梁等部位设置传感器，可以对桥梁结构的应变、裂缝、震动等多种物理量进行实时测量，当动态偏差值超出设定警戒值时就会自动报警，养护部门接到报警后启动紧急。

(3)路面监测系统：通过在路面上设置传感器，可以测量沥青路面的疲劳老化程度。在路政巡逻车上可以安装超声波传感器，检测路面波浪、壅包、坑槽、局部沉陷等信息，结合 GPS+GIS 定位，将问题路段的病害类型及位置信息自动发送至养护部门。还可以给养护部门配置智能型公路综合检测车，当检测到问题路段时，再根据不同问题派出不同的养护队伍前来处理。

路基监测系统：通过在路基埋设传感器，可以收集路基地质应力的变化数据，养护人员根据数据的变化规律，推测出边坡演化及失稳等路基问题。传感器还能采集路基土质的含水率变化，收集地下水渗透信息，使养护部门有效控制路基沉降、湿陷、盐渍化、冻胀等病害。还可以给养护部门配置探地雷达对道路进行定期的全面检查，根据不同问题采取针对性的解决方法。

参考文献

[1] 汽车无线接入技术解决方案：http://www.esmchina.com/ART_8800063191_617671.HTM

[2] 手机定位系统：http://blog.china.alibaba.com/blog/joelincn/article/b0-i1309188.html

[3] GPS 全球卫星定位：http://blog.csdn.net/andydevelope/articles/798843.aspx

[4] GPS 在智能交通中发展的关键技术：http://af.qjy168.com/look_info.php?info_id=30321

[5] 基于 GPSGIS 的机动目标指挥调度管理系统的工程实现：http://www.gpsbao.com/index.php/1/action_viewspace_itemid_381.html

[6] 东软智能交通 GPS-GIS 系统解决方案：http://www.soft6.com/solution/detail.asp?id=BBHIBB

[7] 卫星定位在交通运输中的应用：http://www.chinarta.com/html/hytd_board/20056283410.htm

[8] 高速公路智能管理方案：http://www.gkong.com/solutions/solution_detail.asp?solution_id=1943

[9] 汽车新技术助推“智能交通”：http://finance.sina.com.cn/chanjing/b/20051116/0931400557.shtml

[10] National Geographic-MEGA STRUCTURE- Autobahn：http://www.ngcasia.com

[11] 国家地理伟大工程巡礼-德国高速公路：http://ent.sina.com.cn/v/m/2006-03-14/14581015503.html

[12] http://124.10.242.150/viewthread.php?tid=163693

[13] 京秦高速　中国公路 2007.2 总第 246 期，043 页-中国公路杂志社

[14] 空气投影系统：http://www.it.com.cn/f/projector/073/2/389111.htm

[15] http://bbs.zol.com.cn/index20060815/index_142_11057.html

[16] 智能控制声光电一体化多媒体沙盘模型：http://www.bjwanlida.com/docc/cpjs_1.htm

[17] 视频图像识别分析软件，掀开监控新篇章：http://www.anfang.sh.cn/info_155.html

[18] 视频图像中的车辆检测：http://www.guangdongdz.com/special_column/techarticle/jszl15186.html

[19] 中国 LED 照明网：http://www.lighting-led.cn/　http://www.ltplighting.com/main.asp

[20] LED 照明突出优点及广泛的用途：http://omet.stlib.gd.cn/chp1/electronics/ele019.htm

[21] 中国光纤照明网：http://www.zmhome.com/http://www.jh-light.com/index.php

[22] 光纤照明技术浅议：http://www.ledcac.com/info/detail/61-14530.html

[23] 视频会议系统的主流解决方案与技术趋势：http://dsp.blueidea.com/feature/app/782.asp

[24] 视频会议-引发通信新革命：http://www.istis.sh.cn/list/list.asp?id=780

七、财务与造价管理

施工企业项目部财务管理的探讨

郭雅丽

（河南中原高速公路股份有限公司）

财务管理是企业管理的中心，项目部财务管理在项目部管理中具有同样的地位。项目部财务管理水平的高低，对项目经济效益的好坏产生直接的影响，进而影响整个企业的生存与发展。加强项目部的财务管理，规范管理办法，能够加强企业管理的基础工作，增强企业各部门的分工协作，优化资源配置，合理地使用资金；能够强化资金的管理，减少资金的损失和浪费；使费用支出得到控制，减少铺张浪费；促进加强成本管理，实行项目责任成本核算，最大化地提高项目经济效益。下面从四个方面进行探讨。

1　建立科学合理的财务管理体制

科学合理的财务管理体制最突出的特点：一是能体现管理主体在责、权、利方面的关系；二是明确规定各主体分别所享有的财务权限和应承担的财务责任，从而调动其工作积极性和主动性。

(1)明确项目负责人的权限和责任。项目负责人在工程项目管理和财务管理方面处于最高管理者的位置(对工程项目而言)。《会计法》对单位负责人的会计责任作了明确规定：“单位负责人对本单位的会计工作和会计核算资料的真实性、完整性负责”。这就要求项目负责人既要接受上级部门的检查、监督，完成上级下达的经济指标，又要接受外部税务、审计机关的监督检查，并对所产生的最终财务成果负责。

(2)严格履行财务主管的职权。目前许多公司已实行项目财务主管委派制，被委派财务主管参与工程项目的生产经营管理及领导决策，主持工程项目的会计工作和日常行政管理工作，执行国家财政法规和上级有关规定，维护公司财产安全完整；审核重要财务事项、分析预测资金需求，及时向项目负责人提供、反馈财务信息，做好领导的参谋，定期向上级汇报财务工作，正确行使上级赋予的经济权，做到多反馈、多沟通，以保证财务信息的真实性、完整性、及时性。是上级部门及时、准确地掌握项目的财务状况。

2　建立健全项目财务管理制度

财务管理制度是企业财务管理工作中所遵循的各项规范标准，随着现代企业制度的建立，管理模式的转变，工程项目的财务管理工作也逐步有传统的核算型向经营管理型转变。财务管理制度易定不易行，既要做到科学、合理、有较强的可操作性，又要能随着工程项目的不同能够不断的改进和完善。我认为在财务管理制度中应加强以下几方面的管理。

(1)货币资金管理。货币资金管理在最基本的制度、准则要求的基础上还应该明确：要严格执行一支笔签字制度和大额费用开支的会签制度；严格备用金定额管理。

(2)材料物资管理。

①严格材料物资"点、收、发、核、转"各环节手续，做到购料有计划、用料有审批、周转有效益，杜绝材料物资的"跑、冒、滴、漏"、超期积压等浪费现象。

②推行物资设备阳光采购，减少不必要的"隐形成本"。

③建立周转材料内部市场。周转材料的性质决定了其在施工生产环节中会有一定程度的闲置，如：钢模板、脚支架等，这些周转材料没有外部市场，如果长期积压，就会造成浪费，可通过下列方式进行处理：

a.对于尚有部分利用价值但不需用的可会同物资部门、成本管理部门评估后参考当地市场价格出租或出售给劳务队使用，所形成的收益可核减工程成本。

b.对于有利用价值，但本工程项目不需用或工程已结束不用的周转材料，可通过公司有偿调配到其他工程项目，所形成的调配价差有公司负担。

(3)固定资产管理。建立固定资产动态台账，对固定资产实行动态管理，谁使用谁负责，维修费按计划预提，包干到各部门、班组、个人。

(4)验工计价管理。实践证明，验工计价管理直接影响到项目资金的周转。要加强两方面工作：

①按期上报业主计价，并及时结算，一旦留有"尾款"，也要及时催要，避免不必要财务风险的发生。

②对下设施工队的计价也要按期进行，及时反馈所发生的成本费用、资金需求等信息。

(5)财务报销制度。对于报销制度，各工程项目不尽相同，但笔者认为在项目部定员、经费定额的情况下，应切实推行费用包干制度。对易控制的费用，一次包死，不留口子，实践证明：凡是包到个人不再报销的费用都不会超支；凡是只定指标留着报销口子的费用都会超支。

(6)财务分析报告制度及财务报表制度。财务部门应考虑到项目的实际情况，在按期向集团公司提供正常的财务报表外，还要向项目主管报送资料(现金流量月报表、工程拨款及预付款情况月报表和财务盈亏分析月报表)便于项目主管作出决策。力求会计信息的真实、完整、及时、有效。

(7)项目台账制度。项目台账主要包括以下几种基础表格：工程概况表、经济指标表、盈亏分析表、资金状况表、拨付款统计表、固定资产变动情况表、经费开支表、资金收支情况表、职工收入明细表等，通过建立这些表格，主要达到了三个目的：

①平时积累了会计资料，为会计核算、项目评估等提供基础、详实的动态资料。

②为单项目主管提供日常管理会计信息。

③便于财务状况分析，积极推进向管理型会计转变。

3 以资金管理为核心强化财务管理

项目部的资金管理包括资金的筹集、使用和合理调度。资金的管理是项目部财务管理的中心，资金管理的好坏，直接关系到项目生产经营能否正常进行。尤其在建筑市场供过于求的今天，企业为了在竞争中承揽任务，要不断更新设备，增加物资储备，同时又受物价上涨，建设资金不到位和投标中垫资等因素的影响，企业资金缺口的矛盾日益突出。一些工程项目因为严重的"贫血"，而不得不停工或部分停工的现象时常发生，给施工生产带来了较大的困难，已成为制约企业发展和影响企业经济效益提高的一个重要因素。

3.1 资金的筹集

资金筹集是项目部财务管理的首要任务，项目部资金的来源一般有以下三个方面：

(1)根据工程承包合同向建设单位收取的预收工程款、备料款和根据验工计价收取的工程进度款。这是项目部资金筹集的主要渠道，可是因为激烈的竞争市场，工程中标后签订合同时，已把预收工程款和备料款的额度压得很低，甚至没有；工程进度款的支付比例也较低。况且，由于建设资金的管理部门多，手续上又要求必须按程序完善，造成资金到位的时效性较差。

(2)根据项目开工初期的资金需求量，需要上级给予拨付的启动资金。这部分资金在整个项目资金中所占的比重不大，也是暂时的，项目资金不紧张时，还得调回去。

(3)在资金严重不足时向上级申请的有偿调剂资金，经主管部门批准，也可在当地银行贷款。

从以上三个方面不难看出，想方设法地尽快从建设单位要回工程进度款，是项目部财务管理的重中之重的工作。

3.2 资金的使用和调度

项目部要建立健全完善的内部资金管理制度，规范项目的资金运动，采取切实可行的有效措施，控制资金动向，提高资金运用效率。

(1)坚持和完善"一支笔"管理制度。项目的资金调度，统一由项目经理审批，严把支出关，确保重点支出的需要，杜绝资金失控和浪费现象的发生。

(2)对项目部所属的内部分公司，在施工期间的工程款，项目部可以根据责任成本合同预付一定数量的工程款。月份终了，根据实际完成的责任成本，扣除已预付的工程款和垫付的材料款后进行拨付工程款。

(3)严格执行"用款计划"申报制度。项目部所属各单位及各职能部门，每月初，必须向项目部财务部门和项目经理申报用款计划，方可根据当期资金情况统筹安排用款。

4 财务管理以"责任成本管理"为重点

责任成本管理是根据工程项目的特点，结合各单项工程的造价和成本要素，以施工队、班组及职能部门等责任中心为主体，以可控成本为对象，以预算管理、定额管理、施工管理、财务管理、会计核算等管理方法为手段，对工程项目所发生的成本费用所进行的控制。它与传统的生产成本的根本区别是：把"责任"和"成本"进行了有机结合，是目前施工企业降低成本、提高经济效益的最有效的手段，因此是项目财务管理的重点。

(1)责任成本管理的原则。项目部实行责任成本管理应当遵循如下原则：目标一致性原则、成本的可控性原则、合理性原则、责权利相结合的原则、反馈性原则和及时性原则，缺一不可。否则，"责任"和"成本"不能有机地结合在一起，实行责任成本管理的目的也就难以实现。

(2)合理编制责任成本预算，按可控性原则分解经营目标。责任成本预算是责任中心预测成本和控制成本支出的依据，也是项目部考核责任成本的工具。编制责任成本预算，并对指标进行层层分解是否合理，决定了责任成本管理的成败。不切实际的责任成本，很难执行成本否决。人为地压低内部计价指标，不但达不到控制成本的目的，而且会产生不良后果。一是指标偏紧，那么可以支出的人工费绝对值必然减少，职工的经济效益受到影响，节约成本积极性受到挫折，甚至对实行责任成本产生抵触情绪；二是为完成成本指标和实现个人经济利益，而偷工减料，产生质量事故。相反，内部计价指标定的偏高，基层施工单位的利润来之莫名其妙，从而造成管理有方的假象和掩盖管理不善的真相。

(3)责任成本核算的周期规定。

①项目部一般每个月、季都要进行责任成本核算，找出成本偏差，采取措施纠正。

②各施工队(或工区)责任成本核算的周期原则上确定的时间要短。一般每旬、月进行一次核算，发现成本偏差及时采取措施纠正。

③各班(组)责任成本核算的周期更要短，目的是能及时发现成本偏差，立即采取措施纠正偏差。因此，核算周期一般定为日、五日、旬进行一次核算。

成本核算作为一项全员、全过程、全方位的管理模式，必须要建立责任成本管理的一系列组织和办事机构，完善核算体制，明确责任分工，认真开展工作，确实抓好落实。

另外项目部还要正确处理各种经济关系，加强项目债权债务的管理。只有通过对工程项目部到位的财务管理，才是消除“以包代管”或“包而不管”这种失控粗放的管理方式，促进企业走内涵发展道路的正确之举。这样势必有力促进工程项目管理及企业综合管理水平的提高，进而促进企业经济效益的提高。

公路工程项目的施工成本控制

陈明明[1]　刘培新[1]　王　玲[2]

（1.河南中原高速公路股份有限公司;2.河南省第三公路工程有限公司）

摘　要　介绍了公路工程项目施工成本的组成及项目施工成本控制,对施工企业进行施工成本控制分析,并提出了加强施工成本控制的措施和方法。

关键词　公路工程　项目　施工成本控制　措施　方法

1　引言

公路工程项目的施工成本是指在项目施工现场所消耗的人工费、材料费、施工机械使用费、现场其他直接费及项目经理部为施工准备、组织和管理施工生产的全部费用支出的各项费用之和。工程项目的施工成本控制是贯穿在工程建设自始至终的全过程,是企业全面成本管理的重要环节,必须在组织和控制措施上给予高度的重视,以期达到提高企业经济效益的目的。为了加强施工管理工作,搞好成本控制,降低工作成本,实现工程利润的最大化,

施工过程中的每个环节都要进行投入产生分析,搞好责任成本管理,对所有资源要素按时间节奏进行动态优化组合,以保证以最低的投入获得最大的产生,也就是说,工程项目在施工生产过程中的每一环节都要进行项目成本控制,成本核算过程与施工生产过程同步进行,在时间上保持一致,这样才能保证项目成本核算的准确性和一致性,才能真正做好项目成本控制。本文根据当前施工企业所存在问题对施工成本控制进行了分析,并提出了施工成本控制的措施和方法,从而更好地加强公路工程项目的施工成本管理。

2　施工企业施工成本控制分析

2.1　施工成本控制的问题及原因

当前施工企业的项目施工成本管理,一般只是材料员会计的事后核算,而不是事前预防和事中控制。原因有:成本意识淡薄,简单地认为成本管理是财务部门或者是上级领导的事,与自己无关,只是注重“生产任务的完成”和“承包盈亏”,在群体中产生“负效应”。因此,动员工程项目部全员参与成本控制,深化项目部的成本管理势在必行。

2.2　项目部亏损的原因分析

2.2.1　主观原因使成本失去控制

(1)没有严格执行成本控制的总目标或者根本没有成本控制的总目标;

(2)材料、配件的计划、采购、验收、保管、出库、消耗制度不健全;

(3)承包措施不配套;

(4)分包工程存在漏洞;

(5)出现严重的质量问题;

(6)施工设备利用率不高；

(7)施工安排不合理；

(8)安全事故较多；

(9)间接费控制不力；

(10)财务管理混乱。

2.2.2　客观因素的影响

(1)成本；

(2)地质变化；

(3)气候变化；

(4)设计变更；

(5)企业提要求；

(6)施工组织设计欠合理；

(7)项目部窝工。

3　项目成本控制措施

降低施工项目成本的途径，应该是既开源又节流，或者说既增收又节支。只开源不节流，或者只节流不开源，都不可能达到降低成本的目的，至少是不会有理想的降低成本效果。控制项目成本的措施归纳起来有四大方面：组织措施、技术措施、经济措施、合同措施。

3.1　组织措施

项目经理是项目成本管理的第一责任人，全面组织项目部的成本管理工作，应及时掌握和分析盈亏状况，并迅速采取有效措施；工程技术部是整个工程项目施工技术和进度的负责部门，应在保证质量、按期完成任务的前提下尽可能采取先进技术，以降低工程成本；经营部主管合同实施和合同管理工作，负责工程进度款的申报和催款工作，处理施工赔偿问题，经济部应注重加强合同预算管理，增创工程预算收入；财务部主管工程项目的财务工作，应随时分析项目的财务收支情况，合理调度资金；项目经理部的其他部门和班组都应精心组织，为增收节支尽责尽职。

3.2　技术措施

(1)制定先进的、经济合理的施工方案，以达到缩短工期、提高质量、降低成本的目的。施工方案包括四大内容：施工方法的确定、施工机具的选择、施工顺序的安排和流水施工的组织。正确选择施工方案是降低成本的关键所在。

(2)在施工过程中努力寻求各种降低消耗、提高工效的新工艺、新技术、新材料等降低成本的技术措施。

(3)严把质量关，杜绝返工现象，缩短验收时间，节省费用开支。

3.3　经济措施

(1)人工费控制管理。主要是改善劳动组织，减少窝工浪费；实行合理的奖惩制度；加强技术教育和培训工作；加强劳动纪律，压缩非生产用工和辅助用工，严格控制非生产人员比例。

(2)材料费控制管理。主要是改进材料的采购、运输、收发、保管等方面的工作，减少各个环节的损耗，节约采购费用；合理堆置现场材料，避免和减少二次搬运；严格材料进场验收和限额领料制度；制定并贯彻节约材料的技术措施，合理使用材料，综合利用一切资源。

(3)机械费控制管理。主要是正确选配和合理利用机械设备，搞好机械设备的保养修理，提高机械的完好率、利用率和使用效率，从而加快施工进度、增加产量、降低机械使用费。

（4）间接费及其他直接费控制。主要是精简管理机构，避免人浮于事，确定管理幅度与管理层次，减少不必要的工资开支及合理节约施工管理费等。

3.4 合同措施

采用合同措施控制施工成本，应贯穿整个合同周期，包括从合同谈判开始到合同终结的全过程。

（1）选用合适的合同结构，对各种合同结构模式进行分析．比较。在合同谈判时，要争取选用合适于工程规模、性质和特点的合同结构模式。

（2）在合同的条款中应仔细考虑一切影响成本和效益的因素，特别是潜在的风险因素。通过对引起成本变动的风险因素的识别和分析，采取必要的风险对策，如通过合理的方式，增加承担风险的个体数量，降低损失发生的比例，并最终使这些策略反映在合同的具体条款中。

在合同执行期间，合同管理的措施既要密切注视对方合同执行的情况，以需求合同索赔的机会；同时又要密切关注自己履行合同的情况，以防止被对方索赔。

4 目标成本控制方法

4.1 建立激励机制

施工企业对项目经理部，项目部对各个施工队、班组、个人，都要建立激励机制，使成本控制水平与个人经济利益挂钩，以充分调动职工积极性进行现场调研，并根据切实可行的施工技术方案结合本企业施工定额，计算其标后预算价，制定下达给项目部的目标成本额。当项目部实现了公司下达的成本目标和其他经营管理目标，且降低了成本的应给予一定奖励和分成。考虑到工程施工的特殊性，对项目部在施工过程中运用索赔等方式产生的经营利润，在项目部完成公司下达的利润目标前提下有超利事实的，该部分经营利润同样应予以分成。项目部对班组、个人也应该制定合理可行的考核办法，依据其岗位责任与目标成本责任完成的情况进行奖罚。

4.2 降低管理成本

项目部本级机构开支的费用，主要根据工程项目的大小，项目经理部人员的组成情况来综合考虑。无论项目部还是其上级机构都应节约管理费用，做到量入为出，精打细算，节约开支，实行指标分管；压缩编制，减少非生产人员，避免人浮于事。

4.3 降低工程直接费成本

提高劳动生产率，提高职工的科学技术水平和劳动熟练程度，加强零散用工的管理；尽量减少非生产人员数量；注意劳动组合和人机配套；充分利用有效工作时间，尽量避免工时浪费、减少工作日中的非生产时间。健全材料的计量、收发和盘点制度。工班、料库应指定专人负责收方计量工作，确保准确可靠。在保证工程质量和安全的前提下，通过改善技术操作方法，采用代用材料和修旧利废，制定材料的消耗限额等措施节约材料消耗。

充分发挥机械效用，加强机械设备的维修保养工作，提高机械的完好率，保证机械的正常运转。对于租赁机械，应议定合理租价，合理调度，周密安排，充分提高使用效率。

4.4 处理好成本与质量、进度的关系

质量、费用、进度三大指标是既统一又矛盾的整体，在保证工程质量和进度的同时获得最大的利润是企业应该追求的目标。

在实际生产过程中，有的施工人员在拌制砂浆、混凝土时，以多投入水泥用量的方法保证

质量;砌筑工程中以块石甚至料石代替片石,这种以过剩投入提高质量、增加成本的方法是不科学的应当严格按技术标准、施工规范、质量要求进行施工。同时,在满足业主要求的项目总工期的前提下,制定合理的人员、机械、材料投入计划,避免发生人、机闲置或待料现象,更不得无原则地赶工,造成工程成本陡升。

4.5 加强分包协作队伍管理

确定信誉好的分包协作队伍,分包施工费用根据工程项目特征依据中标价格情况,参照施工定额及市场价格调查等各方面因素进行定价。对于不同性质的分项工程应该采取不同的分包方法,以达到掌握工程质量及施工进度主动权的目的。

4.6 加强内部管理

根据各种物质的储备和消耗、工时利用、设备利用及费用开支等,制定先进合理的内部管理定额,并随着施工技术的改进和管理水平的提高,定期进行修订。同时建立健全原始记录台账,以便完整、准确、及时反映施工经营活动情况。另外,根据内部经济的核算和责任成本管理的需要,制定合理的内部价格,以利于划分经济责任,计算经济效果,做到责权利明确。

5 结语

施工项目成本控制是一项复杂的系统工程。在适用方面需要灵活运用,实际操作应因地制宜,不同的工程规模,不同的建筑企业,不同的管理体制都有差别,但不管怎样都是建筑企业对生产经营所消耗的人力资源、物质资源和费用开支,进行指导、监督、调节和限制。所以"增产节约,增收节支"是每一个建筑企业的共同点,这就需要在实践中不断地总结和提高成本控制的方式和方法,以保证项目成本目标的实现。而作为企业只有不断深化财务管理体制的改革,突出成本管理的中心地位,进一步加强成本管理,严格成本否决,实行全员、全过程、全方位的成本控制,才能不断适应市场竞争的形势,摆脱困境,实现成本控制的目标。

参考文献

[1] 李世蓉.工程建设项目管理.武汉:武汉理工大学出版社,2002.
[2] 吴涛.施工项目经理工作手册.北京:地震出版社,1999.

浅谈公路建设项目实施阶段的工程造价管理

张智慧[1]　巢　晨[2]　柴桂荣[3]

(1.河南中原高速公路股份有限公司;2.河南公路项目代理公司;
3.河南省公路工程局集团有限公司)

摘　要　公路工程造价的控制与管理是一个动态实施过程。建设单位对公路工程造价的控制目的是在投资决策阶段、设计阶段和建设项目实施阶段中把公路工程项目的投资控制在批准的限额之内。设计阶段的投资控制是公路工程造价最有效的阶段,而实施阶段的公路工程造价管理则是公路工程全过程控制管理的重点和难点。

关键词　造价控制　招标管理　施工管理　结算管理

公路工程造价的控制与管理是一个动态实施过程。建设单位对公路工程造价的控制就是在满足一定的质量标准的前提下,分别在投资决策阶段、设计阶段和建设项目实施阶段中把公路工程项目的投资控制在批准的限额之内,力求在各个建设项目中合理得使用人力、物力、财力,并取得较好的投资效益和社会效益。在市场经济条件下,公路工程投资的确定与控制日益复杂,这就需要建设单位对工程造价的管理贯穿于公路项目的全过程,既要全面又要有侧重点。在项目投资决策后,设计阶段的投资控制是公路工程造价最有效的阶段,而实施阶段的公路工程造价管理则是公路工程全过程控制管理的重点和难点。

公路工程实施阶段的工程造价管理可分为三个环节:招标管理、施工管理和结算管理。

1　完善工程量清单招投标,加强招标管理

公路工程招投标制度是建设单位控制工程造价的有效手段。经过近20年的发展,我国招投标市场现已比较成熟。通过招投标可以提高公路工程的经济效益,保证公路工程的质量,缩短公路投资的回报周期,建设单位可以充分利用招投标这一有效手段进行公路工程造价控制。通过招标产生的合同价格,规定和明确了合同双方的权利与义务,为项目建设管理奠定了良好的基础。这就要求建设单位在进行招标工作时,在招标文件中不仅要包括通常的内容如招标须知前附表、招标须知、合同条件、合同协议条款、合同格式、技术规范、图纸、投标文件参考格式等,还必须提供工程的工程量清单,作为投标报价参考文件的重要组成部分。

1.1　招标过程清单编制要求

建设单位在招标文件中提供工程量清单时,是按照国家或地方颁布的计算规则即统一的工程项目划分方法、统一的计量单位及统一的工程量计算规则,根据设计图纸计算、统计、排列,从而得出工程量清单。

工程量清单的编制应遵循客观、公正、科学、合理的原则。编制人员必须具有较强的预算业务知识，熟悉部颁规范，具备一定的工程设计知识和施工经验，以及机械施工技术与建筑材料等综合性的科学知识，这样才能保证在摘取工程量清单时不重不漏。在清单编制过程中一定要按照国家规定的工程量计算规则，工程子项划分、工程计量单位等规定，并根据设计图纸及招标文件的要求进行工程量提取、计算与汇总。对公路工程量清单中的工程细目应具有一定的概括性，条目简明，同时不能出现漏项、错项，应保证计价细目的正确性。同时应将不同等级要求的工程区划分开，将情况不同、可能要进行不同报价的项目分开。这就要求清单编制人员在编制时，认真研究设计图纸，分析招标文件中所包括的工作内容及不同的技术要求，熟悉所有工作的程序，认真勘测现场情况，尽量预测在施工中可能遇到的情况，对将要影响报价的项目予以划分。此外，若工程量清单中计算出的工程量为不完整工程量，考虑建设单位的利益，应明确中标价中的综合单价为不变价，工程量清单的数量按实计量。

1.2 评标过程中的控制

评标中，审查投标单位报价应做到总报价和单项报价的综合评审。总价符合要求并不能说明单项报价符合要求，总报价最低并不能说明单项报价最低。投标人往往采取不平衡报价策略，在保持总造价不变的情况下，将工程量可能变化较小的项目的单价降低，将可能变化较大的项目单价增大，以期达到在竣工结算时追加工程款的目的。另外也要做到单价和相应工程数量的综合评审，工程数量大的单价要重点分析。还要做到单价与工作内容、施工方案、技术工艺的综合评审，将不平衡报价在合同签订之前消除，从而择优选择合适的施工单位。也可以在招标文件中约定若投标报价中存在不平衡报价，在合同签订之前，必须对报价中不平衡报价进行调整，以保护建设单位的利益。

1.3 合同签订过程中的管理

施工合同是施工阶段造价控制的依据，是合同双方权利义务的分界点。签订严密的施工承包合同，同时在施工中加强合同管理，维护合同管理的严肃性，才能保证合同造价的合理性、合法性，减少履行合同中甲、乙双方的纠纷，维护合同双方利益，有效地控制工程投资造价。在合同签订后，要做好合同文件的管理工作，合同及补充合同协议及至经常性的工地会议纪要、工作联系单等作为合同内容的一种延伸和解释，必须完整保存，同时建立技术档案，对合同执行情况进行动态分析，根据分析结果采取积极主动措施。

2 细化施工管理，严格控制变更费用支出

2.1 控制材料用量，合理确定材料价格

在工程造价的控制中材料价格的控制是主要的，材料费在工程中往往占有很大的比重，一般占预算费用的70%，占直接费的80%左右。因此必须在施工阶段严格按照合同中的材料用量控制，合理确定材料价格，从而有效地控制工程造价。市场经济为材料的供应提供了多种渠道，而且材料品种价格繁多，建设单位合同管理人员及现场管理人员应密切注意市场行情，随着工程进展情况深入现场、市场，掌握第一手的施工情况及材料信息，为确定变更单价提供有力的依据。在公路工程招标中，现在招标人大部分要求在投标文件中提供主要材料数量及单价表，从而为后期变更单价的确定提供了较好的基础。

2.2 严把变更关，将工程造价控制在规定的范围内

在施工中引起变更的原因很多，如工程设计深度不够，使工程实际与发包时提供的图纸不符；当前市场供应的材料规格标准不符合设计要求等，这些问题的产生给工程造价留下一定的活口因素。所以在施工过程中，必须严把变更关，严禁通过设计变更扩大建设规模，提高设计标准，增加建设内容等，最好实行“分级控制、限额签证”的制度。对必须发生的设计变更，尤其是涉及费用增减的设计变更，必须经设计单位代表、建设单位现场代表、监理工程师共同签字，而且应尽量提前实现这类型变更，减少损失，因为已完成或部分完成的工程内容还需拆除，势必造成经济损失。为此，建设单位应指派工程造价管理专业人员常驻施工现场，随时掌握、控制工程造价的变化情况。

2.3 严格现场施工管理，及时掌握工程造价变化

在施工过程中，建设单位要加强现场施工管理，督促承包商按图施工，严格控制变更设计、材料代用、额外用工及各种合同外支出，对必要的变更，应做到先算账，后花钱，详细进行经济技术分析，变更一旦发生就及时计算因工作量变更而发生增减的费用，随时掌握项目费用变更额度，避免事情积压成堆，对工程造价心中无数。建设单位的现场工程师要督促施工方做好各种记录，特别是隐蔽工程记录工作，减少结算时的扯皮现象。许多工程就是由于现场签证不严肃，给工程结算带来麻烦，导致较大的经济损失，因此严格现场认证管理，是施工阶段控制工程造价的关键。

2.4 技术与经济结合，加强投资控制

切实有效的投资控制，必须从组织、技术、经济、合同等多方面采取措施。所以建设单位必须加强现场管理人员、工程技术人员的“经济”观念，培养实事求是的办事作风，要有较高的政治修养和业务素质，协助施工方搞好施工组织设计，合理安排人、财、物，加快施工进速度的同时，提高工程质量。施工中遇到问题应及时与设计方联系，选择既科学又经济可行的解决方案，克服盲目浪费，充分重视节约投资的重要性，特别是负责项目的工程技术员应与经济人员相结合，从工程招标、合同谈判、造价预算、签付进度款到竣工决算、造价分析等，实行全过程管理，严格控制工程造价。

2.5 加强监理人员管理

监理人员对自己的企业、自己的服务负责就是对业主的负责。作为一个监理人员，应坚持“守法、诚信、公正、科学”的执业准则，严格按照有关工程建设的法律、法规、标准、规范和制度执行，履行监理合同的义务和职责，不断从思想素质、知识素质、业务能力素质和身心素质等方面不断完善自己，并具有高度的工作责任心。建设单位可以定期对监理人员的业务知识进行考核，将人员考核制度与监理费用支付挂钩，并建立健全监理管理和廉政考核制度，对与施工单位串通、弄虚作假、降低工程质量的监理人员坚决进行严厉惩处。

3 加强结算管理，严格把好审核关

在公路工程竣工结算时，建设单位的审核人员应坚持按合同办事，对工程合同外的费用严格控制，对于未按图纸要求完成的工作量及未按规定执行的工程细目一律核减；凡合同条款明确包含的费用，属于风险费包含的费用，未按合同条款履行的违约等一律减费用，严格把好审核关。

对工程量的审核应根据施工承包合同要求，对施工过程中出现的设计变更、现场指示等进

行审核，不能多算或不按规则计算，在要求施工企业报送相应的工程计算式和材料用量明细表的同时，建设单位也要编制一份完整的结算书和材料用量明细，这样比照审核，才能做到客观、公正、合理，准确进行计量审核。其次，在结算审核中，还应注意审核项目的单价、结算书中分项的正确性及准确性，结合现场的实际情况分析计算。

最后应注意的是，在公路工程的竣工结算中，应按照部颁规范的相关规定及合同约定进行结算。工程量清单采用的是综合单价，一般情况下是不调价的。结算时，实际发生的招标时所依据的施工图纸以外的工程量变更和由于建设单位原因造成的工程量清单漏项或计算误差应预调整。在工程量调整时，工程量清单中原有的项目，应按报价中的合同单价结算；工程量清单中有类似的项目，应按照合同约定或参照类似工程项目报价单价依照内插外延的原则商定；工程量清单中没有的项目，按原投标文件中的单位和费率及有关合同条款进行确定。

如何做好土建工程的施工计量

宋保林

（河南中原高速公路股份有限公司）

摘　要　本文从工程建设合同管理的角度出发，详细论述了土建工程施工过程中计量的一些控制要点。

关键词　合同　土建工程　施工　计量

随着河南省高速公路的高速发展，合同管理日益规范化、科学化，郑州至石人山高速公路是我省第一条交通部勘察设计典型示范工程，其建设里程最长、投资规模最大、工期要求最紧、协调任务最艰巨的一个工程项目，要想使工程顺利完成，就必须保证资金能够及时拨付，也就是控制好准确计量的准确性和及时性，现把我在郑州至石人山高速公路土建工程计量过程中的几点体会作了以下总结。

1　原始地形的复核

施工单位进驻工地后，也就意味着计量工作的开端。在实际工程计量中，工程量清单中的工程量只是按照设计施工图纸为依据所计算出来的预计工程量，并不完全代表施工中实际发生的工程量，因而承包商进驻工地后，必须做好以下复核工作：

(1)对照设计图纸，做好中线、水准点、控制点及原始地面高程的复核，若有与设计图纸不符之处，应用书面形式上报监理工程师并做好记录，对图纸工程量进行校正。

(2)依据恢复和复核好的中线，对照施工图纸进行路基横断面的复核，若有实际断面与设计图纸断面有误，应通知监理工程师到现场复核，重新绘制断面图，重新计算有误断面的填、挖面积。

(3)根据实际地形与横断面设计图纸，对紧邻两个断面之间有变化的断面进行补测，并绘制补充断面图，进行工程量的核算。

(4)路基土石方中的土石比例，在现场复核和施工中也应检测复核，若有变化，也应在监理工程师的参与下，做好书面记录，进行工程量的核算，这项工作必须得到设计代表的确认。

(5)路基土石方调配的复核。在路基工程施工中，如有桥梁或涵洞等构造物造成土石方调配困难，应该和监理工程师协商后，改变原土石方的调配方案。该部分的复核结果也应以书面形式记录，重新进行土石方调配的计算。

(6)施工图纸上工程量的复核。认真审核施工图纸中的设计细节是否有错误，有无简单的算术计算错误，有无细部钢筋设计数量和数量汇总表输入错误，如果有上述错误，应及时和监理工程师文字沟通，通过业主单位和设计方联系，进行工程量的修正。

针对以上复核情况，及时做好工程量变更资料，上报业主代表后经设计代表的签字认可，才能作为计量的依据。

2 计量自然段的划分

根据现行《公路工程质量评定标准》附录A单位、分部及分项工程的划分和本合同段的实际情况，进行单位、分部及分项工程的划分。在实际施工时，参照实际地形和横断面设计图纸再划分成若干个计量自然段，一般以200～500m为宜，如挖方计量段，填方计量段、填挖结合计量段。在填方计量段划分时，应该注意填筑材料的土石比例，一般应根据每公里的土石填筑数量进行土石比例的确定，以后每次计量时都按照这个比例进行计量。自然段的划分应连续，不交叉，不间断，不能超过分项工程的桩号。对于桥梁部分，应把桥梁作为一个计量自然段处理(桥梁自然起讫桩号应包含台背回填的桩号)。计量时以自然段的划分作为计量单元体。

3 工程量清单的分桩

做好原始地形复核后，就应该进行清单工程量的分桩工作。在做该工作之前，应该认真阅读该工程项目的招标文件，合同文件，技术规范，公路工程国内招标文件范本以及该项目有关计量的补充办法，准确掌握那些工作是计量范围内的工作，那些工作已包含在计量细目的范围内。

在工程量分桩时，应认真查阅招标图纸和工程量清单，针对清单中的每一个细目和工程量，在招标图纸中找到它的出处，标注清该处的工程量和图纸页码，汇总后和清单工程量对照，就知道是否准确。如果工程量清单中没有出现招标图纸中的工程量，就意味着该项工作包含在其他相应的工程细目报价中，不属于计量范畴，如涵洞的台背回填就属于涵洞的附属工程不单独计量。这样分桩后，就可以为以后的计量打好了基础。

4 工程量清单的技术交底

土建施工单位的合同工程师不一定参与投标报价，因而土建单位要做好工程量清单的技术交底。在开始计量工作前，原来的投标报价技术人员应该针对工程量清单中的每一个工程细目进行技术交底，使他理解工程细目单价所包含的工作内容，哪些工作在这个单价中包含，哪些工作不属于这个单价的工作范畴，为以后的计量工作做好铺垫。

5 开工预付款的管理

(1)履约担保金额：中标人的有效投标价≤15%招标人有效标底价时，履约担保金额是10%合同价的银行保函；中标人的有效投标价≤20%招标人有效标底价时，履约担保金额是10%合同价的银行保函加5%合同价的银行汇票；中标人的有效投标价≤25%招标人有效标底价时，履约担保金额是10%合同价的银行保函加10%合同价的银行汇票。

(2)开工预付款的支付：在承包人提交了履约担保和签订了合同协议书并提交开工预付款担保14天内，监理工程师应按10%中标合同价格(含暂定金额、计日工)的金额签发开工预付款支付证书，并报业主批准。业主在收到该支付证书14天内核批，并支付开工预付款的70%的价款；在业主要求的主要设备进场后，再支付预付款30%。业主和监理有权监督开工预付款的使用，一旦发现开工预付款挪用到其他工地，业主立即通过银行发出通知收回开工预付款保函的方式将该款收回。

(3)开工预付款的扣回：开工预付款在中期支付证书的累计金额达到合同价格的30%之后，开始按工程进度以固定比例(即每完成合同价格的1%，扣回开工预付款的2%)分期从各月的中期支付证书中扣回，全部金额在中期支付证书的累计金额达到合同价格的80%时扣完。

6 采用网络计量和三阶段验收制度

(1)网络计量：为了加强郑石高速公路工程计量预支付管理，明确业主、监理、和承包单位的权利和义务，使工程计量规范化，程序化，能真实、准确地反映投资完成情况及对本工程建设投资的控制，既能准确、高效地完成计量支付，又能保存完整的档案资料，我们就采用先网络计量完成后再上报文字资料。根据分桩工程量的实际情况，建立了网上分桩计量工程量。在网络计量过程中，每个岗位都是通过设置密码来划分和限制各自的责权范围，全过程记录计量支付业务数据，上级主管单位可以修改下级的审批数据，下级只能查看上级的数据而无法修改，从而真正实现了责权分明。一旦某个部位的计量工程量超过网上分桩工程量，网络就会自动停止该部位的计量，有效地控制了计量的准确性。

(2)三阶段验收制度：根据河南省交通厅的要求，在建高速公路要进行三阶段的验收，郑石公司特别提出，只经过监理未经过三阶段验收的工程最多计量95%，剩余5%经过三阶段验收质量合格后方能计量，从而进一步加强了资金控制。

7 计量台账的建立

按照施工组织设计中的施工工期安排，可以对每个自然段的计量次数按月份布置，现以某一填方自然段示例，每次计量时应填好表1所示的相关信息。

表1

月份 桩号	计量总面积(m^2)	第一期			第二期			……		
		计量	累计	剩余	计量	累计	剩余	计量	累计	剩余
K1+020	101.6	21	21	80.6	32	53	48.6	*	*	*
K1+045	104.8	22	22	82.8	34	56	48.8	*	*	*
K1+070	107.9	23	23	84.9	31	54	53.9	*	*	*

以上图表作为每个月或每次计量的依据，每次计量后做好自然段完成工程量的台账记录。

7.1 工程变更情况的计量台账

在工程施工中，一旦发生工程变更，承包商应根据《郑州至石人山高速公路工程设计变更管理办法》积极办理和完善工程变更手续；变更实施完成后在监理、业主代表处人员参与下实事求是填报工程变更实施情况报告，此报告是工程变更工程量申报表的附件，也是变更工程的工程量记量台账。合同外工程计量时必须有工程变更实施情况报告作为计量附件才能进行工程计量。

工程变更单价的确定：

(1)如果工程量清单的单价适宜，就应用于变更工程项目，但应考虑到是直接套用(直接采用工程量清单上的单价)；间接套用(依据清单单价，换算后采用)：部分套用(依据清单单价，取其价格中的某一部分)。

(2)如果清单中某一计量细目变更工程量超过了清单工程量的±25%，并且该细目工程量的造价超过有效合同价的±2%时，只需对75%～125%以外的工程量采用新的单价。

(3)如果工程量清单中没有适合于变更工程的单价，则由业主和承包人一起协商单价，意见不一致时，由监理工程师结合承包商投标时提交的单价费率（注意此时的场地转移应该是0km）资料及投标时的降价系数、投标时的材料价格等，确定最终的工程细目单价。

7.2 涵洞等结构物的计量台账

针对涵洞等结构物施工工期相对较长这一特点，涵洞计量一般为自然单位计量支付的项目。目前常用的计量方式有两种：第一种应按结构形式和施工顺序将结构分解成不同的施工部位；其次必须和监理计量工程师协商估算各部位的价值并计算在该项结构物总额中所占的百分比。第二，待施工中某一部位完成并通过质量监理工程师检验认可后，就可以支付该部位的费用；在郑石项目上，若净跨小于或等于 2m 的，一整道完成并经监理工程师验收合格一次计量 95%（含盖板）；通道墙身完成并经监理工程师验收合格后计量 60%，待盖板安装及其他附属工程完成经监理工程师验收合格后再计量 25%，箱涵完成后一次计量 95%；以涵洞计量台账为例，应做好如表 2 计量。

表 2

月份 / 桩号	涵洞工程总量(m)	第一期			第二期			……		
		计量	累计	剩余	计量	累计	剩余	计量	累计	剩余
K1+040	54	60%	60%	40%	35%	95%	5%			
K2+080	54	0	0	0	95%	95%	5%			
K4+070	53	95%	95%	5%						

以上图表控制结构物的计量，也能反映出结构物的进度。

7.3 桥梁结构物的台账

对于桥梁台账的建立就尽可能的详细一些。根据桥梁的设计情况，一般应建立基桩（基础）、桩系梁、墩柱、柱系梁，盖梁（承台）、预制（现浇）梁等台账。现以基桩为例如表 3 所示。

某桥桩基计量台账

表 3

序号	部位	第一期	第二期	第三期	第四期	………
1	0—1	V				*
2	0—2		V			*
3	0—3			V		*
4	0—4				V	*
5	1—1	V				*
6	1—2		V			*
7	1—3			V		*
8	1—4				V	*
9	2—1	V				*
10	2—2		V			*
11	2—3			V		*
12	2—4				V	*
………	………					*

7.4 材料预付款月支付申报表

经过实地调查，填好表 4 进行材料预付款的计算。

表 4

序 号	材料种类或规格	单位	上期库存		本期库存	
			数量	金额	数量	金额
1	I级钢筋	t	256	972 800	457	1 736 600
2	II级钢筋	t	218	861 100	454	1 793 300
3	水泥	t	300	84 000	520	145 600
4	碎石	m^3	1 250	68 750	1 986	109 230
5	砂	m^3	702	31 590	1 141	51 345
6	钢绞线	t	124	806 000	185	1 202 500
7	………					
8	合计			2 824 240		5 038 575

根据上表统计情况，接合招标文件材料预付款条款中材料预付款的系数是0.6，本期材料预付款应该为：

(5 038 575－2 824 240)×0.6＝1 328 601 元

7.5 工程量清单的计量台账

计量工程师在每一期计量支付完成后，都应该建立工程量清单的计量台账，从这个台账上可以反映出该工程细目已经计量的工程量和金额，也可以反映出剩余的工程量和金额，还可以发现有没有工程细目没有计量，从而保证计量的准确和完整。现以路基为例介绍，如表5所示。

表 5

清单编号	项目内容	单位	合同数量	上期完成	本期完成	累计完成	剩余数量
203－1－a	挖土方	m^3	382 477	321 088	38 207	359 295	23 182
203－1－b	挖石方	m^3	455 819	345 226	88 686	433 912	21 907
204－1－b	利用土方	m^3	129 286	88 525	6 522	95 047	34 239
204－1－c	利用石方	m^3	97 861	69 881	12 834	82 715	15 146
………							

总之，除了做好以上工作外，还应该做好工程形象进度报表，做好形象进度、计量金额、财务实际支付金额的综和报表。我们在计量过程中只要做好以上几个工作，计量工作就能既轻松又准确，既能得到监理计量工程师的轻松认可，又能做到计量的准确无误。以上是郑石高速公路合同管理实际计量控制中的几点体会，仅供同行们参考，希望能给合同工作者创造一点便利。

基于网络化的高速公路计量支付平台研究

杨俊峰

（河南中原高速公路股份有限公司）

摘　要　计量支付是公路建设中的一项重要工作，网络技术的快速发展为计量支付网络化管理提供了可能。本项目通过工程实践，在计量支付网络平台的软、硬件设计方面进行了有益的尝试。

关键词　公路建设　计量支付　网络化　硬件　软件

1　引言

计量支付是高速公路建设管理的关键环节，是业主和承包人经济利益的焦点与核心问题，对加快承包人的资金周转，维护业主的最终利益均有十分重要的意义。由于高速公路项目具有周期长、投资大、技术复杂、项目本身和项目的参与方在地域上分布分散等特点，在计量支付过程中，大量的报表和复杂的审核审批程序对项目各个参与方之间的信息交流与协同工作提出了很高的要求。各施工单位像一个个信息孤岛，缺乏快捷有效的信息共享与交流渠道，相互之间的信息传递和交流很困难。随着计算机及网络技术的发展和普及，传统的依赖于人工的计量支付方式发生了根本性的变化，基于 WEB、广域网络的计量支付平台应运而生，能够有效解决传统的计量支付工作中能耗高、效率低、信息交流阻塞等问题。

2　计量支付网络平台的硬件框架设计

郑州至石人山高速公路工程建设计量支付平台利用计算机技术、网络技术等先进技术手段，根据项目参建单位驻地地理位置相对分散的特点，围绕公路工程项目建设管理当中业主、监理、承包商三大实施主体，采用 B/S 架构对计量支付网络平台的硬件部分进行框架设计（见图 1），全面支持工程计量与支付数据的网络传输与汇总。

在宏观结构关系上，计量支付网络平台划分为前台应用层和后台数据库管理两个部分。前台系统以浏览器方式实现，用户不需要进行系统维护，并且在系统业务信息的交换中可以充分发挥 Internet 实时、快速的作用。后台系统按照 Internet 标准建立一个为计量支付业务服务的中央数据库系统，为建设项目公司、监理、施工承包人等提供 Internet Web 服务，以满足项目工程建设地域分散、应用分散的特点，实现远程管理、移动办公。其中前台系统向所有用户开放，但只根据其权限范围向其显示相关内容，其他无权查看内容系统不显示。在系统设计上主要从以下几个方面进行考虑。

2.1　分层管理

充分考虑工程建设特点和复杂性，分层管理，即：业主、设计单位、监理单位、施工单位；并要求各方之间的数据交换并能进行自动汇总统计。

2.2　分角色管理

根据项目建设的各层管理机构工作内容，按部门和角色设置操作权限和密码，并在系统运

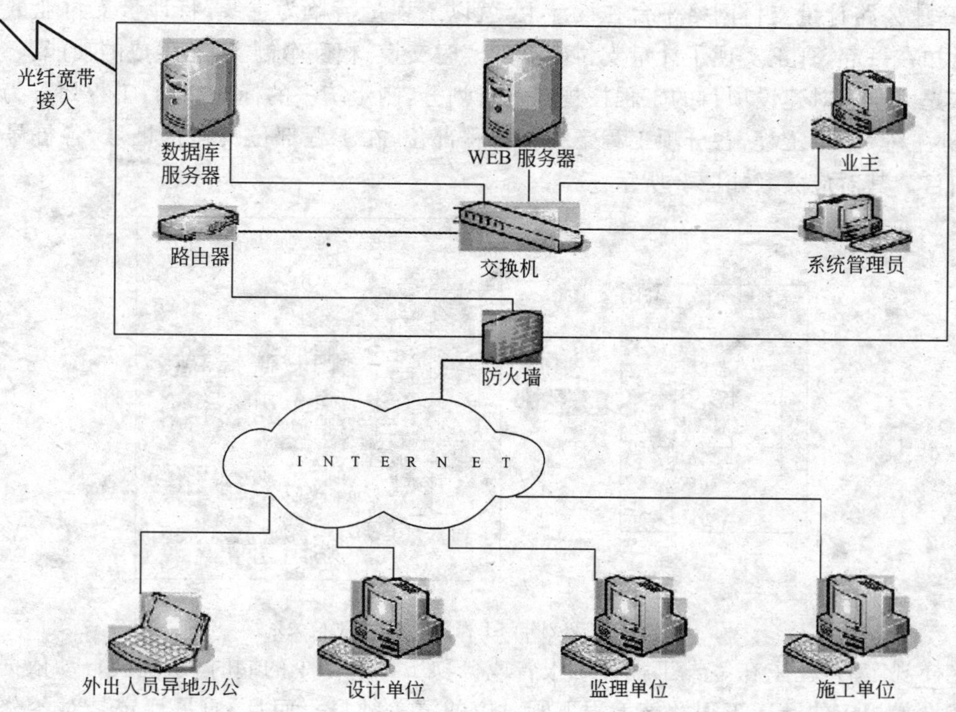

图1 计量支付网络平台硬件框架设计

行中进行调整和更改维护。

2.3 通信要求

根据工程项目具体通信条件提出远程办公通信的解决方案，满足不同的通信条件，保证各参建单位之间的每一个业务操作数据能及时传递。

2.4 流程定义管理

系统考虑在工程项目建设期间的各种文档和报表的审批流程，按不同的角色和职位，定制各种审批流程模板，使审批工作标准化。

2.5 权限控制及电子签名管理

在流程审批过程中，系统完成了电子签名，以保证系统的审批过程中的安全和操作者所拥有的权利和责任。将数据读写权限控制到每个操作对象、分配相应的操作权限。

2.6 任务追踪及提示

满足实时追踪查询的需求，使操作者能够查看任务的流向、审批的状态等。

总之，在高速公路项目建设过程中，计量支付网络平台可同时在广域网、局域网中使用，其中在高速公路建设公司内部有公司的域名网站、相关的硬件支持设备(应用服务器、数据库服务器等)，项目各参建单位(监理单位、施工单位、设计单位等)用户只需通过 IE 浏览器，访问指定的网站即可完成各项业务处理过程，同时实现数据的实时传送，各级用户本机上不用安装任何软件。

3 计量支付网络平台的软件框架设计

3.1 基础数据库的形成

在公路工程建设过程中，工程量清单在工程施工的整个过程中起到了纽带作用。针对这一点，高速公路计量支付网络平台在设计上，就以工程量清单为主线，将计量支付业务的所有环节紧扣在一起，真正实现了计量支付数据的实时交换、相互牵制、动态生成的功能。

首先由业主对建设项目的工程按规范进行划分，制定统一的标准。如：工程划分为单位工程、分部工程、分项工程，各分项工程下挂接工程部位，在工程部位下挂接桩号，各桩号下对应清单细目。其对应关系如图 2 所示。

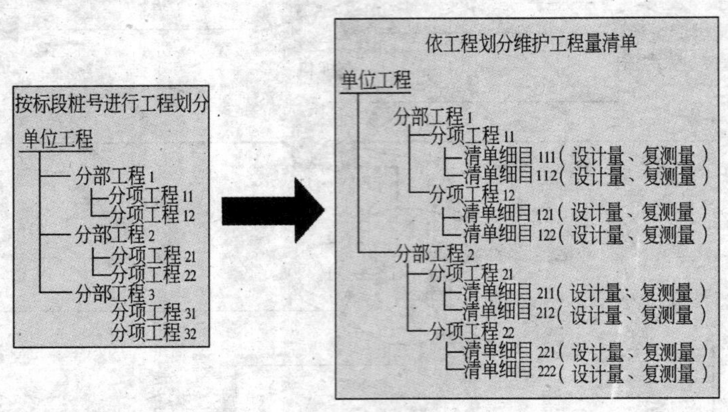

图 2　工程划分与工程量清单细目对应关系

这样规定后，业主在签发工程开工报告或分项工程开工令的同时，系统会自动依据工程划分标准设置相应的开工工程及该工程下所对应的清单细目。而且，质量评定是对各分项工程进行评定、签发中间交工证书的，所以在计量支付中进行清单项目计量时，系统可以自动提取相应且已签发的分项工程中间交工证书。最后系统根据清单计量情况、质量情况、工程开工情况统计出各分项工程、分部工程、单位工程的合同量、设计量、完成量及剩余量，依此结果，各级单位对工程的进展情况可以及时掌握了解。

图 3 所示，工程量清单中开列的工程量是根据本工程的设计提供的预计工程量，不能作为承包人在履行合同义务中应予完成工程的实际和准确的工程量。因此，需要由各施工单位的技术人员，依据工程划分的统一标准、各标段施工图纸及施工单位进场后的现场复核工程量图纸，以各施工单位的工程实际情况对照工程量清单进行分桩（如图 3 所示）。

工程量清单信息

选择标段：C01　选择章号：400章　清单编号：　查询

清单编号	项目名称	单位	单价(元)	合同数量	合同金额	设计数量	设计金额	分桩
400	桥梁涵洞				152567947.69		147983795.89	
403-1	基础钢筋（包括灌注桩、承台、沉桩、沉井等）				10031541.20		10366657.89	
403-1-a	光圆钢筋（Ⅰ级）	kg	4.70	186886.00	878364.20	193015.54	907173.04	...
403-1-b	带肋钢筋（HRB335、HRB400）	kg	4.74	1931050.00	9153177.00	1995671.91	9459484.85	...
403-2	下部结构钢筋				7108774.69		7808768.23	
403-2-a	光圆钢筋（Ⅰ级）	kg	4.79	171776.00	822807.04	196665.96	942029.95	...
403-2-b	带肋钢筋（HRB335、HRB400）	kg	4.65	1351821.00	6285967.65	1478717.91	6866738.28	

图 3　工程量清单示例

各施工单位根据清单细目号、计量支付条款以及清单工程量的计算规则，按照施工设计图纸的内容，土石方工程、路面工程、排水与防护等按每公里进行统计；桥梁按座、通道、涵洞按道进行统计，并建立分桩工程量台账。完成后上报监理单位进行复核，确认正确后报业主单位，由系统管理员对此部分内容进行锁定处理，在施工单位申报计量时，计量支付网络平台能够根据此分项工程中计量清单细目的分桩量进行是否超计量的判断工作。加锁后各单位只能查询、调用，但无权修改，如果需要进行调整，必须由系统管理员进行解锁修正，以确保各级基础数据的统一性、安全性（图4）。

分桩工程量清单信息浏览

清单编号：403-1-b 清单名称：带肋钢筋（HRB335、HRB400）

共50条记录 每页15 条 1/4 首页 上页 下页 末页 转到 1

清单编号	单位	起始桩号	截至桩号	工程部位	分桩数量
403-1-b	kg	EK1+085		承台	3095.36
403-1-b	kg	K0+708		灌注桩	47452.60
403-1-b	kg	CK0+427		灌注桩	19602.88
403-1-b	kg	FK0+807		灌注桩	89731.73
403-1-b	kg	FK0+807		系梁	5732.65
403-1-b	kg	FK0+807		承台	5287.66
403-1-b	kg	LJYK2+763		灌注桩	509802.20

图4 分桩工程量清单示例

这样划分好后，工程进度计划编制工作，变更工程、新增工程的申请、核对工作，工程质量检验、中间交工证书签发工作，中间计量工作、工程量汇总统计工作，工程实际进度统计工作，以及相关工程台账建立等工作全是以此工程划分为基础进行的。

3.2 中间计量支付工作流程

郑石分公司根据项目特点，实施“条块结合、责权一体、分段管理”的工程管理模式，将全线划分为四个段落，成立了四个业主代表处。据此，施工单位的计量支付审批流程为：施工单位→监理→业主代表处→合同管理处→财务处→主管合同副总→总经理。

计量人员在审核中如果确认施工单位申报资料不合格，根据具体情况可以将计量数据逐级退回或直接退回施工单位。软件提供了直观的计量数据流程图（见图5），各参建单位可以通过计量支付网络平台适时查询计量数据审批进度。

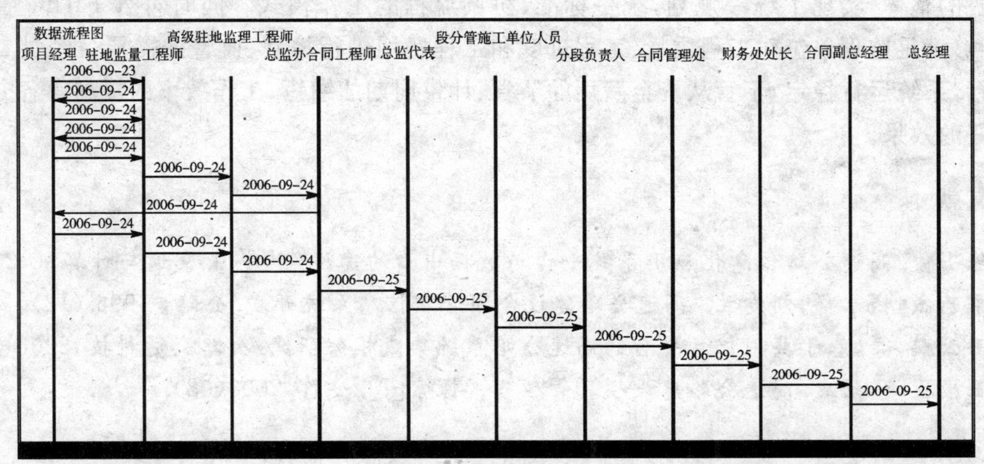

图5 计量数据流程图

3.3 计量报表格式标准化

郑石高速参建单位来自全国各个地区，不同省市公路建设行业的管理有很大差别。为便于每个参建单位都能尽快展开计量工作，有必要统一计量支付报表，建立一个规范化的计量支付体系。我们在遵循FIDIC管理模式和国内现行的公路工程项目管理模式的基础上，经过对全国多条公路建设过程管理模式的调研和分析以及系统在各项目中的实际应用，形成了一整套标准的公路建设行业的计量支付报表格式，有效地缩短了承包商编制申请报表、监理工程师审核支付报表的周期，加快工程款项的及时到位，促进工程进度，实现动态费用控制。结合工程实践，计量支付网络平台引入了工程台账的概念，通过工程台账的建立，能够实现对每一个支付项目的总量控制，而且在台账中能够准确地反映出每一个支付项目当前支付情况、剩余工程量情况，为工程费用管理提供了极大的便利。这样各参建单位能够在提高工作效率、缩短工作流程，加强管理监控、减少工作失误、降低建设成本、提升经济效益、完善决策分析、提升工作质量等方面取得明显的成效，从而整体提高计量支付工作的管理水平。计量报表种类如图6所示。

报表列表	
中期支付审批表	中期支付证书
付款申请表	合同工程月计量申报表
变更工程月计量申请表	清单支付报表
中间计量单	漏项工程月计量申报表
合同外工程单价申报表	合同外工程支付报表
工程量变更一览表	漏项工程一览表
计日工程统计报表	计日工作月计量申报表
新增工程支付报表	扣回开工预付款一览表
开工预付款支付证书	其他预付款支付证书
其他预付款申请书	开工预付款申请书

图6　计量报表种类

4　结语

河南中原高速公路股份有限公司郑石分公司采用由陕西公众软件有限责任公司研发的“网络化高速公路建设项目信息管理系统”来辅助实现了计量支付网络平台的构建。此网络平台以业主的管理目标及要求为主体进行设计开发，在业主的组织下，将各个参建单位凝聚成一个有机的整体，实现了统一规划，统一标准、协调流程的工作模式。同时符合FIDIC管理规范，能够满足监理单位对工程质量、工程进度和工程费用进行控制、监督的需要。经过二年多的运行，系统运行稳定，不管从资金费用的节省、计量周期的缩短、工作效率的提高等各方面取得良好的效果。

参考文献

[1] 陈士俊.高速公路信息化应用系统平台与数据中心的建设架构[J].交通与计算机,2005.
[2] 卞艺杰,钱永祥,刘爱兰. 高速公路建设合同管理信息系统开发.公路，1996 (12).
[3] 王云鹏,等,基于共用信息平台的高速公路系统集成框架研究.公路交通科技,2006 (02).
[4] 王康臣,张劲文.高速公路建设项目管理模式探索[J].公路,2003(08).

浅谈“网上计量”

周　昂

（河南中原高速公路股份有限公司）

摘　要　本文介绍了网上计量的定义、程序，概述了网上计量对工程计量的优缺点、适用性、未来的发展空间和方向。

关键词　网上计量　文本计量　工程计量管理

1　引言

郑州至石人山高速公路建设项目是经交通部审批的典型示范工程项目。在项目公司的建设和管理中间，大胆地创新和引用了许多新的管理模式和管理手段。我想就“网上计量”谈一谈我的认识。

网上计量，我的理解是在互联网上，遵照 FIDIC 条款的相关规定，进行预完成和已完成工作量的申报、审批和资金拨付工作。互联网是目前世界上最重要的信息枢纽；FIDIC 条款是国际通用的项目管理条款；预完成工作量是指工程中标单位在项目建设前和项目建设时准备发生的各项工程量；已完成工作量是指工程中标单位按照合同要求已完成的工作量。（这里的工作量既包括工程实体，也包括各类人工、材料、机械等所发生的费用，还包括监理工作的实际发生量）。FIDIC 各方以不同的身份登录到系统中，进行计量申报、审批和资金拨付等工作。申报、审批和资金拨付大致分为两类：一是由施工单位对预完成、已完成的工作量进行申报，逐级审批至业主认可后按照合同要求拨付计量款；二是由监理单位就已完成的工程监理工作量向业主方直接进行申报，经审批认可后按照合同要求拨付计量款。

2　文本计量与网上计量的区别

文本计量和“网上计量”的不同就在于资料的形式。文本计量是书面申报的，“网上计量”是将资料整理成电子文档进行申报的。文本计量程序，是由施工单位计量人员将已完成工作量的业内资料分类整理后，录入计量台账，再按合同要求，打印出所要附加的各类表格，全部完成后装订成册，上报监理，业主进行逐级审批，最后由业主财务办公室对施工单位进行财务支付。

3　网上计量的优势

相对于原来的这一套文本计量程序，网上计量有以下几点特有的优势。

（1）网上计量拥有更高的效率。例如在我们实际的计量工作中会存在对一部分计量款的暂扣，这些暂扣的款项（质量保证金、预付款的还款等）都是在合同中有明确约定的。由于合同中几项扣款、还款的比例不尽相同，且在计量资料中也需附有明细的项目，所以计算整理各类扣款是一项繁琐的工作。特别是在工程计量当中，当计量金额较大时，“失之毫厘，谬以千里”，一个系数的误差很可能会引起非常严重的后果。但在“网上计量”中就不存在这方面的顾虑，因为在计量之前，网络工程师已经按照合同要求将相对应的取费标准和费率录入软件中，当你输入实体工程量时，电脑将会自动套取各项费率，生成提前设定好的表格。只要在前期编写程序时做到认真仔细，基本不用担心电脑的计算会出什么错误。

(2)网上计量使工程形象进度，计量情况的查阅变的更为准确、明了。我们的网上计量软件，不仅含有对计量资料的电子文档，同时还含有已完成的工程形象进度的各类报表。这类形象进度报表是施工方定期在网上对监理方和业主方进行上报的，且是经过逐级审批的。拥有这些数据，就能使业主在审批计量时对预付款和还款的把握更加准确。电脑还可按照不同的标准将计量数据进行再整理，使查阅工作变的得心应手。再一点，由于前期在录入计量工程量时，我们是按照合同清单号进行罗列的，且每个清单号按照图纸划分为计量段落，在每个段落录入图纸工程量，所以在每期计量后，该清单项表格中都会有记录。这无疑是一本可靠的计量台账。并且在计量时，计量数量不能大于录入的图纸工程量，否则系统就会自动提示“数量有误”。这就等于是一个双保险，杜绝了重复计量的发生。

(3)网上计量使审批不受时间地点的限制。由于计量支付的重要性，使得各级审批领导对该项工作都非常重视。对于每一个申报项目都审查的非常细致。如果是文本计量，当审批负责人中有一个临时不在工地时，计量程序就会停顿下来。但是在网上计量中，只要你身边有一台可以上网的电脑，你就可以随时对申报的计量进行“网上审批”。各类要求的附件，如工程检验认可书、中间交工证书、图纸工程量、计量台账等都以扫描件或电子文档的形式上传到了网上，想要调阅查看非常方便。这样一来，即使审批领导身在外地，也同样可以进行计量的审批。

(4)网上计量更加快捷。在工程建设时期，承包商、监理、业主的办公地点不会都在一个地方，当距离较远时，就会给计量带来较多的不便。例如郑石这个项目，有些标段距离项目公司有八九十公里。即使带着文本资料开车去审批，来回也需要三个多小时的车程，特别是在晚上加班时间，审批完计量返回项目部就可能到凌晨了，既没有较高的工作效率，又会增加许多不安全因素。网上计量经一级审批通过后，只要打一个电话，告知计量申报已经上传至上一级审批就可以了。大大减少了工作量，提高了工作效率，降低了工作成本。更快，更好，何乐而不为呢？

4 网上计量的弊端

各种事物都有两面性，“网上计量”也有它的弊端。

(1)目前，网上计量的计量方式还在使用初期，并没有广泛地普及。各级单位都还对它的准确性和可信度有怀疑。在录入工程量的时候，难免会因为操作生疏造成错误，不过这只是逐渐熟练的一个过程，随着使用次数越来越多，这种生疏感会越来越少。同时，网上计量也会不断发展完善的。目前的网上计量软件都还处于“摸着石头过河”的探索开发阶段，没有一家软件开发公司可以声称自己的网上计量软件具有权威性。每个项目都有它的独立性和特殊性。网上计量也要根据工程的实际情况编译出一套最行之有效的计量程序，以适应实际工作的需要。

(2)网络安全问题是网上计量潜在的最大问题。随着科技的日新月异，网络给我们的生活和工作带来了极大的便利，同时也潜藏着一定的危险。在目前，项目公司主要使用的是网上计量和文本计量相结合的计量方式。即由中标单位先在网上申报计量，等一整套手续全部完成后，再报文本进行手签确认。这种方式在一些人的眼中似乎比原有的文本计量还要复杂，但介于安全考虑，这种相结合的方式还是相当必要的。网上计量既然要通过互联网进行数据往来，难免会受到网络病毒的入侵。由于网上计量的所有数据都存储于网络服务器当中，一旦服务器中的数据被网络病毒删改，将会给我们的工作带来非常大的麻烦。网络黑客也可以通过网络对信息管理系统进行攻击,如果只是对数据进行破坏那还好些,因为每期数据在网管那里都有备份。如果是利用网络进行计量数据修改或盗取商业秘密的犯罪活动,将会使项目公司在以后的经营管理中陷入很大的被动。还有很多木马软件可以盗取用户名和密码,如果黑客盗取了某个领导的用户名和密码,并用其登录进入"网上计量"系统,其后果也是很严重的。对于网络安全,很多人的意识还很薄弱,这点必须在以后的工作中加强。

(3)网上计量由于还处在"初级阶段",难免存在很多不完善和不尽如人意的细节问题。例如对于变更的计量就有不便。就目前而言,仅通过专业的计量人员进行工程变更类的网上计量还不可能做到,必须有网络工程师的协助,对最初的数据进行修改后才能进行计量工作。未来的计量系统也许会出现一种"傻瓜"模式,使各类计量变得更加简单。

(4)网上计量的技术专业障碍。"隔行如隔山"。网上计量系统毕竟是由网络工程师编程完成的,这方面的专业知识对于建筑工程师来说基本上是天书一般。在现阶段网上计量还无法脱离开专业的网络工程师。计量人员必须加强对计算机知识的学习,使一般的计量人员都可以在系统中进行小范围的改动。这样做,可以进一步提高我们的办公效率。

5 网上计量的发展

在对监理的网上计量方式中,还有很大的发展空间。目前的监理计量主要实行的是"计量月"制,这就需要业主能掌握监理的考勤情况。但是由于工程的分散性,业主不可能每天到各个驻地监理处点名。如果有一种考勤设备,一端连接各驻地监理处,一端连接项目公司的计算机,那就可以通过指纹识别等方法由业主主动掌握各驻地监理的考勤情况。传输的数据经过电脑的自动化处理便生成一期计量。既快捷,又无可争议。相信此类设备在不久的将来必将被开发、使用。

6 网上计量的适用性

"网上计量"适用于前期准备充分的各类形建筑工程。因为在计量前期,录入网络的图纸工程量必须是准确的,只有前期工作做好了,才能使"网上计量"的优越性在随后的计量中体现出来。对于录入好的各项工程实体的计量,就像是翻字典一样,一个个"对号入座",其特有的条例性会使工作者保持清晰的思路。

7 网上计量是工程计量的必然趋势

网上计量是工程计量的必然趋势。随着网络的发展,社会节奏的加快,对工作效率的要求越来越高,原有的"文本计量"模式已明显不满足现在的工作需要。对比"文本计量","网上计量"的优势是显而易见的。

8 结语

未来,"网上计量"将不仅只用于工程计量,它会发展成为新的合同管理模式和信息管理工具。高效、安全、快捷、智能的办公自动化必将取代原有的办公方式。时代在发展,社会在进步,我们只有不断改革、创新,才可以使自己经得起社会的冲刷,才可以使企业屹立于经济的浪潮。

参考文献

[1] 李世蓉.工程建设项目管理.武汉:武汉理工大学出版社,2002.
[2] 吴涛.施工项目经理工作手册.北京:地震出版社,1999.

八、其　　他

高速公路服务区设计新理念探讨

邱红霞[1]　潘国强[2]　邵景干[2]

（1.鹤壁市人民政府拆迁办公室；2.河南中原高速公路股份有限公司）

摘　要　文中结合郑漯高速公路改扩建工程服务区改造，阐述了服务区改扩建设计中的设计新理念，并对服务区的布置和各功能区的设置做了探讨和研究。

关键词　高速公路　服务区　设计　新理念

在我国日新月异的今天，高速公路在各种运输方式中发挥着越来越重要的作用。随着交通现代化的不断推进，人们对服务区的服务品质要求越来越高。现代化的服务区不仅应做到道路功能、服务功能、建筑艺术三者和谐的结合，还要强调为人、为车的服务，让驾乘人员得到良好休息，因此服务区设计不仅要以建筑功能为主，同时应充分考虑建筑物所在的区域特点、人文环境等多方面影响，以一种合适的总体布局和建筑形式来完成总体设计的要求。这就是本文探讨的服务区设计新理念。

1　以人为本，突出服务

作为高速公路向社会公众开放并为其提供服务的公共场所，服务区的主要功能就是提供服务，包括为车辆提供停车、加油、加水、维修、配件等服务；为人员提供休息、如厕、餐饮、购物、住宿、电话、问讯等服务。为人员及车辆提供的服务应该向齐全、舒适、快捷发展，尽显“以人为本”的关怀。

公厕设计主要考虑厕位数和男女厕位比例，保证两辆大客车同时到达时驾乘人员如厕不必排队等候。男女公厕人口及盥洗间独立分开设置，厕所间设置双向弹簧门和影壁墙隔断，以形成良好的私密性。卫生间设排气扇，地面铺设防滑地砖，局部加铺防滑垫。

服务区餐厅应引进两家以上的经营单位，形成竞争，主要考虑快餐方式，个别服务区也可设一些单间，以适应不同消费层次。每个餐厅配备单独的操作间及主副食库，根据规范及卫生要求进行布置。操作间和餐厅在适当的位置设卫生间。购物场所和休息厅应紧密相连。

购物场所采用通透的建筑材料进行分隔，组合成符合各种商业要求的空间，体现出商业性，增加运营收入；休息厅应和厕所邻近，以方便如厕后等候出发的乘客做短暂的休息。在休息厅内设电子显示屏、触摸式电子地图等，布置电子商务区，提供网络计算机、传真机、手机充电器等服务设施，厅内可设座椅，提供咖啡、茶及开水服务。

住宿部分可双侧同时设置，也可单侧布置。考虑到目前住宿客流比较少的现状，可考虑位置预留，分期建设，住宿部分的建筑和其他部分相连但结构可脱开。

停车场按不同车型分区设置，便于管理。小客车及大客车停放在靠近综合楼的位置，方便乘客上下车及进出综合楼。小客车采用90°前进停车、后退发车的停车方式，采用透水性的停车地面，并可在其上种植乔木遮挡阳光；大客车采用90°前进停车、前进发车的停车方式，布置在靠近公厕的位置。大货车布置在服务区偏入口一侧，采用60°前进停车、前进发车的停车方式。超长货车停放在服务区的后部，采用平行式前进停车、前进发车的停车方式。该停车方式虽然占地面积大，但是停车、出车快捷方便，可有效避免因车辆过长而造成的驾驶员停车、出车时视线被阻挡的情况，也便于应对突发情况。

加油区设在靠近出口匝道附近，距出口距离至少10m，并在加油区留够停车、回车面积。加油站设计时将货车、客车的加油分区，设置两个加油棚，并在行车路线上严格区分和管理，使两种加油车辆不出现流线的交叉。货车加油岛上的加油机单排并联设置，采用双泵双枪加油机；客车加油岛上的加油机双排串联设置。加油站内设置小型公厕及小型超市，方便服务只加油的车辆。

2　生态设计，自然和谐

当前，生态设计已经在高速公路上推广，其内涵已大为拓展，从最初的自给自足、节能环保的自维持概念，发展到生态平衡，可持续发展的宏观的生态建筑；逐步从着眼于建筑技术的改进，拓展到包括建筑技术性与艺术性、自然性与社会性的整体文化范畴。而具体到服务区的生态设计，可概括为景观生态、技术生态、文化特色生态三个方面。

2.1　景观生态

现代都市人对自然的渴望体现了人类饱经远离自然的沉寂、压抑和疲惫后返朴归真的一种心态。景观生态设计指在建筑生态设计中注重视觉上的生态景观，它体现建筑与自然环境的共生关系，达到建筑的环境美及环境的建筑美的境界。环境的约束一方面限制着建筑师，但另一方面却为建筑师提供素材，让他们从这些限制中获得创作灵感，以这些材料来加工，并最终以巧妙地利用自然而塑造有个性的生态建筑。具体的设计手法有：①在总平规划设计中，尽量将绿化融入建筑内让人们生活在绿色的生态环境中；②在单体建筑设计中充分利用地形结合地貌，让一个山丘、一丛树林、一洼池水组成精致的立体画面。

生态设计是一个创作过程，不能四处照搬照套，而应通过观察、思索，而后创造性地设计。要取其自然，改造自然，因地制宜，精巧构思，用简练、纯洁、朴素和雅致的格调来显示建筑物与环境协调、美观的主体画面。

2.2　技术生态

技术生态指根据自然生态最优化原理，通过工程手段来设计和改造建筑系统的结构，提高能量、物质利用效率，挖掘建筑系统的生态潜力，以提高系统的经济生态效益。服务区内目前可实施的生态技术设计手法有：

(1)利用建筑体形的变化，充分利用自然的阳光及新鲜空气，少用室内照明及空调；

(2)采用先进的技术方法处理废水、废气、垃圾及其再利用；

(3)被动式的太阳能技术的应用，尽可能利用无污染的太阳能；

(4)选用不破坏或少破坏自然环境的建筑材料进行建设等。

2.3　文化特色生态

广义的生态概念不仅包括自然环境，也包括人工环境和人类的历史文化环境。建筑与当地自然特色及当地的人文特色和谐一致即文化生态。对于服务区的设计，每一个点都应有其独具的特色，而不能千篇一律。所以每一个服务区应根据其各自的特点去进行设计。有山就以山为特色，有水就以水为特色。有了这样的设计理念，并努力去做，才有可能设计出符合新时代特征的生态设计。

3 提升理念，持续发展

实践证明，没有超前的意识，就会付出沉重代价。中国高速发展的经济决定了服务需求和消费的不断提高。生态、环保、节能等要求符合人类可持续发展的总体思路。服务区是高速公路的窗口，他的设计应该贯彻科学发展观的新理念，明确"重视生态、考虑环保、倡导节能、保障可持续发展"的指导思想，以期实现"以人为本、优质高效、和谐共生、持续发展"的定位。

4 结语

服务区作为高速公路上的驿站，在经济高速发展的今天，必将迎来越来越多的客人，其人性化的设计将带给驾乘人员极大的精神愉悦和身心健康，因此优秀的服务区设计将为高速公路的和谐发展提供重要的保证。

参考文献

[1] 刘伟. 河南省高速公路服务区改扩建设计研究. 山西建筑，2005(10).
[2] 李军. 生态建筑理念在高速公路服务区设计中的探索. 广西交通科技，2004(4).

郑石高速公路房建工程的节能措施

武朝梁

（河南中原高速公路股份有限公司）

摘　要　建筑节能是建筑技术进步的重要标志。本文结合建筑节能的必要性，详细介绍了郑石高速公路房建工程采用的一系列建筑节能的技术措施。

关键词　建筑节能　墙体节能　屋面节能　技术措施

1　郑石房建工程设计、建设概况

郑石高速公路房建工程的勘察设计共分三个合同段。

第一合同段由河南省交通规划勘察设计院设计，沿线共设连接线主线收费站1处、匝道收费站5处、监控分中心1处、路政养护管理所2处、隧道管理站1处、超限站1处，以及服务区2处、管理服务中心1处。主线收费站广场中心桩号K1＋520，与郑州监控分中心及路政管理所合建。五处匝道收费站分别为：曲梁收费站，立交中心桩号K14＋315.275；岳庄收费站，立交中心桩号K29＋730.809；长葛收费站，立交中心桩号K48＋000.976，与长葛路政管理所合建；禹州东收费站、禹州东超限站，立交中心桩号K62＋743.806；禹州南收费站，立交中心桩号K73＋036.995。始祖山隧道管理站，桩号K38＋765（＋680）。郑州服务区中心桩号K5＋800，禹州服务区中心桩号K51＋110，郑石管理服务中心位于连接线起点右侧。

第二合同段由铁道第四勘察设计院设计，沿线管理、路政养护及服务房屋设施包括：服务区1处、匝道收费站3处、路政、养护管理所2处。郏县收费站，立交中心桩号K94＋450，与郏县路政养护管理所合建；宝丰收费站，立交中心桩号K120＋250，与宝丰监控分中心合建；鲁山收费站，立交中心桩号K133＋760.398，与鲁山路政养护管理所合建；平顶山服务区中心桩号K126＋000。

第三合同段由广西壮族自治区交通规划勘察设计研究院设计，沿线共设主线收费站1处、匝道收费站1处，服务区2处以及下汤收费站，立交中心桩号K158＋566.909；石人山主线收费站广场中心桩号K181＋000；石人山服务区位于连接线两侧，中心桩号K181＋500。

2　节能的必要性

全世界有近30％的能源消耗在建筑物上。按照建设部建筑节能“十五”计划纲要，使高能效、高环保的建筑日益成为时尚，为人民创造良好的工作和生活环境，使经济社会得以长期持续发展，建筑工程在满足其适用性、耐久性的同时，着重注重环境、节能 、环保三大主题。郑石高速是交通部勘察设计典型示范工程，从房建工程的设计入手，我们就从可持续发展的战略高度出发，使郑石高速的房建工程尽可能少地消耗不可再生资源，降低对外界环境的污染，并为使用者提供健康、舒适，与自然和谐的工作及生活空间，真正做到“典型、示范”。

3 本工程建设中的节能措施

3.1 墙体节能

墙体是建筑外围护结构的主体，其所用材料的保温性能直接影响建筑的耗热量。我国以实心黏土砖为墙体材料，保温性能不能满足设计标准，且大量浪费土地。本工程外墙全部采用加气混凝土砌块，传热系数不超过 1.16W/(m^2 · K)，既节约了能源，又充分利用了材料。墙体保温外墙外保温是在主体墙结构外侧用粘接材料固定一层保温材料，并在保温材料外侧抹砂浆或作其他保护装饰，在外墙根部，女儿墙、阳台、变形缝等易产生"热桥"的部位，采用外保温技术，可显著减少"热桥"造成的热损失。本工程中外墙保温全部采用挤塑聚苯乙烯泡沫保温板，该保温板施工方便、价格低廉、不污染环境。

3.2 门窗节能

门窗节能建筑门窗的主要功能是在获得足够采光的条件下，需要控制门窗在有太阳光照射时合理得到热量，而在没有太阳照射时减少热量流失。影响门窗获得能量的因素包括：①窗户的位置和方向；②窗户产品的设计(窗户孔道的数量)；③使用的玻璃种类；④内部和外部阴影的数量等。

影响门窗热损失的因素热能往往是从暖的一面流向冷的一面，门窗是构成热能损失的主要因素。我们通过合理配置来减少门窗热能损失。另外，空气渗漏也是窗户能量损失的重要组成部分，窗户上的传导损失主要是通过中空玻璃边部和窗框发生的，其能耗占住宅总能耗的比例较大，其中传热损失为 1/3，冷风渗透为 1/3，所以在保证日照、采光、通风、观景要求的条件下，尽量减小住宅外门窗洞口的面积，提高外门窗的气密性，减少冷风渗透，提高外门窗本身的保温性能，减少外门窗本身的传热量。我们在本工程中通过采取以下措施，有效地减少这些损失。

(1)提高住宅外窗的气密性，减少冷空气渗透：如设置泡沫塑料密封条，使用新型的、密封性能良好的塑钢门窗材料。门窗框与墙间的缝隙用聚乙烯泡沫弹性密闭型材料、密封膏以及边框设灰口等密封；框与扇的密封用橡塑密封条、扇与玻璃之间的密封用弹性压条等。

(2)改善住宅门窗的保温性能：进户门结合防火、防盗要求，在门的空腹内填充聚苯乙烯板或岩棉板，以增加其绝热性能；窗户全部采用塑钢窗，以避免金属窗产生的冷桥，且积极采用中空玻璃，采用大窗扇，减少小窗扇，扩大单块玻璃的面积，减少窗芯，合理地减少可开启的窗扇面积，适当增加固定玻璃及固定窗扇的面积。

3.3 屋面节能

屋面作为一种建筑物外围护结构所造成的室内外温差传热耗热量，大于任何一面外墙或地面的耗热量。提高屋面的保温隔热性能，对提高抵抗夏季室外热作用的能力尤其重要，这也是减少空调耗能，改善室内热环境的一个重要措施。在多层建筑围护结构中，屋顶所占面积较小，能耗占总能耗的 8%～10%。

(1)加强屋顶保温节能对建筑造价影响不大，节能效益却很明显。屋面节能措施是：一是屋面保温层不选用密度较大、导热系数较高的保温材料，以免屋面质量、厚度过大；二是屋面保温层不宜选用吸水率较大的保温材料以防屋面湿作业时因保温层大量吸水而降低保温效果，屋面上设置排气孔以排除保温层内不易排出的水分。在本工程中屋面保温全部采用挤塑聚苯乙烯泡沫保温板。该保温板施工方便、价格低廉、不污染环境；且不仅适用于具有平面的屋面，也可用于带有曲面的屋面。其表观密度为 110～150kg/m^3；导热系数为 0.04～0.06W/

(m·K)；蓄热系数为 0.90～0.11m^2·K。抗压强度大于 0.2MPa；吸水率小于 0.01%；蒸汽渗透系数为 2.18×10^{-7}g/m.n.Pa，保温性能优越，起到了很好的技术经济效果。

(2)屋面绿化：建筑实行屋面绿化，可以大幅度降低建筑能耗、减少温室气体的排放，同时可起到美化城市、改善城市气候环境的作用。当平屋面上的找坡层平均厚 100mm，再加上覆土厚度为 80mm 的屋面，其传热系数 $K<1.5$W/(m^2·K)，若覆土厚度大于 200mm 时，其传热系数 $K<1.0$W/(m^2·K)。夏季绿化屋面与普通隔热屋面比较，表面温度平均要低 6.3℃，屋面下的室内温度相比要低 2.6℃。因此，屋顶绿化作为夏季隔热有着显著效果，可以节省大量空调用电量。建筑屋顶绿化可明显降低建筑物周围环境温度(0.5～4.0℃)，而建筑物周围环境的温度每降低 1 度，建筑物内部空调的容量可降低 6%，对低层大面积的建筑物，由于屋面面积比墙面面积大，夏季从屋面进入室内的热量占总围护结构的热量的 70%以上，绿化的屋面外表面最高温度比没有绿化的屋面外表面最高温度(可达 60℃以上)可低 20℃以上。种植屋面保温效果很明显。不论北方或南方都有保温作用。而且种植屋顶有很好的热惰性，不随大气气温骤然升高或骤然下降而大幅波动。本工程中长葛收费站、禹州东收费站、石人山收费站均进行了屋面绿化，既美化和优化了环境，又起到了节能的作用。

(3)采用坡屋面。太阳光线对于坡屋面是斜射的，而对于平屋面是正射的。研究表明坡屋面(内置保温隔热材料)，不仅可提高屋面的热工性能，还有利于防水，并有检修维护费用低、耐久等优点。本工程的曲梁收费站、郑州南服务区、禹州服务区、平顶山服务区、石人山服务区均采用了坡屋面。

3.4 利用太阳能

太阳能是一种可再生的洁净能源。本工程中在以下地方利用了太阳能。

(1)各站区使用了热管真空管太阳能集热器系统，即使在冬天 、阴雨天也能保证 24h 热水供应。太阳能利用的预期节能率可达 60%以上。

(2)各收费站、管理所在院区采用光电两用的太阳能节能庭院灯。

(3)服务区的庭院灯采用风、光、电互补的三用节能灯具。

采用太阳能庭院灯体现了现代建设美化环境、保护环境的理念。

3.5 建筑电气的节能措施

3.5.1 供配电系统的节能设计

根据负荷容量，供电距离及分布，用电设备特点等因素合理设计供配电系统，做到系统尽量简单可靠，操作方便。变配电所应尽量靠近负荷中心，以缩短配电半径，减少线路损耗。合理选择变压器的容量和台数，以适应由于季节性造成的负荷变化，能够灵活投切变压器，实现经济运行，减少由于轻载运行造成的不必要电能损耗。在选择变压器容量和台数时，根据负荷情况，综合考虑投资和年运行费用，对负荷合理分配，选取容量与电力负荷相适应的变压器，使其工作在高效低耗区内。

3.5.2 照明的节能设计

照明节能设计就是在保证不降低作业面视觉要求、不降低照明质量的前提下，力求减少照明系统中光能的损失，从而最大限度地利用光能。本工程中主要采取了以下几种节能措施：

(1)充分利用自然光，这是照明节能的重要途径之一。在设计中电气设计人员应多与建筑专业配合，做到充分合理地利用自然光使之与室内人工照明有机地结合，从而大大节约了照明电能。

(2)严格按照照明设计规范对照度标准、视觉要求、照明功率的要求进行设计。照度标准是不可随意降低的，也不宜随便提高，有效地控制单位面积灯具安装功率，在满足照明要求的前提下，应优先采用高效发光的荧光灯(如 T5、T8 管)及紧凑型荧光灯，室外照明及收费大棚照明采用高压钠灯、金属卤化物灯等高效气体放电光源。

(3)广泛使用了低能耗性能优的光源用电附件，如电子镇流器、节能型电感镇流器、电子触发器以及电子变压器等。

(4)采用各种节能型开关或装置，改进灯具控制方式。如，根据照明使用特点采取分区控制灯光，适当增加照明开关点，客房等床头灯可采用调光开关，高级客房采用节电钥匙开关等。

3.6 建筑空调

空调节能对建筑物节能影响巨大 。在本工程的设计中我们就要求了空调建筑物及空调房间的布置原则：①建筑平面与体型应尽量简单方整，减少保温墙长度；②空调房间应尽量与一般房间分开而集中布置 ；③室内温湿度参数要求相同 、使用性质和消声要求较一致的空调房间尽量相邻或上下层相对布置 ；④为了避免太阳辐射热的影响，应尽量避免东西朝向布置和布置在顶层；⑤建筑物转角处的空调房间不在两面外墙上都设置窗户，以减少传热和渗透；⑥空气调节房间的外窗面积应尽量减少，并应采取密封 (气密性等级不应低于Ⅱ级)；⑦外窗应尽量南、北向，避免东西向。

一栋建筑物或一个空气调节区域采用哪种空气调节系统，应经认真的技术经济比较后确定。结合高速公路的特点和多年的高速公路运行管理经验，我们在服务区采用了能够实现使用者有独立调节要求的“SET-FREE 中央空调系统”进行制冷和采暖；在收费站、管理所采用独立性强 ，适应于房间布置分散 、面积变化大 、要求运行时间不同的分体空调进行制冷和采暖。

“SET-FREE 中央空调系统”，是可自由设定变频一拖多可变冷媒流量中央空调系统，是由一台室外机和若干台室内机组成的一个冷媒循环系统。与自适应控制技术相结合，根据实际的空调负荷自动调节能力输出，保证达到更平滑的变化曲线来满足更高要求的舒适度。其部分负荷运行时，负荷变小了，但室外机的换热面积没有变，相对的换热面积变大了，因此，其能效比大大提高，可节能 30%以上，大大节省了运行费用。该空调系统无须设置机房，没有水泵、软化水、定压等繁琐的附属设备，节省了大量建筑面积。

3.7 采用生活污水净化技术和装置

本工程采用地下式污水处理设备，可节约土地资源，外观形象好。其上部空间利用价值较高，可用于绿化、运动场等公益事业，对周围环境的影响也可降低到最小程度，不会影响周边区域的未来发展。地下式污水处理设备在技术上已经相当成熟，它不仅具有现代化、全封闭、紧凑型、零公害、与周边环境协调的优点，而且在能源与材料消耗方面有着很大程度上的可持续意义。污水处理的生化工艺需要一定的温度，建在地下可以节约大量的能源，特别适合我国的北方。

图 1 所示为活性污泥法的处理流程。从各站、区管网收集的污水经泵提升之后进入到污水处理设备的格栅、沉砂池等预处理后进入一级处理，然后再进过曝气池、二沉池等二级处理设施，最后排放到自然水体。

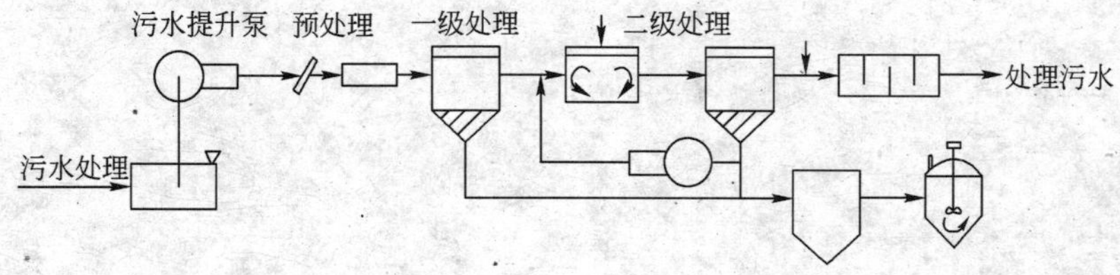

图 1 污水处理流程图

3.8 采用节能变流稳压泵给水系统设备

本次工程给水系统采用变流稳压泵给水，消防和生活给水分开供水，避免大泵小用，节约能源。同时也有利于消防水池和生活水池共用的情况，避免生活用水水质发生变化。变流稳压泵流量一扬程曲线很平坦，即泵从零到所需最大流量范围内变化时，其扬程变化在工作5％以内，且小流量或零流量时不超压，配套方便。变流稳压泵在流量和功率较小时，其电能损耗相对同为节能的变频泵更小。

(1)在零流量运行时，变流稳压泵运行功率仅为额定功率的1/4～1/2，即最大可能节能75％。根据水力学原理来看 $N=rQH$，在零流量时，对水作功为0，其他无用功就损耗在叶轮的转动动能上。这部分功的大小和叶轮的重量及半径有关，本工程所采用的稳压泵的叶轮材质采用高强度铝合金，具有质量相对较轻，直径相对较小的特点，转动所需要的扭矩和摩擦力矩比相同工况的离心泵小，费功小。

(2)变流稳压泵在低流量运行时，电机不会发生任何变化，这样就不会产生像变频泵因电机变频而带来的高次谐波，电机调速不变但扭矩变小，根据泵的轴功率 $N=nM$，其功率减小，即出力减小，运转更为轻松，发热量减小，损耗自然减小些。

(3)在控制系统运行中，变流稳压泵采用一个普通控制柜即可，而变频泵需要电机变频控制柜将交流变直流、滤波、切分电源、再变直流为交流等重要过程，这样变流稳压泵就比变频泵节约了许多电能损耗。

(4)变流稳压泵比变频泵节省了气压罐、小水泵等装置，节约了工程造价，同时没有变频泵频繁启动的大的启动电流和水泵大于气压罐的最低工作压力的压力差值带来的额外损耗功。

参考文献

[1] 建设部建筑节能“十五”计划纲要.
[2] 孟祥柱.推广坡屋面改造平屋面势在必行.工程质量，2003(1)：42.
[3] 韩建新，颜宏亮.21世纪建筑新技术论丛.上海：同济大学出版社，2000：131-132.
[4] 涂逢祥.世纪初建筑节能展望.建筑.2001(2)：51-52.
[5] 白胜芳.节约能源保护环境.中国建设报(中国建材)CN11-0038，2003，108.
[6] 刘素萍.建筑节能与围护结构.工业建筑，2001(7)：6-7.
[7] 注册电气工程师执业资格考试复习指导书(第3册).北京：中国电力出版社，2004.

浅谈郑州至石人山高速公路天桥涂饰施工

何亚琪[1]　李清斌[2]　李志强[2]

（1.河南立新建设监理有限公司；2.河南中原高速公路股份有限公司）

摘　要　天桥是高速公路一道靓丽的风景，天桥涂饰是高速公路景观设计中的重要元素。本文结合郑石高速公路实际，从涂饰方案、材料、工艺、质量检测、安全等方面，详细介绍了郑石高速公路全线的天桥涂饰工作，对其他高速公路的天桥涂饰有一定的借鉴作用。

关键词　高速公路　天桥　涂饰

1　引言

郑州至石人山高速公路（以下简称郑石高速公路）是目前河南省唯一的一个交通部勘察设计典型示范工程，也是河南省高速公路规划网中武鲁高速的重要路段，是一条重要的能源和旅游大通道。郑石高速公路途经郑州、许昌、平顶山三市，为平原微丘和山岭重丘地形，建设总里程 183.539km，全线共有天桥 33 座、分离式立交 68 座。

从高速公路行车角度看，一座座天桥就是一道道靓丽的风景，在满足结构和功能需求的基础上，如何对天桥进行必要的涂饰，是郑石高速公路景观设计的重要方面。本文对郑石高速公路天桥涂饰方案和施工工艺做简要介绍。

2　涂饰方案

方案是整个天桥涂饰的关键环节，郑石高速公路天桥涂饰方案确定的主要原则是：根据地形、地貌和区域特色确定主色调，达到简洁、明快、减少结构视觉重量的效果。

（1）以灰色为主色调，调整明暗度，郑州、许昌、平顶山三段分别确定主色调，以梁体和下部结构颜色作为主色调，可选灰色色调为：W4017、W4023 、W4101、W4155。

（2）防撞护栏基础和上沿采用白色，中间墙体采用黄、橘黄、兰、红色等进行调整点缀，可选色调包括：W4206、W5027 、W5036、W5001、W5010 等。

（3）拱桥的拱圈分别采用红、蓝、黄（亮）、橙、紫色进行涂饰。

3　涂饰工艺

为保证涂饰质量和耐久、耐候性，在涂刷面层前，必须对基面进行修补、填平、抹光等打底施工。打底材料必须具备和面涂同样的性能，在基面处理层和面涂之间还应根据需要涂刷一层封底界面剂，具体涂饰工艺流程要求如图 1 所示。

4　涂饰材料要求

要求采用溶剂型聚丙烯酸涂料进行涂饰，隧道采用防火涂料，执行标准为《混凝土结构防

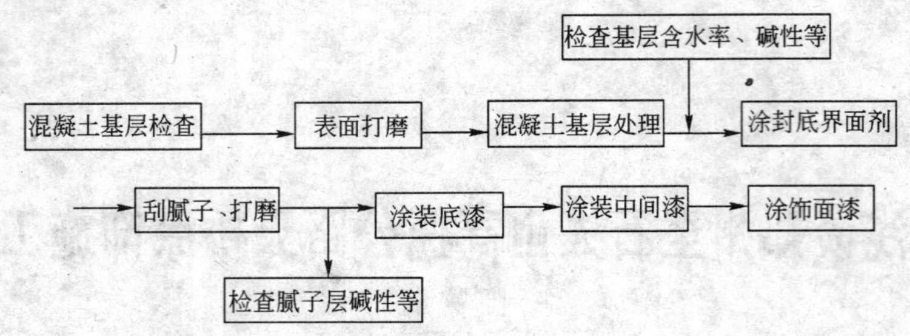

图1　涂饰工艺流程图

火涂料》(GA 98—2005),打底腻子为外墙用刚性平面腻子。各层涂饰干膜平均厚度要求见表1。

各层涂饰干膜平均厚度　　表1

涂层名称	涂层干膜平均厚度(μm)	涂层名称	涂层干膜平均厚度(μm)
底层	≥50	面层	≥90
中间层	≥90	总涂膜厚度	≥230

5　涂饰施工

涂饰施工与验收总体执行现行《涂饰工程施工技术标准与质量验收规范》(JGJ/T 29—2003),腻子执行JG/T 157—2004建筑外墙用腻子标准,同时满足以下有关要求。

5.1　基层处理

(1)清除基层表面粉尘、油污、锈迹等,确保混凝土表面清洁。

(2)对于混凝土表面存在的裂缝、缺陷等,应使用与涂层系统相容的材料修补平整。

(3)采用高压水或其他方法清洁待涂混凝土表面,彻底除去混凝土表面上的不牢灰浆、尖角、碎屑、油污等污染物及其他松散附着物。

(4)用饮用水将待涂表面冲洗干净。

(5)采用外加热源或压缩空气除去残留在混凝土表面上的水珠、水迹,必要时可用棉布、海绵等吸湿工具抹去,涂饰前的混凝土表面应无明显的流水、渗水现象,尽量使混凝土表面处于表干状态。

(6)混凝土涂层上涂饰下一道涂层前,应对上一道涂层进行表面清洁,应使用饮用水彻底除去涂层上的盐分、泥尘、油污等污染物,可用清洁剂清除油污。若上一道涂层太光滑影响下一道涂层的黏结强度,应对上一道涂层进行打毛处理。

5.2　腻子施工

(1) 检测基层酸碱度与基层含水率,确保含水率小于8%,pH小于10,对于吸水性强、比较疏松的基层,应用高渗透型封底界面剂处理,进行封闭和加固。

(2)刮腻子

施工时一般批刮2遍,每遍厚度在1mm左右。待实干后,打磨墙面,并清除打磨粉尘,用量在每平方米1.5～1.8kg。一般打磨时间不宜过迟,以12～24小时为宜,过迟会影响打磨性。

(3)施工注意事项

刮涂腻子是采用抹子、刮板或油灰刀进行施工的。刮涂的要点是平、实、光,即腻子与基层接触紧密，黏结牢固，表面平整光滑以减少打磨的工作量。刮涂时，应注意如下事项：

①基层吸收性强时，应在刮涂腻子前用封闭底漆进行封闭，以免腻子中的胶料被基层过多地吸收，影响腻子的附着力和强度。

②掌握好刮涂时工具的倾斜度，用力均匀，以保证腻子饱满。

③为避免腻子收缩过大，出现开裂和脱落，一次刮涂不要过厚，根据不同腻子的特点，厚度以 0.5～1mm 为宜。

④不要过多地往返刮涂，以免出现卷皮、脱落或将腻子中的胶料挤出，封住表面不易干燥。

⑤根据涂料的性能和基层状况，选择适当的腻子和刮涂工具。用油灰刀填补基层孔洞和裂缝时，食指压紧刀片，用力将腻子压进缺陷内，要填满、填实，将四周的腻子收刮干净，使腻子痕迹尽量减少。

⑥涂料施工时，必须待腻子层实干后方可进行涂刷涂料，一般批刮最后一道腻子后，需要 24 小时(25℃)方可实干。

5.3 涂料施工

(1)涂料施工前，应确保腻子层的碱性小于 10，方可进行涂料施工。若腻子层碱性大于 10，应用抗碱型底漆进行封底后，方可进行施工。

(2)按底漆、中间漆、面漆的工序进行施工，各种涂料的使用应按产品规定的方法进行。

(3)涂饰作业宜采用高压喷涂、刷涂或滚涂方法进行施工。

(4)按规定的比例混合涂料，用机械式搅拌器搅拌均匀。涂料混合好后，必须在规定的使用期内使用，超过了使用期的涂料不得继续使用。

(5)用涂料厂商指定的稀释剂调节黏度和清洗工具。稀释剂的添加量不应超过规定的最大用量。

(6)涂层之间的重涂间隔应参照规定和现场温度确定。

(7)涂饰应在无雨的天气进行，现场风力小于 4 级，涂饰过程应做好施工记录。

6 施工质量控制与检查

(1)施工过程中，按业主要求的涂饰遍数和涂膜厚度进行施工，随时用湿膜厚度规检查涂层湿膜厚度，以控制涂层的最终厚度及其均匀性。

(2)涂饰过程中有漏涂、流挂、变色、针孔、裂纹等情况时，应及时进行修复处理。

(3)涂饰后进行涂层外观目视检查，涂层表面应厚度和色泽均匀、无气泡、无针孔、裂缝等缺陷。

(4)及时清理、清洁因潮水涨落、浪溅而受污染的混凝土表面。

7 涂膜养护与检验

涂饰完成后，涂膜需经过规定的养护时间后方可投入使用。养护期间。涂膜没有完全固化，要避免造成涂膜损伤的行为，并且需要避免淋雨或者直接浸水以及接触其他腐蚀介质。对养护好的涂层按检验标准和方法进行检验。

8 安全、环保措施

(1)施工现场应远离火源，不得堆放易燃、易爆和有毒物品。

(2)涂料仓库及施工现场应设有消防水源、灭火器和消防工器具，并应定期检查，消防道路应畅通。

(3)所有电器设备应绝缘良好,临时电线应选用胶皮线,工作结束后切断电源。

(4)施工人员必须佩戴防护用具,防止吸入漆雾,伤及眼睛,皮肤。油漆溅在皮肤上应立即用肥皂水清洗,溅入眼睛,应立即用大量清水冲洗,然后立即找医生检查处理。

(5)未用完的涂料应回收处理,防止污染。

(6)施工作业时要注意作业安全,脚手架要安全牢固,作业人员必须系安全带,禁止野蛮施工。

9 结语

郑石高速公路天桥涂饰从方案、材料、工艺等各个环节都充分考虑了景观美化的元素,同时又充分考虑了耐久、耐候和经济性,营造了一种融入自然的效果,给人以愉悦的享受和感觉。

参考文献

[1] 郑石高速公路天桥施工图设计.

[2] GA 98—2005.混凝土结构防火涂料.

[3] JGJ/T 29—2003.涂饰工程施工技术标准与质量验收规范.

[4] JG/T 157—2004.建筑外墙用腻子标准.

郑石高速公路房建工程坡屋面采取的施工措施

武朝梁[1]　李　倩[1]　路全红[2]　何亚琪[2]

（1.河南中原高速公路股份有限公司；2.河南立新建设监理有限公司）

摘　要　坡屋面的施工，结构较为复杂，细部的处理较多，施工难度较大。本文从具体的工程实践中从坡屋面的结构特点、结构施工过程控制的工艺及方法、屋面防水等有关方面阐述了在坡屋面工程的施工中所采取的措施、方法和取得的效果

关键词　屋面结构施工　施工工艺及方法　施工措施　施工顺序

1　工程概况

郑州至石人山高速公路是河南省高速公路网中的重要组成部分。路线起自郑州市西南红花寺附近，接郑州西南绕城，终点止于平顶山市鲁山县赵村，与国道 G311 线平面交叉。路线全长 182.247 公里。郑州至石人山高速公路是交通部勘察设计典型示范工程。

本项目房建工程的勘察设计共分三个合同段。分别由河南省交通规划勘察设计院、铁道第四勘察设计院、广西壮族自治区交通规划勘察设计研究院进行。

2　建设规模概况

我们知道坡屋面多用于地域空旷的野外或用于低层依山势而建。郑石高速是一条通往石人山风景区的旅游专线路，沿线多山地、丘陵。经过有关专家的多次论证和方案比选最终确定沿线的郑州南服务区、禹州服务区、平顶山西服务区、石人山服务区综合楼采用坡屋面。使其能与周围环境能融为一体，做到和谐共生。

(1)郑州南服务区单侧综合楼建筑面积 3 170.45m^2，前部为一层，设餐厅、超市、公厕；后面为三层设客房；总高度 11.25m。

(2)禹州服务区单侧综合楼建筑面积 2 649.97m^2，建筑层数为地上二层，总高度 8.25m。

(3)平顶山西服务区单侧综合楼建筑面积 3 082m^2，建筑层数为地上三层，总高度 14m。分三区布设：A 区设餐厅、超市等；B 区设公厕等；C 区为办公和客房等。

(4)石人山服务区单侧综合楼总建筑面积 3 798m^2，建筑层数为地上三层，总高度 12.9m。

4 个服务区均采用框架结构。

3　坡屋面工程结构特点及施工难点

(1)本工程的四个服务区的坡屋面结构均为全现浇钢筋混凝土屋面，其特点为：

①结构较为复杂，细部的处理较多。如：屋面板与板、梁、柱之间节点的处理；在斜板边界部位的屋面变坡处和连接处的处理等。

②不同的地方进行搭接交叉多、细部多造成模版不好拼装、支护、固定、材料浪费严重。

③由于屋面坡度大，造成绑扎钢筋和浇筑混凝土的施工困难；

④由于屋面坡度大，给施工安全增加了隐患。

(2)施工难点：

①在施工过程中对各个部位标高控制，特别控制其屋面板、梁等各个细部的标高；

②对屋面结构施工中的材料运输及现场混凝土浇筑质量的控制；

③施工缝的留置和处理。

4 结构施工过程控制的工艺及方法

在每次坡屋面施工前，要求施工单位要拿出专项施工方案。然后由业主主持召开专题会议，业主、设计、监理、施工各方对该施工方案进行反复的讨论和研究，最终优化形成各方达成共识的施工方案，做到方案优质、高效、节约、安全。

4.1 标高控制

认真核对图纸，找到关键的标高控制点；确定正确比例，必要时进行现场放样。重点控制坡屋面每个坡度的转折点标高以及板梁交叉、边界处的标高，以保证坡屋面各部尺寸的准确性。由于我们现场驻有设计代表，一些在设计图纸中未标注明确的细部尺寸等都能很好的现场解决。

4.2 模板的采用和支护

模板工程是保证坡屋面混凝土施工质量、加快屋面施工进度的关键环节之一。因此，结合本工程坡屋面的特点、规模，选择适宜的模板及支撑体系，是坡屋面模板工程施工必须考虑的主要因素。模板及其支撑体系必须具有一定的强度、刚度和稳定性，能可靠承受新浇筑混凝土的自重、侧压力及施工过程中所产生的荷载。因此本工程在模版搭设前，首先由技术人员计算整个模版的受力及荷载分布情况，对模板支撑架进行承载力计算。然后拿出具体方案。本工程屋面底模要求必须采用新购模版，不允许采用周转和旧模版。底模采用高强竹胶板，侧模采用强度高的钢模。支撑体系采用 100×50mm 的方木和 Φ48×3.5mm 焊接钢管及配套扣件。为防止斜向滑移，在一些支撑架中设置了剪刀撑。底模支撑搭设满堂脚手架，立杆纵横间距为 1～1.2m，水平杆步距为 1.5m，并在距地 20cm 设扫地杆一道，在紧靠现浇屋面板底模沿屋面坡度方向加设支撑一道，以使支撑系统形成井字架结构，顶撑紧固采用木楔顶紧加固。支架立杆下设置垫木增加支架的整体及均匀性。支架搭设完毕后，有关各方认真检查板下关键部位与支架整体的连接是否稳定、牢固，核对有关标高及尺寸，并进行补正。确保准确无误后，方可进行下道工序的施工。

4.3 钢筋工程

由于本工程坡屋面钢筋加工的特殊性，在钢筋加工前均制定了严格的检验措施；对钢筋的规格、数量、成形工艺形成严格的复核制度。为确保钢筋位置在浇捣施工时不受破坏，必须做到钢筋满扣绑扎，马凳与钢筋焊接，并由钢筋工跟班作业，发现钢筋被破坏、移位等及时校正；钢筋加工除严格按设计及国家规范要求外在加工屋面坡度大于 45°钢筋时，板筋还做了焊接加固；在钢筋每个转折处均模拟出设计角度然后用冷弯机加工完成；为增强屋面板的整体性，考虑整个屋面板与板、板与梁之间变形的影响，在屋面变坡处、屋面与边界连接处，除配置负筋外，在板面上部、板接缝两侧，各配 250mm 宽、Φ4×200mm 双向钢筋网片，增强屋面板的整体性，提高屋面抗裂性能；除按要求设置保护层垫块外，同时固定板筋端头弯钩，避免露筋；屋面上有刚性防水层的，在屋脊处还预埋了刚性层钢筋等。

4.4 混凝土工程

我们知道坡屋面按一般浇筑就会出现振捣不密实，蜂窝麻面等缺陷。本工程在前期的坡屋面施工时由于振捣不到位(商品混凝土)，导致出现了严重的漏振、蜂窝、麻面等常见缺陷，出现问题后我们对不合格部分进行返工、剔凿修补等处理。为了充分保证混凝土的浇筑质量，及时调整了施工作业方法等，如采用了严格控制水灰比，坍落度不超过30～35mm(混凝土现场搅拌)；在混凝土浇筑前，配置好两种插入式振捣器各2台(备用2台)；现场砂石水泥等材料准备充分；屋面混凝土养护、保温等材料准备齐全。组织有关人员进行最后一次检查和控制、调整模板、钢筋、保护层和预埋件等尺寸、规格、数量和位置，经严格检查合格后，才进行混凝土浇筑。混凝土下料时，为了将混凝土自由下落高度控制在2m以内，采用溜槽下料；事先设计浇捣顺序(自坡口向屋脊方向，以2m为宽度顺时针环形浇筑，并按屋面对称方向两边同时进行)、施工缝的位置(能不留尽量不留)、对特殊结构(突出屋面构件)处采用微型振捣机进行二次振捣、对坡屋面混凝土工程进行全面控制，确保混凝土工程施工全过程处于受控状态、混凝土浇筑后为保证混凝土水化热过程正常进行，不致因为水分蒸发而使混凝土强度增长受阻，表面出现干缩裂缝，在混凝土浇筑后12小时(视气温情况而定)以内进行洒水养护，混凝土表面采用塑料薄膜覆盖养护等。采用上述施工工艺及方法施工后，在以后的屋面结构施工中均达到了很好的效果。

5 屋面防水施工

在屋面结构安全的前提下，防水施工是关键，在本工程的施工中我们从以下几方面入手：

(1)建立严格审查与监督控制措施

①现场质保体系审查：防水施工单位资质和操作工人上岗证；防水材料储运条件。防水施工气候条件。

②设计图纸及施工方案审查：详细查看屋面工程施工图、设计说明、设计变更和施工方案等，弄清屋面防水等级、防水材料品种、规格、性能要求、检验要求、施工顺序和施工要求等。

③质保资料审查：原材料的出厂质量证明书、试验报告、合格证；屋面隐蔽工程验收记录；屋面找平层的坡度、厚度、分格缝设置及表面质量；屋面保温隔热层的材料、厚度以及排气槽、排气孔的留设；屋面每一道防水层的厚度和施工质量；屋面细部防水节点处理(如女儿墙泛水节点、落水口等)；施工检测记录。

(2)本工程在做屋面找平层施工前进行一次淋水试验，检查屋面及细部构造部位(檐沟、管道根、伸缩缝、交界处等)的混凝土是否密实，发现缺陷及时处理。

(3)严格做好找平层：屋面找平层坡度必须符合设计要求，表面压实平整、无松动、开裂现象；找平层在收水后二次压光，充分养护，不得有起砂、起皮现象，使表面坚固密实，并确保满足找平层的厚度要求。水泥砂浆终凝后，应覆盖浇水养护，确保找平层的质量。事先确定找平层设置分格缝的位置、留设方法，缝宽20～30mm，缝间距不大于6m，且尽可能设置在易开裂处，分仓缝应预留，不得后割，采用质量好的密封材料嵌缝并挤压密实，确保分格缝的施工质量。

(4)设置附加层：铺贴卷材前，在结构板易裂处(如屋面大角及平面刚度变化处)应设置1～2层附加层；在出屋面变坡处、与屋面连接边界处、管根天沟、檐沟、檐口、老虎窗、屋面转角等易渗部位设置附加层；找平层、分格缝处设置空铺附加层，以保证防水效果。一般附加层的宽度要超出加强部位250mm。

(5)加强防渗构造措施：在铺设卷材前屋面的基层，必须干净、干燥、清洁、无杂质。在铺设防水卷材时所有水平、竖向的阴角和阳角的基层，均做半径为 50～80mm 的圆角，在整个屋面板上抹一层 20mm 厚 1∶2.5 防水砂浆(内掺 5%防水剂)；在坡屋面上增设一层 4mm 厚 SBS 防水卷材。卷材铺贴顺序按：铺贴多跨或高低跨屋面时，应先远后近，先高跨后低跨；在一个单跨铺贴时，应先铺贴排水比较集中部分(如天沟、水落口、檐口)，由低到高，使卷材沿水流方向搭接施工，压实铺平，接头密封严密。

(6)正确掌握卷材搭接缝宽度及热熔胶的加热程度：SBS 改性沥青卷材防水层一般采用热熔粘法施工，故要求长边的搭接缝宽度均不得小于 80mm，短边不得小于 100mm。本工程为确保搭接缝的宽度，均先进行卷材试铺，无问题后方可进行正式铺贴。由于卷材底部的热熔胶加热不足，会造成卷材与基层黏结不牢；若过分加热，又容易使卷材烧穿，胎体老化，热熔胶焦化变脆，严重降低防水层的质量。因此，本工程要求烘烤时必须使卷材底面和基层同时均匀加热，喷枪的喷嘴与卷材面的距离要适中，一般保持 50～100mm，与基层呈 30°～45°角。喷枪要沿着卷材横向缓缓来回移动，移动速度要合适，使在卷材幅宽内加热温度均匀，至热熔胶融呈光亮黑色时，即可趁卷材柔软的情况下滚铺粘贴。铺贴时，应使卷材与基层紧密粘结，避免铺斜、扭曲，仔细压紧、刮平、封严。如发现已铺贴卷材有空鼓或翘边等现象，及时进行处理。在进行搭接缝粘结施工前，应将卷材表面 80～100mm 宽用喷枪烧熔，注意不要烧伤搭接缝处的卷材。粘贴搭接缝卷材时，当卷材底部的热熔胶熔融至呈光亮的黑色即可粘贴，并进行滚压至热熔胶溢出，收边者趁热用刮板将溢出的热胶刮平，沿边封严。

(7)加强成品保护措施：屋面防水层施工后，不准在防水层上凿洞打孔，也不准在防水层上拌制砂浆和进行其他工序作业，发现卷材防水层有破损处，应及时组织修复。

(8)贴瓦砂浆饱满，贴瓦时瓦要充分浸水待用，洒水湿润找平层，在板面刷素水泥浆结合层一道，用水泥砂浆铺瓦，屋面瓦上下搭接不小于 20mm，从而提高屋面防渗能力。

从目前已施工完毕的坡屋面情况看，采取上述施工工艺、措施和方法施工完成的屋面，从内在、观感等方面较施工前期均确定的显著的效果。坡屋面工程只要严格控制设计，施工，材料，精心设计，精心施工，相信坡屋面防水工程质量一定会达到满足使用的要求。

参考文献

[1] 屋面工程施工工艺标准. 中国建筑工程总公司，2004.

[2] 张进嘉，陈大昆. 住宅的优化设计[J]. 住宅科技 2001(2)：18-19.

[3] 孟祥柱. 推广坡屋面改造平屋面势在必行[J]. 工程质量 2003(1)：42.

[4] 陈朝源. 坡屋面施工时应注意的几个问题. 安防科技. 2007 年 8 月.

[5] 潘炳玉. 倒置式屋面防水质量问题研究. 建筑技术开发. 2007 年第 3 期.

[6] 文跃. 钢筋混凝土屋面四角裂缝分析和预防. 广东建材. 2006 年第 3 期.

[7] 陈启赋，桂斌，尹华尧. 现浇钢筋混凝土坡屋面渗漏原因剖析及防治对策. 四川建筑，2006 年第 3 期.

郑石高速公路废弃老水库处理方案的比选及实施

韩叙领　陈　晓　张贺亮

(河南省交通规划勘察设计院)

摘　要　简述废弃老水库的工程地质状况,并简要介绍了各种方案的优劣及处理方案的最终选定过程,详细介绍该路段具体的实施方案及效果。

关键词　废弃老水库　处理方案　比选　实施

1　工程概况

废弃老水库位于 K9+510～K9+842 段,此处地形起伏较大,水库内为第四系全新统晚期淤泥质冲填土,属软土,其工程性质较差,下部以灰绿色、棕红色钙泥质弱胶结泥岩及砂岩为主,风化程度变化较大。地层层位不稳定,工程性质较好,工程地质条件属复杂类型。I 层:岩性为黄色亚砂土、亚黏土,呈软塑状,局部含有机质,地表含大量植物根系,均匀性差,层底深度 4.2～7.3m,锥尖阻力 q_c 小于 0.7MPa,为软土,地基土承载力 40～80kPa,局部夹承载力为 100kPa 的薄层。主要物理力学指标值为:$w=29.6\%$,$e_0=0.90$,$I_p=12.7$,$I_i=0.71$,$E_s=4.0\text{MPa}$,$a=0.5\text{MPa}^{-1}$,$c=53\text{kPa}$,$\varphi=24.6°$。该层主要分布在水库中,层位不稳定,在 K9+515 前后约 20m 内厚度变化较大,西薄东厚,在 K9+750 处横向变化较大,东半幅无该层。II 层:岩性为褐黄色亚砂土、亚黏土,呈软塑—硬塑状,局部为灰色,见少量砾石,含大量贝壳碎片及铁锰氧化物,层底深度 10.0m 左右,地基土承载力 90～120kPa。局部夹承载力为 140kPa 的薄层。主要物理力学指标值为:$w=23.6\%$,$e_0=0.70$,$I_p=11$,$I_i=0.49$,$E_s=5.6\text{MPa}$,$a=0.3\text{MPa}^{-1}$,$c=44\text{kPa}$、$\varphi=13.3°$。

该水库属小型水库,20 世纪五六十年代根据此处地形设置,目前已经废弃,不再储水,但雨季有积水,干旱季节地面呈潮湿、软泥状态。

同时,本路段地处储煤区,煤开采以后将形成采空区。

2　跨越方案比选

2.1　方案一:设桥通过

按照我省地方标准《高速公路设计技术要求》,软土地基处理深度超过 6m 的路段宜设桥通过。对于经过大片软土地基、坑塘的路段,软土处理深度大于 8m 时,必须设桥通过。

此处最深处软基达到 10m 以上,按照地方标准应该设置桥梁,拟设 17×25m 大桥通过。但此处地下为储煤区,煤开采以后将形成采空区,采空区形成后将严重威胁到桥梁的安全,即使将来采取其他处理采空区的措施,也有很多不确定因素,同时桥梁建设及后期处理费用也很大。

2.2 方案二：设路基通过

设置路基通过，不符合我省地方标准《高速公路设计技术要求》中路基通过软基路段的相关要求，经咨询相关专家及主管部门，地方标准的该条规定主要是考虑到将来路基建成后，沉降量大，路基路面出现开裂，影响公路使用寿命。

因此若能采取相关措施，将沉降量在路基建成以前提前沉降一大部分，减少工后沉降，同时增强地基强度，控制路基总沉降量，设路基通过也应该可行。

设置路基与设置桥梁相比，将大幅减少工程造价，减少安全隐患。

经过专家论证及经济、安全、工期等比较，最终选定设置路基通过老水库。

3 路基地基处理方案比选

结合工程地质状况及类似工程的处理经验，我们拟采用粉喷桩、碎石桩、水泥粉煤灰碎石桩处理。

水泥粉煤灰碎石桩法适用于处理黏性土、粉土、砂土等，对于处理淤泥质冲填土不太适合，类似工程经验也比较少，同时该桩造价同粉喷桩、碎石桩相比也高出很多。

粉喷桩法适用于处理正常固结的淤泥与淤泥质土，适用于该路段，但经计算，正常处理后地基强度上升有限，且工后有较大沉降，若加密桩距，将大大提高工程造价。

碎石桩法适用于处理泥与淤泥质土，且造价低，堆载预压后早期沉降量大。

经过比较，我们确定采用碎石桩＋堆载预压的方法，碎石桩即为排水竖井，桩顶碎石垫层为横向排水通道。在压力作用下，桩间土的空隙水排入碎石桩体内，桩体内的水排入桩顶碎石垫层内，从而使桩间土迅速排水固结。

4 地基处理方案实施

(1)针对 K9＋510～K＋545 路段，路基平均填土高度 7.7m，地基软土层位不稳定，且厚度在 2～6m 不等，设计要求软土层厚度小于 3m 的，挖除全部软土层，至硬土层为止，并换填碎石。当软土层厚度大于 3m 时，采用碎石桩进行处理，桩长平均 8m，实际施工时，应根据实际软土层深度、地形等情况确定具体桩长，要求桩长应穿透软土层。

(2)针对 K9＋545～K9＋600 路段，路线线位位于山梁上，地质条件良好，不作处理，个别局部坡脚如落入沟内，如软土层小于 3m，挖除全部软土层，至硬土层为止，并换填碎石。当软土层厚度大于 3m 时，采用碎石桩进行处理。

(3)针对 K9＋600～K9＋842 路段，路基平均填土高度 7.2m，地基软土深度较厚，范围广泛，在路基范围内采用碎石桩进行处理，桩长平均 11m，实际施工时，应根据实际软土层深度、地形等情况确定具体桩长，要求桩长应穿透软土层。

(4)碎石桩施工要求：

碎石桩桩径采用 40cm，桩距 1m，等边三角形布置，桩顶铺 1m 厚碎石垫层，并设置钢塑土工格栅。碎石桩施工范围按照实际地形、软土层分布位置进行设置，设置宽度应达到护坡道边缘。

碎石桩施工要求采用振动沉管法、锤击沉管法，施工时宜从中间向外围或隔排施工。

为加快地基土排水固结，碎石桩施工完成后，根据工期安排，可以不做复合地基承载力的检测，重点检测桩身的完整性。桩顶碎石垫层施工完毕后应及早填土加压，使软土在路堤的压力下加速完成沉降固结。在保证路基稳定的情况下，尽早完成土方工作，使路堤沉降尽量完成在施工期间，以便减少工后沉降。

另外，应加强路基沉降量的观测，把实测沉降量与理论沉降量对比。当路基沉降稳定后，方可进行路床及路面结构的施工。

5 结语

目前该段路基路面施工已经全部结束，通过对该段路基路面的检测，各项指标均满足高速公路技术规范要求，未发现路基失稳、路面开裂等现象。当然，该路段在高速公路运营期间还有待进一步观测，方能判断处理方案的最终效果。

基于高速公路工程项目管理的几点思考

刘培新　宋　锋　翁效林

（河南中原高速公路股份有限公司）

摘　要　高速公路工程投资建设项目具有产品的单一性、一次性、不可重复性、产品的采购过程和生产过程同步、项目建设周期长、技术经济性强以及资金需要量大等特点。这些特点给项目管理带来较大的难度。针对目前高速公路建设管理中出现的一些常见难题，本文进行了概括性的综述，并依托郑石高速公路建设实际，提出了合理化建议，对今后高速公路的建设管理具有一定的借鉴意义。

关键词　高速公路　工程管理　项目信息化　优化模式

1　引言

高速公路建设项目是一个庞大复杂的系统工程，具有投资大、建设周期长、参建方多、知识技术应用密集、地域影响广等特点。高速公路建设项目从策划到建成运营过程中有多方参与。项目投资方，业主，设计方，监理方、施下承包商和材料供应商等参建各方具有不同管理组织、目标，形式和运作过程。高速公路建设过程的这种多方相对独立性，信息交流缺乏，整体协调不够等问题，严重影响项目的绩效和生产能力。加之其他原因，易产生诸如资金不到位、材料质量不合格以及安全事故等问题，使得高速公路建设项目较其他行业的建设项目更难计划、组织、实施和控制。如果不对建设各方进行及时有效协调管理，则各种问题和矛盾就会发展成为争端甚至上升为冲突与对抗。就工程项目而言，以完善工程项目管理体制为前提，针对项目的目标，通常界定管理的主要内容是“三控制二管理一协调”，即进度控制、质量控制、费用控制、合同管理、信息管理和组织协调。郑州至石人山高速公路（下称郑石高速）线路 1 次跨越西气东输管网、2 次跨越南水北调干渠、4 次跨越高速公路、6 次跨越铁路干线、穿越储煤区和煤炭采空区超过 10km、需特殊处理路基超过 40km、修建 1.6km 长隧道 1 座，几乎融汇了河南省高速公路建设项目的所有技术难题。如此巨大的一个工程投资建设项目，其顺利实施取决于各个环节的协同顺利发展。本文正是基于此，结合目前郑石高速公路工程建设实际，提出以下几点思考。

2　完善企业管理制度和提高项目管理人员的管理素质

系统而严密的管理制度体系是项目施工管理的基础和依据，是责、权、利三者统一的纽带，是规范员工行为的标准。加强员工职责意识，明确任务，各尽其责，这是管理制度运作之本。同时，建立良好的沟通渠道及投诉机制，广开言路，也是不断完善管理制度的一个有力手段。每个参与项目的人员都有权力提出更好的管理建议，集思广益。由于我国项目管理的系统研究和行业发展起步较晚，应学习先进的管理理念，学习国际通用的管理模式、管理标准、程序，致力于人才结构不断完善的项目管理体系。工程总承包与项目管理是以系统工程学、控制论和信息论为理论基础，采用赢得值原理、信息集成技术和矩阵式管理结构，以高度专业化、科学化和市场化手段，对项目实施得进度、费用、质量、资源、风险和安全等实施动态、量化控制，以达到最佳的投资效益。项目管理人才素质的高低直接关系到工程项目管理得成败，培养技术、业务素质较高的项目管理队伍，要健全项目管理人才的培养和考核机制，加强项目经理职业化建设，适应工程管理的需要。

3 将项目管理信息化

现代项目管理作为热门前沿领域，更多依靠电脑技术和网络技术，实现项目管理的网络化、虚拟化。这样就可以利用较少的人力资源和自然资源，实现经济效益最大化。正确认识项目管理集成化、基准化，提高项目管理水平。通过项目集成化，对相关资源进行集合，合理利用项目管理技术和应用工具，实现效益最大化。项目集成化管理存在两个层次，是以工程数据库和管理数据库为基础，完成设计、采购、施工业务流程的集成和以工程数据库和管理数据库为基础，围绕进度、费用、资源、质量管理的集成。信息化、集成化是提高公司工程管理的重要手段。如：可以借助信息技术，采用设计图表和 3D 模型，实现可视化项目管理，这样可以使复杂的项目管理形象化，提供易于沟通和信息交流的管理平台。

4 将项目资源管理有序化

项目资源大致可分为：人力资源、设备资源和物质资源三类。有序的项目资源管理是降低工程成本的关键，也是制订项目目标计划必须考虑的因素。项目资源管理应该是科学化、规范化、可操作性管理。人力资源按技术骨干和一般技术人员划分。形成有效的企业内部人力资源分配。项目设备资源和物资资源，作为层次性管理，应在不同的时段、不同的目标进行有效合理的分配。

5 加强过程控制，而且要实现全过程量化控制，确保项目经营目标

为确保实现项目管理目标，并尽可能使项目效益最大化，必须做好项目前期准备、施工工程、竣工收尾等各阶段的过程控制。在前期工作中，管理重点是，明确管理的目标和要求、施工重点与难点、施工组织结构、前期各项准备情况等，这样有利于增强工作的超前性、预见性，提高管理水平。同时，可以制订项目管理规划，提出阶段性管理目标，并制订实现目标的保证措施。过程控制中有三大控制重点。

5.1 进度控制

加强计划管理，及时调整的优化计划，明确关键路线，按实际工程情况，合理制订进度控制，保持均衡、连续、合理地组织施工。进度控制也是概预算地重点，做好施工组织设计是保证施工进度的重要前提，现场监督检查是抓好进度的有效措施。在进度控制过程中，应注意以下问题：

（1）施工进度与计划进度场相比较，分析进度偏差原因。

（2）分析进度偏差对整个工程产生的影响。根据实际情况，调整进度。在进度控制中，可学习 PMC 中对进度控制方法，运用网络技术，以 primavera project planner(p3)为进度计划与进度控制的工具，重点关注关键线路和关键施工活动的逻辑关系。通过合理改变关键活动的持续时间、调整关键活动间的逻辑关系、利用工作交叉等传统方式，达到优化和缩短项目总工期的目的。对于非关键线路上的大量活动，充分利用浮动时间，在资源利用和资源平衡方面获

取管理效益，即对关键线路缩短工期，对非关键线路实现资源优化。

5.2 质量控制

质量是工程的关键品质，严格按照规范标准施工，保证质量管理体系有效运行，对关键环节公司职能部门建立联系点制度，严格控制桩基、预应力、配合比设计、测量关键工序的质量。

5.3 成本控制

项目成本控制是成本管理的核心，应遵守以下原则：

(1)成本最低化原则：成本控制的根本目的，是通过成本管理的各种手段，实现成本最低化，效益最大化，这应注意降低成本的可能性和合理的成本最低化。

(2)全面成本控制原则：全面成本管理是公司、全部人员、全过程的管理。集中说明全过程控制，这类控制要求成本控制工作要随着项目施工进展的各个阶段连续进行，即不可疏漏，有不可紧松不当，应使施工项目成本置于有效的控制之下。

(3)动态控制原则：施工项目是一次性的，而成本控制应前调项目的中间控制，就是动态控制，施工准备阶段的成本控制只是根据施工组织设计而定的成本目标、计划和控制方案。在施工过程中，需要按实际情况，合理控制成本。运用赢得值原理EVC(Earned Value Concept)对费用、进度进行综合量化控制更是国际上普遍采用的方法。采用EVC控制工程，是动态的管理过程，可以直接判断、检测当月进度、费用情况，以便立即采取相应的措施，可避免造成重大损失。

6 标段划分的合理性

作为建设方，首先要决定的是划分工程标段、选择工程管理模式和选定何种建设工程合同版本作为合同条件的基础。建设方所负的对工程管理责任和实际工程量直接决定了采用的管理模式。合理的标段划分是实现工程建设高效率的重要前提。这一点在郑石高速已成功运用。根据郑石高速里程长、横跨3市9县区的特点，为提高管理节奏和工作效率，节约各参建单位的办公经费，项目管理采取了“条”——郑石分公司、“块”——A、B、C、D 4个业主代表处的管理架构，郑石分公司负责全线和全面的管理，保证了全线的统一性，4个业主代表处负责各自所管辖段上的现场管理工作，确保了工作的及时性和灵活性。

7 优化管理模式

加大设计单位对项目的介入深度，充分发挥设计单位作为智力密集型企业的优势。加宽建设建立单位的项目服务范围。以国内采用最多的施工总承包方式和项目总承包方式为组织基础，提出优化项目管理方式。新管理模式的特点是：把工程咨询单位分为两个层次，一层是做项目整体性的策划与控制的额工程监理；另一层是设计单位派驻现场的工程师代表与工程监理的施工监理层共同组建的现场监理，任务是复杂施工监理工作，提高项目管理组织运行的效率。项目参与方的基本关系保持不变，但介入深度增加(图1)。如设计单位不断负责项目设计而且通过派驻的现场设计人员担任施工监理工作。工程咨询的服务范围也明显加宽，不仅负责项目的设计监理和由现场的施工监理工作，还负责业主方全过程、全方位的项目管理工作。

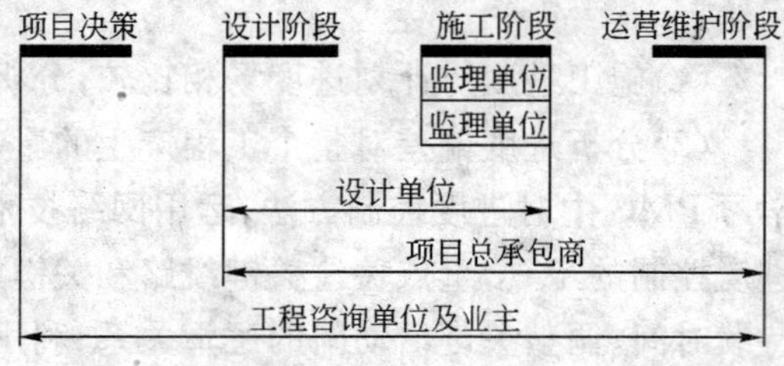

图1 优化模式中参与方的项目介入深度

8 结语

以上几点都是基于郑石高速建设期间所遇到的相关问题的体会。由于高速公路建设的复杂性，所提建议必然具备一定的局限性，需要不断地进行合理优化，同时其有效性需要进一步的验证。

参考文献

[1] 李云飞. 我国高速公路建设管理的现状与对策产业与科技论坛，2007 年第 3 期.

[2] 朱颜北. 强化责任意识加强质量控制. 决策探索，2006 年第 4 期.

[3] 宋继东. 落实科学发展观 促进全区工程建设管理工作全面发展(节选). 广西城镇建设，2005 年第 5 期.

[4] 谢忠辉. 我国高速公路 BOT 模式风险管理现状分析. 交通标准化，2007 年 4 月.

[5] 陆亚维. 强化资金管理 提高建设资金使用效益. 交通财会，2007 年 5 月.

[6] 沈长春，吴艳，郑莉. 高速公路建设项目管理 Partnering 模式应用研究，2007 年 01 期.

郑漯高速公路扩建工程桥梁拼接技术探讨

毛文华[1]　邱红霞[2]

(1.河南中原高速公路股份有限公司;2.鹤壁市人民政府拆迁办公室)

摘　要　随着交通量的急剧增长,我国早期建设的高速公路已无法满足运营要求,公路拓宽成为一种缓解交通压力的重要方式。本文对郑漯高速公路桥梁拼接加宽方案进行比选分析,并提出结构受力性能及施工便利的推荐方案。

关键词　高速公路　改扩建　拼接　拓宽

1　引言

郑州至漯河段高速公路为京珠国道主干线河南境的重要组成部分,北接京珠高速公路新乡至郑州段,南接漯河至驻马店段,向北直至首都北京,向南至广东沿海地区,是承载国家南北运输的公路大动脉,而且也是河南省南北向最为繁忙的运输通道,是河南省经济发展的"基轴"之一。

郑漯高速公路原路是按平原微丘区高速公路标准建设,主线设计标准:双向四车道,路基宽度 26m,设计行车速度 120km/m,桥梁设计荷载:汽车—超 20 级、挂车—120。桥梁为双幅:横向布置为 2×1+2.0m(横桥向间隙)。自 1998 年建成运营以来,交通量急剧增长,公路服务水平逐渐下降,且部分路段需要维修。目前实际服务水平基本处在三级,已无法满足运营要求。从郑漯通道中长期交通需求预测结果分析,2010 年本路段交通量将达到 44 600 辆/日(小客车),2030 年将达到 98 468 辆/日。该路段的改建扩容成为缓解交通压力的重要方式。

扩建标准:全线采用八车道高速公路标准,设计行车速度为 120km/h,路基宽度采用 42m;桥涵设计荷载采用:公路—Ⅰ级,路线全景效果图如图 1 所示。

图 1　路线全景效果图

2　常见拼接方式

目前桥梁横向拓宽连接中对上部构造的处理有以下常见的方式:不连接;铰接;刚接。上部结构不连接而直接做桥面铺装,易使桥面铺装开裂,影响行车舒适性和桥面外观,增加后期养护维修工作。上部结构刚接,则新桥对旧桥的内力状态影响较大,某些关键截面可能处于不利的受力状态。桥梁横向铰接一般可采用企口混凝土铰连接或钢板连接。

3 空心板桥梁拼接方案及比选

3.1 拼接方案

郑漯高速公路桥梁拼接采用同跨径、同结构形式桥两侧分别进行加宽的方式，已建桥梁左右半幅分别加宽 8.0m，加宽桥均采用宽度 1.3m 空心板，新老空心板间通过钢板和连接钢筋相连。具体的连接方式进行了两种方案的比选（图 2、图 3）。

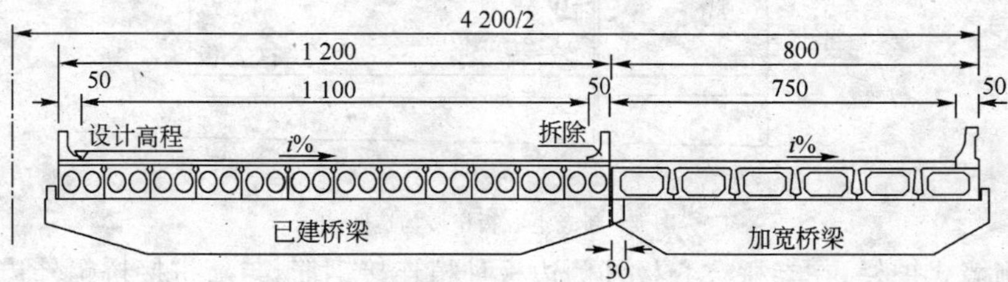

图 2 空心板桥加宽方案一（尺寸单位：cm）

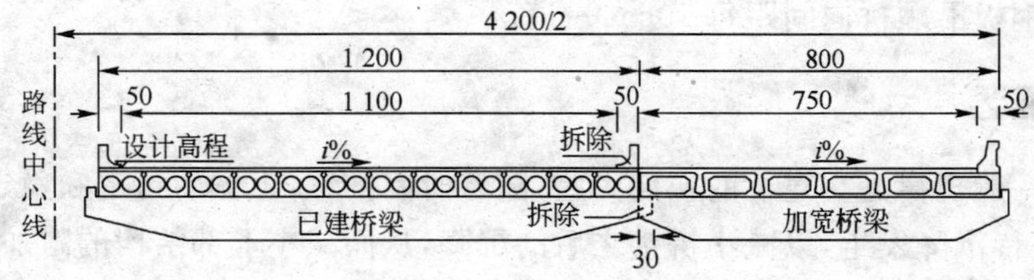

图 3 空心板桥加宽方案二（尺寸单位：cm）

3.2 方案比选

加宽方案一如图 2 所示：桥梁采取上连下不连的方式，将已建桥盖梁外侧切除 30cm，并拆除外侧挡块、耳墙，新建桥与已建桥盖梁、背墙间设置 1cm 缝，不做连接。新建桥幅完工后给予 3 个月以上的沉降期，并实施沙袋堆载预压，等效预压荷载为桥面沥青混凝土铺装、护栏和 1/4 活载，而后实施新老桥梁空心板横向连接措施。

本方案对车辆通行影响较小，实施简单易行，拆除改造的工程量小。结构整体性较好，横向受力明确，新老桥连接刚度适中。加宽桥与原桥上部形成整体，有利于上部结构受力、行车舒适及路容美观；下部结构不连接，新老桥下部各自受力，内力相互不受影响，可以减少新桥与原桥的上部材料因混凝土收缩、徐变产生的变形及新老桥沉降差异而共同产生的附加内力，避免对盖梁产生结构性破坏，从而保证桥梁安全。并且对于沉降变形问题可以通过预压新建结构、增加桩长等来减轻地基沉降等原因产生的附加内力。

加宽方案二如图 3 所示：采取上连下也连的方式，上部空心板结构采用非刚性连接，下部新、老盖梁端部断面刚性连接。已建桥梁盖梁端部凿除 30cm，拆除挡块，将老盖梁钢筋与新建桥幅盖梁钢筋焊接，然后浇筑新接盖梁；盖梁衔接处设置假缝。

本方案结构整体性较好，横向受力明确，新老桥连接刚度大。对车辆通行影响较大，施工时需拆除 30cm 宽盖梁及外侧挡块后将新老盖梁现浇衔接，实施起来不是十分便利。新桥与原桥的上部材料因混凝土收缩、徐变产生的变形及新老桥沉降差异而共同产生的附加内力，易造成下部构造的盖梁、墩台连接处产生拉裂，对下部结构安全不利，且修复加固会较为困难。

通过比选，两方案在经济性方面并不存在明显差异，但从结构性能以及施工便利性综合评定后，将方案一作为推荐方案。

3.3 推荐方案拼接构造

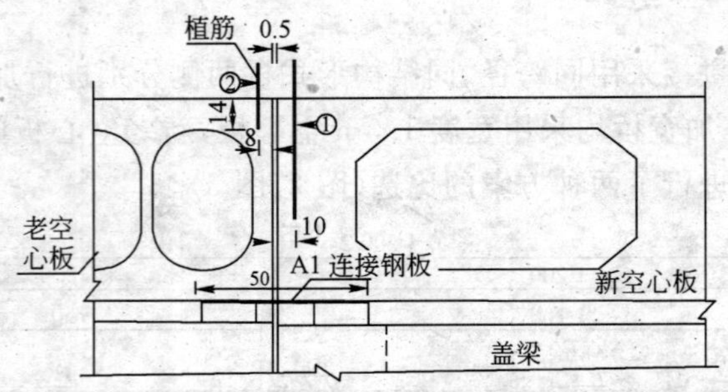

图 4 新老空心板拼接构造图

拆除老桥外侧墙式护栏，在老桥空心板外侧边板种植连接钢筋，与新拼接桥幅外边板预埋钢筋绑扎，浇筑桥面铺装混凝土；距梁端 50cm 处开始，使用环氧树脂胶将连接钢板对称横粘在新老桥空心板底，钢板沿顺桥向间距每 10cm 一道。

4 拼接施工工艺

(1)沉降的一般规律是在建桥的初期大些，随着时间推移，土体的挤密和稳定而逐步减小，因此在拼接前等待沉降发生，以减小拼接之后的沉降，从而减小上部结构的附加内力。

(2)老桥空心板外侧边板种植连接钢筋，是老桥与新建部分拼接后共同受力的重要保证，因此植筋工艺尤为重要，针对郑漯路空心板较薄，植筋深度不能太深，主要指标抗拔力可以使钢筋达到屈服极限。

5 结语

通过对本项目比选方案的分析，对拓宽工程中桥梁的拼接改建技术问题有了较深的认识，体会到老路拓宽改建与新建公路的共性和差异性。改扩建工程在保证正常安全运营的情况下，还要节省造价降低成本，保障公路建设快速可持续发展。

参考文献

[1] 鞠金荧.沪宁高速公路(江苏段)扩建工程桥梁拼接设计构思[J],中外公路,2006.12.

[2] 张丽芳，等.旧桥拓宽中拼接方式对旧桥受力状态的影响分析[J],公路交通科技,2006.2.

[3] 谌润水，胡钊芳，等.公路旧桥加固技术与实例[M],北京:人民交通出版社,2002.

彩色乳化沥青稀浆封层技术关键技术及功能分析

郑立宝[1]　任新建[1]　高建华[2]

（1.河南中原高速公路股份有限公司；2.河南交通职业技术学院）

摘　要　彩色稀浆封层其通过特殊的施工工艺敷设于路面，在很多方面都表现出了其他沥青路面无法比拟的优势：它不仅可以对路面起到预防性养护作用，而且在色彩上能与周围环境相协调，有很强的视觉警示效果和良好的事故预防效果。本文将介绍彩色沥青的制作方法及彩色乳化沥青稀浆封层关键技术，并分析彩色稀浆封层的功能。

关键词　彩色沥青　彩色稀浆封层

随着社会经济的发展，人们生活水平的提高，人们对道路的要求已不仅仅局限于它能否畅通无阻、安全舒适，而且要求城市道路能与城市的优美环境相适应，从审美的角度来审视城市的空间和生活质量。从而要求改变长期以来只有黑色（沥青）路面和白色（水泥）路面的格局，于是彩色路面就应运而生了。并且，彩色沥青路面，尤其是彩色稀浆封层技术在很多方面都表现出了其他沥青路面无法比拟的优势：彩色稀浆封层技术作为一种现代化的、预防性的养护方式之一，不仅可为行车提供一个平整、耐磨、粗糙的表面，并可有效防止路表水下渗，而且在色彩上能与周围环境相协调，其对交通的组织和控制起着良好的作用。因此，对彩色稀浆封层技术的研究是非常有必要，而且也是具有重要意义的。

1　彩色沥青及彩色沥青混合料

1.1　彩色沥青制作方法的分类及胶结料着色

彩色沥青研究重点在于制备性能良好且易着色的胶结料。目前出现了很多种胶结料的制作方法，但可以归结为两大类：普通黑沥青胶结料和浅色胶结料。

1.1.1　利用黑沥青胶结料

普通沥青颜色深、黑度高，要想改变其颜色可以通过添加颜料覆盖或除去生色组分两种方法，也即覆盖法和脱质沥青法。覆盖法即在普通沥青中直接添加颜料。脱质沥青法除去沥青质就可得到浅色的脱质沥青。

1.1.2　制备浅色胶结料

普通沥青是组成复杂的高分子胶体或溶胶体系，因此可以选择适当的高分子材料，通过相应的合成技术和加工方法制得浅色仿沥青材料，从而得到使用性能与普通沥青相似的彩色沥青。根据所用主要原料的种类可分为单一浅色胶结料和聚合物复合法浅色胶结料两大类。

1.1.3　胶结料的着色

胶结料的着色原料主要是颜料，颜料的好坏直接决定彩色沥青的着色效果、色彩持久性和使用环保安全性。以上几种彩色沥青制备方法中，覆盖法由于受主体黑沥青的影响，色彩也比较暗淡，铺筑而成的路面色调不均，同时颜色耐久性也需要实践检验。脱质沥青相对黑沥青颜色浅，本身的暗褐色也对着色效果有一定影响。单一法和复合法浅色胶结料制出的沥青色彩与效果最佳而且持久耐用。

1.2 彩色沥青混合料的类别

就目前沥青混合料和水泥混凝土所表现出来的路面颜色而言，彩色沥青混合料的“彩色”应该是相对的，也是广义的。体现这种彩色可通过以下技术来实现：①结合料着色技术；②集料着色技术；③表面处理技术；④其他技术。据此可以把彩色沥青混合料分为：添加颜料的沥青混合料、使用彩色石料的沥青混合料和使用石油树脂（脱色沥青）添加颜料的沥青混合料。具体可分为着色沥青混合料、使用彩色集料的混合料、有色沥青混合料、亮色沥青混合料、表面喷涂彩色的混合料。

1.3 彩色沥青混合料的技术关键

彩色沥青混合料之所以表现出丰富的色彩，是因为在胶结料中加入了各种颜色的颜料，因此彩色沥青混合料的两大技术关键是：①采用浅色胶接料与颜料搭配制备彩色沥青混合料；②颜料的选择与色彩的调配。

1.4 彩色沥青混合料的实用性

彩色沥青在很多方面都表现出了一定的优越性与实用性。首先，彩色沥青路面具有普通沥青混凝土的良好性能，如足够的力学强度、一定的弹性和塑性变形能力、与汽车轮胎的较好附着力、有高度的减振性、不扬尘且容易清扫和冲洗、维修比较方便、施工期短等。其次，彩色沥青路面改善了普通沥青路面唯黑色的单调性，可与附近的景观相互搭配、协调。再次，彩色沥青混合料可以多元搭配使用，例如彩色透水路面、彩色稀浆封层等，既可以维持既有道路或广场的特殊使用功能，还可发挥多色彩的分区功能。彩色路面的用途是安全和美观。彩色沥青着重点铺装还可用于交通管理，通过不同的路面颜色清晰地警示汽车驾驶员前方道路的安全。例如，在事故多发地段铺筑成红色或橙黄色路面，提醒驾驶员谨慎行驶。彩色沥青路面也能够指示不同车道的用途。如人行横道、自行车道、公交车专用道、停车场和服务区可用不同的颜色作代表。彩色路面对车流的引导要比在路面上画线效果更好。黄色沥青路面用于隧道铺装还可以显著提高隧道内的照明效果。

2 彩色稀浆封层关键技术

2.1 彩色稀浆封层的定义与作用

彩色稀浆封层是将适当级配的集料、填料、颜料、乳化沥青、水、添加剂等几种原材料，按一定比例掺配拌和，制成均匀的彩色稀浆混合料，并按要求的厚度和宽度摊铺在路面上的一种技术。彩色稀浆封层无论是对低等级道路或高等级道路，无论是对城市道路或郊区道路，都可以产生显著的经济效益和社会效益——可以使磨损、老化、裂缝、光滑、松散等病害迅速得到修复，起到防水、防滑、平整、耐磨等作用，且具有车道视觉减速标线和感觉减速标线的优点，路面呈现各种颜色，有很强的视觉警示效果和良好的事故预防效果。

乳化沥青彩色稀浆封层对路面养护等有着很好的作用而且使用范围也很广，可应用于旧沥青路面的维修养护，新铺沥青路面的封层，高速公路的下封层，砂石路面上的磨耗层，水泥混凝土路面和桥面的维修养护等方面，并对交通的组织和控制起着良好的作用。

2.2 彩色稀浆混合料试验方法

2.2.1 拌和试验

此试验用于确定彩色稀浆混合料的可拌和时间和成浆状态。所谓可拌和时间是指在拌和杯中放入一定的矿料、固体添加剂以及水等拌匀后，再加入一定量的乳化沥青，此时开始计时，并在最初的3～8s内用力快速拌和，然后用拌和匙沿杯壁顺时针均匀拌和，要注意观测混合料的拌和状态，当稀浆混合料变稠，手感到有力时，表明混合料开始有破乳的迹象，记录此时刻的时间，称为可拌和时间。此时间对于快开放交通型应不小于120s，对慢开放交通型应不小于180s。继续拌和，当混合料完全抱团，无法拌和时，记录此时刻的时间，称为不可施工时间。

对拌和时间满足要求的配方重新称料，拌和30s后摊在油毡上铺平，厚度约8cm。将试样在室温下放置24h后，可根据试样的颜色，试样表面是否有油膜、用手捻动是否有颗粒散落，是否容易用手掰开等指标来判断集料与沥青的配伍性以及沥青用量大小。此试验对工程实际有更强的指导性。

2.2.2 破乳时间试验

此试验可确定彩色稀浆混合料的破乳时间。破乳时间是指：乳化沥青中的沥青和水分离，沥青微粒吸附到石料上而水析出所需要的时间。具体可按照拌和试验确定的配合比，对矿料、水、添加剂和乳化沥青均匀拌和不超过30s，并立即倒入油毛毡上的试模内，开始计时，根据乳化沥青的类型每隔一定时间(5min或15min)用一张吸水白纸巾轻轻按压混合料表面，如果在纸上没有见到褐色的斑点，就认为乳化沥青已经破乳。如果褐色斑点出现就再隔一定时间重复测试直到破乳为止，但每次按压的位置不能重复。此时间的确定可有效地指导施工时间。

2.2.3 粘聚力试验

此试验用于确定彩色稀浆混合料的初凝时间和开放交通时间。初凝时间一般是指：稀浆混合料的黏聚力值达到1.2N·m时的时间。开放交通时间是指：稀浆混合料的粘聚力值达到2.0N·m时的时间。具体可按照拌和试验确定的配合比对集料作均匀拌和(不超过30s)，然后倒入预湿过的试模中，用油毡垫底、刮平、脱模并计时。在温度为25±2℃的环境下成型30min后，将试件置于粘聚力试验仪的测试台上进行测试。对另外的试件在60min后以同样的方法进行粘聚力测试。同一试样平行试验两次，当两次测定值的差值符合重复性试验精密度要求时，取其平均值作为试验结果。一般要求30min和60min的黏聚力要分别大于1.2N·m和2.0N·m。

2.2.4 湿轮磨耗试验

此试验可用于控制彩色稀浆混合料的最小沥青用量，同时也用于检验成型后的彩色稀浆混合料的配伍性和抗水损害能力，可与负荷车轮粘砂试验一起确定混合料的最佳沥青用量。试验方法可简要概括为：对已经去除4.75mm以上部分的矿料与填料、添加剂、水以及乳化沥青均匀拌和后(不超过30s)迅速倒入试模中并刮平。取走模板，将试样放入60±3℃的烘箱中烘干至恒重(一般不小于16h)，取出冷却后称取油毛毡以及试样的总质量。将试件及油毛毡放入25±1℃的水浴中保温60min后，放入湿轮磨耗机上装有适量25℃水的托盘中开始试验，300±2s后停止。将试样从托盘中取出，冲洗干净并放入60℃烘箱中烘干至恒重，冷却后称取试样以及油毛毡的质量并计算磨耗值。磨耗值应不大于800g/m^2。

2.2.5 负荷车轮粘砂试验

此试验是通过承载车轮试验模拟交通压实来测试彩色稀浆混合料的压实度和变形特性，可以控制稀浆混合料的最大沥青用量。试验方法为：按照确定好的配比对矿料及添加剂等在30s内拌和均匀，倒入试模中并刮平，取走试模，把试样放入60℃的烘箱中烘干至恒重，取出冷却至室温。调整负荷轮实验仪，使负荷质量为56.7kg，正确安装试样于承板并开机试验。碾压1 000次后停机、卸载、冲洗、烘干至恒重，冷却至室温并称重。把试样重新安装在仪器原来的位置，把 300g82℃的热砂倒入砂框架中摊平，将钢盖板放在砂框架的中间，然后将橡胶轮放下开机碾压 100 次。取下试样，用毛刷刷去试样上的浮砂，再次称重并计算粘附砂量。一般要求粘附砂量不大于 450g/m^2。

2.3 彩色稀浆封层的功能与特点

彩色稀浆封层技术作为集预防性养护与美观为一体的养护方式，其技术优点主要体现在以下几个方面。

2.3.1 节省材料且长期经济效益好

乳化沥青与矿料表面具有良好的工作度和粘附性，可以在矿料表面形成均匀的沥青膜，容易准确地控制沥青用量，保证矿料之间能有足够的结构沥青，使混合料中的自由沥青降低到适宜程度，因而提高了路面的稳定性、防水性与耐磨性。大量研究表明：用乳化沥青筑路可节省沥青 10%～20%。另外，阳离子乳化沥青与碱性和酸性石料都有良好的粘附效果，这样就扩大了矿料的来源，便于就地取材，减少材料的运输量，从而降低工程造价。还有研究结果表明：用稀浆封层对路面作有计划的预防性养护费用，比不保养使用 20 年再重建的费用要低 63%，比每 10 年加铺一次的费用要低 55%，而且路面性能要好得多。

2.3.2 节约能源且减少环境污染

用热沥青修路，一般沥青应加热到 165～170℃，倒运需要重新加热，拌制混合料用的大量砂石也必须烘干后加热至 160℃左右。而用乳化沥青修路，只需在生产乳化沥青时将沥青加热到 130℃，以后无论倒运多次或保存多久都不需再加热。拌混合料用的集料，即使在潮湿状态下，也可拌制，不需烘干加热。据资料统计，用乳化沥青修路比用热沥青节约能源在 50%以上。稀浆封层施工从装料、配比、拌和、摊铺自始至终始终在常温条件下操作，乳化沥青和砂石料都不需加热，没有繁重的体力劳动，完全由机械自动操作，减轻劳动强度，并可显著降低有害物质排放。

2.3.3 延长施工季节且路用性能好

乳化沥青稀浆封层在地表温度为 10℃以上时，即可进行施工，比一般热沥青可延长 2～4 个月施工时间。并可在下雨后立即施工，减少雨后的停工费用，以提前完成施工任务，也有利于沥青路面的及时养护，防止病害的加剧与扩大。因为彩色乳化沥青的沥青含量可在一定范围内任意调配，故而可以根据洒布量和洒布机的具体情况来实现要求的目标。另外，彩色乳化沥青常温下的可流动性、水溶性等将对路面带来质量的提高，主要表现为提高路面的防水、防滑、耐磨性能，改善路面平整度，修复路面轻微车辙，使旧路返老还新，从而延长路面使用寿命等。

2.3.4 稳定性好且警示作用明显

彩色稀浆通过特殊的施工工艺敷设于路面，其综合了车道视觉减速标线和感觉减速标线的优点，路面呈现各种颜色，有很强的视觉警示效果。彩色路面还可以从不同的色彩上区分道路的不同使用功能。另外由于它增加了轮胎和地面的摩擦系数，减少了雨雪天气条件下车辆的测滑和甩尾危险，所以还有良好的事故预防效果。如果施工质量好，用其铺筑的路面不会轻易掉色，在加上乳化沥青与石料良好的粘附性，在行车过程中也不容易掉料，从而也表现出良好的稳定性。

2.3.5 快速开放交通且给人以美好的心灵享受

彩色稀浆封层由专门的设备进行施工，而且施工快捷简单，不需要进行碾压，待乳化沥青破乳完全后即可开放交通，避免了长时间封道带来的负面影响，尤其对车流量大的路段，其贡献之大更是可想而知。另外,彩色稀浆封层的色彩鲜艳、颜色稳定(可根据道路环境和交通部门的要求提供不同颜色)且具有强烈的视觉和听觉效果,再与周边的环境和谐统一起来,使人有一种"人(车)在路上走,好似画中游"的感觉,真正地做到了人造物与天然景观的和谐融合。

3 结语

本文简要论述了彩色沥青的制备方法及彩乳化沥青关键技术,分析了彩色稀浆封层的功能与技术优点。

彩色稀浆封层作为集预防性养护与美观为一体的养护方式,其通过特殊的施工工艺敷设于路面,不仅可以对新、旧路面的老化、裂缝、光滑、松散、坑槽等病害能够起到预防和维修的作用,使路面的防水、抗滑、平整、耐磨性能迅速提高,而且路面呈现各种颜色,有很强的视觉警示效果和良好的事故预防效果。

参考文献

[1] 高明,肖斌,等. 彩色沥青的路用性能. 辽宁石油化工大学学报,2005,25(1):58-63.

[2] 吴强,黄卫东.彩色沥青及混合料的性能评价.石油沥青,2006,20(5):59-60.

[3] 陈激波,祝长康,等.彩色沥青路面的工程应用研究.中国市政工程,2005,No.3:9-11.

[4] 高华,李剑新,等.改性彩色沥青制备工艺的研究.石油沥青,2004,18(5):19-21.

[5] 刘韶山.浅述彩色路面的试验与应用.上海公路,2002,No.4:23-24.

[6] 交通部公路科学研究院.微表处和稀浆封层技术指南.北京:人民交通出版社,2006.

[7] 虎增福,曾赟编,张浩明.乳化沥青及稀浆封层技术. 北京:人民交通出版社,2001.

[8] 中华人民共和国行业标准.公路工程沥青及沥青混合料试验规程(JTJ 052—2000).北京:人民交通出版社,2000.

[9] 中华人民共和国行业标准.公路沥青路面施工技术规范(JTJ F40—2004).北京:人民交通出版社,2004.

[10] 谢祖平,杨文欢,等. 沥青路面稀浆封层预养护技术的应用.华东公路,2006,No.3:14-17.

彩色稀浆封层配合比设计方法研究

李　蓬[1]　侯航舰[2]　王晓力[3]

（1. 河南中原高速公路股份有限公司；
2. 同济大学，河南省交通基本建设质量检测监督站；3. 北京建筑工程学院）

摘　要　彩色稀浆封层技术不仅可以对新、旧路面的老化、裂缝、光滑、松散、坑槽等病害能够起到预防和维修的作用，使路面的防水、抗滑、平整、耐磨性能迅速提高，而且综合了车道视觉减速标线和感觉减速标线的优点，使路面呈现各种颜色，有很强的视觉警示效果和良好的事故预防效果。本文阐述彩色稀浆封层的配合比设计方法，以指导彩色稀浆封层的施工。

关键词　彩色稀浆封层　材料要求　配合比设计方法

1　彩色稀浆封层概述

彩色稀浆封层是彩色沥青混合料的一种，首先它是稀浆封层，其次它是彩色的，因此它具有稀浆封层的技术特点和彩色沥青路面的功能化特点。

彩色稀浆封层是将适当级配的集料、填料、颜料、乳化沥青、水、添加剂等几种原材料，按一定比例掺配拌和，制成均匀的彩色稀浆混合料，并按要求的厚度和宽度摊铺在路面上的一种技术。彩色稀浆封层无论是对低等级道路或高等级道路，无论是对城市道路或郊区道路，都可以产生显著的经济效益和社会效益——可以使磨损、老化、裂缝、光滑、松散等病害迅速得到修复，起到防水、防滑、平整、耐磨等作用。而且综合了车道视觉减速标线和感觉减速标线的优点，路面呈现各种颜色，有很强的视觉警示效果和良好的事故预防效果。在色彩上能与周围环境相协调，其对交通的组织和控制起着良好的作用。

2　彩色稀浆封层混合料设计

2.1　原材料的技术要求

2.1.1　矿料

配制彩色稀浆混合料的碎石和石屑，其色泽最好与所配制的混合料色彩相近，这样，当碎石颗粒表面的沥青膜磨去以后，仍能显示出原来的色彩。某些岩石有特定的颜色，但有的岩石由于其矿物成分的差异，会显示出几种不同的色彩。表1是几种岩石的色彩。

几种可用于彩色稀浆封层的岩石色彩　　表1

岩石种类	色　彩	岩石种类	色　彩
花岗岩	红色、粉红色、灰色	辉绿岩	淡暗绿色
安山岩	淡红色、浅绿色、黑色	石灰岩	灰白色、粉红色、灰黑色
大理石	白色	铁质砂岩	暗黄色

矿料在彩色稀浆封层混合料中起骨架作用，其最大粒径决定着稀浆封层的厚度。彩色稀浆封层一般铺筑在路的表面，直接与车轮接触。对所采用的石屑、机制砂等材料，必须对其作一定的要求(表 2)，从而提高彩色乳化沥青稀浆封层的抗滑耐磨性能，延长封层的使用寿命。

彩色稀浆封层用粗细集料质量要求 表 2

材料名称	项目	标准	试验方法
粗集料	石料压碎值 不大于(%)	28	T0316
	洛杉矶磨耗损失 不大于(%)	30	T0317
	坚固性 不大于(%)	12	T0314
	针片状含量 不大于(%)	18	T0312
细集料	坚固性 不大于(%)	—	T0340
矿料	砂当量 不小于(%)	50	T0334

2.1.2 颜料

颜料可以当作矿粉使用，一般需要加入 1%～3%(占混合料总质量)的颜料。颜料的色泽与持久性是非常关键的，要选择鲜艳而持久的色粉，尤其是用于彩色稀浆封层的颜料对其使用效果关系极大，颜料还应具有感光性，在长时间紫外线照射下不褪色；不溶于水，但可溶于油；同时还要求具有良好的耐热性，从而避免昙花一现的短期效果。目前常用的颜料主要有铁红色、橘红色、美术绿、柠檬黄等。许多铁系颜料的价格较低，但色彩不如铬系颜料鲜艳，对此需要进行认真比较和选择。

不同的颜料其性能也不尽相同。铁红是铁的氧化物中最稳定的化合物，铁红对光的作用很稳定，而且能强烈吸收紫外线部分，对水和大气的作用稳定，不溶于碱和稀酸，加热的情况下可溶于浓酸。柠檬黄又称柠檬铬黄，其耐酸、耐热、分散性较好，耐光可达 3～6 级。美术绿亦称翠铬绿，外观色泽鲜艳，偏酸性，其耐光性取决于制备其铅铬黄的耐光性。宝蓝又称稳定型酞菁蓝，耐热、耐晒、耐酸碱、耐溶剂，色泽鲜艳，着色力强，分散性也好。因而要根据不同的地域、环境条件等合理选择颜料。

2.1.3 填料、添加剂及水

彩色稀浆封层矿料中可以掺加矿粉、水泥、消石灰等填料。填料应干燥、疏松、无固结，并应符合《公路沥青路面施工技术规范》(JTG F40—2004)中的相关要求。矿粉的主要作用是改善矿料级配。水泥、消石灰等具有化学活性的填料主要可以调整稀浆混合料的可拌和时间、成浆状态和成型速度等。而且这些填料的添加量必须通过混合料设计试验确定。矿粉仍采用磨细的石灰石粉等，颜料可取代部分矿粉。添加剂的主要作用是调节稀浆混合料可拌和时间、破乳速度、开放交通时间等施工性能，并在一定程度上改变混合料的路用性能。常用的添加剂包括无机盐类添加剂、有机类添加剂等。对于阳离子乳化沥青混合料，无机盐类添加剂一般会延长可拌和时间，延缓成型。添加剂种类和剂量的确定是混合料设计的一项重要内容，添加剂的掺量不应对混合料路用性能产生不利影响，而且未经试验验证的添加剂不得在施工中采用。一般可饮用的水就可用于彩色稀浆封层。

2.1.4 乳化沥青的选择

彩色稀浆封层混合料中起黏结作用的是所用乳化沥青中的沥青材料，因此乳化沥青中的沥青应合乎道路石油沥青的标准，而且作为用于彩色稀浆封层的乳化沥青，还要满足彩色稀浆封层级配矿料的拌和要求，也就是乳液和矿料在拌和、摊铺过程中，稀浆混合料必须均匀、不破乳、不离析、处于良好的流动状态。具体指标可参见表 3。

彩色稀浆封层用乳化沥青技术要求 表 3

试验项目		单位	技术要求	试验方法
筛上剩余量(1.18mm 筛)		%	≤0.1	T0652
电荷			+,-	T0653
恩格拉黏度 E_{25}			2～30	T0622
沥青标准黏度 $C_{25,3}$		s	10～60	T0621
蒸发残留物含量		%	≥55	T0651
蒸发残留物性质	针入度(100g,25℃,5s)	0.1mm	45～150	T0604
	软化点	℃	—	T0606
	延度(15℃)	cm	≥40	T0605
	溶解度(三氯乙烯)	%	≥97.5	T0607
储存稳定性	1d	%	≤1	T0655
	5d	%	≤5	T0655

2.2 配合比设计步骤

配合比设计无论对何种混合料都是非常关键的。对于彩色稀浆封层混合料,其配合比设计步骤可按如下方式进行:

(1)根据选择的级配类型,按表 4 确定矿料的级配范围。计算各种集料的配合比例,使合成级配在要求的级配范围之内。

彩色稀浆封层矿料级配 表 4

级配类型	通过下列筛孔(mm)的质量百分率(%)							
	9.5	4.75	2.36	1.18	0.6	0.3	0.15	0.075
ES-1		100	90～100	65～90	40～65	25～42	15～30	10～20
ES-2	100	90～100	65～90	45～70	30～50	18～30	10～21	5～15
ES-3	100	70～90	45～70	28～50	19～34	12～25	7～18	5～15

(2)根据以往的经验初选乳化沥青、填料、水和添加剂的用量,进行拌和试验和粘聚力试验。可拌和时间试验温度应考虑最高施工温度,粘聚力试验的试验温度应考虑施工中可能遇到的最低温度。

(3)根据上述试验结果和彩色稀浆混合料的外观状态,选择 3 个左右认为合理的混合料配方,与稀浆混合料的性能要求进行对比,如表 5。若不符合要求,适当调整各种材料的配合比例再试验,直至符合要求为止。

彩色稀浆混合料技术指标 表 5

试验项目		单位	标准	
			快开放交通型	慢开放交通型
可拌和时间(25℃)		不小于(s)	120	180
粘聚力试验	30min(初凝时间)	不小于(N·m)	1.2	—
	60min(开放交通时间)		2.0	—
负荷车轮粘附砂量		不大于(g/cm²)	450	
湿轮磨耗损失(浸水 1h)		不大于(g/cm²)	800	

(4)当设计人员经验不足时，可将初选的3个左右认为合理的混合料配方分别变化不同的油石比，按照表5的要求重复试验，并分别将不同沥青用量的1h湿轮磨耗值及砂粘附量绘制成图1的关系曲线。

此曲线以1h湿轮磨耗值接近表5中要求的沥青用量作为最小油石比 P_{bmin}，砂粘附量接近表5中要求的油石比为最大油石比 P_{bmax}，得出油石比的可选择范围 P_{bmin}～P_{bmax}。在油石比的可选范围内选择适宜的油石比，使得在该油石比情况下混合料的各项技术指标均可以满足要求。

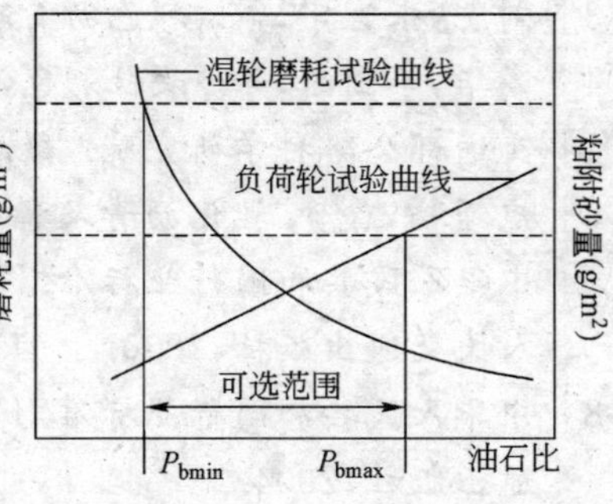

图1 图解法确定乳化沥青最佳用量

(5)根据以往经验及配合比设计试验结果，在充分考虑原路面状况、气候及交通因素等的基础上综合确定混合料配方。

组成材料的用量范围可参见表6。

彩色稀浆封层混合料组成范围表 表6

组成材料	用量范围	组成材料	用量范围
黏结料	通常为7.5%～13.5%	无机染料	通常在3%以内
填料	0.25%～2.0%	水	根据需要确定
添加剂	根据需要确定		

2.3 配合比设计评估

对拌好的混合料则主要通过湿剥落试验评估黏结料与石料的粘附性，具体方法是将完全固化的混合料放入沸水中煮3min，观察石料表面油膜的裹覆状况，要求裹覆面积大于90%，用湿轮磨耗试验控制稀浆混合料的最小黏结料用量，以保证稀浆封层路面的耐磨性及必要的使用寿命。评估要求可参见表7。

彩色稀浆封层混合料评估要求表 表7

评估内容	测试方法	要求
黏结力试验@30min (min)	JTJ T0754—2000	12kg/cm
湿剥落试验 (min)	ISSA TB 114	90%
湿轮磨耗试验@1小时水浴(max)	JTJ T0752—1993 ISSA TB 100	807g/m²
可拌和时间 (min)	ISSA TB 113	120s

3 结语

本文阐述了彩色稀浆封层的配合比设计方法和评估内容。

彩色稀浆封层作为集预防性养护与美观为一体的养护方式，有着良好的发展前景，当然要想大面积地推广这项技术还需要通过大量工程实例进一步总结设计与施工经验，制定出一系列有关于设计、施工及质量控制的成套技术。

参考文献

[1] 张有发. 彩色沥青性能研究及其应用. 中国市政工程，2005，No. 5:8-10.
[2] 陈激波，祝长康，等. 彩色沥青路面的工程应用研究. 中国市政工程，2005，No. 3:9-11.

[3] 刘贺,张肖宁,等. 彩色沥青路用性能评价. 中南公路工程,2006,31(4): 120-123.

[4] 高华,李剑新,等. 改性彩色沥青制备工艺的研究. 石油沥青, 2004,18(5): 19-21.

[5] 交通部公路科学研究院. 微表处和稀浆封层技术指南. 北京:人民交通出版社,2006.

[6] 虎增福,曾赟.乳化沥青及稀浆封层技术. 北京:人民交通出版社,2001.

[7] 中华人民共和国行业标准.JTJ 052—2000 公路工程沥青及沥青混合料试验规程.北京:人民交通出版社,2000.

[8] 中华人民共和国行业标准.JTJ F40—2004 公路沥青路面施工技术规范.北京:人民交通出版社,2004.

[9] 谢祖平,杨文欢,等. 沥青路面稀浆封层预养护技术的应用. 华东公路,2006,No.3:14-17.

高速公路加宽填方路基沉降控制计算研究

刘海军　曾长女　肖昭然

（河南工业大学土木建筑学院）

摘　要　针对某高速公路河南段，应用 $FLAC^{3D}$ 软件，分析了旧路加宽方式、路基高度、地质条件等多个因素对路基沉降的影响，研究了老路堤和拓宽路堤作用下地基的沉降变形规律。最后对旧路加宽设计、施工提出了建议。

关键词　高速公路　拓宽沉降　$FLAC^{3D}$

1　引言

随着经济的高速发展，原有的高速公路越来越不能满足需要，老路加宽扩建势在必行，由于新老路基在加载时间、永久变形累积、稳定性和路基承载力方面的差异[1]，从而在路基路面结构中产生一定的工程问题，如路面纵向开裂等。如何分析计算加宽公路的新旧路基的沉降差异，并预测沉降的变化趋势是旧路加宽改建成高等级公路迫切需要解决的工程技术问题。

沉降处理就是加速新修路基因固结变形而引起的沉降，从而减少剩余沉降量，或者能有效控制剪切变形产生的沉降，使路基路面在使用过程中不产生超过某一限值的沉降。地基沉降分析是旧路综合治理的关键技术之一[2]。国内由于高速公路加宽工程刚刚起步，相关的理论研究无论在深度还是广度上都存在着严重的不足，需要作更加深入系统的研究。本文采用 $FLAC^{3D}$ 对某高速公路河南段某一典型的断面进行了数值模拟，分析了新老路基的沉降规律，为工程施工提供了指导性建议。

2　地基沉降机理与设计思想

一般情况下，对于软黏土、粉土地基而言，在外荷载作用下，沉降量都比较大，而许多工程如高速公路、机场跑道等工业与民用建筑对地基沉降又有严格的要求，一般均需要对地基进行加固处理。在确定地基加固方案时，估算沉降量是其中的一项重要内容，然而如何合理地估算沉降量及其发展规律是一个值得探讨的问题。

地基在外力作用下的沉降经历三个不同阶段：瞬时沉降 S_d、主固结沉降 $S_z(t)$ 和次固结沉降 $S_c(t)$[3]，总沉降为：

$$S(t) = S_d + S_z(t) + S_c(t)$$

(1)瞬时沉降（初始沉降或不排水沉降）

它是在荷载作用下立即发生的沉降。当土体完全饱和时，由于土中水及土颗粒本身的变形忽略不计，瞬时沉降接近零。对于二维或三维的土体，瞬时沉降在地基总沉降量中占有相当大的比例，瞬时沉降与加载方式和加载速率有很大的关系，这是由于不同增量加载时刻，土中有效应力随着土体的固结而增大，土体的变形量相应增大的缘故。

(2)主固结沉降

它是由于外荷载引起孔隙水压力的水力梯度促使水从土体内排出，而应力增量转移到土体的骨架上而发生沉降，它与时间有关，且主要发生体积变化。

(3)次固结沉降

这一阶段的变形是在超孔隙水压力完成消散以后，有效应力不变时发生的沉降，是地基土中土粒骨架在持续荷载下蠕变引起的，故也可称为排水蠕变。

本计算模型是首先建立地基和老路基的网格，赋予参数和边界条件等，使其达到应力平衡，然后初始化原有条件，再逐步建立新路基网格，将其作用于已填土上，使其逐步平衡。以此类推，填加每一层土。

3 FLAC^{3D}模拟计算与分析

3.1 几何模型建立

3.1.1 模拟的路基加宽断面(如图1)

本工程为公路两侧各扩建两车道，由于公路的对称性，本模型只选取该路基的右侧部分为研究对象，截面尺寸及布置见图1。

3.1.2 本工程路基工程加宽的技术措施

为了保证加宽路基与旧路基的良好衔接、避免或减少纵向裂缝的发生，特采取以下技术措施。

(1)台阶开挖与构筑

为增加新旧路基的整体稳定性，避免或减少横向错台和纵向裂缝的发生，在填筑加宽路基前，先对老路基边坡进行30cm厚的清坡处理，并在原路基边坡上开挖台阶，台阶底向内倾斜3%，同时自下而上，开挖一阶及时填筑一级，台阶的宽度为1.5m。

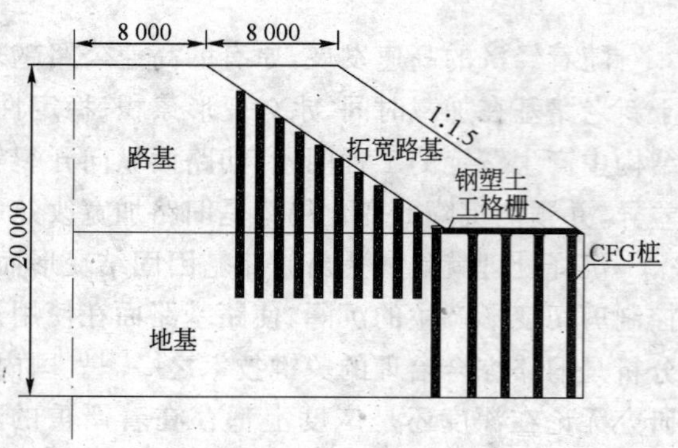

图1 路基的右侧断面(尺寸单位：mm)

(2)土工合成材料的应用

路基填高小于4m时，在基底和最上层台阶底部各铺设一层高强土工格室；路基填高为4～6m时，在基底、第三层台阶(从基底算起)底部和最上层台阶底部各铺设一层；路基填高大于6m时，在基底、第三层、第四层和最上层台阶底部各铺设一层高强土工格室。土工格室从台阶内缘铺设至加宽路基的边坡处，并采用U形钢筋钉固定。

(3)路表水的防治

老路拓宽改造工程原公路普遍质量标准低，路基强度不足，在重交通和环境因素综合作用下，路面易开裂或损坏，雨雪水渗入后不易及时排出路基，这样会破坏路基的稳定。因此，在设计过程中，采取了相应的排水措施，在路面与基层顶面之间设置SBR胶砂应力吸收层，可防止反射裂缝的发生，兼作防水层。

3.2 模型中的材料参数

3.2.1 土体的材料参数

岩土的土体密度均为1900kg/m^3，其他计算参数为变形模量E_0(MPa)、黏聚力c(kPa)、泊松比μ、黏聚力和内摩擦角φ(°)，在FLAC软件中可采用莫尔—库仑模型。

为了简化有限元模型，分为如表 1 的三层土，各层土按各向同性考虑，参数值按照工程地质报告选取。其中，变形模量通过工程地质钻探报告给出的压缩模量，由公式 $E_0=[1-2\mu^2/(1-\mu)]E_a$[4]计算。

土体计算参数 表 1

土　体	E_0(MPa)	μ	c(kPa)	φ(°)
地基 I	13	0.35	50	16
路基 I	9	0.35	40	15
拓宽路基	2.2	0.35	30	14

3.2.2　土工格栅和 CFG 桩模型

土工格栅采用 geogrid-3D 模型[5]，而桩采用 pile 单元[6]，材料模型均采用线弹性模型，在大变形条件下进行求解。

3.3　模拟结果分析

图 2、图 3 为模拟结果，由图可得到以下结论。

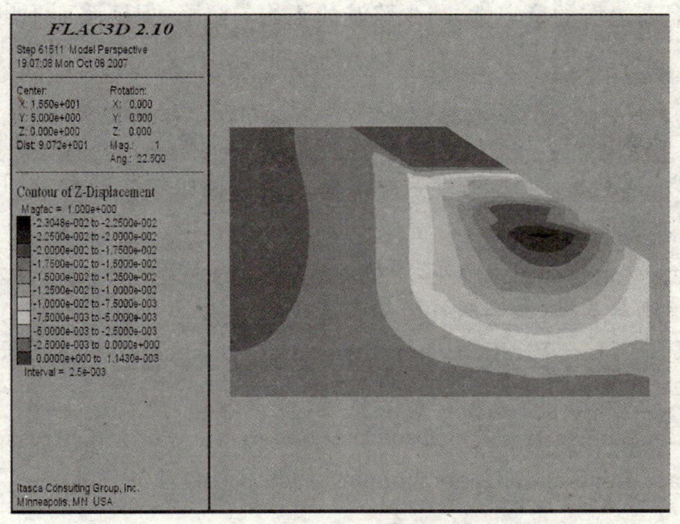

图 2　路基竖向沉降云图

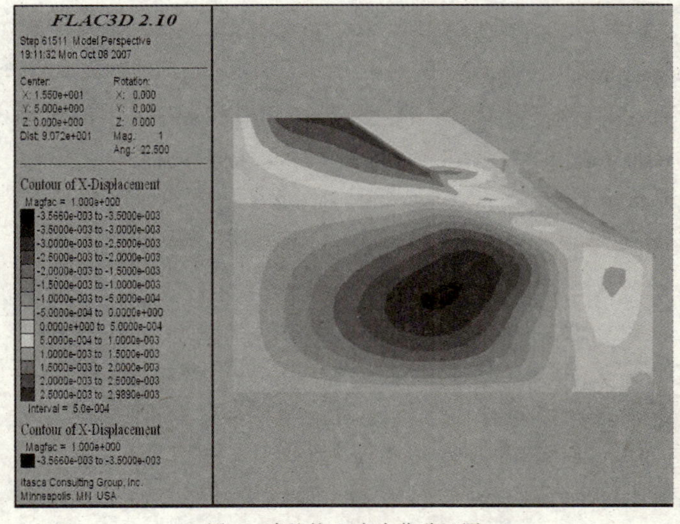

图 3　路基的 X 方向位移云图

(1)老路基上各点的沉降是不同的,在路基的竖向云图上明显可见,由于 CFG 桩的作用,老路基中心点的沉降量明显减少,向路肩侧有少量增大,但仍然满足工程规范要求。

(2)拓宽段各点的沉降也不同,由于 CFG 桩作用,拓宽段的土体也发生了少量的沉降,但也满足规范标准,说明本工程中 CFG 桩设计是满足要求的。

(3)若不进行 CFG 桩处理,拼接加宽对老路水平位移的影响则应表现为老路堤大部分及地基向中心线移动,老路路基表面各点向远离中心线的方向移动,路肩有最大水平位移。而正是由于 CFG 桩的作用,使得路基各点的水平位移明显减少,达到了规范要求。

(4)新老路堤结合处为由于剪应力比较大,容易出现不均匀沉降,所以建议采取其他的地基处理方法,对这一部位进行特殊处理。

4 结语

综上所述,路基发生的沉降基本符合设计所要求,同时我们也可以看出沿新老路基结合处发生的沉降变化比较大,所以应该采取一定的措施,比如土工格栅等处理措施,有效改善这一部位的变形性能,提高边坡的稳定性,减少路基的不均匀沉降,保证路面不出现纵向开裂。

参考文献

[1] 蒋鑫,邱延峻.旧路拓宽全过程三维有限元分析[J].工程地质学报,2005,13(3):419-423.

[2] 黄琴龙,凌建明,钱劲松.新老路基工后差异变形对路面结构的影响[J].同济大学学报,2005,33(6):759-762.

[3] 钱家欢.土力学(第二版)[M].南京:河海大学出版社.1995.

[4] 陈希哲.土力学地基基础(第三版)[M].北京:清华大学出版社,1998.

[5] Chen, W. F, D. J. Han. Plasticity for Structural Engineers. New York: Spring-Verlag, 1988.

[6] Geddes, J. D. Boussinesq-Based Approximations to the Vertical Stresses Caused by Pile-Type Subsurface Loadings, Geotechnique, 1969, 19(4): 509-514.

基于关联分析的路面病害成因确定方法

王选仓[1]　张付雄[2]　张绍阳[1]　马玉兰[1]

(1.长安大学公路学院;2.河南中原高速公路股份有限公司)

摘　要　针对目前以经验法为主的路面病害成因确定方法存在的不足,提出基于关联分析的路面病害成因分析方法(PDGAA)。该方法基于路面病害、建设信息、运营信息数据仓库,利用数据挖掘中的关联分析技术,发现病害和影响因子之间的关联规则,基于关联规则的支持度、置信度等指标判断病害的可能原因。建立了 PDGAA 的数学模型,对关联分析流程、数据预处理方法等进行了初步研究,给出了关联规则产生算法。最后将该方法在工程实际中进行了应用。结果表明,该方法能够在大量数据集中客观地发现路面病害成因。

关键词　道路工程　病害成因　关联分析　路面

1　引言

准确地确定路面病害产生的原因,对于正确地制定养护对策、节约有限的养护资金具有重要的意义。目前进行公路病害成因分析和确定方法主要有专家经验分析法、病害类比分析法、决策支持系统法等[1-4],其主要思想是根据路面破损状况,利用专家经验、知识库或者数学模型等进行分析判断,从而确定路面病害的主要成因。这些分析法由于人为因素影响较大,往往难以从海量的原始数据集中准确、全面判断病害成因,造成养护决策不当。近年来,随着海量数据的迅速积累,数据挖掘技术得到了飞速发展,在交通行业中也取得了成功应用[5-8]。本文利用数据挖掘中的关联分析方法[9],提出一种基于路面病害、建设信息、运营信息关联分析的路面病害成因分析方法,简记为 PDGAA,建立了 PDGAA 的数学模型,并对其中的关键问题进行了研究,最后在工程中进行了应用。

2　病害成因关联分析基本思想

病害成因关联分析基于以下事实:

(1)路面病害与其设计、材料、施工过程、运营环境之间存在着必然的因果关系;

(2)由于实际条件限制,不同路段所用材料、施工设备、施工方法、施工环境、指标检测结果等都不尽相同;

(3)在道路运营期间,不同路段的交通量、轴重分布、交通环境、养护条件也是不同的;

(4)同一路线上的路面病害程度不是均匀分布的。

其中,(1)是前提,(2)、(3)是导致(4)发生的因素,统称为影响因子。由于影响因子数量众多,关系复杂,人工判断存在较大难度。因此,可以将路线合理分段,将病害种类和程度、影响因子进行分类,利用关联分析技术进行病害程度类别与影响因子类别关联的支持度计数。根据支持度、置信度等指标发现路面病害程度与某个(些)影响因子之间的关联度大小。关联度大的影响因子,就是最可能的路面病害影响因子。例如,如果发现大部分路面压实度在[92,

95]范围的路段出现坑槽病害，而在[95,100]范围内的路段很少出现该病害，则可认为坑槽病害出现的成因之一是路面压实度过低。

3　路面病害成因关联分析模型

3.1　定义

假设拟对路线 l 上的某个病害进行成因分析。设 $\boldsymbol{D}_r$ 为该病害数据集，由于病害和桩号都有对应关系，因此，可将其表示为 $\boldsymbol{D}_r=\{(z,r)|z\in\boldsymbol{A}_l,r\in\boldsymbol{R}\}$，其中 $\boldsymbol{A}_l$ 为该路线桩号按照预定的间隔进行分段产生的集合；$\boldsymbol{R}=\{r_1,r_2\cdots,r_n\}$ 为该病害的类别集，病害类别为形如“优”、“良”、“中”、“差”等的表示方式，n 为该病害的类别总数。

设 $\boldsymbol{D}_s$ 为影响因子数据集。同理，所有的影响因子可以直接与桩号进行对应或者经过转换与桩号对应，例如，某一点的路基压实度可与桩号直接对应，而沥青混合料的拌和温度可以通过拌和时间与当时摊铺路段的对应关系将其与桩号进行对应。因此，可将影响因子数据集表示为 $\boldsymbol{D}_s=\{(z,q_1,q_2,\cdots,q_m)|z\in\boldsymbol{A}_l,q_j\in\boldsymbol{Q}_j\}$，其中，$m$ 为影响因子个数，$\boldsymbol{Q}_j$ 为第 j 个影响因子的类别集，如果影响因子是连续数据，需要进行离散化处理，再将离散数据根据区间分类。

合并病害数据集与影响因子数据集得到关联分析数据集，$\boldsymbol{D}=\{(z,r,q_1,q_2,\cdots,q_m)\}$，参数含义同上，即数据挖掘中的所有事务的集合。

将病害 r 的类别与影响因子 q 的类别进行组合可以得到所关心的项集 $\boldsymbol{X}=\{x|x=(r,(q_1,q_2,\cdots,q_j)),j\in[1,m]\}$。对于 $\forall x\in\boldsymbol{X}$ 代表了一条 $r\Rightarrow(q_1,q_2,\cdots,q_j)$ 的关联规则。

3.2　病害成因分析

通过以上定义，将路面病害成因关联分析问题转换为首先 $\forall x\in\boldsymbol{X}$ 在事务集 $\boldsymbol{D}$ 中进行支持度计数，记为：$c_x=|\{x|x\in\boldsymbol{D}\}|$，$|\cdot|$ 表示集合中元素的个数，即支持度计数。基于支持度计数可以得到该项的支持度和置信度，如果支持度和置信度都在设定的阈值之上，则该 x 为强关联规则项。对所有的 $x\in\boldsymbol{X}$ 进行判断可以得到所有强关联规则，对其进行分析判断则可得到可能的病害原因。

3.2.1　支持度 s_x

如果数据集 $\boldsymbol{D}$ 中有 s_x 比例的事务项同时支持某一项 x，则将 s_x 称为项 x 的支持度，$s_x=\frac{c_x}{N}$，其中 $\boldsymbol{N}$ 为事务集 $\boldsymbol{D}$ 中的总事务项数。支持度描述了该关联规则在所有事务项中出现的概率。

3.2.2　置信度 σ_x

在数据集 $\boldsymbol{D}$ 中，项 x 出现的次数占相同病害类别事务总数的比例称为 x 的置信度，记为 σ_x，$\sigma_x=\frac{c_x}{N_r}$。其中，N_r 为数据集 $\boldsymbol{D}$ 中相同 r 因子的事务项总数。置信度描述了关联规则的强度。

3.2.3　强关联规则发现

关联规则发现是指在数据集 $\boldsymbol{D}$ 中找出支持度大于等于支持度阈值 $s_{\min}$ 并且置信度大于等于置信度阈值 $\sigma_{\min}$ 的所有规则。

$$\boldsymbol{D}_z=\{x\mid s_x\geqslant s_{\min},\sigma_x\geqslant\sigma_{\min},x\in\boldsymbol{X}\}$$

对于 $\forall x\in\boldsymbol{D}_z$ 对应的规则 $r\Rightarrow(q_1,q_2\cdots,q_j)$ 都为强规则。

3.2.4　病害成因分析

对 $\boldsymbol{D}_z$ 集进行分析，其中包含“严重病害”(例如病害等级为“差”)类别的关联规则对应的影响因子则可能是该病害的成因。对于包含“无病害”(例如病害等级为“优”)关联规则对应的影响因子，则可能是消除该病害需要采取的相应措施和手段。

4 关键问题研究

4.1 路面病害成因分析基本过程

数据挖掘的基本过程包括：数据准备、数据预处理、数据分析、决策支持等。基于关联分析的路面病害分析基本过程如图 1 所示。

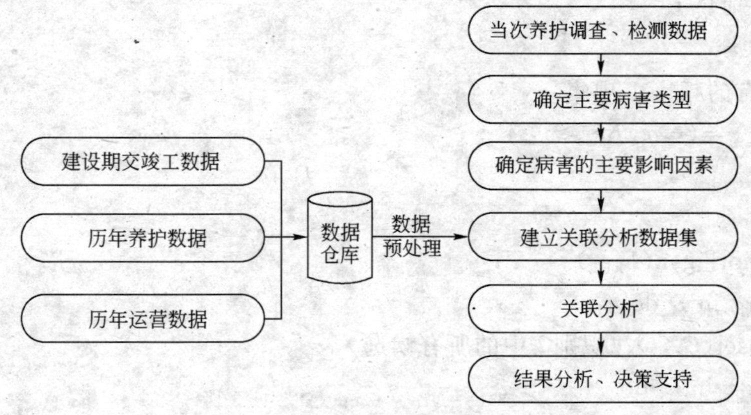

图 1 基于数据挖掘的路面病害成因分析过程

4.2 数据预处理

公路建设和养护数据由于检测方法、记录方法、格式等不同，数据是零散的、非对应的，无法进行数据挖掘，需要进行预处理。预处理主要包括以下内容：

(1)确定路线分段间隔，对路线进行分段。根据大部分指标的检测频率，一般以 100m 的长度进行分段。

(2)连续数据离散化。对于检测值为连续数据的指标应进行分段，取其各段的中值作为代表值。

(3)空数据项处理。对于检测频度较低的指标，会产生空数据项。这些数据可以使用邻近监测点的均值进行填充。

(4)异常值处理。方差异常的数据会影响离散化时的数据分段，应以较大值/较小值进行替代，并对异常值进行标记。

(5)数据格式规范化。不同的建设项目管理系统数据格式不同，需要按照部颁标准进行格式统一。

(6)原材料、实验数据等按照施工桩号分摊。将这些集中检测的数据分摊到对应的施工桩号上，以便在数据挖掘时发现这些可能的影响因素。

通过以上预处理，可以得到较为规整的数据集 $\boldsymbol{D}$，便于进行挖掘。

4.3 关联分析算法

现有的关联分析算法大致可分为：搜索算法、层次算法、数据集合划分算法、抽样算法等。Apriori 算法[10]是一种经典的层次算法，该算法的核心是基于频集理论的递归方法，即一个频繁项的子集一定也是频繁的，这样可以首先对 $(k-1)$ 频繁项集进行剪枝，然后由 $(k-1)$ 频繁项

集产生 k-频繁项集，从而大大减少项集的数量，提高算法的效率。

本文采用改进的 Apriori 算法，首先将路线上某一养护病害及相应的建设期因素按桩号分段组成事务项 $\boldsymbol{D}$，根据 $\boldsymbol{D}$ 产生候选 1-项集 $\boldsymbol{C}_1$（即只包含一种影响因素的项集），对 $\forall x \in \boldsymbol{C}_1$ 进行支持度计数，对于 $c_x \geqslant c_{min}$ 的项，称为频繁项，从而得到频繁 1-项集 $\boldsymbol{L}_1$，由 $\boldsymbol{L}_1$ 生成候选 2-项集 $\boldsymbol{C}_2$，对 $\boldsymbol{C}_2$ 中的项进行计数得到频繁 2-项集 $\boldsymbol{L}_2$，以此类推，直到频繁项集为空。算法伪代码如下所示。

算法 1　频繁项集产生过程

输入：事务数据库 $\boldsymbol{D}$ 和最小支持度阈值（s_{min}）

输出：频繁项集 $\boldsymbol{L}$

```
k=1
//发现所有的频繁 1-项集
L_k={x|x=(r,q_j)Λc_x≥c_min}
repeat
k=k+1
C_k=apriori_gen(L_{k-1})
for each t in D do
C_t=subset(C_k,t)//识别 t 中的所有候选
for each x in C_t do
c_x=c_x+1   //支持度计数增值
end for
end for
L_k={x|x∈C_k Λc_x≥c_min}//提取频繁 k-项集
until L_k=Φ
L=∪L_k
```

算法 2　apriori_gen($\boldsymbol{L}_{k-1}$)

```
Sort(L_{k-1})
For each c_1 in L_{k-1}
For each c_2 in L_{k-1}
equal_id=true
for i=1 to k-2
if c_1(i) ! =c_2(i)   // c(i)表示该项中第 i 个影响因子的类别，i=1 时表示病害类别
equal_id=false
exit
end if
end for
if equal_id and c_1(k-1)! =c_2(k-1)then
add c_1∪c_2 to C_k
end if
end for
end for
```

Return $\boldsymbol{C}_k$

5 应用实例

本例对西安到宝鸡高速公路部分路段的车辙病害[8]进行分析。限于篇幅，影响因子仅取建设弯沉和交通状况。数据预处理时车辙按照高速公路沥青路面车辙养护质量标准分组归类，建设弯沉按区间法分类，交通状况按照交通类型和交通量分为重交通、中交通和轻交通3类，检测路段按桩号划分为620个单元。对数据集进行支持度计数得到二元属性分析表如表1所示。给定最小支持度 $s_{\min}=15\%$，最小置信度 $\sigma_{\min}=60\%$，由表1可以得出单因子强规则表2。

车辙影响因子支持度计数表　　表1

建设弯沉 / 交通状况 / 车辙	[0,8)			[8,16)			[16,24)			[24,32)			路段总数 n_{ki}
	重	中	轻	重	中	轻	重	中	轻	重	中	轻	
轻微(RD≤15mm)	2	40	110	1	4	73	0	3	7	0	0	0	240
轻(RD:15～20mm)	6	12	0	25	115	6	1	10	3	1	1	0	180
中(RD:20～25mm)	0	0	0	18	1	1	102	8	3	22	4	1	160
重(RD>25mm)	0	0	0	0	0	0	2	0	0	38	0	0	40

关联分析强规则表　　表2

车辙	建设弯沉	s(%)	σ(%)	结论分析	车辙	交通状况	s(%)	σ(%)	结论分析
轻微	[0,8)	24.52	63.33	建设期弯沉质量是导致车辙出现差异的原因之一	轻微	轻	30.6	79.17	重交通也是导致车辙出现差异的原因
轻	[8,16)	23.55	83.91		轻	中	22.26	76.67	
中	[16,24)	19.84	72.35		中	重	22.9	88.75	

同理，对双因子组合可以得到满足要求的强规则为：

车辙“轻”⇒([8,16)、“中”)($s=18.55\%$,$\sigma=63.89\%$)；

车辙“中”⇒([16,24)、“重”)($s=16.94\%$,$\sigma=63.75\%$)。

由此可知，车辙出现“轻”和“中”差异很大程度上是“建设弯沉”和“交通状况”共同作用的结果。

目前，笔者已在新建的郑州到石河子高速公路项目中收集到较为完整的建设期资料，随着该高速公路年底开通，本文建立的方法在该项目中将会有完整的应用。

6 结语

(1)提出了PDGAA方法并建立了该方法的数学模型，对数据预处理、关联规则产生算法等进行了研究，并将该方法在工程中进行了应用。结果表明，PDGAA方法能够在复杂建设和运营数据中发现潜在的、隐含的、未知的规则，从而科学地、客观地确定病害成因，为养护科学决策提供参考。

(2)该方法所发现的规则还可对施工期的质量控制指标进行修正，指导建设期进行合理施工，对于提高路用性能具有重要的意义。

在进一步的研究中，建立多条路线的综合数据库，随着数据量的增加，所得到结论将更加具有统计意义。

参考文献

[1] 王铁行. 多年冻土地区路基冻胀变形分析[J]. 中国公路学报,2005,18(2):1-5.

[2] 张全升, 谷乾龙, 王鹏越. 基于三维一体化公路病害检测方法的病害决策支持系统研究[J]. 公路交通科技, 2006,(9):42-46.

[3] 沙庆林. 高速公路沥青路面早期破坏现象及预防[M]. 北京:人民交通出版社,2001.

[4] 曾锋, 李宁, 杭燕. 基于规则的边缘连接算法在路面病害检测中的应用[J]. 计算机应用与软件, 2006, 23(2): 30-31,39.

[5] 张云霞. 数据挖掘在高速公路联网收费系统中的应用[J]. 公路交通科技,2006,(8):171-173.

[6] L. Soibelman, H. Kim. Data Preparation Process for Construction Knowledge Generation through Knowledge Discovery in Databases[J]. Computing In Civil Engineering, 2002, 16(1):39-48.

[7] A. Pande, M. Abdel-Aty. Application of Data Mining Techniques for Real-Time Crash Risk Assessment on Freeways[C]. Applications of Advanced Technologies in Transportation, AATT 2006, ASCE, Chicago, August 2006, 250-256.

[8] H. David. Simple and effective static analysis to find bugs by Hovemeyer[D]. University of Maryland, College Park, 2005. 6.

[9] M. 巴斯蒂安(德),著. 武森,高学东,译,数据仓库与数据挖掘技术[M]. 北京:冶金工业出版社,2003. 9.

[10] P. N. Tan, M. Steinbach, V. Kumar(美)著. 范明, 范宏建,等译. 数据挖掘导论[M]. 北京:人民邮电出版社,2006. 5.

灰色理论在沥青路面使用性能综合评价中的应用研究

李学峰[1]　季　节[1]　高建华[2]

（1. 北京建筑工程学院；2. 河南交通职业技术学院）

摘　要　沥青路面在交通荷载和自然环境的共同作用下，路面使用性能会随着时间推移而日益衰减，从而直接影响车辆的行驶速度和车辆运输运营的安全性、经济性和舒适性。为了综合评价和预测高速公路沥青路面使用性能状况，便于进行科学地养护和管理，需要对沥青路面使用性能进行合理的评价。本文结合工程实例，建立了基于灰色系统理论的沥青路面使用性能综合评价模型，为正确进行沥青路面养护决策提供了保证。同时将用灰色理论建立的使用性能综合评价模型与按现行规范和层次分析法建立的模型进行了对比分析。

关键词　沥青路面　路面使用性能　灰色理论　综合评价　层次分析法　道路养护

1　引言

由于行车荷载和自然因素的反复作用，许多沥青路面会相继出现不同程度的损坏，为了保障公路运输车辆安全正常行驶所应具备的能力和属性，急需对破损的沥青路面进行养护和维修，而采用有效、合理的养护维修措施的前提是对路面使用性能进行精确的评价。路面使用性能评价是在路面检测数据的基础上，对路面各种性能满足使用要求的程度进行分析评价。根据评价结果，有助于了解道路的现状服务水平，进行路面使用性能预测，制订路面养护维修决策和资金分配方案。

然而路面系统是一个开放的复杂系统，其使用性能除受自身结构因素和行车荷载制约外，还受到工程因素和各种环境因素的多方面影响。在具体进行路面养护时，简单地根据破损分类和某一单项指标评价显然难以全面准确地评价路面使用性能，因此路面使用性能评价的有效途径是选取必要的、容易确定的主要影响因素，建立路面使用性能的综合评价模型，采用综合评价的方法。本文根据《公路沥青路面养护技术规范》(JTJ 073.2—2001)规定的公路沥青路面使用性能评价指标体系和分级标准，结合河北省内几条高等级公路的实测数据，运用灰色系统理论建立了沥青路面使用性能灰色综合评价模型，并与现行规范推荐评价方法和层次分析法模型进行了对比分析研究。

2　路面使用性能评价模型

2.1　国内外综合评价模型

20 世纪 60 年代初期，美国 AASHTO 建立了路面服务性能指数(PSI)为路面使用性能评价模型，这是公路管理行业第一次引用专家评分技术建立主、客观联系的成功评价模型。20 世纪 80 年代初期，加拿大、日本等国先后建立了相应的路面评价模型。20 世纪 80 年代末期，我国建立了一般公路路面使用性能评价模型 RIOH 并在杭州市路面管理系统中应用了此路面性能评价模型。同时，我国在“七五”国家重点攻关科技项目中由姚祖康等利用专家系统扣分法建立了北京市和广东省的路面状况评价模型。现行《公路沥青路面养护技术规范》(JTJ 073.2—2001)中为了方便对公路进行科学的养护和管理,推荐了路面使用性能综合评价模型,见图1。

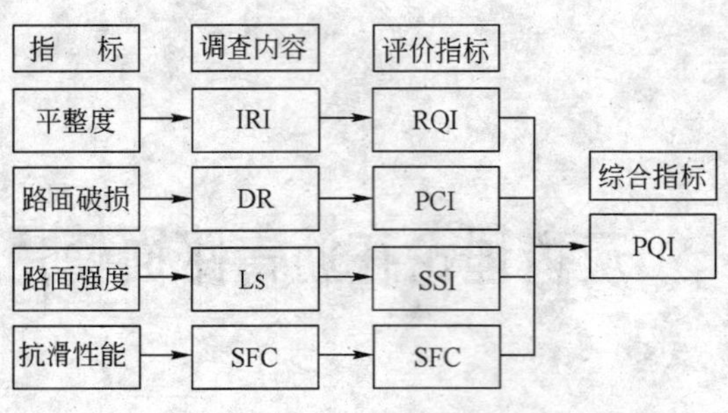

图1 路面结构性能综合评价指标关系图

目前比较成熟的评价方法主要有四类:

(1)回归模型法。它以大量数据为基础,但是单纯的回归分析难以准确表达路面评价主观与客观之间的复杂关系,评价结果与实测数据的相关性不太理想,而且使用时受到地域条件的限制;

(2)系统分析评价方法。以层次分析法和模糊数学方法为代表,分析过程层次清晰,理论性强,但在这两种方法中,都要用到专家调查评分,认为因素影响太重,客观性不强,难以得出客观公正的路况评价;

(3)灰色理论综合评价法。这类方法能较好地解决路面使用性能评价中评价指标复杂、模糊的问题;

(4)其他的一些路面使用性能评价方法,如属性理论法、神经网络法等类似于灰色理论法,属性方法计算比较繁琐,神经网络方法则由于BP网络本身存在的收敛性、易于局部收敛的缺陷,建模比较困难。

2.2 路面使用性能灰色综合评价模型

从图1可见,影响路面使用性能的诸多指标中有不少因素或指标(如舒适性、破损程度等)只能定性描述,这给综合评价带来了很大的困难。根据现行规范采用的各指标的权重是相对不变的。但在实际情况中,应根据实际情况和调查数据考虑采用变权的方法,即各指标的权重值应随指标的不同而改变,这样才能保证计算结果更加科学。此时,利用灰色理论建立灰色关联分析评价模型,可以用于路面使用性能评价,并能获得较满意的结果。

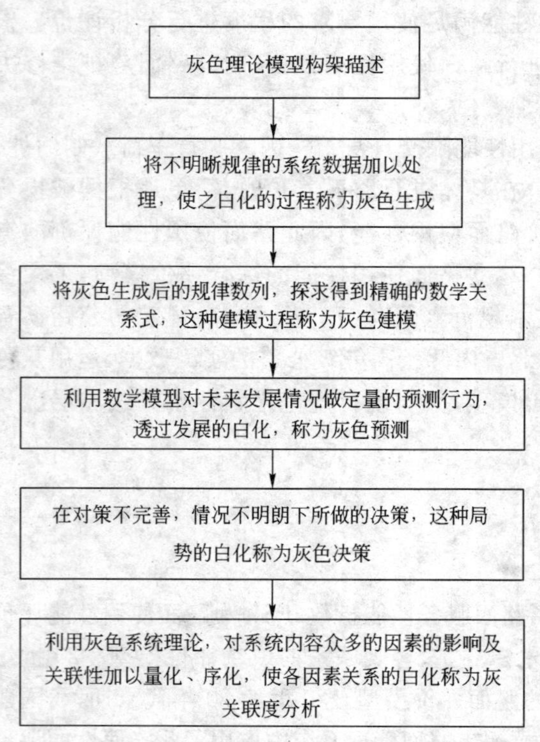

图2 灰色模型理论的构架图

灰色系统理论认为,尽管客观系统表现复杂,但总是有整体功能的、有序的,在离散的数据中必然蕴涵着某种内在规律。路面使用性能受多种因素影响,而各种因素对路面使用性能的影响作用机制、结构状况皆不是很明显,表现出明显的灰色性。因此,路面使用性能正符合这种规律,可用灰色系统理论的有关方法对路面使用性能进行研究。灰色因素关联分析就是灰因素的系统分析,是一种分析系统中各因素相关联程序的方法。灰色模型理论的构架图见图2。其基本思路是根据系统历史有关统计数据的几何关系和相似程度来判断其关联程度,计算求出关联度。具体建模方法为:针对现有规范综合评价模型不足，利用灰关联度分析法对高等级公路沥青路面使用性能原始数据进行加工，生成准光滑序列，算出 PQI 与 4 个指标的绝对关联度和相对关联度，最后利用多指标综合评价中权系数确定的综合分析方法得出综合关联度，即为模型中各指标的权重。

3 应用举例

3.1 模型的建立与计算

结合某地区所选定评价路段的实际数据，本文分别采用灰色理论法、层次分析法来确定各单项指标的权重，对选定评价路段的路面使用性能进行综合评价，将评价结果与现行规范推荐的评价模型得出的结论进行对比分析，进而对比各种方法的优劣性。

表 1 为采用 3 种不同方法得出的评价路段沥青路面使用性能质量指数 PQI 的三种方法评价结果。

路面使用性能质量指数 PQI 的三种方法评价结果和评分等级 表 1

路段编码	道路等级	路面破损率 DR%	强度指数 SSI	IRI	PCI	RQI	SFC	规范推荐法		层次分析法		灰色关联法	
								PQI	等级	PQI	等级	PQI	等级
G1064502	一级	0.14	1.14	2	93.3	10	30.3	83.9	良	89.06	优	87.73	优
G3075602	二级	0.2	1.53	2	92.3	10	29.8	86.6	优	89.06	优	87.73	优
S0401001	一级	1.59	2.66	0.9	81.8	10	30.3	80.9	良	84.85	良	84.58	良
S0400111	二级	0.16	3.36	0	93	10	30.3	86.6	优	89.06	优	87.73	优
S2312301	二级	23.85	0.65	2.7	44.6	9.5	31.3	67.35	中	69.21	中	69.32	中
S2312722	二级	0.31	3.53	1.1	90.7	10	28.6	86.6	优	89.06	优	87.73	优
S2312907	二级	4.18	1.06	0.9	73	10	29.2	83	良	84.85	良	84.66	良
S2812301	二级	2.05	1.58	3.3	79.8	9	31.1	83	良	84.85	良	84.66	良
S2822402	二级	4.35	1.05	1.9	72.5	10	28.7	83	良	84.85	良	84.66	良
S2822901	二级	2.68	1.67	0	77.5	10	29.3	83	良	84.85	良	84.66	良
S2823303	二级	0.06	1.09	0	95.3	10	31.7	86.6	优	89.06	优	87.73	优
S3021802	二级	3.05	1.32	5.1	76.3	7.7	27.8	80	良	80.63	良	81.54	良
S3021901	二级	0.99	1.19	3.6	85.1	8.8	31.6	86.6	优	89.06	优	87.73	优
S3242101	二级	2.53	1	0	78	10	28.9	83	良	84.85	良	84.66	良
S3242602	二级	2.6	1.4	5.8	77.8	7.2	30.1	80	良	80.63	良	81.54	良
S3831702	二级	3.1	1.09	1.8	76.1	10	28.5	83	良	84.85	良	84.66	良
S3832002	二级	3.43	2.3	1.3	75.1	10	29.3	83	良	84.85	良	84.66	良
S3910402	三级	0.06	2.53	3.3	95.3	9	31.1	89.3	优	89.06	优	87.73	优
S3920608	二级	2.98	0.82	2.6	76.5	9.6	30.3	80	良	82.58	良	81.59	良
S3930201	二级	3.85	1	5.3	73.9	7.5	30.0	80	良	80.63	良	81.54	良
S3930502	二级	0.6	3.23	0.8	87.8	10	32.2	86.6	优	89.06	优	87.73	优
S3930901	二级	2.89	1.39	5.9	76.8	7.1	29.1	80	良	84.85	良	84.61	良

3.2 对比分析

将三种评价结果进行综合对比分析，下图为按三种不同方法进行的路面使用性能评价结果对比图。

从图上可知，三种结果大致基本相符，但存在一定的差异，主要因为：

(1)灰色理论方法和层次分析法是完全可以应用到高等级公路沥青路面使用性能评价中的。对比各种方法的评估结论，并向有关专家及行车驾驶员等进行实地调研咨询，认为采用灰色综合评价方法得到的结论与实际比较相符，能更好地反映沥青路面使用性能的总体变化规律。

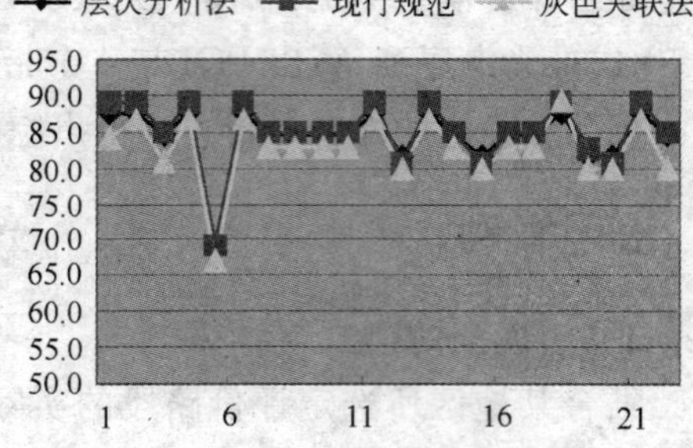

图3 按三种不同方法评价路面使用性能结果对比图

(2)规范采用分项评价、赋权综合方法，其中权重取值主观因素较大，对于各项分级指标采用主观换算法进行处理，该法与实际情况有较大的差别，得到的评价结果偏高。同时，由于三种方法的评价指标计算模型存在差异，灰色理论更能系统反映量化和非量化指标的不同特性(即不确定性)，即使三种方法在某些路段得到的结论相同，灰色综合评价模型所得到的结论与规范和层次分析法相比可能更接近真实。

(3)层次分析法要构造判断矩阵，并且在权重值确定后要进行一致性检验，如果判断矩阵不具有良好的一致性，需要重新设计判断矩阵，总体上来看比灰色综合评价模型复杂，两种方法评价效果大致相同，故而采用灰色理论更加合理，评价结果比较客观地反映被评价路段的性能情况，当然也可以通过规范和灰色综合评价模型来综合评价路面使用性能，对科学地制定养护策略、预测路面的未来状况提供更丰富的支持。

4 结语

文中系统地讨论了高等级公路沥青路面使用性能评价指标体系，运用灰色系统理论，建立了灰色综合评价模型，将此种模型应用于河北省衡水地区调查路段沥青路面使用性能评价，并且与现行规范推荐方法和层次分析法评价的结果进行了对比分析，结果表明所建立的灰色综合评价模型具有很好的实际应用特性，能较好的解决路面使用性能评价中评价指标复杂、模糊的问题，能较优越地评价路面使用性能，在目前沥青路面养护问题越来越受到关注和重视的情况下，此种方法可得到较广泛地应用。

参考文献

[1] 潘玉利.路面管理系统原理[M].北京:人民交通出版社,1998.6.

[2] 邓聚龙.灰色决策与预测[M].武汉:华中理工大学出版社,1986.

[3] 邓聚龙.灰色系统理论教程[M].武汉:华中理工大学出版社,1990.

[4] 中华人民共和国行业标准.JTJ 073.2—2001 公路沥青路面养护技术规范.北京:人民交通出版社,2001.

[5] 中华人民共和国行业标准.公路养护技术规范(JTJ 073.2—96).北京:人民交通出版社,1997.

[6] 王佳.高速公路沥青路面使用性能评价与预测决策研究[D].长沙理工大学硕士学位论文,2006.3.

[7] 李志刚,等,高速公路沥青路面性能综合评价模型的探讨[J].东南大学学报(自然科学版),2000.7.

[8] 孙立军.沥青路面使用性能评价[J].土木工程学报,1989.22(3).

[9] 郝大力.路面性能的评价与分析研究[D].长安大学博士学位论文,2002.

[10] 邱国良,王佳.高速公路沥青路面使用性能评价系统研究[J].公路与汽运,2006.

[11] 李清富,胡群芳,刘文,等.路面性能的灰色评估[J].建筑科学(增刊),2002(2).

路用乳化沥青的研究现状与发展方向

李　莉　张利利　杨学娜　李俊朝

（平顶山市公路工程质量检测中心）

摘　要　随着世界有限资源的逐渐减少，人们已经把可持续发展提到议事日程上来，如何在生产应用过程中安全有效地利用能源、保护环境、回收利用旧材料，采用路面替代材料成为人们关注的焦点。本文主要阐述的是路面新材料乳化沥青的研究现状、应用和发展方向。

关键词　公路　乳化沥青　稀浆封层　Cape 封层　现状

1　引言

随着交通运输的发展，尤其是高等级公路发展，对路面的要求也越来越高。然而，热拌沥青修筑道路时所带来的环保和能源问题尤为突出。相对来说，冷拌沥青特别是应用了乳化沥青技术之后，其社会效益和经济效益都远远超过了热拌沥青。冷拌沥青对环境污染小，自从20 世纪 50 年代阳离子乳化沥青作为路面最新技术被推广应用以来，已经发展到今天新一代乳化沥青技术。随着新技术和新产品的应用，乳化沥青技术的应用范围越来越广，而且被大家一致认为是比较好的表面处治材料。本文将从以下几方面阐述路用新材料乳化沥青的研究现状、应用与发展方向。

2　路用乳化沥青的发展概况

在国外，冷拌沥青的发展非常快，尤其是欧洲乳化沥青技术的发展一直走在世界前列。另外，美国乳化沥青发展得也非常快，乳化沥青的年使用量在成倍增加，乳化沥青在道路维修保养中的作用也在显著增加。

根据世界稀浆封层协会的报道，仅 1999 年美国和加拿大稀浆封层和改性稀浆封层和用量就达到 193 万吨，北美洲为 194 万吨，欧洲为 97 万吨，分别比 1996 年增长了 21.7%，21.1%和16.7%。我国 1999 年的稀浆用量为 17 万吨，比 1996 年增长了 41.2%，这说明我国沥青应用虽然较晚，但是发展很快。

在乳化沥青的应用方面，国外一直在采用新的技术。法国、德国等欧洲国家经过研究，应用乳化沥青混合料进行双层表面处治；瑞典研究开发出了两级拌和应用程序；法国的复试拌和程序。这些技术都极大地推动了乳化沥青技术的发展。自 1921 年确定乳化沥青的工业化生产以后，立即作为表面处治与常温铺路材料而使用。而后 1950 年作为路上拌和材料，1960 年开始用于乳液混合料或稀浆封层，1970 年用做冷拌混合料，20 世纪 80 年代开发了用做常温冷再生或新的施工方法，到后来的稀浆封层和改性稀浆封层[3]。

目前，将稀浆封层和改性稀浆封层技术已经应用到高速公路和飞机场跑道的维修保养上，尤其是美国采用改性稀浆封层技术成功地对军用机场跑道进行处理。

3 乳化沥青与常规沥青的比较

乳化沥青与常规沥青、热沥青或稀释沥青相比，具有对人体无害、安全和不污染环境的特点。

(1)乳化沥青在低温状态下的流动性减少了养护工人应用时的烧烤危险性和对植物的危害性以及减少了明火加热和爆炸的危险性。

(2)乳化沥青与轻制沥青相比对环境的污染和毒性一般要少得多，至少它不会增加蒸发后进入大气层的挥发性气体，见表1。

乳化沥青和轻制沥青在封层撒布应用中的挥发性比较 表1

封层应用	乳化沥青(不在水溶液中的挥发性物质，%)	轻制沥青	
		分类	%
透层油	常规情况① 0～4	AMC00	56
		AMC0	44
	转制乳液② 40	AMC1	40
透层油黏结料	转制乳液② 10	AMC2	27
		AMC3	21
		AMC4	16
封层黏结料	0.5～3	AMC5	11
		AMC6	7
		AMC7	3
预涂层(预拌)	0～3	70～75	

注：①在乳化水溶液中的沥青；
②在乳化沥青中的水。

4 乳化沥青的作用

4.1 稀浆封层

稀浆封层是一种冷拌沥青混合料，它具有一种集料和沥青混合的优点，通常情况下一种相似的级配具有比热拌沥青混合料比较高的模量，所以它常被用来填充路面车辙。比较高的稳定度具有比较高的抗变形能力。

混合料通常是比较硬的细集料级配和耐磨的具有高砂子当量的集料组成的，特别是微观封层和聚合物改性极大地增加了路面的强度，使路面具有高阻力和极好的变形阻力。

4.2 石屑罩面

目前，世界上有各种各样的道路表面处治方法，其中石屑罩面、撒布封层是的路面养护方法。石屑罩面是在道路面层上洒布一层黏结料，然后铺一层同粒径的比较好的集料。

石屑罩面是一个高沥青含量的薄表面处治层，但是这种处治层是柔性的和耐磨的。掺加聚合物能够增加黏结力、粘附性、耐磨性和路面的抗裂性能。石屑罩面既能够用于道路养护，又可以用于道路重建，尤其是在道路的抗裂方面有重要作用。另外，使用SBR或SBS改性能够进行道路封层和桥梁裂缝修补，尤其重要的是可以减少路面的反射裂缝。

4.3 Cape封层

Cape封层是石屑罩面和稀浆封层的组合。这种封层具有表面光滑的特点，在一层耐磨的稀浆封层下面有一层柔性的石屑罩面。采用Cape封层进行路面处治的方法在南非和美国经常使用。在南非,这种方法首先在道路建设时应用,现在已经应用到南非的主要货运道路养护、重建上。目前,在美国的住宅区街道和主干线道路上也在应用这种方法[2]。

Cape封层比单独使用稀浆封层或石屑罩面成本高得多,然而这种封层非常耐磨。石屑罩面中的大集料具有比较好的抗滑性和承载性能,稀浆封层具有平整度好和比较低的车辆营运费。Cape封层具有两者的优点。

Cape封层在基层上应用能够使道路的使用寿命延长5～8年。

南非声称其交通量10 000辆/天的道路使用寿命为10～15年,使用寿命的延长说明道路正确的设计和建设,而并非单纯的养护造成的[2]。

4.4 喷射修补坑洞

喷射修补坑洞是采用一种特殊的机器对路面坑洞和凹地及破裂地带进行修补。

首先,修补机中的压缩空气将坑洞吹干净,除去坑洞里的松散材料,得到一个干净的表面。然后,将坑洞的内表面涂上一层乳液。再利用修补机上的操作装置,向坑洞里填上集料,从喷嘴中喷出的热乳液混合,坑洞填充了一层又一层的填充料。采用该方法修补的坑洞,既防水,又具有比较好的强度。修补坑洞的集料要求单个尺寸为7mm、10mm或14mm的石料,这也是我们常使用的集料级配。最后在坑洞上面铺一层干集料,使它具有一个表面封层,这样就完成了封层工作,但也有再铺一层细砂的情况。采用这种方法时几乎不需要任何压实工作。

如果经常使用快凝型乳液和改性聚合物乳液,就能够使修补的坑洞具有比较高的强度,在冬季也能够比较快地修补路面坑洞。喷射坑洞修补的主要特点是生产和运输比较容易,每天修补坑洞的材料需要2 275L的乳液和20t的材料,需要两个人和一台机器即可。对路面修补来讲,要保证道路的畅通,在很大程度上依赖于所修补的坑洞范围和坑洞在多快的时间内完成修补。延长路面的使用寿命在于及时修补坑洞和在坑洞直径不超过15cm时就需要进行修补。坑洞的使用寿命等于整个路面的剩余使用寿命。

5 乳化沥青的发展方向

5.1 乳液型号和级配

乳液型号和级配　　表2

型号/级配	特性	应用
阴离子乳化沥青乳液		
ARS阴离子快凝型乳液	快速破乳	适用于封层和粘层油,通常不适合与集料混合
AMS阴离子中凝型乳液	乳液通常具有中型破乳时间	适合于特殊的浓缩、补坑和封层
ASS阴离子慢凝型乳液	通常是稳定的沥青分散乳液	1.与水混合的浓缩和防尘; 2.与土或集料级配的混合料; 3.应用在草地改善和黄麻纤维网格
HFMS阴离子高漂浮中凝型乳液	化学添加剂允许集料具有较厚的沥青薄层和具有最小的排水法	适合于冷拌混合料的应用

续上表

型号/级配	特 性	应 用
阳离子乳化沥青乳液		
CRS 阳离子快凝型乳液	快速破乳	适合于封层和粘层油，通常不适合与集料的混合
CMS 阳离子中凝型乳液	乳液通常具有中型破乳时间	适合于特殊的浓缩、补坑和封层
CSS 阳离子慢凝型乳液	通常是稳定的沥青分散乳液	1. 与水混合的浓缩和防尘； 2. 与土或集料级配的混合料 3. 应用在改善草地和黄麻纤维网格
CAM 阳离子集料混合料级配乳液	特殊级配生产的冷拌补坑混合料	通常应用于大批生产的冷拌混合料
非离子乳化沥青乳液		
NMS 非离子中凝型乳液	转制乳液(水在油中)	应用于浇透层油和透层油封层

5.2 高沥青含量的阳离子沥青乳液

阳离子快凝型乳化沥青中沥青的含量超过 70%，在使用中应该注意以下特点：①在潮湿的气候条件下，增加其适应性能。②这种乳化沥青比较适合于大集料封。③能够比较好的防止集料的剥离。④适合于在低温条件下能摊铺热沥青封层。⑤撒布温度要能够保持 80℃。⑥与轻制沥青封层相比，减少了发生泛油的趋向。⑦路面的潮湿状况。⑧在集料预拌时，掺加黏结剂。⑨长距离运输期间的稳定度(产生离析现象)。

5.3 聚合物改性高沥青含量阳离子沥青乳液

目前已经开发的这种乳化沥青乳液非常适合于在最大封层条件下(气候条件)撒布应用，这和其他级配的乳化沥青是不一样的。它能够控制大部分裂缝，除了路面已经存在的最小的反射裂缝之外。

高沥青含量的聚合物改性阳离子乳化沥青撒布级配具有以下的特殊特点：①减少每吨残余黏结料的运输成本。②提高高温应用性能。③在增加交通荷载的条件下，能够阻止泛油现象。④在比较宽广的气候条件下，能够阻止裂缝的形成。⑤集料具有比较大的压实范围。⑥对存在的裂缝进行封层处理能够延长路面的使用寿命。⑦在寒冷的气候条件下能够正常使用。

典型应用：①当对重交通路面进行封层或再封层时，可以应用这种等级的乳化沥青。②对路面由于进水引起的收缩裂缝或疲劳裂缝进行封层时，可以应用这种等级的乳化沥青。高沥青含量的乳液能够对大部分材料进行处理，但必须通过常规的撒布机在 80～85℃进行撒布，才能达到比较满意的乳化沥青分布。

5.4 全天候乳化沥青封层(加入一种破乳剂)[1]

这种乳化沥青封层处治在撒布乳液期间需要加入一种破乳剂。使用条件为：①在环境温度 5℃时工作。②应用湿润的集料。③在潮湿的路面上应用。产品的性能特征为：①快速开放交通。②减少路面剥离的危险性。③减少在高撒布率时流量减少的危险性。

5.5 纤维补强乳化沥青乳液

一种玻璃纤维乳化沥青可以对路面裂缝进行处治，它还可以应用于停车场、主干道路和飞机场路面上。

一般的封层处治所应用的乳化沥青包括两种聚合物改性乳化沥青。首先，在两层之间撒布一层玻璃纤维乳化沥青来抵抗反射裂缝的发生，这层撒布采用概率配置法。最后，再撒布一层集料，采用正常的压实方法进行压实。作为一种磨耗层能够提供一个相当好的表面结构，它能够抵抗裂缝；作为一种减缓变形的防护层(SAM)应用，还可以在沥青磨耗层经济区作为一种减缓变形的防渗护面夹层(SAMI)来应用。

对黏结料需要特殊说明的是它的快速养护能力。这种独有的阳离子改性聚合物乳化沥青，它的特点是包含73%～76%的残余固体，它增加的粘度能够在应用期间抵抗流量和增加聚合物以增强残余黏结料的应用性能。这种产品的洒布温度是85℃，这个温度比热沥青洒布能够提供更大的安全性。

5.6 现场冷循环再生

对具有裂缝、老化、氧化和疲劳的道路重新修整和翻新设计，结合乳化沥青的最新发展方向进行冷循环再生处理，既节约费用，又节约能源。

乳化沥青(阳离子、阴离子和中性离子)非常适合于沥青和沥青/水泥胶合剂冷循环再生应用。冷循环再生所具有的特点为：①冷态乳液应用能够提供比较好的集料封层，甚至是潮湿的材料。②节约能源，对环境的污染最小。③沥青和集料的再生利用减少了对新材料的需求。④焦油和橡胶改性沥青路面的循环再生利用，无需加热从而能够减少释放有害气体。⑤封闭交通时间最短。⑥运输费用减少。⑦与重建道路相比减少费用。

5.7 沥青倒置乳液(水分散在沥青中的乳液)

沥青倒置乳液具有极好的贯入特性，它的快速干燥特性使其特别适合于浇透层油，对于长距离的路面封层也常常应用(在48h内封闭交通)。

沥青倒置乳液浇透层油黏结料中，倒置乳液的设计具有快速干燥特性，能够粘着10mm的集料，它包含了最低的碳氢化合物溶剂，趋向于在封层后冲洗，允许较早的重新封层，贯入特性与传统的AMC3透层油非常相似，但是残余黏结料的粘度与AMC5封层透层油非常相似。

6 结语

任何道路系统在管理和养护方面主要是保证有限的资金发挥最大的效益。所以新技术、新材料和新产品首先被利用。在道路方面，已经有“路面耐用性能标准规范”，乳化沥青已经发展成系列化，从低交通量的乡村道路到重交通量的高等级道路都可以应用乳化沥青进行处理。

通过深入的研究发现，高质量的乳化沥青产品已经越来越受到人们的欢迎，尤其是乳化沥青能够延长路面的使用寿命和提高路面的耐用性能更加受到人们的欢迎。

参考文献

[1] S. E. FALLEN. Advances in Bitumen Emulsion Techology Preparing For the Future Now . IS. SA，1998.

[2] 王新增. Cape封层技术在国外的发展和应用[J]. 国外公路，2000(5)：42-45.

[3] 王新增. 冷拌沥青技术在欧洲的应用和发展[J]. 河南交通科技，1996(4)：33-36.

郑漯高速公路改扩建工程保通方案研究

邵景干

（河南中原高速公路股份有限公司）

摘　要　研究和制订施工期间交通保障方案对于高速公路的改扩建具有重要意义。文中结合郑漯高速公路改扩建工程及现有路网分布状况，提出了比较系统、科学、可行的保通方案。

关键词　高速公路　改扩建　保通

1　项目概况

京珠国道主干线南北贯穿河南省中部，位于107国道以东，不仅是国家规划的“五纵七横”国道主干线的重要路段，而且是形成河南省高速公路网的基本构架，具有十分重要的政治、经济意义。

京珠国道主干线郑州至漯河段高速公路（以下简称郑漯高速）是国家高速公路网规划及河南省公路网主骨架的重要组成部分。近年来，以其高速、平稳、畅通的优质服务承担着繁重的运输任务。2006年郑漯高速平均日交通量达到29 607辆/日，其中部分路段达到了37 000辆/日以上，在部分高峰时段交通量已经接近其最大通行能力。随着我国经济的进一步发展，作为连南贯北的交通纽带，该路的改扩建已是势在必行。

本项目起于新郑国际机场以南，向南经新郑东、长葛东、许昌东、临颍东、漯河东，止于漯河东南的枢纽立交以南，路线全长119.638km。

2　郑漯高速加宽建设标准

改建后高速公路为双向八车道，设计行车速度采用120km/h，路基宽42m，桥涵设计荷载为公路－I级。

3　保通方案交通组织遵循的原则

作为国道主干线，大流量的交通现状要求该路段须以“边通车，边施工”的方式实施工程建设，施工中既要保证施工人员、机械的安全及工程质量，又要确保高速公路营运的安全畅通，其危险性和难度是新建项目无法比拟的。因此，选择合理的施工和交通组织实施方案是改扩建工程能否顺利实施的基本保障。施工交通组织应遵循的原则如下。

3.1　安全原则

施工期间，除按时完成工程和保证工程质量外，还必须保障运营车辆的行驶安全，同时也必须保障施工车辆和施工人员的安全。

3.2　畅通原则

改扩建工程施工期间，郑漯高速公路应始终畅通，以减少因施工带来的高速公路运营损失。

3.3 确保施工进度原则

改扩将工程是在原有的高速公路上进行的，其施工必然带来原有高速公路的运营损失，同时对高速公路通行能力有很大的阻碍。因此要确保施工进度，尽量缩短施工周期是非常必要的。

3.4 效益最佳原则

改扩建工程作为一项经济活动，合理利润的追求必然要求工程在达到工程质量、时间等各项要求的基础上，付出最小的经济代价。因此在改扩建工程中对各项设施的要求是在保证质量要求下的最经济方案。

4 区域公路网分析

4.1 平行道路

本项目施工期间内郑漯高速公路通道内除京珠高速公路外，有国道 G107 可作为主要交通量分流路线，还有国道 G106、省道 S219、大广高速公路和 2007 年底通车的郑石高速公路四条道路可以作为分流的备用路线。

国道 G107 为二级公路，路面宽 15～18m，路况在本项目平行段基本良好，根据交通量预测结果，工程实施期间，G107 线原有交通量尚未完全饱和。

国道 G106、省道 S219：均为二级公路，路面宽 12～15m，路况基本良好。

郑漯高速公路施工的后期，大广高速公路河南境内将全线贯通，届时可作为本项目东侧交通量分流路线。

郑州至石人山高速公路将于 2007 年底通车，可作为本项目西侧交通量分流路线。

4.2 连接平行道路的横向道路

郑州西南环高速公路：从京珠高速公路向西连接 G107 和郑石高速公路，双向六车道，交通量较小，路况良好。

省道 S102、省道 S323：分别位于薛店互通式立交和新郑市互通式立交处，向西可连接到国道 G107，向东可连接到国道 G106。目前道路状况较好。

省道 S325、省道 S311：分别位于长葛互通式立交和许昌北互通式立交处，向西可与国道 G107 相连，向东连接兰尉高速公路。目前道路状况较好。

省道 S237：许昌南互通式立交所在的省道 S237 线，位于许昌南部，向西行 3km 即可连接到国道 G107。目前道路状况较好。

许平南高速公路、许昌至日照高速公路，通过许平南枢纽互通立交与本项目连接在一起，到本项目实施时可分流部分交通流量。

许亳高速公路、许禹高速公、禹登高速公路将在 2007 年建成通车，东连省道 S219、国道 G106 和大广高速，西连 G107 和郑石高速。

贯通本项目终点的宁洛高速公路将作为本项目从南到北交通流的重要分流点，东连大广高速，西接郑石高速。

以上与郑漯高速公路交叉的公路，加上与郑漯高速公路平行的国道 G107、省道 S219、G106、大广高速和郑石高速以及蒲田立交、西南环高速与京珠高速立交、起点处机场高速互通式立交、许平南枢纽互通式立交和漯河南立交，构成了本工程的完整的路网。本路网可提供本项目施工期间的保通工程所必需的快速反应道路网络和应急分流道路网络。

5 保通措施

(1)建立完善的保通组织机构(图1)。

领导小组由地市主管交通、交警、路政、医疗部门和项目部的相关负责人组成。主要是把握大局并协调各市(县)交警、医疗、路政部门与项目部的关系,在关键问题上进行决策。

调度中心聘请有经验的人担任调度工作,调度中心的职能是接收、处理、发布公共交通信息,并指挥相关人员对突发事件进行处理,记录每天交通运行状况,向领导小组汇报。

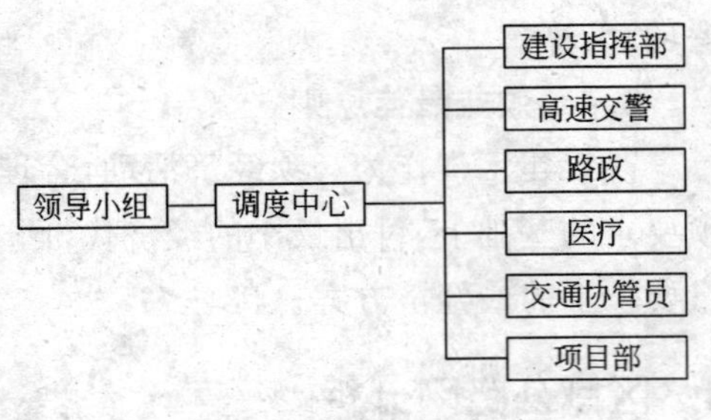

图1 组织机构图

高速交警主要是严格履行法定职责,建立并执行严格的巡查制度和快速反应制度,快速处理交通事故,维持交通秩序,根据交通运行状况,及时准确接收、处理、发布公共交通信息。

路政人员主要是加强高速公路施工现场的秩序管理,确保施工路段的安全畅通;向社会提供高速公路路况信息、清理路上障碍、参与抢险救护、为驾乘人员提供服务等;禁止超限车辆在高速公路行驶;配合有关部门做好施工安全保通等工作。

医务人员的职责是及时救治伤员。

交通协管员从施工单位调派,对路政部门和交警部门负责,主要是维持交通秩序,协助指挥交通,及时报告所负责路段的交通信息,听从调度中心、交警或路政人员指挥。

项目部保通工作人员主要是巡视检查交通组织实施情况,处理协调施工组织与交通组织的关系。

各市建设指挥部主要是沟通和协调地方关系,减少施工干扰。

(2)在项目开工的前期,要充分利用省交通信息广播、电视媒体、互联网、报刊等媒体的社会宣传功能,宣传高速公路扩建工程的重大意义,向群众及道路使用者及时报道扩建工程施工的进展信息和沿线交通管制方案。力求使广大群众理解扩建工程实施的必要性,理解郑漯高速公路扩建工程在施工期间短时期交通堵塞现象。各收费站出入口做到随时通报前方交通状况和交通管制方案。

(3)为了给改扩建工程提供更为畅通的道路条件,建议在本扩建项目动工之前,对国道G107路面老化比较严重的路段实施路面加铺,并对G107重设道路标线,以提高道路的通行能力和安全保障,并能够适应交通量可能的增加,为改扩建工程提供潜在的通道储备。

(4)根据附近在建高速公路建设进展情况,提前发布消息,设置指路标志,引导车辆向东分流,尤其在本项目施工后期新旧路面、结构物连接施工时,大型车辆必须分流,以确保工程质量和交通顺序。

6 交通组织实施方案

本项目施工过程中,路面施工阶段通行车辆所受影响最大,通过比较"半幅施工,货车分流"、"分段半幅施工,货车分流"、"半幅间隔分段施工,货车分流"和"半幅分车道施工,行车不分流"等几种路面施工交通组织方案,认为"半幅分车道施工,行车不分流"方案能更好地满足要求,根据这一方案将交通组织实施阶段分为路基施工、路面底基层基层施工、半幅路面施工、另半幅路面施工四个阶段。

关键点:路面衔接施工时段车辆交通组织,结构物上部连接施工时段车辆交通组织。

6.1 临时交通标志

6.1.1 标志设置

为确保每个阶段在拆除路侧原有标志后能给驾驶员提供必要的道路交通信息,每个阶段应设置较完善的临时交通标志。

路段临时标志主要包括:施工及施工预告标志、警告标志、禁令标志、分流标志、指示标志和指路标志。

标志设置详细情况为:

(1)禁令标志:设主线限速标志、禁止超车(解除禁止超车)标志,取消其他禁令标志。

(2)警告标志:增设"前方施工,车辆慢行"、"道路施工,谨慎驾驶"等施工预告、施工警告标志。

(3)指示标志:跨线桥上的标志取消。

(4)指路标志:前方 2.5km 出口编号预告、前方 1km 出口预告、减速车道起点出口预告、出口、下一出口预告、服务区 1km 预告、减速车道起点服务区预告、服务区入口、收费站 1km 预告标志、收费站标志、分合流诱导标等标志放置于紧急停车带(小于 2m 的标志放置于中央分隔带);远距离的服务区预告、著名地点、车距确认、指向路政、交警单位的指路标志取消。

(5)增设事故报警电话号码公告牌,方便紧急事件发生后的报警。

6.1.2 临时标志摆放

临时标志采用移动式和固定式两种类型。宽度小于 2m 的标志主要采用固定式,大于 2m 的标志采用移动式。

宽度小于 2m 的临时固定标志式设置于中央分隔带内,宽度小于 2m 的临时指路标志和宽度大于 2m 的标志则采用移动式置于紧急停车带上、紧急停车岛、新建路基、路面底基层或基层上。

外侧路面施工完毕,撤除临时标志,交通标志按改扩建标准布设于路侧。

6.1.3 标志的利用

原有标志拆除时,应先松开标志版面固结螺栓,拆除标志版面;然后拆除支柱地脚螺栓,拆除立柱;最后清除立柱基础。

原有标志版面基本还可继续应用于改扩建后新建道路,而立柱可能由于布设高度发生变化而不能继续使用。

原有收费站预告标志、收费站标志、线形诱导标等标志版面在改扩建施工期间可继续使用。

施工完成后,临时标志在不再使用,只能应用于其他改扩建高速公路或弃用。

6.2 主线施工组织方案

采用"半幅分车道施工,行车不分流"的施工方案。此方案在路基施工期间不封闭交通,双侧同时进行,路基施工按照 2～4km 一个施工段落,双侧交错布置,采用动态滚动式施工方法。进入路面施工期,首先施工半幅路面,在基层、底基层施工期间,实行行车保留的半封闭施工。即施工东半幅外侧的两车道的基层时,内侧的两车道保留靠近中央分隔带的一个行车道通行,以便考虑基层和路面施工及其养生期;在进行面层施工期间,半幅分车道施工,另外半幅正常行驶。半幅路面施工完毕之后,开放交通;新建半幅实施双向通行。

按总工期为 36 个月安排,共分以下几个阶段组织施工。

(1)第一阶段

全线征地拆迁和前期准备和招投标工作完成后，施工单位进场，进行主体工程的实施阶段，计划工期12个月(第1～12月)，全线维持现状交通，进行绿色通道的树木移栽、路基加宽的填筑及开挖、涵洞加长、桥梁基础及下部施工、各种梁板预制、部分跨线桥基础和下部等施工。期间应完成路基桥涵工程总量的80%左右。本阶段后期拆除路侧防撞护栏，并进行回厂加工。本段施工期间车辆正常通行，前期车速不降低，后期破除硬路肩时车速降低至60～80km/h。

(2)第二阶段

计划工期6个月(第13～18月)；进行东半幅路面底基层、基层的铺装及全幅桥梁上部构造的施工，其间车辆正常通行，车速降至60～80km/h。

(3)第三阶段

计划工期6个月(第19～24月)；进行东半幅外侧路面面层铺装：①新建路面面层施工。②新建路面的车道标线划分。期间西半幅车辆仍保持较低速度的正常通行，东半幅内侧原路面也保持较低速度的正常通行，外侧路面进行施工。

(4)第四阶段

计划工期6个月(第24～30月)；进行东半幅内侧路面面层铺装及路侧和本幅中央分隔带防撞护栏安装等工作。期间东半幅新建路面通车，内侧原路面封闭，进行内侧路面施工：①先铣刨行车道老路面，铣刨后的废料经处理后按设计要求使用，以减少对环境的污染和工程投资；同时拆除本半幅中央分隔带护栏，并进行回厂加工。②面层施工。③按照新路面的标准完成东半幅路侧、中央分隔带护栏、标志标牌、车道划线等的施工。④西半幅底基层在铣刨面层时同时施工。路面完工后，进行下一阶段施工。

(5)第五阶段

计划工期6个月(第31～36月)；实施另半幅路面工程及其他全部工程。期间，先期建成半幅实行双向四车道限速行驶，然后进行西半幅路面施工：①先铣刨行车到老路面，铣刨后的废料经处理后进行使用，以减少对环境的污染和工程投资；同时拆除本半幅中央分隔带护栏，并进行回厂加工。②面层施工。③按照新路面的标准完成单侧的车道划线、防撞护栏、标志标牌等的施工。路面完成后，开放全幅双向八车道交通，取消所有分流。

6.3 桥涵工程施工组织方案

桥梁施工预计在18个月内完成。

桥梁工程的实施对郑漯高速公路交通的影响较大，涵洞、通道的施工影响较小，除桥梁工程施工必须满足设计和规范要求外，交通组织方案十分重要。根据郑漯高速目前交通的实际情况和工程可行性研究结论，并结合路面施工及其交通组织方案，本项目桥梁工程采用“半幅分车道施工，行车不分流”方案。

(1)第一阶段路基施工的同时进行桥梁、涵洞下部的施工，原四车道正常通车。需要注意的是：分离式立交和互通式立交跨线桥下部施工以保证通行为主；通道作为本项目横向通行构造物之一，对沿线人民群众的出行影响极大。因此本着以人为本的设计思想，对沿线通道实行间隔施工的方法，每间隔一道通道施工一道，待施工完成后，在进行另一部分横向构造物的施工。两侧施工便道作为通道间的连接道路。注意在横向构造物施工时，在施工构造物相关路口设置指示牌指向最近未施工构造物。

(2)路面地基层、基层施工的同时进行同侧半幅桥涵上部结构的施工，在原桥涵设置临时防撞设施，拆除原桥涵外侧边板及护栏座，保护好原桥面铺装钢筋。注意此时应对桥梁路段限速行驶。

(3)东半幅外侧新建路面施工期间同时完成本半幅桥涵的铺装等结尾工程。其保通与主线外侧新建路面施工保持一致。

(4)东半幅外侧新建路面施工结束，本半幅桥涵外侧桥面铺装亦完成施工，本半幅外侧路面通车，内侧桥涵桥面铺装开始施工。

(5)东半幅桥涵桥面施工完毕，西半幅桥涵桥面铺装开始施工。施工完毕，实现全幅通行。

6.4 交通快速反应点和应急点分流的确定

根据施工方案的安排，机场高速互通立交、许昌北互通立交和本项目所包括的其他互通立交为本项目的交通快速反应点和紧急分流点。同时由于郑漯高速公路施工可能造成通行能力降低而不愿意在郑漯高速公路上行驶的车辆也可通过这些控制点转向其他道路行驶。

由于郑漯高速公路部分路段 2006 年交通量达到 37 000 辆/h，在高峰时段达到了其最大通行能力。所以，在路面施工和桥梁上部施工时，需要分流货车交通量。主要分流点设置如下：

(1)从北向南的交通分流点

①蒲田立交分流点：

向东可通过连霍高速或 G310 分流到 G106、S219 或大广高速；

向西可通过 G310 分流到 G107。

②西南环高速与京珠高速立交分流点：

向西可通过西南环高速分流到 G107 和郑石高速。

③G107 和西南环高速立交分流点：

西南环高速交通流很小，可在此分流点把通过西南环城高速向南的交通分流到 G107。

(2)从南向北的交通分流点

在项目终点漯河立交分流点；

可通过宁洛高速向东分流到大广高速或 G106，向西可分流到 G107 和郑石高速公路。

7 结语

本文通过对郑漯加宽项目保通方案的研究，结合实际工程及路网现状，提出了比较系统、科学，可行的保通方案。该方案可以指导郑漯高速公路改扩建工程的保通工作，也为其他高速公路改扩建项目提供有益的参考。

郑漯高速公路扩建工程防治路面纵向开裂的几点考虑

潘国强

(河南中原高速公路股份有限公司)

摘　要　旧路加宽改造对提高现有道路技术等级和改善路网结构具有较高的技术经济价值,而对旧路进行加宽改造,方案设计是决定改扩建工程成败的关键因素,同时必须综合分析造成公路表面的不均匀变形以及路面的纵向开裂等问题的原因,以便采取可靠而有效的综合处治方案。

关键词　旧路加宽　不均匀变形　纵向裂缝　土工合成材料

近年来,随着我国经济的迅猛发展,高速公路的交通量逐年递增,这种情况在我国国道主干线上尤为突出。由于早期修建高速公路时,对社会发展预测得不充分,一些运营量较大的高速公路已呈现出交通量饱和的态势,这使得高速公路本身所应具有的高速、快捷、畅通的服务优势大打折扣。因此,旧路拓宽改造是未来公路发展的一个重要方向。本文结合京珠国道主干线郑州至漯河高速公路许昌至漯河段改扩建工程的加宽改造设计,分析路面纵向开裂的原因,并拟定防治措施。

1　项目简介

1.1　项目背景

京珠国道主干线郑州至漯河高速公路北接京珠高速公路新乡至郑州段,南接漯河至驻马店段高速公路,向北直至首都北京,向南至广东沿海地区,是承载国家南北运输的公路大动脉。本项目是其中的许昌至漯河段,路线全长52.656km。

1.2　沿线自然地理概况

1.2.1　地形地貌

本项目位于豫东平原西部,地貌单元属黄淮河冲洪积平原,地形单一,北部及南部地势平缓,中南部漯河附近微微隆起,地形地貌条件相对简单,相对高差4～10m。

1.2.2　地层岩性与构造

项目所在区的基底地层为太古界、元古界变质岩,上覆中生界地层,新生界地层厚度大,表层出露地层为第四第松散堆积物,其主要岩性为河流冲洪积形成的亚黏土及亚砂土,软一硬塑状,局部路段表层出露有透镜体状的黏土,具有弱膨胀性。

1.2.3　不良地质现象

本项目沿线主要不良地质病害是膨胀土和低洼积水段路基。

1.2.4　气象水文

项目所在区属于暖温带干旱、半湿润气候,气候温和,四季分明,年平均气温为14.6℃左右,平均降雨量为805.2mm。

项目区地表水系属淮河流域，主要河流有清泥河、颍河及沙河等淮河支流。

1.2.5 地震

根据《中国地震动参数区划图》，本区地震动峰值加速度为 0.05g，地震基本烈度为Ⅵ度。

1.2.6 水文地质

项目所在区地下水属松散岩类孔隙水，地下水水位埋深为 2.0～5.0m。

2 路基加宽方案设计

本项目通过对单侧加宽、两侧加宽及混合加宽等三种方式的分析比较，并结合本项目的实际情况，确定利用原有四车道高速公路以双侧拼接加宽的方式扩建为标准八车道的高速公路。

3 已建拓宽公路的现状

近年来，我国很多条公路由于交通量和大量超载车辆的剧增，现有公路已经无法满足经济发展和快速便利的交通运输需求。因此，从 1998 年开始相继拓宽了石黄高速、大齐路、宁粟公路等公路。建成使用后几条公路的个别地段在新老路相接部分相继发生了纵向开裂现象。其开裂部位多具有以下特点。

(1)多集中在高路堤拓宽路段。

(2)出现裂缝的拓宽部位地质情况较复杂，大多存在软土层、水塘和低洼积水等不良地质病害。

(3)裂缝所在位置均发生在老路上。

(4)发生裂缝路段其路基施工周期一般均在 3 个月左右，裂缝产生时间一般在工后 3 个月，裂缝稳定时间不一。

4 纵向开裂产生的原因

导致老路拓宽改建工程路面出现纵向开裂的原因较为复杂，其中原有基底的沉降固结状态、拓宽部分地基的水文地质条件、路基拓宽后新增土基的作用力对沉降变形的影响是主要因素，且它们之间的相互作用也比较复杂。

(1)首先，由于基底地质条件较差，导致拓宽部分基底发生沉降变形，但原老路下的地基因路堤本身自重及长期车辆荷载的作用，其固结沉降过程已经结束，且其所增加的荷载远小于新拓宽部分。因此，造成新老路基地基的不均匀沉降而导致路基发生变形，产生纵向开裂。

(2)其次，由于新拓宽部分路基本身所用的填筑材料、压实度等在设计施工中存在一定问题，造成新路堤本身出现沉降。

(3)因老路拓宽工程其施工周期一般较短，土基及新路基的固结沉降不能到位，工后沉降大，导致新老路基的差异沉降，路基失去稳定，表现为路堤内的破裂面外的土体下沉侧移，将路面拉裂造成纵向开裂。

5 路面纵向开裂的防治措施

纵向裂缝作为公路拓宽改造的质量通病，应当引起广大设计人员的足够重视，通过理论计算、合理设计等方法进行有效预防，努力减少路基的差异沉降，最大限度地减少和延缓裂缝产生的概率和程度。

5.1　确定加宽路基的最终沉降量,准确控制工后沉降

在旧路加宽改造过程中,由于新旧路基的变形量不同,将会导致路基的横向不均匀沉降,从而造成路面的开裂破坏。因此,设计和施工中必须准确掌握加宽路基的最终沉降量及固结度,并验算其剩余沉降量是否满足工后沉降量的要求。在沉降分析中,可假定旧路路基下的地基土已趋于完全固结,加宽部分的路基土在其自重和路面结构等静荷载作用下的变形主要表现为土体的压缩变形,可通过室内试验测定土的相应变形指标,选取适宜的力学模型,采用有限元法分析路基土的应力状态,确定路基的总变形量、不均匀变形量、不均匀变形范围以及变形与时间的变化关系等控制指标。

5.2　提高路基的稳定性及其强度

5.2.1　一般路基

项目所在区地形平坦,原有公路两侧均为农田,全线均为填方路基。根据地勘资料,全线除部分路段分布有弱膨胀土外,其余路段均为第四系冲洪积层,属正常沉积土,无其他不良地质现象。但由于上部土层属新近沉积土,且项目所在区水系发育,部分路段地下水位较高,地基土含水量较大,其工程性质较差。因此,为保证新拓宽路基具有足够的强度和稳定性,对加宽部分路基基底采取了清除表层土 50cm 后,采用透水性砂砾进行换填的处理措施,并对基底进行碾压密实。

5.2.2　构造物两侧路基

为了减小桥头处路基的不均匀沉降,消除桥头跳车现象,设计中充分考虑了加宽部分路基的地基处理,采取的主要措施是清除表土 50cm 后,用水泥搅拌桩(湿喷法)对地基进行加固处理。

5.2.3　特殊路基处理

项目沿线主要的不良地质病害是膨胀土和低洼积水段路基。膨胀土路基由于其工程性质较差,本次设计本着防水保湿的原则,对地表的膨胀土设置了灰土垫层,以减少其对路基的危害。低洼积水段路基主要是原修建郑漯高速公路时,由于在路基两侧取土,形成了大小不等、深度不一的取土坑。而且由于地势低洼,长年积水,表层形成了一定厚度的饱水软黏土。软弱土厚度可达 0.5～0.8m,K103＋033.0～163.0 段左侧有一污水坑,软弱土厚度可达 1.6m。本次设计主要采用砂砾换填进行地基处理。

5.2.4　路基填筑与压实

本项目地处山前倾斜平原区,路基填筑主要以借土方为主。经取样试验,路基填土为低液限黏土,最大干密度为 1.90g/cm^3,最佳含水量为 12.9%,压实度为 96%时的承载比为 5.7%。为满足路基填料强度和压实度的要求,路床填土采用透水性的砂砾及灰土进行填筑,路床 0～50cm 范围内采用砂砾填筑,50～80cm 范围内采用 6%的石灰土进行改性处理。

本项目为旧路拓宽改建项目,为了消减新旧路基之间的不均匀沉降,避免因差异沉降引起路基纵向裂缝,确定对填土高度大于 4m 的路段采取冲击碾压进行增强补压。当路基填筑至路堤顶面时,对路堤进行冲击碾压,碾压遍数为 20 遍,松铺厚度可控制在 80～100cm。

5.3　路基防侧滑措施

路基土体在沉降过程中特别是在高路堤段,如地质状况不佳、地基处理不彻底,势必使拓宽路基底部的荷载大于地基容许承载力,造成地基土发生较大的沉降。路基土在沉降过程中产生向外侧的水平侧向位移使路堤发生破坏,将路面拉裂,从而产生纵向裂缝。这种情况下增设重力式路堤挡墙减小路基横断面,或增设一定宽度的反压护坡道提高土基承载力将有效控制路堤的侧滑现象。本次设计个别路段外侧为深水塘，故对路堤增设了路堤式挡土墙，以防止老路路面被拉裂而产生纵向裂缝。

5.4 新旧路基衔接处理及土工合成材料的应用

根据沈大高速公路"路基加宽课题研究"的成果资料，路基内铺筑两层土工格栅，增加了新旧路基的结合。土工格栅加筋后路基中水平应力得到明显改善，尤其是在土工格栅上部的路基土体中。筋材拉力最大区集中在新旧路基结合部一定范围内，层底剪应力和层底拉应力向路基边坡位置发生了侧向偏移，减少了新旧路基结合部位置发生裂缝的可能性。

因此，本次设计为增加新旧路基的整体稳定性，避免或减少横向错台和纵向裂缝的发生，在填筑加宽路基前，先从老路基土路肩的内侧按 1∶1.5 的边坡坡率进行清坡处理，然后从坡顶向下按 1∶1 的边坡坡率进行削坡处理，并在原路基边坡上开挖台阶，台阶底向内倾斜 4%。同时自下而上，开挖一阶及时填筑一级，台阶的宽度为 1.2m，最上一级台阶由老路基边缘向里超挖原硬路肩路床 80cm 厚填土。在路床、基底铺设土工格室，当路基填土高度大于 4m 时，中间加铺一层土工格室，见图 1。

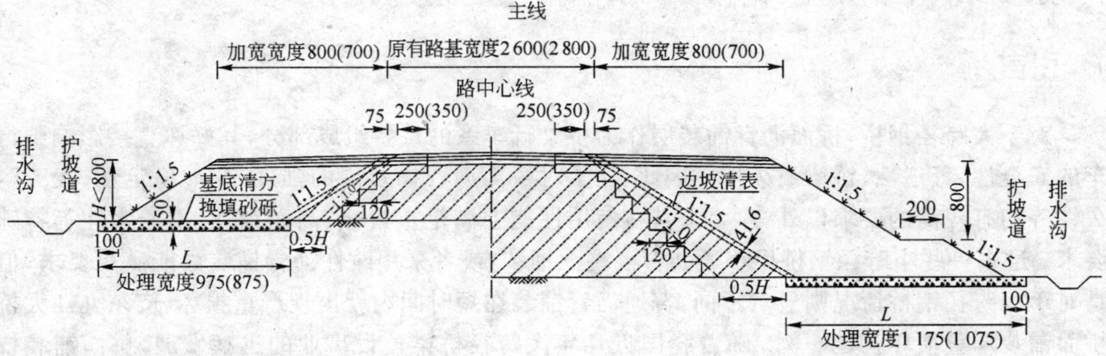

图 1 路基及边坡清表换填设计图(尺寸单位:cm)

6 结语

(1)理论分析计算可为方案设计提供可靠的依据。地基沉降和路基的稳定性分析，以及路基土的总变形量、不均匀变形量、不均匀变形范围等的分析计算，可为方案设计提供有效的参考指标。

(2)旧路加宽改造工程路面纵向裂缝的防治方法必须考虑各种因素综合确定，宜遵循因地制宜、经济可行、工期合理、综合治理的原则。

(3)在路基方面，选好填料是保证路基稳定的先决条件；对加宽段基底特殊处理，是解决新老路基不均匀沉降的关键环节；充分压实，特别是衔接部分压实是保证新老路基稳定不开裂的必要手段。

环氧沥青混凝土在钢桥桥面铺装中的应用研究

李学峰[1]　周永峰[2]　皇甫江红[3]

（1. 北京建筑工程学院；2. 沧州市交通勘察设计院；
3. 焦作市公路管理局质检中心）

摘　要　通过对环氧沥青混凝土性能的分析，得出了环氧沥青混凝土在大跨径钢桥桥面铺装中应用的可行性，并结合实际研究了环氧沥青混凝土的配制和施工工艺。

关键词　环氧沥青混凝土　桥面铺装　大跨径钢桥　施工工艺

1　引言

对于大跨径钢桥，桥面沥青铺装层作为桥梁行车系的重要组成部分，其好坏直接影响到行车的安全性、舒适性、桥梁耐久性。因此，除了对桥面沥青铺装层的强度、变形稳定性、疲劳耐久性等均有较高的要求以外，还要求其在使用性能上满足重量轻、高黏结性、不透水性等特殊要求。过去一些小跨径钢桥用普通沥青混凝土铺装，或者采用改性沥青铺装尚能满足要求，但是对于大跨径钢桥情况则显然不同，普通沥青铺装在短时间内就出现严重损坏，广东九江大桥桥面铺装严重损坏就是一例。随着我国近几年大跨径桥梁建设事业的迅猛发展，桥面铺装技术受到了越来越多的重视。

从铺装材料和施工方法角度来分，目前世界上主要采用的桥面铺装方案有四类：①以德国、日本为代表的高温拌和浇筑式沥青混凝土(Gussasphalt)方案；②以英国为代表的沥青玛蹄脂混凝土(Mastic Asphalt) 方案；③德国和日本等国家采用的改性沥青 SMA 方案(Stone Mastic Asphalt) ；④ 以美国为代表的环氧树脂沥青(Epoxy Asphalt)混凝土方案。

所谓环氧沥青混凝土是通过在沥青中添加热固性环氧树脂和固化剂，经固化反应而形成的一种强度高、韧性好的沥青混凝土。在美国、日本、加拿大、荷兰和澳大利亚等国家都普遍采用这种材料作为大跨径钢桥的桥面铺装材料。

2　环氧沥青混凝土的特性

2.1　强度高、刚度大

热拌环氧沥青混凝土有很高的强度，其马歇尔稳定度可高达 40～60kN，而一般沥青混凝土马歇尔稳定度仅 8～12kN。虽然马歇尔稳定度并不是标准的力学指标，但反映环氧沥青高强度是不言而喻的。壳牌石油公司曾对环氧沥青混凝土材料在不同温度下的弯曲劲度模量进行试验，并与普通沥青混凝土进行比较，其结果见表 1 和图 1。

表 1 数据表明，0℃时环氧沥青混凝土劲度模量与普通沥青混凝土相差不大，但在 20℃时环氧沥青要高 3 倍，40℃时则高 8 倍。温度越高，两者的劲度模量相差越大，这表明环氧沥青

不仅具有很高的强度，而且即使在高温下也有很高的抗变形能力。

热拌环氧沥青混凝土弯曲劲度模量试验　　表1

温度(℃)	环氧沥青混凝土($N \cdot m^{-2}$)	普通沥青混凝土($N \cdot m^{-2}$)
0	2×10^{10}	1.5×10^{10}
20	1.2×10^{10}	3×10^{9}
40	3.3×10^{9}	4×10^{8}
60	9.5×10^{8}	—

2.2 优良的耐疲劳性能

在同样的荷载作用下，环氧沥青混凝土比普通沥青混凝土表现出更加优良的耐疲劳性能。在不同应力水平下进行间接拉伸疲劳试验，当荷载为8kN时，作用次数达10^7次，仍未见破坏迹象。当应力水平为0.8MPa时，普通沥青混凝土的疲劳寿命为8×10^3次，而环氧沥青混凝土的疲劳寿命为6×10^5次，是普通沥青混凝土疲劳寿命的几十倍。

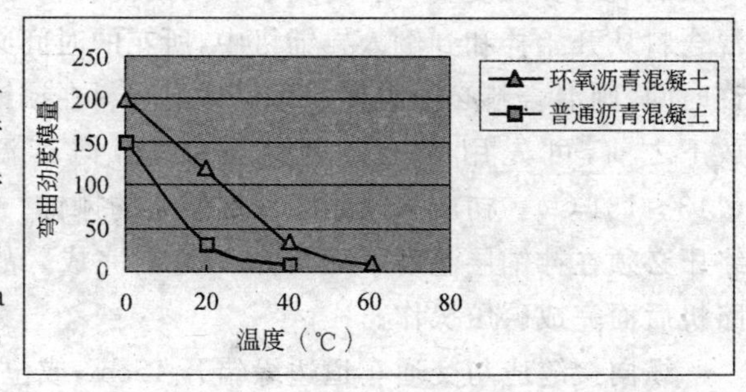

图1　环氧沥青混凝土与普通沥青混凝土劲度模量对比

澳大利亚West Gate大桥管理处，曾对环氧沥青混凝土进行等应变弯曲疲劳试验。试验表明，其疲劳寿命为5×10^6次，而普通沥青混凝土仅为0.29×10^6次，两者相差达17倍之多。壳牌公司也曾进行过类似的疲劳试验，其试验结果如表2。

环氧沥青混凝土弯曲疲劳寿命　　表2

环氧沥青用量	环氧沥青混凝土(次)	普通沥青混凝土(次)
6.0	1.0×10^{6}	3×10^{4}
7.0	$>2.0\times10^{6}$	2.0×10^{5}

2.3 良好的抗腐蚀性

一般沥青路面有柴油渗入，将因沥青失去黏结力而松散。然而，环氧沥青却不怕燃油的侵蚀。将冷拌环氧沥青混凝土马歇尔试件浸泡在柴油中，观察试件形态的变化。经过两周的浸泡，试件棱角无任何脱粒、松散现象，试件仍然十分坚硬，测得其马歇尔稳定度仍达到30kN，是普通沥青混凝土稳定度的3倍。

3　环氧沥青混合料的配制

热拌环氧沥青混合料的配制与普通沥青混合料相似，但由于增加了环氧树脂和固化剂，且对剂量、温度和时间的控制比较严格，这就增加了配制工艺的复杂性。

拌制环氧沥青混合料时，先将沥青与固化剂预混，并保持150～155℃的温度，再将环氧树脂加热至80～85℃，最后将其加入预热至大于135℃的集料中，加以拌和，拌和均匀后即可出料，出料温度为113～131℃。在这样的温度下，环氧沥青混合料可以有2小时的操作时间，超过2小时，混合料开始硬化。因此，环氧沥青混合料与水泥混凝土十分相似，存在着“初凝”特性。

由于环氧沥青的化学反应开始于环氧树脂、固化剂改性沥青和集料在拌制过程中的混合时刻。在拌制温度下，该反应使结合料黏度逐渐增加，故要求环氧沥青混合料在温度下降至规定最小值以下之前即被摊铺并压实。如果不能遵守这些规定并将混合料温度维持在规定拌和温度范围内，将导致混合料变成硬化、不可操作的块体。因此在环氧沥青混合料的拌和过程中，温度控制和时间控制极为重要。

4 环氧沥青混凝土的摊铺

环氧沥青混凝土采用常规摊铺机和压路机摊铺并压实。但对每辆运料车中的混合料都有严格的时间和温度要求。对应于不同的混合料温度，都有一个最小允许时间和最大允许时间。混合料从开始拌和到倒入摊铺机中，所花的时间必须介于这两个时间之间，如果超出了最大允许时间，则混合料必须废弃。为保证混合料在摊铺时温度在规定范围内，摊铺机上的熨平板在放下之前，可先用板上的燃烧器加热，但其温度不能超过铺装用混合料自身的温度（113～131℃）。初压必须紧跟着铺装层的摊铺。初压完成之前摊铺层的温度不得低于83℃。终压必须在摊铺层温度下降至66℃之前完成。故复压压路机和终压压路机应紧跟在初压压路机后面完成碾压操作。

纵向接缝应与交通车道边缘错开15cm，或位于一条车道中央的1/3区内。为使摊铺道上面层间的接缝牢固顺直，可以用锯将摊铺道的斜坡部分切开，并清除斜坡部分的材料。环氧沥青混凝土面层冷却至室温2小时后，即可开放交通，但其最终强度的形成需在5～7周后。在20～25℃的温度下，完全固化约需要60天的时间，但在10℃以下固化则几乎停止。

5 环氧沥青混凝土在钢桥中的应用

环氧沥青混凝土在钢桥中的应用比较广泛，表3列出了世界上部分采用环氧沥青混凝土铺装的正交异性钢板桥。

采用环氧沥青混凝土铺装的正交异性钢板桥 表3

桥　名	摊铺年份	铺装厚度(mm)
美国 SanMateo 桥	1967	50
美国 SanDiego 桥	1969	50
美国 LongBeach 桥	1970	50
美国 FremontSt. 桥	1973	50
巴西 RiodeJanerio 桥	1974	50
澳大利亚 Westgate 桥	1976	50
美国 Luling 桥	1984	57
中国台北 KuanDu 桥	1983	50
美国 Golden Gate 桥	1986	50
加拿大 Lion Gate 桥	1975	38
美国 HaleBoggs 桥	1983	63.5
中国南京长江二桥	2000	50
中国浙江舟山桃天门大桥	2003	50
中国江阴长江公路大桥(试验段)	2003	50
中国润扬长江公路大桥	2004	55
中国南京长江第三大桥	2005	55

6 结语

(1)环氧沥青混凝土具有优良的力学性能,较目前采用的其他沥青混合料有着无法比拟的优点和良好的可变形能力。

(2)环氧沥青混凝土是一种热固性材料,高温时只会变软而不会有多余的沥青渗出,其固化后已不是普通意义上的沥青混凝土,抗油侵蚀的能力比其他沥青混合料要强得多,尤其在高温条件下不易产生破坏。

(3)热拌环氧沥青混合料控制拌和温度是非常重要的,同时,拌和温度与所选用的固化剂必须匹配。因为有的固化剂虽然完全固化要在比较高的温度和比较长的时间,但其初凝时间很短,在短短的几分钟拌和过程中就已经固化,失去可操作性。因此如何选用固化剂是技术的关键所在,必须经过反复试验和筛选,查阅现成的手册和书籍往往是不可靠的。由于环氧沥青混凝土施工技术比较复杂,各个参数控制比较严格,对施工人员必须进行专门的培训,并在正式施工之前铺筑试验路段,以取得经验。

(4)环氧沥青混凝土作为钢桥面铺装用材料,具有很好的应用前景。这种材料已成功地应用于南京长江第二大桥等钢桥桥面铺装,经冬季低温和夏季高温作用,目前桥面使用状况很好。它为我国大跨径钢桥桥面铺装提供了新的铺装类型,具有很广阔的应用前景。

参考文献

[1] 吕伟民.热拌环氧沥青混凝土的配制原理及其力学特性[J].石油沥青,1995(1).
[2] 吕伟民.热拌高强沥青混凝土的配制原理及其力学特性[J].同济大学学报,1995(5).
[3] 吕伟民.高强沥青混凝土的配制及其特性[J].中国公路学报,1996(1).
[4] 闵召辉.环氧沥青混凝土的蠕变特性及其试验研究[J].公路交通科技,2004(1).
[5] 王晓.环氧沥青混凝土性能研究[J].东南大学学报,2001(6).
[6] 黄卫.环氧沥青混凝土在大跨径钢桥面铺装中的应用[J].东南大学学报,2002(5).
[7] 吕伟民.国内外环氧沥青混凝土材料的研究与应用[J].石油沥青,1994(3)
[8] 吕伟民.沥青混合料设计原理与方法[M].上海:同济大学出版社,2001.

创新工作思路　构建惩防体系
深入全面开展郑石高速党风廉政建设工作

李卫东　宋　锋

（河南中原高速公路股份有限公司）

摘　要　本文简要地介绍了郑石高速公路建设中如何构建惩防体制、如何创新工作思路地开展党风廉政建设工作，对其他高速公路建设者有较好的借鉴作用。

关键词　构建　惩防体系　党风廉政

建立健全与社会主义市场经济体制相适应的教育、制度、监督并重的惩治和预防腐败体系，是我们党反腐倡廉理论与实践的丰富和发展，是加强党的执政能力建设、巩固党的执政地位的迫切需要，是建立和完善社会主义市场经济体制的重要保证，是建设社会主义政治文明的内在要求，更是有效遏制腐败、加大从源头上治理腐败力度的重大举措，对于深入推进党风廉政建设和反腐败斗争具有重大的现实意义和深远的历史意义。构建惩防体系必须以邓小平理论和“三个代表”重要思想为指导，牢固树立和认真落实科学发展观，紧紧围绕发展这个党执政兴国的第一要务，着眼于提高党的执政能力，坚持标本兼治、综合治理、惩防并举、注重预防，着力构建与社会主义市场经济体制相适应的教育、监督、约束、预防、惩处并重的管理体系，为推动社会经济全面、协调、可持续发展，加速小康社会建设，实现中原崛起提供坚强有力的政治和纪律保证。

按照上述指导思想，构建惩防体系要着力把握以下七条原则。

1　坚持与社会主义市场经济体制相适应

随着社会主义市场经济体制的不断完善，经济、社会生活越来越体现出竞争、开放、法治的特质，作为上层建筑的反腐倡廉工作必须主动地、积极地适应经济基础的新变化。目前，我省多元经济比较活跃，改革和发展中呈现出经济主体多元化、分配方式多样化、利益关系复杂化、城乡结构一体化的局面，市场机制广泛地发生作用。许多新问题、新矛盾逐步显现。这既为我们提出许多亟待研究解决的新课题，又为构建惩防体系提供了实践基础。我们必须主动融入经济基础的新变化，自觉适应完善社会主义市场经济体制的新要求，充分运用市场经济的手段和机制来治理和解决消极腐败问题，将反对和防止腐败贯穿于体制改革和经济社会发展的各个领域、各个环节。

2　坚持以人为本、执政为民的基本理念

在构建防范体系的过程中，必须牢固树立起以人为本、执政为民的基本理念，把以人为本、执政为民体现在指导思想、基本思路和工作措施之中，体现在工作成效上；促使党员干部特别

是领导干部坚定“群众利益无小事”的政治立场和政治态度，自觉做到权为民所用、情为民所系、利为民所谋；着力解决损害群众利益的突出问题，确保人民群众的合法权益不受侵犯；充分相信和依靠人民群众，拓宽民主渠道，丰富民主形式，把人民群众参与反腐败的愿望和行为引导好、组织好。

3 坚持惩治与预防的辩证统一

惩治与预防紧密联系、互相作用、互为促进，是构建工作的两个重要方面，治中有防，防中有治，辩证统一。惩治与预防，重在并举。惩治必须从严，否则腐败行为就不能得到有效遏制。预防必须有效，只有有效的预防，才能逐步减少和消除违纪违法现象产生的土壤和条件，从源头上治理和解决腐败问题。因此，推进反腐倡廉工作，构建惩防体系，既要立足于惩治，又要着眼于预防，只有惩治于既然，防患于未然，“治”、“防”结合，才能相辅相成，相得益彰。

4 坚持注重自律与强化他律的有机结合

惩治与预防腐败体系的框架，就是自律与他律的有机统一和相互支撑，其目的就是通过加强自律与他律，使党员干部“不愿腐败”、“不能腐败”和“不敢腐败”，从而最大限度地降低腐败发生率。自律与他律重在统一，要害都在“律”。首先，自律是基础。没有广大党员干部遵守法律与党纪的高度自觉性和廉洁公正行使权力的高度自觉性，建立一个廉洁政党、廉洁政府、廉洁机关是不可能的。没有坚守在良好道德与修养之上的自我约束，一个党员干部很有可能自己把自己打倒。同时，他律是关键。任何不受监督的权力，必然导致腐败。依靠制度的约束力、监督的强制力和惩处的威慑力，不仅可以规范从政行为、惩治腐败，而且可以促使党员干部特别是领导干部置身于制度的约束之下、置身于各级组织和广大干部群众的监督之下，真正以他律促自律。

5 坚持教育、制度、监督并重并进

教育、制度和监督各有侧重，不能相互替代。同时，三者又相互渗透、相互促进。教育为制度的制定、执行和监督制约的切实有效奠定思想基础；制度建设为巩固教育和监督的成果提供保障；监督则为制度的贯彻落实和人的素质的提高提供必不可少的硬性约束。三者统分结合，重在联系。我们要统筹谋划，在三者并重上下功夫，通过加强教育，进一步强化全党的制度意识和监督意识；通过健全各种法规制度，使教育和监督制度化、规范化；通过强化监督，防止思想教育和制度建设流于形式，在三者并重并进、三管齐下上下功夫，形成惩治和预防腐败的整体合力。

6 坚持在继承中创新、在创新中发展

继承是创新的基础，创新是继承的目的；没有创新，继承就失去了意义。构建惩防体系是在科学总结反腐倡廉基本经验的基础上提出来的，是继承中的发展，发展中的创新，为我们的工作指明了方向、提供了依据。在这方面，我们在实践中也积累了不少经验，取得了初步的成效。但这还只是阶段性的和探索性的，必须因势利导，完善提高，准确把握世情、国情、党情、社情以及反腐败形势的发展，进行新的探索，不断赋予新的内涵，增强惩防体系的时代性、指导性和创造性，使惩防体系的构建既具有扎实的实践基础，又能适应不断变化的新形势的需要。

7 坚持既贯彻中央精神、又体现地方特色

建立健全惩治和预防腐败体系，是中央对全党提出的要求，是纪检监察机关必须完成的光荣任务。一方面，我们要认真贯彻落实中央关于反腐倡廉工作的一系列决策和部署，积极构建惩防体系，付诸实践，见诸行动，取得实效。另一方面，要紧密结合我省实际，把中央反腐倡廉的决策和部署同河南的实际相结合，充分发挥市场经济发育比较早、市场对资源配置的基础性作用比较广、经济综合实力比较强、社会事业发展比较快、城乡区域发展比较协调的优势，充分利用河南反腐倡廉工作总体基础比较好，特别是治本抓源工作起步早、创新多、成效比较明显的有利条件，大胆探索，勇于实践，创造性地开展工作，努力使我省惩防体系的构建工作在全国形成先发优势。

构建惩防体系是一个系统工程，要紧紧抓住教育、制度、监督这三个关键环节，立足教育，筑牢思想道德防线；健全制度，不断提高工作的制度化法制化水平；强化监督，有效防止权力失控、决策失误和行为失范，使党员干部不犯或少犯错误，把三者贯穿于惩治和预防腐败的各项工作中，统一于反腐倡廉的全过程。

教育崇廉，重在修德，筑牢"不愿腐败"的思想防线。推进反腐倡廉工作，必须首先抓住教育这个基础环节，坚持施教于先，不断加强领导干部的党性修养和道德修养，以人格支撑"官"德，以人品提升"官"品。要在广大党员干部特别是领导干部中大力倡导和开展"读书修德、以德律己"活动，在读书中陶冶情操，净化心灵，提升道德境界，自觉抵制腐败。要充分发挥廉政文化的教化功能，运用党员干部和人民群众喜闻乐见的内容和方式，营造尊廉崇廉的社会氛围，使领导干部在廉政文化的熏陶中进一步增强廉洁从政意识，使广大群众在廉政文化的影响下崇尚廉洁。

制度保廉，重在规范，建设"不能腐败"的制度体系。要把依靠制度惩治和预防腐败，作为反腐倡廉的根本途径，把制度建设作为构建惩治与预防腐败体系的核心，贯穿于教育、惩治、监督、管理的各个环节，努力形成用制度规范行为、按制度办事、靠制度管人，科学合理、切实可行的制度体系。制度建设要做到纵横有序、重点突出，坚持从各地各部门实际出发，以市、县为主体推进纵向构建，以部门为主体推进横向构建，条块结合，互成体系；以消极腐败易发多发领域为重点，建立健全重大项目保廉机制、重点部门保廉体系；以行业预防、个案预防和社会预防为抓手，推进职务犯罪预防新机制的建设；深化体制改革和制度创新，建立健全廉洁高效的行政审批制度、公开透明的财政管理制度、规范有序的投资管理制度和竞争择优的人事管理制度，构建多层次、宽领域、全方位的制度体系。要在制度建设中重视发挥市场机制的作用，防止公共资源配置上的腐败行为。坚持政府引导市场，市场公开交易，交易规范运作，运作统一监管。

监督促廉，重在制约，形成"不敢腐败"的权力运行机制。加强对权力的监督制约是防治腐败的关键。要坚持以领导机关和领导干部特别是各级领导班子主要负责人为重点对象，紧紧围绕决策和执行等重要环节，针对重点领域和关键部位，加强对权力的监督和制约。要全面推行各项党内监督制度，坚持党内监督与民主监督相结合，综合运用法律监督、行政监督、群众监督和新闻舆论监督等多种监督形式，整合监督资源，形成监督合力，对权力进行全方位的监督。建立健全惩治机制，坚持依法、依纪惩治腐败，做到有贪必反、有腐必惩、有乱必治。保持和加大惩治腐败的工作力度，严肃查处违法违纪案件。探索建立廉政激励机制和健全测评预警机制，完善责任追究制度，不断提高各项监督管理措施的效果。